Figurative Politik

Reihe „Soziologie der Politik"

Herausgegeben von
Ronald Hitzler
Stefan Hornbostel
Sighard Neckel

Band 4

Hans-Georg Soeffner
Dirk Tänzler (Hrsg.)

Figurative Politik

Zur Performanz der Macht
in der modernen Gesellschaft

Leske + Budrich, Opladen 2002

Gedruckt auf säurefreiem und alterungsbeständigem Papier.

Die Deutsche Bibliothek – CIP-Einheitsaufnahme
Ein Titeldatensatz für die Publikation ist bei der Deutschen Bibliothek erhältlich

ISBN 3-8100-2631-X

© 2002 Leske + Budrich, Opladen

Das Werk einschließlich aller seiner Teile ist urheberrechtlich geschützt. Jede Verwertung außerhalb der engen Grenzen des Urheberrechtsgesetzes ist ohne Zustimmung des Verlages unzulässig und strafbar. Das gilt insbesondere für Vervielfältigungen, Übersetzungen, Mikroverfilmungen und die Einspeicherung und Verarbeitung in elektronischen Systemen.

Druck: DruckPartner Rübelmann, Hemsbach
Printed in Germany

Inhaltsverzeichnis

Hans-Georg Soeffner und Dirk Tänzler
Einleitung 7

Theoretische Perspektiven

Hans-Georg Soeffner und Dirk Tänzler
Figurative Politik. Prolegomena zu einer Kultursoziologie
politischen Handelns 17

Ronald Hitzler
Inszenierung und Repräsentation. Bemerkungen
zur Politikdarstellung in der Gegenwart 35

Das Unpolitische als Politik

Ewald Frie
Bühnensuche. Monarchie, Bürokratie, Stände
und 'Öffentlichkeit' in Preußen 1800-1830 53

Michael Müller und Thilo Raufer
The Dandy Club. Zur Attraktivität eines
apolitischen Lebensstils 69

Navid Kermani
Märtyrertum als Topos politischer
Selbstdarstellung in Iran 89

Ästhetisierung von Politik und Gemeinschaftsbildung

Christian Horn und Matthias Warstat
Feuer und Flamme. Zu einem theatralen Aspekt
politischer Feste 103

Jürgen Raab, Dirk Tänzler und Uwe Dörk
Die Ästhetisierung von Politik im Nationalsozialismus.
Religionssoziologische Analyse einer Machtfiguration 125

Wolfgang Christian Schneider
Die Stadt als nationalsozialistischer Raum.
Die städtebauliche Inszenierung der 'Stadt
der Auslandsdeutschen' Stuttgart 155

Mythen politischer Institutionenbildung und nationaler Identitätssuche

Dariuš Zifonun
Heilsame Wunden. Holocaust-Gedenkstätten
als Orte nationaler Identitätsbildung – Das Beispiel
der 'Topographie des Terrors' in Berlin 193

Christoph Maeder
'New Public Management' in der Schweiz.
Zur Dramaturgie und Pragmatik
eines moralischen Kreuzzugs 211

Wolfgang Seibel
Politische Lebenslügen als Self-Destroying Prophecies.
Die Treuhandanstalt im Vereinigungsprozeß 225

Mediale Konstruktionen politischer Rituale und Visionen

Klaus Kamps
Kanzlerkandidaten in Fernsehinterviews.
Gerhard Schröder und Helmut Kohl in RTL und SAT 1 255

Dietmar Schiller
Die Präsentation parlamentarischer Politik in den
Fernsehnachrichten. Ein britisch-deutscher Vergleich 265

Dorothea E. Schulz
Posen des Prestiges. Zur Theatralisierung von
Regierungsgewalt in der Fernsehöffentlichkeit Malis 289

Andreas Dörner
Von der 'Krönungsmesse' zur 'Götterdämmerung'.
Politikinszenierung in der deutschen
Unterhaltungsöffentlichkeit 317

Zu den AutorInnen 333

Hans-Georg Soeffner und Dirk Tänzler

Einleitung

Der Buchtitel „Figurative Politik" scheint einen weiteren postmodernen Abgesang auf die politische Vernunft anzukündigen; und tatsächlich zielt er – allerdings in einem sehr speziellen Sinne – auf das, was die Kunst der Politik genannt wird: Politisches Handeln soll auch, aber nicht allein als Klugheitslehre oder Machtstreben thematisiert werden; es geht dementsprechend nicht darum, ein Propädeutikum für Politiker oder eine normative Theorie aufzustellen, die eine *best practice* unter Bedingungen der Medialisierung der Welt definiert. Figurative Politik ist das Ansinnen, das Politische in seiner 'ganzheitlichen' sozialen und existentiell-anthropologischen Bedeutung im Rahmen einer erfahrungswissenschaftlichen Theorie zu begreifen und kategoriell zu bestimmen, um so den Geist der Zeit in Gedanken zu fassen, ohne dem Zeitgeist und seinen modischen Übersteigerungen zu erliegen.

Das Politische als Grundzug menschlichen Seins formulierten zuerst die Griechen begrifflich aus, und sie entwickelten eine politische Philosophie, die nach der guten Herrschaftsform und dem gerechten Herrscher fragte. Aber erst in der europäischen Moderne hat sich Politik auch institutionell als autonome Handlungssphäre ausdifferenziert – die antike αγορά war noch sowohl Handelsplatz als auch politisches Zentrum, Ort aller öffentlichen Angelegenheiten (von dem Substantiv αγορά leiten sich mehrere Verben ab, deren Bedeutungsfeld von 'einkaufen' über 'sich auf dem Markt herumtreiben' bis zu 'beratschlagen', 'öffentlich reden' 'verkündigen' und 'bestimmen' reicht). Mit der europäischen Neuzeit geriet das politische Handeln als Gegenstand einer eigenständigen Kunstlehre – etwa bei Machiavelli – in den Blick. Im Zuge dieser Entwicklung entstand nicht nur der neue Typus des Berufspolitikers, sondern auch eine Wissenschaft der Politik, die sich gegenüber der an Moralfragen orientierten politischen Philosophie um eine positive Theorie staatsbezogenen Handelns bemühte. Soziologisch und handlungstheoretisch interessant ist nun, daß sich das Politische als Streben nach Macht einerseits des normfreien Mediums Macht (Luhmann 1988) bedient, als auf Dauer gestellte Ordnung (Max Weber 1976) aber andererseits eines Legitimationsgrundes bedarf und sich daher auf eine Wertordnung beziehen muß. Die klassische politische Soziologie hat das Problem politischen Handelns als etwas – im Rahmen von rational-choice-, macht- oder systemtheoretischen Ansätzen – relativ klar und formal Rekonstruierbares verstanden. Ausgeblendet wird dabei eine von Max Weber formulierte und in der gegenwärtigen Diskussion wieder auftauchende Prämisse, daß Politik, Machtausübung und Legitimation gebunden sind an den Glauben der Beherrschten an die Geltung einer bestimmten Funktion, einer bestimmten Amtsausübung. Die an diese Prämisse anschließende Frage lautet: Wie wird dieser Glaube erzeugt? Er wird – und das ist das Thema des vorliegenden Buches – u.a. dadurch erzeugt, daß Politik so dargestellt werden muß, daß die Beherrschten in der Versinnbildlichung von Politik etwas finden müssen, das ihnen die Erzeugung dieser Geltung ermöglicht.

Diese Andeutungen zum Konzept einer 'figurativen Politik' mögen hier vorerst genügen, da die Herausgeber Hans-Georg Soeffner und Dirk Tänzler in ihrem, den Band eröffnenden Beitrag, eine Bestimmung des Konzepts im Rahmen einer Kultursoziologie politischen Handelns vornehmen. Im Anschluß an die politikwissenschaftliche Diskussion um eine 'symbolische Politik' und das mit diesem Begriff verbundene, in der Regel dichotom bestimmte Verhältnis zum Prozeß politischer Entscheidungsfindung und -durchsetzung, wird ein Begriff politischen Handelns entwickelt, der ästhetische und pragmatische Dimensionen – Darstellung und Entscheidung – als Einheit faßt. Politisches Entscheidungshandeln bedarf symbolischer Mittel; mehr noch: das Politische ist als Repräsentation einer alltagstranszendierenden Wirklichkeit selbst symbolisch verfaßt. Unter diesen Voraussetzungen bezeichnet figurative Politik die spezifisch soziale Konstellation, in der sich die konkreten Beziehungsweisen zwischen symbolischer Repräsentation, Ästhetik und Pragmatik politischen Handelns als jeweils historische Strukturtypen – in der Gegenwart im spannungsreichen Verhältnis der letztlich aufeinander verwiesenen Mächte Politik und Medien – gestalten. Ein solcher anthropologisch fundierter Begriff 'figurativer Politik' ermöglicht es, die Verengung der Diskussion über politische Ästhetik vornehmlich auf den historischen Aspekt der Folgen von Medialisierung aufzubrechen. Das wissenschaftliche Interesse läßt sich dann aus seiner ethnozentrischen Fixierung auf Probleme westlicher Demokratien und westlicher Denkmuster lösen sowie für historische und interkulturelle Vergleiche öffnen. So muß prinzipiell, was in gebräuchlichen Bezeichnungen wie 'Mediengesellschaft' oder 'Inszenierungsgesellschaft' verschwimmt, zwischen dem anthropologischen Darstellungszwang und dem historischen Phänomen des Inszenierungszwanges, wie er von den modernen audiovisuellen Medien, insbesondere von dem Fernsehen ausgeht, unterschieden werden.

Hier schließt Ronald Hitzler in seinem Beitrag mit einer weiteren Differenzierung zwischen der Inszenierung des Politikers *als* Person und der Repräsentation einer politischen Ordnung *in* einer Person an. Seine phänomenologische Analyse bestimmt die Inszenierung des Politikers als Mittel sowohl des Kampfes mit dem Gegner als auch der Erzeugung öffentlicher Anerkennung. Politische Repräsentation gerät dabei zu einem institutionalisierten, durch den Politiker in seiner 'Priesterfunktion' immer wieder zu erneuernden Akt der Sinnstiftung.

Diese theoretischen Bestimmungen markieren den Rahmen der folgenden historischen, soziologischen, politologischen, verwaltungswissenschaftlichen, ethnologischen und theaterwissenschaftlichen Studien, die unter wechselnden Perspektiven das Un-, Außer- oder Vorpolitische politischen Handelns in den Blick nehmen.

Der Historiker Ewald Frie beschreibt die Transformation politischer Machtinszenierungen im Übergang von einer ständischen Herrschaft zu einer bürgerlichen Gesellschaft in Preußen zwischen 1800 und 1830. War die Gesellschaft in frühmodernen Inszenierungen allenfalls als „machtfreier Resonanzraum" konstituiert, so wird sie nun zum „Publikum" transformiert und zunehmend in die Herrschaft einbezogen, bis sie schließlich als „Öffentlichkeit" dem Staat aktiv gegenübertritt. Im Anschluß an die Befreiungskriege gelingt Preußen auf symbolischer Ebene eine geschichtsträchtige nationale Inklusion des Bürgertums. Allerdings scheitert der preußische Staat daran, die Inszenierung von Politik auf eine dem sozialstrukturellen Wandel adäquate Grundlage zu stellen. Die als 'Bühnensuche' bezeichneten Vorgänge symbolischer Politik in dieser Zeit manifestieren den realen Einfluß von Gruppen, die von den basalen Institutionen der Herrschaft ausgeschlossen sind und dementsprechend andere Handlungsfelder suchen müssen.

Um die Eroberung öffentlicher Räume und Ränge geht es auch in der soziologischen Fallstudie von Michael Müller und Thilo Raufer über den apolitischen Lebensstil – eine 'Politik des Unpolitischen' – , den der Dandy Beau Brummel im England zu Anfang des 19. Jahrhunderts pflegte. Während Ulrich Beck in der „Politik der Lebensstile" eine „Neuerfindung des Politischen" durch die „neuen sozialen Bewegungen", und damit eine Alternative zu der durch Lebensferne und Globalisierung geschwächten Politik des Staates sieht, also ein historisches Produkt der an ihren eigenen inneren Widersprüchen laborierenden Moderne (Beck 1982), wird hier am historischen Beispiel die grundlegende Funktion der Lebensstile – zumal für die Moderne – hervorgehoben. Das Dandytum stellt in seiner radikalen Zuspitzung auf außeralltägliche Stilisierung und Alltagspraxisverweigerung einen 'reinen' Archetypus moderner Lebensführung dar, der gerade in seiner Nichtgeneralisierbarkeit ein allgemeines Strukturproblem moderner Identitätsbildung zum Ausdruck bringt und darin seine Kulturbedeutung findet.

Den Kontrastfall zur Exaltiertheit dandyhaft unpolitischer Lebensstilisierung liefert der Islamwissenschaftler Navid Kermani mit seinen Betrachtungen über das Märtyrertum als typische Form politischer Selbstinszenierung in Iran. Kennzeichnend für diese, dem Bewährungskult des okzidentalen Rationalismus widersprechende Theatralität einer durch religiöse Kultivierung des Leidens geprägten schiitischen Kultur ist das Paradox erfolgreicher Legitimationsbeschaffung durch die Zurschaustellung des Scheiterns. Die aus religiösen Traditionen stammende Bewährung des Auserwählten *ex negativo* stellt aber nicht nur eine, wie man vermuten könnte, Wurzel für die charismatische Herrschaft des Ayatollah Chomeini – dessen Aufstieg eine Reihe demütigender Niederlagen, schließlich eine Vertreibung ins Exil vorausgingen – und der machtlosen 'Philosophenherrschaft' des amtierenden Ministerpräsidenten Chatami dar. Kermanis Analyse der verfolgten Reformer und Journalisten zeigt, daß es sich um ein in Iran allgemein verbreitetes Modell politischer Selbstdarstellung handelt, das auch von Laizisten praktiziert wird. Erinnert wird an den, durch ein zwischen CIA und Schah Reza Pahlevi geschmiedetes Komplott gestürzten Ministerpräsidenten Mossadeh, das Idol der nationalen Souveränität und der Volksherrschaft, dessen öffentlich zur Schau getragenes Weinen und demonstratives, öffentliches Erscheinen im Schlafanzug den westlichen Beobachter, damals wie heute, irritiert. Kermanis Analyse verleitet zu der Spekulation, daß sich die iranische 'Kollektivseele', wie von einem Wiederholungszwang beherrscht, in der rituellen Reproduktion der Niederlage von Kerbela (680) und in der Rückkehr zu den mythischen Ursprüngen iranisch-schiitischer Kultur erneuert: Im Scheitern, das auf die Verheißung eines Neubeginns durch den (wie Barbarossa) wiederkehrenden zwölften Imam verweist, bewährt sich diese Kultur und erweist darin ihre Auserwähltheit und Unbesiegbarkeit.

Überraschenden Theatralisierungen von Politik spüren auch die Theaterwissenschaftler Christian Horn und Matthias Warstat in ihrem historischen Vergleich unterschiedlicher Verwendungen von Feuer in politischen Inszenierungen nach. Die Beherrschung des Feuers gilt ja gemeinhin als Beginn der Kultur: Man denke an die Unterscheidung des Rohen und Gekochten (Lévi-Strauss 1971), den griechischen Mythos vom Kulturbringer Prometheus, der das Feuer den Göttern raubte und es den Menschen brachte, und schließlich an die Bedeutung des Feuers (Licht) als Symbol der Aufklärung und des Sieges der Vernunft. Horn und Warstat legen eine andere Bedeutungsschicht frei: Im Zeitalter des Barock hatte, wie die Analyse eines vom sächsischen Kurfürsten Johann Georg II veranstaltetes Feuerwerk zeigt, das Feuer noch die entschlüsselbare Bedeutung eines politischen Symbols, stand als Appräsentation einer transzendenten, nur von einer auserwählten Elite verstandenen Wirklichkeit im Dienste der Macht. Die Inszenierung einer atmosphärischen Unruhe erzeugte beim betrachtenden Volk die Vorstellung eines Wunders, dessen Geheimnis allein der über pyrotechnisches Wissen verfügende Souverän kannte. Die kognitive und semiotische Funktion des Feuers, der Grund seiner politischen Wirkung im Barock, wird in einer sozialdemokratischen Abendfeier zum Pfingstwochenende des Jahres 1925 von der in den Vordergrund gerückten atmosphärischen Wirkung des Feuers, also seiner performativen und materialen Präsenz (Licht, Knistern, Wärme) überlagert. Das Verhältnis kehrt sich um: Es geht nicht mehr um ein Begreifen von politischen Botschaften, sondern um emotionale und leibliche Erfahrungen von Stimmungen. Wenn die Akteure mit den Fackeln sich selbst beleuchten, damit in einem Licht, das sie sich selber spenden, ist das Feuer nicht mehr Symbol der (Fremd)Herrschaft, sondern, mit Elias Canetti (Canetti 1992) gesprochen, Erscheinungs- oder Präsenzform größerer Menschenmassen. Die neuen Arbeiterfeste konnten als „warmer" Gegenpol zur „kalten" Welt von Großbetrieb und Großstadt erfahren werden. Die „referentielle Unschärfe" solch performativer 'Symbol'handlungen wurde dementsprechend von den Nationalsozialisten aufgegriffen.

Dieser Hinweis leitet über zu einer Reihe von Beiträgen, die das Problem der Ästhetisierung von Politik im Nationalsozialismus behandeln – ein Thema, dessen Bedeutung als erste Walter Benjamin (Benjamin 1974) und Ernst Bloch (Bloch 1935) erkannt hatten. Dieser historische Zusammenhang (ver-)führte aber dazu, politische Ästhetik einseitig auf die Funktion scheinhafter Verbrämung von Gewaltherrschaft zu reduzieren und damit per se zum politischen Sündenfall auch in demokratischen Systemen zu stempeln. Dabei wird verkannt, daß auch das Naziregime – folgt man Max Weber – eine durch die Gefolgschaft legitimierte, aber irrationale, nämlich charismatische Herrschaftsordnung darstellte, deren rituellen Wirkungszusammenhang und religiösen Legitimationsglauben die Soziologen Jürgen Raab, Dirk Tänzler und Uwe Dörk herausarbeiten. Ihre Analyse der performativen Wirkung der Riten und Symbole, die bei den Einmärschen von Partei und Führer in den Sportpalast verwendet wurden, zielt auf die Beantwortung der Frage, wie und warum die Nationalsozialisten unter den Bedingungen einer individualisierten Gesellschaft und säkularisierten Kultur eine religiöse Form der Vergemeinschaftung zu verwirklichen trachteten. Zur Erklärung der Vergemeinschaftungswirkung nationalsozialistischer Politikinszenierung wird ein anthropologisch fundierter, soziologischer Begriff von Religion herangezogen. Zwei Aspekte treten in der Analyse hervor: Zum einen die Ubiquität des Religiösen für die Politik, zum anderen die spezifische Konstruktion des nationalsozialistischen *corpus mysticum* als rassisch homogener Volksgemeinschaft. Damit wird der Nationalsozialismus in seinem historischen und sozialen Kontext als eine Antwort auf das Unbehagen in der Modernität (Berger et al. 1975) verstehbar. Gerade das Beispiel des Nationalsozialismus ist geeignet, diese in traditionellen Konzepten politischen Handelns systematisch unterbelichtete Dimensionen symbolischer Politik in ihrer grundlegenden Bedeutung für die durch Rationalisierung geprägte Moderne aufzuzeigen.

Auch der Historiker und Archäologe Wolfgang Christian Schneider behandelt das Problem der Darstellung und Visibilität der Macht aus einer in politologischen und soziologischen Diskursen oft vernachlässigten Perspektive: am Beispiel der nationalsozialistischen Architektur und Raumplanung. Inhaltlich schließt er damit an den Beitrag von Raab, Tänzler und Dörk über die Inszenierung von Vergemeinschaftung kurz nach der Machtergreifung Hitlers an, als das sozialistische Moment der Bewegung noch im Vordergrund stand. Im Zuge der Machtkonsolidierung setzte sich, so zeigt Schneider, schließlich ein elitäres Herrschaftsmodell durch. In den Planungen zur Umgestaltung Stuttgarts in die „Stadt der Auslandsdeutschen" deckt er Widersprüche auf, die er mit der Transformation des nationalsozialistischen Gesellschafts- und Herrschaftsmodells und dessen Legitimation sowie der Konsolidierung der Macht in Zusammenhang bringt. Es deutet sich bereits ein Zerfall des 'Thingspielgedankens', und damit einer archaisierenden, rituellen Gemeinschaftsinszenierung an, die einem hierarchischen faschistischen Modell des Forums als Aufmarschplatz einer dem Führer unterworfenen Volksgemeinschaft weicht. Die Volksgemeinschaft ist nicht mehr aktiv am Ritual beteiligt, sondern als passiver Zuschauer einer geplanten Machtinszenierung unterworfen. Entsprechend konzipiert ist die architektonische Gestaltung, deren Leitidee sich sowohl in den Raumplanungen für das ganze Reich, wie in den Arbeitersiedlungen und Konzentrationslagern wiederfindet.

Dem Erinnerungsdiskurs an die Naziherrschaft und ihren Greueln als Konstruktion einer neuen deutschen nationalstaatlichen Identität widmet sich der Beitrag des Verwaltungswissenschaftlers Dariuš Zifonun. Die öffentliche Auseinandersetzung über die NS-Vergangenheit wird von zwei Positionen geführt, die um die Hegemonie bei der Besetzung eines zentralen Symbols der Erinnerung kämpfen. Die sich um eine „Entsorgung der Vergangenheit" (Habermas 1991) bemühende Richtung der „Schlußstrichdeutung" obsiegte bei der Gestaltung der „Neuen Wache" und befindet sich im Widerstand gegen die Gedenkstätte „Topographie des Terrors" in Berlin, in der sich die „Aufarbeitungsdeutung" der Gegenrichtung manifestiert. Dieser wird zwar die Chance attestiert, die Last der Erinnerung in die Schöpfung neuer politischer Werte und einer nationalen Identität wandeln zu können. Gleichzeitig wird aber deutlich herausgestellt, daß mit der auf Anerkennung der Täterschaft beruhenden Definition von Deutsch-Sein latent die Idee einer Volksgemeinschaft als Abstammungsgemeinschaft reproduziert wird, die – analog zur Grenzziehung der Nazis – „Deutsche ausländischer und jüdischer Herkunft" ausschließt.

Zwei Beiträge zur Modernisierung von Staat und Gesellschaft widmen sich *Doxa* und *Performanz* aktueller staatlicher Steuerungsversuche. Die Modernisierung des schweizerischen Staates durch den Transfer erwerbswirtschaftlichen Betriebsführungswissens in Gestalt des *New Public Managements* beschreibt der Soziologe Christoph Maeder als geschickt inszenierten moralischen Kreuzzug. Lokale Verwaltungstraditionen werden durch kontextfremdes und hochgradig normatives Wissen delegitimiert und für die managerielle Transformation im Rahmen von Globalisierungsprozessen vorbereitet. Es wird sichtbar, daß – trotz wissenschaftlicher Formatierung des Kreuzzuges – weniger die theoretische Stringenz, die konzeptionelle Klarheit oder gar eine empirische Evidenz zählen: Solche Programme lassen sich besser durch eine heilsverheißende Semantik beschreiben und verstehen. Diese stellt eine Form der sozialen Konstruktion von abweichendem Verhalten durch die negative Etikettierung traditioneller bürokratischer Herrschaft dar.

Ein Staatstheater anderer, aber nicht wenig 'nachhaltiger' Art schildert der Politologe und Verwaltungswissenschaftler Wolfgang Seibel in seiner Studie über die nichtintendierten Folgen politischer Lebenslügen am Beispiel der Treuhandanstalt im deutschen Vereinigungsprozeß. Die Nachfolgeorganisation der Treuhand, die Bundesanstalt für vereinigungsbedingte Sonderaufgaben – deren Namensnennung schon Vergessen und Verschleiern motiviert – , sei ein mit der föderalen Ordnung der Bundesrepublik unverträgliches Relikt von DDR-Staatlichkeit. Der „Institutionentransfer", zu dessen Verkörperung die Treuhandanstalt als ein jeglicher parlamentarischer Kontrolle und öffentlicher Debatte entzogenes Organ der Bonner Regierung geworden war, implementierte gerade nicht marktgesellschaftliche, sondern zentralstaatliche Wirtschaftskontrolle. Er produzierte „institutionelle Interpenetration", d.h. eine wechselseitige Angleichung institutioneller Strukturen, die eine kommunale und föderale Selbstverwaltung untergräbt. Eben dies darf, um eine Legitimationskrise zu vermeiden, nicht thematisiert werden. Im schweizerischen wie im deutschen Fall führt die Inszenierung falschen Scheins zu strukturellen Verwerfungen im politischen System.

Eine Art Synthese von politikwissenschaftlicher Medienwirkungsforschung und Wahlforschung betreibt der Politologe Klaus Kamps in seiner Studie über Politiksendungen im deutschen Fernsehen mit dem damaligen Kanzler Helmut Kohl und seinem Herausforderer Gerhard Schröder. Auf der Basis einer Inhaltsanalyse von vier Sendungen des Medienformats „Ich stelle mich", die von sowohl regierungsnahen (SAT 1) als auch oppositionsfreundlichen Sendern (RTL) in der Zeit des Bundestagswahlkampfes 1998 ausgestrahlt wurden, werden die Kommunikations- und Selbstdarstellungsstile von Politikern, die unterschiedlichen Manipulationstechniken der nicht gänzlich unparteiischen Medien sowie deren Einfluß auf die Beurteilung der „Wählbarkeit" von Politikern bei den Fernsehzuschauern rekonstruiert. Typisch für Kohl ist ein Unterbrechungsverhalten, also geringe Fairness gegenüber den Journalisten, das aber vom Publikum als Ausdruck von Durchsetzungsvermögen positiv gewertet wird. Auch Schröders Konzilianz wird nicht mehr als Schwäche gedeutet, wie noch bei dem hoffnungslosen Kandidaten „Bruder" Rau; vielmehr brilliert der neue Kandidat durch Humor, Subtilität und versteckten Hohn, was der Struktur des Medienformats und der Zuschauererwartung entgegenkommt.

Mit der Sichtbarkeit und Reproduzierbarkeit demokratischer Herrschaft in der „Informationsgesellschaft", die sich im Habitus einer vom Fernsehen kreierten Praxis abspiele, beschäftigt sich der Politologe Dietmar Schiller. Am Beispiel der Berichterstattung verschiedener Fernsehsender über die Regierungserklärung von Tony Blair und Gerhard Schröder zeigt er das jeweils spezifische Zusammenspiel von Demokratietyp, Parlamentstyp, Fernsehtyp und politischer Kultur auf, durch das die politische Repräsentation als ein Segment politischer Kommunikation determiniert wird. Die britische Konkurrenzdemokratie präsentiert sich in einer – Regierung und Opposition einander frontal gegenüberstellenden – Kammer als Redeparlament mit stark reglementierten und auch von der zentral gesteuerten Parlamentsberichterstattung respektierten, traditionsbildenden Ritualen und Symbolen. Dagegen zeigt sich die deutsche Verhandlungsdemokratie in einem unregelmäßig, flexibel tagenden Arbeitsparlament, das alle Abgeordneten als Repräsentanten des Souveräns in einem Rund einschließt, vor das Regierung und Redner treten müssen. Dem bundesrepublikanischen Föderalismus und Pluralismus entsprechend sind auch alle Sender mit eigenen Kameras präsent. Als Fazit des Vergleichs ist die Einsicht festzuhalten, daß – trotz des durch neue Medientechnik ausgelösten Wandels politischer Kommunikation und medialer Repräsentation, trotz Globalisierung und Nivellierung – die persistierende politische Kultur der Politikberichterstattung deutlich ihren Stempel aufdrückt.

Den Strukturwandel der Öffentlichkeit in Mali untersucht die Ethnologin Dorothea E. Schulz. Zum einen ist eine Sphäre zivilgesellschaftlicher Öffentlichkeit in dem westafrikanischen Land nur schwer von staatlicher Öffentlichkeit abgrenzbar, weil beide *einen* Raum der Gemeinschaftlichkeit bilden und – nicht zuletzt rituell – beschworen werden. Zum anderen kontrastiert die vorrangige Bedeutung spiritueller und affektiver Elemente deutlich zum Ideal der rational-kritischen Diskursgemeinschaft im Habermasschen Öffentlichkeitsmodell, das Schulz als Heuristik verwendet, aber um nichtdiskursive, performative Genres medienvermittelter Öffentlichkeiten erweitert. Da sich auch in Afrika das ursprünglich unmittelbar *face-to-face* strukturierte Verhältnis von Herrschern und Beherrschten zu einer medial vermittelten Kommunikation zu wandeln beginnt, stellt sie das global verbreitete Phänomen der Entwicklung neuer Strategien medialer Darstellung von Politik unter den spezifischen Bedingungen einer postkolonialen, 'para'staatlichen afrikanischen Gesellschaft in den Mittelpunkt ihrer Analyse. Sie zeigt, daß traditionelle Ordnungsvorstellungen in der jüngsten diktatorischen Vergangenheit legitimatorisch mißbraucht wurden, so daß Politiker wie Konaré (auch) zum Zwecke der Distanzierung eine Modernisierung propagieren und inszenieren, der wiederum der Ruch der Kolonialherrschaft anhaftet. Dieser Konflikt läßt sich, wie die Analyse der Fernsehberichterstattung und ihrer Rezeption – z.B. hinsichtlich des Stadt-Land-Gefälles – zeigt, bis in die Politik der

Posen und Moden hinein verfolgen. Die Medialisierung führt, so die These, in dem westafrikanischen Land zu einer Verschiebung von einer rhetorisch-auditiven zu einer gestisch-visuellen Politikdarstellung. Die Modernisierung verläuft also, an Habermas Modell gemessen, in einer unerwarteten, ja inversen Richtung.

Als einen Strukturwandel der Öffentlichkeit ganz anderer Art entziffert der Politologe Andreas Dörner die allgemein als Amerikanisierung kritisierte Medialisierung von Politik. Die stark durch die Printmedien geprägte bildungsbürgerliche Debattier- und Streitkultur weicht einer massendemokratischen Unterhaltungsöffentlichkeit. Unterhaltung als politische Kommunikation bedeutet aus der Sicht Dörners, daß das Politische im Modus orientierungsfreundlicher Als-Ob-Welten erfahren und verarbeitet wird. In einer 'entideologisierten' politischen Welt kommt der Unterhaltungskommunikation die Funktion zu, integrative Demokratiefiktionen und visionär-utopische Dimensionen zu offerieren. Wenn dieser Trend zur Unterhaltung als Amerikanisierung – im Unterschied zum alteuropäischen Diskurs – bezeichnet wird, dann führt das, so das überraschende Argument von Dörner, nicht zur Vereinheitlichung und Aushöhlung der nationalen Kulturen, sondern zu deren Sicherung und Verstärkung, weil die Unterhaltungskultur das aufnimmt, was als Normalitätserwartung das Selbstverständnis der Gesellschaft prägt. So entsteht eine Symbiose zwischen Unterhaltungskultur und politischer Kultur, die sich wechselseitig bestärken und stabilisieren.

Literatur

Beck, Ulrich (1982): Risikogesellschaft. Auf dem Weg in eine andere Moderne. Frankfurt a.M.: Suhrkamp
Berger, Peter L./Berger, Brigitte/Kellner, Hansfried (1975): Das Unbehagen in der Modernität. Frankfurt a. M./New York: Campus
Benjamin, Walter (1974): Das Kunstwerk im Zeitalter seiner technischen Reproduzierbarkeit. In: ders.: Abhandlungen. Schriften Bd. I, 2. Frankfurt a.M.: Suhrkamp, S. 431-508
Bloch, Ernst (1935): Erbschaft dieser Zeit. Zürich: Oprecht & Helbling
Canetti, Elias (1992): Masse und Macht. Frankfurt a. M.: Fischer
Habermas, Jürgen (1991): Die Entsorgung der Vergangenheit. In: ders.: Die neue Unübersichtlichkeit. Frankfurt a.M.: Suhrkamp, S. 261-268
Lévi-Strauss, Claude (1971): Das Rohe und das Gekochte. Mythologica Bd. 1. Frankfurt a.M.: Suhrkamp
Weber, Max (1976): Wirtschaft und Gesellschaft. Grundriß der verstehenden Soziologie. Tübingen: Mohr (Siebeck)

Theoretische Perspektiven

Hans-Georg Soeffner und Dirk Tänzler

Figurative Politik. Prolegomena zu einer Kultursoziologie politischen Handelns

> *Der Staat ist kein Kunstwerk, er steht in der Welt, somit in der Sphäre der Willkür, des Zufalls und des Irrtums; übles Benehmen kann ihn nach vielen Seiten defigurieren.*
> Hegel, Philosophie des Rechts § 258

> **figurieren** [lat. figurare = bilden, gestalten, darstellen]
> 1. (bildungspr.) *(in einer Funktion o.ä.) eine Rolle spielen, in Erscheinung treten*: als Rennleiter f.; sein neues Buch figuriert bereits in der Bestsellerliste [ganz oben]. 2. (Musik) *einen Akkord mit einer Figuration (1) versehen*: einen Cantus firmus f.; (meist im 2. Part.), ein figurierter Choral *(mehrstimmiger Choralsatz, dessen Motive in allen Stimmen verwendet werden);*
> Duden. Deutsches Universalwörterbuch (1983)

1. Symbolische Politik als Abgesang

Die Auftritte von Politikern in den Medien haben uns nicht nur neue Bilder, sondern auch neue Begriffe des politischen Geschehens geschenkt. So ist seit geraumer Zeit die Rede von 'symbolischer Politik' als Ausdruck einer zunehmenden Theatralisierung des Politischen. Die einen sehen darin eine unter Bedingungen der Mediengesellschaft zunehmend an Bedeutung gewinnende Machttechnik (Sarcinelli 1987ff), die anderen zwar auch ein allgemeines, aber dann doch sekundäres, 'unwesentliches' Moment politischen Handelns. „Der Einfluß der Massenmedien entscheidet sich [...] nicht an der inszenierten symbolischen Politik. Letztlich kann er sich nur an der effektiven Entscheidungspolitik bewähren" (von Beyme 1994: 331; vgl. auch Gerhards 1995). Gegenüber diesem vermeintlich harten rationalen Kern verfällt 'symbolische Politik' dem Verdikt vom ästhetischen Schein, gilt im Falle seiner Verselbständigung gar als genuin nicht-politisches Handeln: „politics without policy" (Eppler 1992: 80) oder „politisches Placebo" (Dörner 1995: 53). Durch die Politikvermittlung des Fernsehens als 'vierter Macht im Staate' wachse 'symbolische Politik' sich dennoch zu einem die repräsentative Demokratie bedrohenden Phänomen aus (Meyer 1992). Die Medialisierung stelle den Ernstfall allen Unernstes in der Politik dar: ihren Ausverkauf an die Medienmacher und die Publikumsgunst. Die Ästhetisierung des Politischen wie des Lebens insgesamt wird in Folge der Entgrenzung zwischen Kultur und Warenwelt als Grundübel der Zeit diagnostiziert (z.B. Guggenberger 1994).[1] Befürworter

---

[1] Diese Auffassung findet sich aber nicht nur in der *policy*-Forschung im engeren Sinne, sondern dominiert generell in der neueren Politikwissenschaft. Aus philosophischer Sicht aufschlußreich ist Bubner 1993.

wie Kritiker des Konzepts bewegen sich aber ganz im Rahmen dessen, was seit Murray Edelman als die zwei Seiten politischen Handelns gilt (Edelman 1990). Die 'eigentliche' Politik, das Entscheidungshandeln von Eliten, spiele sich, so hatte er behauptet, auf einer dem Publikum verborgenen und ihm gar nicht zu vermittelnden 'Hinterbühne' ab. Das, was dem Publikum auf der 'Vorderbühne' geboten werde, sei Pseudo-Politik, reine *show* (vgl. Schwarzenberg 1980) und diene der Verschleierung dessen, was auf der Hinterbühne passiere. Die von der Schaupolitik aufgeführten politischen Mythen lenken aber nicht nur vom wahren Geschehen ab, sondern, wie Edelman im Anschluß an Cassirers Analyse nationalsozialistischer Herrschaftstechnik betont[2], evozieren zugleich Weltbilder, die bei den Beherrschten aktive Zustimmung und Unterwerfung garantieren.

Diese Theorie unterscheidet also nicht nur zwei Arten von Politik, sondern verortet sie auch auf zwei getrennten Arenen: Die Durchsetzung von Politik wird als im Verborgenen geführter Machtkampf zwischen Elitefraktionen, die Vermittlung von Politik dagegen als Politikinszenierung oder Schaukampf mit entsprechendem Unterhaltungswert für die Öffentlichkeit behandelt. Als typisches Ritual einer solchen Schaupolitik wird immer wieder die Wahl angeführt, obwohl gerade dieses Beispiel die dichotome Grundunterscheidung widerlegt, denn jenseits aller rituellen Symbolik hat der Wähler reale Macht über die Politiker und der Politiker muß ihn für sich zu gewinnen versuchen. 'Symbolische Politik' ist deshalb nicht als populistisches Verführungsmittel politischer Eliten, sondern als Bedingung massenmedialer Politikvermittlung thematisiert worden (Sarcinelli 1987).

Eine solche medien- und kommunikationstheoretische Revision der Theorie 'symbolischer Politik' führt jedoch zu einer unglücklichen Verengung des von Murray Edelman in Anschluß an phänomenologische und interaktionstheoretische Ansätze (Schütz, Goffman) aufgeworfenen Problems.[3] Es ist nämlich nicht allein die bei Edelman angelegte Tendenz, 'symbolische Politik' prinzipiell mit einer 'Folklorisierung'

---

2   Gemeint ist Ernst Cassirers Schrift „Mythus des Staates. Philosophische Grundlagen politischen Verhaltens", in der die Symbol- und Mythentheorie auf politisches Handeln in der Moderne angewandt wird. Vgl. dazu Tänzler 2001.
3   Wird das Politische von vornherein zu einem Kommunikationsproblem erklärt, dann erscheint das Symbolische primär als zeichen- und kommunikationstheoretische Bedingung medialer Politikvermittlung im Sinne einer postmodernen Wirklichkeitskonstruktion, sekundär entweder als theatrale 'Schaupolitik' oder als funktionale 'Komplexitätsreduktion'. Strukturell gesehen ist 'symbolische Politik' dann die Form dieser Wirklichkeit, die historisch konkret unterschiedliche Formen annehmen kann. In dieser Hinsicht ist 'symbolische Politik' jeweils die potentiell problematische und prinzipiell kritisierbare „Durchsetzung einer bestimmten Sicht von der Welt" (Sarcinelli 1989: 134ff). In dem als „symbiotisch" bestimmten Verhältnis' zwischen Politik und Medien ist dementsprechend nicht mehr unterscheidbar, was Wirkung des Mediums und was Wirkung außermedialer Wirklichkeit ist. In unserem DFG-Forschungsprojekt „Theatrale Inszenierung politischen Handelns in den Medien" folgen wir daher der methodischen Grundregel, das (Film/Bild-) Material zunächst unter kommunikativen Normalbedingungen zu interpretieren, also in bewußter Absehung von der medialen Vermittlung, die wir erst in einem zweiten Schritt thematisieren. Nur so läßt sich überhaupt der Einfluß des Medialen feststellen; und nur so ist man davor gefeit, dem Irrglauben des radikalen Konstruktivismus zu verfallen, die konkreten gesellschaftlichen Wirklichkeitskonstruktionen als Simulacrum zu nehmen.

politischer Kultur gleichzusetzen, die nur dann eintritt, wenn politische Kultur im Alltag nicht mehr 'greift', wenn die Legitimationen keine Programmierung von Handlungen und Systemen mehr leisten (Rohe 1987: 46), sondern symbolische Politik als Folge der Medialisierung des Alltags und der Politikvermittlung anzusehen.

Die zu Edelmans ursprünglicher Idee einer dramatologischen Theorie politischen Handelns zurückkehrenden Theorien zielen dementsprechend auf einen 'erweiterten Politikbegriff'. In der sogenannten 'Inszenierungsgesellschaft'[4] (Willems/Jurga 1998) sei Sich-Darstellen zu einem ubiquitären Zug gesteigerter Selbststilisierung geworden und habe dazu geführt, daß sich symbolische Politik in moralisierender Absicht ('Politik- bzw. Parteienverdrossenheit', außerparlamentarische 'politische Bewegung' oder neoplebiszitäre 'Graswurzeldemokratie') von dem Arkanum staatsbezogenen Handelns ablöse und verselbständige. Prototypen sind Formen der Politisierung des Alltags, z.B. der Arbeits- und Geschlechterverhältnisse, die Veralltäglichung von Kirchentagsritualen (Lichterketten, Dauerlüften weißer Bettlaken), und die Politisierung des Unpolitischen (Loveparade, Events aller Art). Alle diese Formen politischen Handelns leben von der Geste, der Zur-Schaustellung von Gesinnung. Diese 'Lebensstilpolitik' hat bereits ihre Theoretiker gefunden, die sie als (Neu-)Erfindung des Politischen preisen und mit ihrem szientistischen Segen weihend über den Zeitgeist hinaus ins Grundsätzliche erhöhen (Berking/Neckel 1987; kritisch Soeffner 2001). Mit einem 'erweiterten Politikbegriff' wollen sie nicht nur Anschluß an die Zeit finden, sondern auch das traditionelle, als zu 'eng', weil auf staatsbezogenes Handeln eingeschränkte Politikverständnis, theoretisch und praktisch überwinden.[5]

Dieser 'erweiterte Politikbegriff' ist wohl nicht zufällig eine Kopie des von Joseph Beuys propagierten 'erweiterten Kunstbegriffs': („Alle Menschen sind Künstler ... "), der in seiner praktischen Anwendung („... und daher legitimiert, an der Kunsthochschule zu studieren!") in einen politischen Konflikt mit dem damaligen Kultusminister von Nordrhein-Westfalen, Johannes Rau, ausartete und zur Entlassung des Kunstprofessors aus dem Staatsdienst führte. Der 'erweiterte Politikbegriff' wiederum schlägt in eine Ästhetisierung von Politik um, sei's in Gestalt der Non-Government-Organizations (Greenpeace, B.U.N.D. etc), der 'Lebensstile' und der „Subpolitik" (Beck 1986) ihrer Trägermilieus oder 'Events' (Hitzler/Pfadenhauer 2001), die im wesentlichen symbolische Politik z.T. mit geplanter Medienwirkung praktizieren.

Ob nun für eine durch das asketische Ideal der Pflicht ('Entscheidungszwang') eingeschränkte Definition symbolischer Politik votiert oder diese zum Vehikel einer engagiert-lustbetonten Entgrenzung im Sinne des erweiterten Politikbegriffs erhoben wird[6] – immer geht es um die Frage, ob Politik moralisch sei oder nicht.

---

4 Die Welt scheint uns schon so sehr einem Simulakrum zu ähneln, daß man sich Begriffe nur noch in Anführungszeichen gesetzt zu verwenden traut, um nicht in den Verdacht zu geraten, erkenntistheoretisch einem naiven Realismus aufzusitzen. Zur Unterscheidung zwischen 'Inszenierungsgesellschaft' und der 'Inszenierung von Gesellschaft' vgl Soeffner 1994

5 Eine Forderung, die sich, weniger aus zeitkritischen als systematischen Überlegungen, schon bei Max Weber findet.

6 Diese Differenz prägt sogar das Arkanum der Politik: Der hanseatische Berufspreuße Helmut Schmidt zeigte sich pikiert von Gerhard Schröders Bekenntnis, „daß Politik auch Spaß" mache, ohne sich zu fragen, wie ernst das gemeint war.

Daß Politik strukturell immer in Gefahr ist, das Unmoralische zweckrational zu legitimieren, der moralische Generaleinwand des Radikalismus gleich welcher Couleur, ist so falsch nicht, – aber die daraus abgeleitete Forderung, daß Politik und Politiker von der Wurzel her im Sinne echter Gemeinschaftlichkeit bzw. aufrechter Gesinnung verändert werden sollen, geht völlig an den Grundsätzen politischer Pragmatik vorbei. Allerdings hat der allerorts beklagte 'Funktionsverlust' von Politik, der ja in erster Linie aus dem Nichterfüllen der politischen Funktionen durch die Politiker resultiert, auch mit dem Zerbrechen oder zumindest dem Wandel von Form und Ästhetik und nicht nur von Inhalt und Pragmatik des Politischen zu tun.[7]

Löst man sich von der verführerischen Suggestivkraft der aktuellen politikwissenschaftlichen Semantiken, so erscheint der Gegensatz zwischen einer 'effektiven Entscheidungspolitik' und einer 'symbolischen Pseudopolitik' in systematischer Hinsicht als die im Gefolge des 'linguistic turn' vorgenommene Umformulierung der klassischen Unterscheidung, etwa bei Max Weber, zwischen einer instrumentellen Definition von Politik als Streben nach Macht (Machiavellis 'Machtkunst') und einer normativen Definition von Politik als öffentlicher Durchsetzung eines legitimen Herrschaftsanspruchs (die aristotelisch-christliche Idee von der 'Förderung des Gemeinwohls').[8] Gegenwärtig wird dagegen vor dem Hintergrund eines Wechsels vom philosophischen Bewußtseins- zum sozialwissenschaftlichen Kommunikationsparadigma ('symbolischer Interaktionismus') dem instrumentellen Handeln nicht mehr Legitimation, sondern dramaturgisches Handeln gegenübergestellt, anders ausgedrückt: ein kognitivistischer Begriff der Legitimation wird durch einen ästhetisch-expressivischen Begriff ersetzt.[9]

Auffällig ist also, daß unabhängig von einer affirmativen oder kritischen Einstellung das Konzept 'symbolische Politik' sowohl zu einer Verkürzung der Legitimationsproblematik als auch zu ihrer Ab- oder Umwertung führt. Stand für Weber noch die Legitimationsfrage im Zentrum der politischen Theorie – als Streben nach Macht ist Politik immer Ausschluß und Monopolisierung von sozialen Chancen; auf Dauer gestellt werden kann sie nur als soziale Ordnung, die auf sozialer Anerkennung eines als legitim angesehenen Herrschaftsanspruchs, auf Zuschreibung stellvertretender Interessenwahrnehmung beruht, worauf immer der Glaube gründet – so ist nun, unter dem Einfluß der Rational-Choice-Theorie, die Klugheitslehre auf das Problem des Entscheidungshandelns als dem harten Kern der politischen Theorie verkürzt: Legitimationsfragen werden zum untergeordneten

---

7 Es gibt Stimmen, die gerade für Deutschland einen Verlust des Ästhetischen in der Politik beklagen (Bohrer 1986).
8 Diesem Schema gehorcht auch die Opposition zwischen einer systemtheoretischen Analyse politischer Kommunikation bei Niklas Luhmann und einer normativ-kritischen Analyse von 'Öffentlichkeit' bei Jürgen Habermas. Während Luhmann Politikvermittlung durch Parteien und Medien funktional zurecht als bestands- und legitimationssichernde Komplexitätsreduktion massendemokratischer Systeme faßt, kritisiert sie Habermas bildungsbürgerlich-ideologiekritisch als Ablösung der kritischen durch die manipulierte Öffentlichkeit. Vgl. dazu die Studie über mediale Politikdarstellung in einem westafrikanischen Land von Dorothea E. Schulz in diesem Band.
9 Vgl. für die Soziologie: Goffman 1969, für die Politologie: Edelman 1990, für die Philosophie: Habermas 1981

Problem falschen Bewußtseins bei den 'Adressaten' von 'Politikinszenierungen' herabgesetzt. Untergründig schwingt da wohl die Vorstellung – besser wohl der Glaube – mit, die 'echte' Politik könnte von der sie verderbenden 'symbolischen Politik' gereinigt werden, wenn man nur dem Politiker die Maske herunterreiße, sein wahres (Menschen?)Gesicht zum Vorschein und ihn auf den Pfad der Tugend zurück bringe.

2. Symbolisierung, Inszenierung und Repräsentation. Ein Systematisierungsversuch

Eine erste Überwindung der medien- und kommunikationstheoretischen Verengung des Problems ist mit Hilfe der Verknüpfung von Symbol- und Repräsentationstheorie sowie der daraus abgeleiteten Unterscheidung von Inszenierung und Repräsentation versucht worden (Soeffner 2000, Hitzler 1992 und in diesem Band). Das Politische wird nicht erst durch eine nachträgliche Symbolisierung und Ritualisierung willentlich im Interesse dunkler Mächte (Edelman) oder durch die mediale Politikvermittlung technisch bedingt (Sarcinelli) manipuliert oder verschleiert. Symbolische Politik im Sinne von Pseudo-Politik ist nur ein Spezialfall eines basaleren Aspekts politischen Handelns, das in jeder Situation instrumentelle und expressive Anteile hat – auch das sogenannte Entscheidungshandeln vollzieht sich in dieser Hinsicht symbolisch. Als Streben nach Macht und eines der Legitimation bedürftigen Stellvertretungshandelns (Simmel 1992, Weber 1976, Weiß 1998) muß Politik dargestellt werden, ist sie per se symbolisch. Das Politische als eine nichtalltägliche (Sub)Sinnwelt bedarf, um faßbar werden zu können, der Übersetzung, Vergegenwärtigung und Repräsentation. Da aber im Unterschied zur Unzweideutigkeit instinktiven animalischen Verhaltens alles menschliche Handeln und aller menschliche Ausdruck, also auch die Mittel politischen Stellvertretungshandelns, prinzipiell von Mehrdeutigkeit geprägt ist (Plessner 1975: 288ff.), gehört ein Changieren zwischen Darstellung und Verstellung notgedrungen zum überindividuellen Habitus des Politikers (Soeffner 2000: 287). Auf dieser einheitlichen Grundlage ist dann analytisch zwischen symbolischer Politik*inszenierung* (Schau) und symbolisierender Politik*repräsentation* (Stellvertretung) zu unterscheiden – übrigens auch historisch: Repräsentation ist ein aristokratisch-feudales Prinzip, Inszenierung eines bürgerlicher Marktgesellschaften.

Macht ist eine asymmetrische soziale Beziehung, die dadurch bestimmt ist, daß „obwohl *beide* Seiten handeln, [...] das, was geschieht, dem Machthaber *allein* zugerechnet" (Luhmann 1988: 15f) wird, was einer entsprechenden Visualisierung bedarf. Davon unterscheidet sich Repräsentation, Stellvertretungshandeln, prinzipiell dadurch, daß 1. die *Folgen* der Entscheidungen und Handlungen egos ebenfalls, u.U. allein alter zu tragen hat und – wegen des politischen Vertrages – zu tragen bereit ist, was nur unter der Bedingung gelingt, daß 2. ego zugleich als Verkörperung und Vermittlung eines Ganzen, einer geteilten symbolischen Ordnung in der Person des Stellvertreters auftritt und als solche Anerkennung findet. In diesem Sinne bezieht sich Stellvertretung immer auf eine politische Verfassung, einen Stellvertretungsvertrag, der nicht bloß eine bilaterale soziale Beziehung zwischen ego und alter umfaßt (wie ein Machtverhältnis), sondern trilateral auf den „generalized other" (George Herbert Mead) bezogen ist. Der Politiker stellt zunächst etwas dar, nämlich den Repräsentanten einer Interessensgruppe oder Gesinnungsgemeinschaft innerhalb einer systemischen, von allen geteilten Weltsicht. Um die im Namen der Repräsentierten und im Rahmen des politischen Systems angestrebten Ziele zu erreichen, bedarf es im Kampf mit dem politische Gegner – außerhalb wie innerhalb der eigenen Reihen – auch der Verstellung, die außerdem den Politiker jenseits der öffentlichen Rolle als Privatperson schützt. Erst durch diesen symbolischen Verweisungszusammenhang – die ein „Kosmion" (Eric Voegelin) repräsentierende innerweltliche „Priesterfunktion" – wird Entscheidungshandeln politisch. Und diese Repräsentationsfunktion verlangt vom Politiker die Politikinszenierung: Letztere ist aber nur durch jene legitimiert und fundiert.

In der Inszenierung als einer sinnlich-wahrnehmbaren Erscheinung verkörpert der Politiker als anerkannter Repräsentant die Einheit von Vertretenem und Vertretendem. Dabei bildet die Inszenierung nicht etwa nur die Interessen der Vertretenen in der historisch-konkreten Situation ab, sondern transzendiert beide Seiten auf einen höheren Anspruch hin. Repräsentant wie Repräsentierte erscheinen darin als Teile einer umfassenden Vorstellung: als Statthalter des besonderen Selbst- und Weltbildes einer Gesellschaft. Die Unterscheidung von Inszenierung als 'einstelligem' Produktionsakt und Repräsentation als 'zweistelligem' Akt der – Produktion und Rezeption einschließenden – Stellvertretung eröffnet einen Ausweg aus dem noch ungelösten Problem der Erklärung medialer Politikvermittlung. Denn Repräsentation „signalisiert [...] nicht einfach eine zweistellige Relation – Repräsentant/Repräsentierter –, sondern der 'Vertrag' zwischen Repräsentant und Repräsentierten verweist seinerseits auf ein Drittes, das dieser Übereinkunft überhaupt erst einen umfassenden Sinn verleiht: auf das Kosmion, das Weltbild und den Weltentwurf, durch die der Vertrag legitimiert wird" (Soeffner 2000: 291f).[10]

3. Figurative Politik – Eine phänomenologische und anthropologische Bestimmung

Macht läßt sich augenscheinlich nicht auf Entscheidungshandeln reduzieren, das durch symbolische Politik nur ersetzt oder verschleiert wird. Da der Ausdruck 'symbolische Politik' in der öffentlichen und wissenschaftlichen Debatte mit der Vorstellung einer populistischen Inszenierung wohlmeinender Gesinnung konnotiert ist, somit vielfach als eine Verfallsform verstanden wird, ist davon die strukturell zum politischen Handeln gehörige Darstellungsfunktion abzuheben. Diese dient, wie die politische Ästhetik insgesamt, nicht allein als Mittel zur Erzeugung oder Manipulation von Meinungen, wie es die politikwissenschaftliche Theorie seit Murray Edelman behauptet.[11] Auch wenn wir dessen 'Kernthesen', „daß nämlich

---

10 Dieser religionssoziologische Begriff politischer Repräsentation gilt nicht nur für moderne Massendemokratien, sondern auch für moderne Diktaturen. Vgl. Raab/Tänzler/Dörk in diesem Band

gerade die wichtigsten 'demokratischen' Institutionen ihrer Funktion nach symbolisch und expressiv", ja „daß politische Verfassungen ihrer Entstehung und Wirkung nach [...] irrational sind" (Edelman 1990: 16) durchaus teilen, sind wir doch der Ansicht, daß sein Verständnis des Symbolismus ihn daran hindert, aus diesen Annahmen eine überzeugende Theorie politischen Handelns zu entwickeln.

Die Kunst der Politik ist ein Handwerk, kein Kunstwerk – so schon Hegels Kritik an dem Romantiker Schelling[12]; artet sie zum Spektakel aus, dann markiert die Überschreitung dieser Grenze ihr Scheitern.[13] Die politische Ästhetik ist nicht jenseits politischer Pragmatik zu verorten, sondern als Moment der Logik politischen Handelns zu begreifen, die zwar auch mit der Produktion von Meinungen zu tun hat, aber darüber hinaus mit weit mehr. Aus dieser Perspektive wird auch die Entstehung des Phänomens 'symbolische Politik' in seiner aktuell historischen Bedeutung faßbar und kritisierbar. Wir wollen dieses Phänomen nicht einfach mit dem aktuellen „Verschwinden der Politik" (z.B. Guggenberger 1994), genauer ihrer Entgrenzung – „das Politische wird unpolitisch und das Unpolitische politisch" (Beck 1986: 305) – gleichsetzen, sondern unter der Bezeichnung 'figurative Politik' – umgekehrt – die grundlegende Frage nach den Bedingungen der Möglichkeit des Erscheinens des Politischen aufwerfen. Dabei verstehen wir 'Erscheinen' phänomenologisch in seiner ursprünglichen Verschränkung von Ausdruck und Sache.

Mit ähnlicher Stoßrichtung[14] verwendet auch Herfried Münkler den Begriff 'Figuration' in seiner an Michel Foucault geschulten Analyse der Visibilität der Macht (Münkler 1995). Wesen und Wirksamkeit der Macht, so Münkler, beruhen darauf, daß sie teils sichtbar werde, teils unsichtbar bleibe. Absolut 'auf der Hinterbühne' verborgene Macht bleibt wirkungs- und damit machtlos. Und gänzlich offenbarte Macht löst sich in nackte Gewalt auf und zerstört die eigene Grundlage. Mit Hilfe einer solchen differenzierenden Sichtweise lassen sich historische Vorstellungen von Macht typisieren und klassifizieren. In ihrem Entscheidungsprozeß sichtbare Macht gilt seit Plato als bürgerlich-demokratisch, der Kontrastfall als autoritär-herrschaftlich. Im Hinblick auf die Ordnungsstiftung durch Machtrepräsentation verhält es sich umgekehrt. In der Demokratie sind ein Zur-Schaustellen 'nackter Macht' etwa in Gestalt überdimensionierter Militärparaden, aber auch aufdringliche Insignien der Herrschaft verpönt, im autoritären Regime dagegen zentrales Mittel der Legitimation und Ordnungsstiftung qua Einschüch-

---

11 „Probleme, politische Führer und Gegner sind gesellschaftliche Konstruktionen [...] hervorgebracht und interpretiert, um Meinungen zu beeinflussen." Edelman (1990): Vorwort zur Neuausgabe S. X
12 vgl. Schmitt [1919]1998, S. 117 und 127
13 In unserem Projekt haben wir das in der Kontrastierung des 'Kanzlerschauspielers' Kiesinger mit dem 'Ritualkünstler' Brandt gezeigt. Vgl. Basset/Zifonun 2002.
14 Wolfgang Sofsky und Rainer Paris (1991) behandeln in ihrem gleichnamigen Werk drei „Figurationen der Macht": Autorität, Stellvertretung und Koalition. Diese auf Norbert Elias' Figurationstheorie zurückgreifende Typologie ist jedoch, wie bei Elias selbst (Elias 1991: 139-145), ohne Bezug zum hier verhandelten Problem 'symbolischer Politik' oder 'politischer Ästhetik' formuliert worden und bleibt daher außer Betracht. Bei Elias' Figurationsbegriff machen wir weiter unten Anleihen.

terung. Ein dritter Mischtypus ist die utopisch-technokratische Macht, die keiner Visualisierung bedarf, weil an die Kompetenz einer im Verborgenen entscheidenden Elite – in Platos Staat die Philosophen – geglaubt und diese am sichtbaren Erfolg ihres Handelns gemessen wird.[15]

Auf der Grundlage der von Hannah Arendt getroffenen Unterscheidung zwischen lateraler, in sozialen Beziehungen generierter Macht und personal gebundener, reifizierter Macht unternimmt Münkler eine Typisierung von Figurationen der Macht. Laterale Macht zeigt sich symbolisch-expressiv etwa in einem alle Anwesenden aktiv einschließenden Ritual oder Zeremoniell, während reifizierte Macht zur Distanzierung des aktiven Herrschers vom Untertan als passivem Zuschauer und zu einem Verbergen der Macht auf der 'Hinterbühne' führt.[16] „War im Mittelalter Regieren identisch mit symbolischem Handeln, so wird symbolisches Handeln nunmehr zu einer Strategie der Visualisierung von Macht" (Münkler 1995: 223). Visualisierung heißt hier der kalkulierte, instrumentelle Gebrauch von Politikdarstellung und setzt eine „Entsublimierung von Macht" voraus, die, wie Plessner zeigte, an die „Emanzipation der Macht" vom normativen Verständnis der aristotelisch-christlichen Tradition sowie an die Trennung und Ausdifferenzierung weltlicher von kirchlicher Macht gebunden ist und schließlich durch Formalisierung zur Transformation von Macht in Herrschaft führte (Plessner 1981a: 259-282). Herrschaft ist für Max Weber (Weber 1976) im Unterschied zur Macht immer eine auf Werte gegründete Ordnung, deren Legitimität daher ein von Interessen unabhängiges Handlungsmotiv ist. Im Typus charismatischer Herrschaft deutet Weber an, was dann Heinrich Popitz (Popitz 1968) systematisch entwickelt hat, daß nämlich legitime Herrschaftsordnungen genetisch auf Prozessen der Machtbildung aufruhen. Andererseits kommt es etwa in Organisationen zu der von Plessner beschriebenen „Emanzipation der Macht" als Basis innovatorischer Prozesse. Diese nicht-formalisierte Macht tritt damit, was bei Machiavelli nur erst anklingt, von de Sade aber in seinen Konsequenzen ausgesprochen wird, als nichtnormativer Faktor im sozialen Prozeß hervor und erhält in der Moderne eine Ambivalenz und Tragik, die dem Politiker Zusätzliches abverlangt.

Der nackte Kaiser, das wissen wir spätestens seit Hans-Christian Andersen, gibt nicht nur eine lächerliche Figur ab, er ist vor allem ohne Macht, da er – als Mensch wie du und ich 'entlarvt' – sein 'Image' (Goffman 1973) verloren hat. Für den Parlamentarier gilt das Gleiche. Wie der Fürst, so hat sich auch der gewählte Volksvertreter seines Amtes würdig zu erweisen durch 'anständige' Kleidung und 'höfliches' Benehmen. Selbst der 'Alltäglichkeit' symbolisierende dunkle Anzug muß noch einen Anflug von Aura ausstrahlen, und eine gewisse Etikette ist verpflichtend. Die Ausnahme, Joschka Fischers Inauguration in Turnschuhen, belegt die

---

15 Historisches Beispiel einer utopisch-technokratischen Macht ist der von Foucault beschriebene 'Panoptismus' (Foucault 1977). Dieser läßt deutlich werden, daß auch die 'unsichtbare' Macht an das Sehen gebunden bleibt.
16 Diese beiden Typen finden sich in Hitler und Mussolini verkörpert vgl. Raab/Tänzler 1999, Raab et al. 2002. Daß aber beide Momente immer im Spiel sind, zeigt die Analyse von Raab/Tänzler/Dörk in diesem Band.

Gültigkeit dieses Gesetzes: Die berühmten 'Treter' des 'Streetfighters' standen damals für ein den 'ganzen Menschen' gegen das 'Establishment' einforderndes politisches Programm im Rahmen der Strategie vom Marsch der außerparlamentarischen Opposition durch die Institutionen. Dort in der Chefetage angekommen, verlieren die Symbole der Revolte – in der ja immer 'der Mensch' gegen 'die Funktionäre' zu Felde zieht – sehr schnell ihre Aura; ihr Zur-Schau-Tragen wird fadenscheinig, unglaubwürdig, um nicht zu sagen: verlogen. Die alten Symbole 'alternativer' Politik taugen nur noch zum Zur-Schau-Stellen und wandern folgerichtig ins Museum. Der Alternative von einst professionalisiert sich, führt in allmorgendlichen Dauerläufen die Sportschuhe nun ihrer eigentlichen Bestimmung zu und steigt dienstlich um, besser *in* die Kleider von Armani, und siehe da: sie passen dem neuen Würdenträger 'wie angegossen'. Saulus hat sich zum Paulus gewandelt und – nach einer echt katholischen Fastenzeit – läßt auch die Einladung des ehemaligen Meßdieners an den Heiligen Stuhl nicht lange auf sich warten.

Dieses Beispiel vom Bewegungspolitiker Fischer verdeutlicht, daß ein 'Passungsverhältnis' besteht zwischen der Ästhetik politischer (Selbst-)Darstellung und der damit vom Politiker verkörperten Pragmatik. Politikdarstellung läßt sich auf ein Strukturmoment der Figuration von Macht zurückführen und damit in ihrer jeweils konkret historischen Ausgestaltung und Bedeutung erfassen. Die in der Politikwissenschaft übliche Unterscheidung zwischen sichtbarer, aber verschleiernder symbolischer Politik und verborgener Entscheidungspolitik ist, so läßt sich im Anschluß an Münkler formulieren, nur ein (Sonder-)Fall, nicht die allgemeine Regel. Die Variablen 'Sichtbarkeit' / 'Unsichtbarkeit' und 'politischer Entscheidungsprozeß'/ 'ordnungsstiftende Machtdarstellung' korrelieren in den politischen Systemen ganz unterschiedlich, je nach dem historisch geltenden sozialen Modell der Macht. Andererseits verbleibt eine bloße idealtypische Unterscheidung von Machtfigurationen auf der Ebene einer deskriptiven Phänomenologie, die Ursachen der unterschiedlichen Ausbildungen von Figurationen aber im Unbestimmten.

Figurative Politik – durchaus in dem von Norbert Elias definierten Sinne, allerdings erweitert um die ästhetische und mediale Dimension – benennt historisch spezifische Akteurskonstellationen. Für die moderne Demokratie gilt spätestens seit dem 19. Jahrhundert, daß es sich um eine Mediendemokratie handelt, weil in Massengesellschaften nur über die Medien (Presse, Rundfunk, Fernsehen) maximale Erreichbarkeit garantiert ist. Politik ist also auf die Medien als Informationsvermittlungsagentur angewiesen. Einerseits existiert in der Moderne eine Strukturhomologie zwischen politischem und journalistischem Handeln: Politik wie Medien müssen sich im „Kampf der Zerstreuung" behaupten. Anderseits stehen beide in Konkurrenz: Politik hat die Entscheidungsmacht inne, entbehrt aber der Informationsmacht der Medien und *vice versa*. Daher entbrennt immer wieder auf ein Neues und in variierender Konstellation ein Kampf um Inszenierungsdominanz (Kurt 1999), der symbolisch vor laufenden Kameras ausgetragen wird. Schon früh (1936) hat Walter Benjamin darauf verwiesen, daß die neuen Medien und deren spezifische Reproduktionstechniken zu einem völlig veränderten – in seinen Augen 'krisenhaften' – Verhältnis von Regierenden, Parlament und Regierten in 'bürgerlichen Demokratien' führen muß: Zur politischen Darstellung gehört die „Ausstellung" des Regierenden „in eigener Person" vor den Repräsentanten im Parlament (Benjamin 1974: 491). Das Parlament wird zum unmittelbaren Publikum des Regierenden. Hinter diesem Publikum 'erster Hand' in der *vis-à-vis*-Situation ist für den Politiker durch die Medialisierung der Politik ein Publikum 'zweiter' und 'dritter Hand' unsichtbar und zugleich permanent anwesend: die Masse der potentiellen Wähler als Zuschauer. Diese können zeitgleich oder zeitversetzt, einmalig oder mehrfach Ohren- und/oder Augenzeugen der Ausstellung werden, ohne daß dem Ausgestellten die unmittelbaren Reaktionen dieses anonymen Publikums zugänglich wären. Neben die Darstellung des Politischen tritt die „Ausstellung des politischen Menschen vor [der] Aufnahmeapparatur" (ebenda).

Daß die Parlamente angesichts dieser Ausstellung der Regierenden vor dem ebenso anonymen wie für die Erhaltung der Macht in Demokratien entscheidenden Publikums – bis auf wenige, ebenfalls gezielt medienwirksam arrangierte Anlässe – veröden, ist strukturbedingtes Ergebnis der Medialisierung von Politik. Zugleich verändern die Medien den Charakter des Symbolischen der Politikdarstellung: In medialisiert vermittelter Unmittelbarkeit erhält sie einen Bewährungs- und damit Realitätsakzent, der stärker als jemals zuvor in der Geschichte die politische Darstellung an deren (z.T. meßbare) Wirkung, politische Machtfähigkeit also an wesentlich medial geprägte Wirkung bindet. – Es ist zu einfach, von der Ausstellung Regierender, Showstars oder 'intellektueller Meinungsführer' nur darauf zu schließen, daß es im Zeitalter medialisierter Öffentlichkeit zu nichts weiter als einer neuen Form der Auslese kommen müsse: Zu einer „Auslese vor der Apparatur" nämlich, „aus der der Star und der Diktator [wohl auch Charismatiker und virtuose Populisten – die Verf.] als Sieger hervorgehen" (Benjamin 1974: 492). Für den Erfolg praktischer Politik entscheidender ist, daß Politikdurchsetzung unabdingbar von einer durchaus nicht symbolischen, sondern pragmatisch-realistischen Beherrschung medialisiert-symbolischer Politikdarstellung abhängt. Für einen Star ist es das Ziel, dauerhaft zur Auslese vor der Apparatur zu gehören – für einen Politiker lediglich eine Voraussetzung neben anderen, in Massendemokratien eine bestimmte Politik durchzusetzen: Der Star (und der Künstler) verwirklicht sich im Reich des (medialisiert) Symbolischen, der Politiker nutzt die Kenntnis der medialisierten symbolischen Ordnungen zur Verwirklichung von Politik. Für den einen geht es um die Ästhetik, für den anderen um die Pragmatik des Symbolischen. Das unterscheidet die pragmatische Ästhetik des Politischen von der imaginativen Ästhetik des Fiktiven.

4. Die Irrationalität des Lebens und der Zwang zur Politik

Die Frage, warum Macht sich notwendigerweise in ihrem Erscheinen zugleich verbergen muß, führt dazu, die anvisierte Theorie 'figurativer Politik' in einer Anthropologie der Macht zu fundieren.[17] Vorausgeschickt sei, daß wir mit einer 'figurativen Politik' keine (neue) Gattung von Politik im Sinn haben, sondern damit die Revision einer eingeschliffenen, aber problematischen Auffassung politischen Handelns verbinden. Wir versuchten zu zeigen, daß eine dichotome Unterscheidung zwischen einer vermeintlichen symbolischen und einer Entscheidungspolitik im Sinne von Gattungen 'weichen' bzw. 'harten' politischen Handelns eher die Deskription eines Problems als seine Lösung darstellt. Entscheidungsprozeß und Machtdarstellung, politische Pragmatik und politische Ästhetik bilden prinzipiell eine Einheit sowie einen je (epochen-)spezifischen Typus figurativer Politik. Nirgendwo wird das, was wir als figurative Macht bezeichnen, vielleicht deutlicher als an den berühmt-berüchtigten Klarsichthüllen des ehemaligen SPD-Kanzlerkandidaten Jochen Vogel: Dieses Requisit steht nicht nur für die sprichwörtliche Ordnungsliebe des als Oberlehrer gescholtenen Juristen, sondern auch für seine lautere Art und sein Verständnis einer völlig durchsichtigen und berechenbaren Politik, schlicht: für die – wiederum symbolisch demonstrierte – Visualisierung aller Entscheidungsgrundlagen. Als theoretisches Programm schließlich zielt 'figurative Politik' auf eine den Atomismus dichotomer Begrifflichkeiten überwindende Rekonstruktion der Struktur politischen Handelns in anthropologischer und historischer Perspektive. Die Grundzüge dieses Programms sollen zum Schluß kurz skizziert werden.

Schon in den Anfängen der politischen Theorie bei Aristoteles ist die Einsicht zu finden, daß das Politische wie alle soziokulturellen Tatsachen gebunden ist an den Symbolismus.[18] Nur mittels Sprache läßt sich der Sinn für das Nützlich/Unnützliche, Gute/Böse und Richtig/Falsche artikulieren, also das moralische und politische Wesen des Menschen ausdrücken und manifestieren. Gegenüber einer solchen rein konstitutionstheoretischen *Bestimmung* hat Voegelin dem Symbolismus eine spezifische(re) Funktion zugewiesen: Eine Gesellschaft werde politisch, indem sie sich *artikuliere* und einen existentiellen *Repräsentanten*, eine Person oder ein Kollegium, ihres politischen Willens hervorbringe. Was aber sind nun die Konstitutions*bedingungen* politischer Artikulation?

Anthropologisch wurzelt das Politische nach Plessner in der Offenheit und Unbegrenztheit menschlicher (Handlungs-)Macht, historisch, wie bei Aristoteles, in dem Zwang zur Selbstbegrenzung als Folge der Einsicht in die Kontingenz der eigenen 'Gemeinschaft'. Das Reflexivwerden des natürlichen Freund-Feindverhältnisses und die Relativierung der natürlichen Einstellung zwingen zu einer Redefinition der Reziprozität der Akteursperspektiven, die nur als Legitimation in einem alltagstranszendenten Bezug (Alfred Schütz) auf Recht, Gerechtigkeit und Allgemeininteresse möglich ist. Mächtigkeit und Selbstbegrenzung als Momente des Politischen sind an Handlungsentwürfe und jenes darstellende Verhalten gebunden, durch das eine Objektivierung der Deutungsmuster erfolgt. Die Motivie-

---

17   Zum Fundierungsproblem von Politik und ihrem prinzipiell Gemeinschaft transzendierenden und diese ihrerseits fundierenden Wesen siehe Srubar 1999, an dessen luzide Rekonstruktion wir hier anschließen. Zu den Unterschieden zwischen antiker und moderner politischer Philosophie vgl. Bubner 1999
18   Auch von ganz anderer Seite wird behauptet: „Die Symbolisierung als solche ist unerläßliches Requisit der Machtbildung" (Luhmann 1988, S. 32); eine Annahme, die schließlich zur Theorie der „Macht als symbolisch generalisiertes Medium der Kommunikation" führte (Ibid., S. 2f).

rung des Handelns wird dadurch an institutionalisierte Symbolzusammenhänge gebunden. Dies teilt das Politische mit allem Sozialen. Während aber alle anderen Handlungssphären, zumal unter Bedingungen funktionaler Differenzierung und trotz aller „Interpenetration" (Münch 1984), ihren jeweiligen „Teilfunktionen" gehorchen, ist das Politische, darin dem Religiösen verwandt (vgl. Luckmann 1991), Adressat für alles, insofern es das Ganze betrifft – was nicht heißt, daß es auch selbst die Lösung der Einzelprobleme zu liefern hätte (Kondylis 1999).

Aristoteles These von der Selbstbegrenzung und Plessners Festlegung der 'Grenzen der Gemeinschaft' werfen ein erhellendes Licht auf die Bestrebungen, einen um Lebensstil symbolisch 'erweiterten Politikbegriff' theoretisch zu bestimmen und praktisch zu erproben (Beck 1986; Berking/Neckel 1987; Hitzler/Pfadenhauer 2001). Das sich mit dem Begriff 'symbolischer Politik' verbindende Unbehagen des 'gemeinen Menschenverstandes' hat hier sein Wahrheitsmoment, beklagt es doch das Verschwinden des Politischen aus der Politik, wo diese nicht mehr als Repräsentation eines Allgemeinen, sondern eines Lebensstils wahrgenommen wird. Dieses Allgemeine entspringt eben nicht, wie Kommunitaristen (beispielhaft: Etzioni), aber auch Individualisierungstheoretiker wie Beck meinen, aus der Gemeinschaft – eine solche Quasi-Politik des Apolitischen ist keine Politik, erzielt aber, wie die Indienstnahme der Jugendbewegung durch die Nationalsozialisten eindringlich verdeutlicht, in der Regel recht zweifelhafte politische Wirkungen (vgl. Soeffner 2001) –, sondern ist, so Aristoteles, ein ihr Vorausliegendes und sie Transzendierendes (vgl. Srubar 1999; Hitzler 1992 und in diesem Band). Wir stehen vor einem Paradox: Politik ist einerseits das Gegenteil jeden Anflugs – man kann es kaum treffender als mit dem bissig-ironischen Ausdruck des Wieners sagen – zu 'menscheln', und andererseits soll Politik, folgt man Aristoteles, das Menschenwesen zum Ausdruck bringen und verwirklichen.

Gemeinschaftlichkeit heißt Nähe, Vertrauen und lebensweltlich fundierte wechselseitige Verpflichtung. Das verlangt vor allem Opfer und zwar an Individualität. Gemeinschaftlichkeit ist, wie Nietzsche bemerkte, auf Dauer lebensfeindlich, weil sie den Willen zur Selbstdurchsetzung durch Macht, den Prozeß des Werdens, Vergehens und Neuentstehens hemmt. Individualität und Freiheit als Grundbedingungen der Selbsterschaffung des menschlichen Wesens brauchen neben Vergemeinschaftung die Fähigkeit der Individuen zur 'Selbstvertretung' *und* zur Distanz. Sie führen damit unweigerlich zur Auseinandersetzung und konstituieren den öffentlichen Bereich der anonymen Funktionsträger, des Rollenhandelns und der Institutionen, also die Gesellschaft. In Gesellschaft übt man den von Goffman eindringlich als Drama der Selbstdarstellung beschriebenen Kampf um Anerkennung (Goffman 1969; 1973). Weder Gemeinschaft noch Gesellschaft können daher die Basis des Politischen sein – die eine nicht, weil sie das Individuelle (nicht das Individuum!) opfert[19], die andere nicht, weil sie den Individualismus zum Kampf um's Dasein steigert, was Hegel in der Unterscheidung von bürgerlicher Gesellschaft und Staat deutlich ausgesprochen hat (Hegel 1970).

---

19 Ein eindrückliches Beispiel liefert der Ethnologe Pierre Clastres (Clastres 1976)

Sozialverträglich werden Egoismus und Auseinandersetzung bis zum Kampf nicht, wie Neoliberale uns Glauben machen wollen, etwa auf dem – ökonomistisch verengten – Markt, sondern nur auf der αγορά. Denn anders als die Wirtschaft hat es Politik nicht mit funktional definiertem Personal: mit zweckrational handelnden Funktionsträgern, sondern mit 'dem ganzen Menschen' zu tun, wenn auch anders als in den primordialen Vergemeinschaftungen. Ja, sie ist – und darauf zielt letztlich der Begriff 'figurative Politik' – die Erscheinung des menschlichen Wesens als ζῷον πολιτικόν: ein Modus menschlicher Existenz, in dem sich die exzentrische Positionalität und die daraus resultierende Ausdrücklichkeit menschlicher Lebensäußerungen zeigen. Das Politische ist mit einem Wechsel von der *natürlichen* zu einer reflexiven Einstellung verbunden, dann nämlich, wenn die gelebte Wirklichkeit mit ihren um die Bedürfnisbefriedigung kreisenden Alltagsgeschäften – bei den Griechen der οἶκος, Haus und Hof – transzendiert wird zur πόλις, zur *verfaßten* Bürgerschaft, die als die Fragen des Guten, Schönen und Wahren berührendes – damit auch das Private überschreitendes und miteinschließendes – Kosmion Heimat definiert und zwar immer schon gegen die Fremde, die Heimat der anderen.

Politik als das Reflexivwerden des Liebes- oder Freund-Feindverhältnisses in der Gemeinschaft bzw. der bürgerlichen Gesellschaft ist – allen Verheißungen einer 'Lebensstilpolitik', sei es als Ausdruck eines Gemeinschaftsgefühls oder eines Berufsethos zum Trotz – die „Brechungsform der Lebensbeziehungen" (Plessner 1981a: 143), nicht rousseausche Selbstverwirklichung der menschlichen Natur, sondern Rationalisierung der *Irrealisierung*: „Denn von Natur, aus seinem Wesen kann der Mensch kein klares Verhältnis zu seinen Mitmenschen schaffen. Ohne willkürliche Festlegung einer Ordnung, ohne Vergewaltigung des Lebens führt er kein Leben. Die These von der Grenze der Gemeinschaft [...] erhält hier ihre letzte Begründung" (Plessner 1981b: 422f): Politik als Kampf der Lebensentwürfe zerstört die Fiktion authentischen Lebens, aber nicht, um wie in den Utopien die 'wahre Wirklichkeit' zu setzen, sondern um einen sozial anerkannten und durch Gewalt geschützten Entwurf kollektiv durchzusetzen.

Politik ist Streben nach Macht (Max Weber), aber nicht alles Machtstreben ist politisch. Politisch wird eine soziale Beziehung, wenn sie sich von einer zweistelligen zu einer dreistelligen Relation wandelt, wenn der Mensch zu sich und zu seinen Mitmenschen in ein Verhältnis vermittelter Unmittelbarkeit tritt, wie es insbesondere in der politischen Stellvertretung im oben dargelegten Sinne geschieht. Der Machtkampf zwischen zwei Parteien, der Autoritätskonflikt zwischen Vater und Sohn, Herr und Knecht oder der Streit der Gatten ist unpolitisch, solange nicht die institutionalisierte Norm ihrer Beziehung und die sie legitimierende Weltsicht tangiert, sprich: revolutioniert werden. Die sozialen Klassifikationen (Herr und Knecht, Vater und Sohn, Mann und Frau) sind machtgestützte Typisierungen sozialer Beziehungen einer autonomen Sphäre, die allerdings im Rahmen einer politischen Verfassung garantiert sind.

Rationalisierung der Irrealität ist das Führen der politischen Geschäfte in Distanz zu sich und zu den anderen Menschen, zu den 'real existierenden' Normalitätskonstruktionen, wohl wissend, daß die Irrealität politischen Handelns als solches ein unaufhebbares Korrelat der anthropologischen Bestimmung des Menschen als eines in seiner Bestimmung offenen, als Macht zu ... , als Können[20] zu bestimmendes, also mit Möglichkeitssinn[21] ausgestattetes Wesen ist und bleibt (Plessner 1981a: 189). In der Politik als Kunst des Möglichen, beseelt vom Pragma des Opportunen, manifestiert sich das Wesen des Menschen. Als das 'nicht festgestellte Tier' (Nietzsche) dazu verdammt, im Status der Uneigentlichkeit zu verharren, ist das ζῶον πολιτικόν, mit dem Willen zur Macht ausgestattet, zur Konstruktion und Dekonstruktion von Wirklichkeit fähig. Eine dritte Bedeutung von Irrealität als Grundbestimmung menschlichen Seins resultiert aus der 'Nacktheit': gerade Rollenspiel und Maskerade bewirken die Humanisierung der Politik und eine Humanisierung durch Politik (Plessner 1981a: 7-133), ist diese doch, wie das menschliche Wesen, im Kern von einem unaufhebbaren Widerspruch geprägt – dem Konflikt zwischen Privatmoral und Amtsmoral: „Dort heißt es, ehrlich sein und jeden Menschen als Zweck an sich selbst betrachten, hier heißt es, klug sein und jeden Menschen als Mittel verwenden" (Plessner 1981a: 119f), ohne den Menschen – alter wie ego – in seiner Würde und Integrität zu verletzen. Eben diese Balance ist nur möglich, weil die Menschen von Natur aus Schauspieler sind, die wechselseitig die Heiligkeit ihres 'Images vom Selbst' wahren (Goffman 1973).

Literatur

Aristoteles (1995): Politik. Philosophische Schriften Bd. 4. Hamburg: Felix Meiner
Basset, Sandra/Zifonun, Dariuš (2002): Grenzübertritte. Zur rituellen Entgrenzung des Politischen bei den Bundeskanzlern Kurt Georg Kiesinger und Willy Brandt. In: Fischer-Lichte, Erika/Horn, Christian/Warstatt, Matthias (Hg.): Ritualität und Grenze, Tübingen/Basel: Franke (Im Erscheinen)
Beck, Ulrich (1986): Risikogesellschaft. Auf dem Weg in eine andere Moderne. Frankfurt a.M.: Suhrkamp
Benjamin, Walter (1974): Das Kunstwerk im Zeitalter seiner technischen Reproduzierbarkeit. Zweite Fassung. In: ders.: Gesammelte Schriften Bd. I, 2: Abhandlungen. Frankfurt a.M.: Suhrkamp, S.471-508
Berking, Helmuth/Neckel, Sighard (1990): Die Politik der Lebensstile in einem Berliner Bezirk. Zu einigen Formen nachtraditionaler Vergemeinschaftung. In: Berger, Peter A./Hradil, Stefan (Hg.): Lebenslagen, Lebensläufe; Lebensstile. Soziale Welt, Sonderband 7, S. 481-500
Beyme, Klaus von (1994): Die Massenmedien und die politische Agenda des parlamentarischen Systems. In: Neidhardt, Friedhelm (Hg.): Öffentlichkeit, öffentliche Meinung,

---

20 Hier greift Plessner wie Hannah Arendt auf den klassischen Arbeitsbegriff der Griechen zurück, der insofern er noch nicht, wie in der Moderne, auf zweckrationales und funktional geteiltes Herstellen reduziert ist, sondern auf die Selbstreproduktion des Menschenwesens zielt, immer schon politisch ist.
21 Möglichkeitssinn und Wirklichkeitssinn stehen allerdings in einem dialektischen, sich wechselseitig bedingenden Verhältnis. Exzentrische Positionalität und damit ein distanziert-offenes Verhältnis zur Umwelt als Möglichkeitsraum ist Bedingung der Erfahrung von Wirklichkeit als einer objektiven Welt. Umgekehrt ist sozial wirklich, was menschlich möglich ist.

soziale Bewegungen. Kölner Zeitschrift für Soziologie und Sozialpsychologie, Sonderheft 34, Opladen: Westdeutscher Verlag, S. 320-336
Bohrer, Karl-Heinz (1986) (Hg.): Ästhetik und Politik. Merkur Sonderheft 9/10, S. 719-724
Bubner, Rüdiger (1993): Über das Symbolische in der Politik. Deutsche Zeitschrift für Philosophie 41, S. 119-126
Bubner, Rüdiger (1999): Drei Studien zur politischen Philosophie. Schriften der Philosophisch-historischen Klasse der Heidelberger Akademie der Wissenschaften, Bd. 11. Heidelberg: Universitätsverlag C. Winter
Cassirer, Ernst (1994): Der Mythus des Staates. Philosophische Grundlagen politischen Verhaltens. Frankfurt a.M.: Fischer
Clastres, Pierre (1976): Staatsfeinde. Studien zur politischen Anthropologie. Frankfurt a.M.: Suhrkamp
Dörner, Andreas (1995): Politischer Mythos und Symbolische Politik. Sinnstiftung durch symbolische Formen, Opladen: Westdeutscher Verlag
Edelman, Murray (1990): Politik als Ritual. Die symbolische Funktion staatlicher Institutionen und politischen Handelns. Frankfurt a.M./New York: Campus
Elias, Norbert (1991): Was ist Soziologie? Weinheim/München: Juventas
Eppler, Erhard (1992): Kavalleriepferde beim Hornsignal. Die Krise der Politik im Spiegel der Sprache. Frankfurt a. M.: Suhrkamp
Foucault, Michel (1977): Überwachen und Strafen. Die Geburt des Gefängnisses. Frankfurt a. M.: Suhrkamp
Gerhards, Jürgen (1995): Welchen Einfluß haben Massenmedien auf die Demokratie in der Bundesrepublik Deutschland? In: Göhler, Gerhard (Hg.): Macht der Öffentlichkeit – Öffentlichkeit der Macht. Baden-Baden: Nomos, S. 149-177
Goffman, Erving (1969): Wir spielen alle Theater. Die Selbstdarstellung im Alltag. München: Piper
Goffman, Erving (1973): Interaktionsrituale. Über Verhalten in direkter Kommunikation. Frankfurt a.M.: Suhrkamp
Guggenberg, Bernd (1994): Das Verschwinden der Politik. In: DIE ZEIT vom 7. Oktober 1994
Hegel, Georg Wilhelm Friedrich (1970): Grundlinien der Philosophie des Rechts. Theorie Werkausgabe Bd. 7. Frankfurt a.M.: Suhrkamp
Hitzler, Ronald (1992): Die mediale Selbstinszenierung von Politikern. Eine personalisierte Form der 'Staatsrepräsentation'. In: Gauger, Jörg-Dieter/Stagl, Justin (Hg.): Staatsrepräsentation. Berlin: Dietrich Reimer, S. 205-222
Hitzler, Ronald (2002): Inszenierung und Repräsentation. Bemerkungen zur Politikdarstellung in der Gegenwart, In: Soeffner, Hans-Georg/Tänzler, Dirk (Hg.): Figurative Politik. Zur Performanz der Macht in der modernen Gesellschaft. Opladen: Leske + Budrich, S. 35-49
Hitzler, Ronald/Pfadenhauer, Michaela (2001): Konsequenzen der Entgrenzung des Politischen: Existentielle Strategien am Beispiel 'Techno'. In: Imhof, Kurt/Schulz, Peter (Hg.): Die Veröffentlichung des Privaten-Medien-Symposiums Luzern, Bd. 4. Opladen: Leske + Budrich, S. 165-179
Kantorowicz, Ernst H. (1990): Die zwei Körper des Königs. Eine Studie zur politischen Theologie des Mittelalters. München: Deutscher Taschenbuch Verlag
Kondylis, Panajotis (1999): Das Politische und der Mensch. Grundzüge der Sozialontologie. Bd.1. Berlin: Akademie
Luckmann, Thomas (1991): Die unsichtbare Religion. Frankfurt a.M.: Suhrkamp
Luhmann, Niklas (1988): Macht. Stuttgart: Enke

Meyer, Thomas (1992): Die Inszenierung des Scheins. Eine Essay-Montage. Frankfurt a.M.: Suhrkamp

Münch, Richard (1984): Die Struktur der Moderne. Grundmuster und differentielle Gestaltung des institutionellen Aufbaus der modernen Gesellschaften. Frankfurt a.M.: Suhrkamp

Münkler, Herfried (1995): Die Visibilität der Macht und die Strategie der Machtvisualisierung. In: Göhler, Gerhard (Hg.): Macht der Öffentlichkeit – Öffentlichkeit der Macht. Baden-Baden: Nomos, S. 213-230

Plessner, Helmuth (1981a): Macht und menschliche Natur. Gesammelte Schriften V. Frankfurt a. M.: Suhrkamp

Plessner, Helmuth (1981b): Die Stufen des Organischen und der Mensch. Gesammelte Schriften IV. Frankfurt a. M.: Suhrkamp

Popitz, Heinrich (1968): Prozesse der Machtbildung. Tübingen: Mohr (Siebeck)

Raab, Jürgen/Tänzler, Dirk (1999): Charisma der Macht und charismatische Herrschaft. Zur medialen Präsentation Mussolinis und Hitlers. In: Honer, Anne/Kurt, Ronald/Reichertz, Jo (Hg.): Diesseitsreligion. Zu Deutung der Bedeutung moderner Kultur. Konstanz: Universitätsverlag Konstanz, S. 59-77

Raab, Jürgen/Tänzler, Dirk/Dörk, Uwe (2002): Die Ästhetisierung von Politik im Nationalsozialismus. Religionssoziologische Analyse einer modernen Machtfiguration. In: Soeffner, Hans-Georg/Tänzler, Dirk (Hg.): Figurative Politik. Zur Performanz der Macht in der modernen Gesellschaft. Opladen: Leske + Budrich, S. 125-153

Raab, Jürgen/Grunert, Michael/Lustig, Silvia (2001): Der Körper als Darstellungsmittel. Die theatrale Inszenierung von Politik am Beispiel Benito Mussolinis. In: Fischer-Lichte, Erika/Horn, Christian/Warstat, Matthias (Hg.): Verkörperung. Tübingen/Basel: Francke, S. 171-198

Rohe, Karl (1987): Politische Kultur und der kulturelle Aspekt von politischer Wirklichkeit. Konzeptionelle und typologische Überlegungen zu Gegenstand und Fragestellung politischer Kultur-Forschung. In: Berg-Schlosser, Dirk/Schissler, Jakob (Hg.): Politische Kultur in Deutschland. Bilanz und Perspektiven der Forschung. Politische Vierteljahresschrift, Sonderheft 18, S. 39-48

Sarcinelli, Ulrich (1987): Symbolische Politik. Zur Bedeutung symbolischen Handelns in der Wahlkampfkommunikation der Bundesrepublik. Opladen: Westdeutscher Verlag

Schmitt, Carl ([1919]1998): Politische Romantik. Berlin: Duncker & Humblot

Simmel, Georg (1992): Soziologie. Untersuchungen über die Formen der Vergesellschaftung. In: ders.: Gesamtausgabe Bd. 11, Frankfurt a.M.: Suhrkamp

Soeffner, Hans-Georg (1992): Die Inszenierung von Gesellschaft. Wählen als Freizeitgestaltung. In: ders.: Die Ordnung der Rituale. Die Auslegung des Alltags 2. Frankfurt a.M.: Suhrkamp, S. 157-176

Soeffner, Hans-Georg (2000): Erzwungene Ästhetik: Repräsentation, Zeremoniell und Ritual in der Politik. In: ders.: Gesellschaft ohne Baldachin. Über die Labilität von Ordnungskonstruktionen. Weilerswist: Velbrück Wissenschaft, S. 280-309

Soeffner, Hans-Georg (2001): Stile des Lebens. Ästhetische Gegenentwürfe zur Alltagspragmatik. In: Huber, Jörg (Hg.): Interventionen 10, Zürich: Voldemeer, S. 79-113

Sofsky, Wolfgang/Paris, Rainer (1991): Figurationen der Macht. Autorität. Stellvertretung. Koalition. Opladen: Leske + Budrich

Srubar, Ilja (1999): Woher kommt das Politische? In: Honer, Anne/Kurt, Ronald/Reichertz, Jo (Hg.): Diesseitsreligion. Zu Deutung der Bedeutung moderner Kultur. Konstanz: Universitätsverlag Konstanz, S. 17-38

Schwarzenberg, Roger-Gerard (1980): Politik als Showgeschäft. Düsseldorf/Wien: Econ
Tänzler, Dirk (2001): Ernst Cassirer, Der Mythus des Staates. Philosophische Grundlagen politischen Verhaltens. Eintrag in: Oesterdiekhoff, Georg W. (Hg.): Lexikon der soziologischen Werke. Opladen: Westdeutscher Verlag, S. 110-111
Weber, Max (1976): Wirtschaft und Gesellschaft. Grundriß der Verstehenden Soziologie. Tübingen: Mohr (Siebeck)
Weiß, Johannes (1998): Handeln und handeln lassen. Über Stellvertretung. Opladen: Westdeutscher Verlag
Willems, Herbert/Jurga, Martin (Hg.) (1998): Inszenierungsgesellschaft. Ein Handbuch. Opladen: Westdeutscher Verlag

Ronald Hitzler

Inszenierung und Repräsentation. Bemerkungen zur Politikdarstellung in der Gegenwart

Wenn wir von Politikdarstellung – nicht nur, aber zumindest 'heutzutage' – sprechen, dann sprechen wir in aller Regel zunächst einmal – und vor allem anderen – von der Inszenierung von Politikern. Auch wenn damit die Rekonstruktion von Regeln und Regelmäßigkeiten, von Mustern und Strukturen, eventuell auch von Effekten und Konsequenzen politikdarstellerischen Handelns (vgl. Price/Bell 1970) selbstredend keineswegs abgedeckt ist, werde ich mich hier dennoch im wesentlichen auf einige Aspekte der mit ihrer Selbst-Darstellung verbundenen Handlungsprobleme von Berufspolitikern in der zeitgenössischen Repräsentativdemokratie beschränken. Dergestalt fokussiert geht es mir im Folgenden zunächst einmal um das Phänomen der '*Inszenierung* von Politik', d.h. um eine vor allem auf Popularität, auf Öffentlichkeitswirksamkeit abzielende Form des Betreibens von 'Politik als Beruf' unter den Bedingungen massenmedialer Inszenierungschancen und Inszenierungszwänge. Zum anderen geht es mir aber auch um das Phänomen der – wie auch immer gearteten – personalen *Repräsentation* dessen, was wir mit dem Begriff 'Politik' (jeweils) assoziieren, verallgemeinert gesagt also um die Repräsentation 'des Politischen' (vgl. zu dem Problemkreis auch Tänzler 2000).

1. 'Politik machen' als Kunst der Inszenierung

Jeder Politiker (zumindest in einer Repräsentativdemokratie), muß, will er gewählt und wiedergewählt werden, will er seine Karriere aufbauen und fortsetzen, darum bemüht sein, den Eindruck von persönlicher Ausstrahlung, von Erfahrung, von Verantwortlichkeit, von Bildung, von Überzeugung, von Vertrauenswürdigkeit zu vermitteln. Und jeder Politiker muß tunlichst den Eindruck, bürokratisch, eingebildet, überheblich, egoistisch, machtgierig, verlogen, gewissenlos und stur zu sein, vermeiden. Anders ausgedrückt: Jeder Politiker steht vor dem Problem, erfolgreich Autorität, Fleiß, Toleranz, Prinzipientreue, Kompetenz, Präsenz, Humanität und was dergleichen positiv geladene Topoi mehr sind, zu inszenieren, also Eigenschaften für sich zu reklamieren, die andere Menschen dazu bewegen sollen – und offenbar auch können –, gerade *ihn* als relativ besten Vertreter und Verfechter ihrer Interessen zu betrachten. Es geht dabei insbesondere darum, einigermaßen vertraut (prominent) und glaubwürdig (integer) zu erscheinen.

Dies ist sozusagen *strukturell* die *manipulative* Komponente der Technik politischen Handelns. Sie allein genügt augenscheinlich aber nicht, um erfolgreich Politik zu machen (vgl. Hitzler 1996). Dazu kommen muß zunächst und zumindest noch so etwas wie ein Gespür für den 'richtigen Zeitpunkt', für soziohistorische Trends und Tendenzen, für den 'Zeitgeist', für 'in der Luft liegende' Reformen und Veränderungen. „Mangelt es", schreibt Agnes Heller (Heller 1982: 388), „jemandem an dieser allgemeinen politischen Erkenntnis und Praxis, dann kann er noch so raffiniert sein, noch so durchtrieben heucheln und die angemessensten Instrumente der Politik in Anspruch nehmen, dennoch wird er nie ein bedeutender Politiker werden."[1]

Schon Harold D. Laswell hat ja sein ursprüngliches Konzept der typischen Persönlichkeit des Politikers als einer genuin machtorientierten (vgl. Laswell 1951) bald darauf dahingehend revidiert, daß er sehr viel stärker die Bedeutung von Pragmatismus, Flexibilität und Kompromißbereitschaft für eine erfolgreiche politische Karriere betont hat (vgl. Laswell 1954). Denn der Politiker hat, zumindest (aber wohl nicht nur) in einer repräsentativen Demokratie, im Gegensatz zum Bürokraten, der in festen Strukturen prinzipiell sicher verankert ist, grundsätzlich eine *instabile* Position inne. Folglich muß er sich ständig, mulitidimensional und an viele Adressen gewandt, bemühen, *beliebt* zu werden, zu sein und zu bleiben.[2] Diese Dispositionen bzw. diese Fähigkeiten, die den Politiker in einer repräsentativen Demokratie, sozusagen von Berufs wegen, zum Opportunisten machen, hat Gore Vidal (Vidal 1973) als eine besondere Kunstfertigkeit bezeichnet, die darin bestehe, z. B. grundsätzlich zu wissen, wann man gehen und wann man bleiben muß, wann nachgeben und wann beharrlich sein.

Ein Politiker in einer repräsentativen Demokratie muß, Vidals Meinung nach, *gesellig* sein oder zumindest so wirken, *aufrichtig sein* und doch nie das Spiel aus der Hand geben, und er muß *neugierig auf Menschen* sein, weil er sonst seinen 'Job' nicht aushält. Außerdem sollte ein Politiker offenbar nicht zu gescheit sein, er sollte häufig lächeln, zugleich doch immer seriös wirken, und er sollte nicht zu stolz erscheinen. Der Politiker braucht einen Sinn für Gelegenheiten, er muß auf die richtige Fra-

---

[1] Ungenierter also als etwa Hans-Georg Soeffner (Soeffner 1992), der die Bedeutsamkeitsdifferenz von politischem Charisma gegenüber schierem Populismus betont und charismatische Wirkung an besondere rituelle Darstellungselemente bindet (vgl. Soeffner 1994), oder auch als Wolfgang Lipp, dem zufolge Charisma wesentlich aus der Bereitschaft zum existentiellen Wagnis bzw. zum sozial stigmatisierenden Handeln erwächst, konnotiere ich hier mit sozusagen charismatischer Bedeutsamkeit 'lediglich' die Anerkennung besonderer Kompetenz(en) durch andere, die diesen wiederum die Ausübung von Macht über sie (und Dritte) akzeptabel bzw. gar wünschenswert erscheinen läßt.

[2] Renate Mayntz und Fritz Scharpf (Mayntz/Scharpf 1973: 121) sprechen in diesem Zusammenhang von einem „institutionalisierten Zwang zum kurzfristigen Erfolg". Denn da man bald diesen und bald jenen 'braucht', und da man vor allem niemals weiß, ob man nicht diesen oder jenen auch einmal 'brauchen' wird oder auch wieder einmal 'brauchen' wird, tut man als Mensch, der eben nicht nur *für*, sondern qua 'Beruf' auch *von* der Politik lebt bzw. leben muß, gut daran, seine eigenen Ambitionen möglichst flexibel zu *halten* oder zumindest flexibel zu *formulieren* (vgl. Hofmann 1982). Somit erscheint denn der Berufspolitiker (hier und) heute symptomatischerweise als interessenabhängiger, unselbständiger Sachzwangverwalter, der sich mit anderen weisungsgebundenen Mandatsträgern versammelt, um andernorts getroffene Entscheidungen registrieren zu lassen (vgl. Leibholz 1958: 94). Deshalb betätigt er sich gegenüber seinen Wählern und Förderern wenigstens gerne als 'Sozialmakler' (vgl. Boissevain 1978): Er verspricht und verteilt vorzugsweise Ressourcen 'aus fremden Taschen' – aus öffentlichen, aber auch aus privaten. Und im übrigen hat sich der typische Berufspolitiker eben sichtlich „auf die Legitimation von Folgen spezialisiert, die (er) weder verursacht hat noch wirklich vermeiden kann" (Beck 1986: 343).

ge auch stets die 'richtig' erscheinende Antwort wissen. Laut Christian von Krockow (Krockow 1989: 9) besteht das politische Handwerk unserer Volksvertreter dementsprechend typischerweise aus „Einfädeln, Behauptung, Durchsetzung in der Gremienarbeit ... Eloquenz ... Präsenz ... Verblüffungsfestigkeit, Beherrschung der Spielregeln ... Anpassungsfähigkeit, Verbindlichkeit ... Fähigkeit, Verbindungen zu knüpfen – und wenn nötig, sie wieder zu lösen. (...) Sich nützlich zu machen. Fleißig sein oder wenigstens emsig scheinen."

Der *Anschein*, daß den Politiker 'gute' Eigenschaften eigneten, ist also das Wesentliche, nicht ihr tatsächliches Vorhandensein. Niccolo Machiavelli (Machiavelli 1972: 73) ging sogar so weit, „zu behaupten, daß sie schädlich sind, wenn man sie besitzt und stets von ihnen Gebrauch macht, und daß sie nützlich sind, wenn man sich nur den Anschein gibt, sie zu besitzen." Die Frage von gutem oder schlechtem Handeln reduziert sich hinsichtlich der 'Logik' des Politischen somit auf die Frage danach, ob die benutzten Mittel angemessen waren oder nicht.

Dementsprechend zweck-mittel-rational zu handeln, das macht den erfolgreichen Politiker aus – unabhängig von weltanschaulichen Positionen: Denn Politik schlechthin ist nach Machiavelli eben die Kunst, soziohistorische Rahmenbedingungen zu erkennen, richtig einzuschätzen und 'klug' darauf zu reagieren; d.h. sie den je eigenen Zielen nutzbar zu machen, bzw. die je eigenen Ziele auf sie abzustimmen und somit „nach Machtanteil oder nach Beeinflussung der Machtverteilung" (Max Weber 1980: 506) zu streben. Ein erfolgreicher Politiker zu sein, heißt demnach, diese Kunst zu beherrschen und möglichst illusionslos (sowohl was einen selbst angeht, als auch was andere Menschen betrifft) zu agieren. Und das wiederum bedeutet heutzutage in einem repräsentativdemokratisch organisierten Gemeinwesen insbesondere bei denen, 'auf die es ankommt', den Eindruck zu erzeugen, daß die, 'auf die es ankommt', so viel davon haben, daß man (eine bestimmte) Politik macht, daß sie stärker daran interessiert sind, daß man (diese) Politik macht, als daß andere (eine andere) Politik machen. Das, was man heutzutage in repräsentativ-demokratisch organisierten Gemeinwesen noch 'politische Macht' nennen könnte, entsteht somit vor allem durch *Darstellungskompetenz*.[3]

Was dergestalt sichtbar wird, das ist also eine hochgradige *Identität* von 'Politik als Show' und faktischem politischem Handeln (vgl. Dörner 2001, Meyer 1992, auch schon Schwartzenberg 1980). Die Show *ist* die Politik, könnte man vielleicht etwas überpointiert sagen. D.h., der Politiker arbeitet stets – zumindest auch – an seinem 'Image': Er versucht gegenüber je bestimmten Anderen in je bestimmten Situationen auf eine solche Art und Weise zu 'wirken', daß sie den von ihm gewünschten Eindruck von seiner Person bzw. seiner Persönlichkeit gewinnen (vgl. Goffman 1969). Wenn man nun aber die dramaturgischen Elemente des

---

3 Auch 'Hinterbänkler' und 'graue Mäuse' im Parlament müssen über diese Kompetenz (andere von sich zu überzeugen, bzw. andere davon zu überzeugen, daß man die relativ beste Wahl ist, die sie treffen können) verfügen – sonst wären sie nämlich gar nicht ins Parlament gewählt worden. Daß sie allerdings im Parlament 'Hinterbänkler' und 'graue Mäuse' werden und bleiben, das liegt wiederum an ihrer *relativen* Inkompetenz (relativ eben zu anderen Parlamentariern), den Eindruck von Kompetenz zu erzeugen.

Politikerdaseins sozusagen handlungsstrukturell interessiert ins Auge faßt (vgl. Pesch 2000), dann liegt natürlich die Versuchung nahe, nachgerade alles, was man in den Blick bekommt, als strategisch absichtsvoll zu hypostasieren. Dann erscheint der Politiker dem argwöhnischen Betrachter schnell nur noch als begnadeter Mime und gewitzter Regisseur, als geheimnisvoller Drahtzieher und ränkereicher Fadenspinner, als ausgebuffter Taktiker und eben vor allem als kaltblütiger Machiavellist. Nun sind derlei Fähigkeiten und Begabungen für das Überleben in der Sinnwelt des Politischen sicherlich essentiell: Wer hier Erfolg sucht, der kommt kaum umhin, sich sozusagen in Permanenz auf die kalkulatorische Lauer zu legen, damit rechnend, daß jeder (auch er selber) letztlich darauf angewiesen ist, sich auf Kosten des und der anderen – wem gegenüber auch immer – zu profilieren. Nichtsdestotrotz ist das meiste von dem, was der Politiker so tut, wenn er Politik macht, weniger individuelle *Strategie* eines Akteurs als kollektiver *Habitus* eines Berufsstandes. D. h., wenn er agiert, dann agiert er oft 'bewußtloser' als es den Anschein hat – milieuspezifischen Routinen, gruppierungstypischen Lebens-Regeln, subkulturellen Konsensen folgend. Wenn er uns etwas 'vormacht', dann macht er oft einfach nach, was andere wiederum *ihm* vormachen. Er spielt dann, öfter als der Stammtisch-Kritiker denkt, seine Rolle (ganz im Sinne Georg Simmels 1968: 79) „nicht als Heuchelei und Betrug, sondern als das Einströmen des persönlichen Lebens in eine Äußerungsform, die [er] als eine irgendwie vorbestehende, vorgezeichnete vorfindet."

Inszenierungstechniken aller möglichen Art werden also vor allem im (berufs-) politischen 'Milieu' erprobt, habitualisiert, tradiert, in gewisser Weise sogar institutionalisiert, so daß typischerweise Politiker eben schon habituell in signifikant höherem Maße als 'normale Menschen' Virtuosen im strategischen Einsatz und in der strategischen Kombination von Ausdrucksformen aller Art sind: „Dadurch wird die politische Kunst gleichsam objektiviert und von der Zufälligkeit der handelnden Personen, ja sogar vom Grad ihrer Begabung in gewissem Sinn abgelöst" (Freyer 1986, S. 50). Denn *impression management* 'in jeder Lage' ist gleichsam überlebenswichtig für den Politiker schlechthin. Und v.a. Medienwirkung ist heutzutage 'das Brot', von dem er sich karrieretechnisch 'ernährt' (vgl. Leif 2001, Jarren 2001). Politiker 'stellen sich aus', müssen sich ausstellen, müssen – vor allem medial – präsent sein, weil auf solcher Präsenz ihre Prominenz und darauf wiederum wesentlich ihre Chance beruht, 'im Spiel' zu bleiben, d.h. wieder nominiert und wiedergewählt zu werden und (idealerweise) in der politischen Hierarchie weiter aufzusteigen.

Somit liegt es wohl nahe, davon auszugehen, daß – dramatologisch betrachtet – das berufsförmige oder quasi-berufsförmige 'Politik machen' weniger in den Kategorien von richtigen oder falschen Maßnahmen als in denen von guten oder schlechten Inszenierungen verläuft. 'Politik machen' ist aus dieser Perspektive weit weniger darauf ausgerichtet, für ein angemessenes Handeln zur Erreichung gemeinwesenpositiver Ziele Sorge zu tragen, als darauf, bestimmte Ziele in Relation zu anderen überhaupt zu benennen, zu erläutern, zu bewerten und zu rechtfertigen. Derlei legitimatorische Maßnahmen gehören zur selbstverständlichen alltäglichen Kleinarbeit des Berufspolitikers – jedenfalls in (heutigen) Repräsentativdemokratien. Infolgedessen erscheint der Berufsalltag des Politikers weit weniger als instrumentelle denn als expressive, als symbolische Praxis: Es geht tagtäglich vor allem um personale Kontakte und Kontaktpflege auf nachgerade allen sozialhierarchischen Ebenen. Es geht um institutionelle und organisatorische Verbindungen und Querverbindungen. Es geht um 'Bezugs'-Gruppen – d.h. um Kontakte zu Wählern, zu Lobbyisten, zur eigenen, aber auch zu fremden Parteien, zu Kollegen, zu Mitarbeitern, usw.

Harte Daten, Zahlen, Fakten, Memoranden, Vorlagen und Gesetzesentwürfe scheinen unter diesem, im Sinne Luckmanns (Luckmann 1985) *rituellen* Aspekt des institutionell ausdifferenzierten politischen Handelns weit unwesentlicher als jenes 'weiche' (Sonder-)Wissen, das sich aus einer Vielzahl informeller Hinweise und Warnungen, aus Diskretionen und Indiskretionen, aus Stimmungen und Ahnungen, aus Spekulationen und Intimitäten, aus Meinungen und Vorurteilen, aus individuellen und kollektiven Selbstverständlichkeiten ergibt. Die Quellen politischer Sinn-Konstruktionen scheinen (zum Leidwesen mancher, Politik und Politik-Wissenschaften konfundierender 'Berater') eher Mitteilungen 'zwischen den Zeilen', inoffizielle Kanäle, allerlei Vertraulichkeiten am Telefon, 'im Vorbeigehen', am Rande von Sitzungen, denn Statistiken und wissenschaftliche Analysen, Expertisen und Datenbanken zu sein. Primär *gestaltet* der Politiker – allem gern evozierten Anschein zum Trotz – nicht politische Entscheidungsprozesse, sondern er *interpretiert* und '*erklärt*' laufende, stattgehabte sowie künftige Entscheidungen und *verleiht* ihnen dergestalt die Würde des Normativen (vgl. Berger/Luckmann 1969; Scott und Lyman 1976). Er gilt dem Normalbürger mithin typischer- (und oft fälschlicher-)weise eben auch als *Experte* für politische Fragen und Probleme.

Das Dilemma der sogenannten 'politischen Klasse' (vgl. Leif/Legrand/Klein 1992; Beyme 1993) insgesamt besteht nun allerdings gerade darin, daß sie sich öffentlich über den Anspruch legitimiert, in dem von ihr 'betriebenen' politischen System gesellschaftlich produzierte Konflikte und Widersprüche (letztinstanzlich) aufheben bzw. beseitigen zu können, daß sie aber faktisch allenfalls (mehr oder weniger geeignete) Mittel bereitstellen kann, um diese zu 'organisieren' (vgl. Hitzler 1994). Daraus ergibt sich naheliegenderweise die Frage, warum Politiker gleichwohl immer wieder dieses imaginäre Versprechen repetieren und damit die Fiktion einer faktisch nicht einlösbaren Problemlösungspotenz perpetuieren, während sie zugleich und zunehmend die Idee der Macht explizit und expressiv negieren.[4]

Während andere dramatologische Ansätze in der politischen Soziologie (exemplarisch: Edelman 1988) diese Diskrepanz traditionell mit einem Modell von Vorder- und Hinterbühnen zu erklären suchen, klammere ich hier die analytische Frage, wie das politische System denn nun wohl *eigentlich* funktioniere, absichtsvoll aus.[5] Stattdessen nehme ich an, daß es, falls es 'wirklich' geheime, völlig verschwiegene, hermetisch verschlossene 'Hinterbühnen' der Macht geben soll-

---

4   Eine Antwort auf diese Frage könnte darin liegen, daß Politiker ständig einerseits Sachkompetenz für (öffentlich) virulente Fragen glaubhaft machen müssen, um etwelche 'Führungsansprüche' (und daraus resultierende Privilegien) zu rechtfertigen, daß sie andererseits aber auch immer ebenso glaubhaft machen müssen, sich *keine* 'Sonderrechte' herauszunehmen bzw. herausnehmen zu wollen (vgl. Mayntz/Neidhardt 1989).

te, ich jedenfalls nichts davon 'wirklich' weiß – ja genau genommen: nichts 'wirklich' davon wissen *kann*. Mithin begreife ich als Gegenstand meines Erkenntnis- und Frageinteresses schlicht das Einsehbare[6] und die hierauf bezogenen Selbstverständnisse der Akteure. Ersteres mit letzterem konfrontiert jedoch erweist sich als ausgesprochen labile, zusehends krisenanfällige Konstruktion: Der im Kontext aktuellerer Modernisierungsdebatten vielfach konstatierte (vgl. für allzu viele: Beck/Giddens/Lash 1996) Umbau der Gesellschaft vollzieht sich im Funktionssystem der Politik mit – auch wenn die *Formen* des Vollzugs das Geschehen mitunter bis zur Unidentifizierbarkeit verkleiden mögen (vgl. z.B. Beck/Hajer/Kesselring 1999).

2. Zur politischen Konstruktion von Realität

Einschlägige *wissenschaftliche* Experten (wie z. B. Atkinson 1984, Graber 1976, Dieckmann 1969, Dörner 2001, Geißner 1969, Haseloff 1969, Sandow 1962, Zimmermann 1969) tendieren dazu, politikdarstellendes Handeln schlechthin – nicht nur, aber vor allem natürlich das des Berufspolitikers – grundsätzlich als *persuasives*, als auf Überzeugung bzw. Überredung abzielendes kommunikatives Handeln zu deuten: „Der moderne Politiker braucht kommunikative Kompetenz. Er braucht die Fähigkeit zur Politikvermittlung, und je versierter er die Klaviatur symbolischer Politik zu bedienen weiß, desto erfolgreicher dürfte er sein" (Sarcinelli 1992: 165; auch Sarcinelli 1998). Man könnte auch sagen, daß selbst in Zeiten, in denen die Bedeutung der (bewegten) Bilder in nachgerade allen – also auch und nicht zum wenigsten den politischen – Prozessen der Wirklichkeitskonstruktion kaum überschätzt werden kann (vgl. Dörner 2000)[7],

---

5 Meines Erachtens macht es, gerade aus einer dramatologischen Perspektive heraus, wenig Sinn, irgendeine mysteriöse Hinterbühne zu hypostasieren, auf der 'wirkliche' Politik gemacht, während 'vorne' sozusagen nur der 'Schein der Verblendung' inszeniert werde. Politik findet vielmehr ständig und in vielfältigen Varianten auf sehr vielen verschiedenen Bühnen, in sehr vielen verschiedenen Kulissen und mit sehr unterschiedlich begabten, disponierten und engagierten Akteuren statt. Der Kampf auf den Medienbühnen der Öffentlichkeiten ist ein essentieller und offenkundiger, auch vom 'Mann auf der Straße' als solcher kaum übersehener Teil des Machtkampfes selber, und der tatsächliche Machtkampf ist oft *auch* ein Kampf um die Gunst des Publikums. (Nicht nur ist das Schöne an der Popularität, daß man dadurch Macht bekommen kann, sondern es gehört auch zu den schönen Seiten der Macht, daß man damit populär werden kann.) In jeder Situation, in der Politik 'gemacht' wird, gelten m. E. also die gleichen dramaturgischen Grundregeln (weil nämlich Politik beginnt, wo – irgendeine – Öffentlichkeit beginnt).

6 Einsehbar sind vor allem Maßnahmen der (öffentlichen) Vermittlung, 'Erklärung' und Rechtfertigung, der Darstellung also von als 'politisch' apostrophierten Ereignissen, Prozessen und Sachverhalten (vgl. Nedelmann 1986). Das beginnt mit dem im Sitzungsprotokoll festgehaltenen 'spontanen' Zwischenruf und endet durchaus noch nicht bei der Fernsehansprache.

7 Es gibt heute kaum noch irgend eine Eigentümlichkeit, kaum eine Eigenschaft, kaum ein Attribut, kaum ein Accessoire an einem Politiker, das durch die TV-Kamera nicht ins Zentrum des Zuschauerinteresses rücken könnte (bereits McGinnis 1970). Kurz: Die Effekte *nonverbaler* Kommunikation sind heute mindestens ähnlich wichtig – manche sagen auch: längst viel wichtiger – als irgendwelche *Inhalte* des, jedenfalls über den Bildschirm, Geäußerten. Lässiger formuliert: Die politische 'Message' verliert ganz beträchtlich an Durchschlagskraft, wenn Inhalt, Tonfall und äußere Erscheinung nicht ineinanderspielen (vgl. Sollmann 1999).

aus dramatologischer Sicht das *Grundelement* der Politik gleichwohl (letztlich) die Sprache bzw. besser: die Rede, die *verwendete* Sprache ist. Das, was die Sprache (in) der Politik ausmacht, reicht von Aktenvermerken und informellen Aussprachen über Ansprachen, Debatten, Pressekonferenzen bis hin zu Massenkundgebungen und Generalideologien. Die Sprache (in) der Politik ist sozusagen das Zentrum dessen, was man das politische *impression management* nennen könnte, also des Unternehmens, sich ein 'Image' zu verschaffen, das wiederum andere dazu verführt, freiwillig das zu tun, was man möchte, daß sie tun sollen. Man könnte es auch so sagen: Politik ist gewissermaßen die Kunst, physische Auseinandersetzungen durch zeichenhafte bzw. symbolische zu ersetzen. Grundsätzlich ist dabei jedoch zu bemerken, daß es – entgegen einer unbedarften Vorstellung von der Bedeutung des Aushandelns von Standpunkten zwischen Politikern bzw. zwischen politischen Lagern – dem Politiker nicht oder jedenfalls außerordentlich selten darum geht, irgendwelche 'Gegner' von seinem Standpunkt zu überzeugen, bzw. sie dazu zu bringen, ihre Auffassung über etwas zu verändern. Politische Rhetorik dient vielmehr vor allem dazu, Parteigänger zu ermutigen, Sympathisanten zu aktivieren, Unentschlossene auf die eigene Seite zu ziehen und auch Kritiker in den eigenen Reihen mundtot zu machen. Und nicht zum wenigsten dient sie eben der Beschwichtigung des Publikums (z. B. durch Erklärungen, Schuldzuweisungen und Entschuldigungen), der Argumentation für oder gegen Positionen, der Legitimation oder Nihilierung von politischen Einsichten und Weltanschauungen, der eigenen Profilierung und der Diffamierung von Gegenspielern und Konkurrenten, der Emotionalisierung von Sachverhalten, der Evokation positiver und der Kompensation negativer 'Images' (vgl. Goffman 1971; Boorstin 1987), der Generierung von Zustimmung und erwünschtem Handeln usw.

Es scheint tatsächlich so etwas wie 'Grammatiken' (vgl. Burke 1945) erfolgreicher Politikinszenierung zu geben; Grammatiken, die keineswegs nur, etwa von Wissenschaftlern, *ex post* zur strukturellen Beschreibung auf die faktischen Handlungsabläufe und -zusammenhänge *appliziert* werden können, sondern die zum guten Teil in Form zumindest von habituellem 'Rezeptwissen' (vgl. Schütz/Luckmann 1979: 139 ff.) dem politischen Akteur typischerweise zuhanden, zumindest aber dem informierten, erfolgsorientierten Berufspolitiker und vor allem dem politischen Image-Macher und Marketingexperten geläufig sind – und von diesem auch strategisch genutzt werden (z. B. Radunski 1980).

All das, all diese Techniken und Finessen, diese Tricks und Drehs, rechne ich zum Phänomen der *Inszenierung von Politik*. Inszenierung von Politik dient vor allem dazu, in der Konkurrenz mit anderen Bewerbern um die Gunst des Publikums zu bestehen und zu obsiegen. Allerdings reicht auch eine hohe, aber rein *technisch* orientierte schauspielerische bzw. mediale Kompetenz – selbst im Verein mit einem 'Gespür' für den 'Zeitgeist' – augenscheinlich nicht aus, um sich hinlänglich erfolgreich und einigermaßen dauerhaft als legitimer Vertreter des politischen Systems auszuweisen. Politik, und damit auch der einzelne Politiker, muß vielmehr etwas mit-repräsentieren, was nur in und über Politik einen Ausdruck zu finden vermag: die *Repräsentation* einer bestimmten alltagstranszendenten Wirklichkeit, die Repräsentation der 'idealen' Welt einer bestimmten Ordnung des Gemeinwesens, bzw. genauer: eine (zumindest) von einer bestimmten 'Klientel' akzeptierte und verlangte Idee des Gemeinwesens.[8] D. h. der erfolgreiche Darsteller des politischen Systems muß – sozusagen auf allen Ebenen – geltend machen können, daß er das repräsentiert, was der, der ihn wählt, als relevant für das Gemeinwesen ansieht (vgl. Weber 1980). Dramatologisch betrachtet gilt es also weniger, ein solches Motiv tatsächlich zu haben bzw. eine solche Idee tatsächlich zu verfolgen, als vielmehr, möglichst glaubhaft zu machen (glaubhaft jedenfalls für eine bestimmte 'Klientel'), daß sie das eigene (politische) Wollen leitet.

Unabhängig davon also, ob der Politiker glaubt, was er sagt, oder gar sagt, was er glaubt, muß er nach bestimmten politikimmanenten Regeln handeln, wenn er erfolgreich sein will. Ein wichtiger und oft thematisierter Teil dieser Regeln ist, nicht nur, aber vor allem in modernen Repräsentativdemokratien wie der unseren, glaubhaft zu machen, daß er 'für alle' (jedenfalls für alle, auf die es ihm ankommt) das Beste will und daß er *deshalb* Macht bekommen oder behalten muß. Ein anderer, in modernen, strukturell pluralisierten Gesellschaften – unter 'normalen' Umständen – weitaus seltener genannter Teil dieser Regeln ist aber auch, daß er irgendwelche (sozial hinlänglich approbierten) 'höheren' Mächte und Einsichten als Thema für seine Zwecke zu operationalisieren versteht. Im Verweis auf Machiavelli bestätigt dies etwa auch Herfried Münkler, dem zufolge zu den „weltimmanenten Mitteln der Politik ... auch der Anschein der Transzendenz und der taktisch geschickte Einsatz dieses Anscheins" (Münkler 1984: 245) zählen. So trägt eine – im Anschluß an Luckmann (Luckmann 1991) – völlig funktional verstandene Religion, hier v.a. als 'Sinngebung durch Mythologisierung', wesentlich zur Stabilisierung *jeder* (auch einer dezidiert 'atheistischen') Ordnung bei. Die religiöse Verbrämung – gleich welcher Art – verleiht der Faktizität der Herrschaft die Würde des Normativen. Denn, das hat bekanntlich auch Max Weber so gesehen, *jede* Herrschaft muß, will sie stabil bleiben, von einem 'Saum des Glaubens' umgeben sein; und das heißt, durch transzendente Verweise *legitimiert* werden: „Legitimitätsvorstellungen begründen [...] keine Herrschaftsverhältnisse, sondern sie prägen und steigern faktische Überlegenheit zu einem sinnvoll bejahten Gesellschaftsverhältnis" (Ferber 1970: 65). Das Volk, so Machiavelli, braucht 'das Opium' Religion, um gehorchen zu können; der Staat, das Gemeinwesen, braucht, um stabil zu bleiben, ein gehorsames Volk: mithin braucht der Staat die Religion.[9]

---

8   Da nun aber weder diese politische Gemeinschaft noch deren allgemeiner Wille etwas ist, was ein normaler Bürger je wahrgenommen hat, bedarf es, damit ein politischer Repräsentant als solcher 'funktioniert', seiner Verankerung in einem den – produktiv wie rezeptiv, aktiv wie passiv – Beteiligten im *wesentlichen* bekannten und verstehbaren *Interpretationsschema*. Dieses Schema wird uns sozial vermittelt über all das, was wir gemeinhin der sogenannten staatsbürgerlichen oder auch staatskritischen Bewußtseins-Bildung (und damit dem politischen Orientierungswissen; vgl. Hitzler 1997) zurechnen: Vom Gemeinschaftskundeunterricht in den Schulen über die Aufklärungs- und Belehrungsschriften sowie Propagandaunternehmungen von Parteien, Kirchen, Verbänden und sozialen Bewegungen aller Art, bis hin zu politischen Nachrichten, Kommentaren und Pamphleten, aber auch einschließlich des alltäglichen politischen Klatsches bzw. der politischen Stimmungs- und Gesinnungspflege an Stammtischen ebenso wie in etwelchen mehr oder minder subversiven intellektualisierten Diskussions- und Protestzirkeln.

In diesem weiten Sinne *repräsentiert* der Politiker als solcher – der Idee nach – also tatsächlich das Gemeinwesen.[10] Er macht – gelingenderweise – dem Bürger gegenüber glaubhaft, daß er für jenen Staat steht, den er dem Bürger als Garant von dessen Wohlergehen glaubhaft zu machen versteht (vgl. Hitzler/Kliche 1995). So verstandene Repräsentation dient mithin – sei es absichtsvoll oder (häufiger wohl) beiläufig – dazu, die Gesellschaftsmitglieder an ein geltendes Herrschaftsprinzip zu binden; sie dient, so Alfred Schütz (Schütz 1972: 197), „dem nützlichen Zweck, die Regierten zu versöhnen„ Das, „was in der Repräsentation präsent, gegenwärtig wirksam wird,„ ist, so Siegfried Landshut (Landshut 1964: 181, 182), eine gemeinverbindliche Idee der Lebensführung, ist „jenes besondere Prinzip, das die Einheit und Gemeinsamkeit der politischen Lebensgemeinschaft ausmacht, ein regulatives Prinzip, das als ein Imperativ der Lebensführung„ wirkt (vgl. Schütz 1971: 409 f.).

Dergestalt eignet dem Politiker per se – also jenseits seiner persönlichen oder parteilichen Dispositionen, Erwartungen, Interessen und Ziele – immer auch eine sinn- und bedeutungsstiftende, eine wirklichkeitssichernde, eine symbolische Funktion. Oder anders ausgedrückt: Der sich als solcher darstellende 'Ideal'-Politiker erscheint dieser seiner generellen, nämlich die Idee des politischen 'Systems' schlechthin darstellenden Funktion nach als ein Medium, als Mittler zu jenem, die alltägliche Erfahrung transzendierenden, für das alltägliche Miteinander aber offenbar doch ziemlich bedeutungsvollen Wirklichkeitsbereich der Verbindlichkeit beanspruchenden Ordnung sozialer Kollektiva. Der Politiker nimmt *für* den Bürger Stellvertreterfunktion wahr, aber er übt *gegenüber* dem Bürger auch eine Art von säkularer Priesterfunktion aus: Gegenüber dem, dessen 'Vertreter' er formell ist, fungiert er faktisch als Repräsentant einer Idee bzw. eines Ideenzusammenhangs (vgl. Rapp 1973: 133 f.).

Damit er dies glaubhaft machen kann, muß er gleichwohl „ein Meister sein in Heuchelei und Verstellung" (Machiavelli 1972: 72), denn seine eigenen Handlungsweisen können, sollen sie erfolgreich sein, sich gerade nicht im Rahmen jener Normen bewegen, auf die der Politiker den Bürger zu verpflichten sucht, und die er selber ebenfalls einzuhalten *vorgibt*, vorgeben *muß*.[11] Während der normale Bürger also in allerlei Mythen über 'Gott und die Welt' verstrickt ist, während ihm sein Leben von uneinsehbaren Mächten und Kräften gelenkt erscheint, muß der Politiker 'einen klaren Kopf' behalten und komplexe Sachverhalte und verwickelte Zusammenhänge erkennen können. Nur dadurch wird er befähigt, nicht nur *im*

---

9 Gar so weit vom 'Kosmion' Eric Voegelins (Voegelin1965; Voegelin 1996) scheint mir diese Denkfigur übrigens nicht mehr entfernt zu sein.

10 Max Weber zufolge ist derjenige ein Repräsentant, dessen Handeln denen, die er repräsentiert, zugerechnet oder von diesen als verbindlich anerkannt wird. Und bei Francis G. Wilson (Wilson 1936) erscheint der politische Repräsentant als Exponent des allgemeinen Willens einer politischen Gemeinschaft.

11 Schon Gustav Ichheiser hat darauf hingewiesen, daß 'Erfolg' wesentlich damit zu tun hat, daß man konventionelle Bahnen verläßt. Und Politik ist ihm zufolge demnach als „die Technik des sozialen Handelns unter dem Aspekt des Erfolges" zu verstehen (Ichheiser 1927: 300). Zu dieser Technik gehört, zu wissen, daß der *Schein* von 'Tugend', nicht jedoch *tatsächliche* 'Tugend', dem Verfolgen politischer Interessen dienlich ist, „da es im Wesen der Macht begründet liegt, sich moralisch zu verbrämen, um nicht als das, was sie ist, zu erscheinen." (Ibid.: 309.)

43

Gemeinwesen zu leben, *im* Gemeinwesen verortet zu sein, sondern das Gemeinwesen zu *lenken*, Entwicklungen vorauszusehen, zu steuern, zu bewältigen, denn wenn man Fehlentwicklungen im Staat „nicht erkennt und sie so weit um sich greifen läßt, bis sie jeder merkt, dann hilft kein Mittel mehr„ (Machiavelli 1972: 10).[12]

Der Politiker fokussiert gleichsam in seiner Person, in seinem Handeln und in seinen Objektivationen komplexe politische Zusammenhänge und Abläufe. Er ist derjenige, von dem 'man' erwartet, daß er den – nicht nur gelegentlich verborgenen – Sinn sozialer Ordnungsmaßnahmen erschließen, auslegen, erklären, tatsächlich: plausibilisieren kann. Die nicht nur, aber auch und insbesondere, weil eben nicht nur qua Massenmedien, sondern auch *face-to-face* vom Politiker aufgezeigten Deutungsmuster dienen damit – jenseits aller parteipolitisch intendierten und interessierten Inszenierungen – der symbolischen Darstellung einer (politischen) Realitätsvorstellung als solcher. Damit bringt der Politiker als *Repräsentant* „etwas zu gegenwärtiger Wirksamkeit, was ist, aber ohne ihn nicht 'da' ist, nicht in sichtbarer Erscheinung wirksam sein kann, ... ein Ideelles, Geistiges" (Landshut 1964: 181). Repräsentiert wird vom Repräsentanten prinzipiell und sozusagen unweigerlich auch die Idee des Politischen als Ganzem.

Anders ausgedrückt: Der politische Repräsentant als solcher vermittelt dem Bürger eine akzeptable politische Weltdeutung, die idealerweise weder durch Personalwechsel noch durch politische Richtungswechsel in ihren Grundpositionen erschüttert wird.[13] Der politische Repräsentant trägt, als Element der politischen Symbolik schlechthin, dazu bei, daß ein bestimmtes Spektrum politischer Interpretationen von Wirklichkeit als hinreichend und problemensprechend betrachtet wird (vgl. dazu Berger/Luckmann 1969: 112 ff.).

3. Zum symbolischen Gehalt des Politischen

Semiotisch betrachtet entspricht nach Husserl (Husserl 1970: 340-373) der Repräsentant einer künstlichen, symbolischen Surrogatvorstellung. Er steht als etwas für etwas zu etwas. Er ist ein zeichenhaft installiertes Symbol (vgl. Schütz 1971; Schütz 1974: 165 ff.; Schütz/Luckmann 1984: 178-200). Wer den Repräsentanten als bedeutendes, ja als bedeutungsschwangeres Phänomen zur Kenntnis nimmt, der apperzipiert zwar auch so etwas Kompliziertes wie einen Menschen (zumindest einen bestimmten Typus Mensch, vielleicht aber sogar

---

12 Ein erfolgreicher Politiker sein heißt demnach, sich *de facto* weniger daran zu orientieren, was sein sollte, als vielmehr daran, was tatsächlich der Fall ist, heißt, möglichst unideologisch, also illusionslos (sowohl was einen selber angeht, als auch was andere Menschen betrifft) zu agieren. Nicht wer das, was er tut, gut *meint*, sondern wer das, was zu tun ist, (zum Wohle des Staates), gut *macht*, ist (nicht nur) Machiavelli zufolge ein guter Politiker, denn die 'Macht' und die 'Gewalt' verschwinden – das wissen wir spätestens seit Foucault (Foucault 1978) – keineswegs aus der Gesellschaft, nur weil die Träger und die Profiteure der Macht nicht mehr so eindeutig zu identifizieren sind. Gewalt – werturteilsenthaltsam als Tätigkeit in vielfältigen Erscheinungsformen begriffen (vgl. Hitzler 1999) – ist nach wie vor die *ultima ratio* der Durchsetzung von Macht- und Herrschaftsansprüchen, wie sie im Staat – jedenfalls dem Anspruch nach – mehr oder weniger monopolisiert sind.

13 Zur *neueren* Repräsentationstheorie im Überblick und in empirischer Anwendung vgl. Patzelt 1991.

einen signifikanten, hochindividualisierten Anderen). Das Wesentliche am Repräsentanten aber ist *per definitionem* (und selbstredend) seine Verweisungsfunktion. Der Repräsentant erscheint uns als Teil einer assoziativen Beziehung, deren appräsentiertes Glied einem außeralltäglichen Wirklichkeitsbereich zugehört, nämlich dem der Ordnung sozialer Kollektiva (vgl. Schütz/Luckmann 1984: 364 ff.; Schütz 1971: 407 ff.; auch Schütz/Luckmann 1979: 114).

Diese Funktion des Repräsentierens heftet sich quasi-automatisch gerade an die Rolle des zwangsläufig inszenierungsbedürftigen Berufspolitikers an. Zugespitzt formuliert: Man ist nicht etwa Politiker und entscheidet dann, zu repräsentieren oder nicht zu repräsentieren, mehr zu repräsentieren oder weniger zu repräsentieren. Vielmehr repräsentiert man unumgänglich, *indem* man Politiker ist. Repräsentant-Sein ist sozusagen die *Essenz*, der Inbegriff *symbolischer* Verantwortlichkeit – nicht nur, aber auch und gerade *als* Politiker (vgl. Eulau/Karps 1977). Weil der Repräsentant aber nicht einfach ein zeichenhaftes Symbol *ist*, sondern weil er als ein solches *fungiert*, deshalb ist er eben nicht nur Teil des politischen Zeichen*systems*, deshalb ist er auch Teil jenes Zeichen*prozesses*, jenes (medial-) kommunikativen Geschehens, das die Subsinnwelt des Politischen gegenüber dem alltäglichen Betrachter dieses Szenariums vermittelt. Kurz: Der Repräsentant ist als symbolische Verweisung Teil eines politischen Rituals, das selber ein Element einer bestimmten politischen Kultur darstellt. Die alltagstranszendente Idee des Politischen vergegenwärtigt, bzw. metaphorisch gesprochen, verkörpert sich alltäglich im Repräsentanten, der in seiner schieren Erfahrbarkeit *nicht* auf sich (als was auch immer), sondern eben über sich hinaus auf die andere Wirklichkeit der idealen Ordnung sozialer Kollektiva verweist.

Der Repräsentant hat also zweifellos einen subjektiven Sinn – einerseits für den, der ihn darstellt, andererseits für den, der ihn wahrnimmt. Er hat überdies ebenso zweifellos stets auch eine okkasionelle Bedeutung, je nachdem, in welcher spezifischen 'Arena' er unter welchen spezifischen Prämissen erscheint. Aber er hat auch – als Zeichen bzw. als zeichenhaftes Symbol – einen objektiven Sinn (vgl. Schütz 1974: 172 ff.). Und dieser objektive Sinn liegt wesentlich in seiner rituellen Funktion, in seiner Verkörperung der als legitim geltenden politischen Ordnung einer Gesellschaft. Denn, so schon der Romantiker Friedrich von Hardenberg, „bedarf der mystische Souverän nicht, wie jede Idee, eines Symbols, und welches Symbol ist würdiger und passender, als ein liebenswürdiger trefflicher Mensch?" (zitiert nach Marx/Pankoke 1992: 97).

Das hier gemeinte, wenn man so will: *charismatische* Potential des bedeutsamen Politikers läge demnach darin, vor allem – jenseits seiner persönlichen und parteilichen Dispositionen, Erwartungen, Interessen und Ziele – *als Repräsentant* in diesem Verstande zu fungieren und damit insbesondere eine sinn- und bedeutungsstiftende, eine wirklichkeitssichernde, eine symbolische Kompetenz anzuzeigen. Idealerweise würde er gegenüber dem Normalbürger als Medium, als Mittler zu jenem, die alltägliche Erfahrung transzendierenden, aber für den Alltag der Gesellschaft so bedeutungsvollen Wirklichkeitsbereich des Politischen wirken. Idealerweise wäre er dem gegenüber, dessen Repräsentant er formell ist, faktisch auch der Repräsentant einer Idee bzw. eines Ideenzusammenhangs (vgl.

Weiß 1984; Bourdieu 1986; Tänzler 2000). Idealerweise fokussierte er gleichsam in seiner Person, in seinem Handeln und in seinen Objektivationen komplexe politische Zusammenhänge und Abläufe. Idealerweise dürften wir von ihm erwarten, daß er den – nicht nur gelegentlich verborgenen – Sinn sozialer Ordnungsmaßnahmen erschließen, auslegen, 'erklären' kann. Denn mit dem Aufweis solcher Qualitäten gelänge es dem zeitgenössischen Berufspolitiker eben idealerweise, plausibel anzuzeigen, daß er zwar 'einer von allen' ist, allerdings eben der (relativ) *Beste* 'von allen'; von all denen jedenfalls, die für das Amt, das er anstrebt oder innehat, zur Verfügung stehen.

Daß aber eben dies – also den Eindruck von Kompetenz für die Belange des Gemeinwesens in als schwierig angesehenen Zeiten zu vermitteln – gegenwärtig dem Gros des politischen Personals kaum (optimal) gelingt, zeigt das – seit Längerem und unbeschadet etwelcher 'kurzzeitiger Konjunkturen' der Protagonisten (und Antagonisten) bestimmter politischer Haltungen in Krisen- und Kriegszeiten (vgl. Schwab-Trapp 2002) – die 'öffentliche Meinung' beherrschende Urteil, die etablierte Politik sei angesichts des Umbaus und der Neuorientierung der Gesellschaft programmatisch konzeptions- und ideologisch einfallslos, und die gewählten Politiker zeichneten sich vor allem durch persönliche bzw. lobbyistische Begehrlichkeit aus (vgl. Scheuch/Scheuch 1992; Arnim 1993). So wird, neben vielem anderen, z. B. der – auch in diesem Beitrag wieder aufgelegte – Katalog glaubhaft zu machender, (Wahl-) erfolgversprechender Qualitäten, der sich aus sowohl beobachteten als auch von Politikern deklarierten Verhaltensformen zusammensetzt, in dieser rezeptbuchartigen Verdichtung für den einzelnen Akteur auf den Bühnen des politisch Insitutionalisierten zu einem sozusagen chronisch *unter*erfüllten Selbstdarstellungs-Programm.

Literatur

Arnim, Herbert von (1993): Der Staat als Beute. München: Knaur
Atkinson, Maxwell (1984): Our Masters' Voices. London/New York: Methuen
Beck, Ulrich (1986): Risikogesellschaft. Frankfurt a.M.: Suhrkamp
Beck, Ulrich/Giddens, Anthony/Lash, Scott: Reflexive Modernisierung. Frankfrut a.M.: Suhrkamp
Beck, Ulrich/Hajer, Maarten/Kesselring, Sven (Hg.): Der unscharfe Ort der Politik. Opladen: Leske + Budrich
Berger, Peter/Luckmann, Thomas (1969): Die gesellschaftliche Konstruktion der Wirklichkeit, Frankfurt a.M.: Fischer
Beyme, Klaus von (1993): Die politische Klasse im Parteienstaat. Frankfurt a.M.: Suhrkamp
Boissevain, Jeremy (1978): Friends of Friends. Networks, Manipulators, and Coalitions. Oxford: Basil Blackwell
Boorstin, Daniel J. (1987): Das Image. Reinbek : Rowohlt
Bourdieu, Pierre (1986): Delegation und politischer Fetischismus. In: Ästhetik und Kommunikation, Heft 61-62
Dieckmann, Walther (1981): Politische Sprache, politische Kommunikation. Heidelberg: Winter

Dörner, Andreas (2000): Politische Kultur und Medienunterhaltung. Konstanz: Universitätsverlag Konstanz
Dörner, Andreas (2001): Politainment. Frankfurt a.M.: Suhrkamp
Edelman, Murray (1988): Constructing the Political Spectacle. Chicago: The University of Chicago Press
Eulau, Heinz/Karps, Paul D. (1977): The Puzzle of Representation: Specifying Components of Responsiveness. In: Legislative Studies Quarterly, Vol. II, No. 3
Ferber, Christian von (1970): Die Gewalt in der Politik. Stuttgart u.a.: Kohlhammer
Foucault, Michel (1978): Dispositive der Macht. Berlin: Merve
Freyer, Hans (1986): Machiavelli. Weinheim (urspr. 1938: Acta Humaniora)
Geißner, Hellmut (1969): Rede in der Öffentlichkeit. Stuttgart: Kohlhammer
Goffman, Erving (1969): Wir alle spielen Theater. Die Selbstdarstellung im Alltag. München: Piper
Goffman, Erving (1971): Techniken der Imagepflege. In ders.: Interaktionsrituale. Frankfurt a.M.: Suhrkamp, S. 10-53
Graber, Doris A. (1976): Verbal Behavior and Politics. Urbana: University of Illinois Press
Haseloff, Otto Walter (1969): Über Symbolik und Resonanzbedingungen der politischen Sprache, In: K. D. Hartmann (Hg.): Politische Beeinflussung. Frankfurt a.M.
Heller, Agnes (1982): Der Mensch der Renaissance. Köln-Lövenich: Hohenheim
Hitzler, Ronald (1994): Die banale Seite der Macht. In: Berking, Helmuth/Hitzler, Ronald/Neckel, Sighard (Hg.): Politikertypen in Europa. Frankfurt a.M.: Fischer, S. 280-295
Hitzler, Ronald (1996): Die Produktion von Charisma. In: Imhof, Kurt/Schulz, Peter (Hg.): Politisches Raisonnement in der Informationsgesellschaft. Zürich: Seismo, S. 265-288
Hitzler, Ronald (1997): Politisches Wissen und politisches Handeln. In: Lamnek, Siegfried (Hg.): Soziologie und Politische Bildung. Opladen: Leske + Budrich, S. 115-132
Hitzler, Ronald (1999): Gewalt als Tätigkeit. In: Neckel, Sighard/Schwab-Trapp, Michael (Hg.): Ordnungen der Gewalt. Opladen: Leske + Budrich, S. 9-19
Hitzler, Ronald/Kliche, Thomas(1995): Zwischen Sozialtechnologie und Heiligkeit: Symbolpolitik und Symbolisierende Politik. In: Zeitschrift für Politische Psychologie, Jg. 3, Nr. 4, S. 359-384
Hofmann, Gunter (1982): Politik als Beruf: Bonner Beobachtungen, In: Raschke, Joachim (Hg.): Bürger und Parteien. Opladen: Westdeutscher, S. 55-68
Husserl, Edmund (1970): Zur Logik der Zeichen (Semiotik). In ders.: Philosophie der Arithmetik (Husserliana XII). Den Haag: Nijhoff
Ichheiser, Gustav (1927): Die Antinomie zwischen Politik und Moral nach Machiavelli. In: Zeitschrift für Völkerpsychologie und Soziologie, S. 294-309
Jarren, Otfried (2001): „Mediengesellschaft" – Risiken für die politische Kommunikation. In: Aus Politik und Zeitgeschichte, B 41-42, S. 10-19
Krockow, Christian von (1989): Politik und menschliche Natur. München: Deutscher Taschenbuch Verlag
Landshut, Siegfried (1964): Der politische Begriff der Repräsentation. In: Ortlieb, Hans-Dietrich (Hg.): Hamburger Jahrbuch für Wirtschafts- und Gesellschaftspolitik. Tübingen
Laswell, Harold D. (1951): Psychopathology and Politics. In ders.: The Political Writings, Glencoe, Ill.
Laswell, Harold D. (1954): The Selective Effect of Personality on Political Participation. In: Christie, Richard/Jahoda, Maria (eds.): Studies in the Scope and Method of the 'Authoritarian Personality', Glencoe, Ill.
Leibholz, Gerhard (1958): Strukturprobleme der modernen Demokratie. Karlsruhe

Leif, Thomas (2001): Macht ohne Verantwortung. In: Aus Politik und Zeitgeschichte, B 41-42, S. 6-9
Leif, Thomas/Legrand, Hans-Josef/Klein, Ansgar (1992) (Hg.): Die politische Klasse in Deutschland. Bonn/Berlin: Bouvier
Lipp, Wolfgang (1985): Stigma und Charisma. Berlin: Reimer
Luckmann, Thomas (1985): Riten als Bewältigung lebensweltlicher Grenzen. In: Schweizerische Zeitschrift für Soziologie, H. 3, S. 535-550
Luckmann, Thomas (1991): Die unsichtbare Religion. Frankfurt a.M.: Suhrkamp
Machiavelli, Niccolò (1972): Der Fürst. Stuttgart: Kröner
Marx, Peter/Pankoke, Eckart (1992): Publizität und Enthusiasmus, In: Gauger, Jörg-Dieter/Stagl, Justin (Hg.): Staatsrepräsentation. Berlin: Reimer, S. 89-104
Mayntz, Renate/ Neidhardt, Friedhelm (1989): Parlamentskultur: Handlungsorientierung von Bundestagsabgeordneten. In: Zeitschrift für Parlamentsfragen, Heft 3, S. 370-387
Mayntz, Renate/Scharpf, Fritz (1973): Planungsorganisation. München: Piper
McGinnis, Joe (1970): The Selling of the President. Harmondsworth: Penguin
Meyer, Thomas (1992): Die Inszenierung des Scheins. Frankfurt a.M.: Suhrkamp
Meyer, Thomas (2001): Mediokratie. Frankfurt a.M.: Suhrkamp
Münkler, Herfried (1984): Machiavelli. Frankfurt a. M.: Suhrkamp
Nedelmann, Birgitta (1986): Das kulturelle Milieu politischer Konflikte. In: Neidhardt, Friedhelm/Lepsius, M. Rainer/Weiß, Johannes (Hg.): Kultur und Gesellschaft. Sonderheft 27 der Kölner Zeitschrift für Soziologie und Sozialpsychologie. Opladen: Westdeutscher Verlag, S. 397-414
Patzelt, Werner (1991): Das Amtsverständnis der Abgeordneten. In: Aus Politik und Zeitgeschichte, B 21+22, S. 25-37
Pesch, Volker (2000): Handlungstheorie und Politische Kultur. Wiesbaden: Westdeutscher
Price, C.M./Bell, C.G. (1970): The Rules of the Game. In: Journal of Politics, Vol. 32, S. 839-855
Radunski, Peter (1980): Wahlkämpfe. München/Wien: Olzog
Rapp, Uri (1973): Handeln und Zuschauen. Darmstadt/Neuwied: Luchterhand
Randow, Jürgen (1962): Studien zur Rhetorik im Deutschen Bundestag. In: Publizistik 7, H.4, S.278-292
Sarcinelli, Ulrich (1992): 'Staatsrepräsentation' als Problem politischer Alltagskommunikation: Politische Symbolik und symbolische Politik. In: Gauger, Jörg-Dieter/Stagl, Justin (Hg.): Staatsrepräsentation. Berlin: Reimer, S. 159-174
Sarcinelli, Ulrich (1998) (Hg.): Politikvermittlung und Demokratie in der Mediengesellschaft. Bonn: Bundeszentrale für politische Bildung
Scheuch, Erwin K./Scheuch, Ute (1992): Cliquen, Klüngel und Karrieren. Reinbek: Rowohlt
Schütz, Alfred (1971): Symbol, Wirklichkeit und Gesellschaft. In ders.: Gesammelte Aufsätze, Band 1. Den Haag: Nijhoff, S. 331-411
Schütz, Alfred (1972): Santayana über Gesellschaft und Regierung. In ders.: Gesammelte Aufsätze, Band 2. Den Haag: Nijhoff, S. 174-202
Schütz, Alfred (1974): Der sinnhafte Aufbau der sozialen Welt. Frankfurt a.M.: Suhrkamp
Schütz, Alfred/Luckmann, Thomas (1979 und 1984): Strukturen der Lebenswelt, Band 1 und 2. Frankfurt a.M.: Suhrkamp
Schwab-Trapp, Michael (2002): Kriegsdiskurse. Opladen: Leske + Budrich
Schwartzenberg, Roger-Gerard (1980): Politik als Showgeschäft. Düsseldorf/Wien: Econ
Scott, Marvin B./Lyman, Stanford M. (1976): Praktische Erklärungen. In: Auwärter, Manfred/Kirsch, Edith/Schröter, Klaus (Hg.): Seminar: Kommunikation, Interaktion, Identität. Frankfurt a.M.: Suhrkamp

Simmel, Georg (1968): Zur Philosophie des Schauspielers. In ders.: Das individuelle Gesetz. Frankfurt a.M.
Soeffner, Hans-Georg (1992): Geborgtes Charisma – Populistische Inszenierungen. In ders.: Die Ordnung der Rituale. Frankfurt a.M.: Suhrkamp, S. 177-202
Soeffner, Hans-Georg (1994): Populisten: Profiteure, Handelsagenten und Schausteller ihrer Gesellschaften. In: Berking, Helmuth/Hitzler, Ronald/ Neckel, Sighard (Hg.): Politikertypen in Europa. Frankfurt a.M.: Fischer, S. 259-279
Sollmann, Ulrich (1999): Schaulauf der Mächtigen. München: Knaur
Tänzler, Dirk (2000): Wem sind Politiker verpflichtet? In: Meuser, Michael/Pfadenhauer, Michaela (Hg.): Im Dienste der Menschheit? (Dokumentation des 5. Workshops des AK 'Professionelles Handeln') http://www.hitzler-soziologie.de/vernetzung. html# profhandeln
Vidal, Gore (1973): Barry Goldwater: A Chat. In ders.: Hommage to Daniel Shay: Collected Essays 1952-1972. New York: Random House
Voegelin, Eric (1965): Die neue Wissenschaft der Politik. München: Pustet
Voegelin, Eric (1996): Die politische Religionen. München: Fink
Weber, Max (1980): Politik als Beruf. In ders.: Gesammelte Politische Schriften. Tübingen: Mohr (Siebeck), S. 505-560
Weiß, Johannes (1984): Stellvertretung. In: Kölner Zeitschrift für Soziologie und Sozialpsychologie, Heft 1, S. 43-55
Wilson, Francis G. (1936): The Elements of Modern Politics. New York: MacGraw-Hill
Zimmermann, Hans Dieter (1969): Die politische Rede. Stuttgart: Kohlhammer

Das Unpolitische als Politik

Das Unpoetische als Politik

Ewald Frie

Bühnensuche. Monarchie, Bürokratie, Stände und 'Öffentlichkeit' in Preußen 1800-1830

Einleitung

Die Inszenierung von Macht, Herrschaft und asymmetrischer Kommunikation ist ein der Frühmoderne sehr bekanntes Phänomen (Krönungen, Hofzeremoniell, Treueide, ständische Petitionen etc.). Die Inszenierungen sind hochgradig formalisiert, überraschungsarm und demonstrativ. Über Handlungsritualisierungen minimieren sie Konflikte in der hochgradig störanfälligen ständischen Gesellschaft. Und sie zeigen, daß Macht legitimerweise dauerhaft ungleich verteilt ist, weil nur dadurch Stabilität und Ordnung gesichert werden können. Das gemeine Beste, das Kollektivinteresse wird von der Spitze aus garantiert. Politik ist als Herrschaft von Menschen über Menschen in schichtengebundene, umfassende Lebensverhältnisse eingelassen. Das entspricht der Selbstbeschreibung einer stratifikatorisch differenzierten Gesellschaft (vgl. Dilcher 1990; Gestrich 1995; Holenstein 1991; Luhmann 1993: 72-161).

Solche Art politischer Inszenierung taugte Ende des 18. Jahrhunderts immer weniger. Die Gesellschaft, in den frühmodernen Inszenierungen allenfalls als machtfreier Resonanzraum begriffen und dann als Rezipient, als Publikum in die herrschaftlichen Inszenierungen einbezogen, trat dem Staat zunehmend aktiv gegenüber. Selbstorganisationen außerhalb der herrschaftlichen Einflußsphäre bildeten sich, die mittels geselliger Zirkel, in institutionalisierteren Formen von (Lese-)Gesellschaften, Akademien und Universitäten, oder auch über Printmedien miteinander kommunizierten. Sichtbar wird dies am Wandel der Begriffe 'öffentlich' und 'Öffentlichkeit' (vgl. Hölscher 1978; Schlögl 1993). War bis ins 18. Jahrhundert hinein das Staatliche „öffentlich" gewesen – mit dem Extrem der 'öffentlichen Anstalten' (Goethe 1987: 345), in denen Devianz vor der Öffentlichkeit weggesperrt wurde –, so trat nun das Öffentliche aus der staatlichen Sphäre heraus. Eine im weitesten Sinne bürgerliche Schicht entfaltete zunächst eine breite literarisch-ästhetisch-moralische Gesprächskultur. Sie errichtete „eine Wertehegemonie über die alten Führungsschichten und über die unterbürgerliche Bevölkerung" (Maurer 1996: 16-17). Daraus entwickelten sich alsbald Forderungen nach politischer Teilhabe. Selbstbewußt proklamierten Vertreter der Aufklärung die 'öffentliche Meinung' als kritische korrigierende Instanz für herrschaftliches Handeln. Damit aber war die Frage nach der Verteilung von Einfluß, von wirtschaftlichen und sozialen Chancen neu gestellt. Was sollte angesichts bürgerlicher Dominanz im öffentlichen Leben aus einem Herrschaftssystem werden, in dem sich zentrale monarchische und dezentrale adelslastige ständische Macht in verschiedenen Mischungsverhältnissen die Herrschaft teilten?

Die Französische Revolution gab eine Antwort, die die 'öffentliche Meinung' in den deutschen Ländern zunächst elektrisierte und nach 1793 überwiegend verstörte. Doch welche Alternativen gab es? Aus der Sicht der Herrschaftsträger Monarchie und Stände, die ständische Muster weiter entwickeln, Evolution durch Involution betreiben wollten und wohl auch mußten, stellte sich die Frage folgendermaßen: Wie konnte die 'Öffentlichkeit' in die Inszenierung von Macht, Herrschaft und asymmetrischer Kommunikation einbezogen werden? Gab es eine Bühne, auf der eine den Dialog kanalisierende und formalisierende, überraschungs-, aber natürlich nicht ergebnisoffene Inszenierung gespielt werden konnte? Wie konnte ein nachständisches Staatstheater aussehen, das das Publikum einbezog und zufriedenstellte, ohne daß Mord oder Selbstmord der herrschenden Elite als dramaturgischer Schlußpunkt geboten werden mußte? Ich will diesem Problemkomplex anhand des preußischen Beispiels nachgehen.

1. Zwischen Alt und Neu: Preußen um 1800

Der Zustand Preußens um 1800 ist durch einen eigentümlichen Schwebezustand zwischen Altem und Neuem gekennzeichnet. 1798 war dem politisch eher blassen, durch seine Lebensführung aber legendären Friedrich Wilhelm II. mit Friedrich Wilhelm III. ein junger, zurückhaltender, außenpolitisch außerordentlich vorsichtiger Monarch gefolgt. Er behielt den Neutralitätskurs seines Vaters bei, der mit dem Frieden von Basel 1795 aus der antifranzösischen Koalition ausgeschieden war. Zwischen einem antirevolutionären Kurs, der ihn an die Seite Rußlands und Österreichs geführt hätte, und einem territorialen Eroberungskurs, der eine Allianz mit Frankreich nahelegte, mochte sich Friedrich Wilhelm III. nicht entscheiden. Trotz seiner Untätigkeit schien Preußen aber um 1800 zum eigentlichen Profiteur des Untergangs des Alten Reiches werden zu können, mit einer Hegemonialstellung in Norddeutschland, die ausbaufähig war (vgl. Press 1993).

Innenpolitisch agierte der junge König nach einem ersten Paukenschlag – der Verhaftung der Mätresse seines Vaters – mit sehr vorsichtigen Reformandeutungen. Gebunden an ein autokratisches Verfassungssystem, das zu leiten oder zu verändern er nicht die Kraft hatte, überließ er die Staatsgeschäfte einer selbstbewußter werdenden Bürokratie, ohne sie im Zweifelsfall wirklich zu stützen. So gewannen zwar die späteren Reformer bei ihrem Aufstieg in der Verwaltung an Statur[1]. Eine adäquate Reaktion auf die grundstürzenden Entwicklungsprozesse, die mit der Französischen Revolution verbunden waren, war damit jedoch nicht zu erreichen.

Im Schatten des Neutralitätssystems und unter dem Schirm einer bewegungsarmen Regierung entwickelte sich Berlin zu einer kulturellen Metropole mit 1803 fast 180.000 Einwohnern. Hieran erinnern architektonisch das Brandenburger Tor, das Mamorpalais im Neuen Garten in Potsdam und die Pfaueninsel[2]. Im kulturellen Gedächtnis sind die Salons der Henriette Hertz und Rahel Varnhagen geblieben. Daneben existierten eine Vielzahl von Vereinen, Gesellschaften und

---

1 Vgl. Hintze 1896. Skeptischer Epstein 1993: 395-455.
2 Vgl. Generaldirektion der Stiftung Preußische Schlösser und Gärten Berlin-Brandenburg, 1997. Zu Berlin generell Mieck 1988; Schultz 1987.

'Ressourcen'. Allein die Freimaurerlogen hatten 1805 mehr als 1.100 Mitglieder. Doch war Berlin als Konzentrationspunkt von Hof, Adel, Militär, Bürokratie und Wirtschaft ein Sonderfall im agrarisch strukturierten Preußen. Die bürgerliche Trägerschicht der 'Öffentlichkeit' blieb insgesamt recht klein. Selbst in Berlin dominierte sie nicht. Eine über den Staatsdienst zusammengeführte adlig-bildungsbürgerliche Elite bestimmte die kulturelle Szene. Das Wirtschaftsbürgertum blieb schwach. Machtvolle Teilhabeforderungen fehlten, waren doch die meinungsführenden Schichten selbst Teil des sich ausweitenden staatlichen Apparates. Die bürgerliche Debatte konzentrierte sich auf kulturelle und Lebensstilfragen[3].

Der spezifisch preußischen 'Öffentlichkeits'-Struktur entsprach eine politisch wenig ambitionierte Presselandschaft. Die beiden Berliner Tageszeitungen wurden streng zensiert, politische Zeitschriften, Bücher über Politik, Staatskunde und Geschichte ebenfalls (vgl. Tschirch 1933/34; Hofmeister-Hunger 1994: 159-180). Allerdings scheint es, als habe die Kontrolle einerseits mit der Menge der Seiten, andererseits mit der Entfernung von erkennbar politischen Themen abgenommen. Preußische politische Publizisten verlegten daher den Erscheinungsort ihrer Werke außerhalb der Landesgrenzen, publizierten in außerpreußischen Organen oder konzentrierten sich auf Themen, die als nichtpolitisch galten. Anders sind die erbitterten Auseinandersetzungen um das Wöllnersche Religionsedikt nicht zu erklären (vgl. F. W. Graf 1993). Von 'öder Einförmigkeit' und einem 'Gleichschaltungseffekt' (Hofmeister-Hunger 1994: 161) ist in Bezug auf das preußische Pressewesen vor 1806 gesprochen worden, zumal die Provinzzeitungen seit den Tagen Friedrichs II. ihre politischen Nachrichten aus den beiden Berliner Zeitungen übernehmen mußten.

Angesichts dieser im innerdeutschen Vergleich wenig fortgeschrittenen Öffentlichkeits- und Medienlandschaft konzentrierten sich die politischen Hoffnungen um 1800 auf die Staatsspitze, den jungen König. Sein zurückhaltendes Wesen und seine bescheidene Selbstinszenierung machten ihn zur Projektionsfläche bürgerlicher Wünsche. Die Thronbesteigung Friedrich Wilhelms III. war daher 1798 mit einer medialen Begleitmusik aus Devotionalien, Sondermünzprägungen, Huldigungsgedichten, Gemälden aller Art usw. verbunden worden. Es war das noch nicht politikzentrierte Selbstbewußtsein einer adlig-bürgerlichen staatsnahen Kulturgemeinschaft, das sich hier zeigte. Mit den Ständen, deren Institutionen einen Anknüpfungspunkt für Repräsentationshoffnungen geboten hätten, verband es sich nicht.

Die ständischen Institutionen Preußens hatten während des 18. Jahrhunderts zwar ihre zentralherrschaftsgefährdenden Rechte verloren. Sie behielten jedoch in den Regionen eine starke Stellung, die sich auf die lokale Herrschaft des Adels und auf regional unterschiedlich aussehende, unzerstörte Formen landschaftlicher Verfassung (Landtage, Huldigungslandtage, Kreise und ständische Kreditwerke oder Landschaften) stützte (vgl. Neugebauer 1992; Baumgart 1974; Birtsch 1969; Conze 1990 u.a.). Ausdruck dieser starken Stellung war ihr Pochen auf Mitsprache bei der Kodifizierung des Allgemeinen Landrechts. Ihre Ziele verdeutlichten, daß die

---

3   Vgl. Hertz 1991; von der Heyden-Rynsch 1992: 11-20 u. 114-175. Negativ wendet dieses Phänomen Geiger 1987: 191-206. Einen guten Einblick in das Berliner gesellschaftliche Leben um 1800 vermittelt Maurice 1997.

Stände für die 'öffentliche Meinung' zum Teil anschlußfähig waren. In dem Gesetzeswerk versuchten sie überkommene Adelsrechte festzuschreiben, die einerseits ihre soziale Exklusivität gegenüber den Bauern und Bürgern verdeutlichten, andererseits aber auch die absolutistische Herrschaftsgewalt einschränken sollten. Das Gesetzeswerk fiel am Ende nicht zu ihrer Zufriedenheit aus. Es fror zwar die ständische Gesellschaft ein letztes mal ein, definierte sie aber staatsabhängig um und machte sie damit prinzipiell wandelbar (vgl. Koselleck 1989) – erneut ein Schwebezustand zwischen Altem und Neuem.

Vor 1806 waren 'Öffentlichkeit', Stände, Bürokratie und Monarchie in Preußen in vorsichtiger Bewegung. Das Bedürfnis nach einer neuen Inszenierung von Politik hatte sich beim Thronwechsel deutlich artikuliert, doch ein rechtes Ziel war noch nicht auszumachen. Der König war Projektionsfläche verschiedenster Wünsche, denen er gerade durch seine unbestimmte Politik Hoffnung verlieh. Die bürgerliche 'Öffentlichkeit' verblieb in einem vorpolitischen Raum. Soziostrukturell schwach fundiert und staatszentriert, wurde sie durch Zensur und daraus folgende Vermeidungsstrategien auf kulturelle und religiöse Felder gedrängt. Die Stände schließlich waren durch die monarchische Politik des 18. Jahrhunderts von der Zentrale abgedrängt worden. Nach ihrem Selbstverständnis repräsentierten sie das Land gegenüber dem Monarchen. Gerade darin aber lag ihre große Schwäche für die Zukunft. Denn im Gegensatz zu König, 'Öffentlichkeit' und Administration konnten sie nicht das Ganze des entstehenden Preußen, sondern nur seine Teile (Brandenburg, Pommern, Preußen usw.) repräsentieren, wollten sie sich nicht selbst delegitimieren.

2. Der Politisierungsschock 1806-1815

Die Niederlagen von Jena und Auerstedt im Oktober 1806 und der Friede von Tilsit im Juli 1807 veränderten alles. Seit dem Siebenjährigen Krieg, seit mehr als vierzig Jahren hatte Berlin keine Besatzung mehr erlebt. Auch die Bevölkerung Brandenburgs war nicht mehr direkt in Kriege involviert gewesen. Nun stand französisches Militär im Land. 120 Millionen Francs französischer Kriegskontribution mußten aufgebracht werden. Die durchziehenden Truppenverbände verheerten das Land. In Ostpreußen sank die Bevölkerungszahl zwischen 1806 und 1809 um ein Fünften bis ein Sechstel (vgl. Neugebauer 1992: 195). Der König, und mit ihm der Hof und ein Teil der bürokratischen Elite, befand sich im äußersten Osten seines Reiches. Sie kehrten erst 1809 nach Berlin zurück. Dies hatte für die Inszenierung von Politik mehrere einschneidende Folgen:

1. Die *Themen der Politik* änderten sich. Die außenpolitische Frage, wie mit dem napoleonischen Frankreich umzugehen sei, die militärpolitische Frage, wie trotz der Beschränkungen der mit Frankreich geschlossenen Verträge eine schlagkräftige Armee aufrecht erhalten werden könne, und die finanzpolitische Frage, wie die Kontributionen aufgebracht, der Staatshaushalt saniert und die finanzielle Bewegungsfähigkeit des Gemeinwesens wieder hergestellt werden könne, beherrschten die Debatte. Die preußischen Reformen waren Teil und Ergebnis dieses Diskussions-

zusammenhangs (vgl. Berding 1981). Und nur weil sie in diesen Zusammenhang eingebettet waren und als Teil des nationalen, des militärischen und des Staatsfinanzproblems erscheinen konnten, waren sie überhaupt durchsetzbar.

2. Die *Medienbedingungen* änderten sich. Die Berliner Publizistik stand seit Oktober 1806 unter der aufmerksamen Beobachtung napoleonischer Zensoren. Schriften, die sich mit der preußischen Niederlage und ihren Gründen auseinandersetzten, konnten ungehindert erscheinen. „Ein wahrer publizistischer Sturm an Empörung ... gegen die Mißbräuche des alten Regimes" (Hofmeister-Hunger 1994: 189; vgl. Herrmann 1998) brach los und erregte vor dem Hintergrund der staatsfrommen Presselandschaft vor 1806 enormes Aufsehen. Antifranzösische Produktionen konnten dagegen nur im 'Ausland' oder unter konspirativen Bedingungen gedruckt werden. Als König und Regierung nach Berlin zurückkehrten und Hardenberg die Leitung der Staatsgeschäfte übernahm, wechselte der Tenor der veröffentlichten Meinung wieder. Die Zensur wurde verschärft, die geheimpolizeiliche Beobachtung der Bevölkerung intensiviert. Gleichzeitig verstärkte Hardenberg die Regierungspropaganda.

3. Die *Öffentlichkeit* änderte sich. Die adlig-bürgerliche Kulturgemeinschaft der Vorkriegszeit politisierte und nationalisierte sich zusehends. Die Debatte über die Ursachen des preußischen Niedergangs, den Umgang mit den französischen Besatzern und die Chancen eines preußischen Wiederaufstiegs traten ins Zentrum. Dementsprechend verloren die Salons schnell an Bedeutung zugunsten neuer politisch-ästhetischer Zirkel wie der 'Christlich-Deutschen Tischgesellschaft', in die auch ständische Vertreter integriert waren, die bis dahin der 'Öffentlichkeit' fremd geblieben waren. Über das nationale Thema diffundierte politische Auseinandersetzung in gesellschaftliche Gruppen, die durch den ästhetischen Diskurs nicht erfaßt worden waren. Gleichzeitig erwies sich das nationale Thema als in doppelter Hinsicht herrschaftsgefährdend. Einerseits, weil der König den 'nationalen Erfordernissen' nicht entsprach (1807, 1809 und 1811 tauchten Gerüchte auf, Friedrich Wilhelm III. solle zugunsten seines Bruders abgesetzt werden, weil er den Franzosen gegenüber zu nachgiebig sei. In Berlin wurde im Frühjahr 1809 ein antifranzösischer und gleichzeitig antiroyalistischer Aufstand befürchtet). Andererseits, weil das im Nationalismus vorgestellte soziale Ordnungsmodell mit den preußischen Realitäten kaum in Einklang zu bringen war (vgl. Weichlein 1997).

4. Das *Partizipationsproblem* verschob sich. Die Kriegseinwirkungen waren für jeden Preußen spürbar gewesen, die administrativen Reaktionen auch. Bislang vom Militärdienst weitgehend befreite bürgerliche Schichten waren zum Heer eingezogen, bislang steuerfreie Rittergutsbesitzer besteuert, bislang untertänige Bauern befreit, bislang zunftgebundene Handwerker im Wortsinne entwickelt worden – nicht immer zu ihrem eigenen Vergnügen. Während der Befreiungskriege hatte die Führung auf eine Entfesselung der vaterländischen Begeisterung gesetzt und damit die Schicht der in den politischen Diskurs Einbezogenen zwangsläufig vergrößert. Wie sollten die verstärkten Anforderungen legitimiert, wie die geweckten Erwartungen erfüllt werden? Militär- und Finanzreformen verschärften die Frage nach der Integration der Bürger in den Staat, aber auch nach der wechselseitigen Einbeziehung von Monarchie, Bürokratie, Ständen und 'Öffentlichkeit'.

3. Die Suche nach der Bühne 1815-1830

Die Bühnensuche hatte auf die Jahre nach den Befreiungskriegen verschoben werden müssen. Das hatte die Lage eher kompliziert. Preußen hatte sich tiefgreifend verändert durch den kumulativen Effekt aus Reformen, Krieg und Nationalisierung. Drei Problemkomplexe schoben sich nun ineinander: das nationale, das konstitutionelle und das soziale[4]. Aus Sicht der alten Eliten war zu fragen: Wie konnte der entfesselte und tief in die Bevölkerung eingedrungene Nationalismus eingefangen und an die herrschende Ordnung rückgebunden werden? Wie sollten die sozialen Verwerfungen der Jahre nach 1806 (Kriegsverluste, Agrarkrise, Entgrenzung der ständischen Gesellschaft) bewältigt werden? Und wie konnte die politisierte und erweiterte Öffentlichkeit an der Politik so beteiligt werden, daß eine herrschaftsgesteuerte Politik als die ihre erschien? Vier integrative Problemlösungen vor allem wurden 1815-1830 versucht. Ihre Leitbegriffe sind: Symbole, Medien, Administration, Repräsentation.

3.1 Symbole

Auf der symbolischen Ebene lag die besondere Bedeutung des Monarchen. Zwar war Friedrich Wilhelm III. zurückhaltend, entscheidungsscheu und allem herrschaftlichen Pomp abgeneigt, doch besaß er ein feines Gespür für Zeichen und Bedeutungen. Seine wichtigsten Beiträge zur Inszenierung von Politik bestanden daher nicht in politischen Entscheidungen, sondern lagen auf der symbolischen Ebene. Er 'ent-machtete' das friderizianische Hofzeremoniell. Es setzte immer weniger auf demonstrativen Abstand zum Bürger denn auf Überhöhung bürgerlicher Tugenden. Die zugelassenen politische Feste konnten sich aus dem höfischen Bezugsrahmen lösen und auf die Nation beziehen. Partizipation und Kommunikation erhöhten sich (vgl. Daniel 1995; Berns/Rahn 1995; Schneider 1995). Herrschaftsstabilisierend wirkte auch die Lebensweise des Königs. Am Beginn seiner Herrscherzeit eher gegen seinen Willen zum Bürgerkönig stilisiert, erwies er sich nun als geeignetes Objekt der biedermeierlichen 'Verklärung der Häuslichkeit' (Stamm-Kuhlmann 1992: 517; vgl. Bleich 1914: 158-241). Auch der Kult um seine verstorbene Frau Luise zog immer weitere Kreise.

Folgenreicher noch als Lebensstil und Zeremoniell erwiesen sich die Symbole der Befreiungskriege. Zu Beginn des Krieges 1813 stiftete Friedrich Wilhelm III. das Eiserne Kreuz. Es konnte an alle Dienstgrade gleichermaßen vergeben werden. Es bestand aus gewöhnlichem, nicht aus Edelmetall. So konnte es zum wirkmächtigen Symbol des nachständischen Volkskrieges werden (vgl. G. Graf 1993; Stamm-Kuhlmann 1992: 389-393). Als Devise für die Landwehr wählte der Monarch nicht, wie vorgeschlagen, das aktivistisch-wertfreie Motto „wehrlos – ehrlos", sondern das motivgeladen-einhegende „Mit Gott für König und Vaterland". Auszeichnung und Motto erwiesen sich als außerordentlich populär. Sie banden die

---

[4] Diese Systematik etwas abgewandelt nach Böckenförde 1991.

nachständisch-politisierte, militarisierte und nationalisierte Öffentlichkeit symbolisch in die religiös legitimierte Monarchie ein. Dies war um so wichtiger, als die Frage, auf welche Weise die gemeinsame Erfahrung der Befreiungskriege in die kollektive Erinnerung eingehen sollte, höchst umstritten war. Die Texte aus den Tagen des Kriegsausbruchs im Frühjahr 1813 lassen jeden Bezug zu innenpolitischen und Verfassungsplänen vermissen (vgl. Ibbeken 1970, 397). Es gab daher Anknüpfungspunkte für sehr verschiedene Interpretationen. Das frühliberale Bürgertum konnten sich auf die 'Freiwilligen Jäger' und die Landwehr berufen und daraus einen deutschen Nationalismus entwickeln. Eine neue Festkultur, die Ereignisse wie die Völkerschlacht bei Leipzig als Verpflichtung auf Freiheit auch im Innern präsent halten wollte, und die nach 1819 verboten wurde, mag dies belegen (vgl. Schneider 1995; Echternkamp 1998: 420-430). Altständische Vertreter verwiesen darauf, daß die Landwehr durch die ständischen Institutionen organisiert und von friderizianischen Offizieren geführt worden war. Am Beispiel des brandenburgischen Generals und Gutsherrn Friedrich August Ludwig von der Marwitz kann gezeigt werden, daß die Erinnerung an die Befreiungskriege, bei denen Marwitz an der Spitze der kurmärkischen Landwehr gestanden hatte, zur Stabilisierung lokaler Gutsherrschaft wesentlich beitrug[5]. Mit seinen Symbolen stützte Friedrich Wilhelm III. die Deutung der Kriegserfahrung in Richtung eines monarchisch-preußischen Nationalismus. Sie griffen durch ständische Hierarchien und bürgerliche Schichtungen hindurch, verbanden König und Volk unmittelbar miteinander. Der „Mythos der Einigkeit zwischen Herrscher und Volk" (Blasius 1992: 48; vgl. Barclay 1992 sowie Barclay 1995: 168-171) wurde gestiftet. Die Militarisierung Preußens jenseits von bürgerlicher Öffentlichkeit und ständischem Konservatismus nahm ihren Anfang[6].

Auch die symbolbesetzende Königsgewalt hatte freilich dort ihre Grenzen, wo sie eingeschliffene Traditionsbestände gefährdete. Friedrich Wilhelm III. erfuhr dies, als er 1817 die reformierte und die lutherische Kirche in Preußen zu einer Union vereinigen wollte (vgl. Goeters/Mau 1992; Hauschild 1991). Das Vorhaben war nicht ohne Chance, weil die konfessionellen Alltagsgegensätze erheblich an Bedeutung verloren hatten und auch andere Staaten eine Vereinigung der protestantischen Kirchen planten. Angesichts der erheblichen Erweiterung Preußens nach dem Wiener Kongress schien die Union auch die Integration der neuen Gebiete fördern zu können. Doch das Gegenteil war der Fall. Friedrich Wilhelm III. wählte, seinem Gespür für Zeichen und Symbole vertrauend, den Weg über die Liturgie. Nach dem Studium reformatorischer Gottesdienstordnungen und unter dem Eindruck russischer und anglikanischer Liturgien entwarf er teils ohne, teils gegen den Rat seiner kirchenpolitischen Umgebung eine als verpflichtend gedachte Unionsagende. In dem Glauben, liturgisch an die Anfänge der Reformation anzuknüpfen und damit die Kirchenspaltung zu untergraben, suchte er die Agende mit immer stärkerem Druck durchzusetzen.

---

5   Vgl. Frie 2001. Zur unterschiedlichen Indienstnahme der Befreiungskriege kurz, aber mit kluger generationeller Scheidung Echternkamp 1998: 366-377. Am Beispiel Körners Schilling 1998.

6   Und begann eben nicht mit dem Kantonsystem des 18. Jahrhunderts, wie Otto Büsch (1962) behauptet hat. Das haben neuere Untersuchungen eindeutig gezeigt. Vgl. Harnisch 1996; Pröve 1996; Kloosterhuis 1996. Auch Messerschmidt (1979: 126 u.ö.) bezieht die Militarisierung bereits auf das 19. Jahrhundert.

Damit provozierte er erheblich Widerstände, zunächst bei den Pfarrern, dann bei den Patronen und in städtischen wie ländlichen Gemeinden. In Schlesien wurde gegen renitente Gemeinden das Militär eingesetzt. Am Ende stand nicht eine konfessionsüberwölbende preußische Landeskirche, sondern der Neokonfessionalismus. Der Militärnationalismus hatte König und Volk aneinander binden können, weil er die alten regionalen und schichtengebundenen Identitäten überwölbte und in den allgegenwärtigen Kriegserfahrungen der Jahre 1806-1815 Verankerung fand. Wo aber der König eine Veränderung identitätsstiftender Rituale verlangte, um konfessionelles Sonder- bewußtsein aufzuheben, stieß er an unübersteigbare Barrieren.

3.2 Medien

Die preußische Medienlandschaft war durch die Flugschriften- und Literaturproduktion der Befreiungskriege recht unübersichtlich geworden. Sie zu domestizieren und dem Ziel nutzbar zu machen, die Gesellschaft von der Verwaltung aus zu reformieren, war das Anliegen Hardenbergs. Der 1810-1822 amtierende Staatskanzler besaß ein feines Gespür für die Notwendigkeit medialer Inszenierung und gesellschaftlicher Einwurzelung von Politik (vgl. Hofmeister-Hunger 1994; Stamm-Kuhlmann 1997). Er betrieb Pressepolitik, um das bürokratische Reformprogramm zu verstärken und die Gesellschaft im staatlichen Raum zu halten. Das Autonomwerden der Gesellschaft blieb Hardenberg fremd. An der Eigendynamik einer nicht reglementierten Presse fand er wenig Gefallen. Sein Leitgedanke war die gouvernementsgemäße, auf das von der Spitze her zu garantierende gemeine Beste auszurichtende Erziehung der Gesellschaft. Dafür brauchte er die Presse.

Dementsprechend hatte Hardenberg schon die Reformen seit 1810 mit virtuoser Öffentlichkeitsarbeit verbunden. Die Reformedikte stellten vor die sachlichen Details generelle Zielbeschreibungen, waren nüchterne Reformarbeit und Zukunftsverheißung in einem. Daneben bezahlte Hardenberg einflußreiche Presseagenten, unterstütze nützliche Zeitungs- und Zeitschriftenprojekte, lancierte Informationen. So konnte er Unterstützung für einen Kurs mobilisieren, der nur von einem kleinen Teil der Bürokratie getragen und oft von Außenseitern (Scharnweber) vorangebracht wurde. Wegen seines instrumentellen Presseverständnisses setzte Hardenberg nach 1815, vor allem aber ab 1819 zur Enttäuschung seiner Mitstreiter im Staatskanzleramt den restaurativen Tendenzen bis hin zur Demagogenverfolgung nur wenig Widerstand entgegen. Um das Reformwerk gegen die Einreden Metternichs und der königsnahen Hofpartei zu retten, war er bereit, die publizistische Diskussion darüber zu opfern. Damit minderte er zwar die außenpolitischen Reibungsflächen und die Querelen mit dem Monarchen, trieb aber die Entfremdung von Staat und Gesellschaft immer weiter voran (vgl. Vogel 1980: 17). Außerdem legte er die Gegensätze innerhalb der hohen Staatsbürokratie frei, in der die Verfechter weitreichender Reformen immer mehr an den Rand gedrängt wurden.

Hardenbergs taktischer Verzicht wurde von den Reaktionären als ein grundsätzlicher weitergeführt. Der Tod Hardenbergs bedeutete das vorläufige Ende aller liberalen

Hoffnungen. Der öffentliche Diskurs über Politik wurde ausgetrocknet. Zunächst blieben noch „Verwaltung und Wissenschaft als Öffentlichkeitsreservate" (Dittmer, 1992: 93). Doch auch hier griffen bald Disziplinierungsmaßnahmen. Die Medien hörten auf, als politischer Transmissionsriemen wirksam zu sein. Damit aber wurden zentrale Selbstbeschreibungselemente der 'Öffentlichkeit' verletzt.

3.3 Administration

Koselleck hat mit dem Begriff der 'internen Konstitutionalisierung' (Koselleck 1989: 273) die umfassende Integrationsaufgabe beschrieben, die die preußischen Reformer der Administration zuwiesen. Weil die 'Öffentlichkeit' in Preußen die Standesgrenzen zwischen Bürgertum und Adel im gemeinsamen Dienst für den Staat überschritt, und das außerstaatliche Wirtschaftsbürgertum nicht weit entwickelt war, sollte die Administration als verstaatlichter allgemeiner Stand den zukunftsrelevanten Teil der Gesellschaft widerspiegeln. Daher wurden die neuen Behörden kollegialisch konstruiert. Auf der Ebene der Regierungsbezirke wie des Gesamtstaates wurden quasiparlamentarische Körperschaften gebildet, die allerdings – anders als Freiherr vom Stein 1807 vorgeschlagen hatte – außerbürokratische Ständeoder Bürgervertreter nicht inkorporierten. Damit wurden die Verwaltungen zu schubkräftigen Reformmotoren. Gegen sie richtete sich der geballte Zorn der von den Reformen Betroffenen (Handwerker, Ritterschaft, deprivilegierte Kleinbürger und Bauern). Beide wurden Partei. Je mehr aber um 1820 die Macht Hardenbergs verblaßte und auf hofnahe Adelsvertreter überging, die mit den regionalen Ständen zusammenarbeiteten, um so mehr wurde die Reform in die Regionen abgedrängt, während die Zentrale einer ständischen Restauration gehörte, die sich doch nur als regionalistisch definieren und legitimieren konnte. Bürokratie wie Stände standen quer zu ihrer ursprünglichen legitimatorischen Grundlage. Um so wichtiger wurde die Frage der Repräsentation.

3.4 Repräsentation

Repräsentationsprojekte hatten die Staatskanzlerschaft Hardenbergs seit 1810 begleitet (Notablenversammlung 1811, interimistische Nationalrepräsentation 1812, Staatsrat 1818, Verhandlungen über Nationalrepräsentation nach 1815). Wie die Pressearbeit, als deren Zwilling Hardenberg sie betrachtete, handhabte er die Repräsentation virtuos als Instrument zur Unterstützung des Reformkurses. Doch trotz des königlichen Verfassungsversprechens gerieten auch diese Pläne nach 1815 in unruhigeres Fahrwasser. Spätestens 1821 hatte Hardenberg die Kontrolle über die Repräsentationsfrage zugunsten der Hofpartei und des Kronprinzen[7] verloren.

---

7   Der spätere Friedrich Wilhelm IV. hat in der Restaurationsphase eine durchaus aktive Rolle gespielt. Schon 1820 hat er Hardenberg wegen dessen antiständischer Politik zur Rede gestellt. Daß er der Verfassungskommission vorsaß, bedeutete eine Richtungsentscheidung. Vgl. Bailleu 1901;

Die aus den Beratungen der Kronprinzenkommission hervorgegangenen Provinzialstände setzten den Kurs der Abwendung des Staates von der Öffentlichkeit, der sich in der Medienpolitik seit 1819 abgezeichnet hatte, konsequent fort. Die neuen Parlamente taugten nicht als Instrument gesellschaftlicher Meinungsbildung oder als politisches Forum (vgl. Obenaus 1984). Hierfür sorgte ihre relative Machtlosigkeit wie auch ihre Zusammensetzung. Die Provinziallandtage konnten nur vom König zweijährig einberufen werden. Den vorsitzenden Landtagsmarschall berief der König. Sein Amt endete mit dem ebenfalls vom König bestimmten Schluß der Verhandlungen. Ein Ausschuß, der das Land zwischen den Landtagen repräsentieren konnte, wurde nicht gestattet. Die Verhandlungen waren nichtöffentlich. Den Abgeordneten wurde sogar verboten, mit den Ständen anderer Provinzen oder mit Kreisständen und Kommunen Verbindung zu halten. Den Landtagen stand kein Gesetzgebungs-, sondern nur ein Beratungsrecht zu. Sie konnten allerdings über Kommunalangelegenheiten (Armenwesen, Straßenbau, Versicherungswesen) Beschlüsse fassen. Und sie hatten das Recht, Petitionen an den König zu senden. Selbstverwaltung und Petitionsrecht sollten in den 1840er Jahren zum Ansatzpunkt parlamentarischen Selbstbewußtseins werden. Doch zunächst waren sie, verglichen mit den anderen deutschen Staaten, wohl nicht geeignet, Hoffnungen auf den Anfang einer parlamentarischen Vertretung zu wecken.

Die Zusammensetzung der Parlamente konnten ebenfalls keine Hoffnungen nähren. Zwar waren die überkommenen ständischen Traditionen der sozialen Entwicklung angepaßt worden, indem ein neuer Stand der Bauern eingerichtet und der Ritterstand für Bürgerliche geöffnet worden war. Doch behielten die Rittergutsbesitzer bei einem – mit Ausnahme der beiden Westprovinzen – Stimmenverhältnis von 3:2:1 zwischen Rittergutsbesitzern, Städtevertretern und Bauern deutlich die Überhand. Zusätzlich war verboten worden, daß Ärzte und Rechtsanwälte sowie Gelehrte oder Künstler als Vertreter der Städte oder der Bauern in die Landtage gelangten. Damit waren die

> dagegen Blasius 1992: 58-59. In einer seiner wunderbar polemischen Formulierungen hat Treitschke die seiner Meinung nach vom Kronprinzen Friedrich Wilhelm (IV.) zu verantwortende Entscheidung über die Provinzialstände „unerhörter Abfall von allen Überlieferungen der preußischen Politik" genannt. „Das Königthum, das der deutschen Kleinstaaterei den Segen der Staatseinheit gebracht hatte, muthete jetzt seinem Volke zu, auf eine Verfassung des Gesammtstaates zu verzichten; diese Krone, die in dem Niederhalten der ständischen Libertät ihr Recht und ihren Ruhm gefunden hatte, schenkte der ständischen Selbstsucht berechtigte Organe; dieser Staat des gemeinen Rechts gab dem Grundadel ein ganz unbilliges Übergewicht; diese Feinde der Doctrin bauten selber ihre Landesvertretung auf die hohlste aller Doctrinen, sie erklügelten sich eine Ordnung der Gesellschaft, welche in Deutschland nicht bestand und nie bestanden hatte – denn das ersten Stand unseres Mittelalters, den Clerus, wagte selbst die romantische Schwärmerei des Kronprinzen nicht wieder in die alten Recht einzusetzen. Und als ob alle krankhaften Kräfte des Staates bei dem verfehlten Bau zusammenwirken sollten – die Befugnisse der Provinzialstände waren bemessen nach den Wünschen einer eifersüchtigen Bureaukratie; diese gerühmten 'historischen' Körperschaften zeigten bald eine erschreckende Ähnlichkeit mit – den Generalräthen des napoleonischen Frankreichs, welche den allmächtigen Präfecten durch ihre unmaßgeblichen Gutachten unterstützen. Allerdings sorgten die Provinzial- und Kreisstände für einzelne Zweige der Verwaltung mit einem Pflichteifer, den die conseils Frankreichs nie gekannt haben. Aber jene ständische Selbstsucht, welche überall laut wird wo man einen Stand als Stand organisirt, trat bald häßlich hervor in wiederholten Angriffen gegen die agrarischen Gesetze Hardenberg's." Treitschke 1886: 442-443.

wichtigsten Träger der bürgerlichen Öffentlichkeit ausgeschaltet. Die Kronprinzenkommission bemühte sich, die künstlich geschaffenen drei Stände zu befestigen und damit auf Dauer als Träger politischer Rechte zu verankern. Damit hatten sie alles in ihrer Macht stehende getan, die Trägerschichten des Konservatismus (Großgrundbesitz, Bauern, städtischer Grundbesitz) gegen die 'Öffentlichkeit' in Stellung zu bringen.

Die neuen Stände suchten an die Zeit vor den preußischen Reformen anzuknüpfen. Ludwig von der Marwitz überreichte dem brandenburgischen Provinziallandtag symbolisch die Schlüssel zur Landarmenkasse, die auf dem Höhepunkt der Auseinandersetzungen zwischen Administration und Ständen 1810/11 in staatliche Hände übergegangen war. Der erste brandenburgische Provinziallandtag forderte in seinen Beschlüsse ein umfassendes Zurück zu den Zuständen vor 1807 (vgl. Allmenröder 1922). Die Administration war allerdings immer noch so stark, daß sie die königliche Zustimmung zu einer derartigen Rückwärtsentwicklung verhindern konnte. Und indem sie den Landtagen den Weg in die Öffentlichkeit abschnitt, verhinderte sie, daß sie ein bedeutsamer Artikulationsraum der Reformverlierer werden konnten. Ständische Repräsentation und konstitutionalisierte Administration blockierten sich um 1830 gegenseitig. Preußen war sprachlos.

4. Am Ende: Keine Bühne

Kehren wir zur Ausgangsfrage zurück. Preußen ist in den Jahren 1806-1830 an der Aufgabe gescheitert, die Inszenierung von Politik auf eine neue, der Veränderung der Gesellschaftsstruktur angemessene Basis zu stellen. Auf der Ebene der Symbole fanden zwar bedeutende und wirkmächtige Veränderungen statt, die die Monarchie popularisierten. Doch sie lösten das Integrationsproblem auf der Ebene des politischen Alltagshandelns nicht. Die Medien und Repräsentationsorgane veränderten sich fast gar nicht in eine Richtung, die die bürgerliche 'Öffentlichkeit' integrieren konnte. Deren Träger gewannen keine Möglichkeit, auf die Politik regelmäßigen Einfluß zu nehmen – ein deutlicher Gegensatz zu den Verhältnissen in Süd- und Südwestdeutschland. Im berühmten Wort des Innenministers Rochow aus den 1830er Jahren vom „beschränkten Untertanenverstand" scheint das Konzept auf, die 'Öffentlichkeit' über Symbole in die preußische Nation zu integrieren, das eigentliche politische Geschäft jedoch einer schichtengebundenen Elite zu überlassen. Innerhalb dieser Arkanpolitik rieben sich Bürokratie und Stände aneinander. Doch eine Rückkehr zur vormodernen Inszenierung von Politik, Herrschaft und asymmetrischer Kommunikation war das selbst im Hinblick auf die nun reaktionäre Zentrale nicht. Denn wo „das Gedankengut der Gegenrevolution zur Substanz der Staatsraison" (Blasius 1992: 72) geworden war, hatte die Vormoderne ihre Unschuld verloren, war sie nur noch Draperie. Aus der gesellschaftsstrukturbedingten war eine der Gesellschaftsstruktur sich entgegenstellende Inszenierung geworden.

Der Liberalnationalismus der 1820er-1840er Jahre reagierte auf die Restauration mit politischen Festen, mit Turn- und Gesangsvereinen, mit Griechen- und Polenbegeisterung. Dies war zunächst eine Antwort der Verlierer – eine politische Bühne außerhalb des politischen Systems. Dies gilt auch für den Wirtschaftsliberalismus seit den 1830er Jahren (vgl. Boch 1991). Doch gerade in seinen optimistischen Zukunftsmodellen, die über die durchgreifende Veränderung der wirtschaftlichen Verhältnisse die politischen Strukturen mit sich reißen wollten, zeichnete sich ein Vertrauen in die Zeit als wichtigstem Verbündeten der liberalen 'Öffentlichkeit' ab. Ihr würden die alten Eliten letztlich unterliegen. Diese Zukunftserwartung ließ die Liberalen sensibel auf alle Anzeichen möglicher Aufweichung königlich-bürokratisch-ständischer Arkanpolitik reagieren. Deshalb hofften sie beim Thronwechsel 1840 so inständig, der neue Monarch werde „den Anschluß an Zeitströmungen ... suchen, die aus dem Flußbett des monarchischen Ordnungsgedankens ausbrachen und Ausdruck eines gewachsenen gesellschaftlichen Selbstbewußtseins waren" (Blasius 1992: 90). Doch reaktionäre Zentrale und reorganisierte Ständestruktur erwiesen sich als erheblich zeitresistenter als erwartet, ja, sie fanden ihrerseits Anschluß an moderne Kommunikationsformen, wie der Erfolg der Evangelischen Kirchenzeitung oder der Kriegervereine zeigt. Und gleichzeitig wurden die sozialen Verwerfungen der entgrenzten Ständegesellschaft im Pauperismus deutlich. Der Resonanzraum der bürgerlichen Öffentlichkeit begann sich in ein aktiver werdendes Publikum zu verwandeln, das nach eigenen Partizipationschancen suchte, noch bevor die politische Bühne für die bürgerliche 'Öffentlichkeit' wirklich geöffnet war. Der spät geöffnete und doch von unten her bereits wieder bedrohte Aktionsraum war das Erbe, das Monarch, Bürokratie, Stände und bürgerliche Öffentlichkeit in ihrem eigentümlichen Zusammen- und Gegeneinanderspiel der Generation der 1848er übertrugen.

Literatur

Allmenröder, Ernst (1922): Das politische Leben in den brandenburgischen Provinziallandtagen unter Friedrich Wilhelm III., phil. Diss. Frankfurt a.M.
Bailleu, Paul (1901): Kronprinz Friedrich Wilhelm im Ständekampf. In: HZ 87, S. 67-73
Barclay, David E. (1995): Anarchie und guter Wille. Friedrich Wilhelm IV. und die preußische Monarchie. Berlin: Siedler
Barclay, David E. (1992): Ritual, Ceremonial, and the „Invention" of a Monarchical Tradition in Nineteenth-Century Prussia. In: Duchhardt, Heinz u.a. (Hg.): European Monarchy. Its Evolution and Practice from Roman Antiquitiy to Modern Times. Stuttgart: Steiner, S. 207-220
Baumgart, Peter (1974): Zur Geschichte der kurmärkischen Stände im 17. und 18. Jahrhundert. In: Gerhard, Dietrich (Hg.): Ständische Vertretungen in Europa im 17. und 18. Jahrhundert (Veröff. d. Max-Planck-Instituts für Geschichte 27). 2. Aufl. Göttingen: Vandenhoeck & Ruprecht, S. 131-161
Berding, Helmut (1981): Finanzen und Reformen. In: Ders. (Hg.): Privatkapital, Staatsfinanzen und Reformpolitik im Deutschland der napoleonischen Zeit. Ostfildern: Scripta Mercanturae, S. 39
Berns, Jörg Jochen/Rahn, Thomas (1995): Zeremoniell und Ästhetik. In: Dies. (Hg.): Zeremoniell als höfische Ästhetik in Spätmittelalter und Früher Neuzeit (Frühe Neuzeit 25). Tübingen: Niemeyer, S. 650-665

Birtsch, Günter (1969): Gesetzgebung und Repräsentation im späten Absolutismus. Die Mitwirkung der preußischen Provinzialstände bei der Entstehung des Allgemeinen Landrechts. In: HZ 208, S. 265-294

Blasius, Dirk (1992): Friedrich Wilhelm IV. 1795-1861. Psychopathologie und Geschichte. Göttingen: Vandenhoeck & Ruprecht

Bleich, Erich (1914): Der Hof des Königs Friedrich Wilhelm II. und des Königs Friedrich Wilhelm III. (Geschichte des preußischen Hofes, hg. v. Georg Schuster, Bd. III. Tl. 1). Berlin: Voss

Boch, Rudolf (1991): Grenzenloses Wachstum? Das rheinische Wirtschaftsbürgertum und seine Industrialisierungsdebatte 1814-1857 (Bürgertum. Beiträge zur europäischen Gesellschaftsgeschichte 3). Göttingen: Vandenhoeck & Ruprecht

Böckenförde, Ernst-Wolfgang (1991): Verfassungsprobleme und Verfassungsbewegung des 19. Jahrhunderts. In: Ders.: Recht, Staat, Freiheit. Studien zur Rechtsphilosophie, Staatstheorie und Verfassungsgeschichte. Frankfurt a.M.: Suhrkamp, S. 244-262

Büsch, Otto (1962): Militär und Sozialleben im alten Preußen 1713-1806. Die Anfänge der Militarisierung der preußisch-deutschen Gesellschaft. Berlin: de Gruyter

Conze, Werner/Oexle, Otto Gerhard/Walther, Rudolf (1990): Stand, Klasse. In: Brunner, Otto/Conze, Werner/Koselleck Reinhart, Geschichtliche Grundbegriffe, Bd. 6. Stuttgart: Klett, S. 155-284

Daniel, Ute (1995): Hoftheater. Zur Geschichte des Theaters und der Höfe im 18. und 19. Jahrhundert. Stuttgart: Klett-Cotta

Dilcher, Gerhard (1990): Der alteuropäische Adel – ein verfassungsgeschichtlicher Typus? In: Wehler, Hans-Ulrich (Hg.): Europäischer Adel 1750-1950 (GG Sonderh. 13). Göttingen: Vandenhoeck & Ruprecht, S. 57-86

Dittmer, Lothar (1992): Beamtenkonservativismus und Modernisierung. Untersuchungen zur Vorgeschichte der Konservativen Partei in Preußen 1810-1848/49 (Studien zur modernen Geschichte 44). Stuttgart: Steiner

Echternkamp, Jörg (1998): Der Aufstieg des deutschen Nationalismus (1770-1840). Frankfurt a.M./New York: Campus

Epstein, Klaus (1973): Die Ursprünge des Konservativismus in Deutschland. Der Ausgangspunkt: Die Herausforderung durch die Französische Revolution 1770-1806. Frankfurt a.M./Berlin: Propylaen

Frie, Ewald (2001): Friedrich August Ludwig von der Marwitz 1777-1837. Biographien eines Preußen. Paderborn: Schoeningh

Geiger, Ludwig (1987): Berlin 1688-1840. Geschichte des geistigen Lebens der preußischen Hauptstadt, Bd. 2: 1786-1840. Aalen: Scientia [Nachdruck d. Ausg. Berlin 1895]

Generaldirektion der Stiftung Preußische Schlösser und Gärten Berlin-Brandenburg (Hg.) (1997): Friedrich Wilhelm II. und die Künste. Preußens Weg zum Klassizismus. Berlin

Gestrich, Andreas (1995): Höfisches Zeremoniell und sinnliches Volk. Die Rechtfertigung des Hofzeremoniells im 17. und frühen 18. Jahrhundert. In: Berns, Jörg Jochen/Rahn, Thomas (Hg.): Zeremoniell als höfische Ästhetik in Spätmittelalter und Früher Neuzeit (Frühe Neuzeit 25). Tübingen: Niemeyer, S. 57-73

Goeters, Gerhard u. Mau, Rudolf (Hg.) (1992): Die Geschichte der Evangelischen Kirche der Union, Bd. 1: Die Anfänge der Union unter landesherrlichem Kirchenregiment (1817-1850). Leipzig: Evangelische Verlagsanstalt

Goethe, Johann Wolfgang von (1987): Die Wahlverwandtschaften (Goethe, Werke in 6 Bänden, Bd. 2). 5. Aufl. Frankfurt a.M.: Insel

Graf, Friedrich Wilhelm (1993): Die Spaltung des Protestantismus. Zum Verhältnis von evangelischer Kirche, Staat und 'Gesellschaft' im frühen 19. Jahrhundert. In: Schieder, Wolfgang (Hg.): Religion und Gesellschaft im 19. Jahrhundert (Industrielle Welt 54). Stuttgart: Klett-Cotta, S. 157-190

Graf, Gerhard (1993): Gottesbild und Politik. Eine Studie zur Frömmigkeit in Preußen während der Befreiungskriege 1813-1815 (Forschungen zur Kirchen- und Dogmengeschichte 52). Göttingen: Vandenhoeck & Ruprecht

Harnisch, Hartmut (1996): Preußisches Kantonsystem und ländliche Gesellschaft. Das Beispiel des mittleren Kammerdepartements. In: Kroener, Bernhard R./Pröve, Ralf (Hg.): Krieg und Frieden. Militär in der Frühen Neuzeit. Paderborn u.a.: Schöningh, S. 137-165

Hauschild, Wolf-Dieter (Hg.) (1991): Das deutsche Luthertum und die Unionsproblematik im 19. Jahrhundert (Die Lutherische Kirche. Geschichte und Gestalten 13). Gütersloh: Mohn

Herrmann, Ludger (1998): Die Schlachten von Jena und Auerstedt und die Genese politischer Öffentlichkeit in Preußen. In: Fesser, Gerd/Jonscher, Reinhard (Hg.): Umbruch im Schatten Napoleons. Die Schlachten von Jena und Auerstedt und ihre Folgen (Jenaer Studien 3). Jena: Bussert, S. 39-52

Hertz, Deborah (1991): Die jüdischen Salons im alten Berlin. Frankfurt a.M.: Hein

Hintze, Otto: Preußische Reformbestrebungen vor 1806. In: HZ 76 (1896), S. 413-443

Hofmeister-Hunger (1994), Andrea: Pressepolitik und Staatsreform. Die Institutionalisierung staatlicher Öffentlichkeitsarbeit bei Karl Friedrich von Hardenberg (1792-1822) (Veröff. d. Max-Planck-Instituts für Geschichte 107). Göttingen: Vandenhoeck & Ruprecht

Holenstein, André (1991): Die Huldigung der Untertanen. Rechtskultur und Herrschaftsordnung (800-1800) (Quellen und Forschungen zur Agrargeschichte 36). Stuttgart/ New York: Fischer

Hölscher, Lucian (1978): Öffentlichkeit. In: Brunner, Otto/Conze, Werner/Koselleck, Reinhart (Hg.): Geschichtliche Grundbegriffe, Bd. 4. Stuttgart: Klett, S. 413-467

Ibbeken, Rudolf (1970): Preußen 1807-1813. Staat und Volk als Idee und in Wirklichkeit (Veröff. aus den Archiven Preuss. Kulturbesitz 5). Berlin: Grote

Kloosterhuis, Jürgen (1996): Zwischen Aufruhr und Akzeptanz. Zur Ausformung und Einbettung des Kantonsystems in die Wirtschafts- und Sozialstrukturen des preußischen Westfalen. In: Kroener, Bernhard R./Pröve, Ralf (Hg.): Krieg und Frieden. Militär in der Frühen Neuzeit. Paderborn u.a.: Schöningh, S. 167-190

Koselleck, Reinhart (1989): Preußen zwischen Reform und Revolution. Allgemeines Landrecht, Verwaltung und soziale Bewegung von 1791 bis 1848. München: Deutscher Taschenbuch Verlag

Luhmann, Niklas (1993): Gesellschaftsstruktur und Semantik. Studien zur Wissenssoziologie der modernen Gesellschaft, Bd. 1. Frankfurt a.M.: Suhrkamp

Maurer, Michael (1996): Die Biographie des Bürgers. Lebensformen und Denkweisen in der formativen Phase des deutschen Bürgertums (1680-1815) (Veröff. d. Max-Planck-Instituts f. Geschichte 117). Göttingen: Vandenhoeck & Ruprecht

Maurice, Florian (1997): Freimaurerei um 1800. Ignatz Aurelius Feßler und die Reform der Großloge Royal York in Berlin. Tübingen: Niemeyer

Messerschmidt, Manfred (1979): Die politische Geschichte der preußisch-deutschen Armee (Handbuch zur Deutschen Militärgeschichte, Bd. 2: Militärgeschichte im 19. Jahrhundert (1814-1890), Tl. 1). München: Bernard und Graefe

Mieck, Ilja (1988): Von der Reformzeit zur Restauration (1806-1847). In: Ribbe, Wolfgang (Hg.): Geschichte Berlins, Bd. 1: Von der Frühgeschichte bis zur Industrialisierung, 2. Aufl. München: Beck, S. 405-462

Neugebauer, Wolfgang (1992): Politischer Wandel im Osten. Ost- und Westpreußen von den alten Ständen zum Konstitutionalismus (Quellen und Studien zur Geschichte des östlichen Europa 36). Stuttgart: Steiner

Obenaus, Herbert (1984): Anfänge des Parlamentarismus in Preußen bis 1848 (Handbuch der Geschichte des deutschen Parlamentarismus). Düsseldorf: Droste

Press, Volker (1993): Das Ende des Alten Reiches und die deutsche Nation. In: Kleist Jahrbuch, S. 31-55

Pröve, Ralf (1996): Der Soldat in der 'guten Bürgerstube'. Das frühneuzeitliche Einquartierungssystem und die sozioökonomischen Folgen. In: Kroener, Bernhard R./Pröve, Ralf (Hg.): Krieg und Frieden. Militär in der Frühen Neuzeit. Paderborn u.a.: Schöningh, S. 191-217

Schilling, René (1998): Die soziale Konstruktion heroischer Männlichkeit im 19. Jahrhundert. Das Beispiel Theodor Körner. In: Hagemann, Karen/Pröve, Ralf (Hg.): Landsknechte, Soldatenfrauen und Nationalkrieger. Militär, Krieg und Geschlechterordnung im historischen Wandel (Geschichte und Geschlechter 26). Frankfurt a.M./New York: Campus, S. 121-144

Schlögl, Rudolf (1993): Öffentlichkeit. In: Reinalter, Helmut (Hg.): Lexikon zu Demokratie und Liberalismus 1750-1848/49. Frankfurt a.M.: Fischer, S. 224-231

Schneider, Ute (1995): Politische Festkultur im 19. Jahrhundert. Die Rheinprovinz von der französischen Zeit bis zum Ende des Ersten Weltkrieges (1806-1918) (Düsseldorfer Schriften zur Neueren Landesgeschichte und zur Geschichte Nordrhein-Westfalens 41). Essen: Klartext

Schultz, Helga (1987): Berlin 1650-1800. Sozialgeschichte einer Residenz. Berlin

Stamm-Kuhlmann, Thomas (1997): „Man vertraue doch der Administration!" Staatsverständnis und Regierungshandeln des preußischen Staatskanzlers Karl August von Hardenberg. In: HZ 264, S. 613-654

Stamm-Kuhlmann, Thomas (1992): König in Preußens großer Zeit. Friedrich Wilhelm III., der Melancholiker auf dem Thron. Berlin: Siedler

Treitschke, Heinrich von (1886): Das constitutionelle Königthum in Deutschland. In: Ders.: Historische und Politische Aufsätze, Bd. 3: Freiheit und Königthum, 5. Aufl. Leipzig: Hirzel

Tschirch, Otto (1933/34): Geschichte der öffentlichen Meinung in Preußen vom Baseler Frieden bis zum Zusammenbruch des Staates 1795-1806, 2 Bde. Weimar: Böhlau

Vogel, Barbara (1980): Die preußischen Reformen als Gegenstand und Problem der Forschung. In: Dies. (Hg.): Preußische Reformen 1807-1820 (Neue Wissenschaftliche Bibliothek 96). Königstein/Ts.: Athenäum, S. 1-27

von der Heyden-Rynsch, Verena (1992): Europäische Salons. Höhepunkte einer versunkenen weiblichen Kultur. München: Beck

Weichlein, Siegfried (1997): Nationalismus als Theorie sozialer Ordnung. In: Mergel, Thomas/Welskopp, Thomas (Hg.): Geschichte zwischen Kultur und Wissenschaft. Beiträge zur Theoriedebatte. München: Beck, S. 171-200

Michael Müller und Thilo Raufer

The Dandy Club. Zur Attraktivität eines apolitischen Lebensstils

Unter den zahlreichen Geschichten, die über Beau Brummell erzählt wurden, findet sich folgende Schilderung des Kolumnisten William Hazlitt aus dem Jahre 1828:

„A friend one day called upon him, and found him confined to his room from a lameness in one foot, upon which he expressed his concern at the accident. 'I am sorry for it too,' answered Brummell very gravely, 'particularly as it's *my favourite leg*!' " (Hazlitt 1934: 152, Hervorheb. ebd.).

Diese Anekdote wirft ein bezeichnendes Licht auf das Dandytum – jenen extravaganten und exzentrischen Lebensstil, der das öffentliche Leben Londons im frühen 19. Jahrhundert nachhaltig prägte. Der Stil der Dandys war ein ästhetischer Gegenentwurf zum pragmatischen Verhaltensideal des *fine old English gentleman* und wurde zu einem apolitischen Lebensmodell inmitten des 'politischen London'.

Das Leben der Dandys und ihrer Bewunderer spielte sich hauptsächlich in den Clubs der Londoner St. James Street ab, die traditionell das Zentrum des gesellschaftlichen und politischen Lebens waren und in denen sich die führenden Mitglieder der englischen Gesellschaft jener Zeit trafen. „The club was the thing".[1] Die wichtigsten Clubs waren Watier's und Almack's, insbesondere aber White's und Brooks's, welche auf eine äußerst exklusive Mitgliedschaft bedacht waren. Praktisch alle wichtigen Protagonisten der englischen Politik im 18. und 19. Jahrhundert waren Mitglieder dieser beiden Clubs und die Geschichte von England ist mit der Geschichte dieser Clubs untrennbar verwoben. Sie waren Treffpunkt der Mächtigen – dort begegneten sich die politisch und gesellschaftlich engagierten Gentlemen ihrer Zeit.[2]

Im Jahre 1799 wurde Beau Brummell Mitglied bei Brooks's, ein Jahr früher wurde er bei White's aufgenommen, ebenso war er Mitglied bei Watier's und Gast im Almack's. Seine Mitgliedschaft läutete eine Periode in der Geschichte der Clubs (und der von England) ein, die durch „...the cut of the coat or the utterance of an epigram..." (Chancellor 1926: 24) gekennzeichnet war und durch ihn als *arbiter elegantiarum* entscheidend geprägt wurde. Der von Brummell vorbildlich verkörperte Lebensstil des Dandys erlangte als Verhaltensvorlage absolu-

---

1   Melville 1924: 60; vgl. auch: Clark 2000: 157f.; Raikes 1856 I: 31, 80, 121, 163; Timbs 1866; Darwin 1943; Moers 1978: 42.
2   Mitglieder bei White's waren bedeutende Persönlichkeiten wie etwa Robert Walpole und William Pitt (beide Premierminister), Charles James Fox, einer der bedeutendsten Whig-Führer seiner Zeit, Lord Wellington, Beau Brummell und sein Kreis und *last but not least* der Prince of Wales und spätere König George IV. Auch in den Mitgliedslisten von Brooks's finden sich Brummell, der Prince of Wales, Fox, aber auch Edmund Burke und David Hume, später dann David Ricardo (vgl. Chancellor 1922: 136, 146-156; Melville 1924: 59; Ziegler/Seward 1991).

te Verbindlichkeit, und wer sein Leben fortan nicht als Gesamtkunstwerk betrachten wollte, gab sich zumindest 'dandified'. Entscheidend war nun nicht mehr 'wer' man *war*, sondern 'was' man *darstellte*. Das perfekte äußere Erscheinungsbild und das geschmackvolle Arrangement der Kleidung wurde zum alles beherrschenden Thema des Clublebens.[3] Wie einschneidend diese Veränderung war, zeigte sich nicht nur daran, daß sich eine große Anzahl junger Männer bei dem Versuch, der Extravaganz ihres großen Vorbildes zu folgen, ruinierte, sondern auch daran, daß sich die Protagonisten des politischen Lebens der „Tyrannei der Dandys" (Darwin 1943: 22) bereitwillig unterordneten.[4]

Dieses Phänomen eines alles ästhetisierenden, apolitischen Lebensstils, das sich markanterweise im Zentrum des gesellschaftlich-politischen Lebens entwickelte und schon Zeitgenossen wie Fürst von Pückler-Muskau oder den Karikaturisten Robert Cruikshank beschäftigte, soll im folgenden auf der Basis einer Bildanalyse der Karikatur *The Dandy Club* von Richard Dighton aus dem Jahr 1818 rekonstruiert werden.[5] Das dabei angewandte Verfahren basiert auf der Annahme, daß die Bildgehalte als „Chiffren gesellschaftlicher Sachverhalte" (Adorno 1977: 706) gelesen werden können und rekurriert methodologisch auf die sozialwissenschaftliche Hermeneutik und kunstwissenschaftliche Ansätze.[6]

1. The Dandy Club – eine unmögliche Gesellschaft

Die Karikatur *The Dandy Club* zeigt eine Ansammlung von Personen, die durch die Banderole am unteren Bildrand als Dandy-Club ausgewiesen werden.[7] Den durch die Zeichnung vorgestellten Figuren ist gemeinsam, daß von ihren Füßen, Beinen und zumeist auch von ihrem Unterleib nichts zu sehen ist. Den Konturen der Figuren von unten nach oben folgend, 'stolpert' der Blick des Betrachters

---

3 Vgl. zur Lebensstiltheorie: Simmel 1996; Schütz 1972; H.P. Müller 1992; Soeffner 1992. Zur detaillierten Rekonstruktion des Brummellschen Lebensstils vgl. Müller 2001 sowie zur neueren Dandyforschung insgesamt Erbe 1992 und Stölting 1999.

4 Vgl. Chancellor 1926: 27; Raikes 1856 III: 85; Erbe 1992.

5 Richard Dighton (1795-1880) war ein bekannter Maler, Karikaturist und Kunsthändler, dessen Zeichnungen u.a. auch vom damaligen Prinzregenten gekauft wurden. Er war der inoffizielle Portraitist der Dandy-Welt (Moers 1978: 61). Die Karikatur *The Dandy Club* wurde laut Auskunft des British Museum in London publiziert und war dort in den Kreisen der *fashionable society* bekannt. Die vorliegende Karikatur entstand aus einer internen Sicht der Verhältnisse heraus und wurde in diesen Kreisen auch rezipiert. Gerade weil der Maler Mitglied dieses Zirkels war, ist anzunehmen, daß er den Lebensstil gut kannte und im Rahmen der Karikatur ironisch pointiert darstellte.

6 Zur Grundlegung einer sozialwissenschaftlichen Hermeneutik vgl. Soeffner 1989. Zur eigentlichen Bildanalyse vgl. insbesondere Imdahl 1994; Panofsky 1980.

7 Offen bleibt, ob mit „The" ein bestimmter Club oder ganz allgemein das ‚Wesen' der Dandy-Clubs des Regency-London gemeint ist. Lord Byron nannte Watier's *den* Dandy-Club und sprach von Brummell, Lord Alvanley, Mildmay und Pierrepoint als dessen Chefs. Insofern könnte die Karikatur hier durchaus eine Anspielung auf jenen spezifischen Club sein. Andererseits waren die Dandys um Brummell, die zu jener Zeit in der feinen Londoner Gesellschaft auftauchten als *The Dandy Club* bekannt (Jesse 1893: 221; Campbell 1948: 116; Cole 1977: 77).

über absonderlich ausladende Brustpartie (etwa Fig. 2 und Fig. 5). Daran anschließend läßt sich bei allen Figuren ein zwar jeweils individuell gestaltetes, seinem Aufbau nach aber streng typisiertes Stilelement ausmachen, das die Figuren (gemäß den Vorgaben Brummells) als dandyhaft kennzeichnet: ein das Haupt in seiner Beweglichkeit stark einschränkendes, standardisiertes 'Kleidungssegment', bestehend aus Rockkragen, gestärkter Krawatte und Hemdkragen. Der Rockkragen erscheint zumeist jochähnlich (insbesondere Fig. 8), der gestärkten Krawatte haftet der klaustrophobische Beigeschmack einer engen Röhre an, und die beiden Hälften des Hemdkragens fixieren den Kopf zangenartig. Auch die Frisuren sowie die zumeist feminin wirkende Konturierung der Augenbrauen entsprechen trotz ihrer jeweiligen individuellen Abwandlung der von Brummell geprägten Stilvorlage. Die vom Zeichner präsentierten Figuren sind allesamt als Varianten des durch Beau Brummell vorbildlich verkörperten Typus eines Dandys zu erkennen.

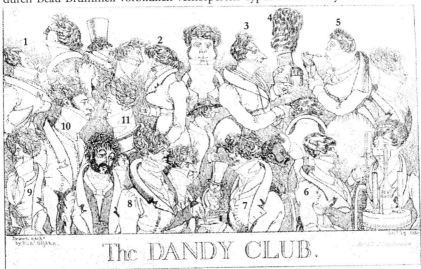

Abb. 1: The Dandy Club. *Karikatur von Richard Dighton (1818). Quelle: Melville 1924: 240.*

Ist die Identifikation der Figuren als Dandys noch zweifelsfrei möglich, so stellt sich doch die Frage, was die Einheit dieses Bildes ausmacht, denn das Ensemble der Figuren wirkt collagenhaft. Der Betrachter hat es nicht leicht, sich einen Weg durch das 'Dickicht' der Zeichnung zu bahnen. Die Banderole teilt ihm mit, dies sei *The Dandy Club*, irgend etwas also, das eine Einheit bildet. Aber was für eine Einheit bezeichnet das Bildganze? Ist eine solche Einheit überhaupt zu erkennen? In formaler Hinsicht nicht: Weder bei der Anordnung der Figuren und Gegenstände, noch bei der Gestaltung des Hintergrundes und der Perspektive ist ein übergeordnetes Prinzip auszumachen, das dem Dargestellten eine eindeutige Form gäbe.

Was hält diesen Club zusammen? Ein gemeinsames Ziel als Gruppe verfolgen die vom Zeichner zusammengestellten Dandys nicht. Weder sind sie mit der Lösung eines gemeinsamen alltagspraktischen Problems, noch mit der Durchführung eines kultisch-religiösen Zeremoniells befaßt. Es findet sich kein Indiz für einen wie auch immer zu charakterisierenden gemeinsamen Handlungsentwurf, noch für gemeinsames Handeln. Die Figuren stehen sich mehr oder minder unbeteiligt gegenüber. Nur vereinzelt sind kleinere Handlungssituationen auszumachen, die aber nie mehr als zwei oder drei Figuren umfassen.

Die dargestellten Personen ziehen weder 'an einem Strang', noch bilden sie der bloßen Form ihres Zusammenseins nach eine Einheit. Was sie zusammenhält, scheinen allein die Blickkontakte zu sein – was ihnen gemeinsam ist, ist jene eigentümlich blasierte Art und Weise sich zu beobachten. Wie sieht dieses Beobachtungsverhältnis aus? Wie blicken die Dandys sich an? Wir greifen zunächst die Interaktion zwischen Fig. 1 und Fig. 2 heraus und beschränken uns hier wiederum auf das Verhalten von Fig. 1 (Abb. 2): Die Figur hält ein Monokel, das sie vor ihr rechtes Auge geführt hat. Ziel dieser Handlung ist es, etwas oder jemanden zu beobachten – allem Anschein nach die sich in typischer Dandy-Manier präsentierende Fig. 2 (Abb.1). Doch diese Annahme erweist sich als trügerisch, wenn man die Stellung der Pupille des linken Auges betrachtet (Abb. 2): Fig.1 sieht ihr

Abb. 2: Ausschnitt aus The Dandy Club *(Fig.1)*

Abb. 3: Ausschnitt aus Dandy in Public. *Quelle: Cole 1977.*

Gegenüber gar nicht an (es sei denn, sie kann das rechte Auge unabhängig vom linken bewegen). Aufgrund einer entsprechend ent- worfenen und realisierten Handlung (des Gebrauchs einer Sehhilfe) innerhalb von Sekundenbruchteilen in der Lage, ihr anvisiertes Gegenüber einer akribischen, auf den Punkt hin konzentrierten Inspektion zu unterziehen, schaut Fig.1 erstaunlicher Weise mehr oder minder gelangweilt 'sonst wohin'. Welcher Natur ist dieses eigentümliche (Des)-Interesse von Fig. 1 an Fig. 2?

Fig. 1 beobachtet jemanden und sieht ihn doch nicht an – sie scheint den typischen, durch die *Gleichzeitigkeit intensivierten Beobachtens und auffälligen Wegblickens* gekennzeichneten Dandyblick zu 'haben', der sich in ähnlicher Weise auch bei den anderen Figuren beobachten läßt. So stehen sich die Figuren 10 und 11 direkt gegenüber, müßten sich also förmlich anstarren und schauen doch haarscharf aneinander vorbei. Die Augen der Figuren 2, 3 und 5 erscheinen ausgesprochen leer oder stumpf: obwohl weit geöffnet, fehlen ihnen doch klar konturierte Pupillen, die ihren Blicken eine eindeutige Richtung gäben. Irgendwo auf halbem Wege zwischen Wach- zustand und Schlaf, zwischen Beobachtung und Wegsehen befinden sich die Augenlider der Figuren 8 und 10. Auch andere Zeichner haben den für Dandys so typischen blasierten Blick karikiert: so ist in Abb. 3 ein Dandy zu sehen, der mit geschlossenen (!) Augen durch ein Monokel schaut.

Zum Zweck der nun folgenden Analyse des Dandyblicks, werden wir das, was im Bild simultan dargestellt ist – Beobachten *und* Wegblicken – zunächst trennen, um es in einem zweiten Schritt als Einheit zu betrachten.

1.1 Wegblicken und Beobachten

Das Antlitz des Menschen ist Ausdruck seiner Seele, in die sie durch unmittelbares Sich-Anblicken 'Einblick' gewähren und sich gegenseitig als (wahrscheinlich nicht immer ganz heroische) Subjekte offenbaren. „Mit demselben Akt, in dem das Subjekt sein Objekt zu erkennen sucht, gibt es sich hier dem Objekte preis. Man kann nicht durch das Auge nehmen, ohne zugleich zu geben" (Simmel 1992: 724; vgl. Cicero 1991: 586f.).

Aus der Logik des wechselseitigen Sich-Anschauens, wie sie Georg Simmel in seinem *Exkurs über die Soziologie der Sinne* beschreibt, wird deutlich, was es heißt, den Blick von Auge zu Auge zu meiden, was es heißt, *angesichts* des Anderen den Blick abzuwenden oder gar die Augen zu schließen: „Wer den Anderen nicht ansieht, entzieht sich wirklich in gewissem Maße dem *Gesehenwerden*" (Simmel 1992: 724f., Hervorheb. ebd.) – vielleicht als Mensch, der etwas zu verbergen hat – in jedem Fall aber als 'beseeltes' Individuum.[8]

Indem sich die Club-Dandys nicht anblicken, kontrollieren sie ihre eigene Expressivität in einem Maße, das dem (nicht immer ganz erfolgreichen – siehe Fig. 7) Versuch gleichkommt, spontanes Ausdrucksverhalten komplett zu unterdrücken. Sie kopieren damit ein Verhaltensmuster des Beau Brummell, dessen vorbildlicher und für jeden Dandy verbindlicher Stil unter anderem die Normen der *distance* und *desinvolture* umfaßte: Nichts berührt wirklich, in keinem Falle aber zeigt man es. Es Brummell in der Kontrolle der Affekte gleich zu tun, war und ist nicht einfach, denn ein einziger offener Blickkontakt kann dieses Bemühen mit einem Schlag zunichte machen.[9]

---

8 Vgl. die Überlegungen von Alfred Schütz zu „unserem Wissen um fremdes Bewußtseinsleben". In: Schütz 1972: 362ff.

9 Eine besonders hohe Anforderung an die Kontrolle der eigenen Expressivität stellt der Vollzug einer

Folgt man Richard Sennetts Ausführungen zur Persönlichkeitsauffassung des 19. Jahrhunderts, so war eine solch konsequente Kontrolle der eigenen Expressivität nicht (immer) dem Bemühen geschuldet, 'innere Abgründe' oder Absonderlichkeiten zu verbergen. Es ging nicht darum, eine (versehentliche) Selbst-Offenbarung als 'schlechter Mensch' zu vermeiden. Die Sache verhielt sich weit weniger dramatisch: Als Mensch im (Plessnerschen) Sinne eines an und für sich unsicheren, mit Affekten ausgestatteten Wesens wollte man sich nicht zeigen. Konstitutiv für diese Form der Selbstkontrolle war die Auffassung, der unmittelbare Eindruck, den ein Mensch durch seine Gefühlsäußerungen, durch das Anzeigen seiner individuellen Sicht der Dinge, überhaupt durch sein ganzes Verhalten bei seinen Mitmenschen hinterläßt, sei „Indikator seiner Persönlichkeit" (Sennett 1986: 198). Die äußere Erscheinung vergegenwärtigte den Zeitgenossen die Persönlichkeit eines Menschen und gab ihnen über deren Qualität Auskunft. Ein kontrolliertes Äußeres stand für ein stabiles Inneres und umgekehrt: spontane Expressivität, die den plötzlichen Wechsel innerer Empfindungen zum Ausdruck bringt, mußte folglich das Bild einer unsicheren, unsouveränen Persönlichkeit erzeugen.

Das Wegblicken der Dandys ist symptomatisch für ihr Ausdrucksverhalten insgesamt. Durch den blasierten Blick verbergen sie ihre augenblickliche subjektive Befindlichkeit, durch ihre Erscheinung im Ganzen ihre Einmaligkeit als Menschen mit einer ganz persönlichen Geschichte. Ob sie erfolgreiche oder gescheiterte Existenzen, Situierte oder Aufsteiger sind und ihre Gefühlslage bleibt im Verborgenen. Ihre individuellen Biographien scheinen ebensowenig Thema zu sein wie ihre subjektiven Empfindungen.

Wegblicken bedeutet, sich *nicht* als ein mit „unvergleichlicher Innerlichkeit" (Plessner 1981: 60) ausgestattetes Individuum beobachten zu lassen. Was die Dandys statt dessen einander zu erkennen geben und was sie aneinander beobachten können, ist ganz anderer, nämlich 'äußerlicher' Natur: es ist der spezifische, hochgradig standardisierte Stil ihrer Posen, ihrer Kleidung, ihres Verhaltens.[10] Hierbei entspricht die Art und Weise, in der sie sich präsentieren, detailliert den peniblen Darstellungs- und Verhaltensvorgaben Brummells (vgl. M. Müller 2001) und erst im Zeichen der Nachahmung ihres Vorbildes (Abb. 4) werden sie überhaupt als Dandys identifizierbar. Mit der jedem Dandy gebührenden Präsenz posieren sie voreinander und führen sich gegenseitig ihr Dandytum vor, dessen klassisches Stilelement – wie schon gesagt – ein die Beweglichkeit stark einschränkendes 'Gebilde', bestehend aus Rockkragen, gestärkter Krawatte, Hemdkragen und Frisur ist.

Handlung dar. So scheint Fig. 7, die Fig. 8 etwas aus einer Dose mit der (geheimnisvollen) Aufschrift 'Dandys Mixture' anbietet, mit hinterlistiger Freude (also selbst die Kontrolle über ihre Affekte verlierend) darauf zu warten, daß sich Fig. 8 zu einer unkontrollierten Gefühlsäußerung hinreißen läßt: zu einem Ausdruck der Freude darüber, etwas angeboten zu bekommen, zu einem Zeichen spontaner, kindlicher Neugierde bezüglich des Inhalts der obskuren Dose oder gar zu einer Mimik der Verärgerung darüber, das (heimtückische) Angebot (man beachte den Gesichtsausdruck von Fig. 7) nicht mit einer spitzen Bemerkung als geschmacklos zurückgewiesen zu haben.

10 Natürlich können gerade auch Posen und Kleidungsstücke Empfindungen zum Ausdruck bringen – aber ebensowenig wie sich die Dandys in die Augen schauen (lassen), tragen sie ihre Kleidung 'expressiv' (was eine eklatante Abweichung von den anerkannten Normen des Dandytums bedeuten würde).

Ganz *dandylike* hat dabei jeder für sich selbst einen Weg gefunden, diesen Stil zu perfektionieren. Hier eine noch eleganter gelegte Locke (Fig. 6), dort eine noch raffinierter gebundene Krawatte (Fig. 9), hier eine einzigartige Kopfbedeckung (Fig. 4) und da ein exklusiv gebogener Stockknauf (Fig. 2). Denn der einzigartige Geschmack eines jeden einzelnen Dandys beweist sich in der individuellen Perfektionierung des Outfits – auch dies hat man von Brummell gelernt.

Das Stück, das sie sich auf ihrer Bühne, dem Club, vorspielen, ist das des *unerreichten Beau* in der Inszenierung Brummells – eine Inszenierung, die während dessen fünfzehnjähriger Karriere als *arbiter elegantiarum* zum Klassiker wurde. Was die Figuren an ihrem jeweiligen Gegenüber beobachten können, sind nicht die sichtbaren (An-) Zeichen eines mehr oder minder bewegten Innenlebens, sondern die typischen Requisiten und Gepflogenheiten einer aufwendigen Selbstdarstellung als unerreichte Beaux. Sie bekommen einander nicht als einzigartige Mitmenschen, sondern als *typische Zeitgenossen* zu Gesicht – einander fremde Zeitgenossen, die derselbe Stil verbindet.

Abb. 4: Beau Brummell. *Aquarell von Robert Dighton (1805). Quelle: Schickedanz 1980, Abb. 2.*

Die „Verkörperung einer Rolle nach einem mehr oder weniger feststehenden Bildentwurf, [...] in [einer] repräsentativen Lage", z.B. in der Öffentlichkeit des Clubs, ist zunächst ein weiter nicht ungewöhnliches Verhalten, das zu den alltäglichen Phänomenen öffentlichen Lebens gehört. „Nicht jeder wird das Zeug dazu in sich fühlen, nicht immer sind derartige Qualitäten am Platze. Doch gehören sie zweifellos zu den Bedingungen menschlicher Existenz" (Plessner 1982: 158). Gleich einem Schauspieler aus einem gewissen Abstand zu sich selbst heraus, verkörpern Menschen, die einer anonymen Öffentlichkeit ausgesetzt sind, auf diese Weise eine bekannte Figur, einen klassischen Typus (z.B. den des unerreichten Beau) und zeichnen so ein Bild ihrer selbst, das auch fremde Zeitgenossen leicht wiedererkennen. Im Lichte der Öffentlichkeit werden sie als beseelte Menschen unsichtbar und verwandeln sich zu gesellschaftlichen Typen. Wer sich so in Szene setzt, verleiht sich eine spezifische, weithin verständliche Bedeutung, er gewinnt eine klare Kontur, er zeigt 'wer' und 'was' er ist.[11] Den Stil Brummells zu übernehmen, bedeutet für die Dandys nun aber nicht, daß es genügt, sich einfach als Beau zu inszenieren. Dandy im Brummellschen Sinne zu sein verlangt mehr, man muß *unerreichter* Beau sein. Die paradoxe Anforderung dieses Stils ist es, sich als *Typus* zu präsentieren und trotz allem *einzigartig* zu erscheinen. Dieses Bestreben ist aber letztlich eine Illusion, denn „Typisieren heißt, das zu übergehen, was das Individuum einmalig und unersetzbar macht" (Schütz 1972: 212).

Brummell fand einen (überaus anstrengenden, letztlich im finanziellen Desaster endenden) Ausweg: Er erhob jedes einzelne Detail seiner Erscheinung, jeden Knopf, jede Naht, jede Haarlocke in aufwendiger Toilette zum für ihn Typischen. Durch seine geheimnisvoll und aufwendig inszenierte Erscheinung (ihre Vollendung fand diese Inszenierung im perfekten Wurf der gestärkten Krawatte) wurde aus dem gewöhnlichen Menschen *George Bryan* Brummell der einzigartige, weithin bekannte und berühmte *Beau* Brummell. Es war nicht die Subjektivität seines Innenlebens, die ihn unverwechselbar machte, sondern das Geheimnis seines berüchtigten Krawattenknotens. An dem *für ihn* Typischen, an seinem Stil, erkannte man ihn gerade auch in der Öffentlichkeit als Individuum wieder.

Dasselbe Bemühen, im Typischen als Individuum erkannt zu werden, nimmt bei seinen Bewunderern und Nachahmern jedoch tragische Züge an, wie Fürst von Pückler-Muskau 1828 schilderte. So habe „das unsterbliche Geheimnis der mit Stärke gesteiften Halsbinden [...] die elegants der Hauptstadt so gequält [...], daß, nach der 'Literary Gazette', zwei davon aus Verzweiflung wirklich selbst Hand an sich gelegt haben sollen, und ein junger Herzog vor Kummer darüber an einem 'broken heart' jämmerlich verstarb" (1991: 551). Doch selbst wenn es ihnen gelungen wäre, das Geheimnis Brummells zu lüften (Brummell verriet es schließlich selbst, als seine Karriere dem Ende zuging), wäre ihre Lage nicht besser gewesen, denn Kopiertes kann niemals, nicht einmal für einen Augenblick, einzigartig sein. Wie sehr sie sich auch bemühten, die Klasse des unerreichten Beau zu erreichen (oder zu überbieten), immer erkannte man sie aufgrund ihres Stils nur als *typische Dandys* – nicht aber als *Individuen*.

Die Analyse der beiden Aspekte des Dandy-Blickes, des Wegblickens und des Beobachtens, macht deutlich, daß sich die Dandys nicht als Subjekte zu erkennen geben, sondern als Typen. Die Art und Weise, wie sie sich präsentieren, ist kein spontanes Ausdrucksverhalten, das Intimität und Individualität im Sinne subjektiv-biographischer Einmaligkeit anzeigt. Ihre Selbstdarstellung folgt vielmehr einem standardisierten, sozial eingespielten und anerkannten Rezept für Individualität: dem typischen Stil des Dandys. Derart figurierte Individualität hat nicht nur den Vorteil, daß sie aufgrund ihrer Typik gerade auch in anonymisierten Handlungszusammenhängen bestehen kann, sie gewährleistet darüber hinaus *Einzigartigkeit im wertenden Sinne sozialer Überlegenheit*: Die durchschnittliche Einmaligkeit gewöhnlicher Gefühle, Haltungen und Lebensgeschichten (vgl. Schütz 1971: 17-22) wird im Rahmen perfektionierter Selbst-

---

11 Vgl. Plessner 1981: 42-57, 79-94; Schütz 1971: 17-22, 366-368; Berger/Luckmann 1996: 21-48.

darstellung plakativ durch die Demonstration geschmacklich-stilistischer Virtuosität als Ausweis überlegener Individualität substituiert. Doch gerade der so motivierte Rekurs auf einen anerkannten Stil macht Individualität im selben Moment zu einem Problem, denn Typisches ist nicht einmalig. Hier liegt eine prekäre Individualitätsfiguration vor, die auch Sozialität zu einem ambivalenten Unterfangen macht, wie die folgende Interpretation eines weiteren Aspekts des Dandy-Blickes, des Beobachtens des Wegblickens, verdeutlicht.

1.2 Beobachten des Wegblickens

„Das Individuum muß zuerst sich eine Form geben, in der es unangreifbar wird, eine Rüstung gleichsam, mit der es den Kampfplatz der Öffentlichkeit betritt. Auf solche Art sichtbar geworden, verlangt es entsprechende Beziehung zu anderen, Antwort von anderen. *Der Mensch in der Rüstung will fechten*" (Plessner 1981: 82, Hervorheb. ebd.).

Die Rüstung der Dandys ist ihr Stil – eine Rüstung, in der sie zugleich den Wettstreit um Einzigartigkeit austragen. Wie jede soziale Existenz bedarf aber der 'unerreichten Beau' der Anerkennung durch andere. Der Anspruch der Einzigartigkeit muß ausgefochten werden und die Waffen in diesem Kampf sind Blicke. Wurden das Wegblicken und das Beobachten bislang separat behandelt, so soll nun deren Simultaneität im Vordergrund stehen: für einen Dandy bedeutet die Beobachtung eines anderen Dandys immer auch, dessen Wegblicken zu erfahren.

Was also müssen die Club-Dandys erleben, wenn sie sich gegenseitig dabei beobachten, wie sie die Blicke voneinander abwenden? Wie müssen sie das Wegblicken ihres jeweiligen Gegenübers in Bezug auf sich selbst deuten? Als reines Wo-anders-Hinsehen können sie es nicht verstehen, denn daß sie beobachtet werden, ist offensichtlich. Im hier exemplarisch behandelten Fall von Fig. 1 läßt der zielgerichtete Einsatz des Monokels gar keinen anderen Schluß für Fig. 2 zu, als daß sie beobachtet wird. Simultan zum zielgerichteten Beobachten geschehend, gewinnt das Wegblicken den Charakter eines expliziten Weg-Sehens, eines *ausdrücklichen* Nicht-Anblickens: Die Club-Dandys blicken sich nicht nur einfach nicht an, weil ihr Interesse jemand oder etwas anderem gilt. Das Nicht-Anblicken gewinnt vielmehr die Qualität eines expliziten Ausdrucksverhaltens: Sie signalisieren sich wechselseitig Desinteresse – schauen 'durch den jeweils anderen hindurch'. Als unerreichte Beaux in Szene gesetzt, verweigern sie sich jegliches *feedback* darüber, wie sie ihre Rolle spielen. Denn derjenige, der die Inszenierung beobachtet, gibt demjenigen, der sich inszeniert, zu verstehen, daß an dessen Erscheinung nichts Einzigartiges, nichts Geheimnisvolles ist, das seine Aufmerksamkeit – sei es anerkennend oder kritisch – verdient. Er erkennt den Anderen damit weder als Dandy an, noch mißachtet er ihn als solchen ausdrücklich. Er gibt weder eine positive noch eine negative Rückmeldung: er verweigert sich ihm als Publikum und läßt ihn ins Leere laufen.

Dieser Interpretation liegt die analytische Unterscheidung zwischen Fremdbeobachtung: der Beobachtung *eines Anderen*, und *Selbst*beobachtung *in einem Anderen*: der Spiegelung des Selbst im Anderen, zugrunde. Wechselseitiges Beobachten, das sich aus diesen beiden Beobachtungsformen zusammensetzt, ist dadurch gekennzeichnet, daß der jeweils Beobachtete wahrnimmt, wie der Beobachtende auf ihn reagiert. In der wechselseitigen Beobachtung können Menschen potentiell die Reaktionen derjenigen beobachten, durch die sie beobachtet werden – so muß ein Dandy vielleicht erleben, daß ein vorbeigehender Passant angesichts seiner exaltierten Frisur skeptisch die Augen verdreht. Menschen erfahren sich selbst in der Reaktion ihrer Mitmenschen auf sie. Sie spiegeln sich ineinander, indem sie selbst beobachten, wie andere auf sie reagieren – indem sie sich letztlich also selbst im Anderen beobachten.

'Verhandlungsmasse' solcher wechselseitiger Beobachtungsverhältnisse sind, wie im Fall der Club-Dandys stark, in anderen Fällen minder stark standardisierte soziale Typisierungen.[12] Als lebensweltliche Muster, Schablonen und Modelle vergegenwärtigen sie Menschen, wer sie selbst und andere typischerweise sind und was sie in welchen typischen Situationen zu tun und zu lassen haben. Typisierungen dienen der Orientierung im (sozialen) Raum. Im Moment des Spiegelns im Anderen gibt dieser Andere Rückmeldung auf Verhaltensmuster, die er als (a-)typisch (wieder-)erkennt und zeigt in seinen mimischen, gestischen oder sprachlichen Reaktionen an, wie er zu dem steht, was er da beobachtet, vielleicht auch beobachten muß. In einer solchen Praxis wechselseitiger Wahrnehmung werden Typisierungen eingespielt – erst hier werden sie sozial wirklich und wirksam. Jedermann ist nur etwas in der möglichen Anerkennung durch andere.

Doch *etwas zu sein* verweigern sich die Dandys. Das konsequente Aneinandervorbei-Schauen ist, wie gesehen, ein Ausdrucksverhalten, ist demonstratives Wegblicken, durch das sie sich einander als Publikum verweigern und sich regelrecht 'ins Leere laufen lassen'. Sie geben sich über den Erfolg oder Mißerfolg ihrer Inszenierungen keine Rückmeldung. Weder bestätigen sie durch anerkennende Blicke die Angemessenheit des jeweiligen Anspruchs, unerreichter Beau zu sein, noch weisen sie diesen Anspruch durch verächtliche Blicke zurück. Sie beobachten einander auf der Suche nach ihrem Spiegelbild, doch die Spiegel, in die sie schauen, sind – um die Metaphorik Camus (1986: 66) zu verwenden – beschlagen. Sie verwehren sich jegliches *feedback* und damit eine soziale Existenz als anerkannte Dandys.

Der Dandyclub bildet mangels wechselseitiger Anerkennung keine Sozialität im Sinne einer „Wir-Gruppe" (Schütz 1972: 203-255). 'Wir unerreichte Beaux' – ein solcher Satz macht der Logik der dandyesken Lebenshaltung nach keinen Sinn, denn unerreichter Beau kann nur einer sein.[13] Die Möglichkeit wechselseitiger Anerkennung sieht der Lebensstil des Dandys nicht vor. Die Dandys kön-

---

12 Sich im anderen zu spiegeln, bedeutet von vornherein, sich in typisierter Form zu erfahren, denn der Reaktion des Anderen 'auf mich' liegt seine mehr oder minder selektive Wahrnehmung 'von mir' zugrunde: In der Beobachtung voneinander nehmen sich Menschen nicht in ihrer ganzen Mannigfaltigkeit wahr. Schon allein deshalb nicht, weil die schiere Menge individueller Züge und Regungen unter den praktischen Anforderung des Alltags nicht zu bewältigen wäre. Menschen konzentrieren sich bei der Beobachtung ihrer jeweiligen Mitmenschen (je nach Situation und Umgebung mehr oder weniger stark) auf wiedererkennbare, sprich typische Momente (Schütz 1971: 68f.; Soeffner 1983: 24). Im Fall der Dandys kann man entsprechend unserer bisherigen Analyse von einer nahezu vollständig typisierenden wechselseitigen Wahrnehmung ausgehen.

nen den inszenierten Anspruch unerreichte Beaux zu sein aber auch nicht negieren. Würden sie ihn tatsächlich zurückweisen, gefährdeten sie ihre eigene exklusive Existenz, denn nur Beau Brummell ist tatsächlich in der Lage, sich zum individuellen Typus zu stilisieren – alle anderen können ihre Identität als herausragende Persönlichkeiten nur durch den stilistischen Verweis auf eine bestimmte exklusive gesellschaftliche Gruppierung aufrecht erhalten. Der Dandyclub geriert sich als eine widersprüchliche Form der Sozialität.

1.3 Die Selbstbezüglichkeit der Dandyinszenierung

Im Club inszenierten sich die Dandys als einzigartige Beaux. Dieses 'Stück' wurde von ihnen aber nicht nur in den Clubs, sondern auch vor einem größeren Publikum aufgeführt. Stellte sich der Dandy-Club nach innen als ambivalente Form der Sozialität dar, so traten die Dandys nach außen als distinkte (Lebensstil-)Gruppe in Erscheinung.

Die herausragende öffentliche Bühne, auf der das Dandy-Stück wirkungsvoll in Szene gesetzt wurde, war das berühmte *bow window* des White's Club, der wie alle bedeutenden Clubs seiner Zeit in der St. James Street lag, dem „ne plus ultra of fashionable life" Londons (Chancellor 1926: 25). Jenes *bow window* war ein großes Fenster über der Eingangstür, von dem aus man sehen konnte, was sich auf der Straße abspielte und das von den Dandys um Brummell in Beschlag genommen wurde. Wer sich dort aufhielt, gehörte zum *inner circle* des exklusiven Clublebens. Die Dandys plazierten sich dort gut sichtbar für die Passanten auf der St. James Street und sprachen ihre Urteile über sie. Sie beobachteten das vorbeigehende Publikum, schossen ihre Blicke und verbalen (aber unhörbaren) Pfeile ab und legten fest „whose cape's an inch to low or high", wie es in einem Gedicht aus jener Zeit heißt (Campbell 1948: 60). Das *bow window* war die Lupe, durch die die Dandys die feine Londoner Gesellschaft inspizierten und beurteilten. Diente das Fenster einerseits der Beobachtung des öffentlichen Lebens, so war es umgekehrt auch ein Schaufenster, in dem sich die Dandys ausstellten und die Aufmerksamkeit der Passanten auf sich zogen. Brummell und die Seinen ließen sich dort bestaunen und kontrollierten ihr exklusives Dandy-Sein im Spiegel der Öffentlichkeit. Das *bow window* als Lupe und Schaufenster war „a very shrine of fashion and an institution of West end club life" (Nevill 1911: 79). Es war die Nahtstelle zwischen dem Clubland der Dandys und der englischen Gesellschaft.

Im *bow window* wurde jener frappierende Kontrast zwischen dem Lebensstil der Dandys und den herrschenden Idealen der englischen Gesellschaft deutlich, der immer wieder in zeitgenössischen Karikaturen, Gedichten und literarischen Werken thematisiert wurde und Stoff für zahlreiche Anekdoten bot: Im Gegensatz zu den üblichen gesellschaftlichen Begründungen von Exklusivität, wie hohe

---

13 Illustrativ für das Streben nach Einzigartigkeit ist das sogenannte blackballing. Wollte jemand Clubmitglied werden, so entschieden die anderen Mitglieder per Abstimmung – ein black ball genügte zur Ablehnung des Kandidaten. Dieses blackballing wurde immer mehr zur Regel, mit der Folge, daß die Clubs immer weniger Mitglieder hatten (Darwin 1943: 22f.; Castronovo 1987: 106).

Geburt oder Reichtum, Geist oder gesellschaftlichen Einfluß, stützte sich die Exklusivität der Dandys auf die oftmals befremdlich wirkende, selbstverliebte Inszenierung der eigenen Person.

An einem weiteren Detail der Karikatur *The Dandy Club*, einer Flasche in der rechten unteren Ecke der Zeichnung, versehen mit der Aufschrift *Best Dandy*, kann die 'Begründungslogik'[14] dieser Exklusivität recht anschaulich illustriert werden: Was auch immer diese Flasche enthält – man mag sich fragen: Wer darf dieses 'Gesöff' trinken? Das Etikett macht klar: Nur wer sich *Best Dandy* nennen kann (oder darf). Die Aufschrift läßt sich jedoch auch anders verstehen: Wer den Inhalt dieser Flasche zu sich nimmt, wird aufgrund der besonderen Kraft dieses Elixiers *Best Dandy*. Womit hat man es also zu tun, mit einem exklusiven Getränk für *Best Dandys* oder mit einer Art Zaubertrank, der *Best Dandys* macht? Im Rahmen einer Karikatur sind beide Lesarten denkbar. Berücksichtigt man Max Imdahls Theorem (Imdahl 1994), daß konkurrierende Lesarten in Gemälden, Zeichnungen und Fotografien simultan zur Darstellung gebracht werden können (sozusagen als Kuriosum des Visuellen) und daß gerade diese Simultaneität den spezifischen Sinn eines Bildes oder des entsprechenden Bilddetails ausmacht, so wird deutlich, daß die Antwort auf die Frage 'exklusives Gesöff' oder 'Zaubertrank' lauten muß: beides. Wer *Best Dandy* trinkt, zeigt damit an, was er ist: *Best Dandy*, und wird was er trinkt: *Best Dandy*. Kurzum: Wer zeigt, was er ist, wird, was er zu sein anzeigt – und das heißt im Fall der Dandys: exklusiv. Exklusivität ist nicht mehr an ein 'natürliches', sei es angeborenes oder zugeschriebenes, Merkmal gebunden, sondern wird zu einem Wert an sich und damit zum Dauerproblem – dessen Lösung wiederum zur Bewährungsprobe und Existenzgrundlage des Dandys. Der Dandy *ist* und *lebt* seine Selbstinszenierung, was aber nur gelingt, wenn diese Darstellung immer wieder aufs Neue exklusiv und einzigartig erscheint.[15]

Abb. 5: Flasche mit der Aufschrift Best Dandy. *(Ausschnitt aus* The Dandy Club*).*

---

14 Es handelt sich hier natürlich nicht um eine Begründung im Sinne eines vernünftigen Argumentes, das diskursiv zur Debatte gestellt wird, sondern im Sinne einer Ästhetik, die als symbolische Kommunikation auf Unmittelbarkeit zielt, das Argument umgeht und gerade dadurch aber Evidenz erlangt (vgl. dazu: Soeffner 1988; 1991).

15 Gerade auch Brummell – nach einem Ausspruch Pücklers „ohne Vermögen und Geburt, ohne eine schöne Gestalt, oder hervorstechenden Geist" (1991: 552) – war sich des speziellen Fundaments seines Ruhmes durchaus bewußt: „Who would have ever heard of George B. himself, if he had been

2. Der ästhetische Lösungsversuch des großen Lebensproblems[16]

Der Lebensstil der Dandys läßt sich als „ästhetischer Gegenentwurf" (Soeffner 2001: 1) zu einer der zentralen Ideen der englischen Gesellschaft, nämlich dem Gentleman-Ideal, verstehen. Ihre exaltierte Lebensweise stellte sich als eine demonstrativ zur Schau gestellte Umdeutung dieses Ideals dar. Im folgenden gilt es, den Sinn und die Attraktivität dieses ästhetischen Gegenentwurfs vor dem Hintergrund der damaligen gesellschaftlichen Situation verständlich zu machen.

Der gesellschaftlich einflußreiche Kreis der englischen Gentlemen setzte sich seit alters her größtenteils aus (zumeist adligen) Landbesitzern und seit Beginn der industriellen Revolution vermehrt auch aus reichen bürgerlichen Aufsteigern zusammen, die in gesicherten ökonomischen Verhältnissen lebten und über viel freie Zeit verfügten. 'Wahre' Gentleman zeichneten sich traditionsgemäß durch ein zurückhaltendes und distinguiertes Wesen aus, drängten sich nicht in den Vordergrund, waren gelassen und selbstsicher, hatten geschliffene Umgangsformen und begegneten ihren Mitmenschen mit Respekt und Anstand, wie sie auch von ihnen Respekt erwarteten. Sie standen mit beiden Füßen auf dem Boden der Tatsachen, waren fleißig, praktisch orientiert und engagierten sich insbesondere im politischen Leben. Auf der Basis ihres Wohlstandes konnten die Gentlemen darüber hinaus eine exklusive Freizeitkultur pflegen: sie jagten, spielten und trafen sich mit ihresgleichen zu großen Gesellschaften. Dies waren die Tugenden und Verhaltensweisen, welche die *fine old* Gentlemen auszeichneten und ihre Solidität als *landed elite*, das heißt ihre stete Bewährung in der Praxis des sozialen, ökonomischen und politischen Alltagslebens, zum Ausdruck brachten. „A gentleman without an estate [...] is like a pudding without suet" (Letwin 1981: 8) lautete die Devise, und wer sein Landgut im Griff hatte, konnte sich ohne Probleme den exquisiten Lebensstil des Gentleman leisten.[17]

Die Dandys sahen sich in der exklusiven Tradition des englischen Gentleman und waren – zumindest noch zu den Zeiten Brummells – darum bemüht, das Erscheinungsbild des Gentleman zu perfektionieren.[18] Doch letztlich gaben sie dieser Erscheinung einen gänzlich anderen Sinn: Denn das, was die alten Gentlemen auszeichnete – mit beiden Füßen auf festem Boden zu stehen –, war ihnen fremd geworden. Auf der Karikatur Dightons (Abb. 1) standen sie im 'Nichts'.

---

anything but what he is" (Stanhope 1845: 281, Hervorheb. ebd.). Er war nach Einschätzung seiner Zeitgenossen einzigartig – und auch hier kann diese Einzigartigkeit nur aus sich selbst heraus verstanden werden: aus der Selbstdarstellung als einzigartige und unverwechselbare Existenz.
16 Simmel 1990: 309
17 Letwin 1981; Castronovo 1987; Frevert 1988: 118; Perkin 1969: 56; Mason 1982: 15ff.
18 Vorreiter dieses Unterfangens, den Stil des Gentleman zu perfektionieren war – wie gesagt – Brummell. Er übersteigerte das Gentleman-Ideal aber auf herausfordernde Weise, etwa indem er mehrere Stunden des Tages mit der Toilette zubrachte. Die Etikette des Gentleman wurde von ihm grundsätzlich eingehalten, sein eigentlich untadeliges Verhalten war aber geladen mit Aggression (deutlich sichtbar im dauernden Abkanzeln anderer, nicht seinem Anspruch genügenden Mitgliedern der exklusiven Gesellschaft) und von einer selbstbezüglichen Inszenierung geleitet, bei der seine Einzigartigkeit und nicht der Respekt vor seinen Mitmenschen im Mittelpunkt stand (vgl. Castronovo 1987).

Der Stil des Dandys entwicklete sich zwar fließend aus dem Lebensstil des Gentleman, verweist aber gerade nicht mehr auf den gesellschaftlich anerkannten Wert einer tiefen Verwurzelung im alltäglichen Leben. Ihre alles ästhetisierende Lebenshaltung verläuft quer zu jener Bodenständigkeit und stellt so einen deutlichen inhaltlichen Bruch mit dem Gentleman-Ideal dar. Die Dandys rechtfertigten die beanspruchte exklusive gesellschaftliche Stellung ausschließlich durch den vehementen Verweis auf sich selbst, durch den Verweis auf das, als was sie in ihrer Inszenierung erschienen, unabhängig (und ganz im Unterschied zu den Gentlemen der alten Schule) von dem, was sie tatsächlich besaßen oder leisteten. Durch die gelungene, weil den Regeln des guten Geschmacks genügende Selbstdarstellung, verliehen sie sich einen, von der *Sphäre des Praktischen abgelösten, allein in ihrer Erscheinung begründeten Wert.*

Die Dandys brachen letztlich mit dem Ideal, dem sie sich eigentlich verpflichtet fühlten. In zahllosen Neuinszenierungen gestalteten sie das Gentleman-Ideal solange um, bis es kaum wieder zu erkennen war. Aber wie erklärt sich die Attraktivität eines Stiles, der mit einer tradierten Idee der englischen Gesellschaft bricht und zudem noch höchst unpraktisch ist? Gerade die Gentlemen als gesellschaftlich herausragende Persönlichkeiten hatten sich, nicht zuletzt auch im Rahmen von politischen und militärischen Ämtern, mit ganz neuen gesellschaftlichen Problemen auseinander zu setzen: Mit den Unwägbarkeiten der neuen industriellen Ordnung, mit der Bedrohung Englands durch die Revolutionskriege (zu der zahlreiche Krisenschriften verfaßt wurden)[19] und den grundsätzlichen politischen Fragen, die die französische Revolution aufwarf.[20] Das Gentleman-Ideal als tradiertes Modell idealen Lebens stieß angesichts solch außergewöhnlicher und nur schwer abwägbarer Fragen notwendig an seine Grenzen.

Ursprünglich ein Ideal der Landbesitzer (*gentry*), regelte es in erster Linie überschaubare alltagspraktische Probleme wie den Umgang mit Pferden, Landvermessung und -bewirtschaftung, körperliche Ertüchtigung, standesgemäßes Benehmen, den Umgang mit Untergebenen etc.[21] Es bot ein feststehendes Muster, nach dem die Zeitgenossen die (soziale) Welt routinemäßig interpretieren und verstehen sowie ihre eigene Rolle in dieser Welt definieren konnten. Der *fine old* Gentleman stand 'mit beiden Füßen auf festem Boden', wußte aber immer auch um die 'Ordnung des Himmels' (Abb. 6). Demjenigen, der dieses Ideal tagtäglich lebte, bot es die Gewißheit, fester Teil in einem sinnvollen Ganzen zu sein – *pes in terris, spes in caelis*. Das Gentleman-Ideal erfüllte als allgemeine Idee das Leben (in) der engli-

---

19 Die Titel dieser Krisenschriften lauteten zum Beispiel: A Farwell Warning to my Country, before the Hour of Danger, London 1798, oder: A Letter to the Right Hon. the Lord Mayor, on the State of the Country; the Measures to be Pursued, in Order to Obtain Peace; and his Lordship's Duty at the Present Crisis, London 1799.
20 Kluxen 1968: 489-494; Maurer 1997: 293-330; Sennett 1986:184f.
21 Vgl. zum Beispiel die Handbücher: B. H. Hammond 1657: The Whole Duty of a Man, o.O.; Geo. Hickes 1723: The Gentleman Instructed in the Conduct of Virtuous and Happy Life, 8th edition, London; John Ainslie 1802: The Gentleman and Farmer's Pocket Companion and Assistant; und von einem unbekannten Autor: The Gentleman's Library. Being a Compendium of the Duties of Life in Youth and Manhood, London 1813.

schen Gesellschaft „von innen her mit Sinn" – es formierte ein „Kosmion", eine kleine sinnerfüllte Welt (Voegelin 1991: 52). Es machte die innere Struktur dieses Kosmions, „die Relationen zwischen seinen Gliedern und Gruppen von Gliedern sowie auch seine Existenz als Ganzes" (Voegelin 1991: 52) transparent. Das gesellschaftliche Geschehen und das eigene Verhalten stellte sich den Gentlemen als nicht bloß Zufälliges, sondern als sinnvolles Ganzes dar.

Doch trotz seiner historischen Bewährung mußte das Gentleman-Ideal als Modell eines relativ überschaubaren Lebens seine Deutungs- und Erklärungskraft verlieren, wenn neuartige und äußerst komplexe gesellschaftliche Probleme, wie zum Beispiel kaum absehbare konjunkturelle Zyklen und sozialstrukturelle Konfliktpotentiale in Folge der Industrialisierung, auf der Tagesordnung standen.[22] Weniger als Landbesitzer, aber als Protagonisten des gesellschaftlich-politischen Lebens der Metropole London, mußten sich den Gentlemen Krieg, Revolution und Industrialisierung als sperrige soziale Realitäten erweisen, die sich kaum in jenen Sinnhorizont einordnen ließen, den das Gentleman-Ideal absteckte. Die sich verändernde englische Gesellschaft mit ihren neuen, 'modernen' Problemen mußte ihnen zunehmend kontingent und ihr eigenes Handeln fremd erscheinen.[23]

Die Attraktivität des Lebensstils des Dandys, der ebenso ein detailliertes Set von Darstellungs- und Verhaltensanweisungen bot, begründete sich

Abb. 6: Titelseite des Buches The English Gentleman *von Richard Brathwait (1630) (Ausschnitt). Quelle: Blake 1983: 27.*

demgegenüber darin, daß die unübersichtlichen gesellschaftlich-politischen Probleme dieser Zeit für ein Dasein als Dandy von keinerlei Relevanz waren (es sei denn, die Garderobe hätte unter einem finanziellen Mißgeschick gelitten). Bewährung oder Versagen im praktischen Leben, spielten für den Dandy keine Rolle – er konzentrierte sich auf Geschmacksfragen. Die Dandy-Clubs stellten Freiräume inmitten des Zentrums gesellschaftlicher Macht dar, in denen ein eigenständiges, von

---

22 Vgl. Sennett 1986: 181-185.
23 Mit einer wahren Flut von Essays und Büchern, die Titel trugen wie *What is a Gentleman?* und *A Fine Old English Gentleman* machten sich mit Beginn des 19. Jahrhunderts (Letwin 1981: 13) zahlreiche Autoren an den Versuch, das Gentleman-Ideal als ein Sicherheit vermittelndes Modell zu erhalten – allerdings nicht, indem sie aktuelle gesellschaftliche Probleme tatsächlich reflektiert hätten, sondern indem sie das System detaillierter Darstellungs- und Verhaltensanweisungen ausweiteten und so lediglich die Normierung des Gentleman-Ideals weiter vorantrieben.

83

politischen Fragen gelöstes, nämlich rein ästhetisches Ordnungs- und Wertesystem etabliert war. 'Clubbing' war keine Politik mit anderen Mitteln, denn selbst an informeller politischer Einflußnahme waren die Dandys nicht interessiert. Kennzeichnend für die Dandy-Szene Londons war ihr Desinteresse an politischer Macht – sie war apolitisch.[24]

In einer Situation gesellschaftlicher Unsicherheit konstituierte das Ordnungs- und Wertesystem der Dandys ein Kosmion ganz eigener, nämlich ästhetischer Natur. Mittels des Lebensstils des Dandys konnte man sich selbst, jeden Mitmenschen und jedes Ding relativ mühelos in einen verständlichen und nach Kriterien des Geschmacks geordneten Gesamtzusammenhang einstellen – vorausgesetzt man war bereit „die Revolte der Dandys" (Camus 1986: 61) gegen das Praktische mitzumachen: Denn an die Stelle einer praktischen Lebenseinstellung trat eine Haltung, die Geschmackssicherheit und Gespür für Einzigartigkeit zum zentralen Wert erhob – ihr Lebensstil war „der *ästhetische* Lösungsversuch des großen Lebensproblems" (Simmel 1990: 309; Hervorhebung durch die Verf.).

3. Der Apolitismus der Dandys

Das Problem der Gentlemen ist ein allgemeines Problem moderner Gesellschaften: Umbruchsituationen müssen nicht nur praktisch bewältigt werden, sondern die Lösung eines spezifioschen Sachproblems produziert zusätzlichein allgemeines Sinnproblem durch die Transzendierung und Auflösung bislang geltender Traditionen, so daß die Gesellschaft für den Einzelnen oder für Gruppen nicht mehr als sinnvolle Einheit erfahrbar ist.[25]

Dieses doppelte Problem wird in modernen Gesellschaften typischerweise im Rahmen unterschiedlicher, historisch gewachsener Formen des Politischen bearbeitet. Etatismus ist das klassische 'moderne' Modell, mit dem auf einen gesellschaftlichen Strukturwandel reagiert wird, wobei das politische Handeln, um verständlich und sinnvoll zu sein, den Anschluß an ein übergreifendes Ordnungsmuster finden muß. Dies kann beispielsweise durch den Verweis auf eine 'substantielle' Einheitsidee wie den Nationalstaat oder auf andere Modelle kollektiver Identität, die die Einheit des Uneinheitlichen gewährleisten sollen, erfolgen. Die Entstehung politischer Sekten und Massenbewegungen, wie sie Eric Voegelin (1994; 1996) für die abendländische Gesellschaft beschrieben hat, ist ein zweites Reaktionsmuster. Auf der Basis einer – wie auch immer zustande gekommen – Einsicht in eine grundlegende Seinswahrheit (beispielsweise die Existenz eines göttlichen Heilsplans oder eines 'objektiven' historischen Bewegungsgesetzes) wird ein politisches Programm entwickelt, das auf die aktive Änderung der gesellschaftlichen Ordnung zielt. Der Gewinn einer solchen Programmatik liegt (für die Anhänger) *„in einer stärkeren Gewißheit über den Sinn der menschlichen Existenz,* in einem neu-

---

24 Vgl. Soeffner 2001.
25 Vgl. Voegelin 1996: 58f.; Berger/Luckmann 1996: 105; Luckmann 1991: 166f.

en Wissen um die Zukunft, die vor uns liegt, und in der Schaffung einer sicheren Basis für das Handeln in die Zukunft hinein" (Voegelin 1999: 123, ebd.).

Mit dem Lebensstils des Dandys hat sich zu Beginn des 19. Jahrhunderts ein weiteres, allerdings *apolitisches* Reaktionsmuster ausgebildet. Dieser Lebensstil läßt sich vor dem Hintergrund der Unverständlichkeit gesellschaftlichen Strukturwandels als Sinnangebot ganz eigener Qualität verstehen: Wie jeder Mensch muß auch der Dandy die praktischen Probleme seines Alltags bewältigen (nicht zuletzt, um seinen exklusiven Lebensstil überhaupt zu ermöglichen) – sich aber für die Lösung gesellschaftlicher Probleme zu engagieren, liegt grundsätzlich nicht in der Logik dieses Stils. Als typischer Dandy ist man weder Politiker noch *citoyen*, weder Revolutionär noch Opfer, weder militärischer Stratege noch fanatischer Freiheitskämpfer, weder Kapitalist noch Gewerkschafter.

Der Lebensstil des Dandys ist seinem Wesen nach apolitisch. Was dieses Reaktionsmuster von klassischen politischen Mustern unterscheidet ist, daß sich die Ordnung der Welt auf der Basis rein ästhetischer Kriterien ergibt, die praktisches Engagement nicht verlangen. Einem Dandy erscheint die Welt *so wie sie ist* als ein geordnetes Ganzes. Er richtet sich in einer unsicheren Welt ein, ohne auf eine bessere zu hoffen (sei diese jenseitig oder diesseitig), geschweige denn, eine solche bessere Welt zum Ziel seines Handelns zu machen.

Literatur

Adorno, Theodor W. (1977): Kulturkritik und Gesellschaft. Gesammelte Schriften Bd. 10. Frankfurt a.M.: Suhrkamp

d'Aurevilly, Barbey (1909): Vom Dandytum und von G. Brummell. München/Leipzig: Müller

Berger, Peter L./Luckmann, Thomas (1996): Die gesellschaftliche Konstruktion der Wirklichkeit. Eine Theorie der Wissenssoziologie, 5. Auflage. Frankfurt a.M.: Fischer

Blake, Robert (Hg.) (1983): Die englische Welt. Geschichte, Gesellschaft, Kultur. München: Beck

Campbell, Kathleen (1948): Beau Brummell. A Biographical Study. London: Hammond, Hammond & Co.

Camus, Albert (1986): Der Mensch in der Revolte. Reinbek: Rowohlt

Castronovo, David (1987): The English Gentleman. Images and Ideals in Literature and Society. New York: Ungar

Chancellor, E. Beresford (1922): Memorials of St. James's Street. Together with the Annals of Almack's. London: Grant Richards Ltd.

Chancellor, E. Beresford (1926): Life in Regency and Early Victorian Times. An account of the days of Brummell and D'Orsay, 1800 to 1850. London: B.T. Batsford Ltd.

Cicero, Marcus Tulius (1991): De oratore. Über den Redner. Stuttgart: Reclam

Clark, Peter (2000): British Clubs and Societies 1580-1800. The Origins of an Associational World. Oxford: Oxford University Press

Cole, Hubert (1977): Beau Brummell. London: Butler & Tanner Ltd

Darwin, Bernard (1943): British Clubs. London: Collins

Erbe, Günter (1992): George Brummell und Charles Baudelaire. Zum Vergleich zweier Dandytypen. In: Merkur 46, 7, S. 581-592

Frevert, Ute (1988): Bürgerlichkeit und Ehre. Zur Geschichte des Duells in England und Deutschland. In: Kocka, Jürgen (Hg.): Bürgertum im 19. Jahrhundert. Deutschland im europäischen Vergleich, Bd. 3. München: Deutscher Taschenbuch Verlag, S. 101-140.

Hazlitt, William (1934): Brummelliana. Veröff. 1828 in: The London Weekly Review. In: Howe, Percival P. (Hg.): The Complete Works of William Hazlitt, Vol. XX. London: Dent, S. 152-154.

Imdahl, Max (1994): Ikonik. Bilder und ihre Anschauung. In: Gottfried Boehm (Hg.): Was ist ein Bild? München: Fink S. 300-324

Jesse, Captain (1893): The Life of George Brummell, Esq., commonly called Beau Brummell. London: Swan Sonnenschein & Co

Kluxen, Kurt (1968): Geschichte Englands von den Anfängen bis zur Gegenwart. Stuttgart: Kröner

Letwin, Shirley Robin (1981): The Idea of a Gentleman. Englishmen in Search of a Character. In: Encounter 57, 5, S. 8-19

Luckmann, Thomas (1991): Die unsichtbare Religion. Frankfurt a. M.: Suhrkamp

Mason, Philip (1982): The English Gentleman. The Rise and the Fall of an Idea. London: André Deutsch

Maurer, Michael (1997): Kleine Geschichte Englands. Stuttgart: Reclam

Melville, Lewis (1924): Beau Brummell. His Life and Letters. London: Hutchinson & Co.

Moers, Ellen (1978): The Dandy. Brummell to Beerbohm. New York: Viking Press

Müller, Hans-Peter (1992): Sozialstruktur und Lebensstile. Der neue theoretische Diskurs über soziale Ungleichheit. Frankfurt a. M.: Suhrkamp

Müller, Michael (2001): A Very Stylish Boy. In: Fischer-Lichte, Erika/Horn, Christian/Warstat, Matthias/Umathum, Sandra (Hg.): Performativität und Ereignis. Tübingen/Basel: Francke

Nevill, Ralph (1911): London Clubs. Their history & treasures. London: Chatto & Windus

Panofsky, Erwin (1980): Einleitung. In: Ders.: Studien zur Ikonologie – Humanistische Themen in der Kunst der Renaissance. Köln: DuMont, S. 30-54

Perkin, Harold (1969): The Origins of Modern English Society 1780 – 1880. London: Routledge & Kegan Paul

Plessner, Helmuth (1981): Grenzen der Gemeinschaft. Eine Kritik des sozialen Radikalismus. In: Gesammelte Schriften V. Frankfurt a. M.: Suhrkamp, S. 7-134

Plessner, Helmuth (1982): Mit anderen Augen. Aspekte einer philosophischen Anthropologie. Stuttgart: Reclam

Pückler-Muskau, Hermann von (1991): Briefe eines Verstorbenen. Ein fragmentarisches Tagebuch geschrieben in den Jahren 1826 bis 1829, 2 Bände. Frankfurt a. M.: Insel

Raikes, Thomas (1856): A Portion of a Journal. From 1831-1871, Vol I-IV. London: Longman, Brown, Green and Longmans

Schickedanz, Hans-Joachim (Hg.) (1980): Der Dandy. Texte und Bilder. Dortmund: Harenberg

Schütz, Alfred (1971): Gesammelte Aufsätze, Bd.1. Den Haag: Martin Nijhoff

Schütz, Alfred (1972): Gesammelte Aufsätze, Bd.2. Den Haag: Martin Nijhoff

Sennett, Richard (1986): Verfall und Ende des öffentlichen Lebens. Die Tyrannei der Intimität. Frankfurt a.M.: Fischer

Simmel, Georg (1990): Das Problem des Stiles. In: Ders. (Hg.): Vom Wesen der Moderne. Essays zur Philosophie und Ästhetik. Hamburg: Junius, S. 295-309

Simmel, Georg (1992): Exkurs über die Soziologie der Sinne. In: Ders. (Hg.): Soziologie.

Frankfurt a. M.: Suhrkamp, S. 722-742
Simmel, Georg (1996): Philosophie des Geldes, Gesamtausgabe Bd. 6., Frankfurt a. M.: Suhrkamp
Soeffner, Hans-Georg (1983): 'Typus und Individualität' oder 'Typen der Individualität'? – Entdeckungsreisen in das Land, in dem man zuhause ist. In: Wenzel, Horst (Hg.): Typus und Individualität im Mittelalter. München: Fink, S. 11-44
Soeffner, Hans-Georg (1988): Kulturmythos und kulturelle Realität(en). In: Ders. (Hg.): Kultur und Alltag, Soziale Welt, Sonderband 6. Göttingen: Otto Schwartz & Co., S. 3-20
Soeffner, Hans-Georg (1989): Auslegung des Alltags – Der Alltag der Auslegung. Zur wissenssoziologischen Konzeption einer sozialwissenschaftlichen Hermeneutik. Frankfurt a. M.: Suhrkamp
Soeffner, Hans-Georg (1991): Zur Soziologie des Symbols und des Rituals. In: Oelkers, Jürgen/Wegenast, Klaus (Hg.): Das Symbol – Brücke des Verstehens. Stuttgart/Berlin/Köln: Kohlhammer, S. 63-83
Soeffner, Hans-Georg (1992): Stil und Stilisierung. Punk oder die Überhöhung des Alltags. In: Ders. (Hg.): Die Ordnung der Rituale. Die Auslegung des Alltags 2. Frankfurt a.M: Suhrkamp, S. 76-101
Soeffner, Hans-Georg (2001): Stile des Lebens. Ästhetische Gegenentwürfe zur Alltagspragmatik. In: Interventionen 10, herausgegeben von Jörg Huber, Zürich: Voldemeer, S.79-113
Stanhope, Lady Hester (1845): Memoirs. Vol. I-III. London: Colburn
Stölting, Erhard (1999): Der exemplarische Dandy. Soziologische Aspekt des schönen Scheins. In: Barck, Karlheinz/Faber, Richard (Hg.): Ästhetik des Politischen – Politik des Ästhetischen. Würzburg: Königshausen und Neumann, S. 35-55
Timbs, John (1866): Club Life of London. Two Volumes. London: Richard Bentley
Voegelin, Eric (1991): Die neue Wissenschaft der Politik. Eine Einführung. Freiburg/München: Alber
Voegelin, Eric (1996): Die politischen Religionen. München: Fink
Voegelin, Eric (1994): Das Volk Gottes. Sektenbewegungen und der Geist der Moderne. München: Fink
Voegelin, Eric (1999): Der Gottesmord. Zur Genese und Gestalt der modernen politischen Gnosis. München: Fink
Ziegler, Philip/Seward, Desmond (1991): Brooks's. A Social History. London: Constable

Navid Kermani[1]

Märtyrertum als Topos politischer Selbstdarstellung in Iran

Im Kontrast zur europäischen Kultur der Bewährung zeigen die aktuellen politischen Vorgänge in der Islamischen Republik Iran das Weiterleben einer religiös-politischen Kultur, in dem gerade die Inszenierung des Scheiterns die politische Wirksamkeit zu steigern vermag. In geradezu idealtypischer Weise wird das an dem aufsehenerregenden Fall des Geistlichen, Politikers und Publizisten Abdollah Nuri deutlich, der im Herbst 1998 vor einem Teheraner Gericht verhandelt wurde und sich zu einer Aufführung des schiitischen Märtyrerkults entwickelte. Ohne Berücksichtigung dieser religiös-mythischen Tradition bliebe das aktuelle politische Geschehen in Iran unverständlich.

1. Der Fall Abdollah Nuri

Am sechsten Tag platzte dem Richter der Kragen. Mit dem Ausruf „Jetzt reicht's!" schnitt er dem Angeklagten das Wort ab und erklärte die Verhandlung, für die mehrere Wochen, wenn nicht Monate veranschlagt worden waren, kurzerhand für beendet.[2] Der Angeklagte solle, so fuhr der Richter fort, den Rest seiner Verteidigungsrede schriftlich einreichen. Wie an den vorangegangenen Verhandlungstagen hatte dieser zuvor vier Stunden lang das Unterste der Islamischen Republik nach oben gekehrt und reihenweise geltende Tabus der öffentlichen Rede in Iran gebrochen. Die vierzehn Geschworenen mochten die Verteidigungsschrift nicht abwarten und sprachen den Herausgeber der Zeitung *Chordad*, Abdollah Nuri[3], in fünfzehn von zwanzig Anklagepunkten schuldig. Daraufhin berief die Koalition der reformorientierten Kräfte um den amtierenden Präsidenten Mohammad Chatami den Angeklagten zum Spitzenkandidaten für die Parlamentswahlen im Februar 2000. Die Berufung wurde allerdings hinfällig, als der Richter der Ansicht der Geschworenen folgte und ihn am 27. November 1999 zu fünf Jahren Haft verurteilte. Noch im Gerichtssaal wurde Abdollah Nuri festgenommen.

---

[1] Dieser Aufsatz ist in so enger Zusammenarbeit mit Katajun Amirpur entstanden, daß sie eigentlich hätte als Mitautorin genannt werden müssen; da es sich aber bei der Arbeit so ergeben hat, daß der Text selbst im wesentlichen von mir formuliert worden ist, hat sie darauf bestanden, die Autorenschaft mir allein zukommen zu lassen. So bleibt mir nur, ihr für ihre Großzügigkeit und die vielen Anregungen und Hinweise zu danken.

[2] Alle Zitate stammen, sofern nicht anders vermerkt, aus Kermani 2001b; in diesem Buch habe ich die politischen, gesellschaftlichen und religiösen Hintergründe der jüngsten Entwicklung in Iran geschildert. Nähere Angaben zu den Ereignisse und Protagonisten, die in diesem Aufsatz angesprochen werden, finden sich dort.

[3] Da sich der vorliegende Aufsatz nicht an ein islamwissenschaftliches oder iranistisches Publikum richtet, sondern die meisten Namen immer wieder in deutschen Medien auftauchen, habe ich auf die Fachfremden erklärungsbedürftige, wissenschaftliche Umschrift verzichtet und die in der deutschen Presse übliche Schreibweise verwendet.

Nuri ist nach Staatspräsident Chatami der prominenteste Politiker im Lager der Reformkräfte. Der Kleriker im mittleren Range eines Hodschatoleslâm[4] hat seit der Revolution fünfzehn hohe Ämter bekleidet. Er wurde 1997 nach dem Amtsantritt des neuen reformorientierten Präsidenten Innenminister, bevor ihn das konservativ beherrschte Parlament nach nur einem Amtsjahr absetzte. Daraufhin ernannte ihn Chatami zu seinem Stellvertreter. Im Februar 1999 kandidierte Nuri für den Kommunalrat von Teheran und erhielt mit Abstand die meisten Stimmen. Kurz nach seiner Ankündigung, zu den Parlamentswahlen anzutreten, klagte ihn das „Sondergericht für Geistliche" zahlreicher Vergehen an, die bis zur Diffamierung des Islams reichten. „Man kann Menschen nicht zwingen, eine Religion zu akzeptieren" provozierte er noch unmittelbar vor Prozeßbeginn seine Ankläger bei einer Rede in der Universität Teheran. „Wenn man sie zwingt, ist es keine Religion mehr". Einige Tage zuvor hatte Nuri vor einer großen Menschenmenge in Ghom, dem theologischen Lehrzentrum Irans, der Vielfalt der religiösen Erkenntnis und der politischen Auffassungen das Wort geredet und Europa als Vorbild für die Islamische Republik bezeichnet. „Die Geistlichkeit im europäischen Mittelalter hat alles getan, um die Meinungsfreiheit einzuschränken, aber heute sind es die europäischen Demokratien, welche die islamischen Traditionen des Pluralismus und der Demokratie fortführen", dozierte Nuri, worauf Stoßtrupps der radikalislamistischen Gruppierung *Ansar-e Hezbollah* („Helfer der Partei Gottes") die Veranstaltung gewaltsam auflösten. „Wie können Sie sich als Anhänger des Imam Chomeini bezeichnen und gleichzeitig den Imam als einen Häretiker präsentieren?" fragte ihn der Staatsanwalt zu Beginn der ersten Verhandlung am 30. Oktober 1999. Doch der redegewandte und als hitzig bekannte Angeklagte ließ sich nicht beirren und nutzte das Verfahren zu einem in der iranischen Öffentlichkeit beispiellosen Rundumschlag gegen die herrschende Politik. So bestritt Nuri vor Gericht die göttlichen Vollmachten von Revolutionsführer Chamenei und verteidigte dessen gewichtigsten Kritiker, den in Ghom unter Hausarrest stehenden

---

4   Um die Qualifikation zu erwerben, die religiösen Quellen selbstständig auszulegen, studiert ein Student der Theologie mindestens ein, zwei Jahrzehnte, bis seine Lehrer ihn zum *Modschtahed* erklären, zum „Interpreten". Nach weiteren Jahren des Studiums, aber auch schon der Lehre und der Erstellung eigener religiöser Gutachten (*Fatwas*), gelingt es dem Modschtahed womöglich, so viel Gläubige – die ihn zu ihrem persönlich maßgeblichen Interpreten der religiösen Quellen erklären und seine Auslegung „nachahmen" – um sich zu scharen, daß man beginnt, ihn als *Hodschatoleslâm* („Beweis des Islams") anzureden. Legt er nach weiteren Jahren eine theologische Schrift von Rang vor und vergrößert sich seine Anhängerschaft zudem stetig weiter, gehen seine Anhänger und Kollegen allmählich dazu über, ihn *Âyatollâh* („Zeichen Gottes") zu nennen. Gelingt es ihm, über ganze Regionen hinweg von Gläubigen zu ihrer theologischen Autorität erwählt zu werden, beginnt man, ihn als *Âyatollâh al-ozmâ* (Groß-Ajazollah) und schließlich als *Mardscha'-e taqlid* („Quelle der Nachahmung") zu verehren. Zur Zeit gibt es in der schiitischen Welt keine solche „Quelle". Eine formelle „Beförderung" durch eine religiöse Institution existiert nicht. In welcher Form sie sich vollzieht, wieviel Anhänger ein Gelehrter um sich scharen muß, um als *Hodschatoleslam, Ajatollah, Großajatollah* oder *Mardscha'-e taqlid* zu gelten, steht nirgends geschrieben und legt niemand fest: es ergibt sich einfach.

5   Hossein Ali Montazeri war als Nachfolger von Revolutionsführer Chomeini designiert, bevor er 1989 wegen seiner heftigen Kritik an den Menschenrechtsverletzungen in Iran aller Ämter enthoben wurde; vgl. Richard 1985.

Großajatollah Montazeri.⁵ Er sei stolz, die Briefe Montazeris, die als ein Plädoyer für weitreichende demokratische Reformen Aufsehen erregt hatten, veröffentlicht zu haben, rief Nuri und beklagte: „Tag für Tag hört man Ausdrücke wie 'Verräter', 'Heuchler', ‚korrupt', ‚schmutzig', ‚geldgierig', ‚der naive Scheich', mit denen der Großajatollah Montazeri beschimpft wird." Nuri widmete sich aber noch zwei weiteren Verfemten und forderte, die ehemaligen Ministerpräsidenten Mohammad Mossadegh⁶ und Mehdi Bazargan⁷, die von der Geschichtsschreibung der Islamischen Republik als Liberale und Schwächlinge dargestellt werden, zu rehabilitieren. Von der Anklagebank aus prangerte er außerdem den politischen Terror in der Islamischen Republik an. Nuri beschuldigte den Geheimdienst, der nach massivem öffentlichen Druck bereits die Verantwortung für die Morde an vier Intellektuellen im Spätherbst 1998 übernommen hatte, in den Jahren zuvor noch Dutzende anderer Oppositioneller umgebracht zu haben, unter ihnen der schiitische Theologe Hossein Barazandeh, der Übersetzer Ahmad Miralaí, der Publizist Ahmad Tafazzoli. Außerdem verwies er auf den mißglückten Anschlag auf die 21 Schriftsteller, die sich auf einer Busreise nach Armenien befunden hatten. Auch eine Reihe von christlichen Geistlichen und Vertretern der sunnitischen Minderheit Irans seien in den letzten Jahren von Mitarbeitern des Geheimdienstes ermordet worden.⁸ Nuri, dem in der vierundvierzigseitigen Anklageschrift vorgeworfen worden war, diplomatische Beziehungen zu den Vereinigten Staaten und zu Israel befürwortet zu haben, bestätigte, daß er eine Verständigung mit Washington für notwendig halte. Iran sei auf amerikanische Investitionen angewiesen, stellte Nuri fest und führte zahlreiche Daten an, um auf den Schaden hinzuweisen, den das Wirtschaftsembargo Washingtons verursache. Offiziell gelte das Embargo als wirkungslos, weil Iran seine Abhängigkeit vom Ausland weitgehend überwunden hätte und die Waren, die es zur Zeit noch benötige, in anderen Ländern einkaufen könne. Auch das Verhältnis zu Israel sprach Nuri an. Er kritisierte die israelische Haltung gegenüber den Palästinensern, mahnte sein Land aber, sich nicht in den Friedensprozeß im Nahen Osten einzumischen. Iran kenne die Situation der Palästinenser nicht besser als Yassir Arafat, dessen Entscheidung für einen Dialog mit den Israelis zu respektieren sei.⁹ Die reformorientierte Presse berichtete täglich auf den Titelseiten über den

---

6 Der demokratisch gewählte, liberal-nationalistische Ministerpräsident verstaatlichte im Jahre 1951 das iranische Erdöl, woraufhin der CIA einen Putsch gegen ihn organisierte und so dem Monarchen Mohammad Reza Pahlewi die Rückkehr nach Iran ermöglichte; vgl. hierzu Katouzian 1990; Siavoshi 1990.

7 Bazargan war der erste Ministerpräsident der Islamischen Republik. Er trat aus Protest gegen die Besetzung der amerikanischen Botschaft in Teheran zurück. Bazargan versuchte in seinem theoretischen Werk, den Islam und die Demokratie zu versöhnen; vgl. hierzu Barzin 1994; Buchta 1995. Zu seiner Partei, der „Freiheitsbewegung" (*Nehzat-e azadi*), vgl. Chehabi 1990.

8 Eine kritische Darstellung der Verbrechen des iranischen Geheimdienste gibt Gandschi 1999. Das in Teheran publizierte Werk wurde zu einem der meistverkauften Bücher der letzten Jahre. Der Autor wurde im Mai 2000 festgenommen und befindet sich zur Zeit der Fertigstellung dieses Manuskriptes, also im September 2000, noch in Haft.

9 Das wortgenaue Protokoll des gesamten Verfahren wurde nicht nur in der reformorientierten Presse dokumentiert, sondern ist auch als Buch erschienen (Nuri 1999); die Veröffentlichung erreichte innerhalb von Wochen eine zweistellige Auflage.

Prozeß gegen Nuri, und so fanden Aussagen, die als Kommentar noch nicht hätten gedruckt werden dürfen, als Prozeßmitschrift den Weg zu den jeden Morgen dicht umlagerten Kiosken des Landes. „Das Verfahren gegen Abdollah Nuri, so bitter und bedauernswert es ist, hat diese gute Seite, daß es die Realität, wie sie von einem großen Teil der iranischen Gesellschaft gesehen wird, zum Vorschein bringt", formulierte die Zeitung *Sobh-e emruz* die unter den Kommentatoren vorherrschende Meinung. Doch mit jedem Prozeßtag drängte sich immer stärker die Frage auf, wie lange Nuri noch Gelegenheit haben würde, von der Anklagebank aus den Staat und die Verantwortlichen in der Islamischen Republik zu verunglimpfen. Jeder, der die Auftritte Nuris in den Zeitungen, im Internet oder in den persischen Diensten der Auslandssender Tag für Tag verfolgte, ahnte: Solche Töne können im theokratischen Iran nicht ungestraft bleiben. Daß Nuri mit seinen Reden eine drakonische Strafe geradezu heraufbeschwor, ist nur zum Teil mit seinem individuellen Wagemut zu erklären; es ist auch in der religiös-politischen Kultur begründet, in der er agierte.

2. Der Kerbela-Mythos und die Tradition religiös-politischen Märtyrertums

Zwar ist die Religion im Bruderkampf zwischen den Kindern der iranischen Revolution oft nur ein Mantel, der die persönlichen und politischen Interessen der Beteiligten kaschiert. Dennoch spielt sie, aber in anderer als der behaupteten Form, eine kaum zu unterschätzende Rolle. Sie beeinflußt die Mentalität der Protagonisten wie des Publikums und prägt den Kode ihres Sprechens wie ihrer symbolischen Handlungen und Gesten. Die Religion, das ist in Iran vor allem die Schia[10], die sich mehr noch als durch Glaubensinhalte durch ihren Kosmos von Bildern, Mythen, Geschichten, Farben und Liedern vom sunnitischen Islam unterscheidet – und dadurch, daß sie diesen Kosmos im Gegensatz zur tendenziell puritanischen Sunna überhaupt entwickelt hat. Der überwältigende Wahlsieg Mohammad Chatamis bei den Präsidentschaftswahlen im Mai 1997 etwa wäre kaum möglich gewesen, hätte er nicht geschickt an jene Emotionen appelliert, die spezifisch für eine schiitische Gesellschaft sind. Mit beeindruckender Professionalität stilisierte er sich zum Mann des Volkes, der mit nichts als seinem reinen Herzen gegen das Establishment aufbegehrt; und das Establishment spielte, einmal nervös geworden, nach Kräften mit, indem es den anfangs noch weitgehend unbekannten Kandidaten durch abfällige Äußerungen, Boykotte der staatlichen Medien oder Auftritte von Schlägertrupps überhaupt erst populär werden ließ. Dabei war Chatamis Geschick, jede Maßnahme der Gegner mit unschuldiger

---

10 Ganz im Unterschied zu den Sunniten anerkennen die Schiiten Mohammeds Schwiegersohn und Vetter Ali als seinen einzig rechtmäßigen Nachfolger. Er und elf seiner Nachfahren – angefangen mit Alis Söhnen Hassan und Hossein bis hin zum letzten, dem in die Verborgenheit entschwundenen *Mahdi* – werden von den in Iran vorherrschenden Zwölfer-Schiiten als die zwölf göttlich inspirierten Imame verehrt.

Zurückhaltung zu beantworten und gerade dadurch zusätzliche Punkte zu sammeln, enorm. Daß etwa das staatliche Fernsehen ihn noch Wochen nach seinem Wahlsieg praktisch ignorierte, veranlaßte ihn nicht etwa zu einer Klage über die ungleichen Machtverhältnisse; vielmehr entschuldigte er sich in seiner ersten Ansprache an das Volk dafür, daß es ihm bislang nicht möglich gewesen sei, direkt zu den Menschen zu sprechen. Allein diese Bemerkung könnte ihm bei den Iranern, in deren schiitischer Tradition die Parteinahme für das wehrlose Opfer ein zentrales Motiv ist, mehr Unterstützung gebracht haben, als jede programmatische Ankündigung es vermocht hätte. Im kollektiven Bewußtsein vor allem der einfachen und ländlichen Bevölkerungsschichten wurde Chatami, der zudem durch den schwarzen Turban als Nachfahre des Propheten ausgewiesen ist, in die Reihe der schiitischen Imame und ihren säkularen Nachfolgern, den Freiheitskämpfern des neuzeitlichen Iran, gestellt. Stellvertretend für die Gemeinde der Gläubigen führen sie den aussichtslosen Kampf gegen die übermächtigen Usurpatoren oder einfach die örtlichen Bonzen. Daß der Don-Quichotterie in Iran nichts Negatives anhängt, dafür steht auch das Wirken und vor allem das politische Ende des liberal-nationalistischen Ministerpräsidenten Mohammad Mossadegh. Als das Militär auf Betreiben der Vereinigten Staaten 1953 gegen ihn putschte, um Mohammad Reza Pahlewi als Schah einzusetzen, hätte er die Möglichkeit gehabt, das Volk über Rundfunk auf die Straße zu rufen, wie er es schon oft getan hatte, und Zehntausende wären gekommen, um ihn zu verteidigen. Statt dessen hielt er sich zusammen mit zwei Ministern in einem Keller versteckt. Am Ende des zweiten Tages sagte einer der Minister: „So schlecht ist alles gelaufen, so schlecht." Und Mossadegh antwortete: „Und doch ist es so gut gelaufen – wirklich gut." Kurz darauf wurde er verhaftet (Mottahedeh 1987, 119).

Die *sympátheia*, das passionierte Fühlen und Leiden mit dem mittellosen Helden, der sich ungeachtet seiner objektiven Chancenlosigkeit gegen die Armeen der Unterdrücker auflehnt, ist im kollektiven Bewußtsein der Schiiten tief verwurzelt und selbst bei areligiösen Iranern weiterhin lebendig. Diese Kultur des Leidens hat ihre Wurzeln in mythischen und religiösen Traditionen. Das fundierende und alljährlich im Trauermonat Moharram mit spektakulären Prozessionen vergegenwärtigte Ereignis der schiitischen Heilsgeschichte ist ein Kampf ungleicher Gegner gewesen: Mit nur 72 Getreuen war der Imam Hossein am 10. Oktober 680 bei Kerbela im heutigen Irak in die von vornherein aussichtslos erscheinende Schlacht gegen mehrere Tausend Soldaten des Kalifen Yazid gezogen. Der Überlieferung zufolge hatten Bewohner der aufsässigen Stadt Kufa Hossein, der bis dahin ein zurückgezogenes und den Büchern gewidmetes Leben in Medina geführt hatte, zur Hilfe gerufen, um nicht dem umayyadischen Kalifen Yazid huldigen zu müssen. Seine Herrschaft war für die Partei Alis, die *Schiat Ali*, eine Tyrannei und ein Verrat an der Botschaft des Propheten. Gemäß arabisch-islamischer Geschichtsschreibung lagerte Hossein am 2. Oktober 680 bzw. am 2. Moharram des Jahres 61 nach islamischer Zeitrechnung nicht unweit vom Euphrat, wo ihn jedoch das omajjadische Heer aufspürte und ihm den Zugang zum Wasser versperrte. Vergeblich wartete er auf die versprochene Unterstützung aus Kufa. Derart im Stich gelassen, wurde er vom omayyadischen General Omar ibn Sa'd in tagelangen Verhandlungen zur Anerkennung Yazids gedrängt – ohne Erfolg. Als daraufhin die Schlacht unvermeidlich geworden war, entließ Hossein – im sicheren Wissen um den tragischen Ausgang des bevorstehenden Kampfes und vom Durst bereits stark geschwächt – seine Gefährten aus dem Treueschwur und forderte sie auf, dem bevorstehenden Massaker zu entfliehen. Die Gefolgsleute weigerten sich jedoch, Hossein im Stich zu lassen und folgten ihm am Morgen des 10. Moharram 680 in die Schlacht, die keiner von ihnen überlebte. Frauen und Kinder wurden verschleppt, Hosseins Kopf von den omayyadischen Generälen als Trophäe in die Hauptstadt Damaskus geschickt, wo ihn der Kalif am Osttor der Omajjadenmoschee zur Schau stellen ließ. Hosseins Rumpf wurde auf Befehl des Omajjaden-Kommandanten von den Hufen der Pferde zerstampft und später von Beduinen der Gegend beerdigt.[11]

Es gibt kein historisches Ereignis, das die Schiiten stärker bewegt hätte, als jene Schlacht von Kerbela. Alle zwölf Imame der Schia (also diejenigen religiösen Führer, die in der direkten Nachfolge des Propheten stehen) sind nach schiitischer Überlieferung ermordet worden, aber nur das Schicksal Hosseins ist zum Gleichnis des Weltgeschehens als solchem geworden. Seine Person symbolisiert das Gute, das Gerechte, das Unschuldige schlechthin; sein Widerstand steht für jegliches Aufbegehren gegen Unterdrückung und Tyrannei; in seinem Schmerz drückt sich das Leiden der gesamten Menschheit aus; sein Tod wurde zum Synonym der betrogenen Menschheitshoffnung auf eine bessere Zukunft (vgl. Ayoub 1978; Kermani 1998).

Schon vier Jahre nach dem Blutbad pilgerten Büßer zum Schlachtfeld, um dort der Ermordung Hosseins zu gedenken und ihr eigenes Versagen, dem Imam nicht beigestanden zu haben, zu beklagen. Im Laufe der Jahrhunderte bildeten sich dann bei den Schiiten ein Reigen von Trauerzeremonien heraus, die jedes Jahr im Moharram begangen wurden. Nachdem 1502 mit den Safawiden zum ersten Mal eine schiitische Dynastie die Macht in Iran übernommen hatte, weiteten sich diese Zeremonien rasch zu spektakulären Prozessionen und Passionsspielen in zum Teil riesigen Festhäusern (*tekijes*) aus. Verbunden waren sie mit Selbstgeißelungen und Trauerrezitationen semi-professioneller Sänger. Im Mittelpunkt eines jeden der zehn Festtage stand eine andere Episode des Passionsgeschehens. „Acht oder zehn das Fest vorhergehende Tage überschwärzen sich die Eyfrigsten im Gesetze an dem ganzen Leibe und Gesicht, gehen ganz nackend durch die Gassen, nur ein Tuch vor der Scham habend", beobachtete der französische Reisende Jean-Baptiste Tavernier 1667 in Isfahan. „Sie haben in jeder Hand einen Kieselstein; solche schlagen sie wider einander und machen mit dem Leibe und Gesichte viel närrische Gestalten, schreyen auch unaufhörlich Hossein Hocen, Hocen, Hossein, und zwar mit solcher Gewalt, daß ihnen der Schaum aus dem Maule gehet. Zu abends werden sie von frommen Leuten in die Häuser aufgenommen und wol gespeist" (zit. nach: Halm 1994: 62f.).

---

11 Die Schilderung der Schlacht von Kerbela folgt der traditionellen Überlieferung, wie sie auch in nicht-schiitischen Quellen, etwa beim großen Historiker des neunten Jahrhunderts, at-Tabari, erzählt wird; sie ist in dieser Form nicht historisch verbürgt.

Hintergrund für die Ausweitung und öffentliche Förderung der Trauerfeiern war das Bemühen der Safawiden, die damals noch sunnitische Mehrheit der iranischen Bevölkerung an die Schia zu binden, den Haß auf die Sunniten zu schüren und damit die Legitimität der iranisch-schiitischen Dynastie zu bekräftigen. Der Schmerzenskult um Hossein war hierfür das geeignetste Mittel, denn die Passion und der Märtyrertod von Helden sind ein herausragende Thema schon der vorislamischen Überlieferung. Nach altiranischen Vorstellungen starb bereits der erste Mensch Gayomart einen erlösenden Tod; aus seinem geopferten Körper sollen alle Menschen geboren sein. Auch Hosseins Martyrium hat in der schiitischen Volksfrömmigkeit eine erlösende Funktion. Bis weit ins 20. Jahrhundert hinein wurde die Aschura, die ersten zehn Tage des arabischen Monats Muharram, mit Massenprozessionen und aufwendigen Passionsspielen begangen, und noch heute befindet sich das Land jedes Jahr am zehnten Muharram im Ausnahmezustand.[12]

Der Rekurs auf die Schlacht von Kerbela und die Heilsgeschichte der ermordeten Imame war daher der Islamischen Republik in die Wiege gelegt. Als Ayatollah Chomeini 1978 zum Sturz des Schahs aufrief und sagte, man müsse den ungläubigen Yazid von seinem Thron vertreiben, hatte er damit nachweislich mehr Erfolg als etwa die iranische Arbeiterbewegung, die in ihren Aufrufen von dem kapitalistischen Schah sprach, der das Proletariat bestehle und deshalb gestürzt werden müsse.[13] Der Bezug zur schiitischen Volksfrömmigkeit ist für die Massenwirkung von Chomeinis Ideologie von großer Bedeutung gewesen und hat entscheidend zum Triumph der islamistischen[14] Strömung über die anderen Strömungen innerhalb der revolutionären Bewegung beigetragen (vgl. Thaiss 1972; Keddie 1981; Kippenberg 1981; Dabashi 1989; 1993; Ram 1994). Dabei machten erst Chomeini und andere Vordenker der Islamischen Revolution aus Hossein einen politischen Aktivisten, indem sie dessen Martyrium als aktives Aufbegehren gegen einen konkreten gesellschaftliche Zustand deuteten. Insbesondere der Soziologe Ali Schariati[15] beklagte in seinen einflußreichen Schriften, daß der Tod Hosseins nur noch passiv betrauert werde, seit mit den Safawiden erstmals eine schiitische Dynastie über Iran geherrscht habe, anstatt ihn als Aufforderung zum Kampf zu verstehen. Er wandte sich gegen die, wie er sie nannte „safawidische Schia", in der er das Gegenteil von Alis und Hosseins Islam der aktiven „roten Schia" sah.[16] Die rote Schia sei ein Islam der Kämpfer und Märtyrer, die safawidische Schia hingegen eine Religion der

---

12 Zu den schiitischen Trauer- und Bußritualen sowie speziell zum Passionsspiel vgl. Chelkowski 1979; Müller 1966; Halm 1994; Kermani 1999.
13 Linksislamistische Oppositionsgruppen wie die Volksmudschahedin schöpften in ihrer Argumentation aus demselben Repertoire, vgl. Abrahamian 1989.
14 Innerhalb der Islamwissenschaft wird seit längerem schon ein Streit um die Frage geführt, ob die Bezeichnungen Integristen, Islamisten, Fundamentalisten etc. angebracht sind. Wegen der Herkunft des Begriffes Fundamentalismus aus dem protestantischen Milieu verwende ich den Begriff Islamisten für jene, die den Islam ideologisch deuten und zum Staatsmodell erklären. Zum Streit über den Begriff vgl. Shepard 1987.
15 Zu Schariati vgl. Abrahamian 1988; Akhavi 1988; Bayat 1980; Richard 1981; Sachedina 1983; Dabashi 1993.
16 Eine genaue Gegenüberstellung des safawidischen und des alidischen Islams unternimmt Yann Richard, vgl. dazu Richard 1981: 218ff.

Klageweiber, in der die Frömmigkeit allein darin bestehe, an den religiösen Festtagen zu jammern, zu klagen und sich selbst zu geißeln. Wenn auch das Leiden des Märtyrers in der schiitischen Geschichte immer beweint und Hossein schon immer als Symbol der Auflehnung gegen die Ungerechtigkeit verehrt wurde, so ist also die Verbindung von Martyrium und aktiver politischer Einmischung eine Entwicklung des vorrevolutionären Irans.[17]

3. Zur Omnipräsenz des Märtyrertopos in der aktuellen politischen Kultur in Iran

In keiner anderen Konfession nimmt die allgemeine, also nicht auf den Religionsstifter fixierte Idee des Martyriums einen so zentralen und auch dogmatisch relevanten Platz ein wie in der Schia, deren zwölf Imame bis auf den letzten, den „Verborgenen", als ermordet gelten. Die gewaltige Kraft, die aus der Bereitschaft zum Martyrium erwächst, hat das waffenstarrende, von der gesamten westlichen Welt unterstützte Regime des Schahs mit den Mitteln des gewaltlosen Widerstands hinweg gefegt; der schiitische Märtyrerkult hat aber auch die iranischen Kindersoldaten im ersten Golfkrieg in die irakischen Minenfelder rennen lassen, um den Panzern den Weg nach vorn und sich den Weg ins Paradies zu ebnen (vgl. Kohlberg 1976; Gholamsad 1989; 1991; Gieling 1999). Die nationale Sympathie mit dem Helden ohne Macht und Mittel erklärt, warum Mohammad Chatami, obwohl er von seinen innenpolitischen Widersachern wiederholt vorgeführt und gedemütigt wird, an Ansehen lange Zeit kaum verloren hat. Wenige Völker hätten solche Geduld mit einem Präsidenten, der gemessen an seinen – zugegeben kühnen – Versprechen so wenig durchzusetzen vermag. In Iran hingegen kann gerade der Scheiternde oder beständig Geschlagene zum Helden avancieren, wird nur sein Bemühen für redlich und seine Opferbereitschaft für groß gehalten. Der von Konservativen dominierte Teil des Staatsapparates hat alles getan, um auf der Gegenseite noch weitere Märtyrer zu produzieren. Sonderbare Helden sind so entstanden: Politiker, die bis vor kurzem noch treue Anhänger der Theokratie waren und zum Teil – wie der Herausgeber der verbotenen Zeitung „Salam" Mohammad Choíniha, oder der frühere stellvertretende Geheimdienstminister Saíd Hadscharian – Führungspositionen in dessen Unterdrückungsapparat bekleideten, fanden sich vor Gericht als Staatsfeinde wieder, die eben jenen Unterdrückungsapparat anprangerten und die theokratische Doktrin anzweifelten. Manche von ihnen, wie der Kulturminister Mohadscherani, der zwar nicht angeklagt, im Parlament aber einem Amtsenthebungsverfahren ausgesetzt war, sonnten sich derart in ihrer neuen Rolle, daß es peinliche Züge annahm; sie verfaßten Schriften, die ihr leidenschaftliches Einstehen für die Freiheit dokumentieren sollten, wegen der politisch düsteren Vergangenheit und der jedenfalls schillernden Gegenwart der Autoren aber von einer gewissen Obszöni-

---

17 Vgl. Amirpur 2001; zu den beiden gegensätzlichen Wahrnehmungen der Person Husseins und seines Werdegangs vgl. auch Hegland 1983.

tät nicht frei waren. Ein anderer, der ehemalige Teheraner Bürgermeister Karbastschi, mimte vor Gericht publikumswirksam den Löwen, um nach der Verurteilung um eine Begnadigung zu feilschen und so allen Ruhm zu verspielen.

Mit dem Hodschatoleslâm Abdollah Nuri aber wurde eine Person zum politischen Märtyrer gestempelt, die aus anderem Holz geschnitzt war und sich tatsächlich zum Helden eignete. Als wollte er selbst den *advocatus diaboli* geben, wiederholte Nuri vor Gericht nicht nur explizit jene Äußerungen, für die man ihn angeklagt hatte, sondern weitete seine Kritik zu einer Generalabrechnung mit den herrschenden Zuständen aus. Schon vor Prozeßbeginn habe er beschlossen, ins Gefängnis zu gehen, bekräftigte der Angeklagte selbst immer wieder und gab auch zwischen den Verhandlungen zu erkennen, daß er anders als seine Freunde und Anwälte mit einem drakonischen Urteil rechnete. Und so zog er in jede Verhandlung ein wie in sein persönliches Kerbela. Das ist der Stoff, aus dem in Iran Politlegenden, Dichterfürsten, Revolutionsführer und vielleicht auch künftige Präsidenten gemacht werden. Obwohl er fürs erste im Gefängnis einsitzt, könnte er derjenige unter den aktiven Politikern Irans sein, dem die größte Zukunft beschieden ist. Nur weil sein Name Nuri lautet, erhielt sein ansonsten gänzlich unbekannter Bruder bei den Parlamentswahlen im Februar 2000 eines der besten Ergebnisse.

Zwar ist der Pathos, mit dem heute die eigene Opferbereitschaft bekundet wird, bisweilen in seiner Hohlheit recht schnell durchschaut. Doch gibt es auch durchweg tiefreligiöse Menschen unter den Verurteilten und Verhafteten wie die ehemals islamistischen, nunmehr an vorderster Front für Demokratie und Pluralismus eintretenden Journalisten Maschaollah Schamsolwaézin und Akbar Gandschi, kritische Geistliche wie Mohsen Kadiwar und Hassan Yussefi Eschkewari oder sogar ganz und gar weltlich orientierte Schriftsteller wie Huschang Golschiri oder Mahmud Doulatabadi, die mit ihrer wiederholt bekundeten Bereitschaft, das Risiko einer Verhaftung und Ermordung auf sich zu nehmen, einerseits zwar den gängigen Topos des Märtyrers aus der religiös-politischen Tradition aufgreifen, deren Handeln aber andererseits existentieller Ernst nicht abgesprochen werden kann. Hindert den – guten – Schauspieler der Rahmen einer Aufführung und das Wissen um diesen Rahmen nicht am realen Erleben, so schließt umgekehrt auch im Leben die subjektive Wahrhaftigkeit nicht den Rückgriff auf feststehende Wendungen und Gesten aus.

Daß viele iranische Geistliche, Politiker und Intellektuelle noch in der Opposition zum herrschenden Regime ein religiöses und kulturelles Referenzsystem mit ihren Gegnern teilen, wird vielleicht nirgends deutlicher als in der Replik, die der prominente Journalist Maschaóllah Schamsolwaézin dem Chef der radikalislamistischen Wochenzeitung *Sobh* gegeben hat: Mehdi Nassiris Bekenntnis, er sei bereit, sein Leben zu geben, damit Leute wie Schamsolwaézin in Iran am Publizieren gehindert werden, umkehrend, bekundete Schamsolwaézin seine Bereitschaft, sein Leben zu geben, damit auch Leute wie Nassiri in Iran frei publizieren könnten. Selbst junge, ganz und gar weltlich orientierte Aktivisten, die die Islamische Revolution nicht bewußt erlebt haben, entziehen sich nicht der Tradition des schiitischen Märtyrerkultes und seiner häufig martialischen Sprache: „Indem sie uns schlagen, verhaften, kidnappen und ermorden, wollen sie uns zum Schweigen verurteilen", erklärte etwa der Teheraner Studentenvertreter Gholamreza Mohadscheri Nejad vor den Unruhen im Juli 1999 gegenüber dem iranischen Exilsender *The Voice of Iranians*. „Aber als Menschen, die frei geboren worden sind und an ein besseres Iran für die zukünftigen Generationen glauben, werden wir für unsere Vorstellungen einstehen, bis die Freiheit in Iran verwirklicht oder unser Leben von unseren Schlächter ausgelöscht worden ist." Ihn und viele andere Menschen, die in Iran heute an vorderster Front für Reformen streiten, verbindet eine Bereitschaft zum Opfer, die aus der Perspektive des behaglich gewordenen, dem individuellen Glück huldigenden Westeuropäer mindestens ambivalent ist. Mit ihrem Eifer haben manche von ihnen ihr Land vor zwanzig Jahren in den Abgrund getrieben, aus dem sie es jetzt verzweifelt wieder herausführen wollen. Gleichzeitig sollte man nicht vergessen, daß auch auf der Gegenseite die Revolutionsanhänger sich der gleichen Terminologie, Symbolik und Gestik bedienen, und es viele als Ehre ansehen würden, für die Sache zu sterben.[18] Ihre Leidensfähigkeit macht die Lage so explosiv und die Aufrufe zur Besonnenheit so dringlich. Iran ist kein Land von Tollkühnen, aber ein Land von Schiiten. In Zeiten des Umbruchs kann das fast dasselbe sein.

Literatur

Abrahamian, Ervand (1988): Ali Shariati: Ideologue of the Iranian Revolution. In: Burke, Edmund/Lapidus, Ira M. (Hg.): Islam, Politics and Social Movements. Berkeley: University of California Press, 289-297

Abrahamian, Ervand (1989): Radical Islam. The Iranian Mojahedin. London: I. B. Tauris

Akhavi, Shahrough (1988): Islam, Politics and Society in the Thought of Ayatullah Khomeini, Ayatullah Taleqani and Ali Shariati. In: Middle Eastern Studies 24, 4, S. 404-431

Amirpur, Katajun (2001): Die Entpolitisierung des Islam: Abdolkarim Soruschs Denken und Wirkung in der Islamischen Republik Iran. Diss.: Universität Bamberg

Ayoub, Mahmud (1978): Redemptive Suffering in Islam. A Study of the Devotional Aspects of Ashura in Twelver Shi'ism. The Hague: Mouton

Azodanloo, Heidar Ghajar (1993): Characteristics of Ayatullah Khomeini's Discourse and the Iraq-Iran War. In: Orient 34, S. 414-415

Barzin, Saeed (1994): Constitutionalism and Democracy in the Religious Thought of Mehdi Bazargan. In: British Journal of Middle Eastern Studies 21, 1, S. 85-101

Bayat, Mangol (1980): Shi'ism in Contemporary Iranian Politics: The Case of Ali Shari'ati. In: Kedourie, Elie/Haim, Sylvia (Hg.): Towards a Modern Iran: Studies in Thought, Politics and Society. London: Cass, S. 47-73

Buchta, Wilfried (1995): Mehdi Bazargan. In: Orient 36, 4, S. 585-590

---

18   Wie die beharrenden Kräfte in Iran auf das Archiv der schiitischen Volksfrömmigkeit zurückgreifen und die Anwendung von Gewalt zur Wahrung des Status quo ideologisch legitimieren, habe ich in Kermani 2001a analysiert; vgl. auch Azodanloo 1993; Ram 1993; Richard 1989.

Chehabi, Houchang Esfandiar (1990): Iranian Politics and Religious Modernism. The Liberation Movement of Iran under the Shah and Khomeini. Ithica, New York: Cornell University Press
Chelkowski, Peter J. (Hg.) (1979): Ta'ziyeh: Ritual Drama and Theatre. New York: New York University Press
Dabashi, Hamid (1989): By what Authority? The Formation of Khomeini's Revolutionary Discourse 1964-1977. In: Social Compass 36, 4, S. 511-538
Dabashi, Hamid (1993): Theology of Discontent. The Ideological Foundation of the Islamic Revolution in Iran. New York: New York University Press, S. 102-146
Gandschi, Akbar (1999/1378): Târikkhâne-ye aschbâh. Teheran: Tarh-e nou
Gholamsad, Dawud (1989): Weltanschauliche und sozialpsychologische Aspekte der iranischen Kriegsführung. Einige sozialpsychologische Aspekte des Martyriums der iranischen Kriegsfreiwilligen – eine Auswertung ihrer Testamente. In: Orient 30, S. 557-569
Gholamsad, Dawud (1991): Heiliger Krieg und Martyrium bei den iranischen Schiiten im Golfkrieg, 1980-1988. In: van der Linden, Marcel (Hg.): Kriegsbegeisterung und mentale Kriegsvorbereitung. Berlin: Duncker & Humblodt, S. 219-230
Gieling, Saskia (1999): Religion and War in Revolutionary Iran. London: Tauris
Halm, Heinz (1994): Der schiitische Islam: von der Religion zur Revolution. München: Beck
Hegland, Mary (1983): Two Images of Husain: Accomodation and Revolution in an Iranian Village. In: Keddie, Nikki (Hg.): Religion and Politics in Iran. Shi'ism from Quietism to Revolution. New Haven: Yale University Press, S. 218-236
Katouzian, Homa (1990): Musaddiq and the Struggle for Power in Iran. London: Tauris
Keddie, Nikki (1981): Roots of Revolution. An Interpretative History of Modern Iran. With a Section by Yann Richard. New Haven: Yale University Press
Kermani, Navid (1998): Blut und Tränen. Ta'zije, das schiitische Passionsspiel. In: Lettre International 40, S. 71-75
Kermani, Navid (1999): Katharsis und Verfremdung im schiitischen Passionsspiel. In: Die Welt des Islam 39, S. 31-63
Kermani, Navid (2001a): The Fear of the Guardians. 24 Army Officers Write a Letter to President Khatami. In: Ende, Werner/Brunner, Rainer (Hg.): The Tvelver Shia in Modern Times. Leiden: Brill, S. 354-364
Kermani, Navid (2001b): Iran. Die Revolution der Kinder. München, Beck
Kippenberg, Hans G. (1981): Jeder Tag 'Ashura, jedes Grab Kerbela. Zur Ritualisierung der Straßenkämpfe im Iran. In: Greussing, Kurt (Hg.): Religion und Politik im Iran. Frankfurt a. M.: Syndikat, S. 217-256
Kohlberg, Etan (1976): The Development of the Imami Shi'i Doctrine of Jihad. In: Zeitschrift der Deutschen Morgenländischen Gesellschaft 126, S. 64-86
Müller, Hildegard (1966): Studien zum schiitischen Passionsspiel. Diss. Phil.: Universität Freiburg
Mottahedeh, Roy (1987): Der Mantel des Propheten oder Das Leben eines persischen Mullah zwischen Religion und Politik, aus dem Englischen übersetzt von Klaus Krieger, München 1987.
Nuri, Abdollah (1999/1378): Schoukrân-e eslâh. Defâ'iyât-e 'Abdollâh Nuri dar dâdgâh-e wije-ye ruhâniyat. Teheran: Tarh-e nou
Ram, Haggay (1993): Islamic ‚Newspeak': Language and Speak in Revolutionary Iran. In: Middle Eastern Studies 29, 2, S. 198-219
Ram, Haggay (1994): Myth and Mobilization in Revolutionary Iran. The Use of the Friday Congregational Sermon. Washington D.C.: American University Press

Richard, Yann (1981): Contemporary Shi'i Thought. In: Keddie, Nikki: Roots of Revolution. An Interpretative History of Modern Iran. With a Section by Yann Richard. New Haven: Yale University Press, S. 202-228.

Richard, Yann (1985): I Hossein Ali Montazeri. In: Orient 26, S. 303-306

Richard, Yann (1989): La fonction parénétique du 'Âlam: la prière du vendredi en Iran depuis la révolution. In: Die Welt des Islams 39, S. 61-82

Sachedina, Abdulaziz (1983): Ali Shariati: Ideologue of the Iranian Revolution. In: Esposito, John L. (Hg.): Voices of surgent Islam, New York: Oxford University Press, S. 191-214

Shepard, William E. (1987): Islam and Ideology: Towards a Typology. In: International Journal of Middle Eastern Studies 19, S. 307-336

Siavoshi, Sussan (1990): Liberal Nationalism in Iran. The Failure of a Movement. Boulder: Westview Press

Thaiss, Gustav (1972): Religious Symbolism and Social Change: The Drama of Husain. In: Keddie, Nikki R. (Hg.): Scholars, Saints, and Sufis: Muslim Religious Institutions in the Middle East since 1500. Berkeley: University of California Press, S. 349-366

Ästhetisierung von Politik und Gemeinschaftsbildung

Christian Horn und Matthias Warstat

Feuer und Flamme. Zu einem theatralen Aspekt politischer Feste

Auf der Eröffnungsfeier der Sommerolympiade 2000 in Sidney war wieder zu erleben, wie die olympische Flamme nach langer Reise in das Stadion getragen, mit ihr das olympische Feuer entzündet und damit das große Fest eröffnet wurde. Für die Berichterstattung über die Eröffnung der Olympiade bedurfte es auf den Titelseiten der Zeitungen am nächsten Tag keiner großen Schlagzeilen. Statt dessen nur ein Bild: die Leichtathletin Cathy Freeman mit der Fackel in der Hand vor dem gerade entzündeten olympischen Feuer. Eine Olympiade wird nicht mit Worten eröffnet, sondern mit einer Geste.

Diese Geste war nicht nur für das *Sport*ereignis 'Sommerolympiade 2000', sondern auch für die Olympiade als *politisches* Ereignis wichtig. Erst kurz zuvor war Cathy Freeman vom Australischen Olympischen Komitee als letzte Fackelträgerin der Stafette ausgesucht worden. Mit ihr eröffnete eine Angehörige der Ureinwohner-Stämme Australiens die Olymischen Spiele, so daß ein Zeichen der Versöhnung gesetzt wurde, mit dem die medienwirksamen Proteste der Aboriginees gegen ihre Unterdrückung durch den australischen Staat pünktlich zu Beginn der Spiele ihr Ende fanden. Mit der Entscheidung für Freeman als abschließende Fackelläuferin konnten alle Parteien (einschließlich der Sponsoren des Ereignisses) zufrieden gestellt werden. Denn das Privileg, das olympische Feuer zu entzünden, erhielt Freeman nicht nur als Angehörige der Aboriginees, sondern auch als herausragende australische Sportlerin und nicht zuletzt aufgrund ihrer körperlichen Attraktivität. So wurde sie zur Akteurin einer außerordentlich dichten Performance: Cathy Freeman präsentierte (sich, ihren Körper) und sie repräsentierte (den australischen Sport, die Ureinwohner). Beide Ebenen, Präsentation und Repräsentation, waren für den performativen Akt konstitutiv.

Das Geschehen wurde wohl auch deshalb so gebannt verfolgt, weil Feuer im Spiel war. Die außergewöhnliche Faszination dieses Elements sorgt immer wieder für Aufmerksamkeit, denn mit Feuer lassen sich starke, energetische Atmosphären schaffen. Die Geste der Athletin wurde in ihrer bewußt mehrdeutigen Verschränkung von Präsentation und Repräsentation durch den Einsatz von Feuer zusätzlich spektakulär und zog die Wahrnehmung der im Stadion Anwesenden wie auch des weltweiten Fernsehpublikums auf sich. So vielfältig die kontextuelle Bestimmung der Handlungen Freemans ausfallen kann (Handelte sie als Sportlerin? Als Aboriginee? Als Werbeträgerin?) – aus der Perspektive derjenigen, die ihren Auftritt erlebten, handelte es sich zunächst sehr allgemein und grundlegend um eine Wirklichkeitserfahrung, die sich als 'theatral' kennzeichnen läßt:

„Als Wirklichkeit (Theater) wird eine Situation erfahren, in der ein Akteur an einem besonders hergerichteten Ort zu einer bestimmten Zeit sich, einen anderen oder etwas vor den Blicken anderer (Zuschauer) darstellt oder zur Schau stellt. Wirklichkeit erscheint in diesem Sinne prinzipiell als theatrale Wirklichkeit." (Fischer-Lichte 1996: 3)

Nach dieser Definition ist das Theatrale kein eigener Wirklichkeitsbereich, sondern eine Dimension von Wirklichkeit, die in allen Lebensbereichen aufgefunden werden kann. Theatrale Handlungs- und Wahrnehmungsformen sind in der Politik, im Sport, im Arbeitsleben und in vielen anderen Kontexten wirksam. Die Wirksamkeit des Theatralen scheint sogar gerade darin zu bestehen, die Grenzlinien zwischen solch heterogenen Kontexten zu verwischen. Zudem zeichnen sich theatrale Phänomene durch ein besonders enges, unauflösliches Miteinander von Präsentation und Repräsentation aus: Theatrale Repräsentation ist immer an die physische Präsenz eines Körpers oder Materials gebunden. All diese Aspekte lassen sich am Element Feuer exemplarisch aufzeigen. Als unwiderstehlicher „Blickfang", der zum Schauen geradezu zwingt, ist das Feuer beinahe schon per se, unabhängig von jeder Inszenierung, ein theatrales Element. Seine Ausstrahlung beruht in starkem Maße auf materieller Präsenz. In diesem Beitrag soll der Frage nachgegangen werden, wie die Faszination, die vom Feuer ausgeht, für die Inszenierung von Politik nutzbar gemacht werden kann. Wir werden dazu Fest-Ereignisse aus dem 17. und dem 20. Jh. in den Blick nehmen, höfische Feste und Feste der Arbeiterbewegung, deren theatraler Charakter wesentlich durch den Einsatz von Feuer bestimmt wurde.

1. Feuerwerke

„Keine Ressource der Macht erschien unerschöpflicher als die des Feuers. [...] Und nicht ohne Grund konnte im 17. Jh. das Zeremoniell der Macht und der theatralen Verschwendung durch nichts besser zur Darstellung gebracht werden als durch das Feuerwerk", ist in Hartmut und Gernot Böhmes (1996: 21) Ausführungen über das Feuer als eines der vier Teile der Elementenlehre nachzulesen. Feuerwerke stellten einen beliebten Programmpunkt innerhalb der höfischen Festzyklen seit der Mitte des 16. Jh. dar.[1] Ihre Entwicklung war ursprünglich eine militärische: die der Artillerie.

Erste Raketen wurden in China gebaut, es ist nicht sicher, ob bereits im 10. oder aber erst im 12. Jahrhundert. Älteste bekannte Berichte über den gezielten militärischen Einsatz von Raketen stammen von der Belagerung Pekings durch die Mongolen 1232. Es gibt Hinweise, daß die Mongolen bei ihrem anschließenden Vorstoß nach Mitteleuropa ebenfalls Raketentechnik einsetzten (1241), wie auch die Araber bei ihrem Kampf gegen Valencia (1249 und 1288).[2] Bis ins 16. Jh. hatte sich die Beherrschung der Feuerwerkstechnik auch in Europa so weit entwickelt, daß Leonhardt Fronsperger 1557 von Stückhauptleuten und Feuerwerkern schreibt (nach Fähler 1974: 22), sie seien zum dritten Regiment neben Fußvolk und Reiterei avanciert. Die frühesten europäischen Publikationen zur Pyrotechnik (im Zusammenhang mit der Kriegsführung) reichen jedoch weitere 200 Jahre zurück: 1360 entstand die Handschrift *Liber ignium ad comburendos hostes* von Marcus

---

[1] Grundlegende Publikationen hierzu: Lotz (1940) ; Buschow/Oechslin (1984); Kohler (1988); Béhar/Watanabe-O'Kelly (1999)
[2] Vgl. die Einführung Ernst H. Berningers zum Neudruck von Elrich (1676)
[3] Abdruck in: Romocki (1895: 114-132)

Graecus[3], die als Teil einer späteren Handschrift von Conrad Kyser (*Belifortis*, 1402-1404) überliefert ist. Vannuccio Biringuccio veröffentlichte mit *La Pirotecnia o sia dell'Arte della fusione o getto de'metalli* 1540 (Neuaufl. 1977) ein (häufig wieder aufgelegtes) Werk, das die Feuerwerkskunst als „Disziplin" (Oechslin/Buschow 1984: 26) zu etablieren begann. In seiner naturwissenschaftlichen Enzyklopädie widmete Giovanni Battista Della Porta 1591 (Neudr. 1979) einen ganzen Band den künstlichen und kunstvollen Feuern. Während diese Werke zunächst die technischen Voraussetzungen von Feuerwerken thematisierten, wurden in den Feuerwerksschriften zum Ende des 16. Jh. nach Eberhard Fähler auch zunehmend dramaturgische Überlegungen angestellt. Johann Schmidlapp empfehle in seinem Werk *Künstliche vnd rechtschaffene Feuerwerck zum schimpfflvormals im Truck nie außgangen* (1591) eine schauspielartige Auflockerung der Feuerwerke (Fähler 1974: 26). Dieser dramatische Aspekt war, wie in der Folge an Beispielen erläutert wird, kennzeichnend für die weitere Entwicklung der Feuerwerke in der früheren Neuzeit. Die zunehmende künstlerische Gestaltung von Feuerwerken wird an einer weiteren Publikation aus dem Jahr 1591 deutlich: Frantz Joachim Brechtels *Büchsenmeisterey*. Hier geht es insbesondere um die Komposition von Feuerwerken. Für das beginnende 17. Jh. läßt sich beobachten, daß „geometrische, arithmetische und mechanische Sachverhalte in den Feuerwerksbüchern von Furttenbach, Simienowicz, Elrich und Buchner eine große Bedeutung [gewinnen]. Aus dem handwerklich erzogenen, weitgehend seiner Erfahrung vertrauenden Büchsenmeister ist der technisch gut gebildete Artilleriehauptmann und Feuerwerker geworden." (Fähler 1974: 38)

Hier sollen Feuerwerke in der zweiten Hälfte des 17. Jh. am Dresdner Hof untersucht werden. In Dresden reicht die Geschichte der Feuerwerke als Teil höfischer Festveranstaltungen bis in die erste Hälfte des 16. Jh. zurück. Die Vorbereitungen solcher Veranstaltungen waren nicht auf den Einsatz der Artillerie beschränkt. Vielmehr wurden umfangreiche Dekorationen geschaffen, wie zum Beispiel der Bau einer Burg unter Kurfürst Moritz 1547 und 1553 (vgl. Fähler 1974: 81f.). Und es traten leibhaftige Krieger auf, bisweilen als erster unter ihnen der Kurfürst selbst. Die vornehmsten Gäste der Hoffeste genossen in Dresden, aber auch an vielen anderen Orten, das Privileg, das Geschehen von einem günstig gelegenen Fenster des Schlosses aus verfolgen zu können. Zu den Feuerwerken wurden sogenannte 'Cartelle' verfaßt. Diese beschrieben das dramatische Geschehen, das in den Feuerwerken seine Umsetzung fand, und erklärten die Allegorien, als die die Feuerwerke von den Veranstaltern gedacht und angelegt waren. Die Cartelle wurden von einer Person vorgetragen, die z.B. als Pax oder Jason (s. Bsp. weiter unten) verkleidet zu Veranstaltungsbeginn vor die versammelten Gäste trat. Die Mitwirkung von Menschen in den Feuerwerken hat sich in Dresden in der zweiten Hälfte des 17. Jh. abgeschwächt (Fähler 1974: 118f.). Mit Blick auf die äußerst umfangreichen Aufbauten und Dekorationen der Feuerwerke (der Veranstaltungsort wurde – insbesondere für die üppigen Feuerwerke von der Mitte des 17. bis in das 18. Jh. – zu einer mehrwöchigen Baustelle) ist es verständlich, daß dieselben Ausstattungen gerne mehrfach verwendet wurden. Jason als Held eines Feuerwerks war bereits 1650 und 1662 in Dresden zu sehen. Im Rahmen der Mitgliedschaft in dem englischen Hosenbandorden und der in diesem Zusammenhang veranstalteten St. Georgs-Feste ließ der sächsische Kurfürst Johann Georg II. 1678 erneut ein Feuerwerk abhalten, in dem die Heldentaten des Argonauten dargestellt wurden. Man sah Jason kämpfen, das goldene Vlies erobern und seine Abreise mit dem Schiff (hier auf der Elbe) antreten.[4] Der englische Gesandte Wilhelm Swan beschrieb das Geschehen wie folgt:

> „At 9 a Clock the Fire work of Jasons's Conquering the Golden Fleece at Colchos, began; and lasted till 12 which was an extraordinary thing and hardly better seen. There was a Castle built upon the wall, near my Chamber Window, with 5 Towers Full of Fire works and Rocketts within: On the top whereof stood Jason armed, and on the Ground was the Dragon, and the two Oxen Spitting Fire; & the Plough. Round about the Castle were planted 75 great Mortar piece full of Fire Works and abundance of small shot in the Wall, whereof the History is printed in HighDutch, at Dresden".[5]

Die semiotische Einbindung war insofern für die Feuerwerke wichtig, als daß damit der für den absolutistischen Herrscher so wichtige Verweischarakter seiner Inszenierungen hergestellt wurde. So trat Pax 1668 aus Anlaß eines Friedensschlusses vor die geladenen Gäste eines Feuerwerkes.[6] Er trug einen Lorbeerkranz auf dem Kopf, Posaune und Palmwedel in den Händen, stellte sich als „Diener"[7] des sächsischen Hauses vor und betonte die Teilhabe des Kurfürsten Johann Georg II. an dem hier zu feiernden Friedensschluß. Auch Jason erklärte sich zum Diener des sächsischen Hauses und zugleich seine göttliche Abstammung und seinen Status als „der Sieg-prangende Fürst"[8].

Andererseits, so legen es Augenzeugenberichte nahe, waren die Feuerwerke so opulent, daß sie mit ihren Farben, dem Knallen und Heulen der Raketen, dem Donnern der Kanonen das narrative Geschehen durchaus in den Hintergrund treten lassen konnten und eine Erlebniswelt für sich boten. Jason erzählte seine Geschichte nicht nur, er wollte diese auch „zur Lust vor Augen stellen"[9]. Über ein Feuerwerk, das 1667 in den Niederlanden veranstaltet wurde, heißt es, daß die „Zuseher eine grosse Ergetzung"[10] erfahren hätten. Ein Feuerwerk am preußischen Hof, ebenfalls eine Veranstaltung im Zusammenhang mit dem englischen Hosenbandorden, wurde 1690 zum „sattsamen Vergnügen"[11] der Zuschauer gezündet.

---

4   Des Thessalier-Fürstens/ Jasons Helden-Thaten/In Eroberung Des goldenen-Fließes zu Colchos Durch ein Feuerwerck vorgestellet bey feyerlicher Begehung des Ritter-Orden-Fests St. Georgens. Zu Dreßden/Den 25 Aprilis 1678. Dresden, Sächs. HStA: OHMA N I/Nr. 1, f. 201v
5   Sr. William Swan's Narrative of his Journey to Dresden, April to May 1678. National Library London, Lansdowne 227, f. 257r-266v
6   Cartel zu dem Friedens-Feuerwercke/So denen Durchlauchtigsten/Großmächtigsten Königen zu sonderbaren Ehren/über dero zu Acken getroffenen Frieden/Der Durchlauchtigste Churfürst zu Sachsen/Herr Johann Georg der Andere/II. nach früh-gehaltenem Danck- und Freudenfeste Abends /Den 22. Julii des 1668sten Jahres/In Dreßden anzünden und abgehen lassen. Dresden, Sächs. HStA: OHMA N I/Nr. 1, f. 220v
7   Cartel[...]. Dresden, Sächs. HStA: OHMA N I/Nr. 1, f. 220v
8   Des Thessalier-Fürstens [...]. Dresden, Sächs. HStA: OHMA N I/Nr. 1, f. 201v
9   Ebd. (Kursivsetzung durch die Autoren)
10 Nordischer Merkurius, Sept. 1667, S. 558, Hamburg: Grefflinger
11 Journal, Num. 49, Anno 1690, 21. Junii

Neben der Wirksamkeit der Feuerwerke erstens durch ihre narrative und semiotische Einbettung, zweitens durch die Unterhaltung, die sie versprachen, fällt ein dritter, atmosphärischer Aspekt auf: Im Erleben der Präsenz des Feuers lag etwas Unfaßbares für die Zuschauer. Dieses soll in der Folge sowohl unter Bezugnahme auf die Aufzeichnungen der Festveranstalter als auch durch die der Zuschauer (in Form von Gesandten- und in Form von Zeitungsberichten) dargelegt werden. Dabei wird dieser dritte Punkt des Empfindens des Unfaßbaren weiter unterteilt in 1. die Unfaßbarkeit aufgrund der Dimension der Feuerwerke und 2. die Unfaßbarkeit aufgrund der Wirkung von Feuer selbst.

Ad 1. Der organisatorische Aufwand der Feuerwerke, ihre räumlichen Ausmaße und ihre zeitliche Dauer waren enorm. Dieses scheint einem Zeugen o.g. (Friedens-)Feuerwerks in den Niederlanden 1667 aufgefallen, aber auch zur Schwierigkeit seiner Berichterstattung geworden zu sein, denn das Erlebte „ist mit wenigem nicht zu beschreiben"[12]. Der bereits weiter oben erwähnte englische Gesandte Wilhelm Swan spricht von einem Feuerwerk in Dresden als „an extraordinary thing and hardly better seen". Er führt weiter in seinem Bericht an den englischen König 1678 aus: „There have been 28000 Rocketts, among whom there were some of two hundred and odd pounds weight."[13] In den Akten des Oberhofmarschallamtes in Dresden findet sich dazu eine mehrseitige Aufstellung der Typen, der Anzahl und der Zeitpunkte der Zündung der Feuerwerkskörper. Es explodierten u.a. „Bienenschwärme", „Kegelkugeln" oder „Hagelkugeln". Die Aufstellung und Ausführung des Feuerwerks ist nach Akten (gemäß der Darstellung der Abenteuer Jasons) untergliedert. Für den dritten Akt heißt es:

„3. Kampff des Jason mit den Drachen, deßen Schwerdt und Tartzsche wie ingleichen der Drache Feuer beköm̃et, undt 8. große Röhren nebenst 8. Cammern gezündet werden. 4. Säet Jason des Drachens Zähne 5. Sechzig KriegsLeute gewaffnet, so aus des Drachens wachßen, mit brennenden Tartzschen und StreitKolben kämpffen, worbey 500. Eiserne Schläge gezündet werden."

Überhaupt sind die Mengen nicht nur der Darsteller, sondern vor allem auch der Feuerwerkskörper beeindruckend, mögen kaum faßbar erschienen sein, wenn etwa für eine (unter vielen) Szenen gilt: „Hierrauff wirdt die Eroberung des güldenen Vellus durch den Jason repraesentiret [...], Zu den ganzen Wercke sindt 12800 ausfahrende Feuer, 640 Brände und 1400 1 und 1/2 steige Racketen."[14] Das Feuerwerk besaß also eine nachhaltige Präsenz, eine Atmosphäre des Wuchtigen und Großen, die die Sinne zu bannen vermochte und in ihrer Unfaßbarkeit nur umschrieben („mit wenigem nicht zu beschreiben"/„hardly better seen") werden konnte.

Ad 2. Neben der außerordentlichen Dimension der Feuerwerke scheint vor allem das Erleben des Feuers als solchem den Eindruck des Unfaßbaren hervorgerufen zu haben. Für das 17. Jh. unterscheidet sich der Umgang und die Bedeutung des Feuers für den Menschen grundlegend von Erklärungsweisen und damit auch

---

12 Nordischer Merkurius, Sept. 1667, S. 556, Hamburg: Grefflinger
13 Sr. William Swan's Narrative [...]. National Library London, Lansdowne 227, f. 257r-266v
14 Feuerwergk. Von Eroberung des güldenen Vellus durch den Jason zum St. Georgen Fest 1678. Dresden, Sächs. HStA: OHMA N I/Nr. 1, f. 321ff.

Kontrollmechanismen über das Feuer, wie sie uns aus der modernen Chemie bekannt sind. Zu jener Zeit war die Elementenlehre noch wirksam und das vertrauteste Modell zur Erklärung der Welt. Das Feuer war neben Wasser, Erde und Luft eines der vier lebensbestimmenden Elemente; der Mensch „lebt[e] im Durchzug" (Böhme/Böhme 1996: 235) von ihnen. Dies bedeutete, daß das Feuer keinesfalls als eine isolierbare Kraft, als eine im heutigen Verständnis berechen- und portionierbare Menge an Energie betrachtet, als außerhalb des Menschen stehend erfahren werden konnte. Es war vielmehr ein allgegenwärtiges Moment des kommenden und gehenden Lebens, förderlich für den Wandel in- und auseinander, dem alle Stoffe (bis hin zum Gold für den Alchemiker) unterlagen. Im Begriff der Natur überlagerten sich die Vorstellungen der Welt des Menschen und der Welt der Stoffe noch. Den Stoffen kamen personalisierende Eigenschaften zu: sie zogen sich an und stießen sich ab, unterlagen wie die Menschen Bewegungen zwischen Sympathie und Antipathie (dieses Kräftefeld ergab sich zuvorderst aus den die vier Elemente Feuer, Wasser, Erde und Luft bestimmenden Gegensätzen warm/kalt und feucht/trokken). Das Feuer war eines der vier treibenden Kräfte im Weltgeschehen. Dieses dynamische Verständnis des Elements Feuer zeigte sich auch in der Beschreibung eines Feuerwerks, wenn es heißt, daß hier „ein grausames Feuer ausgeworffen wurde"[15]. Die Kraft des Feuers wird in diesem Zitat durchaus auch als erschreckend empfunden. Dieser Schrecken beruhte nicht nur auf der Angst vor physischen Verbrennungen, vor dem physischen Schmerz möglicher Verwundung, sondern auch darauf, daß diese Wunden göttliche Zeichen waren. Ganz im Sinne der Analogielehre wurden hier die Gesetze des Makrokosmos im Mikrokosmos wiederentdeckt und gelesen. Auch daher sprach man über Erscheinungen des Feuers als „Feuerzeichen"[16]. Das Feuer als solches, so die Überlegung, rief den Eindruck des Unfaßbaren also aus zweierlei Gründen hervor: zum einen aufgrund der physischen Gefahr (als Schmerz der Wunde am Körper); zum anderen aber auch, weil seine Wirkungen als Zeichen der unfaßbaren Gesetze des Makrokosmos gelesen wurden. In beiden Fällen wirkte das Feuer als etwas Fremdes und schwer Kontrollierbares, es schuf eine Atmosphäre, der kaum Herr zu werden war, die unfaßbar schien.

Die Erfahrung, daß mit den Feuerwerken etwas Unfaßbares geschaffen wurde, stellte sich der Tatsache entgegen, daß es offensichtlich einen Menschen gab, der dieses Unfaßbare zu meistern wußte: der Initiator des Feuerwerks, hier Kurfürst Johann Georg II. In diesem Zusammenhang ist eine stilistische Besonderheit in den Berichten zu dem o.g. Feuerwerk von 1678 bezeichnend: Es handelt sich um die Wiedergabe einer Aussage Johann Georg II. gegenüber dem englischen Gesandten Wilhelm Swan, wie sie dieser in niedergeschriebener Form dem englischen König überbrachte – von dieser Ausnahme abgesehen sind die Berichte Swans rein beschreibender Art: „This Firework has been kept for an extraordinary occasion there 24. Years, and hat cost above 20000 Crowns, the Elector (as he told me himself) having made most of it himself, when he was Electoral Prince."[17] Diese

---

15 Nordischer Merkurius, Sept. 1667, S. 557, Hamburg: Grefflinger
16 So etwa bei der Berichterstattung über Himmelserscheinungen in: Weck 1679, S. 542 (Kursivsetzung durch d. Verf.)

Aussage kann kaum wörtlich verstanden werden, denn natürlich war es Johann Georg II. unmöglich, bei dem Volumen des Feuerwerks, „most of it himself" herzustellen. Aber sie markiert doch eindeutig („as he told me himself"), wem die Fähigkeit, über das Unfaßbare zu verfügen, zuzusprechen war.

An der Rolle des Kurfürsten bei der Vorbereitung des Feuerwerks wird eine grundlegende Umorientierung in der Geschichte des Natur- und Weltverständnisses deutlich: Das Element Feuer wird zunehmend aus dem Gefüge der Bewegungen des Weltganzen herausgelöst und erfährt zugleich seine Aneignung durch die Kunst menschlicher Handlungen. Daß die Elementenlehre auch in der Wissenschaft des 17. Jh. auf neue Weise und zunehmend intensiv hinterfragt wurde, zeigt sich in den Überlegungen des „Chemikers" Robert Boyles (1627-1691)[18]. Aber: Das tatsächliche Ende der Vorstellung vom Feuer als Element und ihre Ersetzung durch eine energetische Vorstellung habe erst, so Gernot und Hartmut Böhme, im 19. Jh. stattgefunden.[19] Deshalb können das wissenschaftliche und das populäre Verständnis des Feuers für das Ende des 17. Jh. nicht eindeutig bestimmt werden. Die alte, elementare Vorstellung des Feuers löste sich einerseits auf, Theorien der modernen Chemie waren andererseits aber noch in ihren frühen Anfängen.

Die Fähigkeit von (zunächst wenigen) Menschen, das Feuer immer besser beherrschen und neu verstehen zu lernen, zeigt, daß die Beschreibung der Feuerwerke nicht bei der Erfahrung des Unfaßbaren stehenbleiben darf. Das wäre eine unglückliche Verkürzung, die der Ambivalenz der historischen Situation, in deren Rahmen sich Wahrnehmungen von Feuerwerken in der zweiten Hälfte des 17. Jh. vollzogen, nicht gerecht werden würde: Auf der einen Seite standen zwar die außerordentlichen Dimensionen der Feuerwerke und die Erfahrung der außerordentlichen physischen und metaphysischen Kräfte, die mit dem Feuer auf die und in der 'Kultur des Volkes' wirkten (die Erfahrung des Unfaßbaren). Auf der anderen Seite stand aber die Erkenntnis innerhalb der 'Kultur der Eliten', daß es in der Macht eines Menschens lag, diese Unfaßbarkeit mit technischen Hilfsmitteln zu inszenieren. Erst dieses gesellschaftliche Gefälle – und vor allem seine *Bewahrung* – versetzte Johann Georg II. in die Lage (hier erfolgt ein Vorgriff auf die weiteren Überlegungen), seine Ausnahmestellung vor der Öffentlichkeit spürbar werden zu lassen, wenn es ihm gelang, das Unfaßbare in einen Moment des Staunens zu überführen. Dafür war ein sensibler Umgang mit Wissen und Nicht-Wissen erforderlich, wobei der Inszenierungsarbeit eine entscheidende Funktion zukam.

17 Sr. William Swan's [...]. National Library London, Lansdowne 227, f. 257r-266v
18 Boyle im Jahre 1661: „Die Aristoteliker könnten also mit Wahrscheinlichkeit eine viel größere Anzahl zusammengesetzter Körper aus der Mischung ihrer vier Elemente herleiten, als nach ihrer jetzigen Hypothese, wenn sie nicht vergebens versuchten, die Verschiedenheit und die Eigentümlichkeiten aller gemischten Körper von der Zusammensetzung und der Beschaffenheit der vier Elemente, denen sie die vier ersten Qualitäten beilegen, abzuleiten, sondern sich bemüht hätten, dies von der Größe und der Gestalt der kleinsten Teile dieser angenommenen Elemente aus zu tun." (Boyle 1929: 45)
19 „Es sind also schließlich die Untersuchungen zum mechanischen Wärmeäquivalent und die Aufstellung des Energieerhaltungssatzes von Robert Mayer (1814-1878) bis zu Hermann v. Helmholtz (1821-1894), die dem Feuer als Element ein Ende bereiten." (Böhme/Böhme 1996: 137)

Es soll nicht als selbstverständlich betrachtet werden, daß das Erleben eines unfaßbaren Phänomens notwendig in einen Moment des Staunens mündet. Ebensowenig soll ohne weiteres angenommen werden, daß der Moment des Staunens, wenn er sich aus dem Erleben des Unfaßbaren einstellt, sich notwendig mit einem Empfinden von Respekt für den Souverän kurzschließt. Alleine die Produktion einer Atmosphäre der Unfaßbarkeit konnte nicht ausreichen, dem Herrscher politisch dienlich zu sein. Denn das Empfinden des Unfaßbaren kann, wenn es als solches belassen und nicht ergänzt wird, zu dem Empfinden von etwas Rätselhaftem, etwas Unergründbarem, tendieren anstatt zu einem Wunder. Der absolutistische Herrscher, wenn er die Einsicht des Volkes, vor allem der Stände, in seine Macht stärken wollte, durfte nicht in Rätseln sprechen. Seine Macht, so die Überlegung, mußte den Untergebenen „verständlich" sein. Der Begriff des „Verständnisses" steht hier in Anführungszeichen, da die Feuerwerke im 17. Jh. noch nicht Teil eines Verstehens im modernen rationalen Sinne des Wortes waren. Und er steht in Anführungszeichen, weil sich die Frage stellt, wie Wunder „verständlich" sein können. Der Begriff des Rätselhaften soll in den folgenden Ausführungen weiter Verwendung finden, insofern er aus Sicht des politischen Kalküls des absolutistischen Herrschers eine negative Folge beschreiben soll, in die die Erfahrung eines unfaßbaren Phänomens aus o.g. Grund nicht münden durfte. Vielmehr sollte sich der Moment des Staunens und des Wunders aus dem Erleben von etwas Unfaßbarem einstellen. Wunder und Rätsel sollen hier genauer voneinander unterschieden werden, inder Absicht, so die politische Notwendigkeit, mit der sich das Unfaßbare als Wunder und nicht als Rätsel zeigt, weiter zu erläutern.

Ein unfaßbares Phänomen ist ein Rätsel, solange es unverständlich ist. Es bleibt entweder ein Rätsel, weil es nicht verstanden werden kann, oder es hört auf, ein Rätsel zu sein, wenn es verstanden wird. Das Verhältnis von der Unfaßbarkeit eines Phänomens, wenn dieses als Wunder erscheint, und Verstehen ist jedoch ein anderes. Das Wunderbare zeichnet sich dadurch aus, daß sich die Frage nach seiner Erklärung gar nicht erst stellt und es dessen ungeachtet oder gerade erst deshalb „verständlich" wird. Für das Wunder besteht die Einsicht, daß es seine Ursachen hat, wenn diese auch nicht im Detail bekannt sind und es auch nie sein werden. Von einem unfaßbaren Phänomen wird solange als Rätsel gesprochen, bis sich die in ihm wirksamen Gesetze offenbaren. Ein Rätsel will gelöst sein, indem man in seine Gesetzmäßigkeiten eindringt und sich diese, weil man sie versteht, aneignet. Ein Wunder ist hingegen seinem Begriffe nach unlösbar. Und es soll auch nicht gelöst werden. Das Wunder bezieht seine Legitimation aus der Anerkennung der Wirksamkeit von Gesetzen in ihrer Unfaßbarkeit. Wenn eine Marienstatue weint, ist dieses für den Gläubigen kein Rätsel, sondern ein Wunder. Aber auch dieses Phänomen ist für den Gläubigen zu „verstehen", denn das Wunder selbst ist bereits die Erklärung. Wenn auch nicht im modernen-rationalen Sinne, so lassen sich Wunder daher doch „verstehen". Daß es dem Empfinden des Wunderbaren einen Abbruch tut, wenn es nicht nur als Unfaßbares, sondern als gänzlich Unverständliches – wie das Rätsel – erscheinen würde, legt Aristoteles wie folgt dar: „Diese Wirkungen (Jammern/*eleios* und Schaudern/*phobos*, die Autoren) kommen vor allem dann zustande, wenn die Ereignisse wider Erwarten eintreten und gleichwohl folgerichtig auseinander hervorgehen. So haben sie nämlich mehr den Charakter des Wunderbaren, als wenn sie in wechselseitiger Unabhängigkeit und durch Zufall vonstatten gehen (denn auch von den zufälligen Ereignissen wirken diejenigen am wunderbarsten, die sich nach einer Absicht vollzogen zu haben scheinen)" (Aristoteles 1994: 33).

Kurfürst Johann Georg II. mußte also – dieses mag zunächst widersprüchlich klingen und hier nehmen wir wieder Bezug auf das bereits angesprochene Wissensgefälle – mit allen Mitteln versuchen, seinen Feuerwerken den *Eindruck* des Erklärbaren zu verleihen, ohne jedoch tatsächlich Erklärungen für das Geschehen zu liefern. Dabei ist wichtig, daß sich, wie Aristoteles bemerkt, nicht alles offensichtlich und erklärbar nach einer Absicht vollzieht, sondern nach einer Absicht zu vollziehen *scheint*. Nur aus dieser Zwischenstellung konnte sich das Empfinden des Wunderbaren einstellen. Die Zuschauer mußten das für sie Unfaßbare als „verstehbar" hinnehmen. Sie mußten das Geschehen als Wunder und durften es nicht als Rätsel begreifen. Denn weiteres Hinterfragen des Geschehens hätte nicht im Interesses des Herrschers gelegen (handelte es sich doch auch um militärisches Wissen). Um diesem vorzubeugen, ließ der Herrscher das Feuerwerk als *hochgradig inszeniert* erscheinen. Der *Eindruck*, daß es sich bei dem Geschehen um ein verständliches handele, wurde durch die offensichtliche Inszeniertheit des Feuerwerks bei den Zuschauern geweckt. D.h. der Kurfürst setzte Zeichen über Zeichen, mit denen er zwar nicht erklärte, wie die Gesetze zur Schaffung eines Feuerwerks lauteten, mit denen er aber Hinweise lieferte, daß er es war, der die Gesetze zu beherrschen wußte. Diese Zeichen waren es, die die Zuschauer vor der Möglichkeit und den Herrscher vor der Gefahr bewahrten, das Geschehen als „sense of dispossession, a disclaimer of dogmatic certainty, a self-estrangement in the face of the strangeness, diversity, and opacity of the world" (Greenblatt 1991: 74) zu erfahren. Die Zeichen konnten ganz unterschiedlich aussehen: Es konnte sich dabei um das Wappen des sächsischen Fürstenhauses handeln, das aus in unterschiedlichen Farben brennenden Flammen nachgestellt wurde. Es konnte sich auch um den oben zitierten Kommentar Johann Georg II. gegenüber dem englischen Gesandten bezüglich seiner Urheberschaft des Feuerwerks handeln. Oder derartige Zeichen wurden einfach dadurch gesetzt, daß bereits Wochen vor Veranstaltungsbeginn für die Bevölkerung offensichtlich Handwerker und Feuerwerksleute auf der Baustelle für das spätere Feuerwerk zugange waren. Dadurch, daß der Kurfürst all diese Zeichen seines Wirkens schuf, dadurch, daß er die Inszeniertheit des Geschehens deutlich werden ließ, konnte sich zwar kaum ein Zuschauer im Laufe des Feuerwerks erklären, wie die Gesetze des Geschehens lauteten, aber: auch niemandem sollte das Geschehen weiter Rätsel sein, denn es waren Zeichen einer menschlichen Macht vorhanden, die das Feuerwerk geschaffen hatte, denen es zu vertrauen galt, und hinter denen – wenn das Vertrauen gegeben war – das Unfaßbare dann doch verständlich *schien* und so „verständlich" war.

Das Unerklärliche als erklärbar erscheinen zu lassen, ohne es tatsächlich zu erklären, darin lag, so die These, die politische Klugheit des absolutistischen Herrschers. Daher mußte alles wie ein Wunder erscheinen (Anerkennung von Gesetzen in ihrer eigentlichen Unkenntnis) und durfte nicht Rätsel – weder gelöstes (Aneignung von Gesetzen), noch ungelöstes (Fremdheit von Gesetzen) – sein.

2. Fackelzüge und Lagerfeuer

Auch im 20. Jh. war das Feuerwerk ein häufig anzutreffendes und vielseitig eingesetztes Versatzstück öffentlicher Feste. Allerdings hatte ihm das offene, lodernde Feuer in Gestalt von Fackeln und Lagerfeuern in politischen Inszenierungskontexten mittlerweile den Rang abgelaufen. Sollte man *die* charakteristische Erscheinungsform des Feuers in politischen Festen der Moderne benennen, so würde man sich wohl für den Fackelzug entscheiden.

„Tausende von Fackeln leuchten auf in der großen Kampfbahn. Die Jugend rüstet zum Fackelzug. Unter den Klängen der Musik ergießt sich ein glühendes Feuermeer durch die Tore des Stadions ins Freie. Die Wege, die Wiesen und Menschen sind in Glut getaucht. Dahinter das geheimnisvolle Dunkel des Waldes über dem die leuchtende Scheibe des Vollmondes einen wirkungsvollen Gegensatz zu dem brandenden Feuerwogen vor dem Stadion bildet. Dann zieht sich die lodernde Glut zu einem langgestreckten Zug, zu einem Feuerstrom auseinander. Der Marsch beginnt."

Fackelzüge im Dunkeln, ein imposantes Stadion und Feuerschein auf den Gesichtern von Jugendlichen – da stellen sich intuitiv Bilder aus dem nationalsozialistischen Deutschland ein. Die Beschreibung könnte sich zum Beispiel auf den Abend des 30. Januar 1933 beziehen, als Anhänger der NSDAP in den Straßen Berlins und in vielen anderen Städten Deutschlands mit Marschmusik und Fackeln die Ernennung Hitlers zum Reichskanzler feierten. Die pyromanen Neigungen faschistischer Ästhetik sind verschiedentlich herausgearbeitet worden (vgl. z.B. Reichel 1993: 128; Schmeer 1956; Vondung 1971; Thöne 1979). Hört man dann noch, daß das Stadion, von dem in dem Zitat die Rede ist, in Nürnberg steht, so bleiben kaum Zweifel daran, daß es sich um einen Umzug auf einem der Reichsparteitage handeln muß, jenen pompösen Selbstinszenierungen des Nationalsozialismus, die seit 1929 regelmäßig in der fränkischen „Reichsstadt" stattfanden. Jedoch: Die fragliche Reportage erschien genau eine Woche *vor* dem ersten Nürnberger NSDAP-Parteitag – und sie berichtet von einem sozialdemokratischen Arbeitersportfest.[20] Es soll hier nicht die These vertreten werden, die Arbeiterbewegung habe den faschistischen Agitationsstil vorweggenommen. Wichtig ist aber die Feststellung, daß viele Formen politischer Theatralität, die man dem Nationalsozialismus zuschreibt, seit sehr viel längerer Zeit etabliert waren; so auch die Verwendung von Fackeln und Lagerfeuern in festlichen Zusammenhängen.

Seit den Anfängen des modernen politischen Festes in der Französischen Revolution wurde immer wieder auf offenes Feuer zurückgegriffen – bald auch in Deutschland: Im frühen 19. Jahrhundert gehörte die sog. „heilige Flamme" als Symbol einer diffusen Vorstellung von „Germanentum" zum Zeichenrepertoire

---

20 „Jugendsportler im Flammenschein". In: Fränkische Tagespost Nr. 197, 59. Jg. vom 22.7.1929

national ausgerichteter Turnvereine, Männerchöre und Schützengesellschaften. Als 1815 der erste Jahrestag des Sieges über Napoleon gefeiert wurde, brannten auf Marktplätzen und stadtnahen Hügeln in vielen Regionen Deutschlands „heilige Flammen" bzw. Feuersäulen, um die herum das Festgeschehen arrangiert war. In den darauffolgenden Jahrzehnten machten die studentischen Burschenschaften, ebenfalls nationalistisch motiviert, ausgibig von Feuersymbolik Gebrauch. Die lodernde Flamme repräsentierte wahlweise den Sieg des Lichts über das Dunkel, des Tages über die Nacht oder des Frühlings über den Winter. Im germanischen Mythos, der von der nationalliberalen Bewegung neu konstruiert und popularisiert wurde, stand Feuer für die Kräfte der Sonne, die den Menschen Stärke und Leidenschaft verleihen sollten.[21]

Während Feuer und Flamme in der Festkultur des deutschen Nationalismus also fest verwurzelt waren, hatten sie auf den Festen der frühen Arbeiterbewegung im 19. Jh. Seltenheitswert. Offenes Feuer bot sich proletarischen Festorganisatoren schon deshalb nicht an, weil es in geschlossenen Räumen zu gefährlich und im Freien erst nach Einbruch der Dunkelheit wirkungsvoll war. Nächtliche Fackelzüge wären den Genehmigungsbehörden aber kaum abzutrotzen gewesen. Erst seit der Jahrhundertwende kam Feuer auf sozialdemokratischen Festen regelmäßig zum Einsatz, zunächst vorwiegend bei der Arbeiterjugend. Darin zeigt sich die Orientierung der jungen Arbeiter an der Feierpraxis der bürgerlichen Jugendbewegung, die in ihrer Art zu feiern wiederum von den Burschenschaften inspiriert war. So gelangte etwa die Sonnenwendfeier – ein ursprünglich aus der ländlichen Volkskultur stammendes Fest, das ganz auf Feuer und Licht abgestellt war – von den nationalistischen Studentenbünden über bürgerliche Jugendgruppen zur Arbeiterbewegung.[22]

Der Übergang zur Weimarer Republik 1918/19 markiert für die proletarische Festästhetik eine wichtige Zäsur. Dazu gehörte, daß nun, in der veränderten politischen Öffentlichkeit der parlamentarischen Demokratie, das Feuer als Festelement von weiten Teilen der Arbeiterbewegung übernommen wurde. Zwar blieb es eine besondere Vorliebe der Arbeiterjugend und der (von Jugendlichen stark frequentierten) proletarischen Sportvereine, aber Fackelzüge standen bald auch auf dem Programm einer Vielzahl von Mai- und Revolutionsfeiern, die für alle Generationen ausgerichtet wurden.[23]

Im Zuge dieser Übernahme kam es zu einer interessanten Verschiebung, die im folgenden näher untersucht werden soll: Hatte das Feuer im 19. Jh., zum Beispiel in Gestalt der „heiligen Flamme", vor allem als politisches Symbol gedient und als solches auf leicht entschlüsselbare *Bedeutungen* verwiesen – wie Lebenskraft, Jugend, Freiheit und anderes mehr, so machten sich die neuen Arbeiterfeste der 20er Jahre vornehmlich die atmosphärische *Wirkung* des Feuers zunutze. Dabei spielten symbolische Gehalte nur mittelbar eine Rolle. Wichtiger als die Repräsentation abstrakter Werte oder Hoffnungen, für die das Feuer bislang hatte herhalten

---

21 Vgl. die Aufarbeitung dieser Traditionslinie bei Mosse (1993: 18-22, 56-59, 98-113)
22 Zur Feierpraxis der bürgerlichen Jugendbewegung: Janz (1985). Zur Orientierung der proletarischen Jugendgruppen an den Gemeinschaftsformen der bürgerlichen Jugendbewegung: Linse (1978)
23 Dies ergab eine Analyse der Berichterstattung zu Maifeiern und Revolutionsfeiern der Jahre 1919 bis 1932 in Berlin und Leipzig in den SPD-Zeitungen 'Vorwärts' und 'Leipziger Volkszeitung' sowie in den KPD-Zeitungen 'Die Rote Fahne' und 'Sächsische Arbeiter-Zeitung'.

müssen, wurde nun dessen performative Präsenz: das Licht, das Knistern, die Wärme, also buchstäblich die Ausstrahlung des Feuers, die vorwiegend von dessen materiellen Eigenschaften abhängt. Natürlich blieben Wirkung und Bedeutung des Feuers auch weiterhin aufeinander bezogen: Eine Totenfackel wird immer eine andere Wirkung haben als ein Siegesfeuer. Das ändert nichts an dem Eindruck, daß die zuvor dominante *semiotische* Funktion des Feuers im Fest in den 1920er Jahren hinter eine *atmosphärische* Funktion zurücktrat. Unter der atmosphärischen Funktion soll die Fähigkeit von Dingen und Menschen verstanden werden, durch die eigene physische Präsenz ihre Umgebung zu affizieren (Definition nach Böhme 1995: bes. 33ff.). Offenes Feuer scheint über eine solche materielle Ausstrahlungskraft in besonderem Maße zu verfügen, und auf dieses Potential rekurrierten die Festregisseure der Weimarer Arbeiterbewegung.

Ein markantes Beispiel für diese neuartige, im wesentlichen auf dem Element Feuer basierende „Atmosphärenregie" bietet eine Abendfeier, die am Pfingstwochenende des Jahres 1925 auf der Jugendburg Hohnstein in der Sächsischen Schweiz veranstaltet wurde. Unsere Darstellung stützt sich auf eine Reportage von Valtin Hartig aus der Arbeiterzeitschrift 'Kulturwille' (Hartig 1925: 168). Die Feier bildete den Abschluß einer Tagung von Kulturpolitikern und -funktionären der sächsischen Sozialdemokratie. Zu den etwa 300 Tagungsteilnehmern gesellten sich eigens zu der Abendfeier rund 500 weitere Besucher, darunter Sänger und Musiker sowie Neugierige aus den umliegenden Orten. Als Festplatz diente ein von der Burg abfallender, von Büschen und Bäumen eingefaßter Wiesenabhang, der auch als Bühne für die verschiedenen Darbietungen des Abends genutzt wurde. Die zuschauenden Teilnehmer waren zum größeren Teil auf einer baumbestandenen, runden Ebene unterhalb des Abhangs postiert, zum kleineren Teil lagerten sie auf einem Steilhang oberhalb der Naturbühne. Das Fest begann nach Einbruch der Dunkelheit. Wer sich auf der runden Zuschauerebene befand, konnte die Außenmauern der Burg schemenhaft im Dunkel über der Szenerie ausmachen. Ein Gesangs- und ein Sprechchor waren während der gesamten Feier auf dem Schauplatz präsent. Die einzelnen Mitwirkenden traten jeweils aus dem Chor heraus auf. Das Programm begann mit einem Gesangsstück des Jugendchores Dresden. Es folgte ein Violinsolo, danach die recht kurz gehaltene Festrede des Hallenser SPD-Landtagsabgeordneten Wäntig, der die Anwesenden zu „selbstlosem Gemeinschaftsdienst" ermutigte. Nach einer erneuten Gesangseinlage des Jugendchores („Brüder zur Sonne, zur Freiheit") rezitierte Alfred Beierle das Gedicht „Für Europa" von Youve – eine „Mahnung an alle Völker Europas, den Haß abzutun und sich den lebens- und freudespendenden Kräften des Seins hinzugeben" (Hartig 1925: 168). Der Sprechchor des Leipziger Arbeiter-Bildungs-Instituts schloß sich mit der Aufführung eines Weihespiels von Bruno Schönlank an, die der Reporter als Höhepunkt des Abends empfand. Ein letztes Mal sang der Dresdener Jugendchor, bevor das Schlußlied, die 'Internationale' intoniert wurde. Alle Festteilnehmer stimmten ein und formierten dann einen gemeinsamen Fackelzug. Unter anhaltendem Gesang von Jugendliedern ging es durch den Garten der Burg ins nahegelegene Städtchen Hohnstein, auf dessen Marktplatz eine kurze Schlußkundgebung stattfand.

Daß man Feiern wie diese als *Inszenierungen* auffaßte, zeigt sich schon an der Art, wie sie in der Arbeiterpresse behandelt wurden. Die einschlägigen Reportagen lesen sich wie Theaterkritiken. Es wurden einzelne Programmteile gelobt oder getadelt, Vergleiche zu anderen Festen angestellt, Verbesserungsvorschläge fürs nächste Jahr unterbreitet und häufig Regisseure, Chorleiter oder Choreographen anerkennend erwähnt. Oft diente dabei die Atmosphäre als Maßstab: Die Feier war dann so gut, wie die Atmosphäre, die auf ihr herrschte. Auch Valtin Hartigs Rezension war ganz auf die atmosphärischen Qualitäten der Feier ausgerichtet. Seine Beschreibungen konzentrierten sich auf die Ausstrahlungen der Dinge, er suchte Metaphern für Strömungen, Schwingungen und Stimmungen: So erfahren wir vom „alten Gemäuer der Burg, das sich dunkel und drohend in die Nacht *reckt*"; das Violinsolo „*steigt* in die Stille des Abends" und „*schwingt* durch die Bäume"; die Stimmen des Sprechchors „*strömten* [...] bald klagend, bald jubelnd" über die Zuhörer. Was Hartig auf diese Weise in Worte zu fassen versuchte, waren Energieströme, Eindruckspotentiale, die, von den Objekten der Szenerie ausgehend, den Raum beherrschten und auf die Anwesenden einwirkten. Es ging bei diesen Wirkungen nicht primär um ein Begreifen von Botschaften oder um die Vermittlung politischer Erkenntnisse. Zwar haben wir es mit einer sog. „Bildungsfeier" zu tun, aber dabei ist nicht an kognitive Bildung gedacht. Hartig hob vielmehr auf emotionale und leibliche Erfahrungen ab, die sich in körperlichen Symptomen manifestierten: „gewaltig", „mächtig" und „wuchtig" war die Feier in Hartigs Perspektive, „erschütternd und aufreißend" waren die Stimmen des Chores. Sie ließen den Rezipienten „atemlos" zurück.

Auf welche Weise trug das Element „Feuer" zum Erreichen solcher Wirkungen bei, und wie war es in das Gesamtarrangement integriert? Nach Hartigs Angaben wurde das gesamte Festareal ausschließlich durch Fackeln beleuchtet, die die Chorsänger und -spieler bei sich trugen.

„Die mitwirkenden Chöre tragen Fackeln während der ganzen Veranstaltung, die Schatten der Bäume flattern durch den Abend, unverrückbar schwarz ragt die Burg in den blauen, gestirnten Nachthimmel. [...] Die Fackeln leuchten im Dunkel auf, das sich schwer auf Garten und Burg gelegt hat, die Masse der Mitwirkenden steht im Licht, und der Jugendchor Dresden hebt an: 'Flamme empor'." (Hartig 1925: 168)

Es ist ein vitales, raumstrukturierendes Licht, das hier vom Feuer konstituiert wird. Die Fackeln schaffen indirekt Bewegung, indem sie für einen dynamischen, unruhigen Schattenwurf der Bäume sorgen. Sie bewirken außerdem starke Hell-Dunkel-Kontraste im Raum. Fast fühlt man sich an die aufwendigen Lichteffekte des zeitgenössischen expressionistischen Films erinnert: Die massiven Umrisse der in Halbschatten getauchten Burg heben sich von der hell erleuchteten Masse der Teilnehmer ab. So stehen zwei voluminöse Körper, ein heller und ein dunkler, spannungsvoll gegeneinander. Vom Feuer geht aber nicht nur die komplexe Beleuchtung der Szenerie aus, es ist zugleich Objekt der performativen Darbietungen. Immerhin wird das Feuer ausführlich besungen, nämlich mit dem Jugendlied 'Flamme empor!', in dessen Versen Flammen als Symbol für das aufstrebende, mutige Zusammenwirken der jungen Generation exponiert werden. Auch beim großen Finale der Feier, dem gemeinsamen Zug der Teilnehmer aus dem Garten der Burg in die Stadt, also gleichsam bei der Re-Integration der Feiernden in die Alltagswelt, kommen Fackeln in wichtiger Funktion zum Einsatz. Sie sind nun nicht mehr nur Auslöser von (Licht-)Bewegungen, sondern werden, in den Händen der Akteure, ihrerseits bewegt:

> „Die Mitwirkenden formierten einen Fackelzug durch den Garten, Jugendlieder singend, hinaus auf den Platz des Städtchens vor der Burg, wo die Fackeln zusammengeworfen wurden und verglosten und die Jugend Reigengesang und –tanz darum aufführte. Und dann kam die Stille der Nacht." (Hartig 1925: 168)

Die 1. performativen, 2. semiotischen und 3. atmosphärischen Aspekte dieser exemplarischen Feuer-Inszenierung sollen der Reihe nach skizziert werden.

1. Beim abschließenden Fackelzug, aber auch schon auf der von den Fackeln des Chores beleuchteten Naturbühne, kommt das raumkonstituierende Licht performativ, durch körperliches Handeln zustande – indem nämlich Fackeln in die Höhe gereckt und getragen werden. Entscheidend ist dabei das Moment der aktiven Teilhabe: Ein Fackelzug gibt nicht Anlaß zur lobenden Erwähnung eines einzelnen Festregisseurs, denn das zugrundeliegende Arrangement ist weder innovativ noch besonders anspruchsvoll. Mehr als auf die Choreographie kommt es darauf an, daß jeder einzelne Akteur seine Fackel trägt und damit seinen Teil zur Entstehung des Gesamteindrucks leistet. Auf diese Weise, durch den Beitrag jedes einzelnen, wird das Feuer zur Präsenzform der Masse. Fackeln machen einen nächtlichen Festzug überhaupt erst sichtbar. Die Festgemeinde zeigt sich bzw. erscheint als eine Zusammenballung bewegter Einzelflammen. Dieser Eindruck wird möglich aufgrund bestimmter Affinitäten zwischen dem Element Feuer und größeren Menschenmengen, auf die Elias Canetti (1999: 88) hingewiesen hat: Das Feuer wie die Menschenmasse sind sich in ihrer äußeren Formation unabhängig vom jeweiligen Kontext überall ähnlich; sie können recht plötzlich entstehen, greifen rapid um sich, sind „ansteckend" und auf Expansion angelegt; sie sind in sich vielfach, plural, können Zerstörung anrichten und erscheinen dem Betrachter lebendig. Wegen dieser Übereinstimmung in zahlreichen Grundmerkmalen kann das Feuer als Erscheinungs- oder Präsenzform für größere Menschenansammlungen dienen. Die gereihte Anordnung der Individuen im Festzug gleicht der zu Reihen geordneten Kollektivität der Fackeln, die die Feiernden in ihren Händen tragen. Und indem die Festteilnehmer zum Abschluß, einander an den Händen haltend, kreisförmig um das Feuer herum tanzen, vollziehen sie die Vereinigung der Flammen, die zuvor zu einem Haufen zusammengeworfen wurden, performativ nach.

2. Das Feuer wird im Laufe des Fests durchaus semiotisiert, es bleibt nicht ohne Bedeutung, aber die Bedeutungsgehalte sind äußerst vage. In seiner „Psychoanalyse des Feuers" hat Gaston Bachelard (1985: 13) das Feuer als ein „Prinzip universeller Deutungsmöglichkeit" bezeichnet. Dieses Urteil scheint sich an unserem Beispiel zu bestätigen: Denn für welche Art von Vergemeinschaftung stehen die zusammengeworfenen Fackeln? Für die Solidarität einer Klasse? Für den Zusammenhalt der jungen Generation? Oder gar für die Gemeinschaft der Völker Euro-

pas, die in Alfred Beierles Rezitation beschworen wird? Keiner der Feiernden wird das genau gewußt haben. Ein ähnlicher Fall von „referentieller Unschärfe"[24] begegnet uns bei den Sonnenwendfeiern, die die Arbeiterjugend seit der Jahrhundertwende in stadtnah gelegenen Wäldern, zum Beispiel in den Müggelbergen südlich von Berlin feierte. Das Lagerfeuer, um das sich die Festteilnehmer solcher Mittsommerfeste sammelten, wurde in einer Festrede, der sog. „Feuerrede", umfassend semiotisiert. Es wurde mit derart unterschiedlichen symbolischen Gehalten aufgeladen – vom sengenden Feuer des Krieges, über das Johannisfeuer bis hin zur zündenden Flamme der Revolution –, daß es als Zeichen am Ende nicht in ein fest umrissenes Signifikat, sondern in eine unauflösbare Vagheit mündete.[25]

Hypersemiotisierung und Desemiotisierung liegen stets dicht beieinander. Wenn für ein bestimmtes Festelement in rascher Folge eine Fülle verschiedener Bedeutungsgehalte angeboten wird, muß dem Feiernden die Entschlüsselung schwerfallen, weil er dem betreffenden Element kein stabiles Signifikat zuordnen kann. Diese Instabilität oder auch „Mobilität" der Zeichen ist ein spezifisches Merkmal theatraler Zeichenverwendung (vgl. z.B. Fischer-Lichte 1994: 181-183; 1997: 71f.). Nicht zufällig waren der opaken Bedeutungsfülle des Feuers gerade im Rahmen von Theateraufführungen, die Abschluß und Höhepunkt größerer Arbeiterfeste bildeten, keine Grenzen gesetzt. Ein prägnantes Beispiel bietet Otto Zimmermanns chorisches Spiel „Prometheus", das auf dem Leipziger Gewerkschaftsfest von 1929 zur Aufführung kam. Das Feuer der Freiheit, das Prometheus den Göttern raubt und den Menschen bringt, wird bald vom „falschen Licht" des Gieres nach Gold und Reichtümern abgelöst. Im weiteren Verlauf der Aufführung repräsentieren brennende Scheiterhaufen die Zeit der Hexenverfolgung, gelbflammende Gasexplosionen erinnern an die Gewaltakte der Konterrevolution, brennende Panzer symbolisieren die Überwindung des Imperialismus. Am Ende wird das Feuer des Prometheus, Sinnbild der Freiheit des Einzelnen, in Form von vielen hundert Fackeln an ein großes Ensemble der Arbeiterjugend verteilt. Das Freiheitssymbol wird also kollektiviert, und ein Reporter kommentiert: „[...] die Jugend des Proletariats trägt die Fackeln der zukünftigen Menschheit voran."[26] So erleben die Zuschauer das Element Feuer in einer fast unübersichtlichen Bandbreite von Verweisungskontexten.

3. Gerade dadurch, daß es sich nicht zu einem konturierten Symbol verfestigt, sondern als sinnliche Attraktion für den Betrachter unausdeutbar und uneingrenzbar bleibt, kann das Feuer die gesamte Festatmosphäre durchdringen und die Wahrnehmung der Teilnehmer okkupieren. In einer Reportage der 'Leipziger Volkszeitung' zum oben erwähnten Gewerkschaftsfest klingt das folgendermaßen: „Ein Meer von Menschen, von leuchtenden Schaumkronen wogender Fackelflammen über-

---

24 Den Begriff verwendet Port (2001: 251) in seiner kulturgeschichtlichen Studie über die Neigung zum Pathos im ersten Drittel des 20. Jahrhunderts
25 Allgemein zu den Sonnenwendfeiern der Arbeiterjugendbewegung: Löggow (1926). Eine Reportage von einer typischen Sonnenwendfeier der Berliner Arbeiterjugend bietet Weimann (1914)
26 Zweter (1929); vgl. auch „Tausend vor Tausenden. Das Massenspiel zum Gewerkschaftsfest". In: Leipziger Volkszeitung Nr. 175, 36. Jg. vom 30.7.1929, Feuilleton-Seite

wellt, flutet dem Zuschauer entgegen."[27] Aber nicht nur das Feuer selbst, auch das gemeinsam gesungene Schlußlied, die 'Internationale', erscheinen dem Reporter „glutheiß", und den Zusammenklang von Instrumental- und Vokalakkorden findet er „zündend".[28] Das Feuer in seiner Hitze, Dynamik, Leuchtkraft und Farbe ist kein eingrenzbares Zeichen, sondern weithin ausstrahlendes Konstituens der Atmosphäre. Gleiches gilt für die Abendfeier auf der Jugendburg Hohnstein. Auch dieses Fest erscheint *im Ganzen* als ein Ereignis von hohen Hitzegraden. Die Atmosphäre ist dunkelrot-glühend getönt, bis hinein in die Stimmlage des Rezitators, die Hartig als „leidenschaftsdurchglüht" charakterisiert. Gerade wegen seines überaus vagen, kaum definierbaren Pathos', seines Oszillierens zwischen verschiedenen Bedeutungsgehalten, bot das Element Feuer der festlichen Vergemeinschaftung eine tragfähige Grundlage. In einer Zeit vielfacher ideologischer Spaltungen und programmatischer Ungewißheiten konnten Feste der Arbeiterbewegung nur dann für möglichst viele Arbeiter attraktiv sein, wenn sie nicht zu präzise auf bestimmte politische Inhalte festgelegt wurden. Die festliche Gemeinschaft, so der Eindruck, war weniger auf gemeinsamen programmatischen Forderungen gegründet als auf einer verbindenden Atmosphäre, einer Wärme, die mit großer physischer Intensität erfahren wurde. Auch für Bachelard ist die *Wärme* des Feuers ein wesentliches Fundament von dessen Wirksamkeit: Die Anziehungskraft des Feuers gründet sich seiner Auffassung nach

„auf einer Befriedigung des Wärmesinnes und auf das tiefe Bewußtsein von wärmespendendem Glück. Die Wärme ist ein Vermögen, ein Besitz. Man muß sie eifersüchtig hüten und darf sie nur auserwählten Wesen zum Geschenk machen, Wesen, die eine Kommunion, eine gegenseitige Verschmelzung verdienen. Das Licht treibt sein lachendes Spiel an der Oberfläche der Dinge, aber allein die Wärme *dringt ins Innere*." (Bachelard 1985: 55- Kursivsetzung im Original)

In der Begeisterung für Wärme zeigt sich eine bemerkenswerte Korrespondenz zwischen Feierpraxis und Festdiskurs der Weimarer Arbeiterbewegung: Während das offene Feuer zu einem zentralen Element auf den Arbeiterfesten der 20er Jahre avancierte, entwarfen gleichzeitig sozialdemokratische Intellektuelle in theoretischen Beiträgen zur Festkultur Atmosphären, in denen Wärme und Hitze spürbar werden sollten. Die theoretische Diskussion über Feste in der Arbeiterbewegung, die in der ruhigeren mittleren Phase der Weimarer Republik (1924-29) besonders intensiv geführt wurde, war in weiten Teilen eine Diskussion über Atmosphären – allerdings nahezu *avant la lettre*. Der Atmosphärenbegriff war noch wenig gebräuchlich, aber viele Beiträge beschäftigten sich mit Fragen wie: welche „Stimmung" auf einem zurückliegenden Arbeiterfest geherrscht habe; in welche „Befindlichkeit" die Teilnehmer versetzt worden seien oder welche emotionale „Note" einem bestimmten Festtyp angemessen sei. Wenn sich Autoren sozialdemokratischer Kulturzeitschriften (wie 'Arbeiter-Bildung', 'Sozialistische Bildung', 'Kulturwille' oder 'Der Führer') über die Gestaltung zukünftiger, besserer Feste Gedanken machten, schrie-

---

27 „Volkshausjubiläum und Gewerkschaftsfest". In: Leipziger Volkszeitung Nr. 174, 36. Jg. vom 29.7.1929
28 Ebd.

ben sie über „Farbe", „Klangfarbe", „Ton", „Tönungen", „Strömungen", „Ausdruckskraft", „Schwingungen", „Wärme" und ähnliches, verwendeten mithin das vielfältige Set von Begriffen, mit dem wir bis heute operieren, um Atmosphären zu beschreiben (Heilbut 1930; Kern 1926; Wiegand 1928; Müller 1922; Weimann 1922; Johannesson 1927). Auffällig oft wurden Atmosphären mit dem Wärme- und Kälte-Empfinden in Verbindung gebracht. Unabhängig vom Festgenre, auf das sie sich jeweils bezogen, stimmten viele Diskursbeiträge darin überein, daß sie für die Stimmung auf proletarischen Festen möglichst hohe Wärmegrade vorsahen. Der Feiernde sollte in eine aufgeheizte Atmosphäre eintauchen. Wärme galt als das Medium, in dem die einzelnen Festteilnehmer zu einer Gemeinschaft zusammenfinden konnten. Die Skala der entworfenen Varianten reichte von der Nestwärme intimer Sommerfeste bis zur Gluthitze aggressiver Revolutionsgedenkfeiern. Aber bei aller Vielfalt der Nuancierungen wurde eine Grundregel beherzigt, die Alfred Kern, der spätere Leiter der sozialdemokratischen Festberatungsstelle, 1926 formulierte: „Die Art der Feier muß Stimmung schaffen, denn erst muß Wärme da sein, ehe die Begeisterung kommt" (Kern 1926: 25). Festliche Stimmung und Wärme gehörten für Kern untrennbar zusammen.

Wenn Feuer auf den Festen der Weimarer Arbeiterbewegung in erster Linie als atmosphärischer „Wärmespender" wirkte, eröffnet dies weitreichende Interpretationsmöglichkeiten. Denn Entwurf, Produktion und Rezeption solcher Festatmosphären erfolgten in einem kulturellen Kontext, für dessen Verständnis der Gegensatz von 'warm' und 'kalt' als Paradigma dienen kann. Helmut Lethen (1994) hat es in seiner literaturanthropologischen Untersuchung über „Lebensversuche zwischen den Kriegen" unternommen, verschiedene Strömungen der Weimarer Kultur zwischen einem 'Wärmepol' und einem 'Kältepol' zu verorten. So setzt er ein unter Intellektuellen in der Weimarer Republik grassierendes Interesse für „Verhaltenslehren der Kälte" kontrastiv von den „Wärmesphären" ab, die sich zeitgleich um die rechten wie linken Gemeinschaftsideologien gebildet hätten (Lethen 1994: 128). Auch proletarische Feste, deren Inszenierung eine Wärmequelle, nämlich ein Feuer oder ein Fackelarrangement, in den Mittelpunkt rückte, kann man der Wärmesphäre der linken Gemeinschaftskultur zurechnen. Damit werden dann auch die außeralltäglichen Qualitäten der Atmosphäre auf Weimarer Arbeiterfesten deutlich. Mit mindestens zwei „Kältepolen" der modernen Gesellschaft kamen viele Arbeiter in der Weimarer Republik tagtäglich in Berührung:

1. Mit dem rationalisierten Großbetrieb. Besonders seit Mitte der 20er Jahre wurden in vielen größeren Fabriken traditionelle, kooperative Arbeitsformen durch stark segmentierte Fließbandarbeit und individuelle Leistungsentlohnung ersetzt. Kontinuierliche Kontrolle des Arbeitsverhaltens, Angst vor Arbeitslosigkeit, Desolidarisierung und leistungsbezogene Entlohnung konnten sich zu einem Klima der „sozialen Kälte" verdichten – freilich nur in den Branchen, die wirklich in nennenswertem Umfang rationalisierten, vor allem in Bergbau, Schwerindustrie, Chemie- und Elektrotechnik.[29]

---

29 Zu Rationalisierungsproblemen in der Weimarer Republik: Peukert (1987: 116-122) und Winkler (1988: 62-75) mit vielen weiteren Literaturhinweisen

2. Mit den seit Mitte des 19. Jh. rasant angewachsenen Großstädten. Von Gegnern wie Befürwortern wurde die moderne Großstadt gleichermaßen als „kalte Welt" beschrieben, als ein Ort der Auflösung traditioneller Bindungen und nachbarschaftlicher Beziehungen. Natürlich konnte man in den Arbeiterquartieren sehr unterschiedliche Großstadterfahrungen sammeln: Lebensgeschichtliche Untersuchungen zeugen nicht nur von sozialer Kälte, sondern auch von Nachbarschaftshilfe, Klatsch und Klüngel. Gleichwohl blieb das Bild vom kalten, urbanen Moloch ungebrochen einflußreich (Peukert 1987: 181f.; Winkler 1988: 76-81).

Fungierten die neuen Arbeiterfeste tatsächlich als „warme" Gegenpole zur „kalten" Welt von Großbetrieb und Großstadt, so spielte das Element Feuer dabei eine Schlüsselrolle. Fackelschein und Lagerfeuer sorgten in unseren Festbeispielen dafür, daß eine Sphäre der Wärme nicht nur durch das verbale Beschwören eines Gemeinschaftsgefühls aufkam, sondern ganz real und physisch erfahrbar wurde. Die vom Feuer evozierte, warme Atmosphäre war es in erster Linie, die das Fest zur Heterotopie (vgl. Foucault 1998), zu einem *anderen* Ort in der hektisch modernisierten Gesellschaft machen konnte. Solche kontextualisierenden Deutungen bewegen sich auf unsicherem Terrain, weil die Quellenlage keine genauere Untersuchung der Motivationen von Festteilnehmern erlaubt. Immerhin liefert der Festdiskurs der mittleren und späten Weimarer Jahre Anhaltspunkte dafür, daß mit neuartigen Festen tatsächlich eine Art Gegenentwurf zur urbanen, technisch-industriellen Welt inszeniert werden sollte. Viele Autoren aus dem Umfeld der Arbeiterbildung sahen den industriell arbeitenden Menschen durch Monotonie und Anonymität gefährlichen Desensibilisierungsprozessen ausgesetzt. Sie propagierten weder eine Rückkehr zu vormodernen Lebensformen, noch zeichneten sie die Zukunftsvision einer sozialistischen Gesellschaft, in der sich der Proletarier, befreit von Ausbeutung und Klassenherrschaft, kulturell entfalten könnte. An die Stelle wehmütiger Erinnerungen an das alte Handwerk, aber auch an die Stelle der Utopie einer klassenlosen Zukunftsgesellschaft setzten sie die Heterotopie, die reale Gegenwelt eines Festes, das dem Arbeiter die verschüttete sinnliche Vielfalt zurückerstatten sollte (Johannesson 1927: 7; Hartig 1926; Heilbut 1930: 55). Das Fest als Heterotopie war also darauf angelegt, sowohl den utopischen Entwurf als auch die rückwärtsgewandte Idylle zu ersetzen. Das Feuer sorgte für die dazu erforderliche Wärme .

3. Schluß

Wir haben versucht, unterschiedliche Dimensionen der politischen Potenz des Feuers herauszuarbeiten und zu zeigen, daß die Ursprünge dieser Potenz im theatralen Zusammenspiel von Präsenz und Repräsentation liegen. Um wirksam zu sein, braucht das politische Fest Elemente, die den Teilnehmer affizieren, einnehmen und überzeugen können. Diese Vereinnahmung vollzieht sich weder rein kognitiv, noch ausschließlich affektiv. Sie erfolgt auch nicht einseitig als eine Überwältigung, die dem Feiernden eine rein passive Rezipientenrolle aufnötigen würde. Vielmehr hat jeder Festteilnehmer eigene, durchaus gewichtige Beiträge zum Gelingen der Machtinszenierung zu leisten – sei es in Form einer komplexen gedanklichen Verarbeitung der vorgefundenen Atmosphäre oder in Gestalt performativer Teilhabe an den verschiedenen Festhandlungen. Im Vergleich von politischen Festen des 17. Jh. mit solchen des 20. Jh. wird deutlich, daß das jeweilige Zusammenwirken von atmosphärisch-semiotischen Funktionen des Feuers von der Einbindung in unterschiedliche politische Machtkonstellationen abhängt.

Die politisch gewünschte Wirkung der barocken Feuerwerke ergab sich aus einem atmosphärischen und semiotischen Wechselspiel: Auf der einen Seite tauchten die Feuerwerke die meisten Zuschauer in eine Atmosphäre des Unfaßbaren, die Detonationen ließen die Luft zittern, die Farben leuchteten im dunklen Nichts des Nachthimmels auf und verschwanden in diesem wieder, man sah und empfand ein „grausames Feuer", das die Welt unwirtlich scheinen ließ. Auf der anderen Seite standen die Kunstfertigkeiten des Ereignisses, die von dem Bau der Abschußrampen durch Handwerker der Stadt Dresden im Vorfeld bis zu der Gestaltung brennender Embleme während des Ereignisses selbst reichten; alles Zeichen also, die auf die Kunst der Inszenierung und ihre Ursächlichkeit, hier das pyrotechnische Wissen des Kurfürsten, hinwiesen (ohne es aber offenzulegen). Der atmosphärischen Unruhe wurden so Zeichen zur Seite gestellt, die zur Konsequenz hatten, daß das Geschehen nicht als rätselhaft, sondern als wundersam empfunden wurde. Das spektakuläre Ereignis des Feuerwerks wurde erst dann politisch wirksam, wenn es gelang, den mit ihm einhergehenden Atmosphären kognitiv zu begegnen, indem man die Zeichen seiner Ursächlichkeit zu lesen verstand, die den Souverän und seine Macht repräsentierten.

Für die Festregisseure der Arbeiterbewegung ging es in den 1920er Jahren darum, in der unübersichtlich gewordenen Öffentlichkeit der modernen Massendemokratie und in zunehmend zerklüfteten Arbeitermilieus noch so etwas wie „proletarische Gemeinschaftserlebnisse" zustande zu bringen. Auf allgemein konsensfähige Deutungsmuster und Symbole konnte man angesichts der massiven politischen Konflikte innerhalb und zwischen den Arbeiterparteien nicht mehr zählen. Es ist deshalb nicht überraschend, daß ein so zentrales Festelement wie das Feuer eher in seinen performativen und atmosphärischen Wirkungen als in seinen semiotischen Funktionen genutzt wurde. Der Fackelzug war eine Inszenierung des Feuers, die eine performative Mitwirkung aller Festteilnehmer erforderte, sichtbares gemeinschaftlichen Handeln also geradezu erzwang. Das Lagerfeuer, die zweite häufige Erscheinungsform von Feuer im modernen Arbeiterfest, streute Energie und sorgte auf diese Weise für eine Atmosphäre der Wärme, die alle Umstehenden gleichermaßen umgab. Diese integrativen Wirkungen waren in erster Linie an die physischen Eigenschaften, die materielle Präsenz des Feuers gebunden. Natürlich mußte ein derart auffälliges Festelement immer auch als zeichenhaft wahrgenommen und zum Gegenstand von Deutungsversuchen werden. Viele Festinszenierungen waren jedoch so angelegt, daß das Feuer nicht zu einem klar konturierten, eingrenzbaren Zeichen gerann, dem man mit Zustimmung oder Ablehnung hätte begegnen können. Vagheit und Diffusion waren politisch durchaus opportun und förderten die Fähigkeit des Feuers, das gesamte Festereignis atmosphärisch einzufärben.

Literatur

Aristoteles (1994): Poetik. Übersetzt und herausgegeben von Manfred Fuhrmann. Stuttgart: Reclam

Bachelard, Gaston (1985): Psychoanalyse des Feuers. Deutsch von Simon Werle. München: Hanser.

Béhar, Pierre/Watanabe-O'Kelly, Helen (Hg.) (1999): Spectaculum Europaeum. Theatre and Spectacle in Europe 1580-1750 – A Handbook. Wiesbaden

Böhme, Gernot (1995): Atmosphäre. Essays zur neuen Ästhetik. Frankfurt a.M.: Suhrkamp

Böhme, Gernot/Böhme, Hartmut (1996): Feuer, Wasser, Erde, Luft. Eine Kulturgeschichte der Elemente. München: Beck

Buschow, A./Oechslin, W. (1984): Festarchitektur – der Architekt als Inszenierungskünstler. Stuttgart: Hatje

Canetti, Elias (1999): Masse und Macht. Frankfurt a.M.: Fischer

Fähler, Eberhard (1974): Die Feuerwerke des Barock. Studien zum öffentlichen Fest und seiner literarischen Deutung vom 16. bis zum 18. Jh. Stuttgart: Metzler

Fischer-Lichte, Erika (1994): Semiotik des Theaters. Eine Einführung. Bd. 1: Das System der theatralischen Zeichen. 3. Aufl. Tübingen: Narr

Fischer-Lichte, Erika (1997): Die Entdeckung des Zuschauers. Paradigmenwechsel auf dem Theater des 20. Jahrhunderts. Tübingen/Basel: Francke

Fischer-Lichte, Erika (1996): Theatralität – Das Theater als kulturelles Modell in den Kulturwissenschaften. Antrag auf Einrichtung eines Schwerpunktprogramms. Bonn: Deutsche Forschungsgemeinschaft (unveröff.)

Foucault, Michel (1998): Andere Räume. In: Barck, Karlheinz/Gente, Peter/Paris, Heidi/Richter, Stefan.(Hg.): Aisthesis. Wahrnehmung heute oder Perspektiven einer anderen Ästhetik. 6. Aufl. Leipzig: Reclam, S. 34-46

Greenblatt, Stephen (1991): Marvellous Possessions. The Wonder of the New World. Chicago: University of Chicago Press

Janz, Rolf-Peter, (1985): Die Faszination der Jugend durch Rituale und sakrale Symbole. In Koebner, Thomas (Hg.): "Mit uns zieht die neue Zeit..." Der Mythos Jugend, Frankfurt a.M.: Suhrkamp, S. 310-337

Kohler, Georg (Hg.) (1988): Die schöne Kunst der Verschwendung. Fest und Feuerwerk in der europäischen Geschichte. Zürich: Artemis

Lethen, Helmut (1994): Verhaltenslehren der Kälte. Lebensversuche zwischen den Weltkriegen. Frankfurt a.M.: Suhrkamp

Linse, Ulrich (1978): Lebensformen der bürgerlichen und der proletarischen Jugendbewegung. In: Jahrbuch des Archivs der deutschen Jugendbewegung 10, S. 24-58

Lotz, Arthur (1940): Das Feuerwerk. Seine Geschichte und Bibliographie. Leipzig: Hiersemann

Matuschek, Stefan (1991): Über das Staunen. Eine ideengeschichtliche Analyse. Tübingen: Niemeyer

Mosse, George L. (1993): Die Nationalisierung der Massen. Politische Symbolik und Massenbewegungen in Deutschland von den Befreiungskriegen bis zum Dritten Reich. Frankfurt a.M./New York: Campus

Peukert, Detlev J. K. (1987): Die Weimarer Republik. Krisenjahre der Klassischen Moderne. Frankfurt a.M.: Suhrkamp

Port, Ulrich (2001): "Pathosformeln" 1906-1933: Zur Theatralität starker Affekte nach Aby Warburg, In: Fischer-Lichte, Erika (Hg.): Theatralität und die Krisen der Repräsentation, Stuttgart/Weimar: Metzler; S. 226-251.

Rahn, Thomas (1995): Psychologie des Zeremoniells. Affekttheorie und -pragmatik in der

Zeremonialwissenschaft des 18. Jahrhunderts. In: Berns, Jörg Jochen/Rahn, Thomas (Hg.): Zeremoniell als höfische Ästhetik in Spätmittelalter und Früher Neuzeit. Tübingen: Niemeyer, S. 74-98
Reichel, Peter (1993): Der schöne Schein des Dritten Reiches. Faszination und Gewalt des Faschismus. Frankfurt a.M: Fischer
Schmeer, Karlheinz (1956): Die Regie des öffentlichen Lebens im Dritten Reich. München: Pohl
Thöne, Albrecht W. (1979): Das Licht der Arier. Licht-, Feuer- und Dunkelsymbolik des Nationalsozialismus. München: Minerva
Vondung, Klaus (1971): Magie und Manipulation. Ideologischer Kult und politische Religion des Nationalsozialismus. Göttingen: Vandenhoeck & Ruprecht
Winkler, Heinrich August (1988): Der Schein der Normalität. Arbeiter und Arbeiterbewegung in der Weimarer Republik 1924 bis 1930. Berlin/Bonn: Dietz

Quellen

Biringuccio, Vannuccio (1977): La Pirotecnia o sia dell'Arte della fusione o getto de'metalli. Milano: Il Polifilo
Boyle, Robert (1929): Der skeptische Chemiker. Verkürzt herausgegeben und übersetzt von Eduard Färber und Moritz Färber. Leipzig: Akademische Verlagsgesellschaft
Cartel zu dem Friedens-Feuerwercke/So denen Durchlauchtigsten/Großmächtigsten Königen zu sonderbaren Ehren/über dero zu Achen getroffenen Frieden/Der Durchlauchtigste Churfürst zu Sachsen/Herr Johann Georg der Andere/II. nach früh-gehaltenem Danck- und Freudenfeste Abends/Den 22. Julii des 1668sten Jahres/In Dreßden anzünden und abgehen lassen. Dresden, Sächs. HStA: OHMA N I/Nr. 1, f. 220^v
Della Porta, Giovanni Battista (1979): Magiae Naturalis Libri Viginti. Ab ipso quidem authore ante biennium aducti [...]. Palermo: Il Vespro
Des Thessalier-Fürstens/Jasons Helden-Thaten/In Eroberung Des goldenen-Fließes zu Colchos Durch ein Feuerwerck vorgestellet bey feyerlicher Begehung des Ritter-Orden-Fests St. Georgens. Zu Dreßden/Den 25 Aprilis 1678. Dresden, Sächs. HStA: OHMA N I/Nr. 1, f. 201^v
Elrich, Daniel (1676): Vollkommene Geschuetz-(meisterkunst) Feuerwerck- und Buechsenmeisterey-Kunst: hiebevor In Lateinischer Sprach beschrieben und mit Fleiß zusammengetragen von Casimiero Simienowicz [...] Mit schönen Kupffern/und einem gantzen Neuen Theil vermehret Durch Daniel Elrich/Stückhauptmann zu Franckfurt am Mayn. Frankfurt a.M.: Zünner
Feuerwergk. Von Eroberung des güldenen Vellus durch den Jason zum St. Georgen Fest 1678. Dresden, Sächs. HStA: OHMA N I/Nr. 1, f. 321ff.
Fronsperger, Leonhardt (1557): Vonn Geschütz vnnd Fewrwerck/wie dasselb zuwerffen vnd schiessen/Auch von gründlicher Zuberaitung allerley gezeugs/vnd rechtem gebrauch der Fewrwerck/wie man die in Schimpff oder Ernst/von der hand/aus Fewrbüchsen oder Böllern/zu lust oder gegen den Feinden sol werffen/schiessen/oder in stürmen/in vnd aus den Besatzungen zubrauchen. Das ander Buch. Vonn erbawung/erhaltung/besatzung vnd profantierung der wehrlichen Beuestungen/wie sich auch darinn mit aller munition/rathschlägen/betrachtung des vorraths/Geschützs vnd Kriegsvolcks/vor vnd in den nöten/zuhalten vnd zuuersehen. Alles durch Leonhart Fronspergern mit fleiß beschrieben. Mit Keyserlicher Maiestat Priuilegio vnd Freiheyt. M.D.LVII., Franckfurt/M.: Feyerabendt

Hartig, Valtin (1925): Pfingsttagung des Landesbildungsausschusses Sachsen auf der Jugendburg Hohnstein in der Sächsischen Schweiz. In: Kulturwille 2,8, S. 166-168
Hartig, Valtin (1926): Sinn der Jugendweihe. In: Kulturwille 3,3, S. 41f.
Heilbut, Kurt (1930): Sozialistische Festkultur. In: Sozialistische Bildung 2,2, S. 51-55
Johannesson, Adolf, (1927): Leitfaden für Sprechchöre, hg. im Auftrage des Reichsausschusses für sozialistische Bildungsarbeit. 1. Aufl., Berlin: Arbeiterjugend-Verlag
Jugendsportler im Flammenschein. In: Fränkische Tagespost 197,59 vom 22.7.1929
Kern, Alfred (1926): Ein Beitrag zur Festgestaltung. In: Der Führer 8,2, S. 25f.
Keyser, Conrad aus Eichstätt (1402-1404): Belifortis. Neuabdruck in: ders. (1967): Belifortis. Düsseldorf: VDI
Löggow, H. (1926): Unsere Sonnenwende. In: Der Führer 8,5, S. 73f.
Müller, Emil Reinhardt (1922): Maifeier. In: Arbeiter-Bildung 3,4, S. 76-78
Nordischer Merkurius, Sept. 1667, Hamburg: Grefflinger
Romocki, S. J. (1895): Geschichte der Sprengstoffchemie. Berlin: R. Oppenheim, S. 114-134
Sr. William Swan's Narrative of his Journey to Dresden, April to May 1678. National Library London, Lansdowne 227, f. 257^r-266^v
Tausend vor Tausenden. Das Massenspiel zum Gewerkschaftsfest. In: Leipziger Volkszeitung 175,36 vom 30.7.1929
Volkshausjubiläum und Gewerkschaftsfest. In: Leipziger Volkszeitung 174,36 vom 29.7.1929
Weimann, Richard (1914): Sonnenwendfeier der arbeitenden Jugend Groß-Berlins. In: Arbeiter-Jugend 6,14, S. 214f.
Weimann, Richard (1922): Unsere Frühlingsfeiern. In: Der Führer 4,1, S. 5f.
Wiegand, Heinrich (1928): Das Musikfest der Arbeiter. In: Kulturwille 5,7, S. 136f.
Zweter, Christian (1929): Das Leipziger Massenspiel. In: Kulturwille 6,9, S. 172

Jürgen Raab, Dirk Tänzler und Uwe Dörk

Die Ästhetisierung von Politik im Nationalsozialismus. Religionssoziologische Analyse einer Machtfiguration

> *"Was ist gut? – Alles was das Gefühl zur Macht, den Willen zur Macht, die Macht selbst im Menschen erhöht."*
> Friedrich Nietzsche: Der Antichrist

1. Einleitung und Problemstellung

Der Nationalsozialismus wird zurecht als Zivilisationsbruch (Diner 1988) oder Rückfall in die Barbarei (Baumann 1996; Horkheimer/Adorno 1947; Miller/ Soeffner 1996) begriffen: Modernisierung – im Anschluß an Max Weber als Rationalisierung der sozialen Welt verstanden – schlage um in Irrationalität; die Vernunft führe nicht aus der selbstverschuldeten Unmündigkeit heraus, sondern gebäre selbst das Ungeheuerliche. Mit dieser These von der Dialektik der Rationalisierung sind die sozialen Folgen der Modernisierung, auf die der Nationalsozialismus antwortet, jedoch nicht hinreichend erfaßt. Vielmehr kommt eine solche Vorstellung selbst einer Rationalisierung im Sinne Sigmund Freuds gleich.

In diesem Aufsatz wird versucht, das Phänomen des Nationalsozialismus einerseits als historische Reaktion auf die Folgen einer 'verspäteten' Modernisierung und Ausdruck ihrer ambivalenten Fortschreibung zu verstehen. Andererseits gilt es aufzuzeigen, daß die nationalsozialistische Idee der Gemeinschaft in anthropologischer Perspektive eine Manifestation irrationaler Wurzeln jeglicher Vergemeinschaftung darstellt – nicht bloß als 'archaisierender Reflex', sondern als wirkungsmächtiger Fall des die Moderne kennzeichnenden Modus einer 'Individualisierung als Vergemeinschaftung'.

In einer Reihe von Studien wird der Nationalsozialismus als politische Religion, die Ästhetik seiner Großveranstaltungen sowie die dabei verwendeten Symbole und Rituale als Mittel der Mystifizierung Hitlers, der Suggestion der Massen und ihrer Transformation zur 'Gemeinde' beschrieben (vgl.: Gamm 1962; Vondung 1971; Taylor 1981; Ueberhorst 1989; Ley/Schoeps 1997). Analogisiert wird zwischen nationalsozialistischen Inszenierungen und religiösen Feiern, indem man zeigt, daß Hitler Elemente der christlichen Liturgie benutzte, um Assoziationen und Emotionen gezielt zu wecken. Ungeklärt bleibt aber, weshalb diese religiösen Inszenierungen – zumal unter den spezifischen sozialen Bedingungen einer säkularisierten Gesellschaft sowie eines atheistischen 'Bekenntnisses' des Regimes – überhaupt eine Konversion des Publikums herbeiführen konnten.

Hitlers Machtergreifung 1933 – im Grunde das Ergebnis einer 'Hinterhofkabale' (Bracher 1964), die den 'Führer' zur Suche nach einer nachträglichen Legitimation seines Handelns zwang – bietet sich in besonderer Weise an, diese offene Frage erneut aufzugreifen. Zu diesem Zeitpunkt war das Herrschaftsverhältnis noch nicht eingerichtet; auch existierte kein allgemein geteilter Legitimationsglaube, der zur Formierung einer Gefolgschaft und Lenkung ihres Handelns hätte beitragen können. Die historische Bedeutung von Hitlers erster öffentlicher Rede als Reichskanzler, deren Rahmenhandlung wir unter dem Aspekt der Ästhetisierung von Politik einer Analyse unterziehen werden, liegt unserer Ansicht nach darin, daß hier das nationalsozialistische Modell sozialer Bindung noch erprobt, wenn nicht gar erst generiert wurde.

Die Annäherung an den materialen Kern der Untersuchung (Kapitel 5) geschieht schrittweise: Zunächst soll das meist isoliert betrachtete Spezialthema 'Nationalsozialismus als politische Religion' in einen weiteren Horizont eingespannt und die grundsätzlichen Fragen nach der Affinität von Religion und Politik in der Moderne (Kapitel 2) sowie nach dem Verhältnis von Nationalsozialismus und Moderne (Kapitel 3) diskutiert werden, bevor wir uns dem Zusammenhang von Religiosität, Vergemeinschaftung und politischer Ästhetik zuwenden (Kapitel 4).

2. Religion und Politik in der Moderne

„Wer von Religion spricht, denkt an die Institution Kirche, und wer von Politik spricht, denkt an den Staat" (Voegelin 1938: 9) – trotz ihrer Prominenz wurde diese prägnante Perspektivierung kaum in ihrer wirklichen Tragweite begriffen, beschränkt sich die Rezeption Eric Voegelins weitestgehend auf den Rahmen der Erforschung des Nationalsozialismus bzw. des Totalitarismus (symptomatisch: Maier 1995; Burleigh 2000). So gilt es für das Gros der Forschung noch immer als ausgemacht, daß vor dem Hintergrund jener institutionellen Zuschreibung, Religion und Politik in der Moderne zwei sorgsam geschiedene Bereiche menschlicher Existenz bezeichnen. Gegenüber der Politik als Regulativ öffentlicher Machtausübung erscheint Religion als eine rein private Glaubensangelegenheit. Die Reichweite dieser Unterscheidung ist jedoch begrenzt; und es ist sicher kein Zufall, daß gerade in der Zwischenkriegszeit religiöse Kategorien zur Beschreibung des Immanenten regelrecht in Mode kamen[1]. In ihnen ist Politik keineswegs nur eine Frage der Macht, sondern zugleich eine des Glaubens, der Glaubwürdigkeit und der immanenten Sinnstiftung. Religion hingegen sucht immer auch innerweltliche Macht. Wolfgang Reinhard brachte dies jüngst mit Blick auf die europäisch-abendländische Verfassungsgeschichte auf den Punkt, wenn er die lateinische Kirche als ersten Staat und den europäischen Staat als die letzte Kirche bezeichnete (Reinhard 1999: 259). Doch ist dieser Standpunkt eher singulär, zumal er auf den ersten Blick nicht

---

1 Man denke neben Erich Voegelin an die Analysen von Rudolph Otto, Heinrich Scholz, Gerardus van der Leeuw, Mircea Eliade, Friedrich Heiler, Walter Gurian, Romano Guardini, Roger Callois, Ernst Kantorowicz, Carl Schmitt und z.T. Raimond Aron. Für die Klassiker der Religionssoziologie – Emil Durkheim, Max Weber und insbesondere Georg Simmel – war die innerweltliche Bedeutung von Religion selbstverständlich konstituierend für ihre Zeitdiagnosen und Gesellschaftstheorien. Peter L. Berger und Thomas Luckmann konnten die Relevanz dieser Grundannahme für die Untersuchung der Gegenwartsgesellschaft erhärten.

sonderlich evident erscheint. Denn es ist in den Grundzügen sicher richtig, daß in der Moderne die Selbstreferentialität des Politischen sehr weit fortgeschritten ist und nur noch in einem sehr geringen Maß auf Formen zurückgreift, die traditionell mit Religion in Verbindung gebracht werden können. Vertraut man sich dem großen Tenor der Politikgeschichte an, so hat sich der Staat gerade zu einem Zeitpunkt ausdifferenziert, als Religion ihre gesellschaftsintegrierende Kraft aufgrund der Glaubensspaltung und den darauffolgenden Religionskriegen verlor (Böckenförde 1976: 42ff.; ders. 1991: 49ff.). Das religiöse Band des Christentums vermochte die 'Welt' nicht mehr zusammenzuhalten und war als Konfession, wenn man sich auf Thomas Hobbes als Zeugen berufen darf, selbst zu einem spaltenden Element geworden. 'Religion' als Integrationsmodell hatte seither nur noch als organisiertes 'pars' innerhalb eines Parteiensystems und zwar als Millieurepräsentant im Rahmen einer heterogenen, komplexen Gesellschaft Bestand (Lepsius 1966: 371-393): Je mehr Moderne, um so weniger Gewicht hat Religion in der Politik – so die gängige Faustformel (vgl. Breuer 1998: 153, 161f.).

Doch selbst wenn man die begriffliche Engführung bzw. Gleichsetzung von Religion als christlicher Anstaltsreligion teilt, ist schon der historische Sachverhalt wesentlich weniger eindeutig. Die erste Irritation ergibt sich rückblickend daraus, daß der Staat, nachdem er die Integrationsfunktion der traditionellen Religion übernommen hatte, als pazifizierendes Monopol legitimer Gewaltsamkeit zugleich eine religiöse Überformung erfuhr. Für die Zeit vom 19. bis zur ersten Hälfte des 20. Jahrhunderts kann man dies an der opulenten Denkmalspolitik, der Staatssymbolik, den nationalen Ritualen und Festlichkeiten sowie an den nationalreligiösen Sinnstiftungsdiskursen deutlich beobachten. Für Deutschland – und dieser Kollektivsingular war schwerlich mit dem 'Volk von Völkern', auf das es sich bezog, in Deckung zu bringen – darf dies vor dem Hintergrund der problematischen Transformation von 'Reich' in 'Nation' als neuem Integrationsmodus und mit Verweis auf Hegels Staatsmetaphysik sowie der Neigung zur eschatologischen Hybris in einem ganz besonderen Maß behauptet werden. Trotz dieser offensichtlichen religiösen Färbung des Politischen kann von einem Zusammenfallen beider Sphären etwa im Sinne eines „*corpus rei publicae mysticum*" (Kantorowicz 1990: 218) nicht mehr gesprochen werden. Der Staat durfte sich letztlich weder selbst zu einer Religion im traditionellen, kirchlichen Sinne entwickeln noch zu einer reinen Konfessionsangelegenheit werden, da er sonst seine politisch pazifizierende und integrierende Kraft verloren hätte. Vielmehr sollte er idealerweise konfessions- und glaubensneutral sein, zumal er sich, im Unterschied zur vormodernen Personenverbandsherrschaft, als „Anstalt" und „Maschine" (Stollberg-Rilinger 1986), so die treffenden Metaphern, nur sehr eingeschränkt als Projektionsfläche religiös-emotionaler Sehnsüchte eignete.

Will man die eigentümliche Nähe, zugleich aber augenscheinliche Differenz von Religion und Politik näher beschreiben, bedarf es also einer anderen Begrifflichkeit. Religion kann in der Moderne offensichtlich nicht mehr mit Kirchenreligion gleichgesetzt werden. Dies wird spätestens – wenn man sich schon auf das historische Feld begeben hat – am Phänomen des Nationalsozialismus (wie überhaupt an 'totalitären' Bewegungen) unvermeidlich, da man hier auch in der Moderne mit der religiösen Überhöhung und Durchdringung von Politik trotz der antikirchlichen Grundhaltung des Regimes konfrontiert wird. Gemeinhin wird gerade dieser Versuch einer Vergemeinschaftung auf der Basis von Religion als das Diabolische an der Sache betrachtet (vgl. Maier 1995: 9ff., 24ff.; Friedländer 1998: 17; Burleigh 2000: bes. 15, 24ff., 140ff., 950). Nicht also die unzulässige Ausdehnung und Übertragung von Kategorien ursprünglich transzendenzorientierter Religiosität – etwa die Eschatologie – auf innerweltliche politische Zielvorstellungen, an der Voegelins Säkularisationskritik ansetzte, sondern die religiöse Überformung des Politischen selbst erscheint als Ursache, die zu jenem wahnwitzigen Versuch führte, auf dieser Basis eine möglichst homogene Vergemeinschaftung in der Moderne zu verwirklichen. Die Potenzen Politik und Religion, so das Credo, müssen – und können – in der Moderne möglichst strikt getrennt gehalten werden. Teilt man diesen Standpunkt, sieht man sich allerdings vor folgendem Problemkomplex: Zunächst muß darauf beharrt werden, daß sich Religion, wie Thomas Luckmann zeigte, gerade in der Moderne nicht mehr auf die traditionellen Formen und Institutionen beschränkt, weshalb sich die Frage nach der Funktion von Religion 'neu' stellt (Luckmann 1991: bes. 74ff.). Zum anderen geraten durch das pauschale Urteil tendenziell diejenigen religiösen Elemente aus dem Blick, deren Zusammensetzung dem Nationalsozialismus erst seinen diabolischen Charakter verliehen. Auch wenn die nationalsozialistische Bewegung in Bezug auf die religiöse Form der politischen Integration eine historische Ausnahmeerscheinung war, muß gefragt werden, welcher Zusammenhang zwischen Religiosität und Vergemeinschaftung grundlegend besteht, um hier eine Ausnahme indizieren zu können.

3. Zum Verhältnis von Nationalsozialismus und Moderne

Bevor das Thema Religion und Politik im Nationalsozialismus weiter verfolgt werden kann, muß die bisher stillschweigend angenommene, gleichwohl umstrittene Zuordnung von Nationalsozialismus und Moderne erörtert werden. Denn obgleich das Attribut 'antimodernistisch' auf allgemeine Akzeptanz oder zumindest kaum auf Kritik stößt, ist die Frage nach der Modernität schon in ihrer Legitimität umstritten (Kershaw 1999: 368ff). Am deutlichsten kann man dies dem harten Mommsen-Wort vom „Denkernirwana" entnehmen (Mommsen 1995; 391ff). Zugleich besteht ein nahezu zwanghaftes, bisweilen polemisches Bedürfnis nach einer solchen soziohistorischen Kategorisierung, wobei die Bandbreite der Zuordnung erstaunlich ist. Von Georg Orwell etwa stammt der bekannte Satz, das Dritte Reich sei ein „Rückfall in das Tamtam der Urwaldtrommeln", wohingegen Zygmunt Baumann den Nationalsozialismus als ein hybrides Experiment interpretiert, eine neue Gesellschaft zu schaffen (Baumann 1989). Auch Voegelin grenzte sich bekanntlich scharf gegenüber jenem moralisierenden Intellektuellentopos vom Rückfall des Nationalsozialismus in die Barbarei ab (Voegelin 1938: 7). Den stärksten Impuls für die Gegenwart erfuhr dieser Diskurs jedoch durch Dahrendorf, der eine dritte Variante bot: Der Nationalsozialismus brachte, obgleich eine konservative Bewegung, einen nicht intendierten Modernisierungseffekt mit sich, da sein totalitärer Zugriff auf die Gesellschaft zugleich den schicksalsmächtigen illiberalen Traditionsüberhang zerstört habe (Dahrendorf 1965). Selbst wenn man sich der vermittelnden Einsicht Alfred Döblins anvertraut, daß eine Zeit immer ein Durcheinander verschiedener Zeitalter und über „große Abschnitte hindurch undurchgegoren, schlecht gebacken" sei sowie „Rückstände anderer Kräfte sowie Keime neuer" in sich trage, kann die Aporie nicht übersehen werden. Es dürfte allerdings deutlich geworden sein, daß im Zentrum die Frage nach der zeitlichen Verortung des Nationalsozialismus steht: In welche Gegenwart gehört er? Auf welchen Typus Gesellschaft 'antwortet' seine Utopie? Und auf welche strukturellen Problemlagen reagierte er? Wir widersprechen also Kershaw, der hinter der Begriffsbildung der Moderne primär einen heimlichen Normativismus vermutet, und ebenso wenden wir uns gegen Mommsens vorschnelle Abfertigung[2]. Vielmehr erscheint uns gerade die polemische Verlegung des Nationalsozialismus in die kulturelle Peripherie der „Buschtrommeln" und ins Reich romantischer Irrationalismen (Mommsen 1995) verdächtig, weil sie den Blick auf die Ursachen des Dritten Reichs normativ begrenzt, der auf die soziostrukturellen und kulturellen Bedingungen (einschließlich der Produktion von Ideen, insbesondere ideologischer Leitbilder) zu richten ist, auf die der Nationalsozialismus als Erscheinung reagierte.

Was aber soll 'modern' inhaltlich heißen – oder zunächst: was soll es nicht heißen? Die vorliegende Analyse teilt die dominierenden modernisierungstheoretischen, normativen Konsistenzannahmen Parsons'scher, Habermasscher oder Wehlerscher Prägung nicht. Weder das Amerika der 50er, noch die 'bürgerliche Gesellschaft' oder die Einheit der heiligen Dreifaltigkeit der Moderne als bürgerlich = liberal = demokratisch bilden das teleologisch-normative Referenzmodell, anhand dessen das Dritte Reich als archaischer Irrweg beschrieben werden soll (vgl. etwa Eley 1991). Genauso wenig halten wir es für sinnvoll, dem deutschen Sonderweg die Normalität Frankreichs, der USA und Englands gegenüber zu stellen; obwohl Vergleiche nicht normativer Art durchaus fruchtbar sein können – man denke an die USA als demokratisches Vergleichsmuster religiöser Integration. Ebensowenig will dieser Artikel dem Nationalsozialismus eine historische Modernisierungsfunktion unterstellen oder ihn gar als eine quasisozialistische Spielart beschreiben (Zitelmann 1987: 420ff.). Trotz aller Kritik halten wir den Begriff der Moderne aus vier Gründen für unersetzbar: 1. Der Antimodernismus des nationalsozialistischen Selbstverständnisses ist nicht ohne die Modernität seiner Gegenwart denkbar, da er sich als „Antwort" auf das „Unbehagen in der Modernität" (Berger/Berger/Kellner 1987) verstand.

---

2   Im Kern richten sich beide Autoren gegen Versuche einer modernisierungstheoretisch fundierten, historischen Sinngebung des Dritten Reichs, wie sie von den Autoren Prinz und Zitelmann (Prinz/Zitelmann 1991) nicht zu unrecht unterstellt werden. Die zahlreichen Randbemerkungen, wie „Pseudofeudalismus", „Repersonalisierung des Verwaltungshandelns", „parasitäre Vernutzung überkommener Strukturen" oder „planmäßige Zerschlagung traditioneller Strukturen" sowie „Freisetzen innovativer Kräfte" bei gleichzeitigem „Rückfall in romantische Irrationalismen" zeugen im übrigen auch bei Mommsen von einer modernisierungstheoretischen Hintergrundfolie seiner Analysen.

2. Damit wird auch klar, daß der Nationalsozialismus, trotz seiner traditionalistischen Kostümierung, die Moderne nicht transzendieren konnte. Das Dritte Reich war kein ständisches (auch kein neofeudales) Restaurationsunternehmen[3] und folgte deshalb weder den agrarromantischen Blut- und Bodenparolen noch der Forderung nach Brechung der Zinsknechtschaft. Die Paranoia eines sozialdarwinistischen Bewährungskampfs der Rassen um den Griff nach Weltherrschaft baute schließlich auf das höchstmögliche Niveau der modernen Industriegesellschaft.

3. Die nicht selten kritisierte Schematik von modern/vormodern offenbart die innere Widersprüchlichkeit und somit strukturelle Spannungsgeladenheit des Nationalsozialismus zwischen den divergierenden Zielvorstellungen Agrarromantik versus Technik-Fetischismus, organismischer Homogenität der Volksgemeinschaft versus faktischer Individualität[4].

4. Der Begriff der Moderne erlaubt den soziologisch-typologischen Vergleich mit anderen Gesellschaften und ermöglicht auf diese Weise ein Verstehen, weshalb ausgerechnet in Deutschland der Nationalsozialismus in dieser Ausprägung und mit seinen weitreichenden Konsequenzen möglich war.

Die häufig kritisierte Unschärfe des Attributs 'modern' – freundlicher spricht man von der „produktiven Unschärfe" (Mölich 1997: 17ff.; vgl. Breuer 1994: 10) – spricht also keineswegs gegen die Verwendung des Begriffs, denn schon sein Gegenstand paßt in kein kanonisierbares Schema. In Anlehnung an Peukert (Peukert 1987: 87f.) beziehen wir 'modern' auf die gesellschaftliche Struktur und ihre Symbolproduktion, wie es sie seit der Jahrhundertwende gibt und wie sie bis in unsere Gegenwart grundlegend geblieben ist. Die Gesellschaft zeichnet sich durch den Modus einer funktionalen Differenzierung aus, deren Teilsysteme eine hohe Autonomie besitzen. Es handelt sich um eine voll entfaltete Industriegesellschaft, die sich durch eine ökonomisch hochgradig rationalisierte Produktion auf Basis einer arbeitsteiligen, lohn- bzw. gehaltsabhängigen, disziplinierten Arbeit auszeichnet und eine komplexe technische Infrastruktur aufweist. Sie ist gekennzeichnet durch einen differenzierten bürokratischen Verwaltungs- und Dienstleistungskomplex, der zugleich die Monopolisierung gesellschaftlicher Gewaltsamkeit sowie das Vorhandensein eines differenzierten Bildungsangebots garantiert. Ihre Agrarproduktion wird durch eine nur noch kleine produktive soziale Schicht von Landwirten betrieben, Urbanität dominiert die Kultur. Hinzu kommt eine Symbolproduktion, die durch medienproduzierte Angebote dominiert wird und welche sich auch im Dritten Reich trotz der antimodernistischen Grundtendenz weit von der traditionellen Ästhetik des Sehens und Gestaltens (bildende Künste, Architektur, Film usw.) in Richtung konstruktivistischer Experimentalität fortentwickelt hat. Die nationalsozialistische

---

3 Der Sozialdarwinismus (wie er sich nicht nur ideologisch sondern auch in Gestalt von personellen und institutionellen Konkurrenzlagen eingeschrieben hatte) zielte geradewegs aufs Gegenteil: Nicht Geburt, sondern Leistung sollte über die soziale Stellung des einzelnen im System entscheiden.

4 Dies wird interessanterweise ausgerechnet an den abenteuerlichen Biographien der Repräsentanten der NSDAP, wie Hitler, Goebbels, Höß, Eichmann, Baldur von Schirach, Klages usw. besonders deutlich.

Herrschaft war, kurzum, trotz ihres antimodernistischen Selbstverständnisses in diesen Strukturzusammenhang eingebunden, der überhaupt Bedingung der Möglichkeit des Dritten Reichs in all seinen Facetten war (Peukert 1982).

Wie verbinden sich aber diese Ausführungen zur Moderne mit dem Thema Religion, von dem in jenen aufgezählten Merkmalen bisher nicht die Rede war? Funktionale Differenzierung, insbesondere Staatlichkeit, industrielle Produktion und ökonomische Interdependenz, Bildungsangebote, Kulturproduktion usw. werden als konstitutiv für Vergesellschaftung bewertet – nicht aber Religion. Lag der Rückgriff auf die 'irrationalen Kräfte der Vergemeinschaftung' im Dritten Reich orthogonal zur Struktur moderner Vergesellschaftung oder handelte es sich um einen traditionalistisch kostümierten Popanz, hinter dem sich der keineswegs unmoderne, rationale Wille zur Macht verbarg? Ein erster Hinweis scheint letztere Lesart zu bestätigen, denn die Dissonanz zwischen dem eher atheistisch geneigten Führer als Inkarnation der Bewegung und der religiösen Selbstinszenierung, die regelrecht auf die Konversion des Publikums zielte (Vondung 1971: 9ff.; Maier 1995: 17ff.), deutet zumindest auf einen rein instrumentellen Zugriff hin: Religiöse Gefühle werden zur Machtbildung manipuliert. Instrumentell aber heißt zweckrational, also modern – nicht von innen aus der Gesellschaft heraus, sondern von außen auf emotionale Wirkung hin wurde Religiosität von Politik inszeniert (Burleigh 2000: 140)[5]. Diese etwas 'küchenpsychologisch' anmutende Wendung mag plausibel erscheinen. Dennoch ist es mehr als wahrscheinlich, und das bleibt hier unreflektiert, daß die Protagonisten des Nationalsozialismus 'Hüter' und zugleich 'Gefangene' ihres eigenen Kosmions waren. Ebenso ungeklärt bleibt jener Bereich, der hier mit 'religiösem Gefühl' umschrieben wurde, an das der Nationalsozialismus appellierte. Weist dieser Aspekt, so muß gefragt werden, nicht gar auf tiefere, irrationale anthropologische Bedingungen jeglicher politischen Vergemeinschaftung hin, ohne deren Kenntnis uns der Nationalsozialismus unverständlich bleiben muß?

4. Religiosität, Vergemeinschaftung und politische Ästhetik

Politik ist, nach Max Webers rein instrumentellem Verständnis, Streben nach Macht (Weber 1985: 822). Als eigenständiger Erfahrungs- und Handlungsbereich ist das Politische jedoch immer schon auf ein Allgemeininteresse gerichtet. Das wiederum kann nur als ein im politischen Kampf sich zu bewährender parteilicher Deutungsentwurf, als ein um soziale Anerkennung ringender Partikularwille, erscheinen. Und nur dieser, aus einer konkreten Praxis hervorgegangene Deutungsentwurf ist im Hinblick auf eine mögliche Generalisierbarkeit diskursiv verhandelbar und kritisierbar. Somit stellt sich das Problem, wie unter den Bedingungen eines dauerhaften Kampfes zwischen sich jeweils als Allgemeininteresse ausgebender Partikularwillen eine stabile soziale Ordnung möglich ist.

---

5   Schon Cassirer sah in der nationalsozialistischen Propaganda den Archetypus des modernen, weil technisch fabrizierten Mythos (Cassirer 1985).

Ein Partikularwille muß sich durchsetzen. In diesem Prozeß tritt der Politiker als Stellvertreter einer *volonté des tous* – als Repräsentant einer empirischen Mehrheit – und einer *volonté générale* – als Repräsentant einer transzendenten Ordnung – vor eine politische Öffentlichkeit. Sein Streben nach Macht – was immer das Motiv sein mag: Macht als Selbstzweck oder als Mittel zur Verwirklichung höherer Ziele – ist strukturell an die Repräsentationsfunktion als soziales Wechselverhältnis gebunden und bedarf daher sozialer Anerkennung. Es ist die Aufgabe des Politikers, in und durch seine Inszenierung die Vermittlung zwischen Partikular- und Allgemeininteresse zu leisten, um auf diesem 'Umwege' der Repräsentation eine stabile soziale Ordnung herzustellen.

Typisch für das 'Arkanum der Politik' ist also, daß soziale Beziehungen als Repräsentationsverhältnisse strukturiert werden; dies wiederum kann nur mit Bezug auf ein Kosmion (Voegelin 1959) oder eine Weltansicht (Luckmann 1991) – als einer sinnhaften Auslegung der Welt – gelingen. Zu Kosmologien mit universellem Gültigkeits- und Verpflichtungsanspruch können soziale Normen und Ordnungssysteme insbesondere dann geraten, werden sie unter die Ägide des Religiösen gestellt. Deshalb kann „das Leben der Menschen in politischer Gemeinschaft nicht als ein profaner Bezirk abgegrenzt werden" und ist „die Gemeinschaft auch ein Bereich religiöser Ordnung" (Voegelin 1938: 61).

Doch nicht die Religion als dogmatisches Vorstellungssystem über transzendente Wesenheiten ist soziologisch relevant. Diesseits jeder Metaphysik ist es vielmehr die der Religion vorausliegende Religiosität (vgl. Simmel 1995: 13; Soeffner 2000: 116ff.): Sie hat ihren Ursprung im Individuum, in der von ihm immer wieder erfahrenen Vereinzelung gegenüber der Gesellschaft, in „der menschliche[n] Disposition des möglichen Solitärseins" (Soeffner 2000: 121). Erst dieses, auf der Ebene des Individuellen angesiedelte Timbre des sich Verhaltens zu sich selbst und zur Welt, läßt verstehen, weshalb für Simmel „die soziale Gestaltung zur religiösen Färbung disponiert", und in ihr „das sozial Erforderte ein Festigkeitsmaß, eine Gefühlsbegleitung, eine Weihe erhält, die in einer sonst nicht erzielbaren Tonart seinen Notwendigkeitsgrad ausdrücken, und mit denen sich ein neuer Aggregatzustand der sozialen Norm entwickelt" (Simmel 1995: 57ff.). Im Prozeß der Vergemeinschaftung erhält die Religiosität demnach die Funktion, kognitive *und* affektive Dimensionen menschlichen Verhaltens zu verbinden und damit eine einzigartige, um nicht zu sagen: *die* 'passende' Antwort auf ein anthropologisch bedingtes Grundproblem menschlichen Handelns zu geben: Das Gemeinschaftsgefühl bewirkt, daß „die Unruhe und Unsicherheit, die zu fühlen unser allgemeines Schicksal" in der Vereinzelung ist, „einer Festigkeit Platz [...] macht" (ebenda: 72).

Doch das in der Gemeinschaft erfahrene Gefühl ist vergänglich und seine Aufdauerstellung ist nur durch Symbolisierung im Ritus und Ausdeutung im Mythos sowie die darin angelegte Rationalisierung zur dogmatischen Idee möglich. In diesem Rückbezug auf ein Gemeinschaftshandeln entsteht jener objektiv verpflichtende Charakter der Weltansicht: Der einzelne begibt sich in Abhängigkeit von der Gruppe nicht aus Angst als psychologischer Letztursache, sondern weil er sich nur im Rückgriff auf ein intersubjektiv geteiltes – Interpretationen und Verhalten sicherndes und legitimierendes –

Sinnreservoir von „der so gut wie unlösbaren Aufgabe, aus eigener Kraft ein – wie auch immer rudimentäres – Sinnsystem zu erzeugen" (Luckmann 1991: 89), befreit.

Einerseits also flieht der einzelne vor der Kontingenzerfahrung, der Furcht vor dem Chaos in der Vereinzelung, hin zur Sicherheit gewährenden Normalität des Alltags – selbst unter Bedingungen der Individualisierung. Andererseits aber sucht er – nicht erst in der Erlebnisgesellschaft – nach außeralltäglichen Erfahrungen, in denen genau diese, durch das soziale Sinnsystem konstituierte Normalität mit den ihr inhärenten Zwängen überschritten wird, wie z.B. in inszenierten Rauschzuständen. Unter diesen räumlich und zeitlich begrenzten „Negationen der Wirklichkeit" (Tenbruck 1978: 106ff.) sind nun jene außeralltäglichen Erlebnisse oder Transzendenzen ausgezeichnet, die sich aus bestimmten sozialen Motivlagen und Konstellationen ergeben. Exemplarisch hierfür sind zeitlich und/oder zahlenmäßig begrenzte Vergemeinschaftungen vom Typus der '*communitas*': In ihnen wird eine transformierende Erfahrung gesucht, „die bis in die Tiefe des Seins jedes Einzelnen vordringt und dort etwas grundlegend Gemeinsames findet", wobei subjektiv und situativ das Gefühl grenzenloser Macht erzeugt werden kann (Turner 1989: 134). Doch es war bereits Georg Simmel, der in dem durch die Sozialität erzeugten Gefühl der Überschreitung des einzelnen und der Überhöhung der wahrgenommenen (gesellschaftlichen) Realität den Grund sah, weshalb „die Gruppeneinheit überhaupt dazu neigt, sich in die Form der Transzendenz zu kleiden und mit religiösen Gefühlswerten auszustatten" (Simmel 1995: 59); denn „diese Synthese der Individuen zu dem höheren Gebilde der Gruppeneinheit", die „vereinigende Kraft und Enge" der emotionalen Vergemeinschaftung, wirke auf den einzelnen, als sei er „in ein Spiel unwiderstehlicher Mächte verflochten" und erscheine daher „oft genug als eine Art Wunder" (ebenda: 111).

Die Soziologie der Religion stellt letztlich die übergreifende Perspektive dar, aus der heraus erst der Sinn auch alltäglicher Gewohnheiten und Handlungen durch die Zuordnung zu jenen den Alltag transzendierenden Sinnschichten erfaßt werden kann. Diese 'geheiligten' Bedeutungsebenen, auf die sich das profane Leben letztlich stützt, legitimieren menschliches Verhalten in allen gesellschaftlichen Situationen; denn es ist „die grundlegende Funktion der 'Religion' [...], Mitglieder einer natürlichen Gattung in Handelnde innerhalb einer [...] gesellschaftlichen Ordnung zu verwandeln" (Luckmann 1991: 165, Herv. im Original). Der ursprüngliche Ort der Transzendenzerfahrung liegt aber nicht im Numinosen oder bei jenseitigen Wesen, sondern – innerweltlich-anthropologisch – bei den diesseitigen Individuen in ihrer Lebenswelt. Vom Boden letzterer sind auch jegliche Transzendenzerfahrungen abgeleitet, aus ihr beziehen sie ihre Kraft und Handlungsrelevanz, gleich wie 'abgehoben' sie erscheinen mögen (Soeffner 1991: 481). Den eigentlichen Bezugspunkt bilden nicht primär die durch die Transzendenzerfahrung bei den Handelnden evozierten Emotionen, als vielmehr die diesen 'vorgelagerten' interaktiven Vorgänge: Sie machen die strukturelle Basis jedweder Transzendenz wie auch des Phänomens Religion als sozial-kommunikativem Konstrukt aus.

Als vielfach adaptiertes, auch und gerade auf Hitler angewandtes Modell religiös fundierter Machtausübung dient Webers Idealtypus charismatischer Herrschaft.

Charisma ist die gefühlsmäßige Bindung einer Gefolgschaft an ihren Führer, dem außergewöhnliche Fähigkeiten zur Überwindung einer gegebenen Krise zugeschrieben werden. Zur Lösung der im Hier und Jetzt anstehenden Probleme werden in einer solchen sozialen Beziehung Kräfte freigesetzt – und zwar durch Hinwendung zu den Alltag transzendierenden Erfahrungen. Dementsprechend versuchte Hitler die Legitimität seines Führungsanspruchs aus innerer Berufung und historischer Sendung herzuleiten. Es gelang ihm in öffentlichen Auftritten, mit Hilfe besonderer Inszenierungsleistungen Anerkennung für sein Machtstreben zu finden sowie Volk und 'Führer' zusammenzuschweißen (vgl. Raab/Tänzler 1999; Tänzler 2000).

Diese Inszenierungen waren aber keine reinen Selbstdarstellungen des 'Führers'. Vielmehr mobilisierte er bereits das gesamte Repertoire des Nationalsozialismus als einer politischen Religion, deren Zeichen und Symbole, Riten und Rituale auch unabhängig von der körperlichen Präsenz Hitlers eine Funktion erfüllten. Erscheint der 'Führer' dabei als 'Inkarnation', dann die Symbole und Rituale als 'Ikonographie' nationalsozialistischer Politik. Mit dieser Unterscheidung bahnt sich eine Erweiterung des Politikbegriffs an: Max Webers Idealtypus charismatischer Herrschaft zielt auf den diese soziale Beziehung spezifizierenden Legitimationsglauben und thematisiert – jenseits der Gefühlsbindung – die doxische Seite der politischen Religion als Geltungsgrund und Rationalität politischer Pragmatik. Von jedem Politiker wird aber stets eine von seiner Pragmatik nicht ablösbare politische Ästhetik verlangt (Soeffner 2000). Mit der sinnlichen Seite der politischen Religion treten die Symbole und Rituale als Medien eines wortlosen Einverständnishandelns hervor.

Die Relevanz einer Symbol- und Ritualanalyse resultiert daraus, daß sie das Augenmerk stärker auf die Mitwirkung der Gefolgschaft an der Konstruktion des Charismas richtet, was immer wieder aus dem Blick gerät; außerdem hebt sie das Irrationale im politischen Handeln hervor. Im Unterschied zum 'rationalen' Diskurs vollzieht sich in symbolischer Interaktion eine Kommunikation ohne Argumente; sie hat deshalb das Potential, wider alle Vernunft Überzeugungen und Verpflichtungen stiften zu können. Auch Rituale binden Menschen durch 'Entbindung' von rationaler Reflexion an Herrschafts- und soziale Ordnungssysteme. Durch die sozialisatorischen Leistungen der Massenrituale verlieren die Menschen die Kontrolle darüber, „was sie übernommen oder woran sie sich ausgeliefert haben: Sie halten einen fremden Willen für ihren eigenen" (Soeffner 2000: 208). Auf je eigene Weise tragen Symbole und Rituale im Kontext politischer Großveranstaltungen zum Erleben innerweltlicher Transzendenzen und zum Glauben an daran gekoppelte Weltdeutungen bei. Ihre Fokussierung in der Analyse verspricht deshalb, die Ästhetisierung von Politik im Nationalsozialismus und dessen Charakter als politischer Religion in ein neues Licht zu rücken. In der folgenden Einzelfallstudie gilt es daher das nationalsozialistische Machtstreben als 'figurative Politik' zu beschreiben[6].

---

6 Zum Begriff 'figurative Politik' siehe Soeffner/ Tänzler im vorliegenden Band.

5. Fallanalyse: "Hitlers Aufruf an das deutsche Volk vom 10. Februar 1933"

Am 10. Februar 1933 hält Hitler im Berliner Sportpalast seine erste öffentliche Rede als Reichskanzler. Neben der Demonstration der bis dato erlangten Macht ist die Veranstaltung zugleich und in erster Linie Propaganda für die im März des Jahres anstehenden Neuwahlen zum Reichstag. Faktisch ist die Macht der Nationalsozialisten zu diesem Zeitpunkt also nicht total, denn noch bewegt man sich im demokratischen Rahmen und so befinden sich an diesem Abend auch eine ganze Anzahl von Personen im Sportpalast, die (noch) keine Parteigänger sind und die sich ein Bild von diesem neuen 'Führer' machen wollen[7].

5.1 Die Inszenierung nationalsozialistischer Macht

Was auch immer die Absicht des einzelnen Besuchers an diesem Abend gewesen sein mag; in jedem Fall ist bzw. wird er dem Erlebnis der Masse ausgesetzt. Die simple Tatsache der öffentlichen Versammlung realisiert – von allen unbemerkt – bereits die Grundvoraussetzung dafür, daß die Nationalsozialisten aus der amorphen und anonymen Menge vereinzelter und passiver Individuen eine aktive Gesinnungsgemeinschaft im Sinne ihres Programms herzustellen vermochten. Zugleich aber trennten die Nationalsozialisten durch das Inszenieren von Massenveranstaltungen den einzelnen von seinen alltäglichen Milieubindungen und Weltanschauungen, um ihn für ihr Glaubenssystem zu öffnen. Unter Einsatz modernster Medien[8] wird mit der „gewaltigen Riesendemonstration" (Goebbels, zit.n. Reimers et al. 1971: 185) nicht nur eine von der Partei bewegte 'Masse' konstruiert, vielmehr können sich die Menschen auch selbst – unmittelbar vor Ort und mittelbar über die Medien – als eine solche und jeder einzelne als Teil derselben erkennen und widerspiegeln. Mit dem Eintritt in den Sportpalast, der bereits eine politische Geschichte hat, wird der einzelne von einem 'Dispositiv', das seinen 'Geist' in eine bestimmte Richtung lenkt, erfaßt. So ist das Publikum bereits zu Beginn der Veranstaltung allein durch den organisatorischen Superlativismus, dessen Zentrum eben jene Organisation des Publikums als Masse ist, in den Bann gezogen. In augenfälligem Kontrast zu dieser ungeordneten Fülle und Dichte steht die signifikante Sparsamkeit und Zurückhaltung in der Selbstdarstellung des Regimes; denn im Oval des Sportpalastes sind lediglich zwei Hakenkreuzfahnen und drei Spruchbänder aufgespannt[9].

---

7   Dieser Sachverhalt wird auch beim Betrachten des Films deutlich, denn mehrfach sind Personen zu sehen, die ihr Gesicht vor den Kameras zu verbergen suchen.
8   Zu dem gezielt abgestimmten Medienmix gehörte die Übertragung der Rede über Lautsprecheranlagen auf die zehn größten Plätze Berlins, die landesweite Aussendung über Radio sowie die Dokumentation der Veranstaltung auf Zelluloid zur Erstellung des hier analysierten Propagandafilms.
9   Die Bänder sind auf der Balustrade der Empore angebracht: „Macht Deutschland vom Marxismus frei", „Der Marxismus muß sterben, damit die Nation wieder auferstehe" und „Für die Nation, gegen die Internationale".

Das mit dem Fahneneinmarsch beginnende Zeremoniell überzieht die ursprüngliche anarchische 'Fülle' des Publikums mit einer strikten Ökonomie des Rituals. Angeführt von einigen Standarten – Adaptionen des antiken Vexilliums der kämpfenden römischen Truppen – wachsen die Fahnen förmlich aus dem Boden. In dichter, nicht enden wollender Folge, aus dem Dunkel der Kellergewölbe emporsteigend, füllen und besetzen sie in einer allmählichen, symmetrisch sich vollziehenden Synchronbewegung die Gänge zwischen den Zuschauerreihen. Langsam und würdevoll schreitend, die Blicke des Publikums zum Aufsehen zwingend und mit sich ziehend, bewegen sich die Embleme – ihre Träger bleiben in der Dichte der Fahnen und des Publikums unsichtbar – hin zu jenem, dem 'Führer' und den engsten Parteigängern vorbehaltenen und entsprechend abgeschirmten Bereich um das Rednerpodium[10].

Nicht von den beiden im Saal aufgehängten, unbeweglichen, sondern von den in großer Zahl hineingetragenen Fahnen geht also die entscheidende Wirkung aus. Erst als Teil des Einmarschrituals tritt der militärisch-pragmatische Bedeutungsgehalt des Emblems als Orientierungs-, Identifikations- und Allianzsymbol und damit als Mittel und Objekt des Kampfes hervor. Keineswegs aber geht die Dynamik der etwa einhundert Symbolträger soweit, daß sie wie ein aggressives, wild wehendes Fahnenmeer den Sportpalast zu überschwemmen drohen. Es ist gerade der eigentümlich geformte 'Bewegungs'-Charakter, die Prozession, die dem indifferenten Veranstaltungsort ein spezifisches Profil verleiht, die ihn zu einem 'Gemeindesaal' werden läßt und die aus dem Publikum als 'passiven' Zuschauern, 'aktive' Teilnehmer des Geschehen, selbst rituell Handelnde werden läßt: „Prozessionen sollen möglichst von vielen gesehen werden, ihre Bewegung richtet sich danach. [...] Sie faßt die Gläubigen zusammen, indem sie an ihnen vorbeistreift, ganz allmählich und ohne sie selbst zu einer größeren Bewegung zu reizen, es sei denn zum Niederknien oder zum Anschließen in der gehörigen Reihenfolge, ganz am Ende des Zuges, ohne den Gedanken, ohne den Wunsch, innerhalb dieser Reihe je aufzusteigen" (Canetti 1992: 175). Anders aber als bei der christlich-religiösen Feier, die den einzelnen zum Innehalten und zur Demut gemahnt, lassen sich Teile des Publikums zu ausgelassenen, enthemmten Reaktionen hinreißen. Strammstehen, Hitlergruß und Heilrufe führen wie Niederknien, Händefalten und Kopfsenken im christlichen Ritus zur Selbsterhöhung durch Gesten der Hingabe, jedoch nicht durch innere Einkehr und kontemplative Überwindung des Menschseins im Glauben an Gott, sondern durch kollektives Aus-Sich-Herausgehen und Transzendieren des Selbst zum Herrenmenschen. In der mimetischen Nachahmung der Geste drückt der Handelnde sein Verhältnis zur Welt und zu den sozialen

---

10 Das Ritual des Fahneneinmarsches wurde stets in derselben Weise vollzogen, wie ein aus der Vielzahl von Schilderungen willkürlich herausgegriffener Bericht des Niederelbischen Tageblatts vom 12.09.1937 zeigt: „Dr. Ley meldet den 'Fahneneinmarsch'. Man sieht noch nichts. Aber dann tauchen sie auf aus der schwarzen Nacht – drüben an der Südseite. In sieben Säulen ergießen sie sich in die Räume zwischen den Formationen. Man sieht nicht den Menschen, erkennt nicht die Träger, erblickt nur einen wallenden roten breiten Strom, dessen Oberfläche golden und silbern glitzert und der sich wie feurige Lava langsam nähert. Man spürt die Dynamik, die in diesem langsamen Näherkommen liegt und erhält so einen kleinen Eindruck von dem Sinn dieser heiligen Symbole".

anderen aus. Indem er sich auf diese Weise öffnet und entäußert, läßt er die anderen seine Körperlichkeit und seine Gefühlswelt erfahren und kann zugleich diejenige der ebenfalls Grüßenden erfassen. Der 'Deutsche Gruß' signalisiert die Hinwendung und Unterwerfung an die Gemeinschaft, visualisiert wie keine zweite Geste Zustimmung, ideologische und emotionale Verbundenheit und indiziert doch zugleich eine Distanzierung zur Normalität und eine Überhöhung des einzelnen. Sie läßt sich primär und unmittelbar an der Physis des Grüßenden und an der Orientierung bzw. Ausdehnung der Geste im Raum ablesen, nämlich am Hinauswachsen und Herausragen der Person über sich selbst sowie in der Markierung und Okkupation des 'geheiligten' sozialen Raumes. Die Distanznahme erschließt sich aber auch aus dem kontextuellen Umfeld, dem explizit militärischen und antibürgerlichen Gehalt der Geste, wie es auch in der von den italienischen Faschisten verwendeten, am 'Römischen Gruß' orientierten Form, hervortritt.

So gerät bereits mit dem Beginn des Rituals die spontane Ordnung des Publikums unter die Regie der gezielten Formierung. Die Choreografie der Prozession zieht den einzelnen mit und bindet ihn subtil in die inszenierte Gemeinschaft ein. Jeder kann sich imaginativ an das Ende des Fahnenträgerzuges einreihen und findet dabei seine definierte soziale Position unter anderen und in der Hierarchie der Gefolgschaft. Schritt für Schritt durchdringt und umschließt der Zug der Fahnen die Menge, nimmt sie und den Raum in Besitz, lädt den Ort mit symbolischer Bedeutung auf und positioniert die Akteure, läßt so den Sportpalast zur 'Kirche' und das Publikum zur 'Gemeinde' werden[11].

Musikalisch untermalt wird der Zug der Fahnen durch den Defilier-Marsch. Der gleichmäßige, rhythmisierte Ablauf dieser militärischen Musik diszipliniert und koordiniert die gemeinsam sich fortbewegende Gruppe und macht zusätzlich zur visuellen und taktilen Wahrnehmung die soziale und ideologische Gleichheit der Teilnehmer nach 'Innen', für diese selbst, sowie nach 'Außen', für die sozialen anderen, erfahrbar. Das akustische Äquivalent zum Bewegungstypus unterstützt eine auferlegte Körperregie, bei der Arme und Beine nach einem äußerst eng definierten, sich stetig wiederholenden Muster agieren, was dieser Form der kollektiven Fortbewegung – in der jeder dicht auf dicht dem anderen folgt bzw. diesen flankiert – nicht nur einen militärischen Charakter verleiht, sondern diese überhaupt erst möglich macht. Diese Darstellungsform erweckt den Eindruck einer Ganzheit, ist somit Konkretisierung und Visualisierung einer zum monumentalen Gesamtkörper geronnenen, gemeinsamen Haltung, eines gemeinsamen Willens und damit des vollständigen Aufgehens des Individuums in der Gemeinschaft. Unterstützt wird dieser Eindruck durch die den ganzen Körper involvierende Bewegungsform: Wie beim Vollzug der Geste des 'Deutschen Grußes' unterliegen auch beim Marschieren alle Körperglieder, die Mimik und die verbalen Äußerun-

---

11 Die 'Gemeinde' verstehen wir hier im Sinne einer inszenierten Gemeinschaft. Erst bei den späteren Großveranstaltungen des Regimes kann man von einer 'wahren' Gemeinde sprechen, die auch jenseits der Veranstaltung Bestand hat. Handelt es sich zu diesem frühen Zeitpunkt noch erkennbar um ein ziviles, eher zufälliges Publikum, so treffen wir später nur noch auf uniformierte, zu Blöcken ausgerichtete Mitglieder diverser Naziorganisationen.

gen einer strengen Disziplinierung. Die Bewegung, der Rhythmus und die Eingängigkeit von Melodie und Text bewegen aber auch das Publikum und binden es auf spezifische Weise ein: teils von den Stühlen 'gerissen' und auf denselben stehend, wiegt das Publikum hin und her, klatscht, ruft und demonstriert damit mimetisch – den Inszenatoren, aber auch wechselseitig sich selbst – die Bereitschaft und den Willen, die vorgeführte Bewegung nachzuvollziehen, sich ganz konkret in die Reihen der 'Bewegung' einzugliedern und sich von ihr mitziehen zu lassen. In diesen kollektiven Handlungen wird den subjektiven Affekten freien Lauf gelassen – doch wiederum nicht gänzlich ungezügelt, denn nur in der Gemeinschaft, 'gegossen' in die kollektiven Handlungsformen, können sie erfahren, ausgedrückt, bestätigt und gesteigert werden. So gerät auf subtile Weise selbst die Gebärden- und Körpersprache zum integralen Bestandteil einer weltanschaulichen Formierung, welche die 'Gläubigen' in ihrer Haltung festigt, insbesondere aber in der Lage ist, die wenig Nachdenkenden und nur leicht Zweifelnden in ihren Bann zu ziehen.

Mit dem Ende des Einmarsches wird jedoch der Effekt der Konstruktion von Gemeinsamkeit relativiert. Indem sich die Fahnen im abgeschirmten Bereich um das Rednerpodium im Halbkreis aufstellen, markieren sie das 'Allerheiligste' und die zuvor hergestellte Einheit erfährt wieder eine Differenzierung und Hierarchisierung in Funktionsträger und Anhänger. Auf diese Weise symbolisiert das Ritual den Prozeß und die Struktur der Machtergreifung des 'Führers' und ist selbst ein erster Schritt hin zu dieser.

Der zweite, konsequent folgende Schritt ist der unmittelbar dem Fahneneinmarsch sich anschließende Einzug Hitlers mit einem Stab von SS-Leuten. Es ist das späte Erscheinen dieses kleinen Kreises offensichtlich engster Vertrauter um den 'Führer' am ersten wirklichen Höhepunkt der Veranstaltung, das den elitären Anspruch der Gruppe bereits indiziert. Das Merkmal der Abgehobenheit und Außeralltäglichkeit wird vollends sinnlich erfahrbar durch die Kleidung, die ihre Träger als Inhaber gehobener Positionen ausweist und sie in einem Zwischenbereich des Militärischen und Religiösen verortet. Während sich die Ausgestaltung der Uniform an jener der Offizierskader orientiert, ist es die schwarze Farbe, die nicht nur an Kleriker, sondern insbesondere an Jesuiten denken läßt. Das Schwarz symbolisiert Zurückgezogenheit und Kontemplation, Abgeschlossensein und soziale Distanzierung sowie überhaupt Abkehr und Loslösung von allem Zivilen, Bürgerlichen und Alltäglichen wie Familie, Beruf usw.

Changierend zwischen Militärischem und Religiösen präsentiert sich die SS zum einen als im Geheimen agierende Gemeinschaft, deren eigentliche Aufgaben- und Funktionsbereiche zwar sprichwörtlich im Dunkeln liegen, die sich nach vollzogener Machtergreifung jedoch anschickt, alle zentralen Schaltstellen des Regimes zu besetzen. Zum anderen läßt die SS in den ihre Uniformen zierenden Symbolen Archaisch-Völkisches anklingen und ihre offenkundig bedingungslose Gewaltbereitschaft manifest werden.

Wie der Gruß, läßt die Sig-Rune das altnordische Erbe des Germanentums, die 'Naturgegebenheit' der Gemeinschaft und – als Homonymie zu diesem symbolisch aufgeladenen Zeichen – die damit verknüpften Ansprüche einer 'Herrenrasse' anklingen – wenn auch der eigentliche Mythos der 'Rasse' in der dann folgenden Rede noch keine Rolle spielt. Die doppelte Sig-Rune markiert, als von den Göttern stammendes Geheimzeichen[12], den Charakter der SS als einer verschworenen Gemeinschaft. Ihr verleiht die emblematische Gestaltung als doppelter Blitz außerdem etwas Aggressiv-Dynamisches; der Blitz als Symbol des griechischen Götterkönigs Zeus, römisch Jupiter, den Status als Beschützer und Bewahrer des Kosmion, aber auch des Staates.

Regelrecht martialisch dagegen wirkt das andere, den 'Orden' identifizierende Symbol des Totenkopfes. Der menschliche Totenschädel über zwei gekreuzten Knochen knüpft nicht nur an das aus dem Alltag bekannte Warnzeichen sowie an das Erkennungszeichen von Piraten an, es verweist vor allem auf das sehr viel ältere *memento mori* der christlichen Kultur. Das im Christentum mit der Abbildung von Gebeinen evozierte 'Ins-Bewußtsein-Rufen' der Vergänglichkeit und Kürze des Weltlichen, des Gebundenseins an das göttlich gegebene Schicksal, wird auf den Kopfbedeckungen der Uniformierten durch die militärisch-kämpferische Konnotation des Symbols – die es z.B. als Teil der Emblematik der preußischen Husaren des 18. Jahrhunderts sowie der Freikorps in der Zwischenkriegszeit erhielt – überlagert. Über dem eigenen Angesicht ragt das Signum einer Haltung und Aktivität, die Sinngebung, Erhalt, Veränderung und Neubeginn in expliziter Bedrohung und Vernichtung menschlichen Lebens sucht; und indem das Symbol sowohl Todes- wie auch Tötungsbereitschaft signalisiert, gibt sich sein Träger als 'selbstgezeichneter', innerweltlicher Herrscher über die letzten, wahrlich ernsthaften Dinge des Menschseins zu erkennen. In diesem 'Orden' befinden sich die eigentlichen Gläubigen, die allen, die zwar dazugehören, aber nicht vollends wie diese leben können, vor Augen führen, welche Gesinnung und Handlungsbereitschaft man als wahrhaftig Ergebener einzunehmen hat.

Damit unterscheidet sich die SS ganz wesentlich von ihrer ungeliebten 'Brudergemeinschaft', der SA. Wo einerseits Herausgehobensein, Abgeschlossenheit und Entsagung zeichenhaft repräsentiert werden, fallen andererseits die schlichten und schmucklosen Uniformen auf, in denen die SA in großer Anzahl ihren 'handfesten' Aufgaben als Ordnungskraft und Saalschutz nachkommt. Ihr 'erdnahes', schlichtes Braun kontrastiert zum asketisch elitären Schwarz der SS und ruft das Bild eines einfachen, dem Sinnlichen nicht gänzlich entsagenden Bendiktinermönchs wach[13]. Dabei sind die Details der Uniform mehrdeutig, verweisen auf unterschiedliche soziale Kreise und lassen ihre Träger keinesfalls als bloß inferiore Masse erscheinen. So fehlen zwar jegliche der Gruppierung vorbehaltene Symbole, und die Krawatte betont den zivilen und alltäglichen Charakter der Truppe; doch mit den Reiterhosen und Schaftstiefeln finden sich auch bei ihnen Elemente der Offiziersuniformen wieder.

---

12 Rune, germanisches Wort für griechisch 'μυστιριον'.
13 In diesem Zusammenhang ist auf ein Detail der 'SA-Kultur' zu verweisen: Longerich berichtet von wöchentlichen 'Trupp- und Sturmabenden', mit einer besonderen, der Truppe eigenen 'Gemütlichkeit', zu der neben Alkohol auch der Verzehr von 'SA-Stullen' gehörte (1989: 126-140).

Beide Gruppierungen figurieren somit den Idealzustand der Gemeinschaft als einer Konstellation von Führern und Geführten. Während die SS den Idealentwurf der Führungselite gibt, dem der einzelne zwar nachstreben kann, doch selten erreichen wird, repräsentiert die 'sozialistische' SA den gesellschaftlichen 'Normalzustand' und offeriert ein für alle offen stehendes Zugehörigkeits- und Vergemeinschaftungsangebot, das zugleich mit einem leichten Gewinn von sozialem Prestige lockt. So gehen – wie bereits bei der Bewegung und Formation der Fahnenprozession – Alltägliches und Außeralltägliches, Profanes und Sakrales, Unterordnung und Aufwertung scheinbar eine homogenisierende, Ambivalenzen und Dichotomien nivellierende Verbindung ein. Die inszenatorische Ästhetik des Politischen suggeriert die Aufhebung der fundamentalen Antipoden von Gleichheit und Differenz, an der der Einzelne nur durch eigene Handlung teilhaben kann: Nur indem er sich in die 'Gemeinschaft der Gleichen' einreiht, sich ihre Symbole aneignet und ihre Rituale mitvollzieht, dabei seinen definierten Platz findet und die unveränderlichen Hierarchien akzeptiert, vermeint er, seine in der *conditio humana* – damit in ihm selbst – angelegten Zerfallenheit, den Dualismus von Subjekt und Objekt, seine Dualität als Einzel- und Sozialwesen, zu synthetisieren, damit aufzulösen und über die Aneignung des Anderen und Fremden zu sich selbst zu finden.

Sinnbild der Einheit ist die Fahne mit dem Hakenkreuz. Ihre Gestaltung und Farbgebung hatte Hitler zur Chefsache erklärt: Die „Fahne aus rotem Grundtuch mit einer weißen Scheibe und in deren Mitte ein schwarzes Hakenkreuz" (Hitler 1933: 556) lehnt sich in der Kombination von Schwarz-Weiß-Rot ganz offensichtlich an die Farben Preußens, die Reichsfarben sowie der von rechtsgerichteten Gruppierungen favorisierten 'Reichskriegsflagge' an. Ihre 'eigentliche' farbliche Symbolik explizierte Hitler jedoch mehrdeutig: erstens fand er in ihr die Versinnbildlichung seiner Weltanschauung, des sozialistischen (rot) und nationalen (weiß) Charakters der Bewegung; zweitens richten sich die Farben gegen die Weimarer Republik und knüpfen an den Flaggenstreit in der Reichswehr an; und drittens betonte Hitler explizit die plakativ-werberische Funktion der dominanten Signalfarbe rot (ebenda).[14] Gerade letztere Funktion verdeutlicht sich auch in den einfachen und klaren, auf jegliche ornamentalen Ausschmückungen – wie sie noch im preußischen Emblem und der 'Reichskriegsflagge' zu finden sind – verzichtenden, geometrischen Formen von Rechteck, Kreis und Kreuz, die in ihrer reduziert-ökonomischen und sachlich-strengen Konstellation Anleihen bei der Werbesymbolik der 20er Jahre erkennen lassen.

Den farblich und geometrisch gerahmten Mittelpunkt der Fahne bildet das Hakenkreuz als zentrales Symbol des Regimes. Ebenso wie die farbliche Ausgestaltung des Emblems ist es keine genuine Neuschöpfung, sondern aus anderen, kulturell und historisch zum Teil sehr entfernten Kontexten entlehnt. In Deutschland ist es vor der Wende zum 20. Jahrhundert nicht allgemein bekannt und tritt dann

---

14 „Die Einführung der roten Fahne stellt eine der sonderbarsten und kennzeichnendsten Episoden dieser Zeit dar. Dieses Zeichen wurde in Zeiten von Unruhen dazu verwendet, um die bevorstehende Anwendung der Kriegsgesetze anzukündigen; am 10. August 1792 wurde es dagegen das Symbol der Revolution, um 'das Kriegsgesetz des Volkes gegen die Rebellen der Exekutivmacht zu verkünden'"(Sorel 1928: 202f).

als zunächst noch geheimes Erkennungszeichen deutsch-völkischer Geheimbünde hervor (Hamann 1996: 298f.). Diese Gruppierungen okkupieren das Hakenkreuz ideologisch und definieren es als ursprünglich nordgermanisches, urarisches Sonnenzeichen, das die natürliche Überlegenheit des deutschen Volkes sowie den Kampfeswillen und die Siegeszuversicht der arische Rasse versinnbildlichen soll – eine Bedeutungskonnotation, die bei der Adaption des Symbols durch Hitler wohl zentral gewesen ist, was seine Bekundungen zur politischen Symbolik des Hakenkreuzes als Zeichen der „Mission des Kampfes für den Sieg des arischen Menschen" belegen (Hitler 1933: 557). Es blieb aber nicht bei einer einfachen Kopie des ursprünglichen Licht- und Lebenszeichens, denn in entscheidender Weise wurde Einfluß auf die Ausgestaltung und Erscheinungsweise des bald schlechthin nationalsozialistischen und antisemitischen Symbols genommen. Ruhte in archaischen, antiken und buddhistisch-religiösen Darstellungen, aber auch in den Abbildungen der Geheimbünde und jenen der Freikorps das Kreuz noch ganz auf einem der 'Arme', so erscheint es im Emblem der Nationalsozialisten auf eine seiner 'Spitzen' gestellt[15], was ihm – in Verbindung mit den massiver geformten Balken – die gesteigerte und augenscheinlich kaum zu bremsende Dynamik eines sich – je nach Auslegung des Betrachters – in Rechts- oder Linksdrehung befindlichen Rades verleiht. Dabei besticht wiederum die werberische Ausgestaltung des Symbols: In seiner Simplizität und ästhetisch klaren Erscheinung steht es – im konkreten wie im übertragenen Sinne, d.h. physikalisch wie politisch – unmißverständlich als Anzeichen der Bewegung. Ein unterstützendes Moment hat die schwarze Farbgebung, die – im Gegensatz zum eher egalisierenden und assoziierenden Rot der Fahne – Abgesondertheit und Herausgehobensein signalisiert, um auf diese Weise vor allem den Außenstehenden und Ausgeschlossenen die Distanz zur Gemeinschaft der Verschworenen spüren zu lassen. Schließlich kann das Hakenkreuz immer, überall und von jedermann leicht reproduziert werden, etwa um die Gesinnung manifest zu machen oder fremdes Territorium zu markieren, zu verletzen und zu besetzen.

Mit der Adaption des Kreuzes wird zwar an das zentrale Symbol der christlichen Kultur angeknüpft, doch zugleich wird zu ihm Distanz genommen. Denn das Hakenkreuz verweist auf eine gänzlich andere Metaphysik. Das christliche Symbol erscheint in all seinen Darstellungen gefestigt und in sich ruhend, die Vertikale betonend, um den Blick des Andächtigen linear aufsteigen zu lassen. Dadurch wird die Scheidung von Profanem und Heiligem augenscheinlich, aber auch der Umstand, daß eine Aufhebung dieser Trennung – die Erlösung – nur in der Überwindung der Zeitlichkeit und Räumlichkeit des Weltlichen liegen kann. In starkem Kontrast hierzu präsentiert sich das gleichschenklige Hakenkreuz mit seinen rechtwinklig aus dem Zentrum der Komposition herausragenden und dabei zugleich auf sich selbst zurückweisenden Armen. So entsteht der Eindruck, die Unendlichkeit sei in den ewigen Kreislauf des Endlichen zurückgenommen. Die

---

15 Das in dieser Weise gedrehte Hakenkreuz findet sich vor allem auf beweglichen oder sich bewegenden 'Trägern', wie der Fahne oder der Armbinde. Demgegenüber blieben die eher an einen ruhenden Würfel oder an einen Block erinnernden Darstellungen auf den fest versteiften Leinen der Standarten und in Steinmetzarbeiten erhalten.

Vorstellung einer entbundenen, eigendynamischen Drehbewegung, die im Emblem durch den unterlegten, fast mit den äußeren Rändern der Arme des Kreuzes abschließenden, weißen Kreis noch verstärkt wird, deutet hin auf eine immerwährende, sich um eine unveränderliche Mitte stets gleich wiederholende, nach außen abgeschlossene, daher diesseitige Regeneration und dergestalt auf eine zyklische Zeit sowie einen weltlichen Raum. Diese Raum-Zeitvorstellung ist ein Synkretismus aus heidnischem Glauben an die Wiederkehr und einem damit eigentlich nicht zu vereinbarenden christlichem Schöpfungsmythos, womit jedem Rezipienten eine ihm gefällige Sinnzuschreibung überlassen bleibt.

Was sich aufgrund seiner optischen Schlichtheit scheinbar als eindeutig dechiffrierbar präsentiert, entzieht sich ganz offensichtlich in weiten Teilen der Dekodierung und ist darüber hinaus in seiner Bedeutungsvielfalt vom einzelnen kaum kognitiv zu erfassen. Aufgeladen, fast überladen, mit einem Konglomerat aus Verweisen auf Tradition (Arier- und Germanentum), Religion (Christentum und Buddhismus), Arkanum (Geheimbünde) und Militär (Freikorps) und dabei zugleich mehr oder minder große Distanz zu diesen Bezügen signalisierend, bleibt der eigentliche, 'wahre' Gehalt des Symbols offen, gibt sich unbestimmt und rätselhaft, drängt nach Auslegung und Auffüllung. In dem für das Regime zentralen Sinnbild des Hakenkreuzes spiegelt sich somit eine grundsätzliche Eigenschaft von Symbolen wider: Aus der Koppelung von Eindeutigkeit und Mehrdeutigkeit resultiert ihre suggestive Kraft und ihr Bindungspotential.

5.2 Die Macht der Inszenierung und der Glaube an die Macht

Der Fahneneinmarsch der SA und der Einzug Hitlers mit seiner Elitetruppe bilden zwar zwei eigenständige Programmpunkte im Rahmen der Gesamtveranstaltung. In der besonderen Weise ihrer Darbietung zielen beide jedoch darauf ab, ein System von Ideen und Ordnungsvorstellungen zu entfalten und rituell zu verankern sowie das Publikum dabei zur Gefolgschaft Hitlers und der darin vereinten Volksgemeinschaft zu erheben.

Im Berliner Sportpalast wird dem einzelnen Zuschauer wie dem Kollektiv das Modell einer neuen sozialen und politischen Identität im Rahmen einer modernen Kosmologie vorgestellt. Vor dem historischen Hintergrund wirtschaftlicher Depression, sozialer Desintegration, moralischer Demütigung und politischer Ohnmacht im Deutschland der 20er Jahren des vergangenen Jahrhunderts erreicht das auf Homogenität angelegte, nationalsozialistische Angebot einer radikalen gesellschaftlichen Neuordnung die holistische Qualität einer 'innerweltlichen Religion'. Der Nationalsozialismus trat als Versuch auf, die plurale und säkulare Gesellschaft der Moderne noch einmal unter einem religiösen Baldachin[16] zu einen. Aber nicht die im Grunde verworrene, „logisch unstimmige" und – im Unterschied zur sozialistischen und kommunistischen Arbeiterbewegung – keine „in sich schlüssige [...]

---

16 Zum Problem der Labilität von Ordnungskonstruktionen vgl. Soeffner 2000.

Analyse der Gegenwart oder eines rational begründeten Systementwurfs für die Zukunft" (Broszat 1960: 21) bietende nationalsozialistische Weltanschauung stiftete den Glauben an den Führer und die Volksgemeinschaft. Die Entrückung aus dem Alltag und die Passage des anonymen, aus lauter 'vereinzelten Einzelnen' zusammengesetzten Publikums in den „anderen Zustand" (Musil 1981) der Vergemeinschaftung wird erreicht durch die Ästhetik der Inszenierung, insbesondere der von uns analysierten, der eigentlichen Rede Hitlers vorausgehenden 'Rahmenhandlungen' der Einmärsche und den durch sie ausgelösten sozialen Prozeß. Dabei kommt eine synästhetische Machttechnik zum Einsatz, die vollbringt, was durch diskursivrationale Argumentation nicht oder nur schwerlich hätte erreicht werden können. Ideen werden wirklich, so Marx, wenn sie die Massen ergreifen, und zwar als Menschen in ihrer ganzen Sinnlichkeit, nicht allein als zweckrationale *homo faber* und strategische Spieler, sondern in ihrer ganzen leiblich-seelischen Existenz. Letztere war bei den Deutschen beschädigt und daher das eigentliche 'Ziel' der nationalsozialistischen Politik. Erst als Gläubige wurden die Menschen zu willfährigem Werkzeug der nationalsozialistischen Verbrechen, und zwar aus eigenem Antrieb, der Hypermoral des Herrenmenschentums, die – weil im Dienste des Lebens stehend – erlaubte, sich über alle Moralen der Menschlichkeit hinwegzusetzen. Bedingung dafür war nicht eine potentiell kontingente und zu erschütternde Überzeugung, sondern ein unabdingbarer und zum Gehorsam zwingender Glaube. Und nur ein solcher Glaube leistet dreierlei: dem Leben einen einheitlichen Sinn zu verleihen, die eigene Existenz und Lebensführung zu legitimieren und sich selbst in einer bestimmten sozialen Positionen verorten zu können (Bourdieu 2000: 19f.). Ein solcher Glaube ist daher mehr als Weltanschauung; er ist zugleich ein soziale Praxis generierender Habitus, wie er sich im Sportpalast unter Einwirkung der Inszenierung als Transformation historischer Dispositionen herauszubilden beginnt.

Das Ritual der Einmärsche liefert überhaupt erst die Basis, auf der sich Hitler dann als Initiator, eigentlicher Anlaß und Höhepunkt der Veranstaltung, damit als der schöpferische Ursprung der 'wunderbaren' Kollektiverfahrung inszenieren kann. Dieser Glaube an das persönliche Charisma Hitlers – sein eigener, wie der anderer – ist eine soziale Konstruktion, die als profaner Prozeß den Handelnden undurchsichtig bleiben muß, um wirksam sein zu können. So wird nochmals deutlich, daß Charisma – jenseits möglicher subjektiver Prädispositionen[17] – Ausdruck einer kommunikativ generierten Struktur sozialer Beziehung ist[18]. Mehr noch: der 'Mechanismus' hat letztlich den Charakter einer 'Selbstcharismatisierung' des Publikums zur auserwählten Gemeinschaft, hier: der Elite der Herrenmenschen. Das Publikum tritt als 'Produzent' des Charismas auf und ist zugleich sein 'Abnehmer', in dem es sich selbst außeralltägliche Qualitäten zuschreibt – wenn man so will: im Zuge einer 'Demokratisierung' des Charismas.

---

17 Die aber nur über den sozialen Prozeß der (Selbst-)Stigmatisierung sozial wirksam werden können (vgl. Lipp 1985).
18 Im Nimbus 'auf Dauer gestellt' (Raab/Tänzler 1999) wirkt sie als Habitus im Sinne einer „strukturierenden Struktur" (Bourdieu 1974).

Das Streben nach Macht erschöpft sich also nicht in der Behauptung des eigenen Willens auch gegen Widerstreben (Weber 1985: 28), sondern ist immer auch die Durchsetzung einer symbolischen Ordnung in einer Interaktionsbeziehung. In solchen Symbolsystemen ist Abstraktes in 'faßbare' Formen gegossen, sind ästhetische Präferenzen, moralische Werturteile, politische Ideen und soziale Ordnungsvorstellungen objektiviert. Überzeugungskraft und soziale Wirkung zeitigen Symbole aber erst als Elemente eines ihre Disparität überbrückenden Stils ritualisierter Handlungen, wie jenem der hier analysierten Großveranstaltung. Der soziale Anlaß der Zeremonie ist jener besondere – und deshalb feierliche – Zeitpunkt und Ort, an dem die verschiedenen Strategien, welche die politische Intention wirkungsmächtig zum Ausdruck bringen sollen, ihre Zusammenführung und maximale Verdichtung erfahren. Auf dem Wege hin zur letztlich angestrebten, vollständigen Einswerdung von 'Volk und Führer' lassen sich so zumindest drei 'Etappen der Verschmelzung' mit unterschiedlicher Qualität und ansteigender Wirkung aufzeigen. Zuerst werden die einzelnen Symbole im Sportpalast in einem ritualisierten Ablauf zusammengeführt. Anschaulich in einen syntaktischen und paradigmatischen Zusammenhang gebracht, unterstützen und verstärken sie sich – wechselseitig aufeinander verweisend – in ihren Wirkungen. Dann treffen die von den Symbolen repräsentierten Vorstellungen und Ideen der visionären Welt im Ritual auf die gelebte Alltagswirklichkeit und beginnen sich – von den Teilnehmern als eigentümlicher Veränderungsprozeß wahrgenommen – mit dieser zu einer neuen Wirklichkeit zu vermischen. Schließlich verändern die Symbole, als Teil der Rituale, bei den Teilnehmern auch die Wahrnehmung des eigenen Selbst sowie der Sozialität: Indem die rituellen Handlungen, wie etwa der 'Deutsche Gruß' oder das Singen, die Beteiligten zu mimetischem Nachvollzug anhalten, sie so als 'Ganzes' erfassen und in den neu entstehenden Sozialverband hineinführen, verschmelzen die Individuen zur Gemeinschaft der Gleichen und überschreiten als einzelne wie als Kollektiv den Alltag. Es ist das religiös gefärbte Gefühl, als Vereinzelter Teil eines gemeinschaftlichen Ganzen geworden zu sein, sich die sozialen anderen – das 'Jenseitige' – erschlossen und sich ihnen dabei zugleich selbst zugänglich gemacht zu haben. Die Symbole und die kleinen Rituale generieren innerhalb des Großrituals Intersubjektivität und wecken bei den Individuen zugleich die Illusion, sich durch die Teilhabe an der 'höheren' Gemeinschaft vor ihrer eigenen Vergänglichkeit bewahren zu können (vgl. Soeffner 1995: 118). Dieses Gemeinschaftserlebnis objektiviert sich in den Symbolen, die erlauben, die Erfahrungen der einzelnen Teilnehmer am Ritual zu verallgemeinern. Erst auf diesem Wege der Ritualisierung und Symbolisierung entsteht in den Subjekten eine Idee von Gemeinschaft eine das individuelle Sein transzendierende und mit sozialem Zwang ausgestattete Institutionenordnung eine objektive soziale Wirklichkeit *suis generis*. Um als subjektiver Anspruch nicht sogleich wieder zu zerfallen, muß Macht sich sozial figurieren, muß die Machtbeziehung ausgedrückt, gestaltet und schließlich anerkannt werden – gleichgültig worauf die Chance beruht.

Die Symbole verweisen dabei zwar auf einen Realitätsbereich jenseits des Alltags. Doch der Zustand der Entrückung und der Wunsch nach Erlösung sind innerweltlich und daher stets transitorisch: sie können nur im Diesseits, nur in der konkreten

Handlungs- und Interaktionssituation erlebt und durch Sozialität hergestellt werden[19]. In der diesseitsreligiösen Kosmologie des Nationalsozialismus ist das selbst noch einmal in spezifischer Weise inhaltlich und formal gestaltet: Symbole und Rituale aus verschiedenen Bedeutungsfeldern mit entsprechend disparaten Sinngehalten werden aufgeboten und miteinander verkettet. Fundamental sind die christlich-religiösen Konnotationen[20]: Kreuz, Fahne, Standarte und Prozession, profaner und sakraler Raum, die schwarze und braune Kleidung, das gemeinsame Singen sowie das Symbol des Totenkopfes. All diese Elemente beziehen ihren spezifischen Gehalt jedoch nicht aus der bloßen Zitation oder dem Analogieschluß zum Christentum, sondern aus ihrer Überschneidung mit einer militärisch-hierarchischen und einer archaisch-völkischen Bedeutungssphäre. Aus dieser In-Bezug-Setzung und Kombinatorik erfahren sie eine Umdeutung und Transformation, aus der wiederum die besondere Qualität und Wirkung der Inszenierung und Interaktion sowie insgesamt die 'neue Wirklichkeit' resultiert. So ist das Kreuz kein jüdisch-christliches, sondern das in vielen Religionen und archaischen Gemeinschaften verwandte, ursprünglich heidnische Hakenkreuz. Im nationalsozialistischen Ritual wird es aber – gleich wie Fahne und Standarte – zum Symbol des militärischen Kampfes. In ähnlicher Weise wird das Ritual der Prozession zu einem von entsprechender Musik begleiteten militärischen Aufmarsch, wandelt sich die Montur zur Kampfestracht und das *memento mori* – ursprünglich ein *vanitas*-Motiv – zum Indiz des Tötungswillens. Auch die militärischen Symbole und Rituale werden mehrfach gebrochen. Der egalitäre und 'zugängliche' Charakter der SA steht in offenen Kontrast zum elitären und abgeschlossenen Auftreten der SS: Schon äußerlich zeigt die SA, in der Ausstattung ihrer Uniform mit einer Krawatte, zivile Züge[21] und der militärisch wirkende Armgruß wird schließlich wieder zu einer von allen zu verwendenden Alltagsgeste.

---

19 Der Flüchtigkeit der Transzendenzerfahrung als machtstabilisierendem Element wirkten die Nazis durch verschiedene Formen der Institutionalisierung entgegen. So z.B. durch die Einbindung der Symbole und Rituale in den nationalsozialistischen Alltag, wozu die 'Ausschmückung' des Stadtbildes mit Emblemen und die Selbstdekoration der Akteure mit Uniformen und Abzeichen ebenso gehört, wie die Ablösung ziviler Begrüßungsformen durch den 'Deutschen Gruß' und die Eingliederung in die angebotenen Vergemeinschaftungsformen. Einen wesentlichen Verdichtungseffekt dieser den Alltag überhöhenden inszenatorischen Leistungen hatten die zu festgelegten Zeitpunkten, mit den stets gleichen Symbolen und denselben rituellen Handlungen wiederholten, doch mit zunehmender Perfektion vollzogenen Großrituale des Regimes, wie etwa die Nürnberger Parteitage. Kaum zu unterschätzen und in ihrer Wirkung bis heute ungebrochen sind schließlich die medialen Umsetzungen dieser regelmäßigen Selbstinszenierungen durch die filmischen Arbeiten Leni Riefenstahls. In ihnen hat der Wunsch zur Verfestigung des Vergänglichen seinen ästhetisch-inszenatorischen Höhepunkt erreicht: Die Filmemacherin dokumentiert nicht nur die Symbole und Rituale sowie deren Wirkung bildhaft eindrücklich, machte sie damit dauerhaft zugänglich, unendlich wiederholbar und massenhaft verbreitbar; es gelang ihr vielmehr, deren figurativen Gehalt auf eigene Weise, durch eine nur medial vermittelbare Ästhetik, zum Ausdruck zu bringen, zu verdichten und dadurch nochmals zu überhöhen – ein Sachverhalt, der gelegentlich die These einer genuin nationalsozialistischen (Film-)Ästhetik aufkommen läßt.
20 Sie spielen auf der hier nicht berücksichtigten Sprachebene eine bedeutsame Rolle. Einen diesbezüglichen 'Zwischenbereich' bildet jene Parole, die auf einem der im Saal angebrachten Spruchbänder die Termini des 'Sterbens' und der 'Auferstehung' beinhaltet (Vgl. Fußnote 2).
21 Auch Goebbels tritt als 'Einheizer' und Vorredner Hitlers in Zivil auf.

Dergestalt changiert die Ästhetik nationalsozialistischer Politik. Der Synkretismus und die Polysemie des aus diversen Requisitenkammern Entnommenem, lassen den Stil zwischen Gefundenem und Gemachtem, Natürlichem und Künstlichem, Sakralem und Profanen oszillieren und dadurch zugleich fremdartig und vertraut, geheimnisvoll und anziehend erscheinen. Darüber hinaus vermag der Konnex von Politik und Religion wie kaum etwas anderes, den Menschen ganz zu erfassen und in eine andere Seinssphäre zu transferieren, das 'Höchste' in und von ihm zu mobilisieren: Weil zwei der Kontingenz enthobene Bereiche – also 'Reiche der Notwendigkeit'[22] – synergetisch verkoppelt und damit – bildlich gesprochen – die zur Handlung treibende 'Energie' verdoppelt wird. Indem so das profane Streben nach Macht unter die Vorzeichen einer in seiner Ernsthaftigkeit, Zweckmäßigkeit und scheinbaren Vernünftigkeit nicht mehr zu überbietenden Auseinandersetzung um die wahren Werte und letzten Dinge gestellt wird, erfährt es seine eigentliche – sakrale – Verschärfung. So prägt die religiöse Färbung auch den nationalsozialistischen Alltag, drückt ihm einen eigenen und verbindlichen Stil auf und läßt ihn erst durch diese Erhöhung zur neuen Heimat werden.

Daher stellt sich auch die Frage nach dem Zusammenhang von Handlung, Verantwortung und Moral wieder neu. Zu kurz greifen jene Erklärungen, welche die Ursachen der nationalsozialistischen Barbarei in einer spezifischen kulturellen Disposition (Goldhagen 1996) oder in einem kulturell und institutionell 'entbetteten', von einem utilitaristischen Handlungskalkül geregelten System miteinander um die Gunst des 'Führers' buhlender Satrapen zu finden glauben (Mommsen 1991; 1996). Beide Ansätze, der eine wider Willen[23], der andere *expressis verbis*, erklären Handeln aus einem Automatismus, determiniert durch Kultur bzw. System. Derart wird nicht nur die Sichtweise eines reflexiven Individuums, das sein Handeln immer wieder auch vor sich selbst rechtfertigen können muß, relativiert. Auch die Phänomene von Macht und Herrschaft, von Gefolgschaft und Gewalt werden von den handelnden Individuen und den zwischen diesen sich vollziehenden, prozeßhaften sozialen Wechselwirkungen abgekoppelt.

Was sich im Falle Hitlers Sportpalast-Rede von 1933 noch wenig ausgereift präsentiert, was sich eher verhalten zwischen den Zeilen der wirren wörtlichen Rede offenbart, erschließt sich über die obige Analyse der ritualisierten Handlungen und die in sie eingebundenen Symbole. Sie weisen die Richtung, in der das Fühlen und Denken geformt werden soll und bereiten die emotionale und vor allem motivationale Basis zum Handeln. Auf diese Weise erfolgen über die ästhetische Inszenierung der Massenveranstaltung die ersten 'vorsichtigen' doch eindeutigen Schritte hin zur Vereinnahmung der Individuen und ihrer Formung zur Gemein-

---

22 „Sowohl die antike Lehre vom naturgemäß politischen Wesen des Menschen wie auch die neuzeitliche Version einer Begründung der Politik durch Gesellschaftsvertrag sieht vor, daß das Handeln im politischen Rahmen dasjenige ist, von dem niemand dispensiert werden kann. Hier herrscht keinerlei Kontingenz, sondern Notwendigkeit im Sinne der Entelechie oder Perfektion." (Bubner 1993: 120)

23 Goldhagen ging es gerade um die Wiederentdeckung der Moralität und Verantwortung der Täter. Im Aufwerfen dieser Frage, nicht in ihrer Beantwortung, liegt die Bedeutung seines Beitrags.

schaft – und es vollzieht sich die Genese des Willens zur Macht. Von jenem Moment an aber, an dem der einzelne von dem neuen Bedeutungssystem erfaßt wurde und von der gelebten Wirklichkeit des 'profanen' Alltags in die neue, alle anderen Erfahrungsbereiche überlagernde, politisch-religiöse Wirklichkeit 'geglitten' ist, werden 'alte' Rationalitäten und Ordnungskonstruktionen zurechtgerückt oder lösen sich auf. Wo es keiner Berufung auf eine allgemeine Moral, auf ein Gesetz oder einen konkreten Befehl mehr bedarf, die die Akteure der Reflexion ihres Handelns entheben und der eigenen Verantwortlichkeit für ihr Tun entbinden, beginnt sich Symbolisch-Fiktives mit Handfestem zu vermischen, schlägt der Glaube an die Macht schließlich um, in die Macht des Glaubens. Dann haben die in der Regel im Kollektiv vollzogenen Handlungen keinen 'rationalen', alltagspragmatischen Sinn mehr, sondern stehen in direktem Bezug zu den für Außenstehende nur schwerlich nachvollziehbaren Sinnschichten einer anderen, 'höheren' Bedeutungsebene; und die Akte der Barbarei sind nur noch für die Nicht-Affizierten als solche erkennbar.

6. Das Ende des Mythos in der Apokalypse

Im Mittelpunkt unserer Analyse stand die Frage, wie die religiösen Inszenierungen einer atheistischen, politischen Bewegung an der Schwelle zur Macht unter den spezifischen Bedingungen einer säkularisierten, modernen Gesellschaft die Konversion des Publikums zur Gefolgschaft herbeiführen konnte. Aufbauend auf unsere Überlegungen zum Verhältnis von Politik und Religion in der Moderne, richtete sich unser Blick auf die Bedeutung des Religiösen im Vollzug nationalsozialistischer Herrschaftsbildung und Vergemeinschaftung. Aus religionssoziologischer Perspektive argumentierten wir, daß die grundlegende Funktion von Religion in der Transzendierung des einzelnen zum Gesellschaftlichen liegt: Die Religion enthebt die Individuen von der Bürde der Vereinzelung, indem sie ihnen ein Interpretationen und Handlungen sicherndes und legitimierendes Sinnsystem (Kosmion) offeriert, das wie kein zweites stabil und deshalb verpflichtend ist.

Wenn wir aber eingangs festgestellten, daß Politik auch in der Moderne ein religiöses Timbre hat, ohne dabei jedoch auf das umfassende Modell eines *corpus mysticum* zurückgreifen zu können, weil das einigende Band der christlichen Religion infolge der Glaubensspaltung durchtrennt und eine Pluralität der Lebensverhältnisse sich durchgesetzt hatte, wird ein Widerspruch unübersehbar. Denn in der Inszenierung im Berliner Sportpalast tritt uns genau jener Typus einer *communitas*-Bildung entgegen, der im organologischen Sinne Leib und Glieder zu integrieren sucht: Der 'Führer' erscheint als Haupt und die Aktiven als (Mit-)Glieder; selbst das Publikum kann an dieser Inkarnation zumindest durch imaginative Einreihung in die Prozession und durch konkreten Nachvollzug der symbolischen Handlungen sowie durch Aneignung der Symbole im Massenritual teilhaben. Mit dem Hakenkreuz als Heilszeichen des Tausendjährigen Reiches, als Ausdruck von Kampfeswillen und Siegeszuversicht, wird darüber hinaus auf die heilsgeschichtliche Dimension der Bewegung und ihres 'Führers' verwiesen. Auch die ubiquitären organologischen Selbstbeschreibungen des Systems als rassisch homogenem Volkskörper, die Selbstdeutung der Partei als dessen 'Keimzelle', die Auffassung vom Blut als Referenzindikator für Zugehörigkeit und die aggressive Ausgrenzung von sich nicht in dieses Prokrustesbett fügenden Elementen als 'Parasiten', weisen auf eine strukturelle Affinität mit dem *corpus mysticum* traditioneller Prägung hin. Zugleich aber läßt diese Begrifflichkeit auch die Differenz zur mittelalterlichen bzw. frühneuzeitlichen Vergemeinschaftung nach dem von Kantorowicz (1990) beschrieben Muster hervortreten: Beim Nationalsozialismus handelt es sich nicht um einen juridischen Herrschaftsdiskurs, der sich einer theologischen Begrifflichkeit zu säkularen Zwecken bedient, sondern um einen atheistischen, vulgären Biologismus, der zur Verwirklichung seiner Herrschaft auf eine religiöse Semiotik zurückgreift[24].

Dabei fungiert gerade die Ästhetik der politischen Inszenierung als zentrale Vermittlungsinstanz der nationalsozialistischen Ideen und verhilft der sich verflüchtigenden und darüber hinaus wirren Rede zu einer klar identifizierbaren und memorierbaren Form. Die semiotische Strategie dieser politischen Ästhetik bei der Inkorporation der einzelnen zu einer religiösen Gemeinschaft haben wir an der Interaktion in der öffentlichen Versammlung gezeigt: Ihre Formierung durch die sie umgreifende Prozession des Fahneneinmarsches, durch das Zelebrieren des 'Deutschen Grußes', durch Heilrufen und Strammstehen, durch die Inbesitznahme des Raums, die 'Eingliederung' und Homogenisierung der Anwesenden mittels einer geschickten Gesamtchoreographie sowie durch die Herstellung von Gleichzeitigkeit im Takt des Marsches. Ebenso arbeiteten wir die Einheit in der Differenz von homogenisierender Vergemeinschaftung und elitärem Führertum von *corpus* und *caput* heraus: Der 'Führer' wird bei seinem feierlichen Einzug durch den über schwarze Uniformen, doppelte Sig-Rune und Totenkopfemblem hervorgehobenen und von der 'profanen' SA abgehobenen Kampforden der SS als Haupt der Gemeinde ausgewiesen. Nachdem die Prozession am Allerheiligsten angekommen ist und dieses durch Umschließung markiert und in Besitz genommen hat, kann sich auf dieser Bühne, in der Interaktion zwischen dem zur Gemeinde formierenden Publikum und dem Auserwählten, das Charisma verwirklichen. An diesem Ort wird durch das Zeremoniell die doppelt kontingente Erwartungshaltung zwischen Publikum und politischem Führer vorstrukturiert: die Zuschreibungsbereitschaft und die Stilisierung von Außeralltäglichkeit treffen zusammen und generieren das Charisma.

Diese Vergemeinschaftungsidee ist ganz offensichtlich Kontrapunkt bzw. Gegenmodell der faktischen Pluralität und Anonymität moderner Lebensverhältnisse: ihrer Artifizialität durch Technik, durch massenmedial präformierte Welterfahrung, Urbanität und rationale Produktionsformen sowie durch die bürokratischen Regelsysteme einer apersönlichen, funktional differenzierten Gesellschaftsordnung, die

---

24 Kantorowicz (1990) hatte im Sinne Cassirers die Entstehung vom „Mythus des Staates" verfolgt und die Übertragung des Begriffs *corpus christi mysticum*, der ursprünglich allein in Bezug auf die mystische Gemeinschaft aller Gläubigen verwendet wurde, auf die weltliche Königsherrschaft im Sinne von *corpus rei publicae mysticum* beschrieben. Mit der Umstellung der Referenz von *res publica* – später Staat – auf Rasse, ist wiederum zwangsläufig ein expansives Moment eingelagert, weil somit über nationale Grenzen hinausgegriffen wird.

keine universale Sinnordnung mehr vorzugeben vermag. Worauf also 'antwortet' das *communitas*-Modell der nationalsozialistischen Bewegung? Das Verhältnis von Individuum und Gesellschaft sowie von Gemein- und widerstrebenden Einzelwillen, so hatten wir dargelegt, wird in der Moderne grundsätzlich prekär. Für die Deutschen verschärfte sich diese Problematik durch die eruptive Durchsetzung der Moderne, das Schicksal des verlorenen Ersten Weltkrieges sowie durch die sich daran anschließende massive ökonomische, soziale und politische Verunsicherung. Die Versuchung, diese beunruhigende Lage durch Herstellung einer romantizistischen Vergemeinschaftungsform vom Typ der *communitas* politisch zu überwinden, mußte besonders attraktiv erscheinen. Sie versprach, die Kontingenzerfahrung der Vereinzelung und das konflikträchtige 'Interessenschacher' von Milieus und Parteien zugunsten einer höheren, religiösen Sinneinheinheit, zugunsten eines Kosmions der Gemeinschaft, aufzuheben. Der Preis für diese Transformation in die rassisch homogene Volksgemeinschaft ist bekannt. Zwar konnte die faktisch vorhandene Komplexität funktionaler Differenzierung und die Pluralität der Lebensverhältnisse durch das hochdifferenzierte Parteiangebot, durch die tendenzielle Unterbestimmtheit bzw. Bedeutungsoffenheit und Überladenheit der Symbole sowie durch die Existenz der vom 'Führer' unentschieden belassenen, konkurrierenden Deutungsangeboten teilweise kompensiert werden. Doch die organologisch verstandene Vergemeinschaftung zog durch die Unterdrückung und Vernichtung von als nicht 'artgerecht' eingestuftem Leben eine Blutspur nach sich – daß diese aber das Ausmaß eines Weltkriegs, des Völkermordes und der Errichtung von Vernichtungslagern annehmen konnte, weist auf eine andere, tiefere Dimension hin.

Es war eine kulturelle Leistung des Mittelalters, durch die heuristische Fiktion des *corpus mysticum* Herrschaft auf Dauer zu stellen, indem dessen Übertragung auf die weltliche Herrschaft das Amt des Königtums vor der Kontingenz des Lebens durch Sterblichkeit, Gebrechlichkeit, Debilie, Intrigen, schlechte Berater usw. schützte[25]. Dem König wurden zwei Körper verliehen: Der eine bestand in der gewöhnlichen, greifbaren, sterblichen – kurzum: unvollkommenen – weltlichen Hülle; der andere und wesentlichere aber war vollkommen, überindividuell und aufgrund seiner Funktion als *vicarius christi* unsterblich. – Was aber sollte die Herrschaft Hitlers auf Dauer stellen? Und was vermochte die durch das Zeremoniell zur Gemeinschaft transzendierten einzelnen über das orgiastische Spektakel im Sportpalast hinaus dauerhaft zusammenzuhalten? Wir nannten drei Stufen der Inkorporation der einzelnen: Zunächst ihre Synthese im Sportpalast, dann die Übertragung der dort (re-)präsentierten Ideen, Symbole und Riten auf die Teilnehmer und schließlich die Transformation der einzelnen durch die innere Konversion im Prozeß der Veralltäglichung der Rituale und Symbole. Hinzugefügt werden müssen mediale Formen der Überwindung von Raum und Zeit in Gestalt nationalsozialistischen Schriftguts (etwa der 'Führerbibel') sowie durch Film- und Tonmaterial.

---

25 Überhaupt scheint der Rückgriff frühmittelalterlicher Herrscher auf den christlichen Glauben in dem Versuch nach Stabilisierung familiärer Herrschaftsansprüche und somit in der Emanzipation von der Kontingenz charismatischer Machtansprüche konkurrierender Sippenführer motiviert gewesen zu sein, die ihren Thron nicht mehr vom wechselhaften Glück der Zeichen des Sieges- und Ernteheils abhängig wissen wollten.

Tatsächlich aber blieb der Alltag im Nationalsozialismus weit hinter dem heilsgeschichtlichen Anspruch des Tausendjährigen Reiches zurück. Weder bewahrheitete sich die Idee der mystischen Blutsgemeinschaft der Herrenrasse, die dem einzelnen versprach, ihn vor der Vergänglichkeit und Nichtigkeit des Seins zu bewahren, noch gelang es, die Sendung des geheiligten 'Führers' über das Ableben der Person Hitlers hinaus zu retten. Bezeichnenderweise hatte der 'Führer' keinen Nachfolger (nicht einmal, außer in Harry Mulischs verquerer Fiktion (2001), einen leiblichen Nachfahren) und die zunehmende strukturelle Aufsplitterung zahlreicher um die Führergunst konkurrierender Systeme, Ämter, Organisationen und Personen läßt es auch äußerst fraglich erscheinen, daß man sich nach dessen Ableben auf einen hätte einigen können. Dem 'Führer' war kein zweiter, vollkommener, zeitloser Körper zu eigen; alles Gerede vom Tausendjährigen Reich und mithin jeglicher eschatologische Anspruch waren im wahrsten Sinne des Wortes illusorisch. Diese Illusion eschatologischer Sinnstiftung der Bewegung im Horizont der Heilsgeschichte konnte nur durch den permanenten, zwangsläufig progressiven Bewährungsaktionismus in immer wieder neu provozierten, kollektiven Schicksalssituationen aufrechterhalten werden. Die Apokalypse war ihr konsequentes Ende. Denn was als Alternative blieb, beschreibt äußerst feinsinnig ein zeitgenössischer englischer Witz: „A father told his son that he must say grace before every meal, as follows: 'I give thanks to God and my Fuehrer for the food I am about to receive.' 'But', inquired the child, 'what do I say if the Fuehrer dies?' – 'Then', replied the father, 'all you have to say is: I give thanks to God'".

Literatur

Baumann, Zygmunt (1989): Modernity and the Holocaust. Cambridge: Polity Press
Baumann, Zygmunt (1996): Gewalt – modern und postmodern. In: Miller, Max/Soeffner, Hans-Georg (Hg.): Modernität und Barbarei. Soziologische Zeitdiagnose am Ende des 20. Jahrhunderts. Frankfurt a. M.: Suhrkamp, S. 36-67
Berger, Peter L./Berger, Brigitte/Kellner, Hansfried (1975): Das Unbehagen in der Modernität. Frankfurt a. M./New York: Campus
Böckenförde, Ernst Wolfgang (1976): Staat, Gesellschaft, Freiheit. Studien zur Staatstheorie und zum Verfassungsrecht. Frankfurt a. M.: Suhrkamp
Böckenförde, Ernst Wolfgang (1991): Die Entstehung des Staates als Vorgang der Säkularisation. In: ders.: Recht, Staat, Freiheit. Frankfurt a. M.: Suhrkamp, S. 92-114
Bracher, Karl Dietrich (1964): Die Auflösung der Weimarer Republik. Eine Studie zum Problem des Machtverfalls in der Demokratie. Villingen: Ring
Breuer, Dieter (1994): Die Moderne im Rheinland. Ihre Förderung und Durchsetzung. In: Literatur, Theater, Musik, Architektur angewandter und bildender Kunst 1900-1933. Köln: Rheinland Verlag
Breuer, Stefan (1998): Der Staat. Entstehung, Typen, Organisationsstadien. Reinbek: Rowohlt
Broszat, Martin (1960): Der Nationalsozialismus. Weltanschauung, Programm und Wirklichkeit. Stuttgart: Deutsche Verlags-Anstalt
Bourdieu, Pierre (1974): Zur Soziologie der symbolischen Formen. Frankfurt a.M.: Suhrkamp

Bourdieu, Pierre (2000): Das religiöse Feld. Texte zur Ökonomie des Heilgeschehens. Konstanz: Universitätsverlag Konstanz
Bubner, Rüdiger (1993): Über das Symbolische in der Politik. Deutsche Zeitschrift für Philosophie 41, S. 119-126
Burleigh, Michael (2000): Die Zeit des Nationalsozialismus. Frankfurt a. M.: Fischer
Canetti, Elias (1992): Masse und Macht. Frankfurt a. M.: Fischer
Cassirer, Ernst (1985): Der Mythus des Staates. Philosophische Grundlagen politischen Verhaltens. Frankfurt a. M.: Fischer
Dahrendorf, Ralf (1965): Gesellschaft und Demokratie in Deutschland. München: Piper
Diner, Dan (1988) (Hg.): Zivilisationsbruch. Denken nach Auschwitz. Frankfurt a. M.: Fischer
Eley, Geoff (1991): Die deutsche Geschichte und die Widersprüche der Moderne. Das Beispiel des Kaiserreiches. In: Bajohr, Frank / Johe, Werner / Lohalm, Uwe (Hg.), Zivilisation und Barbarei. Die Widersprüchlichen Potentiale der Moderne. Hamburg: Christians, S. 17-65
Friedländer, Saul (1998): Das Dritte Reich und die Juden. Die Jahre der Verfolgung 1933-1939. München: Beck
Gamm, Hans-Jochen (1962): Der braune Kult. Das Dritte Reich und seine Ersatzlegion. Hamburg: Ruetten & Loening
Goldhagen, Daniel Jonah (1996): Hitlers willige Vollstrecker. Ganz gewöhnliche Deutsche und der Holocaust. Berlin: Siedler
Hamann, Brigitte (1996): Hitlers Wien. Lehrjahre eines Diktators. München: Piper
Hitler, Adolf (1933): Mein Kampf. München: FEN.
Horkheimer, Max/Adorno, Theodor W. (1947): Dialektik der Aufklärung. Philosophische Fragmente. Amsterdam: Querido
Kantorowicz, Ernst H. (1990): Die zwei Körper des Königs. Eine Studie zur politischen Theologie des Mittelalters. München: Deutscher Taschenbuch Verlag
Kershaw, Ian (1999): Der NS-Staat. Geschichtsinterpretationen und Kontroversen im Überblick. Reinbek: Rowohlt
Lepsius, Rainer M. (1966): Parteiensystem und Sozialstruktur. Zum Problem der Demokratisierung der deutschen Gesellschaft. In: Abel, Wilhelm/Borchardt, Knut/Kellenbenz, Hermann/Zorn, Wolfgang (Hg.): Wirtschaft, Geschichte und Wirtschaftsgeschichte. Festschrift für Friedrich Lütge. Stuttgart: Fischer, S. 371-393
Ley, Michael/Schoeps, Julius H. (Hg.) (1997): Der Nationalsozialismus als politische Religion. Bodenheim: Philosophische Verlagsgesellschaft
Lipp, Wolfgang (1985): Stigma und Charisma. Über soziales Grenzverhalten. Berlin: Reimers
Longerich, Peter (1989): Die braunen Bataillone. Geschichte der SA. München: Beck
Luckmann, Thomas (1991): Die unsichtbare Religion. Frankfurt a. M.: Suhrkamp
Maier, Hans (1995): Politische Religionen. Die totalitären Regime und das Christentum. Freiburg/Basel/Wien: Herder
Miller, Max/Soeffner, Hans-Georg (1996): Modernität und Barbarei. Soziologische Zeitdiagnose am Ende des 20. Jahrhunderts. Franfurt a. M.: Suhrkamp
Mölich, Georg (1997): Moderne und Modernisierung als Leit- und Epochenbegriff in den Kulturwissenschaften. Eine kritische Skizze. In: Breuer, Dieter/Cepl-Kaufmann, Gertrude (Hg.): Moderne und Nationalsozialismus im Rheinland. Vorträge des Interdisziplinären Arbeitskreises zur Erforschung der Moderne im Rheinland. Paderborn/München/Wien/Zürich: Schöningh, S. 17-20
Mommsen, Hans (1991): Hitlers Stellung im nationalsozialistischen Herrschaftssystem. In: ders.: Der Nationalsozialismus und die deutsche Gesellschaft. Ausgewählte Aufsätze. Reinbek: Rowohlt, S. 67-101

Mommsen, Hans (1995): Noch einmal: Nationalsozialismus und Modernisierung. In: Geschichte und Gesellschaft 91, 3, S. 391-402
Mommsen, Hans (1996): Modernität und Barbarei. Anmerkungen aus zeithistorischer Sicht. In: Miller, Max/Soeffner, Hans-Georg (Hg.): Modernität und Barbarei. Soziologische Zeitdiagnose am Ende des 20. Jahrhunderts. Frankfurt a. M.: Suhrkamp, S. 137-155.
Mulisch, Harry (2001): Siegfried. Eine schwarze Idylle. München: Hauser
Musil, Robert (1981): Der Mann ohne Eigenschaften. Reinbek: Rowohlt
Peukert, Detlev J. K. (1982): Volksgenossen und Gemeinschaftsfremde. Anpassung, Ausmerze und Aufbegehren unter dem Nationalsozialismus. Köln: Rheinland Verlag
Peukert, Detlev J. K. (1987): Die Weimarer Republik. Krisenjahre der klassischen Moderne. Frankfurt a. M.: Suhrkamp
Prinz, Michael / Zitelmann, Rainer (Hg.) (1991): Nationalsozialismus und Modernisierung. Darmstadt: Wissenschaftliche Buchgesellschaft
Raab, Jürgen / Tänzler, Dirk (1999): Charisma der Macht und charismatische Herrschaft. Zur medialen Präsentation Mussolinis und Hitlers. In: Honer, Anne/Kurt, Ronald/ Reichertz, Jo (Hg.): Diesseitsreligion. Zur Deutung der Bedeutung moderner Kultur. Konstanz: Universitätsverlag Konstanz, S. 59-78
Reinhard, Wolfgang (1999): Geschichte der Staatsgewalt. Eine vergleichende Verfassungsgeschichte Europas von den Anfängen bis zur Gegenwart. München: Beck
Reimers, Karl-Friedrich/Bauer, Joachim/Funke, Wilfried/Held, Michael/Piontkowitz, Heribert (1971): "Hitlers Aufruf an das deutsche Volk vom 10. Februar 1933". Publikationen zu wissenschaftlichen Filmen. Sektion Geschichte, Pädagogik, Publizistik. Bd. 2 (1970-1973), Heft 2
Simmel, Georg (1995): Die Religion. In: ders.: Philosophie der Mode. Die Religion. Kant und Goethe. Schopenhauer und Nietzsche. Gesamtausgabe Band 10, Frankfurt a. M.: Suhrkamp, S. 39-118
Soeffner, Hans-Georg (1991): Rekonstruktion statt Konstruktivismus. 25 Jahre 'Social Construction of Reality'. In: Soziale Welt 43, 4, S. 476-481
Soeffner, Hans-Georg (1995): Die Ordnung der Rituale. Die Auslegung des Alltags 2. Frankfurt a. M.: Suhrkamp
Soeffner, Hans-Georg (2000): Gesellschaft ohne Baldachin. Über die Labilität von Ordnungskonstruktionen. Weilerswist: Velbrück Wissenschaft
Sorel, Georges (1928): Über die Gewalt. Innsbruck: Universitätsverlag Wagner
Stollberg-Rilinger, Barbara (1986): Der Staat als Maschine. Zur politischen Metaphorik des absoluten Fürstenstaates. Berlin: Duncker & Humblot
Tänzler, Dirk (2000): Das ungewohnte Medium. Hitler und Roosevelt im Film. In: Sozialer Sinn. Zeitschrift für hermeneutische Sozialforschung, 1, S. 93-120
Taylor, Simon (1981): Symbol and Ritual under National Socialism. In: British Journal of Sociology, 32, 4, S. 504-520
Tenbruck, Friedrich (1978): Zur Anthropologie des Handelns. In: Lenk, Hans (Hg.): Handlungstheorien interdisziplinär. Bd. 2: Handlungserklärungen und philosophische Handlungsinterpretationen. München: Fink, S. 89-138
Turner, Victor (1989): Das Ritual. Struktur und Anti-Struktur. Frankfurt a. M.: Campus
Ueberhorst, Horst (1989): Feste, Fahnen, Feiern. Die Bedeutung politischer Symbole und Rituale im Nationalsozialismus. In: Voigt, Rüdiger (Hg.): Politik der Symbole – Symbole der Politik. Opladen: Leske + Budrich, S. 157-178
Voegelin, Eric (1938): Die politischen Religionen. Wien: Bermann-Fischer
Voegelin, Eric (1959): Die neue Wissenschaft der Politik. Eine Einführung. Salzburg: Stifterbibliothek

Vondung, Klaus (1971): Magie und Manipulation. Ideologischer Kult und politische Religion des Nationalsozialismus. Göttingen: Vandenhoeck und Ruprecht
Vondung, Klaus (1997): Die Apokalypse des Nationalsozialismus. In: Ley, Michael/Schoeps, Julius H. (Hg.): Der Nationalsozialismus als politische Religion. Bodenheim: Philosophische Verlagsgesellschaft, S. 33-52
Weber, Max (1985): Wirtschaft und Gesellschaft. Grundriß der verstehenden Soziologie. Tübingen: Mohr (Siebeck)
Zitelmann, Rainer (1987): Hitler. Selbstverständnis eines Revolutionärs. Hamburg: Berg

Wolfgang Christian Schneider

Die Stadt als nationalsozialistischer Raum. Die städtebauliche Inszenierung der 'Stadt der Auslandsdeutschen' Stuttgart

Mit den Nationalsozialisten kam eine Partei an die Macht, die sich zur Darstellung und Gewährleistung ihrer Herrschaft und Weltanschauung bewußt der Architektur bediente.[1] Sie folgte darin ganz den Vorstellungen, die Hitler in „Mein Kampf" (1934: 290; 292) dargelegt hatte. Kern von Hitlers Aufgabenstellung an Architektur und Stadtgestaltung war der Grundgedanke, daß das Erscheinungsbild der Städte von „Bauten der Gemeinschaft" bestimmt werden sollte, denen gegenüber die Wohnbauten der privaten Besitzer zu einer „unbedeutenden Nebensächlichkeit" zusammensinken sollten. In diesem Übergewicht der Bauten der Allgemeinheit sollte die Hinordnung, ja Unterordnung des Einzelnen unter die Volksgemeinschaft ihren Ausdruck finden. Diesen überragenden „Zeichen der Volksgemeinschaft" wird dann die volkspädagogische Funktion zugewiesen, die Einwohner der Städte zu einer „gleichmäßig anerkannten Weltanschauung" mit einer „einheitlichen Beurteilung der großen Fragen der Zeit" zu verpflichten und sie zugleich zu einem „entschiedenen Heroismus" zu veranlassen.

Diese Vorstellung hat Hitler nicht selbst entwickelt, er schließt sich damit vielmehr an Architekturvorstellungen der Avantgarde der Zeit vor und kurz nach dem 1.Weltkrieg an. So werden in Bruno Tauts Planung in „Die Stadtkrone" von 1919 die überwiegend achsialsymmetrisch gruppierten, häufig hofartig strukturierten Bauten des Stadtzentrums in der Mitte (und auf der Achse der Gesamtanlage) zu einem dominierenden Symbol oder Wahrzeichen aufgetürmt, während die Wohnbauten samt ihren Gartenanteilen, strikt gleichförmig gestaltet, in regelmäßigen Zeilen daran anschließen.[2] Anders aber als Taut gibt Hitler diesen Formprinzipien eine entschieden herrschaftliche Funktion: Die architektonische Inszenierung soll den Menschen in dem von ihm als 'Führer' vorgegebenen Sinne formen und innerlich beherrschen und – wie der Hinweis auf den Heroismus zweifellos zu verstehen ist – für seinen Krieg bereit machen.

---

1 Allgemein zum Thema: Teut 1967; Kunst im 3.Reich 1974: 46-121; Taylor 1974; Petsch 1976; Dülffer/Thies/Henke 1978; Thies 1978: 413ff.; Schäche 1980: 48ff.; Reichardt/Schäche 1985; Backes 1988; Scobie 1990; Petsch 1992; Münk 1993, bes. 127ff.; Nerdinger 1993; Durth/Nerdinger 1993 u. 1994; Davidson 1995; Weihsmann 1998; Wolf 1999.
2 Vgl. Banham 1964: 225f. mit Abb. 27.

1. Die erste Planung: Das 'Haus der Arbeit' mit 'Forum' als architektonisches Herrschaftsinstrument

Als die Nationalsozialisten im Zuge der 'Gleichschaltung' nach dem Ermächtigungsgesetz in Stuttgart an die Macht kamen, machten sie sich sofort daran, Hitlers Vorgaben umzusetzen.[3] Den Anstoß gab die „Deutsche Arbeitsfront", die zusammen mit dem Kulturamt Berlins im Januar 1934 unter deutschen Architekten einen Wettbewerb zur Erlangung von Ideen für „Häuser der Arbeit" ausgeschrieben hatte. Diese nach dem Vorbild der faschistischen 'opera nazionale Dopolavoro' entwickelten 'Häuser der Arbeit' sollten komplexe Gebäudeanlagen darstellten: Gefordert war ein großer Bühnenbau, ein weites 'Forum' auf dem 10.000 bis 20.000 Menschen zusammengerufen werden konnten. Darüber hinaus sollten in Nebenbauten Sportsäle, Bäder, Theater und Spielräume berücksichtigt werden.[4] Für den Bühnenbau war ein programmatisches Wandbild oder Mosaik vorgesehen. Jenseits des Architektonischen wurde ein Massenschauspiel und ein zur Aufführung von Massenchören geeignetes Chorwerk gefordert. All diesem mußte der Gedanke 'Ehrung der Arbeit' zu Grunde liegen, das Ziel war eine 'Kultstätte deutschen Arbeitsgeistes'.[5] Als Zweck der Anlage wird über Sport und Spiel hinaus wesentlich auf „politische und propagandistische Veranstaltungen", für die „erzieherische Arbeit am Volk" hingewiesen.[6] So war den Entwerfern die Entwicklung eines umfassenden nationalsozialistisch geprägten Bauzusammenhangs aufgegeben, der Zwecke der Partei, der Wirtschaft, der Kultur, des Sports und der Volksgesundheit verband und Massenveranstaltungen ermöglichte. Unter die ausgezeichneten Arbeiten gelangten drei, die die Planungsanforderungen ausdrücklich für Stuttgart umsetzten.

Den zweiten Preis des Wettbewerbs erhielt die Stuttgarter Architektengemeinschaft Karl Gonser und Elisabeth von Rossig (Abb.1).[7] Sie planten die Errichtung des

---

3 Zur NS-Planung in Stuttgart: Schneider 1982: 51-95; Schneider 1984: 78-93; danach, freilich allzusehr in Nachzeichnung der internen Amtsabläufe befangen Müller 1988: 255-266 u. 355-358; vgl. auch Müller 1989: 81-90; Markelin/Müller 1991: 89 97; Sterra 1994: 56-81; Schneider 1997: 46-104 und 234-243; Weihsmann 1998: 836ff.

4 Vgl. Die Kunst der Nation Jg. 1 (1933) H. 4, S. 1. Zum Wettbewerb insgesamt: Stommer 1985: 243ff., eine Aufstellung der Preisträger: 244.

5 Vgl.: Das 'Haus der Arbeit'. Zur Ausstellung der Wettbewerbsentwürfe in Berlin; in: Bauwelt 25 (1934) H. 29; S. 699f.; dort 699 der ausdrückliche Hinweis: „Italien hat seine Feierabendhäuser – dopo lavoro – bedeutet nach der Arbeit – Deutschland ist im Begriff 'Häuser der Arbeit' zu bauen. Vgl. auch: Zum Wettbewerb 'Häuser der Arbeit'; Bauwelt 25 (1934) H. 4 S. 77; die Ausschreibung: Bauwelt 24 (1933) 1418. Abbildung der Preisarbeiten des „Wettbewerbs um Entwürfe zu den überall in Deutschland geplanten Häusern der Arbeit" (S.1): Bauwelt 25 (1934) H.32 S. 1-12. F.Paulsen: 'Häuser der Arbeit. Das Ergebnis des Wettbewerbs der Deutschen Arbeitsfront; in: Monatshefte für Baukunst und Städtebau 18 (1934) S.425-436. Eingegangen waren 690 Entwürfe. Zu den Preisrichtern gehörten u.a. Paul Bonatz und Albert Speer. Zu Häusern der Arbeit vgl. auch Mattausch 1981: 100ff.

6 Monatshefte für Baukunst und Städtebau 18 (1934) 446f.

7 Bilder: Grundriß, Ansicht von Südwesten, Ansicht von Nordwest (Abb. 1): Bauwelt 25 (1934) H.32 S. 3; sowie in: Monatshefte für Baukunst und Städtebau 18 (1934) S.427; Abb. 4-6. Grundriß auch in Stommer 1985: 245.

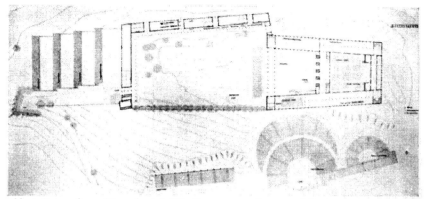

Abb. 1: Entwurf zum 'Haus der Arbeit' in Stuttgart von Gonser und Rossig

'Hauses der Arbeit' mit dem 'Forum' auf der Uhlandshöhe über der Stuttgarter Innenstadt. Die Anlage sollte aus einem großen trapezoiden, Bühne und 'Großen Saal' einschließenden Baukomplex bestehen, dem ein weites, nach Norden und Osten von einem langgestreckten winkelförmigen Gebäudetrakt gefaßtes gegenläufig trapezoides Platzgelände vorgelegt war. Die hintere Hälfte des trapezoiden Hauptbaues nimmt ein 'Großer Saal' mit Bühne ein, der über 3200 Plätze bot, die vordere Hälfte ein weiter Innenhof, das 'Forum'. Die Front des Baus war im Erdgeschoß über die ganze Länge hin als tiefe, beidseitig offene Arkadenhalle gestaltet, so daß das Platzgelände vor der Front und das 'Forum' unmittelbar verbunden waren. In den Flügelbauten zu Seiten des Forums waren Ausstellungsräume und ein 'Kleiner Saal' mit Bühne untergebracht, den 'Großen Saal' begleiteten lange Hallen mit Innenarkaden. Der das Platzgelände umfassende Gebäudewinkel, auf der östlichen Längsseite, auf Erdgeschoßhöhe in größeren Abständen durch vier hohe Arkadendurchgänge in Kolossalordnung gegliedert, auf der kürzeren Nordseite, dem Bühnenbau gegenüber, aber geschlossen, enthielt die gewünschten Sporthallen mit ihren Nebenräumen. Am Nord-West-Eck lag der Hauptzugang: eine aufwendige Toranlage mit einer inneren Pfeilerreihe. Zum Platz hin wurde die ganze Gebäudefolge durch eine durchgehende Arkadenhalle (oder Pfeilerhalle) zusammengefaßt. An der Längsseite zum Stuttgarter Tal hin schloß eine Mauer mit einer strengen dichten Baumreihe den Platz. Das zur Stadt abfallende Gelände vor der Schmalseite der 'Forumsanlage' wurde durch eine Folge von abgetreppten Terrassen gefaßt, die mit verschiedenen langen Funktionsbauten belegt wurden (Gästehaus, Herbergen, Jugendherberge). Unterhalb des Bühnenbaues waren in den Hang die 'Kampfbahn' und zwei antikische Theater eingearbeitet, eine kleinere 'Freilichtbühne' und eine größere Anlage für die Thingspiele. Die Gutachter lobten, daß mit der Anlage „dem unruhigen Stadtbild eine zusammenfassende Bekrönung gegeben" werde. In seiner Struktur schloß diese Planung von 'Haus der Arbeit' und 'Forum' unverkennbar an die Akropolis in Athen mit ihren beiden Theatern an und brachte damit auf das Deutlichste den alle vorgeblichen Zwecke der Freizeitgestaltung weit übersteigenden politischen Herrschaftsanspruch der Anlage und ihre Bestimmung, eine weltanschaulich einheitliche Volksgemeinschaft und den von Hitler geforderten 'Heroismus' hervorzurufen, zum Ausdruck.[8]

Den 3. Preis erhielten die Stuttgarter Architekten Kurt Marohn und Werner Gabriel, die ihren Entwurf „für eine süddeutsche Großstadt" bestimmten, damit aber unmittelbar Stuttgart meinten. Denn als Gelände für ihre Planung sahen sie den unteren Bereich des Rosensteingeländes über dem Neckar neben der Wilhelma vor. Ihre weiträumige Planung hat zwei Schwerpunkte, die durch einer lockere Folge gleichartiger Einzelbauten (u.a. 'Wohnheime für wandernde Gruppen') verbunden werden: Stuttgart zu liegt ein größerer Baukomplex mit Sportanlagen und Halle, Cannstatt zu liegt der Hauptkomplex: eine große langrechteckige Freiflä-

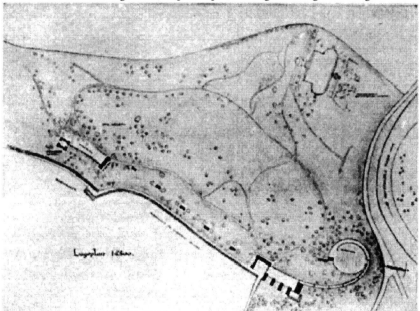

Abb. 2: Entwurf zum 'Haus der Arbeit' in Stuttgart von Marohn und Gabriel

che, das Forum, die zur Talseite von einer Reihe vier streng parallel gestellter Bildungsbauten (für Ausstellungen, Schulung, Bibliothek, Musik) gesäumt wird und an der nordöstlichen Schmalseite frontal durch die 'Feierstätte' (mit Festsaal) abgeschlossen wird (Abb. 2). Nahe dem Neckar ist dann noch eine Spielstätte (Thingstätte) vorgesehen.[9] Im Fachorgan wird diese Planung gelobt, daß sie durch ihre lockere Struktur eine gute Grundlage zum Ausbau der Herrschaftsanlage biete.

---

8   Bauwelt 25 (1934) H 32 S. 3. Diese Antikenreminiszenz ist keine zeitferne Spielerei, wie der von Hitler und Speer geplante Bau einer antikischen Thermenanlage in Berlin zeigt; vgl. Scobie 1990: 119ff. mit Abb. 60; 62.

9   Bauwelt 25 (1934) H.32 S. 5 mit 3 Abb.; sowie in: Monatshefte für Baukunst und Städtebau 18 (1934)

Unter die ausgezeichneten Arbeiten gelangte auch die einer eng mit der Stuttgarter Stadtverwaltung verflochtenen Planergruppe (Graubner, Hagstotz, Hengerer), und die NS-Stadtführung beeilte sich, diese Vorstellungen im Hinblick auf eine zukünftige Umsetzung bekannt zu machen. Denn die drei Planer hatten dem nationalsozialistischen Architekturzusammenhang des „Hauses der Arbeit" eine zusätzliche städtebauliche Funktion zugewiesen: die Entwicklung 'Neckar-Stuttgarts', des zweiten städtischen Schwerpunktes (Abb. 3 und 4).[10] Der massige U-förmige Parteibau war, parallel zum Neckar gestellt, zweiseitig orientiert: Einerseits war er über den Fluß hinweg auf das dort liegende für das 'Deutsche Turnerfest' von 1933 angelegte Sport- und Aufmarschgelände um die „Adolf-Hitler-Kampfbahn" (später Neckarstadion) bezogen; zwei gleichartige parallelverlaufende Hängebrücken führten von dort zu den Gebäudekanten des Parteibaus, so daß sich mit den vier Pylonen auf beiden Flußufern in Verbindung mit einem großen dem Partei-

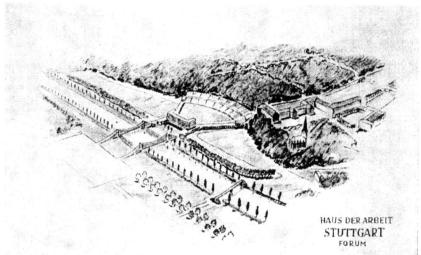

Abb. 3: Entwurf zum 'Haus der Arbeit' in Stuttgart von Graupner/Hagstotz/Hengerer

---

S.429; Abb. 10-12 (Abb. 2). Die beiden Architekten waren 1934 auch mit einem 1.Preis beim Wettbewerb um ein 'Schlageter-Forum' in Düsseldorf erfolgreich; vgl. Stommer S. 250 mit Bild.

10 NS-Kurier 22.9.1934 M (=Mittagsausgabe): Bild: Ansicht von Norden und Text; ein zweites Bild: Ansicht von Westen ohne Text: NS-Kurier 22.9.1934 A (=Abendausgabe). Bilder und Text: „Ein Haus der Arbeit für Stuttgart"; in: Monatshefte für Baukunst und Städtebau 18 (1934) 445-447 (445: Ansicht von Norden (Abb. 3); 446: Grundriß des Hauptbaus mit Schnitt durch das Forum; 446: Grundriß mit Brücken; 447: Gesamtplan mit Verkehrsführung). Angesichts dieser Befunde (und des italienischen Vorbilds) kann es nicht ausreichen, wie Wolf 1999: 30f., die städtebauliche Konzeption von Forum und Gauforum auf die Planungsvorgänge in Dresden zurückzuführen. Sie entsprangen vielmehr wesentlich den auch in Dresden wirksamen Vorgaben der DAF, die dann durch die Eingriffe Hitlers lediglich einen neuen Akzent erhielten. Von Anfang war daher ein 'Haus der Arbeit' ein wichtiger Teil des Dresdner 'Gauforums'. Auch von Gropius ist ein Wettbewerbsentwurf für das 'Haus der Arbeit' erhalten: Scheiffele 1984: 236.

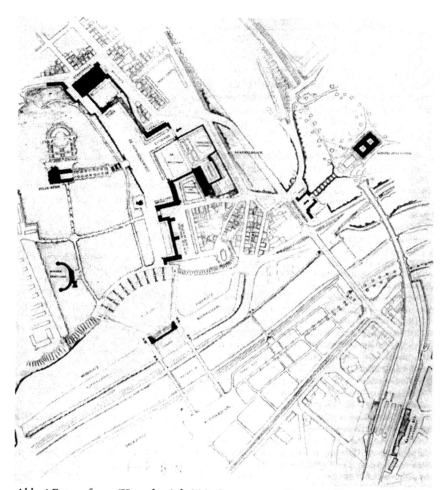

Abb. 4: Entwurf zum 'Haus der Arbeit' in Stuttgart von Graupner/Hagstotz/Hengerer

bau vorgelagerten Platz einen doppelachsial symmetrisch strukturierte Gesamtanlage ergab, wie sie für die nationalsozialistische Ästhetik typisch ist.[11] So diente die 'Neckarseite' des „Hauses der Arbeit" mit dem Vorhof und seitlichen Aufmarschplätzen als abschließender nationalsozialistischer Herrschaftsbau für Adolf-Hitler-Kampfbahn mit ihrem großen Aufmarschplatz. Andererseits war das 'Haus der Arbeit' dem Berger Steilhang zugewandt, zu dieser Seite war das vierstöckige Haupt-

---

11   Beide Brücken der Berger Anlage sollten nicht dem Verkehr dienen, für Bahn- und Straßenverkehr gab es drei weitere Brücken wenige hundert Meter flußabwärts. Eine vergleichbare Anlage bietet der von Wilhelm Kreis entworfene „Freiheitsplatz am Rhein": Die Kunst im Dritten Reich 3 (1939) Februar, Ausg. B, S.82 84.

gebäude U-förmig geöffnet. Von den beiden Eckresaliten gingen schräggestellte niedrigere Bauten aus, die in zunehmender Öffnung auf den Steilhang zuliefen, an den eine bogenförmige Anlage von stadionartig ansteigenden Sitzreihen gelehnt war. Zwischen den Gebäudeformationen ergab sich damit die große von Pfeilerreihen gesäumte trapezoide Innenfläche des 'Thingplatzes'. Zum Nesenbachtal hin schloß an die 'Thingstätte' eine Folge von weiteren programmatischen Bauten an, zunächst ein 'Heim für Invalide und Alte Kämpfer', dann Clubräume und ausgeweitete Badanlagen, schließlich nach einer langgezogenen 'Aufmarschwiese' eine neue 'Stadthalle', eine Großhalle für mehrere Tausend Besucher. Auch die beiden benachbarten königlichen Schloßbauten, die Villa Berg und das Rosensteinschloß wurden über monumentale Zugänge in das nationalsozialistische Bauensemble einbezogen.

Die Planungsvorgaben für das „Haus der Arbeit" wurde von den Ausschreibern mit zwei für die nationalsozialistischen Architekturvorstellung bedeutsamen Begriffen, verbunden: „Forum" und „Thingstätte". Diese beiden Begriffe aber enthalten einen latenten Widerspruch, denn sie entstammen verschiedenen ideologischen Zusammenhängen. Das machen gerade die Entwürfe für Stuttgart deutlich. Begriff und Vorstellung des „Forums" entstammen der Architekturkonzeption des italienischen Faschismus. Im Zusammenhang mit seinen Bemühungen um eine Wiederherstellung eines „impero nostro" (für die ja auch die insigne-artigen Fasces des Faschismus standen) wurden in den 20er Jahren in Italien große Platzanlagen für die Selbstdarstellung der faschistischen Bewegung angelegt, so das „Foro Italico" in Rom (vgl. Scobie 1990: Abb. 11). Wie dieses am Stadtrand bei der Milvischen Brücke gelegen den Tiber in seine Anlage einbezog, so das ähnlich gelegene in Stuttgart den Neckar. Die in der Struktur des Forums angelegten Bewegungsabläufe sind durch frontale Bezüge und durch Aufmärsche oder Vorbeimärsche vor einem erhöht Stehenden bestimmt. Begriff und Vorstellung der „Thingstätte" hingegen entstammen dem völkischen Flügel der Alternativbewegung nach der Jahrhundertwende, der im Laufe der 20er Jahre in der nationalsozialistischen Bewegung eine Heimat gefunden hatte. Er bezeichnet den Aufführungsort für die „Thingspiele", völkische Feierspiele, die im Gegensatz zum klassischen 'Guckkastenschauspiel' die Gemeinschaft als ganzes in die Aufführung des überhöhten mythischen und historischen Geschehens einzubeziehen suchten und dafür besondere architektonische Anforderungen stellten.[12] Die Bewegungsabläufe der Thingstätte sind durch eine allgemeine Teilhabe aller am Geschehen bestimmt, in dem Aufführende und Betrachter eins werden.

Wie die Planer der Stuttgarter Stadtverwaltung die beiden divergierenden Konzeptionen von faschistischem „Forum" und völkischer „Thingstätte" gewichteten, offenbart die von ihnen in der Planung real vorgesehene Situation. Der Platz zwischen „Haus der Arbeit" und dem Tribünenbogen in Berg ist – wie sich bei einem Vergleich mit der von Alker 1935 auf dem Heiligenberg bei Heidelberg angelegten Thingstätte ergibt – für die Zwecke der völkisch-nationalsozialistischen Thingspiele viel zu groß, der Stuttgarter Tribünenbogen erscheint zu offen, die für das Gemeinschaftsspiel notwendige Konzentrik kann so nicht entstehen. Baulich vorgegeben ist im Stuttgarter

---

12 Vgl. dazu Eichberg et al. 1977: bes. 35ff. und 107. Stommer 1985: 118ff.

'Thing-Forum' ein anderer Bewegungsvorgang: der Aufzug einer großen Menge von Beteiligten, denen eine ebenso große, aber am Geschehen nicht beteiligten Zuschauermenge gegenübersteht. Die für Berg geplante Architektur konnte somit den Notwendigkeiten des 'Thingspiels' kaum genügen, während sie für Aufmärsche und frontal konzipierte Kundgebungen rhythmisch bewegter Massen *vor* einer Zuschauermenge, wie sie dem faschistischen Ritual entsprechen und wie sie dann für die NSDAP-Parteitage in Nürnberg oder die Veranstaltungen der Auslandsorganisation der NSDAP in Stuttgart bestimmt sind, bestens geeignet ist. Die Planung des Stuttgarter Büros Gonser/Rossig hingegen bot den spezifischen Bewegungsformen des Thingspiels nicht wirklich eine architektonische Grundlage; die von ihnen entworfene Anlage ging von einer frontalen Interaktion aus – und entsprach damit ganz den mit dem 'Forum' verbundenen 'faschistischen' Bewegungsabläufen.

Die Planungen für das Stuttgarter 'Forum der Arbeit' nehmen damit den Zerfall des Thingspielgedankens vorweg. Denn mit der Konsolidierung ihrer Macht verloren die Nationalsozialisten im Zuge der ideologischen Umschichtung nach 1936 zunehmend ihr Interesse an dieser völkischen Einrichtung. 1938 setzte Hitler selbst den Schlußpunkt, als er auf der Kulturtagung des Reichsparteitags in Nürnberg feststellte: „Vor allem ist der Nationalsozialismus in seiner Organisation wohl eine Volksbewegung, aber unter keinen Umständen eine Kultbewegung (...). Wir haben auch darum keine Kulträume, sondern ausschließlich Volkshallen, auch keine Kultplätze sondern Versammlungs- und Aufmarschplätze. Wir haben keine Kulthaine, sondern Sportarenen und Spielwiesen."[13]

Deutlich wird damit, daß die Planung des „Hauses der Arbeit" nicht einfach ein Einzelprojekt darstellt, sondern einer komplexen und programmatischen städtebaulichen Inszenierung nationalsozialistischer Anschauungen gilt, wie sie zur Zeit des Machtantritts der Nationalsozialisten herrschten. Die Anlage zielt auf die Bereitstellung eines architektonischen Herrschaftsinstrumentes: der Darstellung und dem Vollzug der Volksgemeinschaft. Dabei aber finden in den für Stuttgart bestimmten Entwürfen die Widersprüche zwischen den verschiedenen weltanschaulichen und politischen Gruppierungen innerhalb der Partei ihren Niederschlag, die das Projekt dann auch scheitern ließen. Gegenüber der völkischen Konzeption setzte sich die faschistische Konzeption durch – und diese verlangte eine frontale Beziehung zwischen überlegenem 'Führer' und nachgeordneter 'Volksgemeinschaft', die eine Thingstätte mit dem erhöhten Sitz des Publikums gerade nicht bot. Die Kategorie der 'Thingstätte' verlor ihren politischen Gehalt,[14] die auf eine frontale Kommunikation hin angelegte Kategorie des 'Forums' hingegen expandierte, die Dualität von rechteckigem Aufmarschplatz und zugeordneter (aus dem Bühnenbau entwickelter) Großhalle wurde in der Folge die offizielle Bezeichnung für die nationalsozialistischen Herrschaftsbauten

---

13 Zit. nach Eichberg et al. 1977: 36.
14 Die Stuttgarter 'Reichsgartenschau von 1939 zeigte dann noch einmal eine 'Thingstätte', doch diese hatte als „Vorführgarten, Stätte froher Unterhaltung und ernster Kunst" nicht nur ihren Namen, sondern auch die früher derartigen Anlage zukommende Bedeutung verloren. Bild und Benennung in: Das Erlebnis einer Landschaft – Ein Bildbericht von der Reichsgartenschau Stuttgart 1939; S.30, auch Verwaltungsbericht 1939 S.3.

und Platzanlagen mit Herrschaftsfunktionen, die in jeder Gauhauptstadt zu errichten waren und die Planungen bestimmten. Der Zusammenhang dieser Anlage mit der 'Deutschen Arbeitsfront' blieb erhalten: Neben der Partei galt dann wesentlich die DAF als Träger der späteren 'Gauforen'.[15] Der in den Vorgaben zum 'Haus der Arbeit' zunächst enthaltene Freizeitgedanke aber wurde völlig aufgegeben zu Gunsten einer autoritär-hierarchischen Formung einer passiven 'Rezipientenmasse'.

2. Die neue nationalsozialistische Identität: „Stadt der Auslandsdeutschen" und ihre städtebauliche Umsetzung

Nach der Konsolidierung ihrer Herrschaft griffen die Stuttgarter NS-Führer mit ihren Planungen weiter aus,[16] sie richteten sich nun auf die Gesamtgestalt der Innenstadt. Maßgeblich war dabei – und das blieb bis 1945 so – nicht die Gauleitung, sondern die NS-Stadtführung. Sie beauftragte wohl noch 1935 drei bekannte Architekten mit Gutachten über die innerstädtische Neugestaltung: Paul Bonatz, Peter Grund und Konstanty Gutschow (später führender Planer der 'Führerstadt' Hamburg). Zugleich bemühte sich der NS-Führer der Stadt, Karl Strölin, gerade auch im Hinblick auf diese Planungsabsichten, um eine spezifische nationalsozialistische Identität für die Stadt. Da diese nach den Prinzipien des Führerstaates nur von Hitler und allein über eine 'Reichsfunktion' zu erlangen war, suchte die NS-Stadtführung mit der Übernahme einer spezifischen NS-Funktion die Aufnahme Stuttgarts in die Riege der Herrschaftsstädte des 'Dritten Reiches' zu erreichen. Zunächst zielte die Bemühung darauf, anstelle von Nürnberg 'Stadt der Reichsparteitage' zu werden.[17] Nürnberg verstand es jedoch, diesen Herrschaftstitel für sich zu wahren. Über ihre guten Kontakte zu Goebbels[18] gelang es den Stuttgarter Nationalsozialisten dann aber, sich einen annähernd gleichwertigen Ersatz

---

15 Die Mitwirkung der DAF bei der Herausbildung des Forum-Gedankens führt dann zum ausdrücklichen Hinweis auf die DAF als Mitträger des ersten verwirklichten Gauforums in: Die Kunst im Dritten Reich, Ausgabe A. Folge 10. Oktober 1937: 'Das neue Weimar' S. 22. Angesichts des eben beschriebenen Befundes (und des italienischen Vorbilds) dürfte diese städtebaulich neue Konzeption des 'Gauforums' nicht schlicht in Dresden entwickelt worden sein, wie Wolf 1999: 30f. annimmt, sondern wesentlich den Vorgaben der DAF und insbesondere dem Planungskontext der 'Häuser der Arbeit' entsprungen sein, die dann auch in Dresden wirksam wurden. Von Anfang an war demgemäß auch ein 'Haus der Arbeit' ein wichtiger Teil des Dresdner 'Gauforums'.

16 Vorausgegangen waren Einzelbauten etwa „Das erste große Gemeindebauwerk in Stuttgart seit der nationalsozialistischen Erhebung" (Festschrift S.14), das 'Haus der Technischen Werke Stuttgart", Modell: Bauwelt 25 (1934) H 33 S. 805; Photos: Festschrift zur Eröffnung des Hauses der Technischen Werke der Stadt Stuttgart am 19.September 1936 im vierten Jahr des Neuen Reiches, Stuttgart 1936.

17 Niederschrift der Stadt Nürnberg, 24.7.1933 über ein Gespräch mit Hitler über Umbauten für den Reichsparteitag 1937; Stadtarchiv Nürnberg C 7/1/86 – faksimiliert in Dülffer (1978) 214ff.

18 Goebbels war wegen seines Ressorts besonders an der Außenwirkung des NS-Systems interessiert. Strölin konnte ihm am 11.2.1937 ausführlich die Auslandsarbeit und die Planungen Stuttgarts darlegen (Bericht Strölins in Stadtarchiv Stuttgart [=StAS] Bestand BA [= Bürgermeisteramt]

zu verschaffen: Am 27.8.36 verlieh Hitler Stuttgart die Namenserweiterung 'Stadt der Auslandsdeutschen'.[19] Damit hatte Stuttgart eine spezifische nationalsozialistische Identität gewonnen und eine unmittelbare Teilhabe am nationalsozialistischen Herrschaftsvollzug auf Reichsebene erlangt: Die 'Stadt der Auslandsdeutschen' sollte die 20 Millionen Auslandsdeutschen vertreten und für sie den Vorort im Reich bilden. Zunächst für die beiden folgenden Jahre, dann als Dauereinrichtung wurde Stuttgart der Tagungsort für die Reichstagungen der 'Auslandsorganisation der NSDAP' (NSDAP-AO), also gleichsam die Stadt der *internationalen* NSDAP-Parteitage.

Trotz aller weiteren Bemühungen der NS-Stadtführung blieb der 'Stadt der Auslandsdeutschen' jedoch die Aufnahme in den Kreis der (vier, ab 1938 fünf) 'Führerstädte' versagt, für die Hitler im „Gesetz zur Neugestaltung deutscher Städte" vom 4. Oktober 1937 eine sofortige 'Umgestaltung' nach Maßgabe nationalsozialistischer Weltanschauung anordnete. Die nationalsozialistische Umgestaltung der Stadt der NSDAP-AO sollte, wie in einer Ausweitung dieses Gesetzes auf die Gauhauptstädte 1938/39 festgelegt wurde,[20] erst mit einer Verzögerung beginnen – für Stuttgart ging das Reichspropagandaministerium von einer Wartefrist von fünf Jahren aus.[21] Gleichwohl verstand es die Stadt, unter Umgehung der Anordnungen Görings, des Reichsbeauftragten für die Rohstoffverteilung, sich das notwendige architektonische Herrschaftsinstrument zu verschaffen:[22] Rechtzeitig zur 5. Reichstagung der NDSDAP-AO vom 28.8. bis zum 3.9.37 wurde eine 20.000 Menschen fassende (interimistische) 'Schwabenhalle' in der Nähe der Adolf-Hitler-Kampfbahn (und des früheren Standorts des 'Thing-Forums') fertiggestellt und das nationalsozialistische Stuttgart konnte abgesehen von Hitler die gesamte NS-Elite in ihr begrüßen.[23]

---

197). Auch mit Rudolf Hess kam es am 21.6.1937 zu einer entsprechenden Unterredung (StAS BA 197). Der Versuch, die Stuttgarter Planungen Göring vorzustellen, der als Beauftragter für die Durchführung des Vierjahresplans eine entscheidende Position innehatte, mißlang hingegen.

19   Die Stadt hatte den Titel auf lokaler Ebene mit Bezug auf das in Stuttgart arbeitende 'Deutsche Ausland Institut' seit 1934 geführt; vgl. die Formulierung „Stuttgart die Stadt des Auslandsdeutschtums (als Sitz des Deutschen Ausland Instituts)" im Verwaltungsbericht 1934 S.51; vgl. auch S.28.

20   Für 1939 (also für die Zeit nach dem Anschluß Österreichs und der Besetzung des Sudetenlandes und der tschechischen Gebiete) werden von der NSDAP-Reichsleitung 40 Gauhauptstädte aufgeführt. Eine Liste der neuzugestaltenden Gauhauptstädte mit Angaben zum jeweiligen Stand der Planungen und Aufführung von Hitlers Vorgaben für die Gauforen bietet Speers Abschlußbericht „Überblick über den Stand der städtebaulichen Arbeiten in den Gauhauptstädten unter besonderer Berücksichtigung der Planung eines Gauforums" an den Reichsschatzmeister der NSDAP Schwarz vom 19.2.1941; faksimiliert in: Dülffer/Thies/Henke 1978: 64ff. Die darin erwähnte Vorlage der Stuttgarter Planungen dürfte bald nach der Unterredung Strölins mit dem Propagandaministerium am 18.10.1938 erfolgt sein. Speers mangelhafte Kenntnis der Stuttgarter Planungen geht vor allem darauf zurück, daß Strölin vor allem mit Goebbels Kontakt hielt.

21   Protokoll einer Besprechung in Berlin am 18.10.1938: StA. H342 Bü 96. Ähnlich wie für Stuttgart lagen die Dinge für Köln, das in vergleichbarer Weise mit Billigung Hitlers als Vorort der DAF eine Herrschaftsfunktion übernahm, wofür dort 'Das nationale Haus der Arbeit' für die regelmäßigen Tagungen errichtet werden sollte, eine große Pfeilerhalle mit Kuppel; Text: Bauwelt 25 (1934) H 39 S. 953 und Modell: Bauwelt 25 (1934) H. 40 S. 962.

22   Schon im NS-Kurier vom 12.3.37 war von einer 'provisorischen Schwabenhalle' die Rede gewesen. Der Bau wurde aus Holz errichtet, der Einspruch Görings am 31.7.37 kam zu spät; der ganze Vorgang: HStAS E 130b Bü. 1.000.

Mit diesen insgesamt guten Aussichten intensivierte die Stuttgarter NS-Führung ihre Planungsarbeit. Seit Herbst 1936 lagen die Entwürfe der drei bestellten Gutachter vor, von jedem blieben Aufnahmen der Gesamtpläne und der Modelle erhalten.[24] Im Mittelpunkt der Bemühung stand die Planungen für ein neues Rathaus und Bauten für Gauleitung und Partei. Zugleich legten alle Planer einen Hauptakzent auf eine Umgestaltung der Straßenführung. Dies ging allerdings nicht wirklich auf Verkehrserfordernisse zurück, sondern erfolgte, wie die Interdependenz von Straßenführung und Herrschaftsbauten deutlich macht, wesentlich im Hinblick auf die Inszenierungsnotwendigkeiten der Nationalsozialisten, die die überbreiten achsialen Straßenzüge zu Herrschaftsdarstellung, vor allem die 'Aufmärsche' der Partei und ihrer Gliederungen benötigten.[25] Insbesondere die Arbeiten von Bonatz (Abb. 5) und Gutschow

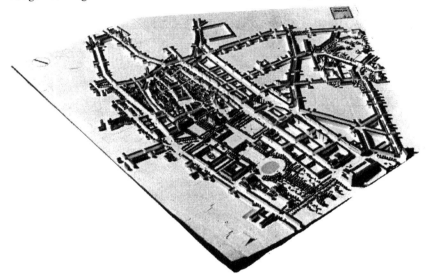

Abb. 5: Bonatz' Modell zur Umgestaltung Stuttgarts (1936)

---

23 Ein Außenbild: Müller 1988 Abb. 24 neben S.138; ein Innenbild beim Hitlerbesuch am 1.4.1938: Schneider 1982: 67; ein Zeichnung der Front in Moderne Bauformen 39 H. 5 (1940) bei Weihsmann 1998: 861.

24 Die Daten und die konkreten Planungsmaßnahmen zeigen, daß die von Wolf 1999: 18ff. behauptete anhaltende Vorreiterrolle von Dresden und Weimar so nicht richtig ist. Die Grundzüge der zweifellos typisch nationalsozialistischen Planung für Stuttgart lagen vor den Veröffentlichungen der Weimarer Planungen 1937/1938 fest. Eine Bezug auf die Planungen von Weimar und Dresden findet sich in den erhaltenen Stuttgarter Akten nirgends. Ausgehend von Hitlers Ideen in 'Mein Kampf' kam es also weitgehend unabhängig voneinander gleichzeitig zu ähnlichen Planungsanstrengungen. Dabei wurden auch die Formvorstellungen und Begriffe des italienischen Faschismus wirksam, die Wolf völlig außer Acht läßt. Der Zeitpunkt, zu dem Hitler diese Planungen vorgestellt wurden, und die Intensität von Hitlers Eingriffen waren teilweise durchaus zufällig.

25 Für das besondere Interesse Hitlers an Achsen vgl. neben der Planung in Berlin die Eingriffe in die Augsburger Planungen: Wolf 1999: 175ff.

trugen dem mit der Herstellung von Tallängsachsen und achsialen Reihungen von Herrschaftsbauten Rechnung, so daß die Verkehrskommunikation ganz von den NS-Bauten beherrscht wurde. Grund hingegen verlegte die wichtigen Erschießungsstraßen weit nach außen, an den Rand der Innenstadt, wodurch die Verkehrskommunikation von den – in der Stadtmitte flächenmäßig weit ausgebreiteten – Herrschaftsbauten der nationalsozialistischen Führung von Gau und Stadt abgesetzt wurde.[26] Eben dies mißfiel der Stuttgarter NS-Führung, so daß Grunds Vorstellungen nicht weiterverfolgt wurden.

Trotz unterschiedlicher städtebaulichen Vorstellungen im Einzelnen bieten die Planungen von Bonatz, Gutschow und Grund doch einen sehr ähnlichen Eindruck: Alle zeigen sie die gleichen Grundformen, die wiederholt eine Nähe zu den öffentlichen Bauten des Faschismus in Italien und zu den eben entwickelten Planungen anderer NS-Städte aufweisen: hohe, mager gegliederte Baublöcke eines mit einzelnen Formprizipien des 'Neuen Bauens' verschmolzenen, ausgezehrten Neoklassizismus, die in unmodulierter Reihung an überbreiten (achsialen) Straßen angeordnet werden. Nach Flächenabrissen sollten weite Stadtbereiche völlig neugestaltet und auf diese achsialen Straßenzüge bezogen werden – ein Vorgang, der, wie die späteren Planungen von 1941 zeigen, immer weiter ausgreifen sollte. Betroffen sind davon auf vielfache Weise die wertvollen Altbauten, die vor allem der Stadt ihr eigenes, vornationalsozialistisches Gepräge gaben. Die Umgestaltung Stuttgarts zur 'nationalsozialistischen Stadt mußte daher gerade sie treffen. Möglicherweise auf Vorgaben der nationalsozialistischen Stadtführer antwortend sehen alle drei Planer einen Abriß des reizvollen barocken Marstallgebäudes gegenüber dem Hauptbahnhofturm vor. Ebenso sollte die barocke 'Akademie' hinter dem Neuen Schloß, die 'Hohe Karlsschule' auf der Schiller studiert hatte, beseitigt werden. Wie die Angaben in den Plänen belegen, sollte dieser Bau der alten Stuttgarter Universität dem neuen Sitz von Staatsführung und Partei weichen. An seiner Stelle wollte Bonatz ein hohes NS-typisches Kastell erbauen, Gutschow einen zur Tallängsachse gerichtete schloßartige NS-Anlage mit überbreiten Eckresaliten an den Flügeln. Die Vorstellungen von Grund sind wegen einiger Unterschiede zwischen Plan, Modell und Zeichnung nicht eindeutig. Er plant am oberen Ende der Neckarstraße (Charlottenplatz) eine nach beiden Seiten der neuen 'Achse' ausgedehnte große Hofanlage mit einem (offenen oder geschlossenen) Gebäudequadrat, das neue 'Parteiforum', dessen Seitenflügel zu beiden Seiten in die 'Achse' der Neckarstraße hineinragen sollte. Während dabei im Plan die 'Akademie' erhalten bleiben sollte, möglicherweise aber auf der Seite zur 'Achse' monumentalisierend überarbeitet, wird sie auf dem Modell und einer 1941 veröffentlichten Detailzeichnung des 'Parteiforums' der beiden Innenflügel beraubt und mit ihrer Südecke in den vorgesehenen NS-Bau einbezogen.[27] Beseitigt wird dafür allerdings das gelungene neoklassizistische 'Wilhelmspalais' Saluccis und das alte 'Waisenhaus'. Ein zweiter Schwerpunkt aller

---

26 Ein detailgenauer Vergleich der drei Planungsansätze mit Bildern von Plänen und Modellen bei Schneider 1997: 55-70.
27 Bild des Modells von 1936: Wendland: Bauzeitung 51 (1941) S.543, die Zeichnung S.544.

drei Planungen ist im Westen oder Nordwesten der Stadt (nahe dem Bollwerk) ein 'Ausstellungsgelände', für das neben anderen Bauten jeweils eine 'Großhalle' mit vorgelegtem Platz vorgesehen wird. Wie diese Struktur zeigt, und Projekte anderer Städte bestätigen,[28] ist die Anlage über 'Ausstellungen' hinaus wesentlich für Großveranstaltungen (gerade auch der Partei) gedacht gewesen, so daß dieses nationalsozialistische Ausstellungsgelände Funktionen des 'Forums' beim 'Haus der Arbeit' übernahm. In den nachfolgenden Planungen wird dieser – zunächst auch in der Gauforumsplanung Dresdens enthaltene – Mehrzweckgedanke allerdings zugunsten einer in unmittelbarem Zusammenhang mit der Gauleitung stehende 'Gauhalle' aufgegeben.

Aufschlußreich sind die vom Stadtplanungsamt ausgewiesenen 'Kostenangaben' für die drei Planungsvarianten der Neubauten von Rathaus und Gauleitung. Die Planung Bonatz' erfordert insgesamt den Abriß von 85 Gebäuden (mit 223 Wohnungen, 51 Läden, 15 Gastwirtschaften, 310 Büroräumen), und sie vernichtet Gebäude in einem Einheitswert von 5,8 Millionen RM. Für Gutschows Planung werden nur die Kosten für den Rathausneubau samt Straßendurchbruch an der Holzstraße aufgeführt; sie verlangen den Abbruch von 220 Gebäuden (mit 787 Wohnungen, 137 Läden, 226 Geschäftsräumen und 36 Gastwirtschaften) mit einem Einheitswert von 7,8 Millionen RM.[29] Die Städtische Planung zieht die Zerstörung von 138 Gebäuden nach sich (mit 480 Wohnungen, 93 Läden, 214 Geschäftsräumen und 24 Gastwirtschaften), die einen Einheitswert von 6,3 Millionen RM ausmachen. Diese Zahlen belegen aufs deutlichste die mit den Neugestaltungsmaßnahmen verbundene planmäßige Entvölkerung der Innenstadt. Die Menschen hatten den Aufmarschflächen zu weichen.

3. Das nationalsozialistische Stuttgart wird Hitler vorgestellt

Zu einer ersten Gesamtdarstellung der Planungen für die nationalsozialistische Umgestaltung Stuttgarts kam es am 1.4.1938, als Adolf Hitler, angezogen von der kurz zuvor errichteten 'Schwabenhalle' mit Ihrem Fassungsvermögen von 20.000 Menschen, die 'Stadt der Auslandsdeutschen' für eine der großen Kundgebungen sei-

---

28 Beispielhaft sind die Planung für Hamburg; vgl. die Wettbewerbsergebnisse: Bauwelt 25 (1934) H. 29 S. 1ff.: zu den drei ersten Preisen: zu Hermann Distel: Ausstellungebäude mit Aufmarschgelände, Führerhalle samt Rednerstand (Abb. 1-7; bes. Abb. 1 u. 2), zu seinem Entwurf S. 5: „In der Architektur [der Ausstellungshauptshalle] wird sinnbildlich der Rhythmus der aufmarschierenden Massen deutlich"; zu Max Schmidt S.3 (Abb- 8-10); zu Peter Behrens S.4 (Abb. 11-15); ähnlich in Monatshefte für Baukunst und Städtebau 18 (1934) Distel S. 369f. Bild 1-7; Schmidt S. 371 Bild 8-10; Behrens S. 372 Bild 11-15. Anvisiert wird ein Aufmarschgelände für 500.000 Personen.
29 Diese massive Vernichtung von Wohnraum führte Gutschow dazu, zur Heranführung der Menschen aus den neuen Außenbezirken eine Untertunnelung der Königstraße und – im Rückgriff auf Vorschläge Karl Schächterles von 1930 ('Die Ausgestaltung der Verkehrsanlagen in und um Stuttgart'; in: Verkehrstechnische Woche, Heft 29, Berlin 1930) – einen U-Bahn-Schleife um die Innenstadt vorzuschlagen, ein Plan, den in den 80er Jahren der Zeitzeuge Dr. Otto Schwarz fälschlicherweise für sich beanspruchte. Allgemein zur Altstadtsanierung und ihrem rassistischen Gehalt Scobie 1990: 289ff.

nes Propagandafeldzugs für ein 'Ja' zum Anschluß Österreichs an Deutschland besuchte. Der NS-Führer der Stadt und der Gauleiter präsentierten ihrem Führer neben Einzelprojekten (Neubau des Reichssenders auf der Karlshöhe, Ausbau der Adolf Hitler Kampfbahn, Gebietsführerschule der schwäbischen Hitlerjugend, neuer Flughafen Stuttgarts in Echterdingen) auch Planungen und Modell der Innenstadt des neuen, nationalsozialistischen Stuttgart.[30] Jede der Äußerung des „Führers" wurde sorgfältigst vermerkt.[31] Da die Stadtverwaltung die Planungen aus Furcht vor möglichen Unruhen wegen der vielen vorgesehenen Abrisse und Umsiedlungsmaßnahmen geheimhielt, die Planungsunterlagen aber 1944 verbrannten, gibt allein eine an entlegener Stelle, im Organ der gleichgeschalteten Heimatvereine Schwabens veröffentlichte Photographie von Hitlers Leibphotograph, Reichsbildberichterstatter Hoffmann, Auskunft über die Absichten (Abb. 6). Ergänzt wird sie für zwei Detailfragen durch eine gleichzeitig aufgenommene Photographie im Stuttgarter NS-Parteiorgan.[32]

Abb. 6: *Hitler und Gauleiter Murr vor einem Modell des 'nationalsozialistischen' Stuttgarts*

30 Zu diesen Planungen im Einzelnen (mit Bildern der Modelle) in Schneider 1982: 68ff. und Schneider 1997: 71ff.
31 StAS 'Niederschrift der Besprechung mit den Technischen Beiräten' (im Weiteren nur: NTB) 8.4.1938 § 219.
32 Der NS-Führer Stuttgarts Karl Strölin hatte die örtliche Presse angewiesen, über die Innenstadtgestaltung näheres weder zu schreiben, noch gar Bilder des Modells zu zeigen, Hoffmann freilich war wegen seiner Bindung an Hitler für die Lokal-Nationalsozialisten 'erreichbar'. Die Aufnahme in: Schwabenland Heft 4, 1938 (von Hoffmann): Hitler und Murr über dem Gesamtmodell StAS BA 3 Bü 9 (Ausschnitt); Aufnahme im NS-Kurier vom 2.4.38 M.: Murr von hinten, Hitler, Strölin vor dem Modell, im Hintergrund Pläne zur Umgestaltung des Alten Post-

Wie die Grundzüge des Modells zeigen, folgte die Stadt weitgehend Bonatz. Deutlich ist der von ihm vorgesehene langrechteckige 'Innenstadtring' mit seinen achsial ausgestalteten Straßenzügen zu erkennen, an denen die neuen NS-Herrschaftsbauten aufgereiht sind. Unter der Hand des Gauleiters Murr liegt als steriler hoher Kastellbau, von niedrigen Seitenflügeln begleitet, der an der Stelle der vielfältig gegliederten barocken Akademie vorgesehene Bau für die Staatsführung (oder Gauleitung der NSDAP). Seine mit Arkaden ausgestaltete kahle Front zur Achse hin kann aus der Aufnahme des Bonatz-Modells von 1936 erschlossen werden. Ebenso sichtbar ist die Situation um den vergrößerten und quadratisch ausgebauten Platz der 'Danziger Freiheit' (Charlottenplatz). Das neue Rathaus mit seinem hohen Turm, weitgehend schon in der Gestalt, die das Photo des Einzelmodells und Bonatz' Entwurfszeichnung von 1941/42 bieten,[33] dient nun – zusammen mit dem gegenüberliegenden neuen hohen Gebäudegeviert der Gauleitung – als Zielpunkt und Front der Tallängsachse mit ihren vielen öffentlichen Bauten. Das Neue Rathaus wie der Staatsbau am Ort der 'Akademie' fügen sich ganz in das Spektrum der nationalsozialistischen Baukunst ein, wie sie Berlin und die weiteren „Führerstädte" prägen sollte. Auffällig sind an beiden die nur wenig gegliederten großen Gebäudeaußenflächen sowie die langen Arkadenreihen der Eingangsbereiche und die Vorliebe für starre Hoflösungen.

Von besonderer Wirkung für das Stadtbild war das vom Stadtplanungsamt unter Hermann Stroebel erarbeitete Bauvorhaben des neuen Reichssenders. Entwurfszeichnung und Photomontage haben sich erhalten (Abb. 7).[34] Hitler erhielt zwei Va-

Abb. 7: Der neue Reichssender (Photomontage)

platzes. Als Gesamtanlage findet die Innenstadtplanung allein in der recht unbedeutenden „Württemberger Zeitung" vom 2./3.4.1938 Erwähnung.

33 Entwurfszeichnung (datiert 1942): Bongartz u.a. S. 82; Modellphoto (datiert 1941): Sterra 1994 Abb.13 (aus Stadtarchiv).
34 Die Photomontagen und Entwurf StAS Plan 274 279, dazu StAS BA 131, wo eine Aufnahme der Vorlage des Stadtplanungsamtes vom 3.1.1941 angeheftet ist.

rianten vorgestellt und entschied für den höhergelegenen Standort Karlshöhe,[35] den Gauleiter Murr in der Folge festlegte. Der auf ein weites Podium gestellte sechsstöckige NS-klassizistische Bau sollte 160 m in der Länge und 120 m in der Breite messen, an die Ecken beider Seitenflügel war jeweils ein gesimsloses Propylon gestellt. Die Front zur Stadt hin beherrschte ein das übrige Gebäude überragender breiter Mittelresalit mit sechs Pfeilern, zwischen denen die mehrfach lisenenumrahmten Fenster tief eingelassen waren. Auf jeder seiner vier Ecken waren große Bronzesymbole, geflügelte Blitze, plaziert. Derartige Architekturmotive setzte mit besonderer Vorliebe Albert Speer ein, etwa beim „Führerbau" in Berlin, aber auch Hanns Dustmann sah sie beim Auditorium Maximum der Berliner Universität vor und Paul Bonatz beim Polizeipräsidium in Berlin.[36] Für den Mittelteil des Baues ist vor allem Bonatz' Entwurf für eine Deutsche Botschaft in Rom (Abb. Bongartz u.a. 1977: 82) zu vergleichen.

Noch im Jahr des Hitlerbesuchs ergab sich für die Stuttgarter NS-Stadtführung die Gelegenheit, dem auf Hitlers Wunsch auf die Karlshöhe gesetzten Reichssender einen zweiten NS-Bau auf den Stuttgarter Höhen zur Seite zu stellen – und zugleich die „entartete" Weißenhofsiedlung der Bauhausarchitekten zu beseitigen.

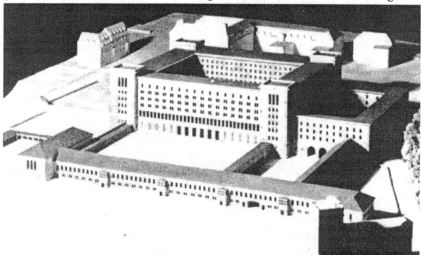

Abb. 8: Entwurf für das Generalkommando V nach Horsch/Hehl/Hettler

Im Zuge der Aufrüstung sollte in Stuttgart für das Heer ein neues Generalkommando V errichtet werden. Die nationalsozialistische Stadt bot dem Oberkommando des Heeres mit Erfolg das Gelände der Weißenhofsiedlung zur Neubebauung an. Gegen Ende des Jahres 1938 wurde ein begrenzter Architektenwettbewerb ausgeschrieben. Verlangt wurde dabei insbesondere die Wirkung der Gebäude auf das Stadtbild zu berücksichtigen. Auf der Grundlage des Entwurfs von Horsch/Hehl/

---

35 StAS, NTB 8.4.38 § 219.
36 Vgl. Reichardt/Schäche 1985: Speer Abb. 23, Dustmann Abb. 21b; Bonatz: Bongartz 1977: 80.

Hettler wurden unter Hans Herkommer die Ausführungspläne bis zu den Werkplänen ausgearbeitet (Abb. 8). Der vorgesehene Bau wird von einem hohen quadratischen Kastell mit Ecktürmen beherrscht, dem ein halbhohes mehrstöckiges Gebäuderechteck seitlich angegliedert und weitere niedrigere Gebäude vorgelagert sind, die zwei Höfe bilden. Die Anlage erinnert so an den Entwurf der Wehrtechnischen Fakultät von Hans Malwitz in Berlin.[37] Als die Weißenhofsiedlung schon von der Reichswehr zum Abriß gekauft und den Mietern gekündigt worden war, störte allerdings der nationalsozialistische Sieg über Frankreich den vorgesehenen Baubeginn, da nun die Verlegung des V. Generalkommando nach Straßburg erwogen wurde. Gleichwohl wurden die Bauten von der Stadtführung in der Folge als fester Bestand in die Stadtplanung eingesetzt.

4. Die „Denkschrift zur Neugestaltung der Stadt der Auslandsdeutschen Stuttgart"

Gegen Ende des Jahres 1941[38] waren die stadtplanerischen Arbeiten in Stuttgart nach der Einholung weiterer Planungsvorschläge, von denen sich nur der von Tiedje und Rietli erhalten zu haben scheint,[39] und einem Obergutachten von Bonatz[40] zur Entscheidungsreife gediehen: Der NS-Führer Stuttgarts konnte dem Gauleiter von Württemberg die Denkschrift: „Neugestaltung der Stadt der Auslandsdeutschen Stuttgart" vorlegen. Die Schrift verstand sich als Grundlage für eine „Entscheidung über den Gesamtplan" der nationalsozialistischen Neugestaltung Stuttgarts, wobei man sich des für die Durchführung der einzelnen Maßnahmen notwendigen längeren Zeitraums bewußt war.

Die Schrift setzt ein mit Überlegungen zu den Grundproblemen der Stadt, die vor allem – der Anklang an den expansionistischen NS-Krieg um den 'Lebensraum im Osten' ist unverkennbar – in einer 'Raumnot in der Innenstadt' und einer 'Raumnot am Rand der Stadt' sowie in einer unbefriedigenden Verkehrssituation besteht. Die Lösung dieser Probleme muß – so wird betont – zum Anlaß für eine grundsätzliche Umgestaltung Stuttgarts genommen werden, dessen Stadtbild bisher weitgehend durch die Wohnbauten im Tal und an den Hängen bestimmt wird. Demgegenüber – so fordert Strölin unverkennbar in Anlehnung an Äußerungen Hitlers in „Mein Kampf" – sind dem Stadtbild „eindrucksvolle städtebauliche Dominanten zu geben und dabei nach den Grundgedanken der nationalsozialisti-

---

37 Zum Stuttgarter Bau vgl. Joedicke/Plath 1968: 53f. mit Grundrissen der Entwürfe Horsch/Hehl/Hettler und Schmitthenner. Die Berliner Anlage: Reichardt/Schäche 1985: 64.
38 Nach Aussage des Technischen Referenten Dr. Otto Schwarz fiel die Fertigstellung der im Schlußwort „Ende 1941" datierten Denkschrift in den Sommer 1942 (Müller 1988: S.356 mit Anm. 12); dies kann sich jedoch allein auf die Fertigstellung der Druckschrift beziehen, denn die Pläne, die als Druckvorlagen dienten, sind von „Oktober 1941" datiert; StAS Plan 352 356.
39 Bild und Analyse in Schneider 1997: 81f.
40 Vgl. dazu den Plan 'Verbindung Stuttgarts mit dem Neckartal' von 1941, der auch Bonatz' Vorstellung zur Innenstadtplanung mit den Herrschaftsbauten zeigt; Abb. in Schneider 1997: 82.

schen Weltanschauung die 'Bauten der Gemeinschaft' zum beherrschenden Element der städtebaulichen Gestaltung zu machen".[41] Im Mittelpunkt der Darlegungen steht demgemäß die nationalsozialistische „Neugestaltung der Innenstadt", d.h. die Positionierung und Verankerung der Bauten der Nationalsozialisten in der Innenstadt, sowie die – zwischen Gau- und Stadtführung umstrittene – Frage der Plazierung des „Gauforums", der nun für jede Gauhauptstadt geforderten nationalsozialistischen Herrschaftsanlage von Gauführung und Partei. Gegenüber den Hitler 1938 vorgestellten Planungen, die die Denkschrift fortentwickelt, vermehrte sich die 'Neugestaltungsfläche' und der Platzbedarf für die Bauten von NS-Staat und Partei und die ihnen zugeordneten Straßenzüge und Plätze erheblich, steigerte sich auch die Verdrängung der Bewohner aus der Stadt.

Der Hitler 1938 vorgestellte langrechteckige 'Innenstadtring' ist ganz im Sinne der NS-Ästhetik ausgebaut. Eine Folge überbreiter Straßen umzingelt die mittelalterliche Innenstadt: zwei (annähernd nord-südlich gerichtete Tallängsachsen, und zwei kurze 'Querspangen' (vgl. Abb. 14). Abgesehen von den Bauten auf den Höhen lagen an diesem 'Innenstadtring' alle bedeutenden öffentlichen Gebäude. Auch diese sind nahezu regelhaft verteilt: Die wichtigeren von ihnen, die Herrschaftsbauten, sind an die Ecken des Langrechtecks der monumentalen Straßenzüge oder in die Mitte der Längsachsen gestellt und sind über ihre Positionierung hinaus durch weite vorgelegte Platzanlagen zusätzlich hervorgehoben. Modellaufnahmen und Detailzeichnungen sowie protokollierte Stellungnahmen dazu[42] besagen, daß diese Plätze mit Platten ausgelegt und weitgehend unbepflanzt sein sollten.

5. Das Gauforum: Der neue Herrschaftsmittelpunkt der nationalsozialistischen Stadt

Wesentlich bestimmt wurde die Innenstadtplanung durch die von der NS-Reichsführung ausgehende Forderung nach der Errichtung eines 'Gauforums', der neuen nationalsozialistischen Herrschaftsanlage mit 'Gauhalle', Sitz des 'Gauleiters', einem 'Nationalsozialistischen Feierraum', 'Haus der Arbeit' und weiteren NS-Bauten, in Stuttgart etwa das „Institut für Biologie und Rassenkunde" als Außenstelle der „Hohen Schule der Partei".[43] Die Stuttgarter Nationalsozialisten erwägen drei Standorte:

---

41 Denkschrift S.5f.; vgl. Hitler, Mein Kampf S. 290 u. 292. Der Kommentar Müller 1988: 357: „Eine Verwirklichung dieses Vorsatzes hätte eine Abkehr von der bisherigen Baupolitik [Stuttgarts] bedeutet" ist nachweisbar falsch, wie die vielen gleichlautenden Absichtserklärungen Strölins und die Planungen seit 1933 zeigen. Die Denkschrift StAS 2118 und Rathausbibliothek Stuttgart Ba 16. Für die Rathausanlage liegen ergänzend vor Bonatz' Entwurfszeichnung von 1942 in: Die Kunst im Dritten Reich 6 H. 10 (1942) bei Bongartz 1977: 82; Weihsmann 1998: 843, und ein Modellphoto (datiert 1941): Sterra 1994: Abb.13 (StAS).

42 Beispielhaft die Stellungnahme zum Modell der Reichsgartenschau: StA: Niederschriften über die Beratungen mit den Beiräten für die 3.Reichsgartenschau Stuttgart 1939, Bd. 42.

43 Briefanfrage Alfred Rosenbergs in Stuttgart vom 5.6.1940 mit Murrs Zusage (für das Gauforum) vom 5.7.1940: StAS BA 11. Weitere Außeninstitute der Partei-Universität am Chiemsee waren das „Institut zur Erforschung der Judenfrage" in Frankfurt, das Institut für die „Arische Geistes-

Das Bollwerk (ein Gelände am Südwesteck der Innenstadt), dann das Rosensteingelände (das Parkgelände südlich des Hauptbahnhofs), schließlich die Uhlandshöhe (über dem Osteck der Innenstadt hoch über der Staatsgalerie).

Während der Gauleiter – möglicherweise im Anschluß an Äußerungen Hitlers[44] – dem Standort Bollwerk zuneigte, in dessen Nähe früher das 'Ausstellungsgelände' vorgesehen war, das ja ebenfalls staatlichen repräsentativen Vorgängen hatte dienen sollen, erachtete die NS-Stadtführung ebenso wie der Obergutachter Bonatz die Uhlandshöhe für den gegebenen Standort; er schloß an die ersten Phase der architektonischen Selbstdarstellung des Nationalsozialismus in Stuttgart an und machte so die programmatischen Zusammenhänge des neuen Projekts deutlich: Es war die Uhlandshöhe, wo die Träger des 2. Preises des Wettbewerbs der 'Deutschen Arbeitsfront' von 1934 das Stuttgarter 'Haus der Arbeit' mit dem 'Forum' erbauen wollten. Schließlich wurden auch Vorstellungen für eine Errichtung des Gauforums im Rosensteingelände vorgestellt, auf dem ja die Träger des 3. Preises des Wettbewerbs von 1934 das 'Haus der Arbeit' mit Forum und Feierstätte anlegen wollten. Jeder der drei Standorte hatte damit einen dichten Planungshintergrund, zugleich wird deutlich, welch enge Beziehungen zwischen den beiden Bauvorhaben 'Haus der Arbeit mit Forum' und 'Gauforum' bestanden. Für alle drei Standorte bietet die Denkschrift des Stadtplanungsamtes Photomontagen.

Die Errichtung des Gauforums auf dem *Bollwerk* zieht eine ausgedehnte Folge von Herrschaftsbauten am Südwesteck des 'Innenstadtrings' nach sich (Abb. 9), vom Berliner Platz entlang der beiden südwestlichen Querspangen bis hin zum Wilhelmsplatz, an dem ein zweiter Schwerpunkt von Herrschaftsbauten liegt. Für die Gauhalle von rund 150 m Breite und 100 m Tiefe ist ein rechteckiges Kastell vorgesehen. Der Glockenturm wird in die Flucht der westlichen nationalsozialistischen Tallängsachse gestellt, deren Front er nun bildet. Der Aufmarschplatz vor der Gauhalle von über 200 m Länge ist durch eine Reihe von Pylonen von der Gartenstraße (Fritz-Elsaß-Straße) abgetrennt. Darüber hinaus zieht der Standort Bollwerk wie der Standort Uhlandshöhe auf der Südostseite Stuttgarts im Hinblick auf die auch von Bonatz thematisierte Verbindung Stuttgarts mit dem Neckartal einen verstärkten Ausbau der Straßen in Richtung Cannstatt nach sich mit der Errichtung zahlreicher repräsentativer Neubauten.

Der Standort des Gauforums auf dem *Rosenstein* setzt die Verlegung der gesamten Bahnanlagen nach Cannstatt voraus, wo ein repräsentativer neuer Hauptbahnhof notwendig ist. Für ihn sind zwei Empfangsgebäude von über 200 m Länge vorgesehen, eines Cannstatt, eines Stuttgart zugewandt; beiden sind größere Plätze vorgelegt, auf der Stuttgarter Seite reicht er mit einer Länge von 300m bis zur riesigen

---

wissenschaft" in München, das für „Weltpolitik" in Hamburg; ein weiteres Institut war in Kiel vorgesehen. Für die Zeit bis zur Fertigstellung der Gaubauten baute die Stadt das nicht weit von Murrs Amtssitz gelegene Haus Gerokstraße 29 für dieses Institut um. Im Verwaltungsbericht 1941 S.12. gibt Strölin den Abschluß der Gründungsarbeiten bekannt.

44 Hitler hatte sich in Dresden und Augsburg festgelegt, die NS-Gauforen im Anschluß an die Altstädte anzulegen; vgl. Wolf 1999: 31ff.; zu Augsburg 182ff. Allerdings konnte auch die vom Strölin verlangte Uhlandshöhe noch als altstadtnah gelten.

Abb. 9: Das Gauforum auf dem 'Bollwerk' (Photomontage)

'Schwabenhalle'. Die Gesamtanlage dieses Gauforum zieht sich in einer langen Zeile von NS-Bauten vom (alten) Hauptbahnhof bis zur Höhe des Rosensteins hin, also über fast drei Kilometer (Abb. 10a). Den Kern der in sich mehrfach symmetrisch strukturierten Anlage, in die das Rosensteinschloß als kleines Nebengebäude gegenüber dem Glockenturm des Gauforums einbezogen wird, bildet ein

Abb. 10a: Gauforum auf dem 'Rosenstein' (Photomontage)

Gebäudeensemble von einem halben Kilometer in Breite und Tiefe (Abb. 10b). Zwei große Pylonen markieren den Zugang. Die Gauhalle mit einer Säulenstellung auf Vorder- und Rückseite hat ungefähr die gleiche Grundfläche wie auf dem Bollwerk, jedoch diesmal 100m in der Front und 150 m in der Tiefe. Die Photomontagen der Rosenstein-Variante geben einen Eindruck davon, wie weitgehend die Bauten des Gauforums das Parkgelände im Tal bestimmt hätten. Lange kahle Wandflächen werden immer wieder durch vorspringende und erhöhte Resalite oder Eckresalite gegliedert, durchgängig stechen die schweren Gesimse der Bauten hervor, denen bei den hervorgehobenen Bauteilen noch zusätzlich Ehrenpfannen oder ideogrammatische Bildwerke aufgesetzt sind.[45]

Abb. 10b: Das Gauforum auf dem 'Rosenstein' (Photomontage)

Bei Nutzung des von der Stadtführung bevorzugten Standorts *Uhlandshöhe* (Abb. 11) entsteht auf der Hügelkuppe eine rund 450 m lange und 250m breite hofartige Anlage, deren eine Schmalseite die kastellartige Gauhalle einnimmt, die wiederum eine Fläche von rund 150 mal 100m belegt. Ihr gegenüber ist mittig der Glockenturm gesetzt, hart an den steilen Abfall des Geländes zur Innenstadt hin, zugleich aber in die Flucht der im Tal darunter liegenden nordöstlichen Querspange (Schillerstraße-Bahnhofsplatz) des Innenstadtrings. In dieser Variante wird die Charlottenstraße gleichsam als Zugangssituation platzartig ausgebaut, an ihr werden mehrere Herrschaftsbauten vorgesehen. Auch erhält der Neue Postplatz zur Aufnahme weite-

---

45 Erneut sei an das von Bonatz geplante Polizeipräsidium in Berlin (1940/43) hingewiesen (Bongartz 1977: 80) oder auf die vorgelegten Bauten in Bonatz' Entwurfszeichnung zum Münchner Bahnhof (1939/42) (ebda.), die den Stuttgarter Planern als Vorbild gedient zu haben scheinen.

rer Gau- und Parteigebäude einen größeren Umfang ebenso der benachbarte Platz an der Kreuzung Friedrichstraße/Schloßstraße; in beiden Fällen erhalten die darauf gerichteten Gebäude auf der Nordwestseite in der Mitte Säulen oder Pfeilerstellungen.

Nachdem die Höhen um die Innenstadt Stuttgarts schon durch zwei NS-Herrschaftsbauten markiert waren, im *Süden* durch den Reichssender auf der Karlshöhe, im *Nordwesten* durch das Wehrbereichskommando auf dem Weißenhof wollte somit die NS-Stadtführung mit der Uhlandshöhe auch die *Ostseite* des Höhenrings um die Stadt mit einem nationalsozialistischen Herrschaftsbau besetzen. Ausdrückliches Ziel dessen war es, die nationalsozialistische Durchdringung der Stadt unmittelbar vor Augen zu führen. Denn für den Fall, daß sich doch der NS-Gauleiter Murr mit seinem Wunsch der Errichtung des Gauforums auf der Innenstadterhebung des 'Bollwerks' durchsetzen sollte, plante die Stuttgarter NS-Spitze die Bebauung der Uhlandshöhe mit einem 'Forum der Auslandsdeutschen'. Diese zusätzliche Bauanlage hatte die besondere NS-Identität Stuttgarts darzustellen und so Stutt-

Abb. 11: Das Gauforum auf der Uhlandshöhe (Photomontage)

gart als – über anderen Gauhauptstädten stehende – NS-Herrschaftsstadt zu inszenieren. Auf den Plänen der Denkschrift ist diese NS-Herrschaftsanlage eingezeichnet und auf der Photomontage des „Gauforum auf dem Bollwerk, im Blick von der Hasenbergsteige" im Hintergrund wiedergegeben: Es handelt sich wiederum um ein hohes Gebäudegeviert mit einem Glockenturm und einer Zeile von Nebengebäuden. Schließlich besetzen die NS-Planer noch eine vierte Höhe über Stuttgart: Nachdem die HJ-Gauführung schon 1938 ihr Schulungszentrum auf der Stuttgart benachbarten Schillerhöhe bei Schloß Solitude erhalten hatte, sollte nun die Villa Berg über den unteren Anlagen zum Gebäude der Obergauführerinnenschule des BDM umgebaut werde. Ganz im Sinne von Hitlers Äußerungen über die Stadtbilder in „Mein Kampf" ging es Strölin mit dieser Besetzung der Höhenzüge darum, die gewünschte autoritäre soziale und politische Strukturiertheit der nationalsozialistischen Gesellschaft darzustellen: gleichsam als Steinwerdung der Unterordnung des Einzelnen unter die Zeichen der nationalsozialistischen Weltanschauung und Herrschaft.

6. Die äußere Gestalt der NS-Herrschaftsbauten

Der Eindruck, den die Herrschaftsbauten selbst bieten sollten, läßt sich beispielhaft aus den Photomontagen der Gauforumsplanungen und den erhalten Modellen und Zeichnungen der Planungen und Einzelprojekte seit 1936 (Abb. 12 a/b) erschließen. Hitlers 'Stadt der Auslandsdeutschen' wäre von sehr einheitlich geprägten massigen Baukörpern bestimmt worden, bevorzugt tiefe hufeisenförmige Dreiflügelanlagen mit vogelegten Plätzen und Gebäudegevierte mit weiten Höfen. Typisch für die wenn irgend möglich mittebetont gestalteten Bauten wären wenig gegliederte Wandgestaltungen gewesen, oft hätten – abgesehen von den Portalgestaltungen – allein die Fensterrahmungen die Außenhaut der Bauten modelliert. Die Eingangsbereiche und die Zugangsperspektiven hat man sich durchweg mit nationalsozialistischen Herrschaftszeichen und Ideogrammen markiert zu denken: Hakenkreuzadler, Kürzel der NS-Gliederungen, Inschriftenzonen oder Reliefs nach

Abb. 12a: Modell des Gauforums

Maßgabe der NS-Ikonographie.[46] Den Eingängen dürften überall 'formierende' (Architektur-)Teile vorgelagert gewesen sein: etwa Pylone, Pylonenlampen, erhöhte Feuerpfannen, besonders ausgestaltete monumentale Fahnenmasten und Zeichenträger oder programmatische Freiplastiken. Auf Straßenhöhe sollten die Gebäude geradezu inflationär mit Arkaden oder Pfeilerpassagen ausgestattet sein, auch für Alt-

---

46 Zur nationalsozialistischen Plastik vgl. Bussmann 1974: 110-121; Wolbert 1982; Davidson 1988; Wolbert 1992: 217-222; Wenk 1992: 211-216.

bauten war der 'Einbau' von Arkaden weitflächig vorgesehen.[47] Sowohl in den einzelnen Baukörpern als auch in der Gruppierung der Bauten trat immer stärker das Bemühen um Symmetrie hervor – eine Symmetrie, die durch die ganz einfachen Gleichheitsbeziehungen und die Repetition immer gleicher Teile jede innere Spannung entbehrte. Den Herrschaftsanlagen wären grundsätzlich weite kahle Platzanlagen zugeordnet gewesen, einer Baumbepflanzung waren – wie Protokolle der Planungsarbeiten für die 'Reichsgartenschau' zeigen – engste Grenzen gesetzt. Insgesamt herrschte eine Monotonie der Form, jede Eigenart wurde unterdrückt. In all dem entsprachen die Stuttgarter Planungen dem, was von anderen Neugestaltungsstädten überliefert ist.[48] Das ist kein Zufall, hatten die Stuttgarter NS-Führer doch die Professoren der Stuttgarter Technischen Hochschule in ihre Planungen eingebunden, die als 'Stuttgarter Schule' zur Herausbildung der nationalsozialistischen Formvorstellungen beitrugen und nach 1933 auch in anderen Städten an nationalsozialistischen Vorhaben nachhaltig tätig wurden.[49]

Abb. 12b: Modell des Gauforums

Von besonderer Bedeutung für die Erscheinung der Innenstadt war noch, daß eine große Zahl von schon bestehenden Gebäuden entlang der herrschaftlichen Straßenzüge im Sinne der NS-Ästhetik überarbeitet werden sollte. Betroffen davon war etwa der Königsbau, mißliebig waren die der antiken Formensprache entstammenden Akrotere auf den Giebeln und die Urnen auf dem abschließenden Gesims. Es ist bemerkenswert, daß die aus NS-Traditionszusammenhängen stammenden Planer des Wieder-

---

47 In der Legende des Plans von Gutschow von 1936 ist dies als Zielangabe vermerkt, geht also wohl auf die Vorgabe der nationalsozialistischen Stadtführung zurück.
48 Vgl. etwa die Planungen für Weimar, Dresden, Augsburg und Franfurt/Oder bei Wolf (1999).
49 So wirkten z.B. von den Stuttgarter Planern Bonatz in Augsburg mit und diente mit Entwürfen auch der NS-Spitze in Berlin. Gutschow erhielt 1934 den 2. Preis beim Wettbewerb für eine Kongress-, Sport- und Ausstellungshalle in Hamburg (vgl. Stommer 248 mit Bild) und wirkte in Frankfurt/Oder mit und leitete später die 'Umgestaltung' der Führerstadt Hamburg; vgl. im übrigen: Voigt 1985: 234-251; sowie die Angaben zu den Personen bei Durth 1992.

aufbaus in den 50er Jahren diese Bauteile entfernten, obwohl sie bei Kriegsende noch fast vollständig waren.⁵⁰ Der Königsbau ist, wie er heute dasteht, ein NS-Bau.

Im Gegensatz zu anderen Gaustadtplanungen war die Anlage von innerstädtischen Achsen schon in den Stuttgarter Planungen von 1935/36 eine bestimmendes Gegenstand der Bemühungen.⁵¹ Sowohl Gutschow, als auch Grund und Bonatz hatten im Zuge des 'Innenstadtrings' Tallängsachsen vorgesehen, wobei Grund den mit zahlreichen öffentlichen Bauten ausgestalteten achsialen Straßenzug auf der oberen Neckarstraße schon damals in ein 'Parteiforum' münden ließ. In der Planung von 1941 jedoch ist dies alles noch stärker herausgearbeitet. Zugleich werden die 'Achsen' nun bewußt auf beherrschende NS-Bauten ausgerichtet, die an die Ecken des Rings gestellt, Fronten für die Achsen und Querspangen werden. Welche Bedeutung diese Strukturierung für die Stuttgarter Nationalsozialisten besaß zeigt noch die auf den 1.12.44 datierte letzte NS-Planung für die Stadt: Der Entwurf von Tiedje und Schwarz „Wiederaufbau von Stuttgart – Der Neue Ring' (Abb. 13). Noch strikter ist darin die Stadt in ein Geviert von Staatsbauten gezwängt, jede Ecke, jede Mitte einer der Achsen ist mit einem Staatsbau besetzt.⁵²

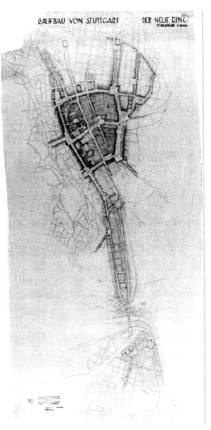

Abb.13: Wiederaufbauplan für Stuttgart (1944)

7. Frontorientierung und beherrschende Höhen

Der eigentliche Gehalt der Planungen aber ergibt sich erst, wenn man all diese Planungen aus der Perspektive der Bewohner sieht. Wo immer sie sich bewegt hätten, wären sie dem Sog auf diese Fronten und deren appellativer – besser aggressiven Frontstellung ausgesetzt gewesen. Der durch seitlich säumende architek-

---

50 Vgl. die beiden Photos in Hiller 1989: 546-547.
51 Vgl. zu Weimar Wolf 1999: 66ff. Zur Achse als architektonisch-politischem Prinzip vgl. Münk 1993: 302ff; 326ff.
52 Vgl. die Detailanalyse in Schneider 1997: 91ff.

tonische Ausstattungsstücke (z.B. Pylone) erreichten 'formierenden Ausrichtung' des Menschen auf die beherrschende Front wäre die herrschaftliche Wendung gegen ihn gefolgt. Sobald die Menschen in der Stadt eine der wichtigeren Straßenzüge betreten hätten, sobald sie die Umgebung eines NS-Baus berührt hätten, sobald sie in einer baulich freieren Örtlichkeit den Blick erhoben hätten, wären sie den harten 'beherrschenden NS-Monumenten zugeführt' worden, sei es nun konkret, über eine 'Engführung' durch 'begleitende' Seitenbauten mit Säulen- oder Pfeilerstellungen, durch lange Pylonenreihen oder durch visuelle perspektivische Konditionierungen: Alle wichtigen Straßenzüge, die Achsen und die Platzanlagen zielten auf übergroße oder überhohe Frontbauten. Diese intern ebenso herrschaftlich strukturierten Ziel- oder Frontbauten aber enthielten ihrerseits eine Bewegungskomponente: Sie hatten durch ihre plastische (oder auch textliche) Ausgestaltung einen beherrschenden aggressiven Ausdruck, der sich auf jeden richtete, der diese Front sah, der auf sie zutrat.[53] Verstärkt wurde all dies bei besonderen Anlässen durch mobile Inszenierungen, Pylonen und Tafeln. Nachdem 'engführende' Perspektivierungen den Bewohner auf die jeweilige Front 'ausgerichtet' hatten, erzwang diese Front mit ihrer bildlich und textlich untermauerten Härte eine darauf antwortende Unterordnung unter das im beherrschenden Frontbau Ausgesagte.

Die landschaftliche Lage Stuttgarts ermöglichte noch ein Zusätzliches: anders als in den meisten NS-Städten blieb die Herrschaftsinszenierung nicht auf eine gleichsam horizontale Frontorientierung der achsialen Straßen, der Herrschaftsbauten und Plätze beschränkt, die visuelle Konditionierung konnte vielmehr in die Vertikale ausgedehnt werden: Die Herrschaftsbauten auf den Höhen, denen zu NS-Festzeiten nachts große Lichtinszenierungen – so ein über neun Meter hohes 'Lichtbild' Hitlers und nationalsozialistische Parolen[54] – zur Seite traten, zielten auf die Innenstadt, waren auf die großen Straßenfluchten bezogen, bildeten für die zugehörigen Straßenzüge und den Sozialverkehr der unten liegenden Innenstadt die übergeordneten Herrschaftsfronten. Geradezu inflationär also ist die Struktur der Stadt von Frontbildungen und perspektivierenden Frontorientierungen durchzogen (Abb. 14). Die Menschen der Stadt werden damit umfassend und andauernd in ihrem sozialen Leben, in Kommunikation und Verkehr den Grundaussagen der NS-Herrschaft ausgesetzt. Ausrichtung und Beherrschung sind damit aufs Dichteste verschränkt. Die architektonische Inszenierung stellt so ganz unmittelbar einen Herrschaftsakt dar.[55] Die Inszenierung der Baukörper wollte unmittelbar in den Menschen eingreifen, sollte sein Wesen verändern, sollte in seinem Inneren die unterordnende Gefolgschaft unter das vom

---

53 Vgl. dazu die Aussagen des nationalsozialistischen Kunsthistorikers Hubert Schrade zum Zeppelinfeld in Nürnberg in: Zentralblatt der Bauverwaltung 56 H. 18 (1936) S. 380ff., bes. 386.
54 So bei der 6. Reichstagung der NSDAP-AO in Stuttgart im August/September 1938; ein Bild davon: Schneider 1985: 279.
55 Das Problem der NS-Ästhetik und der wirkungsästhetischen Zusammenhänge von NS-Architektur ist noch nicht hinreichend bearbeitet; zuviel wird aus Theorien abgeleitet (beipielhaft dafür die Bewertung von Sagebiels Flughafenbauten von Hägele 1995: 22-31), zuwenig aus den Objekten erarbeitet. Gute Ansätze in der unter Anm. 2 genannten Literatur, etwa bei Petsch 1992: 202f.; Münk 1993, darüber hinaus noch: Hinz 1984; Bartetzko, Zucht, 1985; Bartetzko, Illusionen, 1985.

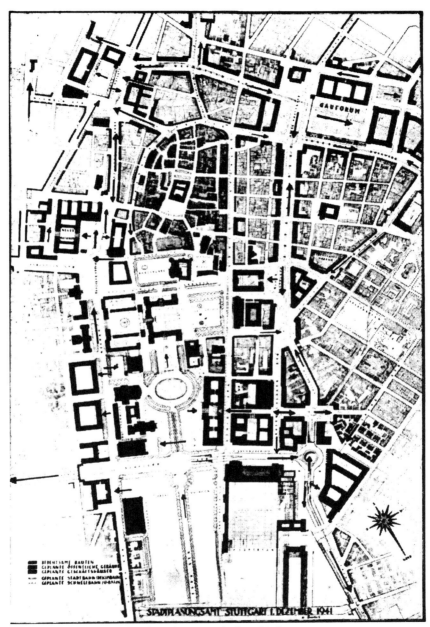

Abb. 14: Plan nationalsozialistischer Herrschaftsarchitektur

Führer Vorgegebene erreichen, ja die „gleichmäßig anerkannte Weltanschauung", die „einheitliche Beurteilung der großen Fragen der Zeit", den „entschiedenen Heroismus" erpressen, die Hitler in 'Mein Kampf' verlangt hatte.

Tatsächlich folgt die Ausgestaltung dieser neuen 'Stadt der Auslandsdeutschen', anders als es die Täter nach der NS-Zeit behaupteten, nicht lokalen Erfordernissen.[56] Die in der Denkschrift zur „Neugestaltung der Stadt der Auslandsdeutschen" für die Stuttgarter Innenstadt vorgesehene Struktur entspricht vielmehr weitgehend dem, was der 1934 zum nationalsozialistischen 'Reichssiedlungskommissar' ernannte und als 'Leiter der Reichsarbeitsgemeinschaft für Raumforschung' fungierende Gottfried Feder im Anschluß an Hitlers Programmatik 1939 in seinem Werk „Die neue Stadt" als Muster einer Großsiedlung vorlegt hatte: Seine nationalsozialistische Musterstadt besitzt einen (leicht geschwungenen) rechteckigen 'Ring' von Hauptstraßen, an dessen Ecken rechteckige Platzanlagen gestellt sind, an denen „Einrichtungen höherer Ordnung",[57] worunter er staatliche Bauten versteht, und vergleichbare Gemeinschafts- und Funktionsbauten zu stehen kommen; die Mitten der Längsachsen sind durch eine 'Querspange' verbunden und ebenfalls zu Platzanlagen ausgebaut, die mit den wichtigen Gemeinschaftsbauten belegt sind.[58]

Gemäß der autoritär-hierarchischen Struktur des deutschen Führerstaates wurden diese Konkretisierung von Hitlers Vorstellungen aus 'Mein Kampf' für die Stadtplaner ganz Deutschlands bestimmend. Und so war mit der nationalsozialistischen 'Neugestaltung' Stuttgarts und der anderen Städte eine weitgreifende Vereinheitlichung gegeben, die um so mehr wirkte, als – anders als bei stilistischen Gleichartigkeiten früherer Zeit – die Gleichheit im Hinblick auf die 'gleichmäßig anerkannte Weltanschauung' und die 'einheitlichen Beurteilung der großen Fragen der Zeit' (Hitler) bewußt gesucht und als solche bewußt theatralisiert wurden. Anders als es manche lokale vergangenheitsselige Rhetorik scheinen läßt, war es gerade das Ziel der 'Umgestaltungen', allen Städten – und danach auch den kleineren Siedlungen – ein gleiches, spezifisch 'nationalsozialistisches Gesicht' zu geben. All das, was den Anschein erweckt, von den Stuttgarter NS-Planern aus den sachlichen und lokalen Gegebenheiten Stuttgarts entwickelt worden zu sein, ist im Wesentlichen lediglich die Anwendung eines vorgegebenen nationalsozialistischen Siedlungsmodells auf die Großstadt Stuttgart. Mit dem Rückgriff auf Feders Strukturmodell und entsprechende nationalsozialistische Gestaltungsnormen erklären sich auch wesentliche Änderungen, die die Planungen von 1941 von den

---

56 Vgl. insbesondere die Haltung von Otto Schwarz, die in die Darstellung Müller 1988: 355ff. einging.
57 Staatssekretär Gottfried Feder: Die neue Stadt. Versuch der Begründung einer neuen Stadtplanungskunst aus der sozialen Struktur der Bevölkerung, 1939, Begriff S.75. Zu Feders Vorstellungen vgl. Münk 1993: 265ff.
58 Vgl. Feder 1939: 20; 29. Die gebotenen Überlegungen sind freilich älter: „Der Bebauungsplan für diese Großsiedlung ist das Ergebnis eines Wettbewerbs, der zum erstenmal 1937 die hier vertretenen Grundgedanken zum Ausgangspunkt genommen hat" (ebda.). Eine auf den gleichen Prinzipien beruhende rund geformte Siedlung S.458, mit Straßenplanung S.459. Für diese Großsiedlung nennt Feder eine Bevölkerung von 8.000 Bewohnern, die günstigste Größe einer Stadt setzt Feder mit 20.000 Bewohnern an (S.442ff.), beansprucht aber S.472f. nachdrücklich die Gültigkeit seiner Vorstellungen auch für Großstädte.

Planungsentwürfen von 1936-1938 unterscheiden, vor allem eben die großen Platzanlagen mit den Herrschaftsbauten in den Ecken des Innenstadtrings.[59] Dem forcierten Straßenbau jenseits der Innenstädte kommt dann, wie der Straßenstrukturplan Speers für Berlin ebenso wie der von Bonatz (1941) oder der von Tiedje/Schwarz (1944) für Stuttgart deutlich macht,[60] wesentlich die Funktion zu, die den Herrschaftszentren ferneren Lebensräume auf diese Herrschaftszentren in den NS-Städten zu beziehen.

Zugleich werden diese den Herrschaftszentren ferneren Räume auch ganz unmittelbar einer nationalsozialistischen Überformung und Durchgestaltung unterworfen. Nach der 'Machtergreifung' erstellten die nationalsozialistischen Verwaltungen in Stuttgart und im ganzen Reich sog. 'Ortsbausatzungen', die das nicht NS-offizielle Bauen in nationalsozialistischem Sinne normieren sollten.[61] Diese Regelungen orientierten sich an den Vorstellungen der normfreudigen nationalsozialistischen Architektenschaft im Umkreis von Schultze-Naumburg und Schmitthenner, die das 'artgerechte' und 'landschaftsgerechte' Bauen propagierten. Exemplarisch dafür kann das 10. Gebot der „Zehn Baugebote der Stadt Stuttgart" stehen, mit seiner Forderung: „Trage dazu bei, daß durch eine im Gesamtbild einheitliche wirkende Stadt ein geschlossener Volkswille und die innere Volksverbundenheit zum Ausdruck kommen." Der wesentliche Bezugspunkt für jedes Gestalten ist somit der Vollzug der inneren Orientierung des gestaltenden Einzelnen am 'Volkswillen', und dieser wird allein bestimmt durch die NS-Führer. Ziel des je eigenen künstlerischen Ausdrucks hat damit ausdrücklich die 'Einheitlichkeit' zu sein, die Konformität mit dem staatlich und nationalsozialistisch gefaßten Volksganzen.[62] Und was die Gesetzesbestimmungen noch zu tun übrigließen, leistete die allgegenwärtige Propaganda. Die Ortsbausatzungen erfüllen also genau die gleiche Funktion, wie die gesetzlichen Maßnahmen gegen „entartete Kunst", gegen „entartete Musik"[63], gegen „Asphaltliteraten". Erst so wird die Erbitterung verständlich, mit der die Stuttgarter NS-Führung gegen die Bauten der Weißenhofsiedlung, eines der wichtigsten Beispiele „entarteten Bauens", vorging.

---

59 Noch 1938 war z.B. die Ecke des 'Innenstadtrings' am Alten Postplatz nicht platzartig ausgestaltet, wie sich aus dem Plan im Hintergrund des Photos von Hitlers Besuch mit (verdecktem) Innenstadtmodell (NS-Kurier 2.4.1938 M) ergibt (Abb. 19). Die frühe Rezeption Feders wird durch seine Beauftragung mit der Planung der 'Großsiedlung' Stuttgart Fasanenhof belegt, die Ende 1940 abgeschlossen (Verwaltungsbericht 1940 S. 11) und 1941 von Feder veröffentlicht wurde; dazu unten.
60 Die Pläne: Schneider 1997: 82 und 92.
61 Für Stuttgart vgl. die Auslassungen Strölins anläßlich der Übergabe des Verwaltungsberichts für 1934 am 22.3.1935, wonach das Gesetz die „erforderlichen Handhaben" bietet, „einen Städtebau nach nationalsozialistischen Grundsätzen treiben zu können" (Verwaltungsbericht 1934 S.4f.).
62 Die zehn Gebote faksimiliert in: Stuttgart im Dritten Reich (1984) S.97; Vgl. dazu Hitler, Mein Kampf S.290 und 292 und Feder 1939: 435f.
63 Eine Reihe von Platten dieser Musik ist bei Decca erschienen.

8. Soziale Implikationen: Der genormte Mensch als Teil der NS-Architektur

Dementsprechend sehen dann auch die von den Nationalsozialisten für die aus der Stadt verdrängten Bewohner entworfenen Siedlungsanlagen aus, wie sie in Stuttgart und überall gebaut wurden. In Ablehnung jeder komplex gestalteten Wohnanlage in differenzierter Blockbebauung, wie sie während der Weimarer Republik immer wieder in beeindruckender Formgebung errichtet wurden, sind die nationalsozialistischen Siedlungsanlagen durch die Repetition immer gleicher Einheiten bestimmt. Beispielhaft erscheint das in Stuttgart in Gottfried Feders Planung der 'Fasanenhof-Siedlung', sowie in der von der Stuttgarter NS-Verwaltung – nach den Vorgaben der nationalsozialistischen Reichsstellen[64] – errichteten 'Wolfbuschsiedlung' in Stuttgart-Weilimdorf mit 105 'Kleineigenheimen' von recht beschränkter Wohnfläche.[65] Im letzteren Fall liegen auch Aussagen über die sozialen, rassistischen Implikationen der Anlage vor: Kriterium für die Berücksichtigung der Bewerber war die „Siedlerwürdigkeit", die mit „Gesundheit, insbesondere Erbgesundheit, Arbeitsfreude, politischer Zuverlässigkeit und Neigung zur Arbeit" bestimmt war, bevorzugt wurden Kinderreiche und Kriegsteilnehmer.[66] Ziel war dabei nicht nur, die Arbeiterfamilien an die Scholle zu binden, sondern auch zur Eugenik beizutragen: zur 'Selbstzüchtung' des deutschen Volkes. Die Bezieher hatten eine dreijährige Probezeit zu bestehen. Schon für 1936 berichtet der Verwaltungsbericht von der Vertreibung von Personen, die als nicht „siedlerwürdig" erachtet wurden.[67]

Sämtliche Wohngebäude sind auf nationalsozialistische 'Bauten der Gemeinschaft' bzw. auf die diese erschließenden 'achsialen' Straßen bezogen, jede Individualisierung der Bauten wird unterbunden. So kam es zu einer Uniformierung der baulichen

---

64 Bilder: Wolfbuschsiedlung mit demonstrativ siedlerhaftem Ackerland im Vordergrund: Verwaltungsbericht 1937 S.51; Luftbild Sterra S. 58. Die Gleichartigkeit derartiger Siedlungen über das ganze Reich hin geht auf die Rahmenrichtlinien des Reichsheimstättenamts von DAF und NSDAP zurück, das ein Heft zur „Siedlungsplanung" herausgegeben hatte (H.4), in dem z.B. auch die Dachgestaltung normiert wurde: „Einfache Satteldächer sind zu bevorzugen und mit einer Neigung von 50-60% auszuführen". Vgl. im übrigen Voigt 1985: 234-251.

65 Es gab vier verschiedenen Typen, 37 Häuser besaßen noch eine Einliegerwohnung; Verwaltungsbericht 1936 S.40. Zu weiteren Kleineigenheimsbauten Verwaltungsbericht 1939 S.11. Die Wohnfäche der Häuser der Reisachsiedlung betrug bei Haus Typ 1 im Erdgeschoß 31m², im schrägen Obergeschoß 12m² (was durch eigenverantwortlichen Ausbau des Speichers noch um 10m² zu vermehren war), hinzukamen ca. 15m² Keller und Waschküche. Bei Haustyp 2 und 3 waren die Flächen um 10-15m2 größer. Vgl. insgesamt Mattausch/Wiederspann 1974: 86 103; zum Siedlungsbau S.92ff.; Mattausch 1981, darin zur programmatisch aufgefaßten Kochenhofsiedlung 18ff.; Peltz-Dreckmann 1978, zur Siedlerauswahl 398ff.; Harlander/Fehl 1986.

66 Vgl. Vortrag Strölin NS-Gemeindezeitung 2, 1934, S.109; Zur Überprüfung der Kleinsiedlungsbewerber im Sinne der Rassenpflege vgl. Verwaltungsbericht 1934, S.32f.

67 Zur Ausrichtung: Verwaltungsbericht 1934 S.41, „Siedlerwürdigkeit" und Vertreibung: Verwaltungsbericht 1936 S.41; vgl. auch Verwaltungsbericht 1935 S.43: nachträgliche Überprüfungen schon eingesetzter Siedler. Schollenbindung: Baumeister (1935) S.118. Den 'Siedlungsunwürdigen' drohte die bewußte Mangelversorgung nach Maßgabe der 'Sozialfürsorge nach Rassewert'; dazu: Schneider 1985, bes. 259ff.; zu den Opfern der NS-Stadtplanung vgl. noch Schneider 1982: 56ff.

Umwelt der Menschen in der Stadt und ihren Teileinheiten bis zu „Siedlungszelle", „Block" und „Nachbarschaft"[68] – und darüber hinaus im gesamten Herrschaftsraum der Nationalsozialisten, wo die Autobahnen die Funktion der innerstädtischen Achsen übernahmen.[69] Allgegenwärtig war dann auch die Propaganda für diese Gestaltungen, diese Bauten, diese Siedlungen, wie ja auch die dritte Reichsgartenschau in Stuttgart 1939 in diesem Sinne eine Musterschau nationalsozialistischen Formwillens und Bauens geboten hatte. Die Uniformität der nationalsozialistischen Bauten und Bauvorhaben in Stuttgart wie überall ist also kein Zufall, keine Architektenmode, sondern Ausfluß einer von Hitler und seinen Gefolgsleuten gewollten Programmatik des Bauens 'im Sinne der nationalsozialistischen Weltanschauung', die von der Architektenschaft herrschaftskonform in konkrete Gestaltungen und Neugestaltungspläne umgesetzt wurde. Jegliche lokale Eigenart wird, wenn nicht beseitigt, so doch derart überformt, daß sie in ihrer Eigenart und Eigenständigkeit nicht mehr zum Tragen kommt. Die ganze Problematik und die latente Gewalt dieses Vorgangs wird allerdings erst klar, wenn man sich vergegenwärtigt, daß von Gestaltungen dieser Art ganz Deutschland überzogen sein sollte. Sämtliche Gauhauptstädte, schließlich jede Stadt, jede Siedlung sollten nach diesen Prinzipien des nationalsozialistischen Formwillens gestaltet oder umgestaltet sein.[70]

Ein erheblicher Teil des verplanten Raumes in der nationalsozialistischen Stadt war für die öffentliche Selbstdarstellung des NS-Systems bestimmt: nicht nur die weiten Plätze von Gauforum und Stadtforum, sondern auch die Straßen des Stadtrings, die ihre Überbreite gerade nicht den Notwendigkeiten der Verkehrsführung verdankten. Beide waren wesentlich für die großen politischen Aufmärsche bestimmt und strukturell darauf angelegt, die individuelle Interaktion und die Bildung von Einzelräumen zu unterbinden. In strengen Blöcken und uniformiert oder doch wenigstens – wie Hitler schon in 'Mein Kampf' erörtert hatte – in ähnlicher Weise artgerecht gekleidet hatten sich die Formationen der zahlreichen NS-Gliederungen über die Straßen des Rings zu bewegen, hatten sie Gauforum und Stadtforum zu füllen.[71] Die

---

68 Vgl. die theoretischen Überlegungen zur „Ortsgruppe als Siedlungszelle" bei Münk 1993: 383ff. Ein konkretes Beispiel bietet die Planung Gutschows für Hamburg: Münk 1993: 391.

69 Vgl. dazu: Deutschlands Autobahnen – Adolf Hitlers Straßen, hg. im Auftrag des Generalspekturs für das deutsche Straßenwesen, Bayreuth 1937, sowie den offiziösen Bildband von Georg Fritz: Straßen und Bauten Adolf Hitlers, mit einem Geleitwort des Generalinspekteurs für das deutsche Straßenbauwesen, Dr.-Ing. Fritz Todt, Berlin 1939, Verlag der DAF. Auch Paul Bonatz verfaßte eine einschlägige Schrift: Dr. Todt und seine Reichsautobahn; in: Kunst im Dritten Reich, Die Baukunst, August 1939. Ähnlich W.Tiedje: Die Autobahn als Kunstwerk. Über die Brücken der Autobahn; in: Die Bauzeitung 51 (1941) H. 30, S. 353 360. Tiedje hatte 1938/39 die Autobahn Straßenmeisterei Kirchheim Teck gebaut (Deutsche Bauzeitung 73 S. K 118 122 mit Bildern). Zum Bau und zur Gestaltung der Autobahnen vgl. Uslular-Thiele 1974: 68-85.

70 Vgl. die Karte zu den nationalsozialistischen Umgestaltungsmaßnahmen Nerdinger 1993: Gauhauptstädte u.ä.: 20f., Einzelaufnahmen zu Städten: 22ff., Kreis- und Gemeindezentren (bzw. -foren) in Bayern: 29ff.

71 Zu Derartigem vgl. insgesamt: Inszenierung der Macht 1987. Der NS-Stadtplaner Gottfried Feder betonte in: 'Die neue Stadt' (1939): 436, daß die Uniform „zweifellos schöner als die bürgerliche Zivilkleidung in ihrer langweiligen, eigensinnigen oder kapriziösen Verschiedenheit in Farbe, Stoff, Zuschnitt usw." ist.

Menschen wurden so ganz unmittelbar Teil der NS-Architektur. Und da von der Intension her jeder Volksgenosse, jede Volksgenossin irgendeiner Gliederung anzugehören hatte, war jeder an irgendeiner Stelle in diese Menschenarchitektur im Rahmen der Selbstinszenierung des NS-Systems einbezogen. Um dafür Raum zu schaffen, wurden die Wohnbevölkerung aus der Stadt verdrängt, wurden die vorhandenen sozialen Strukturen der Innenstadtbewohner zerstört und sie mit zumeist reduzierter Wohnfläche (so daß die einzelnen Menschen auf die 'Bauten der Gemeinschaft' der NS-Gliederungen angewiesen blieben) in das Land hinaus zersiedelt in neuerbaute Normsiedlungen – sozial geschichtet nach 'Rassewert'.[72] So ist es nicht einfach eine äußere Ähnlichkeit, sondern strikteste inhaltliche Identität, wenn die von den Planern der NS-Stadt in „Stadtforum" und „Gauforum", in „Siedlungsbau" und „Siedlungszelle"[73] gestalteten Situationen, die eine Ausrichtung der – bei Aufmärschen blockhaft zusammengefaßten – Menschen auf die beherrschenden aggressiven Fronten der NS-Bauten vorformen, in ihrer Strukturiertheit dem entsprechen, was auch die Anlage des Konzentrationslagers in Dachau bietet (Abb. 15): Zu beiden Seiten der 'Achse' des streng langrechteckigen Lagers stehen da blockhaft die langen Reihen der Baracken, in denen die Opfer des

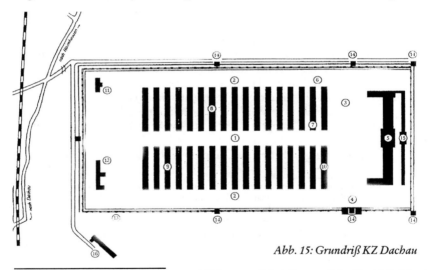

Abb. 15: Grundriß KZ Dachau

---

72 Zur rassistischen NS-Sozialfürsorge und Wohnungspolitik in Stuttgart Schneider 1985; Schneider 1997: bes. 99ff.

73 Vgl. den Entwurf „Stadt für 20.000 Einwohner" von H.Eggerstedt vom Planungsbüro der DAF in: Rudolf Wolters: Der neue Städtebau; in: Der Soziale Wohnungsbau in Deutschland 2 (1942) S. 75-78; S, 75; 76, bei Bartetzko 1985: 192; Abb. 143, sowie die Modellplanung von Gutschow in Hamburg „Ortsgruppe als Siedlungszelle" bei Münk 1993: 391 oder die 'Volkswohnanlage' in Hamburg-Horn-Geest (1937-38) in: Peltz-Dreckmann 1978: 209ff. Abb. 75 u. 76. Als Kreishaus vgl. die Anlage für den 'Stadtparkkreis' in Hamburg; in: Dülffer/Thies 1978: 207. Für die Gestaltung der Dörfer vgl. Hans Wetzel (einer der Mitarbeiter der Stuttgarter NS-Planung): Wandlungen im Städtebau. Vortrag [...] am 21. September 1941 in Stuttgart, Stuttgart 1942: 22ff.

NS-Systems zusammengepfercht sind. Und diese Achse zielt über den „Appellplatz" auf den beherrschenden Frontbau, den „Bau der Gemeinschaft", in dem neben Küche und Lagerverwaltung die Räume für die Folterungen lagen, an den nach hinten der „Bunker" anschloß, das Gebäude für die noch massiveren Folterungen und die Tötungen der Gefangenen. 'Gauforum' ('Stadtforum') und Konzentrationslager sind einander entsprechende Seiten der Menschengestaltung der Nationalsozialisten.

Literatur

Backes, Klaus (1988): Hitler und die Bildenden Künste. Kulturverständnis und Kunstpolitik im Dritten Reich. Köln: DuMont
Banham, Reyner (1964): Die Revolution der Architektur. Theorie und Gestaltung im Ersten Maschienenzeitalter. Reinbek: Rowohlt
Bartetzko, Dieter (1985): Zwischen Zucht und Extase. Zur Theatralik von NS-Architektur. Berlin: Gebrüder Mann
Bartetzko, Dieter (1985): Illusionen in Stein. Stimmungsbauten im deutschen Faschismus. Ihre Vorgeschichte in Theater- und Filmbauten. Reinbek: Rowohlt
Bongartz, Norbert/Dübbers, Peter/Werner, Frank (1977): Paul Bonatz 1877-1956. Stuttgarter Beiträge 13. Stuttgart: Krämer
Bussmann, Georg (1974): Plastik. In: Kunst im 3.Reich. Dokumente der Unterwerfung. Frankfurt a.M.: Kunstverein S.110-121.
Davidson, Mortimer G. (1988): Kunst in Deutschland 1933-1945. Eine wissenschaftliche Enzyklopädie der Kunst im Dritten Reich, Bd. 1: Skulpturen. Tübingen: Grabert
Davidson, Mortimer G. (1995): Kunst in Deutschland 1933-1945. Eine wissenschaftliche Enzyklopädie der Kunst im Dritten Reich, Bd. 3: Architektur. Tübingen: Grabert
Dülffer Jost/Thies, Jochen/Henke, Josef (1978): Hitlers Städte. Baupolitik im Dritten Reich. Eine Dokumentation. Köln und Wien: Böhlau
Durth, Werner/Nerdinger, Winfried (1993) (Hg.): Architektur und Städtebau der 30er/ 40er Jahre. Schriftenreihe des Deutschen Nationalkomitees für Denkmalschutz 46. Bühl/Baden o.J.: Konkordia
Durth, Werner/Nerdinger, Winfried (1994) (Hg.): Architektur und Städtebau der 30er/ 40er Jahre. Ergebnisse der Fachtagung in München (26.-28.11.1993). Schriftenreihe des Deutschen Nationalkomitees für Denkmalschutz 49. Bühl/Baden: Konkordia
Durth, Werner (2001): Deutsche Architekten. Biographische Verflechtungen 1900-1970. Stuttgart: Krämer
Eichberg, Henning/Dultz, Michael/Gladberry, Glen/Rühle, Günther (1977): Massenspiele – NS-Thingspiel, Arbeiterweihespiel und Olympisches Zeremoniell. Stuttgart/Bad Cannstatt: Fromann-Holzboog
Feder, Gottfried (1939): Die neue Stadt. Versuch der Begründung einer neuen Stadtplanungskunst aus der sozialen Struktur der Bevölkerung. Berlin: Springer
Hägele, Ulrich (1995): NS-Ideologie und Filderkraut. Ernst Sagebiels Stuttgarter Flughafen. In: Schwäbische Heimat 46,1, S.22-31
Harlander, Tilman/Fehl, Gerhard (1986) (Hg.): Hitlers Sozialer Wohnungsbau 1940-1945. Wohnungsbau, Baugestaltung und Siedlungsplanung. Hamburg: Christians

Hiller, Marlene P. (Hg.) (1989): Stuttgart im Zweiten Weltkrieg. Gerlingen: Bleicher
Hinz, Manfred (1984): Massenkult und Todessymbolik in der Nationalsozialistischen Architektur. Köln: Brill
Inszenierung der Macht. Ästhetische Faszination im Faschismus (1987). Berlin: Neue Gesellschaft für Bildende Kunst
Joedicke, Jürgen/Plath, Christian (1968): Die Weißenhofsiedlung. Stuttgarter Beiträge 4. Stuttgart: Krämer
Kunst im 3.Reich. Dokumente der Unterwerfung. (1974) Frankfurt a.M.: Kunstverein
Markelin, Antero/Müller, Roland (1991): Stadtbaugeschichte Stuttgart. Stuttgart/Zürich: Krämer, 2. Aufl.
Mattausch, Roswitha (1981): Siedlungsbau und Stadtneugründungen im deutschen Faschismus. Frankfurt a.M.: Haag und Herchen
Mattausch, Roswitha/Wiederspann, Brigitte (1974): Das Bauprogramm der Deutschen Arbeitsfront. Die Umwelt der Arbeiter. In: Kunst im 3.Reich. Dokumente der Unterwerfung. Frankfurt a.M.: Kunstverein S. 86-103
Müller, Roland (1988): Stuttgart zur Zeit des Nationalsozialismus. Stuttgart: Theiss
Müller, Roland (1989): Das Gesicht der Großstadt. Ein Blick über die Stadtbaugeschichte Stuttgarts. In: Hiller, Marlene P. (Hg.): Stuttgart im Zweiten Weltkrieg. Gerlingen: Bleicher, S.81-90
Münk, Dieter (1993): Die Organisation des Raumes im Nationalsozialismus. Eine Soziologische Untersuchung ideologisch fundierter Leitbilder in Architektur. Städtebau und Raumplanung des Dritten Reiches. Bonn: Pahl-Rugenstein
Nerdinger, Winfried (Hg.) (1993): Bauen im Nationalsozialismus: Bayern 1933-1945. München: Prestel
Petsch, Joachim (1976): Baukunst und Stadtplanung im Dritten Reich. München: Hanser
Petsch, Joachim (1992): Architektur als Weltanschauung. Die Staats- und Parteiarchitektur im Nationalsozialismus. In: Ogan, Bernd/Weiß, Wolfgang W. (Hg.): Faszination der Gewalt. Zur politischen Ästhetik des Nationalsozialismus. Nürnberg: Tümmels, S.197-204
Peltz-Dreckmann, Ute (1978): Nationalsozialistischer Siedlungsbau. Versuch einer Analyse der die Siedlungspolitik bestimmenden Faktoren am Beispiel des Nationalsozialismus. München: Minerva
Reichardt, Hans Joachim/Schäche, Wolfgang (1985) (Hg.): Von Berlin nach Germania. Über die Zerstörungen der Reichshauptstadt durch Albert Speers Neugestaltungsplanungen. Berlin: Transit, 3.Auflage
Schäche, Wolfgang (1980): NS-Architektur und Kunstgeschichte. Anmerkungen zum Forschungsstand und zur Forschungsperspektive. In: Kritische Berichte 8. S.48-55
Scheiffele, W. (1984): Das Neue Bauen unter dem Faschismus. In: Hochschule der Künste Berlin (Hg.): Kunst, Hochschule, Faschismus. Berlin: Elefanten Press, S.226-244
Schneider, Wolfgang Christian (1982): Hitlers „wunderschöne Hauptstadt des Schwabenlandes". Nationalsozialistische Stadtplanung, Bauten und Bauvorhaben in Stuttgart. In: Demokratie- und Arbeitergeschichte, Jahrbuch 2 der Franz Mehring Gesellschaft. Stuttgart: Alektor, S.51-95
Schneider, Wolfgang Christian (1984): Herrschaftsvollzug durch Architektur. Die nationalsozialistische Stadtgestaltung Stuttgarts. In: Stuttgart im Dritten Reich. Anpassung, Widerstand, Verfolgung. Die Jahre von 1933 bis 1939. Stuttgart: Kulturamt, S.78-93
Schneider, Wolfgang Christian (1985): Die Chronik der Stadt Stuttgart und die „Ausscheidung Minderwertiger". In: Demokratie und Arbeitergeschichte, Jahrbuch 4/5 der Franz Mehring Gesellschaft Stuttgart. Weingarten: Drumlin, S.228-310

Schneider, Wolfgang Christian (1997): Planung und Gestalt des nationalsozialistischen Stuttgart. In: Brunold, Andreas (Hg.): Stuttgart. Stadt im Wandel vom 19.Jh. ins 21.Jh.. Tübingen: Silberburg, S.46-104, 234-243

Scobie, Alex (1990): Hitler's State Architecture. The impact of Classical Antiquity. University Park/London: Pennsylvania State University Press

Sterra, Bernhard (1994): Bauen im Nationalsozialismus. Aspekte und Tendenzen. In: Brunold, Andreras/Sterra, Bernhard (Hg.): Stuttgart. Von der Residenz zur modernen Großstadt. Tübingen/Stuttgart: Silberburg, S. 56 81

Stommer, R. (1985): Die inszenierte Volksgemeinschaft. Die 'Thing-Bewegung' im Dritten Reich. Marburg: Jonas

Taylor, Robert R. (1974): The Word in Stone. The Role of Architecture in the National socialist Ideology. Berkeley: University of California Press

Teut, Anna (1967): Architektur im Dritten Reich 1933-1945. Berlin/Frankfurt a.M./Wien: Ullstein

Thies, Jochen (1978): Hitler's European Bilding Programme. In: Journal of Contemporary History 13, S. 413-431

Uslular-Thiele, Christina (1974): Autobahn. In: Kunst im 3.Reich. Dokumente der Unterwerfung. Frankfurt a.M.: Kunstverein S.68-85.

Voigt, Wolfgang. (1985): Die „Stuttgarter Schule" und die Alltagsarchitektur des Dritten Reiches. In: Frank, Hartmut (Hg.): Faschistische Architekturen. Planen und Bauen in Europa 1930-1945. Hamburg: Christians, S.234-250

Weihsmann, Helmut (1998): Bauen unterm Hakenkreuz. Architektur des Untergangs. Wien: Promedia

Wenk, Silke (1992): Die weibliche Aktskulptur über der Führertribüne. In: Ogan, Bernd/Weiß, Wolfgang W. (Hg.): Faszination der Gewalt. Zur politischen Ästhetik des Nationalsozialismus. Nürnberg; Tümmels, S. 211-216

Wolf, Christiane (1999): Gauforen. Zentren der Macht. Zur nationalsozialistischen Architektur und Stadtplanung. Berlin: Verlag für Bauwesen

Wolbert, Klaus (1982.): Die Nackten und die Toten des 'Dritten Reiches'. Folgen einer politischen Geschichte des Körpers in der Plastik des deutschen Faschismus. Gießen: Anabas

Wolbert, Klaus (1992): Die figurative NS-Plastik. In: Bernd Ogan/Weiß, Wolfgang W. (Hg.): Faszination der Gewalt. Zur politischen Ästhetik des Nationalsozialismus. Nürnberg: Tümmels, S. 217-222

Mythen politischer Institutionenbildung und nationaler Identitätssuche

Dariuš Zifonun

Heilsame Wunden. Holocaust-Gedenkstätten als Orte nationaler Identitätsbildung – Das Beispiel der 'Topographie des Terrors' in Berlin

1. Erinnerungsdiskurs und Schuldzuschreibung

Der Holocaust unterminiere, davon wird in der öffentlichen wie auch in der wissenschaftlichen Debatte gemeinhin ausgegangen, die Bildung nationaler Identität in der Bundesrepublik. Er führe – so die einen – zu einer 'chronischen Identitätsschwäche' der Deutschen, da er nicht in ein stabiles Selbstbild integrierbar sei, oder – so die anderen – zur Ausbildung einer kollektiven Identität, die nicht mehr auf dem Konzept 'Nation' basiere. Ebenfalls von einem generellen Zusammenhang zwischen Erinnerung und Identitätskonstruktion ausgehend, soll hier im Gegensatz dazu argumentiert werden, daß gerade die Erinnerung an den Holocaust in Deutschland dazu beiträgt, eine neue nationale Identität zu konstituieren.[1]

Der deutsche Erinnerungsdiskurs hat unterschiedliche Deutungen des Holocaust hervorgebracht. Diese Deutungen generieren je unterschiedliche nationale Geschichtsnarrationen, die die Verbrechen des Nationalsozialismus in die Konstruktion nationaler Identität einpassen und aus ihr die Grenzen und Besonderheiten des nationalen Kollektivs ableiten. Im Zentrum dieser Deutungen stehen die Gedenkorte und Gedenkstätten als Symbole der Erinnerung. Die folgende Analyse der Gedenkstätte 'Topographie des Terrors' in Berlin konzentriert sich auf einen als 'Aufarbeitungsdeutung' bezeichneten Umgang mit dem Erinnerungsort, der einer sogenannten 'Schlußstrichdeutung' gegenübergestellt wird. In der Gedenk(stätten)praxis führt die 'Selbststigmatisierung' der Erinnernden als Nachfolger der Täter zum symbolischen Umschlagen von 'Schuld' in 'Gnade' bzw. zur Umwertung des Holocaust von einer 'Last' in eine 'Chance'. Damit wird auf eines der zentralen Probleme reagiert, die sich für die Konstruktion kollektiver Identität ergeben können: die Zuschreibung von Schuld. Kathartisch wirkend und innerhalb der Gedenkstätten inszeniert hinterläßt die Anerkennung der Täterschaft eine wieder benutzbare, weil 'geläuterte' Identität. Bevor auf diese Problemstellung und die diskursiv produzierten Antworten anhand der Fallanalyse genauer eingegangen werden kann, müssen einige theoretische und methodologische Vorbemerkungen zum Begriff der nationalen Identität und zum Erinnerungsdiskurs gemacht werden.

---

[1] Für ihre Hinweise und Kommentare zu früheren Versionen des Textes danke ich Miranda Jakiša und Dirk Tänzler.

2. Erinnerung und nationale Identität

Jan Assmann versteht unter kulturellem Gedächtnis „den jeder Gesellschaft und jeder Epoche eigentümlichen Bestand an Wiedergebrauchs-Texten, -Bildern und -Riten [...], in deren 'Pflege' sie ihr Selbstbild stabilisiert und vermittelt, ein kollektiv geteiltes Wissen vorzugsweise [...] über die Vergangenheit, auf das eine Gruppe ihr Bewußtsein von Einheit und Eigenart stützt" (Assmann 1988: 15), mit dessen Hilfe sie also ihre kollektive Identität konstruiert. Das kulturelle Gedächtnis verfügt über „Fixpunkte", bei denen es sich um „schicksalhafte Ereignisse der Vergangenheit [handelt], deren Erinnerung durch kulturelle Formung (Texte, Riten, Denkmäler) und institutionalisierte Kommunikation (Rezitation, Begehung, Betrachtung) wachgehalten wird" (Assmann 1988: 12).

Assmann formuliert damit eine allgemeine Theorie kulturellen Gedächtnisses, die für jede Form kollektiver Identität Geltung in Anspruch nimmt, d.h. auch für nationale. Dies wird in der Nationalismusforschung untermauert und spezifiziert (vgl. z.B. Anderson 1991; Handler 1988). Eine Nation wird dort als eine politische Gemeinschaft verstanden, die ein bestimmtes Territorium und die auf ihm lebenden Menschen der „geordneten Beherrschung durch die Beteiligten" vorbehält (Weber 1980: 514). Die Einheit der Nation, ihre Identität, wird als innere Homogenität verstanden, die in Abgrenzung zu anderen Nationen (vgl. Giesen 1999a: 24ff.; Handler 1994: 29) und in der Ausgrenzung des Fremden konstruiert wird (vgl. Baumann 1991). Obwohl ein relativ junges Phänomen, ist die Vorstellung historischer Herkunft von zentraler Bedeutung für die Konstruktion der Nation. Ihre Einheit und Eigenheit bezieht die Nation gerade aus der Anknüpfung an die Vergangenheit (vgl. Hobsbawm 1983). Das Gedächtnis der Nation wird getragen von der Erinnerung an heldenhafte Taten und triumphale Ereignisse oder an tragische Opfer, die in lineare nationale Narrationen eingebettet werden. Was dabei als das Wesen der Gemeinschaft ausgemacht wird, d.h. was als die eigentliche Grundlage ihrer Einheit und Eigenart erachtet wird, die mit Hilfe der Erinnerung konstruiert wird, ist heterogen und äußerst variabel. Dies können genauso bestimmte Werte oder Normen sein wie kulturelle Praktiken und Traditionen oder die als ethnisch verstandene Übereinstimmung der 'Abstammungsgemeinschaft'. Die Nation ist somit, zusammengefaßt, „das Ergebnis einer kollektiven Subjektivierung" (Deleuze/Guattari 1992: 632f.), sie wird zugleich als kollektives Individuum und als eine Ansammlung von Individuen verstanden, die als Repräsentanten der Nation gelten (vgl. Handler 1988: 39ff.; 1994: 33).

Nation ist eines der zentralen Elemente im modernen Projekt der „innerweltlichen Ordnung" (Soeffner 1998: 222). Wenn Gesellschaft in der Moderne nicht mehr als natürlich oder göttlich gegeben erscheint, wird die Zerstörung der sich daraus ergebenden gesellschaftlichen Ambiguität und Ambivalenz konstitutives Element der Herstellung von gesellschaftlicher Ordnung (vgl. Baumann 1991: 44). Gesellschaftliche Ordnung muß dabei als wesentlich kulturell produziert verstanden werden: In politischen Diskursen wird gesellschaftliche Ordnung durch die Vereindeutigung der Bedeutung sozialer Phänomene hergestellt.

Die dieser Annahme zugrunde liegenden theoretischen Zusammenhänge sollen hier kurz skizziert werden. Der politische Diskurs wird als die sprachliche Auseinandersetzung um die Festlegung der Bedeutung kultureller Zeichen und ihrer Zuordnung zueinander verstanden, wodurch zeichenhafte Ordnung und kollektive Bedeutung produziert wird. In diesem Prozeß der Auseinandersetzung um die Bedeutung kultureller Zeichen ringen unterschiedliche, einander entgegengerichtete Deutungen um die diskursive Bedeutungsfestlegung, d.h. um Vereindeutigung der Bedeutung der Zeichen und produzieren dadurch Ordnung. Zeichenhafte Ordnung entsteht dort, wo Kollektivzeichen in konkurrierenden Deutungen je eindeutig besetzt werden.[2] Der politische Diskurs kann als Prozeß verstanden werden, in dem divergierende Deutungen in Konkurrenz treten und danach streben, diese Vereindeutigungen zu naturalisieren oder zu hegemonialisieren, um damit die herrschende gesellschaftliche Bedeutung von Kollektivzeichen festzulegen (vgl. Wright 1994). Dabei werden manche an den Rand gedrängt, während andere u.U. in ein prekäres Gleichgewicht geraten, wenn keiner die alleinige Vorherrschaft gelingt.[3] Im politischen Diskurs wird damit eine grundlegende gesellschaftliche Bedeutungsebene konstituiert und werden zugleich potentiell unzählig viele Bedeutungen ausgeschlossen, die sich nicht auf dieser Ebene befinden.

Die Durchsetzungsfähigkeit einer Deutung hängt dabei nicht primär von der 'vorgängigen' (institutionellen) Machtposition ihrer Trägergruppe ab. Entscheidend dafür ist vielmehr zum einen, ob sie 'Sinn macht', d.h. in Einklang ist mit den vorgeformten Mustern ihrer diskurs-kulturellen Umgebung und an existierende Deutungen anzuschließen vermag. Ausschlaggebend ist zum anderen, ob sie 'praktikabel' erscheint, d.h. erwarten läßt, daß sie zur Lösung von Deutungsproblemen führt und nicht weitere Probleme produziert. Beides erweist sich im Laufe des Deutungsprozesses und erlaubt es den sich ebenfalls erst im Prozeß formierenden und Identität erlangenden (oder ihre Identität verändernden) Akteuren, Deutungsmacht zu erringen.

Steht im Zentrum der Diskursanalyse die Sprache als primäres Zeichensystem zur Produktion sinnhafter Ordnung (vgl. Berger/Luckmann 1980: 39), schließt dies dennoch

---

2 Dabei entsteht Ordnung erst als Resultat von Interaktionsprozessen, die diese zugleich als ihre Voraussetzung haben, und aus dem menschlichen Streben nach Sinnschließung (vgl. Soeffner 1989b; 1990).

3 Hier wird der Unterschied zwischen einer pluralistischen und einer 'postrationalen' Vorstellung von Politik deutlich: aus pluralistischer Sicht ist die Existenz (-berechtigung) und der Widerstreit divergierender eindeutiger Deutungen von zentraler Bedeutung und Garant für eine 'freie' Ordnung während 'postrationale' Politikkonzepte schon die mit der Vereindeutigung einhergehende Zerstörung von Ambivalenz, die sich aus dem 'Verlangen nach Ordnung' ergibt, für problematisch erachten. Ordnung wird demnach nicht erst dann 'kritisch', wenn sich eine Deutung 'total' durchsetzt, sondern bereits das 'Ordnen an sich' und die damit einhergehenden Grenzziehungen und Vereindeutigungen sind 'totalisierend', zielt es doch immer auf die Definition und den Ausschluß von Chaos (vgl. Baumann 1991: 45). Ordnung konstituiert immer eine *grundlegende Bedeutungsebene*, die andere Bedeutungsebenen ausschließt, die quer zu dieser verlaufen und als chaotisch wahrgenommen werden (d.h. vernichtet werden müssen), von denen aus betrachtet jedoch andererseits die Ordnung gar nicht als solche erscheint. 'Vormoderne' Gesellschaften mit gottgegebener Ordnung kennen das Problem der Ambivalenz so nicht, 'postmoderne' Gesellschaftskonzepte wollen ihren Erhalt.

die Analyse anderer Zeichenarten, wie etwa die von Assmann erwähnten Riten und Denkmäler, insofern nicht aus, als deren Bedeutung selbst diskursiv verfaßt und sprachlich gedeutet wird. Dies gilt insbesondere für Kollektivsymbole. Diese nehmen unter den kulturellen Zeichen eine besondere Stellung ein, da sie zentrale Stellen der kollektiven Bedeutungsproduktion besetzen. Symbole sind ein besonderer Typus von Bedeutungsrepräsentanten. Alles kann zum Symbol werden. Symbole bilden vieldeutige und widersprüchliche Einheiten, die ihre Bedeutung erst im Rahmen der einzelnen diskursiven Deutungen erlangen. Innerhalb der mittels Sprache diskursiv vereindeutigten Deutungen ziehen sie in sich die unterschiedlichsten Bedeutungen zusammen und vereinen sie.[4] Es erscheint daher sinnvoll, Diskursanalyse im Kern als Prozeß- und Symbolanalyse zu betreiben.[5] Geht man zurück auf die Ebene der Nation, ergibt sich aus dem eben Gesagten folgendes: Die Spezifik der eigenen Nation als gesellschaftlicher Ordnungsform und kollektivem Deutungsmuster kann im politischen Diskurs durchaus unterschiedlich ausgedeutet werden, ohne damit die nationale Ordnung zu gefährden. Im Gegenteil: die Auseinandersetzung zwischen divergierenden nationalen Deutungen reproduziert die Bedeutung von 'Nation' als grundlegendem einheitsstiftenden Sinnzusammenhang.

In welchem Zusammenhang steht dies nun mit kollektiver Erinnerung und der Frage nach nationaler Identität in Deutschland? Für die Konstruktion nationaler deutscher Identität erscheint die Erinnerung an den Holocaust als Problem, da sich mit ihr zunächst kein positives Selbstbild entwerfen läßt. Im Gegensatz zu einer Erinnerung an die eigene positive Vergangenheit der politischen Gemeinschaft ermöglicht sie nicht nationale Kontinuität, sondern führt statt dessen zum Zusammenbruch der nationalen Erinnerungsfähigkeit, stellt sich die Vergangenheit doch als schuldbehaftet und das Kollektiv als Täterkollektiv dar. Es ist daher nicht verwunderlich, daß in politischen und wissenschaftlichen Beurteilungen der deutschen 'Identitätslage' die Erinnerung an den Holocaust in der Regel als „Stachel im Fleisch der deutschen Identität" (Garbe 1992: 264) oder als „Last" (Reichel 1995: 40) eingestuft und davon ausgegangen wird, daß sie sich „in keine positive Identitätskonstruktion einfügen läßt" (Niethammer 1992: 24). Allerdings zeigt die folgende Analyse des deutschen Erinnerungsdiskurses exemplarisch, daß tatsächlich das Gegenteil der Fall ist: Die Erinnerung an den Holocaust wird in der Aufarbeitungsdeutung als Chance zur Konstituierung deutscher Identität genutzt, was als Innovation im Konstruktionsmodus nationaler Identität betrachtet werden kann. Es existieren unterschiedliche diskursive Deutungen des Holocaust, in deren Zentrum das Bemühen steht, Bedeutungen des Holocaust zu konstruieren, die ihn in eine nationale Narration einpassen und dadurch die Erinnerungsfähigkeit der nationalen Gemeinschaft sichern.[6]

---

4   Vgl. zur soziologischen Symboltheorie Soeffner 1989a; 1991.
5   Dabei ist sie notwendigerweise Fallanalyse, da sie auf die Rekonstruktion von sozialen Konstruktionen abzielt (vgl. Soeffner/Hitzler 1993).
6   Bernhard Giesen meint im deutschen Erinnerungsdiskurs den Übergang von einer triumphalistischen zu einer traumatischen Identitätskonstruktion ausmachen zu können (vgl. Giesen 1999a: 67f.; 2000). Für Hans-Georg Soeffner ist Gemeinschaftsbildung in pluralistischen Gesellschaften nicht mehr durch den Bezug auf Traditionen möglich. Diese werden ersetzt durch „ein gemeinsames Schicksal, eine gemeinsame Entscheidung, eine gemeinsame Schuld" (Soeffner 1995: 88).

Gedenkstätten bieten sich als Analyseeinheiten für den Erinnerungsdiskurs an, da sie zum einen eine zentrale Rolle in der deutschen Holocaust-Erinnerung einnehmen und zum anderen mit ihnen die Bedeutung von Symbolen im Erinnerungsdiskurs veranschaulicht werden kann: Gedenkstätten beziehen sich interpretierend auf Kollektivsymbole (beispielsweise auf ein Konzentrationslager oder eine andere Stätte nationalsozialistischer Verbrechen) bzw. werden selbst zu solchen. Am Beispiel der Gedenkstätte 'Topographie des Terrors' kann gezeigt werden, wie dort eine Deutung des Holocaust in Abgrenzung zu einer anderen positioniert ist. Die Struktur des Erinnerungsdiskurses kann als eine Konfliktstruktur der wechselseitigen Abgrenzung zwischen Aufarbeitungs- und Schlußstrichdeutung beschrieben werden. Die beiden konkurrierenden Deutungen kämpfen um die Hegemonie bei der Besetzung eines zentralen Erinnerungssymbols, setzen damit 'Nation' als Basis der Vergemeinschaftung und konstruieren eine nationale Ordnung der Erinnerung. Entstehen und Wandel dieses Diskurses stellen sich als Prozeß der Auseinandersetzung mit dem zentralen Problem dar, das der Holocaust aus deutscher Sicht repräsentiert: die Schuldzuschreibung für den Holocaust ist zunächst problematisch, da sie Ambivalenz in das nationale Selbstbild bringt und es damit grundsätzlich in Frage stellt. Im Rahmen der Aufarbeitungsdeutung ist es aber gerade der ambivalente Identitätsentwurf, der nationale Identität konstituieren kann. Zum einen vermag er den nicht eindeutig zu fassenden Holocaust und den 'Bruch', den er darstellt, in die nationale Geschichtsschreibung zu integrieren. Zum anderen wird seine Ambivalenz zum Movens diskursiver Selbstbeschreibung der Nation, die sich in der Auseinandersetzung mit den Verbrechen des Nationalsozialismus erst entfaltet.[7]

Neben der Bedeutungsproduktion hat die organisatorische Einbettung einer Deutung, auf die hier nicht explizit eingegangen wird, eine entscheidende Funktion für ihre gesellschaftliche Ordnungsleistung und ihre Durchsetzungsfähigkeit. Gedenkstätten wie die 'Topographie des Terrors' wurden zur organisatorischen Basis der Aufarbeitungsdeutung, und die Einbettung der Gedenkstätte in den sogenannten 'Dritten Sektor' ermöglichte ihre Stabilisierung und Durchsetzung.[8] Erfolg basiert also auf der Institutionalisierung einer Deutung und der Institutionalisierung ihrer organisatorischen Träger.[9]

Die folgende Interpretation konzentriert sich auf die Präsentation zweier Schlüsselbegriffe ('Opfer' und 'Täter') und eines (impliziten) Deutungsmusters ('Schuld') und legt dar, welche Bedeutung diese innerhalb der beiden Deutungen annehmen, die im Fall der 'Topographie des Terrors' unterschieden werden können.[10]

---

7 In ihrer paradoxen Anlage ähnelt die 'offene Wunde' Holocaust damit strukturell dem „Stachel des Fremden" (vgl. Waldenfels 1995).
8 Zur Überlebensfähigkeit von Dritt-Sektor-Organisationen und zu ihre politischen Funktion vgl. Seibel 1991; 1994.
9 Ebenfalls nicht eingegangen wird auf eine dritte Deutung innerhalb des deutschen Erinnerungsdiskurses, die 'Betroffenheitsdeutung', die im Fall der 'Topographie des Terrors' – als 'Ort der Täter' – keine zentrale Rolle spielt.
10 Das Feld der möglichen und unterscheidbaren Deutungen ergibt sich aus einer Untersuchung weiterer Gedenkorte, die auch zeigt, daß diese Deutungen in je fallspezifischen Variationen auftreten. Die Analyse unterschiedlicher Erinnerungsformen (Erinnerungsliteratur, Gedenktage, Mahn-

3. Das Prinz-Albrecht-Gelände als Symbol im Erinnerungsdiskurs

Die Gedenkstätte 'Topographie des Terrors' befindet sich auf dem sogenannten 'Prinz-Albrecht-Gelände', dem ehemaligen Sitz von SS, Gestapo und Reichssicherheitshauptamt im Zentrum Berlins.[11] Das Gelände war von April 1944 an Ziel schwerer Luftangriffe der Alliierten gewesen. Nach dem Krieg sind die Gebäude, die von den nationalsozialistischen Institutionen genutzt worden waren, abgerissen worden. Als 1961 die Berliner Mauer entlang der Begrenzung des Geländes errichtet wurde und dieses dadurch an die innerstädtische Peripherie geriet, wurden alle bis dahin erwogenen Pläne für eine zukünftige Nutzung des Areals fallen gelassen und der Ort zur Zwischennutzung einer Baustoff-Verwertungsfirma und einem sogenannten 'Autodrom' zum Fahren ohne Führerschein überlassen. Erst Ende der 70er Jahre wurde dem Gelände öffentliche Aufmerksamkeit zuteil, als der auf dem Gelände befindliche historische 'Gropius-Bau' restauriert und zu einem der zentralen Ausstellungsgebäude Berlins gemacht wurde (vgl. Abb. 1). Im Rahmen einer ersten großangelegten Ausstellung zur Geschichte Preußens wurde die Nutzung des benachbarten Geländes während des 'Dritten Reiches' thematisiert. Etwa zur gleichen Zeit wurde die Bedeutung des 'historischen Orts' von der Internationalen Bauausstellung Berlin (IBA) betont, die sich aus diesem Grund gegen neue stadtplanerische Maßnahmen auf dem Gelände aussprach.

3.1 Das 'provisorische Arrangement': Die Topographie des Terrors in den 80er Jahren

Durch diese beiden Ereignisse aufmerksam geworden, traten zahlreiche Organisationen und Initiativen auf den Plan und forderten die Errichtung einer 'Gedenkstätte für die Opfer des Faschismus' auf dem Gelände. Als 1982 Pläne für die Gedenkveranstaltungen anläßlich des 50. Jahrestages der 'Machtergreifung' 1933 gemacht wurden, schloß sich das Berliner Abgeordnetenhaus diesen Forderungen an, und ein Gestaltungswettbewerb wurde ausgeschrieben. Von den Entwürfen wurde dabei zweierlei erwartet: Zum einen sollten sie eine Gedenkstätte für die Opfer des Holocaust beinhalten, zum anderen aber auch einen Stadtteilpark auf dem Gelände vorsehen. Gleichzeitig bestand zwischen Berliner Senat, dem Bezirk Kreuzberg und den Bürgerinitiativen keine Einigkeit darüber, was unter einer Gedenkstätte zu verstehen sei. Zur selben Zeit schlossen sich zahlreiche bis dahin isoliert

---

male, Parlamentsdebatten, medial vermittelte Elitendebatten etc.) und unterschiedliche theoretische und methodische Perspektiven haben zudem zahlreiche andere Interpretationen und Unterscheidungen hervorgebracht. Aus einer Vielzahl an Veröffentlichungen seien hier exemplarisch genannt: Assmann 1996; Assmann/Frevert 1999; Bodemann 1996; Dubiel 1999; Geyer 1996; Giesen 1993: 236ff.; Hamm 1997; Huyssen 1986; Fritz-Bauer-Institut, 1996; Keilbach 1998; Kirsch 1999; LaCapra 1998; Naumann 1998; Reichel 1995; Wolfrum 1998; Young 1988; 1993.
11 Vgl. zum folgenden die Darstellungen bei Buttlar/Endlich 1986; Endlich 1988; 1994; Rürup 1995; 1997.

Abb. 1: Luftaufnahme des 'Prinz-Albrecht-Geländes' zwischen Stresemannstraße, Niederkirchnerstraße, Wilhelmstraße und Anhalter Straße, 1984.
Gesamtansicht mit Gropius-Bau (links oben), Baustoff-Verwertungsfirma (rechts oben, entlang der Mauer), 'Autodrom' (rechts unten), Parkplatz, Deutschland- und Europahaus (links unten). Foto: Topographie des Terrors

agierende Gruppen zu einem Verein zusammen, der die Errichtung eines 'aktiven Museums' auf dem Gelände forderte. Das 'Aktive Museum e.V.' und andere kritisierten das Wettbewerbsverfahren heftig. Nicht zuletzt als Reaktion auf die anhaltende Kritik an Verfahren und Ergebnissen des Wettbewerbs wurden die Ausführungsempfehlungen der Wettbewerbsjury nicht in die Realität umgesetzt. Stattdessen entstanden neue Pläne, wie man das Gelände für die 750-Jahrfeier Berlins 1987 zumindest provisorisch herrichten könnte. Eine neue Bürgerinitiative ('Initiative zum Umgang mit dem Gestapo-Gelände') wurde – erneut als Zusammenschluß bereits existierender Gruppen – gegründet, da man befürchtete, dem Senat sei es nicht allzu ernst mit der Errichtung einer 'angemessenen' Gedenkstätte. Jedoch war man sich auch innerhalb der Bürgerinitiative nicht einig darüber, was als 'angemessen' zu erachten sei. Im Juli 1987 wurde schließlich die Ausstellung 'Topographie des Terrors' eröffnet, die von einer vom Berliner Senat beauftragten Gruppe Historiker erstellt worden war. Diese hatte die Ausstellungskonzeption in enger Abstimmung mit den Bürgerinitiativen entwickelt, so daß die Ausstellung die Ergebnisse der jahrelangen Debatten und Auseinandersetzungen um das Gelände reflektierte.

Die Ausstellung und das Gebäude, in dem sie untergebracht war, waren zunächst lediglich als 'provisorisches Arrangement' für die 750-Jahr-Feier gedacht, blieben aber schließlich bis Juli 1997 erhalten.[12] Das einstöckige Ausstellungsgebäude aus Holz und Glas war langgezogen und schmal (vgl. Abb. 2). Es war auf Kellerräumen errichtet worden, die während des Krieges entstanden waren und die bei den Ausgrabungsarbeiten auf dem Gelände gefunden wurden. Die Gestaltung der Ausstellung war schlicht. Sie bestand im wesentlichen aus großen Schwarz-Weiß-Fotografien, darunter zahlreichen Portraits, großen Schrifttafeln, die die Geschichte des Stadtviertels, des Geländes und der NS-Institutionen auf dem Gelände erzählten, Schaubildern und vergrößerten Originaldokumenten (vgl. Abb. 3). Die Texte waren in einer trockenen und sachlichen Sprache gehalten, von den historischen Tatsachen wurde erwartet, daß sie 'für sich selbst sprechen'. Die Ausstellung wurde von ihren Machern als 'historische Dokumentation' bezeichnet, womit gemeint war, daß sie 'wissenschaftlich' und 'objektiv' sei und weder Geschichte noch Gelände 'interpretiere'.

Die Ausstellung formulierte eine lineare Narration der Geschichte des Geländes. Die Vorgeschichte des 'Dritten Reiches' wurde am Beispiel der Geschichte des Areals und des Stadtviertels dargestellt, die den Hintergrund für die Präsentation der Geschichte des 'Dritten Reiches' bildete. Im folgenden Teil der Ausstellung wurde das Naziregime unter Bezug auf die Institutionen diskutiert, die sich auf dem Ge-

Abb. 2: Das Ausstellungsgebäude und der Gropius-Bau, 1987. Foto: Margret Nissen/Topographie des Terrors

---

12   Die Ausstellung ist derzeit in leicht modifizierter Form 'open-air' auf dem Gelände zu sehen.

lände befunden hatten und die Verbrechen von SS und Gestapo dargestellt. Daran schloß sich mit der Zerstörung der Gebäude auf dem Gelände in den Jahren 1944/ 45 die Darstellung des Beginns einer neuen Ära des Geländes an. Die Nachkriegszeit wurde jedoch nicht als einheitliche Phase präsentiert, sondern in zwei aufeinander folgenden Teilen zwischen 'Unsichtbar gemachte Geschichte' und 'Die Wiederkehr des Verdrängten' unterschieden. Während die Zeit bis in die frühen 80er Jahre als Verdrängung der historischen Wahrheit vorgestellt wurde und als Versuch, einen 'Schlußstrich' unter die Beschäftigung mit den NS-Verbrechen zu ziehen, wurden die 80er Jahre als Jahrzehnt der Wiederentdeckung des Geländes, der historischen 'Aufarbeitung' und Beginn einer wirklich neuen Ära charakterisiert.

Auch das Gelände selbst wurde der Öffentlichkeit zugänglich gemacht. Informationstafeln über die Geschichte des Geländes wurden angebracht und zwei Aussichtsplattformen auf den Schutthaufen errichtet. Die 'Topographie des Terrors' interpretierte das Gelände als 'authentisch' und behauptete – unter Bezug auf den

Abb. 3: Blick in die Ausstellung, 1987. Foto: Margret Nissen/Topographie des Terrors

Ort und mit Hilfe der wissenschaftlich und objektiv gestalteten Ausstellung – die historische 'Wahrheit' darstellen zu können, aus der Lehren für die Gegenwart und die Zukunft gezogen werden könnten.

Das Gelände wurde als 'Lernort', 'Ort der Täter' und 'offene Wunde' bezeichnet. Die Metapher 'offene Wunde' bezog sich auf die aufgewühlte Erde auf dem Gelände und die Tatsache, daß das Gelände nach dem Krieg nicht in die neue Ordnung der Stadt integriert worden war, sondern unbebaut geblieben war. Sie sollte veranschaulichen, daß die Geschichte eine Wunde am Körper der Stadt und der deutschen Nation hinterlassen hatte. Das Gelände wurde aufgrund seiner Funktion als Befehlszentrale des SS-Staates zum Ort der Täter erklärt und damit den 'Opferorten', insbesondere den Konzentrationslagern, gegenübergestellt.[13]

3.2 Der Neubau

Nach der deutschen Vereinigung wurden schließlich Pläne für ein neues Gebäude gemacht. Die Bürgerinitiativen kämpften noch immer für eine alternatives Museumskonzept. Ein 'aktives Museum' sollte den Gefahren von Monumentalismus und musealer Versteinerung entgegentreten, indem den Besuchern eine aktive Rolle beim Museumsbesuch zugewiesen werden sollte. Zudem wurden Räume für Medienprojekte und für werkstattartige Aktivitäten gefordert, die in zahlreichen kleinen, dezentralen Gebäuden untergebracht werden sollten. Jedoch gelang es dem Berliner Senat seine eigenen, etwas anderen Vorstellung durchzusetzen.

Bei dem Neubau, dessen Fertigstellung sich aufgrund technischer und finanzieller Schwierigkeiten und fortwährender Auseinandersetzungen um Gedenkstätte

Abb. 4: Modell des Neubaus, 1993.
Gesamtansicht mit Neubau (Bildmitte), Deutschland- und Europahaus (vorn links), Gropius-Bau und Abgeordnetenhaus (hinten halblinks) und ehemaligem Reichsluftfahrtministerium (hinten rechts).
Foto: Christina Bolduan/Topographie des Terrors

---

13 Trotz des 'Hausgefängnisses', das die Gestapo auf dem Gelände unterhielt, hat sich eine Interpretation als 'Ort der Opfer' nie durchgesetzt.

und Bauwerk immer wieder verzögert hat, wird es sich um eine langgezogene Betonkonstruktion handeln (vgl. Abb. 4). Sie ist von ihrem Architekten als 'reine Struktur', 'bloßer Hintergrund' und 'funktional' gedeutet worden. Im Zentrum des Gebäudes wird sich eine Dauerausstellung befinden, die stark an die Konzeption der alten Ausstellung angelehnt sein wird: Es werden keine Artefakte verwendet, der Anspruch auf 'Authentizität' wird erneuert. In dem zweistöckigen Gebäude sind außerdem Räume für Wechselausstellungen, Gruppenräume, eine Bibliothek, ein Archiv und Verwaltungsräume vorgesehen. Die Bürgerinitiativen waren dem Gebäude gegenüber zunächst sehr kritisch eingestellt, da seine Architektur, im Gegensatz zum 'Provisorium', das Gelände mit seiner schweren Struktur dominieren und lediglich eine relativ konventionelle Museumskonzeption zulassen wird.

3.3 Die 'offene Wunde', die Aufarbeitungsdeutung und nationale Identität in Deutschland

Wie läßt sich Entstehungsprozeß und Deutungsstruktur der 'Topographie des Terrors' nun interpretieren? Die 'Topographie des Terrors' kann als Ort der Auseinandersetzung um die Bedeutung des Holocaust für deutsche Identität verstanden werden, in deren Verlauf eine spezifische Deutung, die ich Aufarbeitungsdeutung nenne, in Abgrenzung zu einer anderen (der Schlußstrichdeutung) formuliert, institutionalisiert und verbreitet wurde.

Der Aufbau der Ausstellung und die Struktur der Aufarbeitungsdeutung, in die sie eingebettet ist, entwerfen eine, in zwei Abschnitte unterteilte, nationale Narration (vgl. Bhabha 1990; Bronfen/Marius 1997: 21; Hölscher 1997: 318). Eine solche nationale Geschichte setzt an einem – meist mythisch verklärten – Ursprung in der Vorgeschichte an, den in der 'Topographie des Terrors' das Kaiserreich und die Weimarer Republik bilden. Diese Geschichte erfährt, so zeigt die Ausstellung, eine radikale Transformation durch das 'Dritten Reich'. Schuld und Täterschaft führen in der Nachkriegszeit zu 'Verdrängung', die das vorläufige Ende der ersten nationalen 'Geschichte' bildet. Damit kann die Nachkriegszeit zur Ausgangskonstellation einer zweiten Erzählung werden, die über die 80er Jahre und die 'Wiederkehr des Verdrängten' zur Errichtung der 'Topographie des Terrors' als Abschluß der nationalen Narration führt. Dabei wird die Aufarbeitung, wie sie in den frühen 80er Jahren einsetzt, als notwendige Konsequenz aus dem verdrängenden Verhalten der Nachkriegszeit verstanden. Der Abschluß der Narration, der sich aus dem aufarbeitenden Umgang mit der nationalen Geschichte ergibt, wird von der Ausstellung selbst nicht mehr dargestellt, die Ausstellung ist selbst der Abschluß. Er ist für die Besucher nicht nur sinnlich erfahrbar; diese sind darüber hinaus selbst durch ihren Besuch der Ausstellung Teil dieser Endkonstellation, die kein Schluß ist, sondern das Erreichte immer wieder in die Gegenwart verlängert. Der Besuch der Gedenkstätte wird zur Realisierung der nationalen Identitätsfindung, die die Verbrechen des Nationalsozialismus zu integrieren vermag. Das nationale Subjekt 'vollzieht' in einem performativen Akt die neue nationale Identität. Dem nicht-deutschen Besucher wird dabei die Zeugenschaft zugewiesen. Indem er die Aufarbeitung der Geschichte durch die Deutschen beobachtet und attestiert, bestätigt er ihre nationale Neuformation. Diese Spiegelfunktion, welche die nicht-deutschen Besucher erfüllen, manifestiert sich in deren Eintragungen in das Besucherbuch der Gedenkstätte, die die offensichtliche Veränderung der Deutschen wohlwollend kommentieren.

In der Aufarbeitungsdeutung der 'Topographie des Terrors' wird das Gelände zu einem Symbol für Schuld, d.h. zu einem Stigma. Die Stigmatisierung, d.h. die Zuweisung sozialer Schuld, die Deutschland für die Verbrechen des Nationalsozialismus erfahren hat, wird mit der 'Topographie des Terrors' in, wie Wolfgang Lipp (1993: 17) dies nennt, „Selbststigmatisierung" überführt.[14] Selbststigmatisierung ist neben Internalisierung und Neutralisierung eine der Strategien zur Abwehr von Stigmatisierung. Schuld wird hier nicht ins Innere gekehrt oder abgelehnt, sondern angenommen und öffentlich zur Schau gestellt und damit in der Folge „Schuld in 'Gnade'" (Lipp 1993: 22) gewandelt, d.h. eine Umkehr der Bedeutung des Stigmas vorgenommen, die zur Ausbildung eines neuen Wertesystems führt. Die Stigmatisierten erscheinen nicht mehr länger als schuldig, sondern nunmehr als stark, moralisch rein, ehrenwert, auserwählt und schließlich als Schöpfer einer neuen Kultur, was als typische Resultante einer symbolischen Umkehrung von Bedeutung durch Selbststigmatisierung erachtet werden kann (vgl. Lipp 1993).

In der Aufarbeitungsdeutung wird von den Erinnernden aus einer objektiven und objektivierenden Position des Lernens heraus und in Distanz zu den Opfern ein Selbstverständnis als Teil der 'Tätergesellschaft' konstruiert und damit ein Erinnerungskollektiv konstituiert. Aus einer Position der Identifikation mit den Tätern, der Schuldannahme und Selbststigmatisierung übernehmen die Erinnernden 'Verantwortung' nicht nur für die Vergangenheit, sondern auch für die Zukunft. Das Gelände wird als 'offene Wunde' bezeichnet und damit einerseits als Symbol für Schuld und Scham, andererseits für Lernen und Verantwortung inszeniert. Selbststigmatisierung, die durch die Gedenkstätte betrieben wird, führt zu einer Umkehrung genau dieser symbolischen Bedeutung. Die eigene Schuld und Täterschaft wird als Vergangenheitsproblem verstanden, zu der man sich erinnernd bekennt. Dieses Bekenntnis wird zum Kern der Problembearbeitung, die die Form der lernenden Auseinandersetzung mit Schuld am Ort der Tat annimmt. Aus ihr leitet sich als Resultat ein Stolz auf die eigene Erinnerungsarbeit ab, die man als wesentlichen Motor für die Begründung neuer politischer Werte erachtet, zu denen neben Verantwortungsbewußtsein (gegenüber den Opfern des Nationalsozialismus, verfolgten Minderheiten etc.) auch gesellschaftliche Werte wie Sensibilität im Umgang mit Anderen, Zivilcourage und Dienst für die Gemeinschaft zählen. Die Selbsstigmatisierung, die in der Erinnerungsarbeit der Gedenkstätte wiederholt und verstetigt wird, wandelt die Last der Erinnerung in eine Chance zur Schöpfung neuer politischer Werte und damit zur Begründung nationaler Identität. Gerahmt von der Aufarbeitungsdeutung, als Teil der politischen Ordnung des neuen Deutsch-

---

14 Zur theoretischen Konzipierung der 'Selbststigmatisierung' bei Lipp vgl. Giesen 1999b.

land, wandelte sich das Stigma des Holocaust insgesamt mit Hilfe der 'Topographie des Terrors' in ein zentrales Kollektivsymbol der BRD, in dem vergangene Schuld und heutige Verantwortung zu Grundelementen eines demokratischen 'Verfassungspatriotismus' zusammengezogen werden. Auf diese Weise beschränkt die Gedenkstätte die symbolische Vieldeutigkeit des Geländes auf Interpretationen, die in Einklang mit der Aufarbeitungsdeutung stehen und bannt die Gefahr der Identitätsambivalenz, die die Schuldfrage beinhaltet. Die 'Topographie des Terrors' arbeitet an der Pflege und Aufrechterhaltung der offenen Wunde Deutschlands, nicht an ihrer Heilung. Aus der Aufarbeitungsperspektive muß die Wunde offen bleiben, um dem Bedürfnis einer historisch begründeten deutschen Identität dienen zu können. Im Verständnis der Aufarbeitungsdeutung ist die offene Wunde nicht nur eine „symbolic wound of the body-politic of the German nation-state", wie Karen E. Till schreibt (Till 1996: 196), sondern vielmehr eine Möglichkeit zur Reterritorialisierung und Wiedergewinnung deutscher Identität. Sie zeigt nicht nur die Verletzung der Identität an, sondern auch die Möglichkeit ihrer Heilung. Der Holocaust wird so vom Identitätsbruch zur heilsamen Wunde deutscher Identität uminterpretiert.

Zentral bei der Entstehung der Aufarbeitungsdeutung war die Abgrenzung zur Schlußstrichdeutung, die in Form etwa der 'Neuen Wache' in Berlin und in den Widerständen gegen die 'Topographie des Terrors' greifbar wurde. 'Schlußstrich' bezeichnet eine Form des Umgangs mit Stigmatisierung, die versucht, der Schuldzuschreibung durch Leugnung der Schuld und direkte Abwehr der Schuld-zuschreibung zu begegnen. In dieser Deutung war und ist Deutschland selbst ein Opfer des Nationalsozialismus. Schlußstrich bedeutet jedoch nicht, daß der Beschäf-tigung mit dem Holocaust ein Ende gesetzt werden soll, sondern ein Schlußstrich unter eine als vorherrschend und gefährlich erachtete Form der Deutung gezogen werden soll, die – aus dieser Sicht – einige privilegiert und andere (die Deutschen) benachteiligt. Schlußstrich zielt auf historische Relativierung und Redefinition der Bedeutung des Vergangenheitsproblems. So erscheint die 'Topographie des Terrors' als Symbol der (abgelehnten) Schuldzuweisung, des deutschen Leidens unter der falschen Schuldzuweisung und als Last für deutsche Identität, während eine Gedenkstätte im Sinne der Schlußstrichdeutung den deutschen Widerstand und den eigenen Opferstatus als Thema der Erinnerung definieren würde. Die Schwäche dieser Deutung liegt jedoch in der Ablehnung der Schuldzuschreibung, mit deren Hilfe zwar ein von Selbstmitleid geprägtes Bild des eigenen Leidens entworfen wird, die jedoch zur Schuldabwehr kaum geeignet ist (theoretisch vgl. Lipp 1993: 21) und die das „positive Potential" der Schuld-zuweisung nicht nutzt. Was bleibt, ist der Versuch, sich an anderen historischen Epochen aufzurichten.

4. Schlußbemerkungen

Während die wechselnden Berliner Regierungen nicht selbst an der Errichtung einer Gedenkstätte auf dem Prinz-Albrecht-Gelände interessiert waren, führte der Druck der Bürgerinitiativen und die Notwendigkeit, verschiedene Gedenktage zu begehen, zur Errichtung der 'Topographie des Terrors', die auf der Aufarbeitungsdeutung des Geländes gründet. In den 90er Jahren realisierten sowohl Bundesregierung als auch Berliner Senat, daß diese Deutung weit davon entfernt ist, deutsche Identität in Frage zu stellen, sondern vielmehr auf fruchtbare Weise Einheit und Eigenart der Deutschen neu bestimmt und das Selbstbild der Deutschen positiv auszuleuchten vermag. In der Folge der deutschen Vereinigung wandelte sich das Gelände an der ehemaligen Grenze zwischen Ost und West in einen zentralen Ort in Berlin (das Berliner Abgeordnetenhaus hat den ehemaligen Preußischen Landtag bezogen, der direkt an das Prinz-Albrecht-Gelände angrenzt). Er symbolisiert nunmehr auch die neue nationale Gemeinsamkeit und die gemeinsame historische Basis. Berlin ist als neue Hauptstadt auf nationale Zeichen der Größe angewiesen, der Neubau der 'Topographie des Terrors' wird eines davon werden. Am Beispiel der 'Topographie des Terrors' läßt sich der Aufstieg der Aufarbeitungsdeutung innerhalb des deutschen Erinnerungsdiskurses zeigen. Die allgemein geteilte Auffassung, man müsse nun 'zwei Diktaturen in Deutschland aufarbeiten', stärkte die Attraktivität der Gedenkstätte und der Aufarbeitungsdeutung auch für politische und staatliche Akteure, die ansonsten zu einer Schlußstrichdeutung neigten, als es allein um die Erinnerung an den Holocaust ging.

Der Ursprung des deutschen Erinnerungsdiskurses liegt in der generellen Erinnerungsgebundenheit kollektiver Identität und, im speziellen, im Bemühen, das Problem, das der Holocaust für die Konstruktion nationaler Identität darstellt, zu definieren und zu bearbeiten. Im deutschen Erinnerungsdiskurs wird die Spezifik der Nation auf unterschiedliche Weise ausgedeutet und diese auf unterschiedliche Weise als kollektive Subjektivierung gedeutet. Am Beispiel der 'Topographie des Terrors' lassen sich ein Schlußstrich- und eine Aufarbeitungsdeutung unterscheiden, die in wechselseitiger Abgrenzung Nation und nationale Identität als grundlegende Bedeutungs- und Ordnungsebene konstituieren und dabei die symbolische Vieldeutigkeit und Ambivalenz des Holocaust in der Form von Interpretationen reduzieren, die in Einklang stehen mit einer nationalen Geschichtsdeutung.

Die Konstruktion nationaler Identität ist im Fall der Aufarbeitungsdeutung eine fortwährend zu erbringende soziale Leistung, die nicht zum Abschluß kommen kann. Die durch den Holocaust vermittelte Sinnkrise wird in der Aufarbeitungsdeutung in die Sinnkonstitution integriert. Ambivalenz erscheint nicht als das zu Zerstörende, sondern wird auf Dauer gestellt und in den Identitätsentwurf einbezogen. Die Leistung von Gedenkstätten wie der 'Topographie des Terrors' besteht genau darin, diesem schwierigen Prozeß eine sichere Form gegeben zu haben, in der er sich entwickeln konnte und in der er immer wieder aufs Neue begangen werden kann. In der Aufarbeitungsdeutung der 'Topographie des Terrors' wird dabei ein Verständnis des Ortes als 'Ort der Täter' entwickelt, das es zu erlauben scheint, eine Unterscheidung zwischen Deutschen (Täter) und Nichtdeutschen (Opfer) zu treffen, um auf diese Weise einen historisch definierten homogenen Körper der Nation verstanden als 'Tätergesellschaft' zu produzieren. Damit wird nicht nur eine auf eindeutige Zugehörigkeit abzielende Form kollektiver Identität reproduziert. Es wird dabei auch mittels Erinnerung die Definition von Deutschsein – in der

Form der Täternachfolge – mittels derselben Grenzziehungen bestimmt, die für den Nationalsozialismus kennzeichnend waren. Deutscher ist damit, wer sich als Täternachfolger identifiziert und die Schuld der Deutschen für sich als Repräsentanten des Kollektivs annimmt, eine Definition, die z.B. weder für sogenannte 'Deutsche ausländischer Herkunft' noch für die Nachfahren jüdischer Opfer des Nationalsozialismus eine Identifikationsmöglichkeit als Deutsche vorsieht. Im Identitätsentwurf der Aufarbeitungsdeutung entsteht damit über den Bruch hinweg, als der der Holocaust verstanden wird, eine eigentümliche Kontinuität in der Vorstellung davon, wer Deutscher ist. Wenn die Deutschen als 'Erinnerungs-' und 'Verantwortungsgemeinschaft' verstanden werden, geraten sie jedoch zugleich zur 'Abstammungsgemeinschaft'. So wird unwillentlich wieder an die 'Volksgemeinschaft' des nationalsozialistischen Deutschlands angeschlossen.

Literatur

Anderson, Benedict (1991): Imagined Communities. Reflections on the Origin and Spread of Nationalism. London/New York: Verso, 2. erweiterte Auflage

Assmann, Aleida (1996): Erinnerungsorte und Gedächtnislandschaften. In: Loewy, Hanno/ Moltmann, Bernhard (Hg.): Erlebnis – Gedächtnis – Sinn: authentische und konstruierte Erinnerung. Frankfurt a.M./New York: Campus, S. 13-29

Assmann, Aleida/ Frevert, Ute (1999): Geschichtsvergessenheit – Geschichtsversessenheit: vom Umgang mit deutschen Vergangenheiten nach 1945. Stuttgart: Deutsche Verlags-Anstalt

Assmann, Jan (1988): Kollektives Gedächtnis und kulturelle Identität. In: Assmann, Jan/ Hölscher, Tonio (Hg.): Kultur und Gedächtnis. Frankfurt a.M.: Suhrkamp, S. 9-19

Baumann, Zygmunt (1991): Moderne und Ambivalenz. In: Bielefeld, Uli (Hg.): Das Eigene und das Fremde: neuer Rassismus in der Alten Welt? Hamburg: Junius, S. 23-49

Berger, Peter L./ Luckmann, Thomas (1980): Die gesellschaftliche Konstruktion der Wirklichkeit. Eine Theorie der Wissenssoziologie. Frankfurt a.M.: Fischer

Bhabha, Homi K. (1990): Introduction: Narrating the Nation. In: Bhabha, Homi K. (Hg.): Nation and Narration. London/New York: Routledge, S. 1-7

Bodemann, Y. Michal (1996): Gedächtnistheater: die jüdische Gemeinschaft und ihre deutsche Erfindung. Hamburg: Rotbuch

Bronfen, Elisabeth/ Marius, Benjamin (1997): Hybride Kulturen. Einleitung zur anglo-amerikanischen Multikulturalismusdebatte. In: Bronfen, Elisabeth/Marius, Benjamin/ Steffen, Therese (Hg.): Hybride Kulturen. Beiträge zur anglo-amerikanischen Multikulturalismusdebatte. Tübingen: Stauffenburg, S. 1-29

Buttlar, Florian von/Endlich, Stefanie (1986): Synopse zum Umgang mit dem Gestapo-Gelände. In: Akademie der Künste (Hg.): Diskussion zum Umgang mit dem 'Gestapo-Gelände'. Dokumentation. Berlin: Akademie der Künste, S. 4-11

Deleuze, Gilles/Guattari, Félix (1992): Tausend Plateaus. Kapitalismus und Schizophrenie II. Berlin: Merve

Dubiel, Helmut (1999): Niemand ist frei von der Geschichte. Die nationalsozialistische Herrschaft in den Debatten des Deutschen Bundestages. München: Hanser

Endlich, Stefanie (1988): Gestapo-Gelände: Entwicklungen, Diskussionen, Meinungen, Forderungen, Perspektiven. In: Akademie der Künste (Hg.): Zum Umgang mit dem Gestapo-Gelände. Gutachten im Auftrag der Akademie der Künste Berlin. Berlin: Akademie der Künste

Endlich, Stefanie (1994): Die 'offene Wunde' in der Stadtbrache: Zum Bauwettbewerb 'Topographie des Terrors'. In: Architektenkammer Berlin (Hg.): Architektur in Berlin: Jahrbuch 1993/1994. Hamburg: Junius, S. 56-61

Fritz-Bauer-Institut (Hg.) (1996): Auschwitz: Geschichte, Rezeption und Wirkung. Frankfurt a.M./New York: Campus

Garbe, Detlef (1992): Gedenkstätten: Orte der Erinnerung und die zunehmende Distanz zum Nationalsozialismus. In: Loewy, Hanno (Hg.): Holocaust: Die Grenzen des Verstehens. Eine Debatte über die Besetzung der Geschichte. Reinbek: Rowohlt, S. 260-284

Geyer, Michael (1996): The Politics of Memory in Contemporary Germany. In: Copjec, Joan (Hg.): Radical Evil. London/New York: Verso, S. 169-200

Giesen, Bernhard (1993): Die Intellektuellen und die Nation: eine deutsche Achsenzeit. Frankfurt a.M.: Suhrkamp

Giesen, Bernhard (1999a): Kollektive Identität. Die Intellektuellen und die Nation 2. Frankfurt a.M.: Suhrkamp

Giesen, Bernhard (1999b): Nationale Erinnerungsrituale nach dem 2. Weltkrieg. Ein Vergleich von Deutschland und Frankreich, Italien und Japan. In: Universität Konstanz: Antrag auf Errichtung des Kulturwissenschaftlichen Forschungskollegs/Sonderforschungsbereichs 'Norm und Symbol'. Die kulturelle Dimension sozialer und politischer Integration'. Finanzierungsantrag 2000 - 2001 - 2002, Konstanz, S. 241-280 (unveröff.)

Giesen, Bernhard (2000): National Identity as Trauma: The German Case. In: Stråth, Bo (Hg.): Myth and Memory in the Construction of Community: Historical Patterns in Europe and Beyond. Brüssel: PIE Lang, S. 227-247

Hamm, Marion (1997): Der 8. Mai 1995 – Offizielles Gedenken als weicher Schlußstrich? In: Geschichtswerkstatt e.V. (Hg.): Erinnern gegen den Schlußstrich: Zum Umgang mit dem Nationalsozialismus. Freiburg: Haug, S. 36-46

Handler, Richard (1988): Nationalism and the Politics of Culture in Quebec. Madison: University of Wisconsin Press

Handler, Richard (1994): Is 'Identity' a Useful Cross-Cultural Concept? In: Gillis, John R. (Hg.): Commemorations: The Politics of National Identity. Princeton: Princeton University Press, S. 27-40

Hobsbawm, Eric (1983): Introduction: Inventing Traditions. In: Hobsbawm, Eric/Ranger, Terence (Hg.): The Invention of Tradition. Cambridge: Cambridge University Press, S. 1-14

Hölscher, Lucian (1997): The New Annalistic: A Sketch of a Theory of History. In: History and Theory, 36, S. 317-335

Huyssen, Andreas (1986): The Politics of Identification: 'Holocaust' and West German Drama. In: Huyssen, Andreas: After the Great Divide. Modernism, Mass Culture, Postmodernism. Bloomington, Indianapolis: Indiana University Press, S. 94-114

Keilbach, Judith (1998): Politik mit der Vergangenheit: Der 50. Jahrestag der Befreiung der Konzentrationslager im amerikanischen und deutschen Fernsehen. In: kultuRRevolution, 37, S. 29-40

Kirsch, Jan-Holger (1999): Identität durch Normalität: Der Konflikt um Martin Walsers Friedenspreisrede. In: Leviathan, 27, 3, S. 309-353

LaCapra, Dominick (1998): History and Memory after Auschwitz. Ithaca, London: Cornell University Press

Lipp, Wolfgang (1993): Charisma – Schuld und Gnade. Soziale Konstruktion, Kulturdynamik, Handlungsdrama. In: Gebhardt, Winfried/ Zingerle, Arnold/ Ebertz, Michael N. (Hg.): Charisma: Theorie – Religion – Politik. Berlin, New York: de Gruyter, S. 15-32

Naumann, Klaus (1998): Der Krieg als Text: das Jahr 1945 im kulturellen Gedächtnis der Presse. Hamburg: Hamburger Edition

Niethammer, Lutz (1992): Erinnerungsgebot und Erfahrungsgeschichte. Institutionalisierungen im kollektiven Gedächtnis. In: Loewy, Hanno (Hg.): Holocaust: Die Grenzen des Verstehens. Eine Debatte über die Besetzung der Geschichte. Reinbek: Rowohlt, S. 21-34

Reichel, Peter (1995): Politik mit der Erinnerung. Gedächtnisorte im Streit um die nationalsozialistische Vergangenheit. München: Hanser

Rürup, Reinhard (1995): Topographie des Terrors. Gestapo, SS und Reichssicherheitshauptamt auf dem 'Prinz-Albrecht-Gelände'. Eine Dokumentation. Berlin: Willmuth Arenhövel, 10. verbesserte Auflage

Rürup, Reinhard (1997): 10 Jahre Topographie des Terrors. Berlin: Topographie des Terrors

Seibel, Wolfgang (1991): Erfolgreich scheiternde Organisationen. Zur politischen Ökonomie des Organisationsversagens. In: Politische Vierteljahresschrift, 32, 3, S. 479-496

Seibel, Wolfgang (1994): Funktionaler Dilettantismus. Erfolgreich scheiternde Organisationen im 'Dritten Sektor' zwischen Markt und Staat. Baden-Baden: Nomos, 2. Auflage

Soeffner, Hans-Georg (1989a): Emblematische und symbolische Formen der Orientierung. In: Soeffner, Hans-Georg: Auslegung des Alltags – Der Alltag der Auslegung. Zur wissenssoziologischen Konzeption einer sozialwissenschaftlichen Hermeneutik. Frankfurt a.M.: Suhrkamp, S. 158-184

Soeffner, Hans-Georg (1989b): Überlegungen zur sozialwissenschaftlichen Hermeneutik am Beispiel der Interpretation eines Textausschnittes aus einem 'freien' Interview. In: Soeffner, Hans-Georg: Auslegung des Alltags – Der Alltag der Auslegung. Zur wissenssoziologischen Konzeption einer sozialwissenschaftlichen Hermeneutik. : Frankfurt a.M.: Suhrkamp, S. 185-210

Soeffner, Hans-Georg (1990): Appräsentation und Repräsentation. Von der Wahrnehmung zur gesellschaftlichen Darstellung des Wahrzunehmenden. In: Ragotzky, Hedda/ Wenzel, Horst (Hg.): Höfische Repräsentation. Das Zeremoniell und die Zeichen. Tübingen: Niemeyer, 43-63

Soeffner, Hans-Georg (1991): Zur Soziologie des Symbols und des Rituals: In: Oelkers, Jürgen/ Wegenast, Klaus (Hg.): Das Symbol – Brücke des Verstehens. Stuttgart, Berlin, Köln: Kohlhammer, S. 63-81

Soeffner, Hans-Georg (1995): Kollektives Gedächtnis und konkurrierende Erinnerungen: Zur Problematik des gesellschaftlichen Konsenses in der pluralistischen Gesellschaft. In: Kunst und Kirche, 2, S. 86-88

Soeffner, Hans-Georg (1998): Erzwungene Ästhetik: Repräsentation, Zeremoniell und Ritual in der Politik, In: Willems, Herbert/Jurga, Martin (Hg.): Inszenierungsgesellschaft. Opladen: Westdeutscher Verlag, S. 215-234

Soeffner, Hans-Georg/Hitzler, Ronald (1993): Qualitatives Vorgehen – 'Interpretation'. In: Enzyklopädie der Psychologie, Bd. 1, Methodologische Grundlagen der Psychologie. Göttingen: Hogrefe. Verlag für Psychologie, S. 98-136

Till, Karen E. (1996): Place and the Politics of Memory: A Geo-Ethnography of Museums and Memorials in Berlin. unveröffentl. Dissertation: University of Madison-Wisconsin/ Dept. of Geography

Waldenfels, Bernhard (1995): Das Eigene und das Fremde. In: Deutsche Zeitschrift für Philosophie, 43, 4, S. 611-620

Weber, Max (1980): Wirtschaft und Gesellschaft. Grundriss der verstehenden Soziologie. Tübingen: Mohr (Siebeck)

Wolfrum, Edgar (1998): Geschichtspolitik in der Bundesrepublik Deutschland 1949 – 1989. Phasen und Kontroversen. In: Aus Politik und Zeitgeschichte, 45, S. 3-15

Wright, Susan (1994): 'Culture' in Anthropology and Organizational Studies. In: Wright, Susan (Hg.): Anthropology of Organizations. London, New York: Routledge, S. 1-31

Young, James (1988): Writing and Rewriting the Holocaust: Narrative and the Consequences of Interpretation. Bloomington: Indiana University Press

Young, James E. (1993): The Texture of Memory: Holocaust Memorials and Meaning. New Haven/London: Yale University Press

Christoph Maeder

'New Public Management' in der Schweiz.
Zur Dramaturgie und Pragmatik
eines moralischen Kreuzzugs

Einleitung

In der letzten Januarwoche des Jahres 1999 ist es in Zürich beinahe zu einem Streik der Trambahn- und Busfahrer gekommen. Die Deutung, daß dieser für die Schweiz doch ungewohnte Vorgang den alten Klassenkampf wieder in die Landschaft sozialer Diskurse einführen würde, wäre aber eine unzulässige Verkürzung. Seit den 30er Jahren reguliert das sogenannte „Friedensabkommen" die Beziehungen zwischen den Gewerkschaften und den Arbeitgebern und schließt den Streik als tarifpolitische Maßnahme aus. Bei genauerem Hinsehen ist es vielmehr die Applikation einer sehr speziellen Wissenssorte aus der Managementlehre, die für soziale Unrast gesorgt hat. Die Chauffeure haben sich gegen eine von „New Public Managern" entwickelte Strategie des „Outsourcing" in der staatlichen Verwaltung zur Wehr gesetzt, die ihre Arbeitsbedingungen verschlechtern und den „Kundennutzen" im öffentlichen Verkehr für die Bürger der Stadt Zürich verbessern wollte. Bemerkenswerterweise ist das Thema in der medialen Darstellung aber nicht als eine Verschlechterung der Arbeitsbedingungen einer Berufsgruppe thematisiert worden, sondern vielmehr wurde den sich zur Wehr setzenden Arbeitnehmern vorgeworfen, sie würden die Zeichen der Zeit nicht erkennen (Tages-Anzeiger, 29. und 30. Januar 1999). Insbesondere die Arbeitnehmervertreter – so wurde festgestellt – seien nicht einsichtig für das, was heute eben überall im Staatswesen prinzipiell nötig sei: das New Public Management (abgekürzt: NPM).

Diese Medizin aus dem Giftschrank des Managementwissens, die – unter anderem – Opfer zu Tätern macht und solche Mißetat mit vage gefaßten Nutzenerhöhungen für die Allgemeinheit legitimiert, wird im vorliegenden Text einer wissenssoziologischen Analyse unterzogen. Über die Beschreibung der zentralen Konstruktionslinien eines Sonderwissensbestandes von zur Zeit im politischen Raum äußerst aktiven Akteuren soll nachgezeichnet werden, wie der Schweizerische Staat als ein manageriell gefaßtes Konzept formuliert wird. Die soziale Bedeutung dieses Wissenskonglomerates liegt darin, daß die darin enthaltenen Sichtweisen zu einer kulturellen Einschmelzung von Deutungen und Praktiken führen, die im Rahmen eines moralischen Kreuzzuges in Anlehnung an Howard S. Becker (1973) bewirken, was man als die Delegitimierung des Lokalen bezeichnen kann. Dieser Delegititmationsprozeß seinerseits – so die hier vertretene These – ist eine notwendige Voraussetzung für das, was als ein „streamlining" staatlicher Verwaltungspraxis im Rahmen umfassender Prozesse der Globalisierung (Sassen 1996) konzipiert wird. Es geht hier darum zu verstehen, wie eine solche kulturelle Homogenisierung von Bürokratie als rationaler Herrschaftsform angesichts eines global entfesselten Kapitalismus formiert werden kann und welche neue Orthodoxie dabei erzeugt wird. Im Unterschied zur traditionellen Sichtweise in der Politischen Ökonomie, wie sie z.B. von Habermas (1998) in seiner „Postnationalen Konstellation" vertreten wird, soll hier die Frage andersherum, aber komplementär gestellt werden. Während Habermas nach den Regulationsmöglichkeiten der politischen Institutionen als Antwort auf die staatenlosen, transnationalen Marktkräfte sucht, wird hier nach den nötigen Vorleistungen in der kulturellen Wissensinfrastruktur zum staatlichen Verwaltungshandeln gefragt, die eine solche Entfesselung flankieren und vorbereiten.

1. Herkunft und Verbreitung des New Public Managements

Seit mittlerweile gut zehn Jahren wird in der Schweiz mit zunehmendem Erfolg das Bündel von Leitideen und Praktiken verbreitet, das unter der Etikette 'New Public Management' bekannt geworden ist. Es handelt sich dabei um Konzepte zur Organisation von staatlichen Leistungen, um auf den ersten Blick unpolitische und in erster Linie aus der Betriebsführungslehre stammende Denk-, Deutungs- und Handlungsmuster für eine effiziente Verwaltungsführung im staatlichen Bereich (Schedler 1996).

Je nach Diskussionskontext wird die Herkunft dieser heute mit dem Attribut „wissenschaftlich" geadelten Lehren angesichts knapp gewordener öffentlicher Finanzen auf ein generell erwachtes Bewusstsein in der Bevölkerung, oder in der wissenschaftlich formatierten Variante auf Verwaltungstraditionen in dem angloamerikanischen Raum und das dort entwickelte und angeblich äußerst erfolgreiche „Performance Measurement" in amerikanischen Gemeinden zurückgeführt. Als vermeintlich empirisch belegte, erfolgreiche Prunkstücke dieser Lehre werden gerne die mittlerweile stark zurückgenommenen neoliberalen Reformen im Staatsapparat von Neuseeland anfangs der neunziger Jahre und das Beispiel eines Verwaltungsumbaus in der holländischen Stadt Tilburg herangezogen (Buschor 1994a; Schedler 1996).

Auf allen Ebenen der staatlichen Institutionen finden wir in der Schweiz zur Zeit laufende Projekte, die sich explizit auf das NPM berufen. Gegenwärtig verbreiten sich die Rezepturen mit hoher Geschwindigkeit. Kaum ein verwaltungsmäßig gefaßter Zweig des Staates – vom Behindertenheim über das Gesundheitswesen, den Schulen und Universitäten bis hin zur Meteorologischen Zentralanstalt oder der Polizei kann sich diesen Umgestaltungsmaßnahmen entziehen. Mandatiert und gefordert wird – gemäß einer der kanonischen Meßgrößen des NPM – der konstante Nachweis der Effektivität, definiert als der Quotient von Input und Nutzen, den irgendeine Tätigkeit im staatlichen Sektor für die Gesellschaft stifte. Als Trägergruppe für die Erzeugung und Verbreitung der Ideen kann unschwer ein relativ kleiner Kern von an Universitäten verankerten Personen identifiziert werden, der in einem filigranen Netzwerk zusammen mit leitenden Beamten und einzelnen zugetanen Ministern sich daran macht, die staatliche Verwaltung ihrem Resozialisierungsprogramm einzuverleiben.[1] Es stellt sich hier nun die Frage, mit welchem Wissen es dieser vergleichsweise kleinen Gruppe von Experten für staatliche Organisation gelingt, ihr Terrain zur Umgestaltung der staatlichen Verwaltung auf ideologischer und praktischer Ebene vorzubereiten und welche Wirkungen sie dabei erzielen.

2. Die theoretische Situierung des New Public Managements

Grundsätzlich schließen die New Public Manager mit ihrer Kritik an der staatlichen Verwaltung dort an, wo die traditionelle Politische Ökonomie regelmäßig aufgehört hat. Letztere stellte prinzipiell die Vorteile der Konkurrenz und Flexibilität von Märkten dem starren institutionellen Rahmen der Politik gegenüber, um dann – logisch und modellimmanent – zu dem Schluß zu kommen, die Schweiz (aber generell jeder modernen Wohlfahrtsstaat) erstarre aufgrund der Rigidität im politischen Bereich auch in der Wirtschaft (z.B. Borner et. al. 1990). Demgegenüber zielen die 'New Public Manager' mit ihren Rezepten auf einer mittleren Ebene auf die staatliche Verwaltungsführung. Dieser Ansatzpunkt ist ihnen deshalb gegeben, weil die NPM-Verfechter, verglichen mit der klassischen Ordnungspolitik volkswirtschaftlicher Provenienz, kaum überprüfbare allgemeine Vorstellungen zur Funktion der Verwaltung in einem staatlichen Gefüge oder gar eine Staatstheorie entwickelt haben. Wie sich unschwer in der Literatur nachweisen läßt, sind die NPM-Theorien im Vergleich zu den Staatslehren des Staatsrechts und zur politischen Philosophie nur marginal entwickelt. Dies wird deutlich sichtbar, wenn man die Texte von zwei NPM-Experten aus unterschiedlichen Denktraditionen unter dem Gesichtspunkt der theoretischen Dichte und Sättigung einander gegenüberstellt. Während beispielsweise die staats- und verwaltungsrechtliche Position klar nachvollziehbar argumentiert und sich auf staatstheoretische, methodische und politische Fragen und Verweise bezieht, argumentieren die reinen NPM-Vertreter ohne weiteren Theoriebezug außerhalb der eigenen Dogmatik. Exemplarisch überprüfbar ist diese Aussage an den Texten im Reader von Mastronardi et. al. (1998).

Die politischen Ökonomen andererseits haben sich mit der Theorie meritorischer Güter und der grundsätzlichen Anerkennung der Bedeutung von ordnungspolitischen Rahmen für die Wirtschaft selber den Weg in das innere der Institution der staatlichen Verwaltung geradezu verschlossen, weil sie den erwähnten Gegensatz von privatwirtschaftlich organisierten Märkten und deren wirtschaftspoliti-

---

1 Daß auf diesem Weg zur „wirkungsorientierten Verwaltungsführung" Verfilzungsphänomene auftreten, bei denen private und öffentliche Interessen amalgamiert werden, belegen exemplarisch die bekannt gewordenen Vorfälle im Kanton St. Gallen. Universitäre Exponenten des NPM und Spitzenbeamte der Staatsverwaltung haben sich in einen unübersichtlichen und unappetitlichen Klüngel von Aufträgen und gegenseitigen Dienstfertigkeiten verstrickt (Tages-Anzeiger 3. Juli 1999). Daß in Machtzentren regionaler Eliten derartige Vorgänge anfallen, ist an sich soziologisch gesehen nicht neu. Doch wenn die so verfilzten Akteure ihr Programm unter dem Titel der Transparenzerhöhung vorantreiben, dann macht dieser Widerspruch selbstverständlich hellhörig.

scher Regulation durch Macht und Herrschaft als notwendigen Rahmen gesetzt haben. Ihre Wirtschaftspolitik hat stark vereinfacht nur zwei Grundfunktionen: Die Verhinderung und Korrektur von unerwünschten Marktergebnissen einerseits (wie z.B. allzu große soziale Ungleichheit, Verhinderung von Monopolen und Kartellen usw.) und den Schutz des wirtschaftlichen Freiraums für die privatwirtschaftlichen Akteure andererseits. Die klassisch-ökonomische Ordnungspolitik ist sich mithin sehr wohl im Klaren darüber, daß in ihrem Modell eine machtmäßige Rahmung einer jeden Wirtschaftsordnung die zentrale Voraussetzung für Stabilität der sozialen Ordnung insgesamt ist. Politische Macht und Herrschaft muß in dieser Denktradition die Wirtschaft letztlich einschränken. Der Staat als ein institutionelles Schema wird zu einem die Wirtschaft rahmenden Agens, dem aber – und das ist hier zentral – prinzipiell andere Entscheidungslogiken, Funktionen und Prozeßstrukturen als der Wirtschaft durchaus zugestanden werden. Mit dieser Gegenüberstellung und Funktionszuordnung in der traditionellen Politischen Ökonomie wurden im Prozeß der Modernisierung auch die Staats- und Verwaltungsrechtler als die Experten für die Gestaltung staatlicher und damit auch verwaltungsmäßig organisierter Bürokratie in einem modernen Herrschaftssystem etabliert. Max Webers Bürokratietheorie ist denn auch in erster Linie eine soziologische Beschreibung verwaltungs- rechtlicher Prinzipien für die Ausübung von legitimierter Herrschaft (Weber 1972). Allerdings bedeutet dies nicht, daß die von Weber beschriebene Idealtypik nicht jeder großen Organisation eignet und letztlich unabhängig davon Gültigkeit hat, ob es sich dabei um staatliche oder private Formen handelt. Solange es um das Phänomen der Regulierung von Macht geht, ist die Bürokratie – Weber zufolge – das prinzipiell überlegene System zur Stabilisierung sozialer Ordnung: Sie gerinnt in der Verwaltungspraxis moderner Staaten zur rationalen Herrschaft.

Mit all dem haben nun aber die 'New Public Manager' wenig bis gar nichts im Sinn: Macht und Herrschaft sind Kategorien, die in ihrer Publikationsflut systematisch nicht auftauchen und Weber's Bürokratietheorie wird – in verkürzter und unzulässiger Rezeption – als der Prototyp für das zu überwindende Paradigma vorgeführt. Ihre Begriffe lauten: Effizienz, Effektivität, Flexibilität, Benchmarking, Qualitätsmanagement, Globalbudget mit Leistungsauftrag, Outsourcing, Reengineering, Wirkungsorientierung, schlanke Organisation und was sich sonst noch alles in den Arsenalen der modernen Managementsprache finden läßt.

3. Doxa des New Public Managements

Wir wenden uns nun der Doxa des NPM zu, die in den oben skizzierten Einfallskanal auf der mittleren Ebene des Staates vorstoßen. Als Doxa werden hier die nicht hintergehbaren Ansichten und Meinungen bezeichnet, die sich in der Bündelung von Akteuren zu vorausgesetzten, benutzten und geteilten Vorstellungen über einen relevanten Wirklichkeitsausschnitt verbinden. Sie formen – wenn auch nicht exklusiv, so doch stark prägend – die gemeinsam verwendete

Interpretations- und Begründungslogik innerhalb einer Diskursgemeinschaft. Diese Doxa bilden die grundlegende, wirklichkeitsstiftende Wissensinfrastruktur innerhalb eines kulturellen Modells und sind die Voraussetzung für die praktische Begründung und Anwendung von NPM-Programmen.[2]

Ausgangspunkt aller Ausführungen zum NPM ist das konstant nur pauschal geführte Argument, daß insbesondere die öffentlichen Finanzen grundsätzlich nicht effizient und effektiv genug verwendet würden. Obwohl der Befund in dieser Allgemeinheit kaum belegbar ist, wird gegenüber der staatlichen Verwaltung damit ein Generalverdacht als Diagnose formuliert, der mit den immer wieder tatsächlich vorkommenden Beispielen von Amtsschimmeleien leicht zu insinuieren, aber selbstverständlich nicht grundsätzlich zu belegen ist. Die von Politologen empirisch belegte Aussage, daß nicht nur Ineffizienz und mangelnde Durchschlagskraft staatlicher Behörden zu einer Mittelknappheit in öffentlichen Haushalten führen, sondern auch die stetige Zuweisung neuer und zusätzlicher Aufgaben durch die Parlamente, vermag die NPM-Verfechter nicht ernsthaft zu irritieren. Ebensowenig sind sie Argumenten zugänglich, die darauf hinweisen, daß die schweizerische Staatsquote mit – je nach Berechnung zwischen 26% bis 38% BSP-Anteil – im internationalen Vergleich durchaus respektabel ist und es im Ausland kaum jemandem in den Sinn käme, die schweizerische Verwaltung pauschal der Ineffizienz zu verdächtigen.

Die Empirieresistenz und die Ignoranz der Arbeiten von Politologen und Volkswirtschaftlern bilden ein generelles Muster in der NPM-Doxologie. Sie sind eine wichtige Ressource zur moralischen Befestigung des Anspruchs „Es muß besser werden" und der damit verknüpften impliziten Botschaft „ Es braucht uns dafür" und „Nur wir können das". Die Abwesenheit solider sozialwissenschaftlicher Empirie im Verbund mit den generellen Ineffizienz- und Ineffektivitätsunterstellungen, die ja implizit immer auch ein „mehr ist mit weniger machbar" enthalten, begründen ein Deutungsmuster für die empfohlenen Eingriffe in die Verwaltung, an dem sich dann folgerichtig nur die Ewiggestrigen, prinzipiell Uneinsichtigen und andere als Außenseiter stigmatisierten Personengruppen nicht beteiligen wollen. Daran ändern auch die im gleichen Strickmuster vorgetragenen Ausweitungen des Effizienzarguments wenig, wenn die NPM-Verfechter den globalen Standortwettbewerb als Begründung ihrer eigenen Notwendigkeit bemühen.

Als eine zweite doxische Kategorie finden wir im NPM-Vokabular den Begriff des Kunden (Mäder 1995). Bürger mit ihren Rechten und Pflichten gegenüber dem Staat, der sich in der Verwaltung als Herrschaftssystem konkretisiert, werden in der NPM-Literatur grundsätzlich zu Kunden umdefiniert, denen es ‚bürgernah' und mit 'Dienstleistungsorientierung' zu begegnen gilt. Diese Idee ist unproblematisch und für den Umgang mit Behörden sogar durchaus angenehm, solange es dabei nicht um wirklich hoheitliche Aufgaben mit klarer Herrschaftsfunktion und Machtanspruch handelt. Selbstverständlich ist eine Kehrichtabfuhr oder eine ähnliche Behörde für die Benützenden angenehmer, wenn sie die Bürger

---

2 Zum Konzept der Wissenform des kulturellen Modells in der Tradition der kognitiven Anthropologie wird auf den Reader „Cultural Models in Language and Thought" von Holland/Quinn 1987 und auf D'Andrade 1995 verwiesen.

in einer milden Analogie zum Kunden behandelt. Doch ein echter Kunde kann per definitionem jederzeit entscheiden, ob er etwas kaufen möchte oder nicht, sofern er über die nötige Kaufkraft dazu verfügt. In den weitesten Bereichen sind nun jedoch Bürger idealisierte Subjekte mit Rechten und Pflichten und keinesfalls Kunden. Sie entscheiden kaum je ernsthaft und situativ darüber, ob sie eine konkrete staatliche Leistung, wie z.B. die Kehrichtabfuhr oder die Schulbildung der Kinder wirklich kaufen wollen. Dies wurde und wird nämlich im Grundsatz und als ein kollektiv bindender Entscheid an anderen Orten festgelegt: In den Parlamenten, den darauf basierenden Verordnungen der Exekutive und bei den Volksabstimmungen über Sachvorlagen. Die Kundenmetapher stößt schnell an Grenzen, sobald man etwas genauer darüber nachdenkt. Aber auch dieser Problemkomplex kümmert die NPM-Vertreter wenig, weil für sie die Kundenmetapher insofern tatsächlich Gold wert ist, als sie ihnen einen direkten und kommunikativ sehr anschlußfähigen Zugang zum Alltagswissen der betroffenen Bevölkerung eröffnet. Dies ist insbesondere für die mediale Flankierung ihrer durchwegs als Reformen verkauften Projekte nützlich und hilfreich. Zur Entlastung der NPM- Verfechter kann an dieser Stelle nur darauf hingewiesen werden, daß die Klügeren unter ihnen diese Kritik mittlerweile insofern berücksichtigen, als daß sie in ihren Texten im wissenschaftlichen Format den Begriff der „Kundenorientierung" oder als „Dienstleistungsorientierung" als Substitute für den reinen Kunden eingeführt haben.

Da eine solche Dienstleistungsorientierung ohne Kunden offenbar mit gewählten Beamten nur schwer herzustellen ist, wurde in der Schweiz in den letzten Jahren die Verbeamtung von Personal im Staatsdienst radikal reduziert. Nur noch wenige, exponierte Spitzenbeamte stehen mittlerweile einer großen Überzahl von binnen drei oder sechs Monaten kündbaren Staatsangestellten gegenüber. Hier wird ein weiteres wichtiges Prinzip des NPM sichtbar: die intendierte Flexibilisierung von Anstellungsverhältnissen jeglicher Art (dazu aus juristischer Sicht Richli und Müller 1996), mit der Ausnahme der Anstellungsverhältnisse der NPM-Vordenker an den Universitäten, die – überraschenderweise? – fast ausschließlich im Beamtenstatus anzutreffen sind. Die Idealvorstellung des NPM geht weiter davon aus, daß weiteste Teile dessen, was heute von staatlichen Verwaltungen hergestellt wird, auf private Anbieter zu verlagern sei, sobald diese glaubhaft machen können, sie würden billiger, oder – wie auch immer definiert – gleich gut anbieten. Genau dies wurde unseren eingangs erwähnten Trambahnfahrerinnen und -fahrern in Zürich zum Verhängnis: Eine private Firma offerierte die Bedienung ausgewählter Strecken für weniger Geld, als es die Stadt zur Zeit angeboten hat, und schon beschloß der Zürcherische-Verkehrs-Verbund ZVV, die Arbeitsbedingungen für das Personal zu verschlechtern und Teile des Streckennetzes einer Prozedur namens Outsourcing zu überantworten. Damit wird sichtbar, daß die NPM Vertreter die staatliche Verwaltung trotz ihrer Andersartigkeit in Konstruktion und Funktion nicht anders behandeln wollen als auf dem Markt konkurrierende Unternehmen.

Ein nächstes Element im Haushalt der Doxa bildet eine generelle Steuerungs- und Steuerbarkeitsidee im Hinblick auf das, was unter der Etikette Effektivität verhandelt wird. Abstrakt gesprochen meint Effektivität im NPM das Verhältnis von Nutzen (einer Behörde, einer Maßnahme usw.) und den dafür verwendeten Mitteln. Diese Effektivität ist selbstverständlich kaum empirisch, sondern nur normativ zu bestimmen. Doch die bereits angemahnte Empirieresistenz des NPM aus einer wissenschaftlich unabhängigen Sicht verstärkt dieses Denkschema selbstverständlich. Im Verbund mit einer nonchalanten Auslassung weiterer theoretischer Reflexion anhand durchaus verfügbarer, erstklassiger Literatur zur Verwissenschaftlichung des Wissens um Organisationstheorie (z.B. Walter-Busch 1996) wird für die Steuerung eine Vielzahl, teilweise auch sich widersprechender Verfahren, Prozeduren und Indikatoren entwickelt. Daß die Entwicklung und Durchsetzung solcher Parameter in einen unendlichen und finanziell wie politisch teuren Verhandlungsprozeß münden, in dem die Samthandschuhe im Kampf mit gut organisierten professionellen Interessen ausgezogen werden müssen, wie das Beispiel der Auseinandersetzung mit der Lehrerschaft im Kanton Zürich zeigt, gereicht den NPM-Verfechtern nur auf den ersten Blick zum Nachteil. Auf der Habenseite schlagen sich solche Vorgänge nämlich mit einem endlosen Beratungsbedarf von Behörden und in einer nicht enden wollenden Mission zur Überzeugung Uneinsichtiger zu Buche. Zentral wird dann für die Vertreter des NPM auch die wissenschaftlich wenig fundierte Behauptung, daß es für ihre Verfahren objektive Evaluationsverfahren für die Messung staatlicher Güter- und Dienstleistungsproduktion gebe. Allerdings ist das Interesse der NPM-Verfechter auf der faktischen und praktischen Ebene von Evaluationen bemerkenswert gering. Bis heute gibt es jedenfalls in der Schweiz keine systematischen, empirisch-methodologisch vertretbaren, sogenannten „summativen Evaluationen" (Scriven 1991) all der vielen und sehr teuren NPM Maßnahmen. Die bisher nachweisbare Erfolgsberichterstattung tritt typischerweise nur unter Programmtiteln wie „Umbruch in Politik und Verwaltung: Ansichten und Erfahrungen zum New Public Management in der Schweiz" (Hablützel und Schedler 1995) in Erscheinung. Das allgemeine Versprechen, man mache die Sachen effizienter und effektiver für die Kundenbügerschaft hat bisher jedenfalls genügt, um weiterhin substantielle Mittel in neue NPM Programme zu leiten. Die Kosten dieser Programme und ihrer Folgen werden bisher nicht ausgewiesen, ihr Nutzen – wie auch immer operationalisiert – wird einfach unterstellt. Oder anders formuliert: Die Kosten der Flexibilisierung zulasten der Staatskasse werden nicht errechnet und in kritisierbaren Evaluationen ausgewiesen, sondern offenbar nur deren erwartete zukünftigen Gewinne.[3] Dies ist selbstredend Unsinn, aber immerhin hat er Methode!

Wie sich nach dieser unvollständigen Auslegeordnung weniger zentraler präsentierter Doxa des NPM nun unschwer erwarten läßt, handelt es sich bei den dazugehörigen Schriften fast ausschließlich um die Textsorte der subpolitischen Programmliteratur in wissenschaftlicher Präsentationsform. Subpolitisch in dem Sinn, daß die intendierten Wirkzonen der NPM-Texte politisch verfaßte Institutionen sind, die mit einer unpolitischen Betriebsführungsverpackung manage-

---

3   Darunter müßten natürlich nicht nur die Kosten der NPM-Programme fallen, sondern auch die zusätzlichen Ausgaben für Gesetzesanpassungen, parlamentarische Debatten, soziale Konflikte usw.

rieller Provenienz therapiert werden sollen. Gehaltvolle Texte zum NPM in einer klaren, wissenschaftlichen Fachsprache stammen bisher nur von Staatsrechtsjuristen. Doch auch diese werden, insbesondere angesichts der medial inszenierten Zustimmung zum NPM, langsam aber sicher zum Rückzug in die Akademie oder gar zum Verstummen gebracht. Denkbar ist natürlich auch, daß sie im Begriff sind, auf den NPM-Zug aufzuspringen. Bemerkenswert ist jedenfalls, daß mit der Ausnahme des Kantons Zugs, dessen Staatsschreiber das NPM sinngemäß als eine Ansammlung von Selbstverständlichkeiten, Trivialitäten und Banalitäten bezeichnet hat, alle anderen Kantone, der Bundesstaat und viele Gemeinden im Land solche Programme lanciert haben.

4. Zur Semantik und Pragmatik des New Public Management

Die zentralen Semantiken des NPM lassen sich dadurch charakterisieren, daß sie allgemein genug sind, um sich jeder vernünftigen und konkreten Überprüfung oder Beurteilung durch Dritte systematisch zu entziehen. Als kontextlose Abstrakta in einem Managementkauderwelsch vorgetragen sind sie auch schwer zu kritisieren. Gezielt wird mittels Effizienz-, Flexibilitäts- und Effektivitätsansprüchen und dem ganzen Begriffs- und Verfahrensinventar folgerichtig auch nur auf ganze soziale Institutionen und nicht auf konkrete Handlungsfelder oder Organisationen in ihrer Vielschichtigkeit und Widersprüchlichkeit im Alltag.[4]

Die NPM Programmatiken befassen sich beispielsweise mit der Schule oder dem Schulwesen (Dubs 1996), der kommunalen Verwaltung (Seidlmeier und Knauf 1997), dem Gemeindemanagement (Senn 1997), dem städtischen Amt (Jäger 1995), dem Gesundheitswesen (Buschor 1994a) usw. und fassen dabei Bestände ins Visier wie das Beamtenverhältnis (Richli und Müller 1996), die Führungsorganisation der Bundesverwaltung (Haldemann 1995) usw. Die zugehörigen und explizit so bezeichneten Fallstudien beschäftigen sich dann in der Folge auch mit „der Schweiz" (Schedler 1996), „dem Pentagon" (Thompson und Jones 1994) oder einfach „Europa" (Farnham 1996).[5] Solche nur vermeintlichen Fallstudien bilden dann ihrerseits wiederum die Argumentationsbasis für die von den NPM-Vertretern zur Begründung ihres Tuns gerne herangezogenen international vergleichenden Berichte (Jones und Schedler 1997).

Wissenssoziologisch ist an dieser Stelle festzuhalten, daß grundsätzlich nur mit großen und hochgradig transzendenten Verweisen operiert wird. Die Bedeutungszuladung wird gerade nicht durch Faßbares, Lokales und Praxisbeschreibung, – anleitung oder –evaluation erzielt. Mithin weist die Präsentation dieser Semantiken

---

[4] Meine Recherchen haben bisher auf der Ebene von sogenannten Fallstudien nur Diplomarbeiten zutage gefördert. Die „big shots" des NPM befassen sich nicht wirklich mit empirischer Forschung und ihren Schwierigkeiten. Sie bearbeiten, nach Auskunft eines der Verfechter, den ich auf diesen Umstand hingewiesen habe, lieber die „normative Ebene" oder „die Strategien".

[5] Die Ignoranz der seit langem verfügbaren Methodenliteratur zu Fallstudien (Lamnek 1988, 1989) und ihren Stärken und Begrenzungen sei hier nur der Vollständigkeit halber noch angefügt.

des NPM ganz deutlich die Merkmale einer 'civil religion' (Luckmann 1991) auf, in der die zu Managern mutierten Priester als Zentralverweis eine Verbindung aus dem „Hier und Jetzt" hin zu einer als Erlösung kommunizierten Sphäre des komplett NPM-geführten Staates herstellen. Wer ihren Vorstellungen und insbesondere den damit verbundenen Praktiken folgt, dem wird der Erfolg desjenigen in Aussicht gestellt, der auf dem richtigen Weg ist. Die religiöse Komposition der Leitsemantiken ist soziologisch gesehen nötig: Nur so lassen sich Menschen davon abhalten, das Expertenwissen anhand ihrer eigenen Erfahrung in Frage zu stellen. Beim NPM handelt es sich zweifelsfrei um einen weiteren moralischen Kreuzzug analog den Nichtraucherkampagnen in Kalifornien (Knoblauch 1994) oder der Prohibitionsbewegung der zwanziger Jahre in den USA (Becker 1973) mit dem neue Normen und Institutionen und deren Kontrolleure in die Gesellschaft eingeführt werden sollen. Und ohne es zu beabsichtigen, schlagen die NPM-Vertreter auf ihrer Mission dazu noch ein Foucaultsches Pandämonium totaler Kontrolle (1977) vor: bestehend aus den unabdingbaren Indikatorensystemen für die Verwaltungspraxis.

Das dabei schon mal das Pferd vom Schwanz her aufgezäumt und die Sache auch mit unverfrorener Chuzpe vorgetragen wird, konnte die NPM-Vertreter bislang nicht wirklich beeinträchtigen. So forderte ein 1993 zum Gesundheitsminister gewählter NPM-Professor, der nie ein Spital in seinem Zuständigkeitsbereich – mit der Ausnahme von darin enthaltenen Hörsälen und Verwaltungsbüros als Rahmen für seine Mission – besucht hat, wenige Wochen nach seiner Amtseinsetzung in einer vor Widersprüchen nur so strotzenden, wirren Broschüre nichts weniger als „ein *wirksameres* öffentliches Gesundheitswesen" (Buschor 1994a). Was er damit konkret gemeint hatte, blieb bis heute im Dunkeln. Der Mann wechselte auch nach ungefähr einem Jahr bereits wieder das Ministerium. Doch die Botschaft wurde offenbar dennoch verstanden: Im Anschluß an seine Intervention wurde ein mittlerweile unter seiner Nachfolgerin abgeschlossenes Programm namens LORAS (Leistungsorientierte Ressourcenallokation im Gesundheitswesen) lanciert, das mehrere Millionen gekostet haben dürfte und trotzdem keine nachweislich brauchbaren Handlungsanweisungen für die Verbesserung der Praxis im Gesundheitswesen produziert hat. Vielmehr wurde z.B. im Qualitätsbereich der Zürcher Spitäler einfach eine zusätzliche, teure und formulargestützte Erhebungsbürokratie installiert, die – wen wundert es – von einer Firma im Outsourcingverfahren unterhalten wird und deren Nutzen für die Gläubigen über alle Zweifel erhaben ist.

Aus diesen Gründen – so die Vermutung – schlagen die NPM-Verfechter denn auch immer wieder gerne ein sehr spezielles Organisationsschema zur eigenen Immunisierung vor. Die parlamentarischen Beschlüsse und die oberen Hierarchieebenen sollen sich möglichst auf das als strategisch bezeichnete Management beschränken. Die staatliche Verwaltung – wer auch immer das dann noch ist – soll mit Leistungsvorgaben und Evaluationsprozeduren ausgerüstet die operative Ebene bearbeiten.[6] Gerne wird an dieser Stelle zur Verstärkung dieser Vorlage

---

6 Ein ranghoher Beamter, der dieses Konzept in einem Ministerium umsetzen und auch juristisch

auch auf das Organisationsprinzip der Holding aus dem aktienrechtlichen Bereich als das Erfolgmodell zur Führung von Konzernen verwiesen (Buschor 1994b). Damit wird sichergestellt, daß die NPM-Ideenproduzenten sich fast ausschließlich mit den höchsten Hierarchieebenen beschäftigen müssen und die widerborstige und schwierige Praxis als ein nachrangiges Problem definiert bleibt, das die Heilslehre nicht grundsätzlich in Frage stellen kann. Das lokale Geschehen in Verwaltungen wird damit als ein Gegenstandsbereich zugerichtet, um den sich dann andere als die genialen Modelldesigner zu kümmern haben. Andererseits liefert diese Sprache aber auch implizite Verweise auf die Erfolge, die große Konzerne mit diesem Schema erzielten, und es wird eine Bedeutungsaufladung für den eigenen Kreuzzug erreicht. Es wird mithin die Fiktion befestigt, daß sich die staatliche Verwaltung nicht von der Verwaltung von Industriekonglomeraten unterscheiden würde und dies trotz der völlig unterschiedlichen Erfolgskriterien: ein erwerbswirtschaftlich geführter Konzern hat mindestens einmal im Jahr ein vergleichsweise einfaches Erfolgsmaß, den monetär bemessenen Ertrag. Die staatliche Verwaltung verfügt nicht über ein so klares und normativ befestigtes, institutionalisiertes Ausweisungskonzept für ihren Erfolg. Da lassen uns auch die sogenannten „performance measurements" der NPM-Vertreter schmählich im Stich – diese sind nämlich Gegenstand von Verhandlungen in der politischen Arena, nicht marktmäßig definiert und deshalb auch wesentlich beliebiger und stärker dem momentanen Zeitgeist unterworfen. Nachfragen bei den NPM-Vertretern helfen hier wenig, denn diese beschränken sich dann ziemlich sibyllinisch darauf, daß eben über Effizienz und Effektivität Nutzen für die Bevölkerung damit abgebildet werden sollten.

Eine von mir interviewte Bundesbeamtin auf der mittleren Hierarchieebene, die ihre Amtsstelle gemäß den Prinzipien des NPM umgestalten muß – mit anderen Worten „ihr steht ein Leistungsauftrag bevor" und sie wird in ein „Globalbudget" eingebunden, hat die von ihr erfahrenen Grundsätze des NPM in der Praxis folgendermaßen zusammengefaßt:

„Es wird Geld verbraten noch und noch. Man kann dauernd an Seminare gehen, auf denen inhaltsloses Zeug geschwafelt wird, und man darf ja nichts dagegen sagen. Sonst heißt es sofort: „Du bist von gestern und so". Der Ist-Zustand wird grundsätzlich nicht angeschaut. Was wir heute tun, zählt gar nicht. Man wird aufgefordert, Visionen zu entwickeln und die Zukunft zu gestalten. Es wird nie gefragt, wie es ist, wie es hier wirklich läuft. Das wollen die gar nicht wissen. Hauptsache es geht etwas. Hauptsache es wird etwas geändert! Wenn Du aber selber denkst, dann ist das nicht gut. Dann heißt es sofort: „Du bist ein Neinsager" (Bundesbeamtin in leitender Stellung zu einem in ihrem Bereich durchgeführten NPM-Projekt).

Damit ist eine letzte wichtige semantische Dimension des NPM angedeutet: Hier beschäftigt man sich grundsätzlich mit der Zukunft und nicht mit der Gegenwart.

---

flankieren sollte, hat dazu bemerkt, diese Organisationsvorstellung sei für staatliche Behörden völlig unbrauchbar und eine Schwindelei. Schließlich habe Napoleon auch nicht nur zu seinen Generälen gesagt, jetzt wird Rußland erobert und sich dann nicht mehr um operative Details gekümmert.

5. Schlußfolgerungen

Die wissenssoziologische Analyse des kulturellen Modells des NPM zeigt im Kern ein mit 'gut' (= effizient, effektiv) und 'schlecht' (= ineffizient, ineffektiv) codiertes, einfaches Deutungsschema der staatlichen Verwaltung. Im Rahmen des NPM wird ein moralischer Kreuzzug ausgetragen, in dem transzendente Verweisungshorizonte von den Regelsetzern analog religiöser Überschreitungen des Hier und Jetzt zur Formulierung ihrer Lehre verwendet werden. Entsprechend dieser Anlage bleibt das Interesse für die tatsächliche Verwaltungspraxis bei diesen moralischen Unternehmern gering. Die deklamatorische Transformation vom Bürger zum Kunden – und die damit verlorene Dimension der Macht und ihrer Organisation – führen durch die Euphemisierung und Verschleierung von Macht aber dazu, daß das NPM als eine eminent politische, d.h. die Macht zentral betreffende Denkformation gesehen und weiter analysiert werden sollte. Inwieweit sich z.B. die legislativen Träger der bisherigen offiziellen Politik und Definitionsmacht in der direkten Demokratie sich mithin mit dem New Public Management selber entmachten können, ist in diesem Zusammenhang eine wichtige Frage. Das NPM möchte die Karten im Spiel der „checks and balances" im demokratischen Staat mit Organisationsmodellen von Konzernstrukturen neu verteilen. Diese therapeutisch intendierte Umverteilung von Macht und Einfluss unter vergleichsweise inhaltslosen Effizienz und Effektivitätskriterien, die im Sinne einer 'civil religion' vorgetragen werden, sind in ihren Konsequenzen noch wenig und kaum je grundsätzlich thematisiert. Falls aber diese Entmachtung staatlicher Hoheit durch trivialökonomische Denkfiguren eingeleitet werden kann, werden die lokalen und regionalen politischen Strukturen grundsätzlich auf die Erfüllung von anderenorts als strategisch definierten Ziele verpflichtet, deren Erfüllung mit einem brüchigen Inventar von Maßzahlen in einer Scheintransparenz gefaßt und dann nach 'oben' – zu den Spitzen der NPM-Bürokratie – gemeldet werden müssen.

NPM verspricht nichts weniger als den „schlanken Staat", vermöge dessen die Überwindung der „Bürokratie" gelingen könne und der damit für die Zukunft gerüstet sei. Als wichtige semantische Ressourcen für die Verbreitung des NPM sind bisher insbesondere Argumentationsfiguren mit möglichst weit weg liegenden Verweisungshorizonten und kontextlosen Konzeptualisierungen der staatlichen Verwaltung mit allgemeinen Managementinstrumenten aus dem erwerbswirtschaftlichen Bereich aufgefallen. Was mithin aus Neuseeland oder Holland als Erfolg berichtet wird, ist wichtiger und bedeutsamer als das, was in Bern-Bümpliz und anderswo in der Schweiz nachweisbar geschieht. Diese Deutungsstruktur liefert Rahmungen des Großen und des Bedeutsamen. Damit wird aber auch gewissermaßen das Immunsystem des Lokalen und des Regionalen geschwächt und für die Regeln der NPM-Therapie zugerichtet.

Dieser Befund paßt nahtlos zur These von Saskia Sassen (1998) über das Auftauchen einer lokal agierenden Denationalisierungselite von Experten im Prozeß der Globalisierung. Lokale und regionale politische Kontexte und ihre soziale Organisation werden dadurch in einen Vorgang des "managerial streamlining" mit Ineffizienzargumenten und den dazugehörigen semantischen Arsenalen delegitimiert. Damit werden diese Zielbereiche für den Umbau mit dekontextualisierenden Konzepten wie z.B. dem „Benchmarking" und dem „Outsourcing" vorbereitet. Solche als Reformen bezeichnete und immer sehr teure Vorhaben zielen auf die Zerstörung lokaler Verwaltungskulturen. Denn damit bedürfen lokale Kontexte, die bisher in ihrer Selbstverständlichkeit und Unvergleichbarkeit existiert haben, plötzlich der ausführlichen Begründung, die sie – so ist zu erwarten – selber gar nicht liefern können, weil lokale Selbstverständlichkeit als Bestand des traditionalen Wissens gerade nicht begründbar ist (Gross 1994). Die Kur des dann nötigen NPM wird mit hochgradig transzendenten Verweisungsstrukturen auf die Zukunft und mit Verheißungen auf eine wirksamere Mittelverwendung begründet. Mithin ist der Wissensaufbau und dessen Verwaltung durch ein kleines, aber wirksames Netzwerk von Experten kultähnlich strukturiert. Im Rahmen von dazugehörigen moralischen Kreuzzügen werden Nichtgläubige, insbesondere im außerwissenschaftlichen Bereich, schnell als „Gestrige" oder „Bürokraten" stigmatisiert. Die Anbindung der eigenen Semantik an die Sprache des Managements im erwerbswirtschaftlichen Bereich erweist sich dazu als hilfreich insofern, als nichtstaatliche Erwerbsorganisationen als dynamische Vorbilder rasch an das Alltagswissen anschließbar sind und damit implizite Erfolgs- und Heilsversprechen für die angebliche starre, zu teure und wenig wirksame Staatsverwaltung unterstellt werden können.

Bedeutsam ist der hier beschriebene Wissensbestand zur Organisation staatlicher Verwaltung, weil damit nachvollziehbar wird, daß die Globalisierung von Wissen und die damit verbundene Praxis gerade nicht in erster Linie ökonomisch – im Sinne der Reaktion auf Ricardos Freihandelstheorem – verstanden werden sollte. Die Ökonomie komparativer Vorteile braucht lokale, regionale und nationale Kontexte mit unterschiedlicher ökonomischer und institutioneller Ausstat-tung für ihre Realisierung (Caves und Jones 1985). Auch das NPM wird zwar als eine lokale ideologische soziale Praxis von professionellen Sozialpathologen, wie sie bereits C. W. Mills (1942) in seinem Aufsatz über „The Professional Ideology of Social Pathologists" beschrieben hat, vorangetrieben. Doch die von ihnen diagnostizierte, stigmatisierte und anschließend therapierte staatliche Verwaltung soll – gemäß ihren Absichten – kulturell mittels eines wenig profunden Wissens homogenisiert und nicht differenziert werden. Inwieweit das NPM die Praxis staatlichen Verwaltungshandelns tatsächlich entlang seiner angekündigten Verheißungen verändert, bleibt jedenfalls – in dem sozialwissenschaftlichen Standard verpflichteten Untersuchungen – in der Schweiz erst noch abzuklären.[7]

---

[7] Erste Ansätze einer nicht euphorisierend-kritiklosen Auseinandersetzung mit dem NPM sind immerhin sichtbar. Der Generalsekretär der Schweizerischen Akademie für Geistes- und Sozialwissenschaften hat im Kontext der Regulierung universitärer Strukturen durch NPM-Strategien einen hoffnungsvollen, kompetenten und in einem vernünftigen Rahmen kritischen Text vorgelegt (siehe Zürcher 1999). Ebenso sei verwiesen auf Betz/Nagel 1999, die das NPM als die „Mär von der schnellen Reform" charakterisieren.

Literatur

Becker, Howard S. (1973): Außenseiter. Zur Soziologie abweichenden Verhaltens. Frankfurt a.M.: Fischer

Betz, Petra/Erik Nagel. (1999): New Public Management – Ein Modell macht Veränderung oder: Die Mär von der schnellen Reform. In: Walker, Daniel/Thierstein, Alain/Betz, Petra (Hg.): Mythen und Märchen in der Politik. Chur/Zürich: Rüegger, S. 63-76

Borner, Silvio/Brunetti, Aymo/Straubhaar, Thomas (1990): Schweiz AG. Vom Sonderfall zum Sanierungsfall? Zürich: Verlag Neue Zürcher Zeitung

Buschor, Ernst. (1994a): Organisationsmodelle für ein wirksameres öffentliches Gesundheitswesen. Zürich: Direktionen des Gesundheitswesens und der Fürsorge des Kanton Zürich

Buschor, Ernst. (1994b): Wirkungsorientierte Verwaltungsführung. Zürich: Wirtschaftliche Publikationen der Zürcher Handelskammer

Caves, Richard E./Jones, Ronald W. (1985): World Trade and Payments. An Introduction. Boston/Toronto: Little Brown & Company

D'Andrade, Roy (1995): The Development of Cognitive Anthropology. Cambridge: Cambridge University Press

Dubs, Rolf (1996): Schule, Schulentwicklung und New Public Management. St. Gallen: Institut für Wirtschaftspädagogik

Farnham, David (1996): The New Public Managers in Europe: Public Servants in Transition. Houndsmill: Macmillan

Foucault, Michel (1977): Überwachen und Strafen. Die Geburt des Gefängnisses. Frankfurt a.M.: Suhrkamp

Gross, Peter (1994): Die Multioptionsgesellschaft. Frankfurt a.M.: Suhrkamp

Habermas, Jürgen (1998): Die postnationale Konstellation. Frankfurt a.M.: Suhrkamp

Hablützel, Peter/Schedler, Kuno (1995): Umbruch in Politik und Verwaltung: Ansichten und Erfahrungen zum New Public Management in der Schweiz. Bern: Haupt

Haldemann, Theo (1995): New Public Management. Ein neues Konzept für die Verwaltungsführung des Bundes?. Schulungsunterlage zum internationalen Stand der Verwaltungsforschung und der Verwaltungsreform im Bereich des New Public Management. Bern: Schriftenreihe des Eidgenössische Personalamtes

Holland, Dorothy/Quinn, Naomi (1987): Cultural Models in Language and Thought. Cambridge, Cambridge University Press

Jäger, Urs (1995): Möglichkeiten und Grenzen der Einführung des „New Public Managments" auf Ebene eines städtischen Amtes: Untersuchung am Beispiel des Sportamtes einer mittelgrossen Schweizer Stadt. Diplomarbeit: Universität St. Gallen

Jones, Lawrence/Schedler, Kuno (1997): International Perspectives on the New Public Management: A Research Annual. Greenwich: Jai Press

Knoblauch, Hubert. (1994): Vom moralischen Kreuzzug zur Sozialtechnologie. Die Nichtraucherkampagne in Kalifornien. In: Hitzler, Ronal/Honer, Anne/Maeder, Christoph (Hg.): Expertenwissen. Die institutionalisierte Kompetenz zur Konstruktion von Wirklichkeit. Opladen: Westdeutscher Verlag. S. 248-267

Lamnek, Siegfried (1988): Qualitative Sozialforschung. Band 1 Methodologie. München: Psychologie Verlags Union

Lamnek, Siegfried (1989): Qualitative Sozialforschung. Band 2 Methoden/Techniken. München: Psychologie Verlags Union

Luckmann, Thomas (1991): Die unsichtbare Religion. Frankfurt a.M.: Suhrkamp

Mäder, Hans (1995): New Public Management. Der Kunde ist König – oder – die Verwaltung ist tot, es lebe die Verwaltung! Der Schweizer Treuhänder 69, S. 43-50

Mastronardi, Philippe/Schedler, Kuno/Brühlmeier, Daniel (Hg.) (1998): New Public Management in Staat und Recht. Ein Diskurs. Bern: Haupt

Mills, Wright C. (1942): The Professional Ideology of Social Pathologists. American Journal of Sociology 49, S. 165-180

Richli, Paul/Müller, Thomas (1996): Öffentliches Dienstrecht im Zeichen des New Public Management: staatsrechtliche Fixpunkte für die Flexibilisierung und Dynamisierung des Beamtenverhältnisses. Bern: Stämpfli

Sassen, Saskia (1996): Metropolen des Weltmarktes. Die neue Rolle der Global Cities. Frankfurt a.M.: Campus

Sassen, Saskia. Globalization and Its Discontents. New York: The New Press, 1998

Schedler, Kuno (1996): Ansätze einer wirkungsorientierten Verwaltungsführung. Von der Idee des New Public Managements (NPM) zum konkreten Gestaltungsmodell. Fallstudie Schweiz. Bern: Haupt

Scriven, Michael S. (1991): Evaluation Thesaurus. Newbury Park: Sage

Seidlmeier, Heinrich/Knauf, Jürgen (1997): New Public Management in der kommunalen Verwaltung. Ansatz und praktische Erfahrungen aus dem Projekt PORTIKA. Baden-Baden: Nomos

Senn, Paul (1997): Gemeindemanagement. Ganzheitlich integrierter Ansatz unter Berücksichtigung der New Public Management (NPM) Philosophie. Luzern: IBR,

Thompson, Frederick/Jones, Lawrence R. (1994): Reinventing the Pentagon. How the New Public Management can bring institutional renewal. San Francisco: Jossey-Bass

Walter-Busch, Emil (1996): Organisationstheorien von Weber bis Weick. Amsterdam: Fakultas

Weber, Max (1972): Wirtschaft und Gesellschaft. Grundriß der Verstehenden Soziologie. Tübingen: Mohr (Siebeck)

Zürcher, Markus (1999): Der Entwurf zu einem Bundesgesetz über die Förderung der Universitäten und über die Zusammenarbeit im Hochschulbereich. Fakten, Beurteilungen, Einwände. Bern: Schweizerische Akademie der Geistes- und Sozialwissenschaften

Wolfgang Seibel

Politische Lebenslügen als Self-Destroying Prophecies. Die Treuhandanstalt im Vereinigungsprozeß[1]

Einleitung

Die nachfolgende Abhandlung befaßt sich am Beispiel eines spektakulären Phänomens der Institutionenbildung im wiedervereinigten Deutschland, der Treuhandanstalt, mit nicht-intentionalen Folgen normativer Situationsdeutungen durch politische Eliten und die Bewältigung dieser Folgen im politischen Kommunikationsprozeß. Insbesondere soll gezeigt werden, daß die vorherrschenden normativen Ideen, die den Wiedervereinigungsprozeß des Jahres 1990 geprägt haben, einerseits notwendig, andererseits mit dem Risiko kontrafaktischer Annahmen behaftet waren. Die Manifestation dieses Risikos durch nicht-intendierte Ereignisse hat, so die Interpretation, die ursprünglichen normativen Ideen, denen die politische Steuerung des Wiedervereinigungsprozesses folgte, in politische Lebenslügen umschlagen lassen. Politische Lebenslügen werden definiert als Beibehaltung kontrafaktischer Situationsdeutungen im Interesse politischer Legitimitätssicherung und politischer Stabilität. Ihr Risiko liegt, wie bei der individuellen Lebenslüge, im Verlust an Kontrolle über eben jene Realität, die im Interesse der Sicherung von Legitimität und Stabilität ausgeblendet wird.

Hier soll einerseits ein Beitrag zur jüngeren politikwissenschaftlichen Diskussion über die Wirksamkeit von „Ideen" als einer 'unabhängigen Variable' im Rahmen der Analyse politischer Prozesse geleistet werden. Andererseits wird dem in dieser Diskussion vernachlässigten Phänomen der mehr oder weniger großen Realitätsdistanz von „Ideen" im politischen Prozeß und deren möglichen Folgen besondere Aufmerksamkeit gewidmet.

1. Ideen, Lebenslügen, Ideologien

Die Wirkung von *Ideen* in politischen Prozessen ist die eines *Framing*, der Vereinfachung komplexer Situationen und deren Zuspitzung zu Entscheidungsalternativen (so die gängigen *Framing*-Definitionen, etwa Esser 1996; Enste 1998). Diese Wirkung hat also eine kognitive und eine pragmatische Seite. Die kognitive Wirkung von Ideen realisiert sich in Situationsdeutungen, die pragmatische Wirkung in der Auswahl und Legitimation von Handlungsoptionen (Lindenberg 1990).

---

1 Arndt Oschmann danke ich für technische Unterstützung bei der Fertigstellung des Manuskripts und für die Beschaffung des Zahlenmaterials zur Bundesanstalt für vereinigungsbedingte Sonderaufgaben und deren Nebenorganisationen.

Bei der pragmatischen Wirkung von Ideen in politischen Prozessen kann man wiederum unterscheiden zwischen Ideen über die generelle Angemessenheit oder „Richtigkeit" von Handlungsoptionen jenseits von Ursache-Wirkungs-Annahmen (ja unter Umständen geradezu zur Vermeidung derselben) und Ideen, die, situationsunabhängig, bestimmte Ursache-Wirkungs-Beziehungen unterstellen. Man kann diese drei Typen von „Ideen" in Anlehnung an Goldstein und Keohane (1993: 8-11) als *World Views, Principled Beliefs* und *Causal Beliefs* bezeichnen.

Ein Beispiel: Es machte einen Unterschied, ob man im Herbst 1989 die dramatischen Veränderungen in Osteuropa und in der DDR als Herausforderung für die Lösung der 'deutschen Frage' im Rahmen der Europäischen Integration definierte – dies war die „Weltsicht" des damaligen stellvertretenden SPD-Vorsitzenden und putativen Kanzlerkandidaten Oskar Lafontaine – oder ob man dieselben Ereignisse als Herausforderung für die Lösung der deutschen Frage im Rahmen des Nationalstaats begriff – dies war bekanntlich die „Weltsicht" Helmut Kohls (und im übrigen auch die des SPD-Ehrenvorsitzenden Willy Brandt; vgl. Jäger 1998: 158-159). Mit der Vorstellung des '10-Punkte-Plans' durch den Bundeskanzler am 28. November 1989 wurde dann aus der abstrakten Idee des Nationalstaats ein normatives Prinzip operativer Politik, nämlich der zielstrebigen Wiederherstellung der staatlichen Einheit Deutschlands. Wenig später dann, im Frühjahr 1990, wurde dieses normative Prinzip mit einem konkreten vereinigungspolitischen Mittel verknüpft, der Herstellung einer deutsch-deutschen Währungsunion. Von den Verfechtern dieser Idee wurde dabei ein bestimmtes Ursache-Wirkungs-Verhältnis unterstellt, nämlich die Auslösung eines Wirtschaftsaufschwungs in der DDR durch die Einführung der D-Mark unter Reminiszenz an die Währungsreform in den Westzonen von 1948 und das nachfolgende 'Wirtschaftswunder' (Grosser 1998: 266-270).

Alle Typen von „Ideen" reduzieren die Komplexität der realen Welt. *Politische* Ideen können diese Funktion nur erfüllen, wenn sie in irgendeiner Form am *Common Sense* anknüpfen, wenn sie zumindest für erhebliche Teile der Bevölkerung als „angemessen" und „vernünftig" erscheinen. In den dramatischen Monaten seit dem Herbst 1989 konnte dies für die Idee der Wiedervereinigung und einer deutsch-deutschen Währungsunion – wenn auch in unterschiedlicher Ausprägung – unterstellt werden. Der gleitende Übergang von Situationsdeutungen zu normativen Prinzipien und pauschalen Ursache-Wirkungs-Hypothesen macht aber auch deutlich, daß die Komplexitätsreduktion durch politische Ideen durch eine mehr oder weniger ausgeprägte *Realitätsdistanz* erkauft wird. Situationsdeutungen können *mehr* oder *weniger* angemessen sein, normative Prinzipien *mehr* oder *weniger* Deckungsflächen mit den realen Handlungsmöglichkeiten aufweisen und pauschale Ursache-Wirkungs-Hypothesen *mehr* oder *weniger* weit entfernt von tatsächlichen Kausalzusammenhängen sein.

Je nach dem Grad ihrer Realitätsdistanz beinhalten politische Ideen daher das Risiko, daß ihre Träger durch das eigene Handeln Folgen freisetzen, die sie nicht intendiert haben. Die Realitätsdistanz oder Realitätsnähe ist für den Verlauf politischer Prozesse also eine kritische Größe, der Realitätssinn der Politiker eine wichtige Voraussetzung für die Eindämmung nicht-intendierter Folgen politischen

Handelns (vgl. Berlin 1996; Thaa 1997). Die Realitätsgerechtigkeit der Idee einer deutsch-deutschen Währungsunion etwa – erst recht zu den dann ins Auge gefaßten Umstellungskursen von 1 : 1 bzw. 1 : 2 – wurde in der deutschen Öffentlichkeit im Frühjahr 1990 heftig diskutiert, sie dürfte die zeitgeschichtliche Forschung noch für längere Zeit beschäftigen (vgl. als ersten materialreichen, wenn auch affirmativen Ansatz Grosser 1998). Solches Räsonnement ändert nichts daran, daß politische Ideen – auch in der Form pauschaler Ursache-Wirkungs-Hypothesen – von ihren Trägern in der politischen Auseinandersetzung mit dem Gestus der Selbstverständlichkeit präsentiert werden, der kausalanalytisches Räsonnement gerade ausschließt und im Interesse der Durchsetzungsfähigkeit der Idee bzw. der von ihr repräsentierten Handlungsoption auch ausgeschlossen werden soll.

Politische Ideen, die sich gegen die Überprüfung ihrer Realitätsnähe immunisieren, können im engeren Sinne als *Ideologien* begriffen werden. Nach der berühmten Definition von Georg Lukács (Lukács 1968) ist Ideologie allerdings immer auch „*notwendig* falsches Bewußtsein". Ideologien sind nicht bloß mehr oder weniger kontrafaktisch, sie ermöglichen es auch dem Menschen, sich im Kontrafaktischen gedanklich einzurichten. Es mag Situationen geben – in der marxistischen Perspektive etwa die ganzer 'Gesellschaftsformationen' wie der bürgerlich-kapitalistischen – die, obwohl „verkehrt", alternativlos sind oder dem Menschen jedenfalls alternativlos erscheinen. Ideen, die solche „verkehrten" Verhältnisse rechtfertigen, so das Argument von Lukács, mögen ebenso „verkehrt" (sprich: realitätsfern) sein wie die Verhältnisse selbst; sie sind aber, wie Ernst Cassirer (1949: 65) es vom „Mythus des Staates" gesagt hat, „ein dauerhaftes Muster der Milderung".

Für Ideen, die als „Muster der Milderung" wirken, ist uns, wenn es um Individuen geht, aus der Alltagssprache die Bezeichnung *Lebenslüge* geläufig. Auch die Lebenslüge kennzeichnet das kontrafaktische gedankliche Sich-Einrichten in „verkehrten" (ausweglosen, belastenden, den eigenen Aspirationen und/oder normativen Leitbildern widersprechenden) Verhältnissen. Eine wesentliche Triebkraft für die Bildung von *Lebenslügen* ist, wie Timur Kuran (Kuran 1997: 220 – 223) feststellt, die „Milderung kognitiver Dissonanzen". Diese Überlegung ist bedeutsam für den Spezialfall politischer Lebenslügen. Kognitive Dissonanzen entstehen, wenn Handlungsnorm und Handlungswirklichkeit nicht übereinstimmen (Festinger 1957). Politiker können sich veranlaßt sehen – aus welchen Gründen auch immer – anders zu handeln als es den offiziell geäußerten Prinzipien ihres Handelns entsprechen würde. Natürlich können politische Prinzipien angepaßt werden. Ohne Legitimationsverlust wird dies aber nur in zwei Konstellationen möglich sein, nämlich entweder in einer manifesten Krise, in der die Fähigkeit des Politikers „über den eigenen Schatten zu springen", zum Ausweis seiner oder ihrer Führungsqualität wird oder in politischen Entscheidungsfeldern mit geringer öffentlicher Aufmerksamkeit.

Ansonsten aber werden Politiker versucht sein, Spannungen zwischen politischen „Ideen" (Situationsdefinitionen, normative Prinzipien, pauschale Ursache-Wirkungs-Hypothesen) einerseits und ihrem tatsächlichen Handeln bzw. den tatsächlichen Effekten dieses Handelns andererseits durch ein Insistieren auf der ursprünglichen „Idee" zu stabilisieren. Im Extremfall kann dies, so wie in Hans Christian Andersens Märchen „Des Kaisers neue Kleider", ans Lächerliche grenzen. Im Bundestagswahlkampf 1998 insistierte Helmut Kohl auf dem Bild von den "blühenden Landschaften", die sich nach den Prophezeiungen des Jahres 1990 in Ostdeutschland binnen kurzem hätten entwickeln sollen. In weniger krassen Fällen aber kann ein solches Insistieren die Spannung zwischen „Idee" und Wirklichkeit durchaus wirksam überbrücken. Die Folge ist allerdings die gleiche wie im individuellen Leben: Die Realität wird unberechenbarer, sie entzieht sich erst recht der intentionalen Steuerung.

Im folgenden soll am Beispiel der Treuhandanstalt erläutert werden, wie politische „Ideen" ungewollte, den Intentionen der politischen Schlüsselakteure entgegengerichtete institutionelle Effekte erzeugt haben, weil diese Ideen im Verlauf des Vereinigungsprozesses den Charakter politischer Lebenslügen angenommen haben. Der Charakter der politischen Lebenslüge verhinderte den 'rationalen Diskurs' zwischen Politikern, Experten und Beamten, der erforderlich gewesen wäre, um die kontraintentionalen institutionellen Folgen abzuwenden. Die Analyse soll nicht nur die eigenständige Erklärungskraft kognitiver Variablen illustrieren, sie soll auch einen Beitrag zur Entwicklung eines angemesseneren Verständnisses der Institutionenbildungsprozesse im wiedervereinigten Deutschland leisten.

2. Zur politischen Logik der Wiedervereinigung und den politischen Ideen, die aus dieser Logik geboren wurden

Der Zusammenbruch der kommunistischen Regime in Mittel- und Osteuropa wird heute im Westen als 'Ende des Kalten Krieges' bezeichnet. Das vorherrschende Interpretationsschema im Westen definiert die Ereignisse der Jahre 1989 – 1991 als einen Sieg im Konkurrenzkampf zweier politischer und wirtschaftlicher Großsysteme. In Deutschland mußte die Überzeugungskraft dieser Definition besonders groß sein. Kein Zweifel konnte daran bestehen, daß das demokratische und marktwirtschaftliche System der westdeutschen Bundesrepublik und West-Berlins der kommunistischen Diktatur der DDR und ihrer Planwirtschaft überlegen war und daß die Bevölkerung der DDR diese Überlegenheit anerkannte.

Diese Wahrnehmungen haben sich in Deutschland in der Zeit vom Herbst 1989 bis zum Frühsommer 1990 zu politischen Situationsdefinitionen verfestigt, die dem Wiedervereinigungsprozeß ihren Stempel aufgedrückt haben. Innerhalb weniger Wochen schälte sich aus den kontroversen innenpolitischen Diskussionen über die Alternativen „Artikel 23 oder Artikel 146" des Grundgesetzes die Übernahme der politischen und wirtschaftlichen Ordnung der Bundesrepublik durch die DDR als Grundmodell heraus. Mit der Volkskammerwahl vom 18. März 1990 mit dem unerwarteten und deutlichen Erfolg der 'Allianz für Deutschland' erfuhr diese Option eine Art plebiszitärer Zustimmung wenigstens im ostdeutschen Teilstaat. Die Eckpfeiler dieses Grundmodells waren der 'Beitritt' der DDR zum Geltungsbereich des Grundgesetzes auf der Grundlage des damaligen Artikel 23 GG, vorbereitet durch den Staatsvertrag zwischen der Bundesrepublik Deutschland und der DDR zur Währungs-, Wirtschafts- und Sozialunion vom 18. Mai 1990 und vollzogen durch den Einigungsvertrag vom 31. August 1990. Damit übernahm die DDR zum 1. Juli 1990 die westdeutsche Währung sowie die Grundstrukturen der westdeutschen sozialen Sicherungssysteme und mit der staatlichen Wiedervereinigung zum 3. Oktober 1990 die Gesamtheit der öffentlichen Institutionenordnung.

Daß dieser umfassende 'Institutionentransfer' nicht friktionslos verlaufen und vielleicht sogar in einigen Bereichen scheitern würde, war eine in den Sozialwissenschaften bald geäußerte Ansicht (vgl. etwa Kocka 1994; Lehmbruch 1993; Lepsius 1994; Seibel 1992). Dies änderte nichts daran, daß das Modell des Institutionentransfers von West nach Ost nicht nur im Sinne einer offiziellen Sprachregelung, sondern auch als einzige verläßliche Handlungsgrundlage für die Gestaltung der Institutionenbildung im Osten des wiedervereinigten Deutschland nach 1990 bis heute erhalten blieb. Für Kompromißbildungen zwischen Westdeutschem und Ostdeutschem, aus BRD-Elementen und DDR-Elementen konnten sich nach der im Jahre 1990 etablierten Richtschnur keine legitimationskräftigen 'politischen Formeln' (Mosca) entwickeln, geschweige denn Orientierungen für die operative Politik und die administrative Umsetzung der Institutionenneubildung in den ostdeutschen Bundesländern (vgl. u.a. Seibel 1996).

Es gibt einige mehr oder weniger offensichtliche Ursachen dieser eindimensionalen Situationsdeutungen. Eine realistische Abbildung des tatsächlichen „Zusammenwachsens" von West und Ost im Wiedervereinigungsprozeß würde vor allem im Westen Deutschlands, wo drei Viertel der Bevölkerung und der Wähler wohnen, für die politischen Akteure auf Bundesebene zu schwer kalkulierbaren Legitimationsrisiken führen. Die politische Logik des Wiedervereinigungsereignisses von 1990 und die Realität der tatsächlichen Integration von West und Ost in Deutschland bleiben auf Dauer inkompatibel, ihre Inkompatibilität bildet die eigentliche Quelle der politischen Lebenslügen im Zusammenhang mit der deutschen Wiedervereinigung.

Dasselbe politische und wirtschaftliche Ungleichgewicht zwischen Bundesrepublik und DDR, das im Jahre 1990 nur die Option des schlichten 'Beitritts' auf der Grundlage des Art. 23 GG a.F. realistisch erscheinen ließ, hat bis heute eine krasse wirtschaftliche Abhängigkeit des Ostens vom Westen zur Folge. Mehr als ein Drittel des ostdeutschen Pro-Kopf-Einkommens und nahezu die Hälfte der ostdeutschen Länderhaushalte beruhen direkt oder indirekt auf Transferzahlungen. Äußerungen westdeutscher Landespolitiker, insbesondere solcher aus Bayern, haben wiederholt in die weiche Flanke dieser Konstruktion gestoßen und deutlich gemacht, daß die Finanzierung irgendwelcher Hinterlassenschaften der DDR-Vergangenheit durch im Westen aufgebrachte Steuergelder und Transferleistungen in eben diesem Westen Akzeptanzprobleme bereiten kann.

Obgleich es sehr unwahrscheinlich ist, daß der Osten sich dem Westen politisch, kulturell und institutionell vollständig anpaßt – daß es also nennenswerte DDR-Hinterlassenschaften in der Tat nicht geben soll – lag und liegt es angesichts solcher Akzeptanzprobleme doch nahe, *so zu tun, 'als ob'*. Das offene Ansprechen der viel wahrscheinlicheren Abläufe, nämlich der Herstellung politischer, kultureller und institutioneller Mischformen, kann zu allererst diejenigen innenpolitischen Kritiker auf den Plan rufen, die, wie namentlich die bayerische CSU, weder im

Osten Deutschlands noch auf der politischen Bundesebene viel zu verlieren haben. Einmal eingespeist in den Prozeß der öffentlichen Meinungsbildung könnte sich aus kritischen Hinweisen auf ostdeutsche Abweichungen vom westdeutschen Standard eine Diskussion über die materielle Solidarität des Westens mit dem Osten und damit Belastungen für die politische Integration der beiden so unterschiedlichen Landesteile – letztlich also für das im Jahre 1990 gewählte Grundmodell der Wiedervereinigung – entwickeln.

Abweichungen der ostdeutschen Verhältnisse vom westdeutschen Standard unterliegen daher einer latenten Tabu-Bildung. Wird das Tabu durchbrochen, entwickeln sich schwierige Diskussionen, wie sie seit Mitte der 1990er Jahre im öffentlichen Diskurs über das Verhältnis zwischen SPD und PDS geführt werden. Das Beispiel des Parteiensystems – genauer gesagt: die Existenz zweier unterschiedlicher Parteienteilsysteme in Deutschland unter dem gemeinsamen Dach des parlamentarischen Regierungssystems – verdeutlicht zugleich die Unterkomplexität politischer Kommunikation, die die Grenzziehung zwischen legitimen und illegitimen politischen, kulturellen und institutionellen Rückständen der DDR-Vergangenheit praktisch undiskutierbar macht. Daß die Existenz der PDS und ihre partielle Integration sogar in das engere Regierungssystem tatsächlich ein Dementi auf die Geltungskraft des Grundmodells des schlichten 'Beitritts' der DDR zum westdeutschen politischen System sind; daß dies aber angesichts der zweifelsfreien Integration der postkommunistischen PDS in das parlamentarische Regierungssystem ein Ausweis der Elastizität und der Integrationskraft eben dieses Systems ist; daß die Postkommunisten nichtsdestotrotz beständig auf ihre demokratische Zuverlässigkeit geprüft und unter einen entsprechenden Rechtfertigungsdruck gesetzt werden müssen – solche Differenzierungen können im politischen Kommunikationsprozeß unter den Bedingungen der Parteienkonkurrenz nur unzureichend aufgegriffen werden. So kommt es zu einer Art Dialog zwischen dem Tauben und dem Stummen: Während die Unionsparteien den Kalten Krieg mit veränderten Mitteln fortsetzen, entwickelt die mit den Postkommunisten immerhin koalierende SPD die Neigung zu Ignoranz oder Verniedlichung, soweit es um die Frage geht, ob und inwieweit die PDS die verfassungsmäßige Ordnung tatsächlich akzeptiert, ja stützt.

Die Treuhandanstalt und ihre Nachfolgeinstitution, die Bundesanstalt für vereinigungsbedingte Sonderaufgaben (BvS), bieten ein prominentes Beispiel für „vereinigungsbedingte" Tabubildungen und für die quasi-unmerklichen weil undiskutierten Veränderungen des deutschen Regierungs- und Verwaltungssystems nach der Wiedervereinigung des Jahres 1990. Treuhandanstalt und BvS sind die direkten institutionellen Nachfolger des zentralistischen Wirtschaftsverwaltungssystems der DDR. Der Sachverhalt selbst unterliegt einem nachhaltigen öffentlichen Desinteresse, das in scharfem Kontrast steht zu der öffentlichen Aufmerksamkeit, die der Treuhandanstalt bis zu ihrer Umbenennung in „Bundesanstalt für vereinigungsbedingte Sonderaufgaben" zuteil wurde.[2] Im folgenden soll das Zustande-

---

2 Dieses Desinteresse läßt sich nicht nur für die Öffentlichkeit, sondern auch für die Forschung konstatieren. Während die Treuhandanstalt bis 1994 eine der am gründlichsten beforschten

kommen eines solchen undiskutierten Phänomens persistenter DDR-Staatlichkeit rekonstruiert und dabei das Zusammenwirken der folgenden Faktoren erläutert werden: die Situationsdefinition der Schlüsselakteure im Jahre 1990, die institutionellen Folgen dieser Situationsdefinition, die dadurch die entstandenen Institutionen strukturierten Interessen der politischen und administrativen Akteure und, schließlich, die symbolische Qualität der Treuhandanstalt und deren Verarbeitung im politischen Kommunikationsprozeß.

Über den Einzelfall hinaus erlaubt das Beispiel von Treuhandanstalt und BvS jedoch Schlußfolgerungen über allgemeine Eigenschaften der institutionellen Integrationen im wiedervereinigten Deutschland und deren Verarbeitung im politischen Kommunikationsprozeß. In der Tat waren Treuhandanstalt und BvS weniger schlichte Rückstände von DDR-Staatlichkeit- sie beinhalteten solche Rückstände, soviel ist richtig – als ein Beispiel für eine ebenso elastische Interpenetration – sozusagen ein Amalgamieren – von Systemelementen der westdeutschen Bundesrepublik und der DDR wie es im Parteiensystem die Ausdifferenzierung eines ostdeutschen und eines westdeutschen Teilsystems unter dem Dach des gemeinsamen parlamentarischen Regierungssystems ist. Auch hier zeigt sich allerdings, daß der politische Kommunikationsprozeß zu unterkomplex ist, als daß die legitimen von den illegitimen oder jedenfalls weniger wünschenswerten Auswirkungen eines solchen Interpenetrationsphänomens insbesondere auf die föderative Ordnung der Bundesrepublik diskutiert werden könnten.

3. Die Situationsdefinition der Schlüsselakteure im Jahre 1990 und deren institutionelle Effekte

Auf die Vor- und Frühgeschichte der Treuhandanstalt kann hier nicht näher eingegangen werden (vgl. dazu Fischer/Schröter 1993; Kemmler 1994: 48 – 138). Die Regierung Modrow hatte zum 1. März 1990 eine 'Anstalt zur treuhänderischen Verwaltung des Volkseigentums' (Treuhandanstalt) gegründet. Die Aufgabe dieser *Ur*treuhandanstalt bestand im wesentlichen in der Umwandlung der Kombinate und Volkseigenen Betriebe in Kapitalgesellschaften – GmbHs und AGs – nach westdeutschem Privatrecht. Die eigentlichen Wirtschaftsverwaltungsstrukturen der DDR wurden durch die Gründung der Treuhandanstalt nicht berührt. Diese Wirtschaftsverwaltungsstrukturen bestanden aus Industrieministerien mit branchenmäßigem Ressortzuschnitt, denen die zentralgeleiteten Kombinate und Volkseigenen Betriebe unterstanden. Die Industrieministerien waren der Plankommission beim Ministerrat der DDR berichtspflichtig. Einem besonderen 'Ministerium für bezirksgeleitete Industrie und Lebensmittelindustrie' unterstanden die 'Bezirkswirtschaftsräte' bei den Räten der Bezirke der DDR. Den Bezirkswirtschaftsräten

---

Einzelinstitutionen der deutschen Nachkriegsgeschichten gewesen sein dürfte (vgl. den Überblick bei Seibel 1997), fehlen empirische Untersuchungen zu den Nachfolgeinstitutionen der Treuhandanstalt so gut wie völlig. Verwiesen werden kann auf die Konstanzer verwaltungswissenschaftliche Diplomarbeit von Arndt Oschmann 1999.

unterstanden – ähnlich wie den Industrieministerien, nur in kleinerem Maßstab – Kombinate (die sogenannten 'Bezirksgeleiteten Kombinate') und Volkseigene Betriebe. (Vgl. „Materialien zum Bericht der Lage der Nation im geteilten Deutschland 1987", Bundestagsdrucksache 11/11 vom 18. Februar 1987: 111 – 118).

Nach der ersten und letzten freien Volkskammerwahl der DDR vom 18. März 1990 und der Bildung der neuen Regierung unter dem CDU-Ministerpräsidenten de Maizière wandelte sich im Zuge der absehbaren Herstellung einer 'Währungs-, Wirtschafts- und Sozialunion' auch die regierungsamtliche Aufgabenstellung der Treuhandanstalt, nämlich von einer bloßen Notariatsstelle zur Umwandlung der Rechtsform der Kombinate und Volkseigenen Betriebe in eine Privatisierungsbehörde (vgl. Kemmler 1994: 110 – 172). Diese Aufgabenstellung wurde mit Beschluß der Volkskammer vom 17. Juni 1990 auf eine gesetzliche Grundlage gestellt. In diesem „Gesetz zur Privatisierung und Reorganisation des Volkseigenen Vermögens (Treuhandgesetz)" wurde neben den Grundzügen des Auftrags[3] auch die organisatorische Grundstruktur der Treuhandanstalt geregelt. Dazu hieß es in § 7 des Treuhandgesetzes: „Die Treuhandanstalt verwirklicht ihre Aufgaben in dezentraler Organisationsstruktur über Treuhandaktiengesellschaften (...) Die Treuhandanstalt wird beauftragt, unverzüglich, spätestens innerhalb von zwei Monaten nach Inkrafttreten dieses Gesetzes im Wege der Bargründung Treuhandaktiengesellschaften zu gründen."

Die Gründung sogenannter 'Treuhandaktiengesellschaften' mit branchenübergreifendem Zuschnitt war ersichtlich ein Gegenmodell gegen den Zentralismus von Industrieministerien und Plankommission. Die Rechtsform der Aktiengesellschaft war ein marktwirtschaftliches Symbol schlechthin. Die Angleichung an die westdeutschen marktwirtschaftlichen Verhältnisse war also auch hier im Großen und Ganzen die Richtlinie.

Zur Gründung der Treuhandaktiengesellschaften ist es jedoch nicht gekommen. Am 20. August 1990 trat der erste Präsident der „neuen" Treuhandanstalt auf der Grundlage des Gesetzes vom 17. Juni 1990, Rainer Maria Gohlke, nach Auseinandersetzungen mit dem Vorsitzenden des Verwaltungsrates, Detlev Rohwedder, zurück. Rohwedder selbst übernahm das Amt des Präsidenten der Treuhandanstalt und verfügte wenige Tage nach seinem Amtsantritt den Verzicht auf die Bildung der Treuhandaktiengesellschaften (zu den Einzelheiten vgl. Kemmler 1994: 218 – 225;

---

3 Über die Absicht der Volkskammer beim Erlaß des Treuhandgesetzes hieß es in dessen Präambel, diese ziele darauf ab „die unternehmerische Tätigkeit des Staates durch Privatisierung so rasch und so weit wie möglich zurückzuführen, die Wettbewerbsfähigkeit möglicher vieler Unternehmen herzustellen und somit Arbeitsplätze zu sichern und neue zu schaffen, Grund und Boden für wirtschaftliche Zwecke bereitzustellen" (Gesetzblatt der DDR I Nr. 33 S. 300). Besonders bemerkenswert – und zugleich ein Reflex des Kompromisses zwischen „Linken" und „Rechten" in der Koalitionsregierung de Maizière – war der Zusatz, „daß nach einer Bestandsaufnahme des volkseigenen Vermögens und seiner Ertragsfähigkeit sowie nach vorrangiger Nutzung für die Strukturanpassung der Wirtschaft und die Sanierung des Staatshaushaltes den Sparern zu einem späteren Zeitpunkt für den bei der Währungsumstellung am 1. Juli 1990 reduzierten Betrag ein verbrieftes Anteilsrecht an volkseigenem Vermögen eingeräumt werden kann" (ebd.). Dies entsprach der zum damaligen Zeitpunkt verbreiteten Erwartung, daß das volkseigene Vermögen mit einem erheblichen Überschuß würde veräußert werden können.

Seibel 1993: 117 – 121). Der glatte Bruch des Volkskammergesetzes vom 17. Juni 1990, der damit verbunden war, blieb in der Agonie der DDR ohne Konsequenzen.[4] Statt dessen wurde das gesamte operative Geschäft der Treuhandanstalt nach Unternehmensgrößenklassen auf die Treuhandzentrale in Berlin und 15 Treuhandniederlassungen aufgeteilt.[5] Die Treuhandzentrale wurde in Vorstandsbereiche, diese wiederum in branchenzentrierte Direktorate unterteilt.

Mit ihrer branchenmäßigen Untergliederung und den Durchgriffsrechten gegenüber den Betrieben entsprach die Zentrale der Treuhandanstalt nun wieder den formaligen DDR-Industrieministerien. Die 'Niederlassungen' waren die unmittelbaren Nachfolger der Bezirkswirtschaftsräte bei den Räten der Bezirke. Daher auch die Anzahl der Niederlassungen (15), die der Anzahl der DDR-Bezirke (14) zuzüglich Ost-Berlin als Hauptsadt der DDR entsprach.

Es waren also keineswegs „alte Seilschaften", die den DDR-Wirtschaftsverwaltungsstrukturen das Überleben ermöglicht hatten. Dies war ironischerweise das Werk der neuen Managerelite, die nach der Neugründung der Treuhandanstalt auf der Grundlage des Volkskammergesetzes vom 17. Juni 1990 in deren Leitungsebene eingezogen war, namentlich des Verwaltungsratsvorsitzenden und baldigen Präsidenten der Treuhandanstalt, Detlev Rohwedder. Die Persistenz der DDR-Wirtschaftsverwaltungsstrukturen unter der Ägide westdeutscher Manager hat in der Öffentlichkeit seinerzeit und auch später keine Aufmerksamkeit gefunden. Dafür, daß sie den Schlüsselakteuren in der Treuhandanstalt selbst bewußt war, spricht nicht nur die Scheu der Treuhandleitung, die Branchenorientierung der Direktorate in der Treuhandzentrale offen als solche zu deklarieren (Seibel 1993: 128, mit weiteren Nachweisen). Vor allem der später, im Vorfeld der angestrebten Auflösung der Treuhandanstalt (also in den Jahren 1993 und 1994) klar erkennbare Wille der Treuhandspitze, das „wirtschaftspolitische 'Sonderregime' für die neuen Bundesländer" aufzuheben und, wie es hieß, „in die Normalität unserer bundesstaatlichen Ordnung" zu überführen, deutet hierauf hin.[6] Doch die Herstellung einer straff geführten, zentralistischen und branchenorientierten Steuerungsinstanz, die den von der Volkskammer noch im Juni 1990 angestrebten dezentralen Organisationen im Rahmen einer Holdingstruktur völlig entgegengesetzt war, mußte in der Wahrnehmung der Schlüsselakteure an der Spitze der Treuhandanstalt alternativlos sein.

Um dies nachvollziehen zu können, muß man sich die wirtschaftliche Lage der DDR nach der Währungsunion vom 1. Juli 1990 vor Augen halten. Die Währungsunion war zu Umstellungskursen von eins zu eins für Spargutheben bis zur Höhe von 6.000 Mark der DDR und von eins zu zwei für darüberhinausgehende Beträ-

---

4   Vom Deutschen Bundestag wurde im Frühjahr 1991 die Bestimmung im Treuhandgesetz vom 17. Juni 1990, das durch eine Überleitungsbestimmung im Einigungsvertrag vom 31. August 1990 zu Bundesrecht geworden war, mit einer *Kann*–Bestimmung den tatsächlichen Verhältnissen angepaßt.
5   Die Treuhandniederlassungen waren zuständig für alle Betriebe mit bis zu 1.500 Mitarbeitern, die Treuhandzentrale für alle übrigen Betriebe.
6   So die Präsidentin der Treuhandanstalt, Birgit Breuel, in einem Schreiben an den Bundesminister der Finanzen, den Bundesminister für Wirtschaft und den Chef des Bundeskanzleramtes vom 30. März1994 (abgedruckt in: Treuhandanstalt 1994, Bd. 15: 285–292).

ge, also auch für das Volkseigene Vermögen der DDR, erfolgt. Löhne und Gehälter wurden ebenfalls eins zu eins umgestellt. Die Folgen einer solchen Währungsumstellung hatte der Sachverständigenrat zur Begutachtung der gesamtwirtschaftlichen Entwicklung bereits im Januar 1990 in einem Sondergutachten vorhergesagt (Sachverständigenrat 1990: 276-308): Die Unternehmen der DDR würden in eine dramatische Preis-Kosten-Schere geraten. Sie würden ihre Vorprodukte und die Löhne und Gehälter in D-Mark bezahlen müssen, sie jedoch in Anbetracht des veralteten Kapitalstocks und der daraus resultierenden Arbeitsproduktivität und Produktqualität ihre Produkte nicht im Entferntesten zu kostendeckenden Preisen absetzen können (vgl. u.a. Akerlof et. al. 1993; Sinn/Sinn: 63-100).

In der Tat war im IV. Quartal 1990 das Bruttoinlandsprodukt im Gebiet der DDR bzw. der neuen Bundesländer auf 71,5% des Niveaus vor der Währungsunion gefallen. Im II. Quartal 1991 betrug das Bruttoinlandsprodukt nur noch gut die Hälfte (55,5%) des Standes im letzten Quartal vor der Währungsunion. Besonders dramatisch war der Einbruch im produzierenden Gewerbe. Hier betrug die Bruttowertschöpfung im IV. Quartal 1990 nur noch 65% der Bruttowertschöpfung im II. Quartal 1990, im II. Quartal 1991 sank sie auf 47% des Niveaus im II. Quartal 1990 (DIW/IWK 1992). Die Währungsunion hatte in Ostdeutschland eine Depression ausgelöst, die in der Wirtschaftsgeschichte der Industriestaaten beispiellos ist.[7]

Die Treuhandanstalt war am 1. Juli 1990 im Besitz von schätzungsweise 8.000 Firmen mit ungefähr 4 Mio. Mitarbeitern. Diese Firmen waren nicht nur in keiner Weise profitabel, sie waren aus eben diesem Grund auch unter keinen Umständen profitabel zu verkaufen. Halbwegs präzise Informationen über den Zustand der Treuhandfirmen oder auch nur ihre genaue Anzahl fehlten im Sommer 1990 noch völlig.

Die Verantwortlichen an der Spitze der Treuhandanstalt nahmen die Situation denn auch schlicht als Chaos wahr (so der zurückgetretene Präsident der Treuhandanstalt Gohlke; Frankfurter Allgemeine Zeitung vom 21. August 1990, S. 11). Im Konflikt zwischen Gohlke und Rohwedder ging es um die angemessene Reaktion der Treuhandspitze auf dieses Chaos. Während Gohlke am gesetzlichen Auftrag der Bildung von Treuhandaktiengesellschaften festhielt, bewertete der Verwaltungsratsvorsitzende Rohwedder die damit verbundenen Risiken offenbar höher als der Treuhandpräsident. Immerhin hätte die Bildung der Treuhandaktiengesellschaften – also der organisatorischen Rahmenstrukturen für jede operative Tätigkeit auf der Grundlage des Treuhandgesetzes vom 17. Juni 1990 – die Rekrutierung mehrerer Dutzend Aufsichtsrats- und Vorstandsmitglieder erforderlich gemacht, vom Führungspersonal der angeschlossenen Aktiengesellschaften und GmbHs ganz zu schweigen. Arbeitsfähige Treuhandaktiengesellschaften wären nicht vor der ersten Jahreshälfte 1991 zu erwarten gewesen. Die Treuhandanstalt selbst – in dieser Konstruktion nicht mehr als eine Aufsichtsbehörde gegenüber den Treuhand-

---

[7] Sinn/ Sinn haben die ökonomische Depression in Ostdeutschland nach dem 1. Juli 1990 mit den Auswirkungen der Weltwirtschaftskrise 1928 bis 1933 in Deutschland und den USA verglichen. Nach ihren Angaben war die Industrieproduktion in Deutschland während der Weltwirtschaftskrise – also während eines mehrere Jahre umfassenden Zeitraums – um 40% gesunken, in den USA um 35% (Sinn/Sinn 1993: 34-38).

aktiengesellschaften – hätte weder Durchgriffsrechte noch Durchgriffsmöglichkeiten gegenüber den Betrieben in ihrem formalen Verantwortungsbereich gehabt, in dem die Vorstandsvorsitzenden der Treuhandaktiengesellschaften ohne Frage die dominanten Akteure gewesen wären, und im Interesse der Aufgabenstellung dieser gigantischen Holdings – jede mit 2.000 Einzelbetrieben oder mehr – auch hätten sein müssen. Ein realistisches Szenario bei der Bildung von Treuhandaktiengesellschaften konnte im Sommer 1990 also nur so aussehen, daß der unternehmerisch und vor allem politisch verantwortliche Eigentümer, also der Bund, über Monate hinweg die Bildung tragfähiger Organisationsstrukturen hätte abwarten, darüber die ostdeutsche Wirtschaft im Chaos versinken sehen 99müssen, und selbst bei arbeitsfähigen Strukturen der Treuhandaktiengesellschaft wohl die politische Letztverantwortung, nicht aber die Möglichkeit gehabt hätte, dieser Verantwortung durch entsprechende Direktivrechte und -möglichkeiten gegenüber den Treuhandfirmen gerecht zu werden.

Es war die aus der Defensive geborene Logik zentraler Kontrolle – das Bestreben, „die Dinge in den Griff zu kriegen" – die zur Reanimation jener zentralistischen Wirtschaftsverwaltungsstrukturen führte, die für das *Ancien Régime* bis 1989 charakteristisch gewesen waren. Natürlich war es nicht das Bestreben der Treuhandmanager, die sozialistische Planwirtschaft wiederzubeleben. Diese Manager reagierten so, wie sie es als Leitungspersonen eines angeschlagenen Großunternehmens auch getan hätten: indem sie für eine straffe Führung und klare Verantwortlichkeiten sorgten. Die Tatsache, daß es sich bei dem „Großunternehmen" Treuhandanstalt um den Großteil einer Volkswirtschaft – der Wirtschaft der DDR – handelte, machte, aus dieser Warte betrachtet, keinen grundlegenden Unterschied. Umso größer, aber auch faszinierender war die Herausforderung.[8]

4. Die Konsolidierung der Institutionen und Interessenstrukturen

Die durchgreifenden Maßnahmen zur Etablierung einer funktionstüchtigen Organisationsstruktur der Treuhandanstalt im Spätsommer und Herbst 1990 erfolgten ohne nennenswerte öffentliche Aufmerksamkeit. Dieser Zeitraum war beherrscht durch den Wahlkampf zum ersten gesamtdeutschen Bundestag, der am 2. Dezember 1990 gewählt wurde. In den ersten Wochen des Jahres 1991 dominierte dann der Golf-Krieg die öffentliche Aufmerksamkeit. Die Treuhandanstalt trat überhaupt

---

[8] In der vom Verfasser zusammen mit Roland Czada im Jahre 1993 durchgeführten Befragung von Führungskräften der Treuhandanstalt gab lediglich eine Minderheit der Befragten (25% der Referenten, 24% der Abteilungsleiter, 11,5% der Direktoren) an, daß sie sich im Hinblick auf das „institutionelle Prestige" bei der Treuhandanstalt gegenüber ihrem vorherigen Beschäftigungsort „eher verbessert" hätten. Im Kontrast dazu gab doch eine relative Mehrheit der Befragten an, „eher verbessert" hätten sie sich im Hinblick auf die „Attraktivität der Tätigkeit" (52% der Referenten, 62% der Abteilungsleiter, 54% der Direktoren). Die Attraktivität der Tätigkeit scheint also in der Wahrnehmung der Führungskräfte das schlechte Image der Treuhandanstalt wettgemacht zu haben (vgl. Seibel 1993: 141-142). Unterstützt wird diese Interpretation auch durch Erlebnis-oder Stimmungsberichte wie bei Breuel 1993 oder Krieger 1993.

erst im Februar 1991 erstmals in den Mittelpunkt der Medienbericht-erstattung, dies allerdings mit nachhaltiger Wirkung auf die Wahrnehmungsmuster der Bevölkerung, namentlich der Ostdeutschen und der politischen Eliten.

Die Eigendynamik der ökonomischen Depression in Ostdeutschland brachte die Treuhandanstalt in ein Dilemma. Einerseits verursachte der Zusammenbruch der Industrieproduktion für den Eigentümer Treuhandanstalt täglich massive Verluste. Dies verschärfte den Zwang, den verlustbringenden Besitz so schnell wie möglich loszuschlagen. Andererseits waren einer rigorosen Beschleunigung der Privatisierungstätigkeit politische Grenzen gesetzt. Sowohl von den Gewerkschaften als auch von den – nach der Gründung der ostdeutschen Länder am 14. Oktober 1990 – langsam arbeitsfähig werdenden ostdeutschen Landesregierungen kamen genau entgegengesetzte Forderungen: die Privatisierungstätigkeit solle gestreckt, die Tätigkeit der Treuhandanstalt mehr auf Sanierung orientiert werden. Eine erste Welle von Massenentlassungen zum Stichtag 1. Januar 1991 hatte – nach der Vereinigungseuphorie des Jahres 1990 – Ernüchterung, zum Teil regelrechte Unruhe in die Bevölkerung getragen.[9] Die Zahl der Erwerbstätigen in Ostdeutschland sank innerhalb eines halben Jahres nach der Währungsunion von 9,31 Mio. auf 8,05 Mio., also um rund 1,1 Mio. oder um 12,5%. Ein Jahr nach der Währungsunion, im III. Quartal 1991, hatte die Zahl der Erwerbstätigen bereits um 2,23 Mio. oder um 25% (auf 6,9 Mio.) abgenommen (DIW/IWK 1992).

Die Treuhandanstalt, der mit weitem Abstand bedeutendste Arbeitgeber in Ostdeutschland, befand sich daher im Frühjahr 1991 in einer dramatischen Situation, in der ihre Handlungsfähigkeit, wenn nicht gar ihre Existenz auf dem Spiel stand. Aus einigen ostdeutschen Landesregierungen kamen Forderungen nach einer Auflösung der Treuhandanstalt und ihrer Umformung zu Landesanstalten (Leipziger Volkszeitung vom 14.2.1991, S. 1; Magdeburger Allgemeine Zeitung vom 6. März 1992, S.4). Die Krise konnte nur bewältigt, das Scheitern des Modells 'Treuhandanstalt' nur abgewendet werden, wenn ein negativer *circulus vitiosus* durchbrochen wurde: Wenn sich der Protest, den die sozialen Folgen der ökonomischen Depression im Frühjahr 1991 ausgelöst hatte, verstetigte und in politischen Druck umsetzte, konnte die Bundesregierung gezwungen sein, den Privatisierungsprozeß in Ostdeutschland zu verlangsamen, die Treuhandanstalt also zu veranlassen, verlustbringende Betriebe mit einer hohen Zahl unterproduktiver Arbeitskräfte zu erhalten und dadurch weder die fiskalischen noch – als Nach-wie-vor-Eigentümer großer Teile der ostdeutschen Wirtschaft – die politischen Risiken der wirtschaftlichen Entwicklung in den neuen Bundesländern unter Kontrolle zu bringen.

Tatsächlich konnte dieser Zirkel durchbrochen werden durch ein Arrangement, das nicht nur die Interessen der wichtigsten Akteure – Bund, ostdeutsche Länder, Gewerkschaften – zum Ausgleich brachte, sondern auch jene Interpenetration institutioneller Strukturmerkmale Westdeutschlands und der DDR bewirkte, die für das wirtschaftspolitische 'Sonderregime' in Ostdeutschland bis heute kennzeichnend ist.

---

9   Teilweise kam es zu landfriedensbruchartigen Szenen. Am 27. Februar 1991 drangen aufgebrachte Werftarbeiter in den Landtag vom Mecklenburg-Vorpommern in Schwerin ein (Frankfurter Allgemeine Zeitung vom 28. Februar 1991, S. 5).

Zunächst kam es darauf an, die Gewerkschaften und die ostdeutschen Länder von einer Fundamentalopposition gegen Institution und Politik der Treuhandanstalt abzuhalten. Da die ostdeutschen Länder vom Bund in jeder Hinsicht – und insbesondere fiskalisch – abhängig waren, hätte eine Übertragung von Treuhandkompetenzen des Bundes auf die Länder zu einer ähnlichen Diskrepanz von faktischer Verantwortung und eingeschränkten Steuerungsmöglichkeiten des Bundes geführt, wie im Fall des inzwischen aufgegebenen Modells der Treuhandaktiengesellschaften. Wenn die Gewerkschaften – die nach der Auflösung der DDR-Gewerkschaften faktisch vom Westen gesteuerte Neugründungen waren – den sich inzwischen abzeichnenden privatisierungspolitischen Kurs der Treuhandanstalt bekämpft hätten – und sei es auch nur, um zunächst eine hinreichend breite Mitgliederbasis zu gewinnen – konnte dies die Privatisierungstätigkeit der Treuhandanstalt durch mehr oder weniger spektakuläre Widerstandsmaßnahmen nur politisieren, also verzögern, und damit wiederum die finanziellen politischen Belastungen des Bundes nur steigern.

Nach der Protestwelle vom Februar 1991 kam es daher zu einer geradezu kaskadenhaften Abfolge von Vereinbarungen zwischen Bundesregierung und Treuhandanstalt einerseits und ostdeutschen Landesregierungen und Gewerkschaften andererseits. Am 8. März 1991 verabschiedete das Bundeskabinett, begleitet von einem großen Medienecho, ein 'Gemeinschaftswerk Aufschwung Ost' mit einem Bündel von Finanz- und Aufbauhilfen für die ostdeutschen Länder. Am 13. April 1991 wurde eine „Gemeinsame Erklärung" von Deutschem Gewerkschaftsbund, Deutscher Angestelltengewerkschaft und Treuhandanstalt mit einer Sozialplanrichtlinie verabschiedet. Am 17. Juli 1991 schließlich wurde zwischen den neuen Bundesländern, Gewerkschaften und Arbeitgeberverbänden sowie der Treuhandanstalt eine 'Rahmenvereinbarung zur Bildung von Gesellschaften zur Arbeitsförderung, Beschäftigung und Strukturentwicklung (ABS)' abgeschlossen.[10]

Mit diesen Vereinbarungen wurde die politische Achillesferse der Treuhandanstalt stabilisiert, und zwar durch die Einpassung in die föderalistischen und neokorporatistischen politischen Steuerungs- und Konsensbildungsmechanismen nach westdeutschem Vorbild. Schon seit dem Herbst 1990 waren im übrigen die ostdeutschen Ministerpräsidenten und einige der wichtigsten Gewerkschaftsführer[11] im Verwaltungsrat der Treuhandanstalt vertreten.[12] Mit der Einbettung in die politischen

---

10 Vgl. zu diesen verschiedenen Vereinbarungen: Bundespresse-und Informationsamt, Bulletin vom 12.März 1991 und vom 15. März 1991 („Gemeinschaftswerk Aufschwung Ost. Grundsätze zur Zusammenarbeit von Bund, neuen Ländern und Treuhandanstalt"), Treuhandanstalt 1994, Bd. 9: 712-716, 546-552 („Gemeinsame Erklärung" von DGB, DAG und Treuhandanstalt, Rahmenvereinbarung zur Bildung von ABS-Gesellschaften).

11 Roland Issen für die DAG, Horst Klaus für die IG-Metall, Heinz-Werner Meier als DGB-Vorsitzender, Hermann Rappe für die IG-Chemie-Papier-Keramik, Dieter Schulte für die IG-Metall.

12 Während die Mitgliedschaft der ostdeutschen Ministerpräsidenten im Verwaltungsrat der Treuhandanstalt durch Art. 25 des Einigungsvertrags vom 31. August 1990 festgelegt war, resultierte die Mitgliedschaft der Gewerkschaftsführer allein aus der Kooptationspolitik der Bundesregierung. Die genannten Gewerkschaftsvertreter haben dem Verwaltungsrat der Treuhandanstalt zum Teil nur für kürzere Zeiträume angehört. Der Sitzverteilungsschlüssel für den Verwaltungsrat lautete: Wirtschaft 8 Sitze, Länder 6 Sitze, Gewerkschaften 4 Sitze, Bund 2 Sitze (Treuhandanstalt, Organisationshandbuch, Ordnungs-Nr. 1.1.1.1 zit. N. Czada 1993: 160).

Standardstrukturen der westdeutschen Bundesrepublik war die Treuhandanstalt in der Tat zu einem institutionellen Hybrid geworden. Die westdeutschen Standardstrukturen ummantelten einen Kern von DDR-Strukturen, eine flexible Peripherie wurde um einen rigiden organisatorischen Kern gelegt. Die politischen Einbettungsstrukturen nach westdeutschem Standard haben die Treuhandanstalt wirksam gegenüber dem Legitimationsdruck abgeschirmt, den ihre eigene Privatisierungstätigkeit in der nachfolgenden Zeit aufbauen mußte. Sie waren die entscheidende Voraussetzung für die hohe operative Effektivität der Treuhandanstalt, die dazu führte, daß bis zum 31. Dezember 1994 durch die Anstalt 98,5% des vormaligen Volkseigenen Vermögens der DDR privatisiert, reprivatisiert oder anderen öffentlich-rechtlichen Körperschaften überwiesen wurden.[13]

Die straffe Hierarchisierung und die zentralistische Organisationsstruktur der Treuhandanstalt haben also in den Jahren 1991 bis 1994 die ihnen von den Treuhandmanagern in enger Abstimmung mit der Bundesregierung zugedachte Funktion tatsächlich erfüllt.[14] Seit der ersten Jahreshälfte 1991 war es das gemeinsame Ziel von Bundesregierung und Treuhandspitze, das doppelte Risiko einer politischen und fiskalischen Dauerbelastung durch das frühere Volkseigene Vermögen der DDR durch eine rigorose Beschleunigung der Privatisierung zu dämpfen und die sozialen Kosten dieser Politik in Form zusätzlicher Massenarbeitslosigkeit notfalls durch massive staatliche Transferleistungen aufzufangen. Für beides waren Mitte des Jahres 1991 die strukturellen Grundlagen vollendet.

Dabei korrespondierte die feste Einbindung der Treuhandanstalt in die föderativen und neokorporatistischen Steuerungs- und Konsensbildungsstrukturen mit einer außerordentlich weitgehenden Emanzipation von den Kontrollstrukturen des parlamentarischen Regierungssystems. Für die Intentionen von Treuhandspitze und Bundesregierung sollte sich dies – jedenfalls bis ins Jahr 1994 – in operativer, fiskalischer und symbolisch-legitimatorischer Hinsicht als hilfreich erweisen. Die operative und fiskalische Funktionalität bedingten sich wechselseitig. Seit dem 3. Oktober 1990 war die Treuhandanstalt auf der Grundlage von Art. 25 des Einigungsvertrags vom 31. August 1990 eine rechtsfähige bundesunmittelbare Anstalt des öffentlichen Rechts. Die Fach- und Rechtsaufsicht oblag dem Bundesminister der Finanzen, der die Fachaufsicht im Einvernehmen mit dem Bundesminister für Wirtschaft bzw. mit dem

---

13 Bundesanstalt für vereinigungsbedingte Sonderaufgaben: Abschlußstatistik der Treuhandanstalt per 31. Dezember 1994 (Berlin, 19. Juni 1995). Vom Gesamtbestand (Bruttobestand) an Unternehmen der Treuhandanstalt von letztlich 12.354 Einheiten waren per 31. Dezember 1994 6.546 (53%) privatisiert, 1.588 (13%) reprivatisiert, 310 (2,5%) kommunalisiert und 3.780 (30%) liquidiert.

14 Auf flankierende innerorganisatorische Maßnahmen wie z.B. das Bonussystem für die leitenden Mitarbeiter und auf flankierende Maßnahmen der organisatorischen Differenzierung -insbesondere durch die Auslagerung der 'Verwaltung und Verwertung' von Grund und Boden durch Gründung der Liegenschaftsgesellschaft der Treuhandanstalt (TLG) und der Bodenverwertungs- und -verwaltungsgesellschaft (BVVG) -kann hier nicht näher eingegangen werden. Zum Bonussystem vgl. Bericht des 2. Untersuchungsausschusses des 12. Deutschen Bundestages: Treuhandanstalt, Bundestagsdrucksache 12/8404 vom 31. August 1994: 195-212. Zu TLG und BVVG vgl. Seibel 1997: 193-198.

jeweils zuständigen Bundesminister wahrzunehmen hatte. Den entscheidenden Grad an Autonomie gewann die Treuhandanstalt jedoch durch den Mechanismus ihrer Refinanzierung. Diese erfolgte zunächst auf der Grundlage von Art. 25 IV Einigungsvertrag, der einen Kreditrahmen von 25 Mrd. D-Mark gesetzt hatte. Die Treuhandanstalt fungierte damit faktisch als Sondervermögen des Bundes und konnte sich dementsprechend selbständig am Kreditmarkt bewegen. Diese Möglichkeit wurde erweitert und abgesichert durch das Treuhandkreditaufnahmegesetz vom 3. Juli 1992, indem für die Jahre 1992 – 1994 ein Kreditrahmen von jeweils 30 Mrd. D-Mark und von weiteren 8 Mrd. D-Mark bei besonderer Genehmigung durch den Bundesminister der Finanzen eingeräumt wurde (§§ 1 und 2 Treuhandkreditaufnahmegesetz). Das Budget der Treuhandanstalt war folglich nicht Teil des Bundeshaushalts, es unterlag also nicht der direkten parlamentarischen Haushaltskontrolle. Als mit der Treuhandanstalt unmittelbar befaßte Kontrollinstanz des Bundestages existierte seit Oktober 1990 zunächst ein Unterausschuß 'Treuhandanstalt' des Haushaltsausschusses. Dieser wurde im April 1993 in einen Vollausschuß umgewandelt.

Die faktischen Einwirkungsmöglichkeiten des Parlaments gegenüber der Treuhandanstalt waren jedoch auf appellative und sonstige mehr oder weniger öffentlichkeitswirksame Mechanismen beschränkt. Aus der Sicht der Treuhandanstalt war dies – in Ergänzung zur Einbindung der ostdeutschen Länder und Gewerkschaften über den Verwaltungsrat und die zahlreichen Einzelvereinbarungen von Frühjahr und Sommer 1991 – ein wirksamer „Schutzschild" gegen die Politisierung ihres Alltagsgeschäfts. Interventionsversuche einzelner Bundestagsabgeordneter zur Beeinflussung von Einzelprivatisierungen wurden allein schon durch die haushaltsrechtliche Sonderstellung der Treuhandanstalt weitgehend „abgeblockt". Die parlamentarische Unerfahrenheit ostdeutscher Bundestagsabgeordneter in der ersten Legislaturperiode des gesamtdeutschen Bundestages tat ein Übriges. Unabhängig davon liegt es auf der Hand, daß das hohe Maß an Stetigkeit des operativen Geschäfts, an der Treuhandspitze und Bundesregierung gelegen sein mußte, nur durch eine Abkopplung von den jeweiligen Haushaltsberatungen und -entscheidungen des Parlaments und dem damit verbundenen politischen Wettbewerb von Regierung und Opposition erreicht werden konnte.[15]

Die institutionelle Autonomie der Treuhandanstalt, insbesondere ihre weitgehende Emanzipation von der parlamentarischen Kontrolle, hatte jedoch Folgen in der politisch-symbolischen Dimension, die teils erwünscht, teils billigend in Kauf genommen worden waren. Aus der Sicht der Bundesregierung nur erwünscht konnte die Winkelriedfunktion der Treuhandanstalt sein. 'Die Treuhand', die offenbar – „autonom", „selbstherrlich" oder wie auch immer – schaltete und waltete wie vordem die DDR-Wirtschaftsfunktionäre, paßte für die ostdeutsche Bevölkerung na-

---

15   Die von der Bundesanstalt für vereinigungsbedingte Sonderaufgaben am 30. Juni 1995 vorgelegte Abschlußstatistik der Treuhandanstalt per 31. Dezember 1994 wies einen Gesamtschuldenstand von 256 Mrd. DM aus. Schon dies macht deutlich, daß eine Abkopplung vom Bundeshaushalt eine nahezu unerläßliche Voraussetzung für die Verstetigung des operativen Geschäfts der Treuhandanstalt war. Ansonsten hätten die parlamentarischen Haushaltsberatungen jedes Jahres die Treuhandanstalt jeweils für Monate paralysiert.

hezu perfekt in eingeübte Wahrnehmungsmuster, wenn es um die Zurechnung politischer Verantwortung für ökonomische Sachverhalte ging. Auch in der breiten deutschen Öffentlichkeit wurde 'die Treuhand' zum zentralen Fokus der Zurechnung von Verantwortung für die negativen sozialen Folgen des wirtschaftlichen Strukturwandels in den Neuen Bundesländern. Die Treuhandanstalt, die die strategischen Rahmenbedingungen ihres Handelns zu keinem Zeitpunkt hatte beeinflussen können, zog gewissermaßen die Pfeile der Kritik und auch weitergehende aggressive Affekte auf sich, die ansonsten die politische verantwortliche Bundesregierung in Bonn hätten treffen müssen. Nicht die Bundesregierung, sondern 'die Treuhand' wurde zum Sündenbock für die desaströsen Folgen der Entscheidung, die ostdeutschen Unternehmen mit der Währungsunion vom 1. Juli 1990 schlagartig den Wettbewerbskräften des Weltmarktes auszusetzen (vgl. u.a. Kepplinger 1993).

Durch Treuhandspitze und Bundesregierung billigend in Kauf genommen wurde dabei, daß die Treuhandanstalt auch im Deutschen Bundestag angesichts der beschränkten Einwirkungsmöglichkeiten Frustrationen und negative Affekte auslöste, und zwar, wie sich zeigen sollte, durchaus nicht nur bei Oppositionsabgeordneten. Die parlamentarische Opposition suchte ihr Heil schließlich in der Forderung nach einem Untersuchungsausschuß, der dann im September 1993 eingerichtet wurde. Den Koalitionsabgeordneten, insbesondere den ostdeutschen, stand ein solches „Ventil" nicht zur Verfügung. Gerade sie spürten die Ohnmacht gegenüber der Ministerialbürokratie im Bundesfinanzministerium und dem Treuhandapparat. Die Konstellation und die daraus resultierende Situationsdeutung der Koalitionsabgeordneten wurde zu einem entscheidenden Faktor, als es seit dem Herbst 1993 um die Planung für die Auflösung der Treuhandanstalt und die Vorklärungen für die organisatorische Bewältigung der Nachfolgeaktivitäten ging.

5. Die gescheiterte Auflösung der Treuhandanstalt und die unaussprechliche Persistenz von DDR-Staatlichkeit

Das Komplementärprogramm zur Generalpolitik einer rigorosen Beschleunigung der Privatisierungstätigkeit der Treuhandanstalt war der Grundsatz, die Institution selbst „so schnell wie möglich überflüssig zu machen". Diese Sprachregelung war von den Spitzenrepräsentanten der Treuhandanstalt immer wieder mit Nachdruck verbreitet worden (vgl. im einzelnen Seibel 1997: 199). Sie hatte zunächst unverkennbar die Funktion, der Selbstverpflichtung der Organisation auf ein hohes Privatisierungstempo einen klaren Indikator zu verleihen, und damit den politischen Außendruck im Sinn dieser operativen Zielsetzung nochmals zu erhöhen.

Das organisationspolitische Programm, sich „so schnell wie möglich überflüssig zu machen", hatte aber auch noch eine – freilich unausgesprochene – verfassungspolitische Grundlage. Mit der föderativen Ordnung der Bundesrepublik und den staatlichen Kompetenzzuweisungen des Grundgesetzes war eine Zentralinstanz des Bundes mit einer zweifelsfrei regionalpolitischen Aufgabe unvereinbar. Faktisch war die Treuhandanstalt eben die Nachfolgeinstitution der DDR-Wirtschaftsverwaltungsstrukturen.

Dieses verfassungspolitische Motiv für die Auflösung der Treuhandanstalt war jedoch für die *öffentliche* Diskussion unbrauchbar. Nicht nur, daß die offene Thematisierung der verfassungspolitischen Beweggründe für die möglichst schnelle Auflösung der Treuhandanstalt deren Legitimität zusätzlich untergraben hätte zu einem Zeitpunkt, als sie einen guten Teil ihres operativen Geschäfts immerhin noch zu bewältigen hatte, und sich, wie erwähnt, ohnehin einer öffentlichen Dauerkritik gegenübersah. Vielmehr hatten verfassungspolitische Argumente, die die Notwendigkeit einer Auflösung der Treuhandanstalt mit dem Hinweis auf deren Charakter als institutionelles Erbstück der 'klassischen' DDR, nämlich der Planwirtschaft und ihrer staatlichen Lenkungsstrukturen, begründet hätten, im Grundmodell der Wiedervereinigung des Jahres 1990 keinen Platz. Die DDR galt schließlich als erledigt. Unter keinen Umständen durfte die Treuhandanstalt als das angesprochen werden, was sie war, nämlich als Fortsetzung von DDR-Staatlichkeit. Die – im Sommer 1990 noch plausible – Situationsdefinition einer alternativlosen Vollintegration der DDR in das bundesdeutsche System war durch die Existenz der Treuhandanstalt inzwischen als realitätsfremd vorgeführt worden. Wenn diese Definition nicht aufgegeben oder wenigstens angepaßt werden konnte – auf die Gründe hierfür wurde oben hingewiesen – konnte sich die Spannung zwischen ihrem Interpretationsgehalt und der Realität nur erhöhen. Die Situationsdefinition des Jahres 1990 wurde von einer plausiblen politischen Idee zur politischen Lebenslüge.

Diese Lebenslüge mochte die Bundesregierung, hier insbesondere die Ministerialbürokratie und die Spitze der Treuhandanstalt, wohl durchschauen, argumentativ bekämpfen konnten sie sie nicht. Immerhin war das Zerrbild des Vereinigungsprozesses durch die Argumentation der Bundesregierung selbst entstanden. Argumente sind nicht beliebig austauschbar, sie entfalten eine Selbstbindung (Elster 1992). Nachdem die Koalitionsparteien im Frühjahr 1990 das Modell des 'Beitritts' der DDR zum Geltungsbereich des Grundgesetzes und damit zur Institutionenordnung der westdeutschen Bundesrepublik mit enormen innen- und außenpolitischen Anstrengungen im Sommers 1990 durchgesetzt hatten, konnten sie drei Jahre später eine spektakuläre organisationspolitische Maßnahme nicht mit der erforderlichen Aufhebung der Reste von DDR-Staatlichkeit rechtfertigen. So wurden aus „bloßen Argumenten" manifeste Handlungsschranken. Weil die Bundesregierung gar nicht deutlich machen konnte, was mit der angestrebten Auflösung der Treuhandanstalt auf dem Spiel stand, waren ihre Möglichkeiten zur Mobilisierung bzw. Disziplinierung der Koalitionsabgeordneten erheblich eingeschränkt.

Daß die Parlamentarier überhaupt noch einmal in die Verlegenheit kamen, strategische Entscheidungen über die Treuhandanstalt zu treffen, hatten sie einer Verabredung zwischen Finanzministerium und Treuhandanstalt vom September 1992 zu verdanken. Der Bund hatte am 3. Juli 1992 das Treuhandkreditaufnahmegesetz verabschiedet, das bis zum 31. Dezember 1994 befristet war. Mit einem – zuvor verabredeten – Schreiben des Staatssekretärs Köhler im Bundesfinanzministerium vom 14. September 1992 wurde ein Junktim hergestellt zwischen der Finanzplanung der Treuhandanstalt für die Zeit nach 1994 und den „notwendigen organisatorischen Maßnahmen" für die Erledigung der dann noch verbleibenden Aufgaben.

Dieses Junktim bündelte genau jenen Handlungsdruck, dem man sich in Treuhandanstalt und Bundesfinanzministerium zur Beschleunigung des operativen Geschäfts bewußt aussetzen wollte. Nach dem 31. Dezember 1994 sollte es definitiv keine Neuauflage des Treuhandkreditaufnahmegesetzes geben. Mit dem fiskalischen sollte dann aber auch das verfassungspolitische 'Sonderregime' der Treuhandanstalt auslaufen. Auch hier handelte es sich um eine Selbstbindung – in diesem Fall auf der Ebene der Spitzen von Ministerialbürokratie und Treuhandanstalt – auf deren Grundlage in der Treuhandanstalt (wohlgemerkt: dort und nicht in der Bundesregierung oder im Parlament) die Planungen für die Selbstauflösung begonnen wurden.

Bei diesen Planungen war wiederum ein Dilemma zu bewältigen. Einerseits mußte die Perspektive der Selbstauflösung klar und unmißverständlich sein, andererseits durfte sie die für die Erledigung des operativen Geschäfts schließlich unerläßliche Motivation der Treuhandmitarbeiter nicht beeinträchtigen. Immerhin mußten die Mitarbeiter dazu veranlaßt werden, durch eigene Anstrengungen ihren Arbeitsplatz zu beseitigen. Diese Herausforderung war zu bewältigen unter einem hohen Grad an Unsicherheit darüber, was überhaupt nach dem 31. Dezember 1994 an Treuhandaufgaben übrigbleiben würden.

Bis zum Sommer 1993 schälte sich folgendes Konzept heraus[16]: Die verbleibenden Treuhandaufgaben wurden identifiziert als 'verbleibende Unternehmen', 'unternehmensbezogene Aufgaben' und 'hoheitliche Aufgaben'. Zum Aufgabenkomplex 'verbleibende Unternehmen' zählte auch die Tätigkeit der Liegenschaftsgesellschaft der Treuhandanstalt (TLG) und der Bodenverwertungs- und -verwaltungsgesellschaft (BVVG). Bei der Verwaltung und Verwertung von Grund und Boden handelte es sich ersichtlich um die langfristigste Aufgabe jeder Treuhandnachfolgekonstruktion. Zu den 'unternehmensbezogenen Aufgaben' zählte insbesondere das sogenannte Vertragsmanagement. Dies war die Bezeichnung für die Überprüfung der Einhaltung der abgeschlossenen Privatisierungsverträge und der dort enthaltenen Vereinbarungen über Investitionssummen, Arbeitsplätze oder die Beseitigung ökologischer Altlasten. Zu den 'hoheitlichen Aufgaben' zählten die Kommunalisierung und die sonstige Vermögenszuordnung.

Für diese verbleibenden Aufgaben sollte nach den Vorstellungen von Treuhandanstalt und Bundesfinanzministerium eine hochgradig dezentralisierte bzw. diversifizierte Organisationsstruktur geschaffen werden. Mit Hilfe einer solchen, wie man meinte, flexiblen Struktur sollten zunächst die langfristigen von den mittelfristigen und die hoheitlichen von den nichthoheitlichen Aufgaben getrennt und jeweils spezifisch qualifizierten Trägerorganisationen zugewiesen werden. Außer für die hoheitlichen Aufgaben waren privatrechtliche Organisationen vorgesehen, von denen man sich zwei Vorteile versprach. Einerseits würden Gründung und Auflösung privatrechtlicher Organisationen leichter fallen als dies bei öffentlich-rechtlichen Konstruktionen der Fall war. Andererseits sollte durch die privatrechtliche Trägerstruktur das Motivationsproblem bei den Mitarbeitern gemildert werden. Wenn man

---

16 Die wichtigsten Dokumente zu diesem Entscheidungsprozeß sind abgedruckt in Treuhandanstalt 1994, Bd. 15.

davon ausging, daß der Schwerpunkt des Nachfolgegeschäfts beim Vertragsmanagement liegen würde, so konnten in diesem Bereich auf privatrechtlicher Basis die ohnehin existierenden Kooperationsbeziehungen zwischen Treuhandanstalt und Beratungs- und Prüfungsgesellschaften genutzt werden. Für qualifizierte Mitarbeiterinnen und Mitarbeiter konnte sich so die Perspektive eines „gleitenden Übergangs" von der Treuhandnachfolgetätigkeit zu einer privatwirtschaftlichen Karriere ergeben.

An diesem organisationspolitischen Konzept sollten sich im Herbst 1993 die Geister scheiden. Hier prallten buchstäblich zwei Welten aufeinander, nämlich die mittlerweile hochprofessionalisierten Planungsstäbe in Treuhandanstalt und BMF und die Bundestagsabgeordneten, naturgemäß die der tatsächlich entscheidenden Koalitionsparteien (CDU/CSU und FDP), die mit Befriedigung zur Kenntnis nehmen durften, daß man sie in Treuhandangelegenheiten erstmals wirklich brauchte. Über die Finanzierungsfrage nach Auslaufen des Treuhandkreditaufnahmegesetzes mußte der Bundestag so oder so entscheiden. Durch die Selbstbindung von BMF und Treuhandanstalt, dies mit der Organisationsfrage zu verbinden, stand gewissermaßen der gesamte Regimewechsel zur parlamentarischen Disposition. Beide Seiten, Ministerialbürokratie und Treuhandanstalt bzw. die interessierten Koalitionsabgeordneten im Bundestag, hatten unterschiedliche Situationsdeutungen (oder *World Views*) und auch unterschiedliche Annahmen über Ursache-Wirkung-Verhältnisse (*Causal Beliefs*).

Die unterschiedlichen Situationsdeutungen resultierten daraus, daß die Koalitionsabgeordneten eine andere Vorstellung als BMF und Treuhandanstalt davon haben mußten, was mit der Auflösung der Treuhandanstalt überhaupt auf dem Spiel stand. Für die Koalitionsabgeordneten, insbesondere für die ostdeutschen, war die Treuhandanstalt als Institution in Erscheinung getreten, die von mehr oder weniger unnahbaren, vom Steuerzahler teuer bezahlten westdeutschen Spitzenmanagern und alerten Ministerialbürokraten gesteuert wurde, eine Institution, die in Ostdeutschland, milde gesagt, struktur- und sozialpolitischen Flurschaden und einen Schuldenberg von rund 250 Mrd. D-Mark zu verantworten hatte. Die Tatsache, daß die Treuhandanstalt zwar in der Tat von westdeutschen Wirtschafts- und Verwaltungseliten gelenkt wurde, in ihren Organisationsstrukturen aber eine originäre Hinterlassenschaft der Planwirtschaft der DDR war, dürfte in dieser Wahrnehmung ebensowenig eine Rolle gespielt haben wie in der öffentlichen Wahrnehmung der Treuhandanstalt überhaupt (vgl. Kepplinger 1993). Die Situationsdefinition eben dieser westdeutschen Wirtschafts- und Verwaltungseliten, namentlich aber der engeren Treuhandspitze und der Ministerialbürokratie des BMF – daß es bei der organisatorischen Gestaltung der Nachfolge der Treuhandnachfolgeaktivitäten *auch* auf die Überwindung struktureller DDR-Hinterlassenschaften ankam – konnten sich die Koalitionsabgeordneten schon wegen der oben angesprochenen argumentativen Beschränkungen kaum zu eigen machen.

Daher stießen die von Treuhandanstalt und Bundesministerium der Finanzen erarbeiteten organisatorischen Gestaltungsvorschläge für die Treuhandnachfolgeaktivitäten bei aufmerksamen Koalitionsabgeordneten nicht auf Zustimmung, sondern auf Mißtrauen. Die diesen Vorschlägen zugrunde liegenden *Causal Beliefs* über den Zusammenhang von dezentraler und privatrechtlicher Organisationsgestaltung einerseits und der Mitarbeitermotivation sowie der verfassungspolitisch gebotenen Selbstauflösung der Treuhandanstalt andererseits war für diese Koalitionsabgeordneten nicht nur schwer zu durchschauen. Vielmehr konnte gerade das, was als stark aufgefächerte und privatrechtliche Organisation der Treuhandnachfolgeaktivitäten vorgesehen war, Mißtrauen erwecken. Treuhandanstalt und BMF wollten mit diesen Gestaltungsvorschlägen die Organisationsformen der Treuhandnachfolgeaktivitäten für die föderativen Normalstrukturen der Bundesrepublik sozusagen leicht resorbierbar machen. In der Wahrnehmung der Koalitionsabgeordneten – von der Opposition ganz zu schweigen – mochte es sich so ausnehmen, als ob die Urheber der Organisationsplanungen in der Treuhandanstalt sich mit Hilfe einer schwer zu überschauenden Vielzahl privatrechtlicher Organisationen nicht nur, wie bisher schon, einer effektiven parlamentarischen Kontrolle entziehen, sondern sich darüber hinaus auch noch jenseits des öffentlichen Dienstrechts hohe Gehälter sichern wollten. Wenigstens in dem letztgenannten Punkt wurden sie durch eine Stellungnahme des Bundesrechnungshofes zu den Organisationsvorschlägen von Treuhandanstalt und BMF bestärkt.[17]

Taktische Ungeschicklichkeiten der Leitung der Treuhandanstalt taten ein Übriges, um den Widerstand von Koalitionsabgeordneten anzustacheln. Traumatisiert durch jahrelange Kontrollohnmacht mußte es provokativ wirken, wenn die Präsidentin der Treuhandanstalt die Vorstellung von Treuhand und BMF zur organisatorischen Ausgestaltung der Treuhandnachfolgeaktivitäten noch vor der Befassung auch nur des Haushaltsausschusses in einem Mitarbeiterbrief vom 10. November 1993 verbreitete. Daß dabei nachvollziehbare Motive der frühzeitigen Aufklärung und der Loyalitätssicherung eine Rolle gespielt haben dürften, änderte nichts an dem Eindruck, daß den Koalitionsabgeordneten im Bundestag womöglich nur noch eine akklamatorische Funktion zugedacht war.

Der Leipziger CDU-Abgeordnete Pohler wandte sich nun in einem Brief an den Bundesfinanzminister und beschwerte sich über die mangelnde Beteiligung der Koalitionsabgeordneten an den Entscheidungen über die Treuhandnachfolge (die Presse berichtete darüber im Dezember, vgl. Frankfurter Allgemeine Zeitung vom 11. Dezember 1993, S. 12). Pohler bildete bald mit dem FDP-Abgeordneten Friedhoff ein Gespann, das sich an die Spitze der koalitionsinternen Kritiker des Auflösungskonzepts setzte.

Am 2. Dezember 1993 verweigerte dann der Haushaltsausschuß des Bundestages dem von der Bundesregierung zugeleiteten Auflösungskonzept mit den Stimmen von Koalitionsabgeordneten die Zustimmung. Damit hatten Treuhandanstalt und Ministerialbürokratie im Entscheidungsprozeß über die organisatorische Gestaltung der Treuhandnachfolgeaktivitäten die Initiative verloren. In der Treuhandspitze konnten sich die Hoffnungen nun nur noch auf das Koalitionsmanagement und die Durchsetzungsfähigkeit der Ressortspitzen bzw. des Bundeskanzleramtes richten. Doch auch in dieser Hinsicht sollte man enttäuscht werden.

---

17 Bundesrechnungshof-Außenstelle Berlin: Bericht an den Vorsitzenden des Haushaltsausschusses des Deutschen Bundestages vom 22. Februar 1994, Az IX 5/6008.

Nach einigen weiteren Querelen – zu den Einzelheiten siehe Seibel 1997: 207-210 – wurde deutlich, daß das Bundeskanzleramt, gewarnt durch die Abstimmungsniederlage im Haushaltsausschuß vom Dezember 1993, das Risiko koalitionsinterner Konflikte wegen der Regelungen zur Treuhandnachfolge nicht eingehen wollte. Der heraufziehende Bundestagswahlkampf – Wahltermin war der 16. Oktober 1994 – und schlechte Umfrageergebnisse für die Koalitionsparteien, insbesondere für die CDU und den Bundeskanzler, mag die Risikobereitschaft zusätzlich gedämpft haben. In einem Gespräch zwischen den Spitzen der Ministerialbürokratie und dem Vorstand der Treuhandanstalt am 25. März 1994 teilte der Vertreter des Bundeskanzleramtes, Ministerialdirektor Ludewig, den Vertretern der Treuhandanstalt die Entscheidung mit, alle wesentlichen Nachfolgeaktivitäten der Treuhandanstalt – hoheitliche Aufgaben, Vertragsmanagement, Reprivatisierung und Abwicklung – einer einzigen öffentlich-rechtlichen Nachfolgeinstitution zu übertragen. Damit waren die Auflösungspläne, wie sie Treuhandanstalt und BMF im Herbst 1993 vorgelegt hatten, endgültig gescheitert.

In einem Schreiben an den Chef des Bundeskanzleramtes, den Bundesminister der Finanzen und den Bundesminister für Wirtschaft vom 30. März 1994 stellte die Präsidentin der Treuhandanstalt fest: „Die Treuhandanstalt, die wir immer als eine Übergangseinrichtung verstanden haben, bleibt erhalten, wenn auch unter einem anderen Namen. (...) Der Vorstand der Treuhandanstalt sieht es als seine Pflicht an, auf die erheblichen Nachteile hinzuweisen, die nach seiner Überzeugung mit dem faktischen Verzicht auf die Auflösung der Treuhandanstalt verbunden sind. Diese bestehen vor allem in der Fortschreibung der Bündelung der vereinigungsbedingten wirtschaftlichen Aufgaben in einer Großeinheit Treuhandanstalt statt der geplanten Verteilung auf einzelne, spezialisierte Organisationseinheiten; in der Verlängerung des wirtschaftspolitischen 'Sonderregimes' für die neuen Bundesländer, das eine Verlängerung der Übergangszeit nach der Wiedervereinigung statt eines Übergangs in die Normalität unserer bundesstaatlichen Ordnung bedeutet; in dem Verzicht auf die kaufmännische Dominanz bei den Entscheidungen im Bereich Vertragsmanagement, Reprivatisierung und Abwicklung (...)". (Zit. n. Treuhandanstalt 1994, Bd. 15: 285-292 [289-290]).

6. Politische Lebenslügen als Self-Destroying Prophecies – oder: Politische Kommunikation erklärt nicht alles, aber vieles

Sollte man die oben zitierten Äußerungen der Treuhandpräsidentin für bare Münze nehmen? – Teils nein, teils ja.

Ob die in der Treuhandanstalt selbst erarbeiteten Vorschläge zu ihrer eigenen Auflösung – die Aufspaltung der Großorganisation Treuhandanstalt in mehrere kleinere, größtenteils privatrechtliche Einheiten – das 'Sonderregime' für die neuen Bundesländer eher beseitigt und den „Übergang in die Normalität der bundesstaatlichen Ordnung" beschleunigt hätte, wie die Präsidentin in ihrem Schreiben unterstellte, darüber konnte ohnehin nur spekuliert werden. Richtig war, daß mit der 'Bundesanstalt für vereinigungbedingte Sonderaufgaben' eine Großbehörde erhalten blieb. Richtig war auch, daß weder die Aufgaben der BvS noch diejenigen von TLG und BVVG, wie es nach Geist und Buchstaben des Grundgesetzes hätte geschehen müssen, auf die ostdeutschen Länder übertragen wurde. Richtig war schließlich – so konnte man die Kritik der Treuhandpräsidentin weiter entwickeln – daß damit in den Bereichen Vertragsmanagement und Verwaltung und Verwertung von Grund und Boden ein Bundeszentralismus fortgeschrieben wurde, der die Kompetenzen und Handlungsspielräume der ostdeutschen Länder und Kommunen vor allem im Bereich der wirtschaftlichen Strukturentwicklung einschränken mußte.

Richtig war aber auch, daß der in der Treuhandanstalt selbst erarbeitete Vorschlag zur Gestaltung der Nachfolgeaktivitäten sich hinsichtlich der Bündelung der Bundeskompetenzen nur im Hinblick auf die gewählte Aufbauorganisation unterschied. Die ostdeutschen Länder, die eine effektive Auflösung der Treuhandanstalt als erste hätte einfordern und die Übertragung möglichst vieler Treuhandkompetenzen auf Länderbehörden hätten durchsetzen müssen, waren in dieser Hinsicht völlig passiv geblieben. Mittlerweile konnten die ostdeutschen Länder auch kein Interesse mehr an einer nachhaltigen Kompetenzübertragung haben. Für die Bewältigung komplizierter Rechtslagen im Bereich der hoheitlichen Aufgaben, insbesondere bei der Regelung offener Vermögensfragen, waren die durchaus noch nicht konsolidierten Verwaltungen der neuen Bundesländer nicht gerüstet. Eine Übernahme von Vertragsmanagementaufgaben hätte für die Länder schwer kalkulierbare Risiken aus betrieblichen Verbindlichkeiten und ökologischen Altlasten mit sich gebracht. Diese Erwägung stand auch einer Übertragung von Liegenschaften sowie land- und forstwirtschaftlichem Besitz entgegen.

Diese Sachlage war den Akteuren in Treuhandanstalt und Bundesfinanzministerium im Herbst 1993 klar. Angesichts der Ausklammerung der Liegenschaftsproblematik und der fehlenden Bereitschaft der ostdeutschen Länder, irgendwelche nennenswerte Nachfolgeaufgaben der Treuhandanstalt zu übernehmen, konnten alle „Auflösungsplanungen" für die Treuhandanstalt von vorneherein nur auf eine zweitbeste Lösung hinauslaufen. Das Oberziel der Überführung der von der DDR ererbten Treuhandstrukturen in die föderative Normalverfassung der alten Bundesrepublik war ohnehin außer Reichweite gerückt. Darüber ging die Treuhandpräsidentin in ihrem prononcierten Schreiben an die zuständigen Bundesminister hinweg.

Ob nun die Vorstellungen der Treuhandanstalt zur Selbstauflösung die beste der zweitbesten Lösungen darstellte, konnte ebenfalls in Zweifel gezogen werden, und zwar mit ähnlichen Argumenten, wie dies durch die rebellischen Koalitionsabgeordneten und den Bundesrechnungshof geschehen war. Ob die von der Treuhandanstalt geplanten relativ kleinen, spezialisierten und privatrechtlich organisierten Einheiten wirklich die Selbstauflösung beschleunigt oder nicht sogar – insbesondere wegen des anvisierten privatrechtlichen Status' – ein schwer kontrollierbares Eigenleben entwickelt hätten, war durchaus nicht so einfach zu beantworten, wie es die Treuhandpräsidentin in ihrem Schreiben suggerierte. Auch die Treuhandpräsidentin arbeitete mit *Causal Beliefs*, mit schlichten Unterstellungen über die Ursache-Wirkung-Beziehungen zwischen dem Zweck der Selbstauflösung der

Treuhandanstalt und den dafür in Frage kommenden organisatorischen Mitteln. Immerhin konnte man doch argumentieren, daß gerade eine große, einheitliche, „sichtbare" Bundesbehörde als Treuhandnachfolgerin ein besserer „Erinnerungsposten" war, was die nicht-föderalismuskonformen Eigenschaften *jeder* Nachfolgelösung betraf, als ein Geflecht kleiner privatrechtlicher Gebilde.

So mochten sich also die Vor- und Nachteile der unterschiedlichen Konzepte für die organisatorische Gestaltung der Treuhandnachfolgeaktivitäten in etwa die Waage halten. Daß das Bundeskanzleramt in dieser Situation der Variante den Vorzug gab, die das geringere Konfliktpotential in den Koalitionsfraktionen in Aussicht stellte, konnte nicht erstaunen.

Roma locuta, causa finita. Nach der Entscheidung des Bundeskanzleramts zugunsten einer Großbehörde als Nachfolgeinstitution der Treuhandanstalt waren die Diskussionen in den Koalitionsfraktionen und zwischen Treuhandanstalt bzw. Bundesfinanzministerium und den übrigen Beteiligten beendet. Jetzt spielte, wenn überhaupt, nur noch der öffentliche politische Diskurs eine Rolle. Dieser war, soweit es die Treuhandanstalt betraf, bis zum Sommer 1994 durch die Arbeit des Treuhanduntersuchungsausschusses geprägt. Dort ging es, was die Interessen der Opposition betraf, um den Verdacht von Fehlentscheidungen bei der Privatisierung und Sanierung, um mutmaßliches Mißmanagement und Kontrollmängel bei der Treuhandanstalt, um Korruptionsbekämpfung, überhöhte Gehälter usw. – also um fraglos interessante Dinge (s. Bericht des 2. Untersuchungsausschusses des 12. Deutschen Bundestages: Treuhandanstalt, Bundestagsdrucksache 12/8404 vom 31. August 1994). Vermeintlich ‚technokratische' Probleme wie die Organisation einer Bundesbehörde konnten damit in der öffentlichen Aufmerksamkeit nicht konkurrieren. Nach Abschluß des Vermittlungsverfahrens, in dem insbesondere die Mitwirkung der Länder an der Erfüllung der verbleibenden Treuhandaufgaben durch entsprechende Bestimmungen zur Zusammensetzung des Verwaltungsrats der künftigen Bundesanstalt für vereinigungsbedingte Sonderaufgaben präzisiert wurde, wurde das 'Gesetz zur abschließenden Erfüllung der verbliebenen Aufgaben der Treuhandanstalt' am 9. August 1994 vom Bundestag verabschiedet. Das Gesetz trat zum 1. Januar 1995 in Kraft.

Einen 'Wettkampf der Ideen' um das beste Konzept für die Auflösung der Treuhandanstalt hat es also nicht gegeben. Die Mehrzahl der Hauptbeteiligten konnte an einem solchen Diskurs auch kein Interesse haben. Die Bundesregierung gleich aus zwei Gründen nicht. Zum einen, weil sie den triftigsten Grund für die Auflösung der Treuhandanstalt, nämlich deren Eigenschaft als überständiges Element der Planwirtschaft und Wirtschaftsverwaltungszentralismus der DDR, nicht beim Namen nennen konnte. Zum anderen, weil eben wenigstens bis zum März 1994 gravierende Meinungsunterschiede zwischen Treuhandanstalt und Bundesfinanzministerium einerseits sowie Koalitionsabgeordneten im Haushalts- und im Treuhandausschuß des Bundestages existierten. Die betreffenden Koalitionsabgeordneten selbst machten ihrer Kritik zwar hinter den Kulissen Luft, einen offenen Konflikt mit der Regierung war ihnen die Treuhandanstalt aber auch nicht wert. Die Opposition wiederum hatte einerseits mit dem Treuhanduntersuchungsausschuß zu tun, andererseits stand sie in ihrer Kritik am Auflösungskonzept von BMF und Treuhandanstalt eher den Auffassungen nahe, wie sie auch von den koalitionsinternen Kritikern geäußert wurden. Die ostdeutschen Länder konnten an einer öffentlichen Debatte über die Treuhandnachfolgeregelung kein Interesse haben, weil dies die Diskrepanz zwischen den offiziellen Forderungen nach mehr Länderbeteiligung an den Treuhandaufgaben und dem faktischen Verzicht darauf offengelegt hätte. Lediglich die Treuhandspitze und die Ministerialbürokratie des BMF, also die Urheber des anfänglichen Auflösungskonzepts, konnten an einer offenen Diskussion über das Für und Wider der unterschiedlichen Konzepte für die organisatorische Gestaltung der Treuhandnachfolgeaktivitäten ein Interesse haben. Ihnen selbst war die Initiierung einer solchen Debatte aber aus Gründen der Loyalität versagt.[18] Die Bundesregierung hatte also keine Schwierigkeiten, ihre Sprachregelung durchzusetzen. Diese lautete, daß die Treuhandanstalt nach der faktischen Erledigung ihrer Privatisierungsauftrags mit Ablauf des Jahres 1994 aufgelöst würde. Dies paßte gut in die politische Landschaft eines Bundestagswahlkampfes. Selbst die Treuhandpräsidentin machte gute Mine zum bösen Spiel und nahm am Jahresende 1994 für die Fotografen und Fernsehleute sogar den Schraubenzieher in die Hand, um das Namensschild 'Treuhandanstalt' von der Hauswand des ehemaligen 'Hauses der Ministerien' der DDR abzumontieren.

Die Treuhandanstalt II, die Bundesanstalt für vereinigungsbedingte Sonderaufgaben, sollte in der öffentlichen Wahrnehmung das niedrige Profil behalten, das ihr zugedacht war – so sehr, daß jeder deutsche Nachrichtenredakteur, wenn sie denn doch einmal erwähnt werden mußte, diese Erwähnung mit dem Zusatz „die Nachfolgerin der Treuhandanstalt" versah. Schon der Name war so umständlich, daß kaum jemand ihn sich ohne triftigen Anlaß merkte. Die Fortsetzung des DDR-Zentralismus mit anderen Mitteln war der öffentlichen Aufmerksamkeit verläßlich entzogen.

Die politische Lebenslüge, zu der sich das 'Beitrittsmodell' des Jahres 1990 auf der Grundlage des damaligen Art. 23 GG entwickelt hatte – die Vorstellung, daß das wiedervereinigte Deutschland nicht mehr als eine erweiterte Ausgabe der westdeutschen Bundesrepublik sei – wurde so zur Sich-selbst-zerstörenden Prophezeiung. Am Beispiel von Treuhandanstalt und BvS läßt sich illustrieren, wie der Wiedervereinigungsprozeß nicht einfach eine institutionelle Landnahme des Westens, sondern auch eine Interpenetration von BRD-Strukturen und DDR-Strukturen eingeleitet hat. Solange diese wechselseitige Durchdringung im öffentlichen Diskurs eher verdeckt als thematisiert wird, werden sich die nichtintendierten Folgen der institutionellen Veränderungen in Ostdeutschland umso unkontrollierter entfalten. Das Projekt der Treuhandanstalt als einer 'Organisation auf Zeit' war gescheitert. Die Bundesanstalt für vereinigungsbedingte Sonderaufgaben und ihre Nebenorganisationen (Bodenverwertungs- und -verwaltungsgesellschaft, Treuhand Liegenschaftsgesellschaft, Beteiligungs-Management-Gesellschaft Berlin [bis Ende

---

18 Daß die Treuhandanstalt in der fünfzehnbändigen Dokumentation über ihre Tätigkeit auch das oben zitierte geharnischte Schreiben der Treuhandpräsidentin an die zuständigen Bundesminister öffentlich machte, ging über die Grenzen des Erlaubten strenggenommen schon hinaus. Vgl. Treuhandanstalt 1994, Bd. 15: 285-292.

1997], VK Service Gesellschaft für Vermögenszuordnung und Kommunalisierung) mit noch im Jahre 1999 mehr als 2.900 Mitarbeitern[19] repräsentierte das wichtigste institutionelle Erbe der DDR im wiedervereinigten Deutschland. Der Effekt dieser speziellen Art von „Erblastverwaltung" ist ein Bundeszentralismus, der mit den föderativen Strukturen der westdeutschen Bundesrepublik wenig, mit dem Zentralismus der DDR-Wirtschaftsverwaltung aber doch mehr als bloße Spurenelemente gemein hat.

Literatur

Akerlof, George A./Grose, Andrew K./Jellen, Janet L./Hesennius, Helga (1991): East Germany in from the Cold: The Economic Aftermath of Currency Union. Washington D.C.: The Brookings Institution

Berlin, Isaiah (1996): Political Judgement. In: Ders.: The Sense of Reality. Studies in Ideas and the History. New York: Farrar Straus & Giroux

Breuel, Birgit (Hg.) (1993): Treuhand intern. Tagebuch. Frankfurt a.M./Berlin: Ullstein

BvS (1999): Bundesanstalt für vereinigungsbedingte Sonderaufgaben: Erfüllung verbliebener Treuhandaufgaben durch die Bundesanstalt für vereinigungsbedingte Sonderaufgaben. Berlin: Eigenverlag

BVVG (1999): Bodenverwertungs- und -verwaltungsgesellschaft: Auftrag, Partner, Struktur. Berlin: Eigenverlag

Cassirer, Ernst (1949): Der Mythus des Staates. Zürich: Artemis,

Czada, Roland (1993): Die Treuhandanstalt im Umfeld von Politik und Verbänden. In: Fischer, Wolfram/Hax, Herbert/Schneider, Hans Karl (Hg.): Treuhandanstalt – Das Unmögliche wagen. Berlin: Akademie Verlag, S. 144-174

DIW/IWK (1992): Deutsches Institut für Wirtschaftsforschung und Institut für Weltwirtschaft an der Universität Kiel: Gesamtwirtschaftliche und unternehmerische Anpassungsfortschritte in Ostdeutschland. 6. Bericht (= Kieler Diskussionsbeiträge 190/191), Kiel: Institut für Weltwirtschaft

Elster, Jon (1992): Arguing and Bargaining in the Federal Convention and the Assemblée Constituante. In: Raino, Malnes/Underdal, Arild (Hg.): Rationality and Institutions. Essays in Honour of Knut Midgaard on the Occasion of his 60th Birthday, February 11, 1991. Oslo: Universitetsvorlaget, S. 13-50

Enste, Dominik H. (1998): Entscheidungsheuristiken – Filterprozesse, Habits und Frames im Alltag. Theoretische und empirische Ergebnisse der Überprüfung eines modifizierten SEU-Modells. Kölner Zeitschrift für Soziologie und Sozialpsychologie 50: S. 442-470

Esser, Hartmut (1996): Die Definition der Situation. Kölner Zeitschrift für Soziologie und Sozialpsychologie 48: S. 1-34

Festinger, Leon (1957): A Theory of Cognitive Dissonance. Stanford: Stanford University Press

---

19 Bundesanstalt für vereinigungsbedingte Sonderaufgaben 426 Mitarbeiter, Bodenverwertungs- und -verwaltungsgesellschaft ca. 1.000 Mitarbeiter, Treuhand Liegenschaftsgesellschaft 1.344 Mitarbeiter, VK GmbH 131 Mitarbeiter, jeweils per 1.1.1999. (Quellen: BvS 1999:20, BVVG 1999, TLG 1999:12). Zum Vergleich: Die Treuhandanstalt hatte in den Jahren 1992 -1994 durchschnittlich 4.000 Mitarbeiter.

Fischer, Wolfram/Schröter, Harm (1993): Die Entstehung der Treuhandanstalt. In: Fischer, Wolfram/Hax, Herbert/Schneider, Hans Karl (Hg.): Treuhandanstalt – Das Unmögliche wagen. Berlin: Akademie Verlag, , S. 17-40

Goldstein, Judith/Keohane, Robert O. (1993): Ideas and Foreign Policy: An Analytical Framework. In: Dies. Hg.): Ideas and Foreign Policy. Beliefs, Institutions, and Political Change. Ithaca and London: Cornell University Press, S. 3-31

Grosser, Dieter (1998): Das Wagnis der Währungs-, Wirtschafts- und Sozialunion. Politische Zwänge im Konflikt mit ökonomischen Regeln. Stuttgart: Deutsche Verlagsanstalt

Jäger, Wolfgang/in Zusammenarbeit mit Michael Walter (1998): Die Überwindung der Teilung. Der innerdeutsche Prozeß der Vereinigung 1989/90. Stuttgart: Deutsche Verlagsanstalt

Kemmler, Marc (1994): Die Entstehung der Treuhandanstalt. Von der Wahrung zur Privatisierung des DDR-Eigentums. Frankfurt a.M. und New York: Campus

Kepplinger, Hans Mathias (1993): Die Treuhandanstalt im Bild der Öffentlichkeit. In: Fischer, Wolfram/Hax, Herbert/Schneider, Hans Karl (Hg.): Treuhandanstalt – Das Unmögliche wagen. Berlin: Akademie Verlag, S. 357-373

Kocka, Jürgen (1994): Crisis of Unification: How Germany Changes. Daedalus 123: S. 173-192

Krieger, Albrecht (1993): Begegnung mit der politischen Vergangenheit im Osten Deutschlands. Als Vertrauensbevollmächtigter beim Vorstand der Treuhandanstalt. In: Bierich, Marcus/Hommelhoff, Peter/Koff, Bruno (Hg.): Unternehmen und Unternehmensführung im Recht. Festschrift für Johannes Semler zum 70. Geburtstag am 28.4.1993. Berlin/New York: de Gruyter, S. 19-66

Kuran, Timur (1997): Leben in Lüge. Präferenzverfälschungen und ihre gesellschaftliche Folgen. Tübingen: Mohr (Siebeck)

Lehmbruch, Gerhard (1993): Institutionentransfer. Zur politischen Logik der Verwaltungsintegration in Deutschland. In: Seibel, Wolfgang/Benz, Arthur/Mäding, Heinrich (Hg.): Verwaltungsreform und Verwaltungspolitik in Prozeß der deutschen Einigung. Baden-Baden: Nomos, S. 41-66

Lepsius, M. Rainer (1994): Die Institutionenordnung als Rahmenbedingung der Sozialgeschichte der DDR. In: Kälble, Hartmut/Kocka, Jürgen/Zwahr, Hartmut (Hg.): Sozialgeschichte der DDR. Stuttgart: Klett-Cotta, S. 17-30

Lindenberg, Siegwart (1990): Rationalität und Kultur. Die verhaltenstheoretische Basis des Einflusses von Kultur auf Transaktionen. In: Haferkamp, Hans (Hg.): Sozialstruktur und Kultur, Frankfurt a.M.: Suhrkamp, S. 249-287

Lukács, Georg (1968): Geschicht und Klassenbewußtsein. Studien über marxistische Dialektik. Neuwied/Berlin: Luchterhand

Oschmann, Arndt (1999): Institutionentransfer oder institutionelle Interpenetration? Persistenz und Anpassung staatlicher Strukturen der DDR an die westdeutsche Institutionenordnung am Beispiel der Treuhandanstalt und ihrer Nachfolgeorganisationen. Verwaltungswissenschaftliche Diplomarbeit, Universität Konstanz

Sachverständigenrat zur Begutachtung der gesamtwirtschaftlichen Entwicklung (1990): Auf dem Wege zur wirtschaftlichen Einheit Deutschlands. Jahresgutachten 1990/1991. Stuttgart: Metzler-Poeschel

Seibel, Wolfgang (1992): Notwendige Illusionen. Der Wandel der Regierungsstrukturen im vereinten Deutschland. Journal für Sozialforschung 32: S. 337-362

Seibel, Wolfgang (1993): Die organisatorische Entwicklung der Treuhandanstalt. In: Fischer, Wolfram/Hax, Herbert/Schneider, Hans Karl (Hg.): Treuhandanstalt – Das Unmögliche wagen. Berlin: Akademie Verlag, S. 111-147

Seibel, Wolfgang (1994): Strategische Fehler oder erfolgreiches Scheitern? Zur Entwicklungslogik der Treuhandanstalt 1990-1993. Politische Vierteljahresschrift 35: S. 1-35

Seibel, Wolfgang, unter Mitarbeit von Stephanie Reulen (1996): Verwaltungsaufbau in den neuen Bundesländern. Zur kommunikativen Logik staatlicher Institutionenbildung. Berlin: Sigma

Seibel, Wolfgang: Die Treuhandanstalt – eine Studie über Hyperstabilität. In: Wollmann, Hellmut/Derlien, Hans-Ulrich/König, Klaus/Renzsch, Wolfgang/Seibel, Wolfgang (Hg.)(1997): Transformation der politisch-administrativen Strukturen in Ostdeutschland. Opladen: Leske + Budrich, S. 169-222

Seibel, Wolfgang (1998): An Avoidable Disaster? The German Currency Union of 1990. In: Gray, Pat/'t Hart, Paul (Hg.): Public Policy Disasters in Western Europe. London/ New York: Routledge, , S. 96-111

Sinn, Gerlinde/Sinn, Hans-Werner (1993): Kaltstart. Volkswirtschaftliche Aspekte der Wiedervereinigung. München: Deutscher Taschenbuch Verlag

Thaa, Winfried (1997): Hannah Arendt: Politik und Weltentfremdung. Politische Vierteljahresschrift 38: S. 695-715

TLG (1999): Treuhand Liegenschaftsgesellschaft: Das Bundesunternehmen TLG im aktuellen Überblick. Berlin: Eigenverlag

Treuhandanstalt (1994): Dokumentation 1990 bis 1994. 15 Bände. Berlin: Eigenverlag

Mediale Konstruktionen
politischer Rituale und Visionen

Klaus Kamps

Kanzlerkandidaten in Fernsehinterviews . Gerhard Schröder und Helmut Kohl in RTL und SAT 1

Bekanntlich vermittelt sich Politik in demokratischen Gegenwartsgesellschaften nicht einzig über politische Positionen oder Programme, sondern ist in hohem Maße abhängig von ihrer medialen Darstellung, von einer Politikvermittlung (vgl. Sarcinelli 1998). Zumal Wahlkämpfe, die „Ernstfälle" politischer Kommunikation, entfalten sich angesichts steigender Intransparenz politischer Steuerungspotentiale nur allzu oft über eine Personalisierung der Politik: Das 'Für-und-Wider' möglicher Machtkonstellationen koppelt sich (u.a.) an Personen – sowohl in der Wahrnehmung der Wählerschaft, in Kommunikationsstrategien der Akteure als auch in der Medienberichterstattung (vgl. Klingemann/Voltmer 1998; Schütz 1992). In der Bundesrepublik hat sich mittlerweile auf der Bundesebene ein Wahlkampfstil etabliert, der den Spitzenkandidaten der beiden Volksparteien, SPD und CDU, besonderes Gewicht beimißt. In diesen Personen manifestiert sich, trotz des breiter gefächerten Parteienspektrums, das periodische „Duell" um politische Macht, obwohl die Wählerschaft letztlich „nur" über die Zusammensetzung des Parlamentes Einfluß auf die Kanzlerschaft nimmt. Historisch ließe sich eine lange Liste entsprechend personenzentrierter Auseinandersetzungen und Kampagnen aufstellen, mindestens von Adenauer versus Brandt bis nun, zuletzt, Helmut Kohl versus Gerhard Schröder.

Innerhalb der Medien gewinnt spätestens seit den 80er Jahren das Fernsehen einen entscheidenden Einfluß auf die Wahlkampfführung (vgl. Radunski 1980) – nicht zu verwechseln mit seiner schwerer zu präzisierenden Wirkung auf das faktische Wählerverhalten (vgl. Schulz 1998). Politik im Fernsehen, Wahlkampf im Fernsehen, entspricht dabei durchaus der Diversität des Mediums selbst und spiegelt sich wider in so unterschiedlichen Formaten wie Fernsehnachrichten, politischen Magazinsendungen oder Talk-Shows und mehr (vgl. Müller 1999). Aus der Sicht der strategischen Kampagnenoperation teilt sich das Medium dabei in 'paid media' und 'free media', also in traditionelle Werbespots einerseits und in Berichterstattung andererseits, die zwar kostenlos, aber ebenfalls von „Wert" ist: etwa Redeausschnitte, indirekte Zitationen oder gar 'soundbites', wörtliche „Zitathappen" in Meldungen oder Reportagen. Herkömmlicherweise setzen die größeren Fernsehsender in der „heißen" Wahlkampfphase nun Informationsformate an, die explizit auf die anstehende Wahl eingehen. Zu diesen Formaten zählen auch Interviewsendungen mit den Spitzenpolitikern, gleichsam zu verstehen als medienimmanenter Ausdruck der skizzierten Tendenzen einer Personalisierung politischer Kommunikation.

Dieser Beitrag beschäftigt sich mit solchen Fernsehinterviews, genaugenommen mit sogenannten 'Ich-stelle-mich'-Konstellationen: Auftritte der Kanzlerkandidaten Helmut Kohl und Gerhard Schröder – einzeln – bei eigens in das Programm aufgenommenen Interviewformaten im unmittelbaren Vorfeld der Bundestagswahl 1998.

1. „Ich stelle mich": Option und Risiko im Image-Transfer

Mit der Bedeutung der Personalisierung für die Politikvermittlung steigt zugleich ein Druck auf die politischen Akteure, im Rahmen eines 'politischen Kommunikationsmanagements' (Kamps 2000) die Offerte der eigenen Person, die Selbstdarstellung im Sinne eines Image-Transfers zu optimieren. Sicher: Eine derartige 'Vermarktung' politischer Akteure, das Werben für, von und mit 'menschlichen Aushängeschildern' ist kein Projekt der Moderne (vgl. Laux/Schütz 1996: 26ff.). Derweil gewinnt sie im Zuge einer Professionalisierung der Politikvermittlung mindestens in der Einschätzung von Wahlkämpfenden (und deren Blick auf das „Leitmedium" Fernsehen) an Relevanz (vgl. Meyer 1998). „Ohne Zweifel hat sich das Interview in den modernen Massenmedien längst von einem Recherche-Instrument zu einer zentralen Darstellungsform für politische Inhalte entwickelt" (Holly 1993: 39). Die betrachteten TV-Interviews als eigenständige Sendeformate eröffnen den Spitzenkandidaten hierzu einerseits Optionen als Forum politischer Werbung, bergen andererseits aber auch Risiken.

Zu den Optionen zählt zunächst das große inhaltliche Darstellungspotential. Abgesehen von 'paid media'-Formaten, bietet aus der Sicht der Politik kaum ein anderes Fernsehgenre einen derartig qualitativen Zugang zur Ressource 'öffentlicher Raum', in dem die je persönlichen Positionen und Vorhaben (mit eigenen Worten) beschrieben werden können. Das geht weit über das hinaus, was sich üblicherweise in 90-Sekunden-Filmbeiträgen – „die Fragen kommen aus dem Stichwortkatalog und die Antworten bleiben meist im Oberflächenbereich – als *soundbite* plazieren läßt" (Bütow 1994: 28). Zum zweiten kann in diesen Formaten bei geschickter Dialogsteuerung der strategische Themenwahlkampf gestützt werden, also die planerisch Ausrichtung des Wahlkampfes auf erfolgversprechende Themen oder Politikfelder (einschließlich einer möglichen Multiplikations-Chance durch Medienberichterstattung *über* solche Sendungen). Mag man diese Punkte noch als genuin politische Optionen empfinden, so bietet gerade das Fernsehen offenbar weiterreichende, Eigenschaften der Person betreffende Präsentationsofferten: Empirische Analysen weisen darauf hin, daß die Visualität des Fernsehens aufgrund unserer Beobachtungsgabe nonverbalen Verhaltens die Zuschreibung von Charaktereigenschaften nicht nur erleichtert, sondern geradezu herausfordert (vgl. u.a. Masters 1989: 47ff.; Merten 1991). Nonverbales Verhalten beeinflußt insbesondere, wie Politiker (und andere Personen) „ankommen", ob sie als sympathisch oder weniger sympathisch gelten, als durchsetzungsfähig und/oder integrierend etc., ja ob ihnen – im Sinne einer metakommunikativen Leistung – überhaupt geglaubt wird (vgl. Lanoue 1991; Rosenberg et al. 1986; Wallbott 1993). Profilieren können sich die Kandidaten in den Interviews dann, insofern sie ihre politische wie persönliche Kompetenz und Identität – sozusagen ihre persönliche 'Wählbarkeit' – verbal wie nonverbal zu demonstrieren und zugleich ihre rhetorischen kommunikativen Fähigkeiten zur persönlichen Imagepflege einzusetzen vermögen (vgl. Simon-Vandenbergen 1996).

Diesen Optionen stehen Risiken gegenüber. Mit Blick auf die faktische Realisation eines intendierten Image-Transfers mag insbesonders problematisch sein, daß

Kanzlerkandidaten dem Publikum wissentlich nicht als *tabula rasa* begegnen, und daß sie ihr Image – verstanden als die Gesamtheit aller vermittelten öffentlichen Selbstbilder, einschließlich unabsichtlich entstandener Eindrücke (vgl. Schütz 1992: S. 37) – stets an ein Grundgerüst vorhandener, einstellungsrelevanter Beurteilungskriterien und -schemata binden müssen – mit entsprechenden Chancen kommunikativer Fehlschläge. Auch kann sich das „Klima" in einem politischen Fernsehinterview durchaus durch Voreingenommenheit der Journalisten gegenüber dem Akteur und seiner Partei sehr verschieden gestalten; denn Interviews existieren nicht als besondere Textsorte „außerhalb konkreter, empirisch erfaßbarer Kommunikationsereignisse; sie werden erst von den Beteiligten hergestellt, und zwar mit erheblicher Variation" (Holly 1992: 33). Journalisten mögen sich auf das Bild einer quasi-offiziellen Neutralität stützen, gleichwohl lassen sich – eine geläufige Praxis – Statements als Fragen verkleiden, Kritik kann Dritten zugeschrieben werden, es kann „nachgehakt" oder unterbrochen werden (oder nicht) usf. Hinsichtlich der inhaltlichen Dimension bergen Interviews des weiteren – trotz einer möglichen Vorabsprache oder präventiver „Vor- und Selbstzensur" (Bresser 1993) – immer noch das Risiko „schwieriger" bis unangenehmer Fragen, was eine entsprechende Flexibilität in offensiver, respektive defensiver Erwiderungsstrategien bzw. Dialogsteuerung einfordert (vgl. Laux/Schütz 1996; Schütz 1994).

Politische Profilierung über Fernsehinterviews meint dann stärker als Personalisierung von Sachfragen die eigeninitiierte Darstellung bestimmter, als vorteilhaft betrachteter persönlicher Eigenschaften und Fähigkeiten. Die Multikanalität des Fernsehens erzwingt dabei eine intensive sprachdramaturgische Verschränkung von Bild und Ton – eine Verschränkung die komplexer ist als das Prinzip 'Bild schlägt Ton' suggeriert (vgl. Holly 1990: 513). Sicher aber ist das Fernsehen als „intimes Medium", das speziell Personen „näher zu bringen" vermag (Holly 1990: 514), besonders geeignet, metakommunikative Aussagen über Aussagen zu evozieren: Beispielsweise kann ein Akteur bewußt oder unbewußt einen auf die journalistischen Gegenüber gerichteten, paravokal gestützten Konfrontationsstil verfolgen, der dann zugleich etwa generalisiert als Durchsetzungsfähigkeit oder persönliches Selbstbewußtsein rezipiert werden könnte (Merten 1991). Das Fernsehbild vermittelt, so betrachtet, nicht nur Aussichten, sondern auch Einsichten: „Wenn man in einem visuellen Medium nichts anderes sieht als Menschen, die in einem spärlich ausstaffierten Raum auf Stühlen sitzen und sprechen, dann ist für das betrachtende Auge der stärkste Reiz zweifellos, was diese Menschen mit ihren Körpern ausdrükken" (Holly/Kühn/Püschel 1986: 194).

Wie andere Medienformate weist das politische Interview nun diverse Komponenten einer Inszeniertheit auf. Formal handelt es sich vordergründig zunächst um das 'Setting' im Studio und die Interviewsituation als solche, die einem informationsorientierten, narrativen Regelschema der Asymmetrie und Komplementarität folgt: Frage und Antwort in einem Trialog, d.h. der Interviewer fragt stellvertretend für Dritte (vgl. Holly 1993: 38f.): Folgt man der den Grundsätzen der Konversationsanalyse, so verfügen solche Fernsehinterviews über ein recht stringentes, festes Regelwerk (vgl. Tapper 1998: 23). Hinsichtlich der Strategie verbaler Selbstdarstellung der Interviewten lassen sich analytisch drei inszenatorische Kategorien differenzieren: Offensive (z.B. Kritik, Antwortverweigerung), defensive (z.B. Leugnen, Umdeuten) und assertive (z.B. Versprechungen, Optimismus) Selbstdarstellung (vgl. Laux/ Schütz 1996; Schütz 1994). Gerade Spitzenpolitiker verfügen diesbezüglich über dialogstrategische Erfahrung, und in der Folge werden häufig „positiv bewertete Sprachhandlungsmuster wie Informieren oder Diskutierten benutzt [...], um die eigentlich angestrebten Muster, Werben und Legitimieren zu verpacken" (Holly 1984: 197).

Hinsichtlich des Images der interviewten Person stellt sich die Situation indes insofern komplizierter dar, als verbale wie nonverbale Verhaltenselemente sich offenbar auch für trainierte und teleerfahrene Akteure nicht *en detail* instrumentalisieren (im Sinne von 'in-Szene-setzen') lassen (vgl. Schütz 1992). Für ein umfassendes Verständnis fernsehvermittelter politischer Kommunikation steht daher neben den üblicherweise vorgebrachten verbal-inhaltlichen Komponenten insbesondere nonverbales Verhalten mindestens unter Relevanzverdacht: „Television magnifies the importance of the candidate's facial expression to the point, where it can be a major part of the candidate's message" (Biocca 1991: 33). Nonverbales Verhalten wird dabei gewöhnlich in fünf Kategorien unterteilt: Paravokale Sprache (z.B. Lautstärke, Pitch, Sprechpausen, Wiederholungen), Gesichtsausdrücke ('Facial Displays': Muster der Bewegungen der Gesichtsmuskulatur), Körpersprache (z.B. Gesten, Kopfnicken), Augen- und Blickverhalten (z.B. visuelles Interaktionsverhalten, Blinzeln) und schließlich räumliches Verhalten (z.B. interpersonales Distanzverhalten) (vgl. Feldman/Rimé 1991; Wallbott 1993). Dementsprechend mehrdimensional und komplex sähe eine Untersuchungsanlage aus, die das nonverbale Verhalten politischer Akteure im Fernsehen in seiner Gesamtheit zum Gegenstand hätte und zugleich die inhaltliche Gesprächsführung im Auge behielte (vgl. z.B. Kepplinger/Brosius/Heine 1990; Merten 1991).

2. Gegenstand und Design

Die im folgenden vorgestellte Analyse konzentriert sich dann auch aus forschungsökonomischen Gründen zunächst auf einzelne der angesprochenen Aspekte. Gegenstand dieser kleineren Studie sind die als eigenständige Formate in die Programme aufgenommenen Fernsehinterviews der Kanzlerkandidaten Helmut Kohl und Gerhard Schröder bei den privaten Fernsehsendern RTL und SAT.1. Bei den Sendungen handelte es sich um 'Ich-stelle-mich'-Konstellationen, d.h. die Kandidaten begaben sich in längere (je ca. 30 Minuten), nicht-spontane Interviews und stellten sich den Fragen von in diesen Fällen je zwei Journalisten. Ausgestrahlt wurden die Sendungen mit Helmut Kohl am 4. August (RTL) bzw. 14. September (SAT.1), die Sendungen mit Gerhard Schröder am 7. August (RTL) bzw. 6. September 1998 (SAT.1). Die Interviews wurden transkribiert und einer formal-deskriptiven Frequenz- und Kontingenzanalyse unterworfen. Das Kategorien- und Kodierschema dieser Inhaltsanalyse konzentrierte sich dabei – neben allgemeinen Strukturmerkmalen der Sendungen – auf Kategorien, die die Sichtbarkeit der Akteure betrafen (z.B. Einstellungen), strategische Dialogvariablen (z.B. Umdeuten von Fragen, Unterbrechungen), sowie Themen.

Für die hier vorgestellten Befunde – Teil eines z.Zt. weiter forcierten Analysedesigns, das auch Rezeptionsschemata erfassen soll – wurde als forschungsleitende Frage formuliert, ob die Akteure, je nachdem, welcher Sender für die Interviews verantwortlich zeichnet, möglicherweise deutlich andere Dialogmuster aufweisen. So kann etwa SAT.1 recht plausibel politisch eher dem Lager der Union zugeordnet werden, RTL eher dem der Sozialdemokraten. In Sonderheit von Helmut Kohl darf man erwarten – erinnert sei nur an die „Zur-Sache-Kanzler"-Sendungen im Bundestagswahlkampf 1994 –, daß er sich dem Hause SAT.1 eher verbunden fühlte und weniger die dialogische Konfrontation mit den Journalisten suchte – markiert z.B. im Umdeuten von Fragen. Umgekehrt soll auch diskutiert werden, inwieweit die Sender respektive ihre Journalisten die politischen Akteure verschieden „behandelten" – markiert z.B. in Unterbrechungen.

Wie erwähnt dürfte für den Erfolg oder Mißerfolg der Selbstdarstellung politischer Akteure in solchen Interviewsituation eine Vielzahl an Komponenten bedeutsam sein. Die nun angeführten Befunde verstehen sich eher explorativ, da sie zunächst grundsätzliche dialogische Stilelemente bzw. Themenbezüge zum Gegenstand haben.

3. Befunde

Tabelle 1 registriert als allgemeine Format- und Dialogvariablen die Sichtbarkeit bzw. die Sprechzeit von Kohl und Schröder in den Sendungen.

	RTL		SAT.1	
	Kohl	Schröder	Kohl	Schröder
Sprechzeit in Sek.	1401	1334	1479	1420
Sprechzeit in %	82,8	75,0	83,4	79,0
Sichtbarkeit in Sek.	1537	1494	1573	1483
Sichtbarkeit in %	90,8	84,0	88,7	82,5

Tabelle 1: Sprechzeit/Sichtbarkeit absolut in Sekunden sowie prozentual

Ein kleiner „Kanzlerbonus" zeigt sich in diesen Daten dahingehend, als der damalige Bundeskanzler Helmut Kohl in allen Sendungen sowohl länger sprechen konnte, als auch länger im Bild zu sehen war. Beide Werte beziehen sich natürlich aufeinander: Wer im Interview mehr spricht, wird naturgemäß auch häufiger von der Kamera erfaßt. Auch andere Analysen sahen in Wahlkampagnen zuvor Helmut Kohls Dialogstil entsprechend expansiv, d.h. die Situation dominierender als sein jeweiliger Herausforderer (vgl. z.B. Merten 1991). Zur Folge hat das im übrigen, daß dem Bundeskanzler im Laufe der Gespräche insgesamt weniger Fragen gestellt werden als Gerhard Schröder.

Die Unterbrechung des Gesprächspartners ist ein wesentliches Element der Dialogregulierung. In der asymmetrischen Interviewsituation dürfte dabei der Politiker eher den Journalisten unterbrechen als umgekehrt. Unterbrechungen dienen dabei zugleich als Marker für einen möglicherweise auf „Confrontainment" (Holly 1993) ausgerichteten Gesprächsstil. Tabelle 2 faßt die entsprechenden Zahlen zusammen. Unterschieden wird dort zudem, ob die Unterbrechung in einer Sprechpause ansetzt oder ob dem Gegenüber ins Wort gefallen wird.

	RTL		SAT.1	
	Kohl	Schröder	Kohl	Schröder
U. durch Politiker	20	8	17	5
U. durch Journalisten	17	5	0	3
Pausen-U. durch P.	10	4	0	0
Pausen-U. durch J.	22	2	0	0

Tabelle 2: Unterbrechungen durch Politiker/Journalisten: Anzahl

Zunächst fällt auf, daß sich die diesbezügliche Situation in den Sendern deutlich verschieden darstellt. In der RTL-Version wird insgesamt erheblich mehr unterbrochen als bei den Interviews in SAT.1. Zum zweiten unterbricht Helmut Kohl ebenso deutlich häufiger als sein Kontrahent Schröder, etwa im Faktor drei zu eins. Indes wirkt dieser Gesprächsstil von Kohl offenbar dahingehend reflexiv, als er auch häufiger unterbrochen wird, wenngleich qualitativ asymmetrisch: die Journalisten unterbrechen ihn eher in Sprechpausen, er unterbricht sie mehr im Wort.

Das Kategorienschema sah des weiteren vor, auch qualitative Dialogvariablen zu kodieren, also etwa die Ausformulierung von Fragen oder das Insistieren auf konkretere Antworten etc. (vgl. Tabelle 3)

	RTL		SAT.1	
	Kohl	Schröder	Kohl	Schröder
Fragen werden von J. ausformuliert	13	33	13	21
Fragen werden vom P. unterbrochen	21	6	5	1
Bestreiten von Behauptungen durch P.	9	3	5	7
Umdeuten von Fragen durch P.	4	7	9	9
Stellen von Gegenfragen durch P.	0	1	1	1
Historische Rückgriffe durch P.	1	0	0	1
Beschwerde durch P.	0	0	1	0
Explizite Verweigerung der Antwort durch P.	1	2	0	1
Belustigung über Fragestellung durch P.	3	1	0	0
Insistieren/Nachhaken durch Journalisten	19	16	5	10

Tabelle 3: Dialogvariablen: Anzahl der kodierten Einheiten

Helmut Kohls angesprochene Tendenz zu unterbrechen spiegelt sich hier wieder: In beiden Sendungen zusammengenommen unterbricht er die Journalisten in deren Fragen 26mal, davon 21mal bei RTL; bei Gerhard Schröder liegt der entsprechende Wert lediglich bei sieben, einmal fällt er bei SAT.1 in die Frage, 6mal bei RTL. Schröder pflegt insgesamt einen erheblich konzilianteren Stil, zugleich konzentrieren sich Kohls Unterbrechungen auf RTL. Interessant sind die Werte hinsichtlich des Insistierens durch Journalisten. Zum einen beharren die RTL-Journalisten deutlich häufiger als ihre Kollegen vom Konkurrenzsender auf ihrer Frage. Zum anderen dreht sich die entsprechende Akteursbeziehung bei den Sendern um: SAT.1 insistiert häufiger bei Schröder, RTL mehr bei Kohl. Tendenziell findet sich in diesen Werten die Vermutung bestärkt, daß das reflexive Dialogverhältnis zwischen politischem und journalistischem Akteur nicht unabhängig von der politischen Leitlinie der jeweiligen Sender sein könnte. Ansonsten fallen in dieser Übersicht nur zwei weitere Werte auf: Sieht sich Helmut Kohl bei RTL häufiger veranlaßt, Behauptungen zu bestreiten, so deutet Schröder in der RTL-Sendung die Fragen öfter um.

Nun läßt die 'Ich-stelle-mich'-Konstellation nicht nur Eigenreferenz zu – der politische Akteur nimmt Bezug auf die eigene Position –, sondern kennzeichnet sich zudem durch Fremdreferenz: Der Bezug auf den jeweiligen politischen Gegner. In einem gewissen Sinne ließe sich wohl von einer „virtuellen" Konfrontation sprechen. Die Intensität dieses „Blickes" auf andere schlägt sich am vordergründigsten (natürlich nicht ausschließlich) nieder in der Verwendung entsprechender Eigen- und Parteinamen bzw. Personalpronomen. Tabelle 4 weist die einschlägigen Werte auf, wobei die Werte der Politiker nicht weiter nach Sendungen unterschieden werden.

	Politischer Akteur		Journalisten	
	Kohl	Schröder	zu Kohl	zu Schröder
Wir / Ich / Sie*	304	291	59	83
CDU / CSU	10	11	6	5
FDP	14	0	6	1
SPD	22	9	10	17
GRÜNE	5	6	0	7
PDS	8	3	1	3
Kohl	0	3	0	7
Schröder	17	0	4	0

* „Wir" und „Ich" wurden ausgezählt bei den politischen Akteuren, „Sie" bei den Journalisten.

Tabelle 4: Eigen/Gegnerbezug durch Politiker und Journalisten: Anzahl

Die Tabelle zeigt ein deutliches Ungleichgewicht: Helmut Kohl geht erheblich häufiger auf Gerhard Schröder respektive auf die SPD ein (zus. 39mal), denn Schröder auf den Kanzler respektive die Union (zus. 14mal). Sind die „kreuzenden" Werte bei den Journalisten in etwa ausgeglichen, so sprechen sie Schröder häufiger als Kohl persönlich an, auch ist die SPD eher ein Thema denn die Union. Interessant mag hier noch sein die Totalignoranz Schröders gegenüber der FDP sowie die vergleichsweise hohe Beachtung der PDS durch Kohl.

Schließlich sei noch auf die behandelten politischen Themen der Sendungen eingegangen. Tabelle 5 weist die kodierten Top-Ten-Themen auf; sie entsprechen zugleich all jenen Themen bezüglich derer einer der Kandidaten in einer der Sendungen mehr als zehn Prozent seiner Sprechzeit nutzte.

In der Gesamtschau zeigt diese Tabelle zunächst, daß die Interviews keinem einheitlichen Themenschema folgt, daß gleichermaßen an die Spitzenkandidaten herangetragen wird. Lediglich in den Eingangsfragen – die sich allesamt mit dem möglichen Wahlausgang befassen – ist eine augenfällige Parallelität auszumachen. Die Höhe der Themenvarianz schlägt sich beispielsweise dahingehend nieder, daß die Themen Verkehr, Europa und Privates (Kohl), Regierungsmannschaft (Schröder) nur von und bei einem der Akteure angesprochen wird; drei dieser Top-Ten-Themen werden bei nur einem Sender zur Sprache gebracht. Lediglich die Themen Wahlkampf, Umwelt und (mögliche) große Koalition nehmen bei RTL bei beiden Kandidaten etwa gleichen Raum ein. Ansonsten divergieren die Werte je Sender und je Akteur beträchtlich.

	RTL		SAT.1	
	Kohl	Schröder	Kohl	Schröder
Wahl / Wahlkampf / Wahlausgang	17,5	18,1	31,0	16,9
Arbeitsmarkt / Arbeitslosigkeit	12,3	6,7	7,6	15,8
Zukünftige Politik der Bundesregierung*	12,1	-	5,3	-
Umwelt	4,1	4,9	-	11,5
Verkehr	14,8	-	-	-
Europa	12,1	-	-	-
Große Koalition	12,0	15,0	-	7,3
Außenpolitik	-	13,5	13,7	8,1
Privates Helmut Kohl	-	-	15,8	-
Regierungsmannschaft	-	5,0	-	11,8

* Die fehlenden Werte bei Schröder erklären sich hier durch den Bezug auf die amtierende Regierung.

Tabelle 5: Top-Ten-Themen: Sprechzeit Politiker in Prozent

Vor allem zwei Werte sind bei SAT.1 auffällig: Zum einen wird Helmut Kohl viel Raum gegeben über die Wahl und den Wahlkampf zu sprechen. Faktisch handelt es sich hier um lange von Optimismus getragenen Statements des Alt-Bundeskanzlers zum Wahlausgang. Des weiteren geht SAT.1 sehr auf die Person Kohls als Privatmann ein: Eine deutlich Tendenz zur Personalisierung des Interviews. Bei RTL fällt eher ein *fehlender* Wert auf: Seine eigentliche Stärke, die Außenpolitik, kommt dort bei Helmut Kohl nicht zur Sprache. Das korrespondiert im übrigen mit einem zum Wahlkampf von Beobachtern in der Retrospektive festgestellte Mangel der CDU-Kampagne, außenpolitische Themen prominenter zu plazieren (vgl. Müller 1999).

4. Abschließende Bemerkungen

Es stand nicht zu erwarten, daß sich das Dialogverhalten der politischen Akteure in den Interviews ähnlich darstellen würde. Eher war damit zu rechnen, daß sich die Sendungen selbst aufgrund ihres nicht-spontanen Charakters zumindest hinsichtlich der behandelten Themen ähneln würden. Hierzu kann festgehalten werden:

Zum einen erwiesen sich die herangezogenen Kategorien als trennscharf genug, um Komponenten des Kommunikationsstils der Spitzenkandidaten herauszufiltern. Diese Trennschärfe ist Voraussetzung für die Identifizierung von „typischen" und weniger „typischen" Sendesequenzen, die für ein quasi-experimentelles Rezeptionsdesign genutzt werden können. Diese Unterschiede zeigten sich wiederum nicht gleichermaßen bei beiden Sendern. Dementsprechend kann im noch folgenden

Schritt über Notationsverfahren eine mehrdimensionale, die Sender nach Akteuren aufschlüsselnde Sequenzanalyse angeschlossen werden.

Zum zweiten wiesen die Sendungen respektive das journalistische Verhalten diverse Unterschiede auf. Einige dieser Differenzen lassen sich möglicherweise auf die politische Grundtendenz der Sender zurückführen. Eine entsprechende Interpretation müßte indes sehr viel detaillierter argumentieren, als es hier mit diesen noch allgemein gehaltenen Kategorien möglich war. Immerhin aber weisen z.B. die behandelten Themen oder das Unterbrecherverhalten tendenziell in diese Richtung. Auch hier lassen sich „typische" und weniger „typische" Sequenzen identifizieren, und es steht dann ebenso abzuwarten, ob diese inhaltsanalytisch herauskristallisierten Interviewausschnitte auch mit einer dementsprechenden Varianz rezipiert werden.

Literatur

Biocca, Frank (1991): The Role of Communication Codes in Political Ads. In: Biocca, F. (Hg.): Television and Political Advertising, Vol. 1: Psychological Processes, Hillsdale, Erlbaum, S. 27-43

Bresser, Klaus (1993): Politiker-Interviews im Fernsehen. Vor- und Selbstzensur verinnerlicht. In: Bertelsmann Briefe, 129, S. 44-45

Bütow, Renate (1994): Die Goldwaage. Politiker in nachrichtlichen Interviews: Nur aufs Stichwort? In: Agenda. Zeitschrift für Medien, Bildung, Kultur 17, S. 28-29

Feldman, Robert S./Rimé, Bernard (1991): Fundamentals of Nonverbal Behavior. Cambridge u. a.: Cambridge University Press

Hoffmann, Rolf-Rüdiger (1982): Politische Fernsehinterviews. Eine empirische Analyse sprachlichen Handelns. Tübingen: Niemeyer

Holly, Werner (1984): Politische Kultur und Sprachkultur. Wie sich der Bürger politische Äußerungen verständlich machen kann. In: Jahrbuch des Instituts für deutsche Sprache, S. 196-210

Holly, Werner (1990): Politik als Fernsehunterhaltung. Ein Selbstdarstellungsinterview mit Helmut Kohl. In: Diskussion Deutsch 115, S. 508-528

Holly, Werner (1992): Was kann Kohl, was Krenz nicht konnte? Deutsch-deutsche Unterschiede politischer Dialogrhetorik in zwei Fernsehinterviews. In: Rhetorik. Ein internationales Jahrbuch. Bd. 2, S. 33-50

Holly, Werner (1993): Confrontainment? Tendenzen in politischen Interviews. In: Medium 23/1, S. 37-41

Holly, Werner/Kühn, Peter/Püschel, Ulrich (1986): Politische Fernsehdiskussionen. Zur medienspezifischen Inszenierung von Propaganda als Diskussion. Tübingen: Niemeyer

Kamps, Klaus (2000): Politisches Kommunikationsmanagement. Zur Professionalisierung moderner Politikvermittlung. Opladen/Wiesbaden: Westdeutscher Verlag, 2000

Kepplinger, Hans-Mathias/Brosius, Hans-Bernd/Heine, Norbert (1990): Contrast Effects of Nonverbal Behavior in Television Interviews. In: Communications 15/1-2, S. 121-134

Klingemann, Hans-Dieter/Voltmer, Katrin Voltmer (1998): Politische Kommunikation als Wahlkampfkommunikation. In: Jarren, O./Sarcinelli, U./Saxer, U. (Hg.): Politische Kommunikation in der demokratischen Gesellschaft. Ein Handbuch. Opladen/Wiesbaden: Westdeutscher Verlag, S. 396-405

Lanoue, David J. (1991): The 'Turning Point'. Viewers' Reactions to the Second 1988 Presidential Debate. In: American Politics Quarterly 19/1, S. 80-95

Laux, Lothar/Schütz, Astrid (1996): „Wir, die wir gut sind". Die Selbstdarstellung von Politikern zwischen Glorifizierung und Glaubwürdigkeit. München: Deutscher Taschenbuch Verlag

Masters, Roger D. (1989): The Nature of Politics. New Haven/London: Yale University Press

Merten, Klaus (1991): Django und Jesus. Verbal-nonverbales Verhalten der Kanzlerkandidaten Kohl und Rau im Bundestagswahlkampf 1987. In: Opp de Hipt, Manfred/ Latniak, Erich (Hg.): Sprache statt Politik? Politikwissenschaftliche Semantik- und Rhetorikforschung. Opladen: Westdeutscher Verlag, S. 188-210

Meyer, Thomas (1998): Politik als Theater. Die neue Macht der Darstellungskunst. Berlin: Aufbau Verlag

Müller, Albrecht (1999): Von der Parteiendemokratie zur Mediendemokratie. Beobachtungen zum Bundestagswahlkampf 1998 im Spiegel früherer Erfahrungen. Opladen: Leske + Budrich

Radunski, Peter (1980): Wahlkämpfe. Moderne Wahlkampfführung als politische Kommunikation. München/Wien: Olzog

Rosenberg, Shawn W./Bohan, Lisa/McCafferty, Patrick/Harris, Kevin (1986): The Image and the Vote. The Effect of Candidate Presentation on Voter Preference. In: American Journal of Political Science 30/1, S. 108-127

Sarcinelli, Ulrich (Hg.) (1998): Politikvermittlung und Demokratie in der Medien-gesellschaft. Bonn: Bundeszentrale für politische Bildung

Schütz, Astrid (1992): Selbstdarstellung von Politikern. Analyse von Wahlkampfauftritten. Weinheim: Deutscher Studien Verlag

Schütz, Astrid (1994): Politik oder Selbstdarstellung? Beispiele von Politikerauftritten. In: Jäckel, Michael/Winterhoff-Spurk, Peter (Hg.): Politik und Medien. Berlin: Vistas, S. 193-209

Schulz, Winfried (1998): Wahlkampf unter Vielkanalbedingungen. Kampagnenmanagement, Informationsnutzung und Wählerverhalten. In: Media Perspektiven 8, S. 378-391

Simon-Vandenbergen, Anne-Marie (1996): Image-building through modality: The case of political interviews. In: Discours & Society 7/3, S. 389-415

Tapper, Christoph (1998): „Herr Bundeskanzler, wir bedanken uns sehr herzlich ..." Zum journalistischen Umgang mit Helmut Kohl und Rudolf Scharping im Bundestagswahlkampf 1994. In: Publizistik, 43/1, S. 22-39

Wallbott, Harald G. (1993): Suggestive Wirkungen nonverbalen Verhaltens. In: Hypnose und Kognition, 10/1, S. 27-43

Dietmar Schiller

Die Präsentation parlamentarischer Politik in den Fernsehnachrichten. Ein britisch-deutscher Vergleich

1. „New Labour ... new Britain ... old pomp"

„New Labour ... new Britain ... old pomp" – so kommentierte der *Guardian* am 25. November 1998 in großen Lettern auf der Titelseite das alljährlich im November stattfindende *State Opening of Parliament*. Dieses feierliche Großereignis, zu dem sich beide Kammern des britischen Parlaments, *House of Commons* und *House of Lords*, unter der Obhut von *Queen Elisabeth* im ehrwürdigen *House of Lords* vereinen, läßt den 'british way of parliamentary life' in einem ganz besonderen Licht erscheinen. Neben der *Queen's Speech* war von besonderem Interesse, ob sich gegenüber dem letzten Jahr eine wahrnehmbare Reduzierung des Zeremoniells vollzogen habe oder doch alles beim Alten geblieben sei. Allenfalls die Protagonisten selbst und die wahren Kenner des englischen Parlamentszeremoniells registrierten die Veränderungen mit einem Hauch von Verbitterung und Ironie:

„For Silver Stick in Waiting and the Gentleman Usher to the Sword of State it was a miserable day, *writes Nicholas Watt*. Centuries of tradition were brought to an end when the Queen dispensed with their services yesterday in an attempt to slim down the State Opening of Parliament. But the tourists who gathered at Westminster could have been forgiven for wondering whether anything had changed as they watched the ancient rituals. Silver Stick in Waiting might have been left to sulk at home, but Gold Stick in Waiting, Maltravers Herald Extraordinary, Portcullis Pusuivant and other members of the College of Arms all hung on. As did the Sword of State. The Queen's ladies-in-waiting were down by one, but the Mistress of Robes and the Lady of the Bedchamber remained at her side" (The Guardian, 25. Nov. 1998, S. 1).

Ungeachtet dieser zaghaften Neuerungen war das *State Opening of Parliament* wie ehedem ein herausragendes gesellschaftliches wie politisches Ereignis, das einen enormen Widerhall in den Massenmedien, allen voran im Fernsehen, fand. Neben der parallel auf mehreren Sendern[1] übertragenen Parlamentseröffnung wurde am Nachmittag der Beginn der sechs Tage dauernden *Debate on the Address* ausgestrahlt[2], in der das soeben verkündete Regierungsprogramm – ganz nach politischer Zugehörigkeit – verteidigt oder kritisiert wurde. Im Fokus des Fernsehens stand hierbei traditionsgemäß das Aufeinandertreffen des *Prime Minister* und *Leader of the Opposition*, das mit Tony Blair und William Hague Premiere hatte. Insofern stand dieser parlamentarische 'Feiertag' ganz im televisuellen Rampenlicht,

---

1 Neben BBC 1 übertrug der via Satellit ausgestrahlte Nachrichtenkanal Sky News und der in das Kabelnetz eingespeiste Parlamentskanal BBC Parliament das *State Opening of Parliament*.
2 Nur auf BBC 2 und Sky News

denn neben der Direktübertragung widmeten sich die abendlichen Nachrichtensendungen in Form von Korrespondentenberichten, Live-Schaltungen und Studio-Interviews intensiv dem Ereignis. Nur noch am sogenannten *Budget Day*, wenn der *Chancellor of the Exchequer* sein *Budget* im Unterhaus präsentiert, oder bei der allwöchentlich zelebrierten *Prime Ministers Question Time* herrscht eine ähnliche Fernsehöffentlichkeit (Schiller 1998a; 1999).

Ein vergleichbares Medieninteresse für das Geschehen im Bundestag ist in Deutschland hingegen nur selten zu vernehmen. Allenfalls, wenn die Spitzen der Politik zusammentreffen, um über den Haushalt zu debattieren, oder eine Regierungserklärung bzw. Aktuelle Stunde zu einem brisanten Thema ansteht, zeigt das Fernsehen eine gesteigerte Aufmerksamkeit. Ansonsten finden die Plenardebatten zu weiten Teilen unter Ausschluß der Fernsehöffentlichkeit statt, wenngleich einzelne Sender bemüht sind, punktuell und ausschnittsweise wichtige Debatten zu übertragen[3]. Am 10. November 1998 war dies jedoch anders, denn auf dem Sitzungsplan des Bundestages stand die Regierungserklärung von dem gut zwei Wochen zuvor gewählten und vereidigten Bundeskanzler Gerhard Schröder. Das Medieninteresse war enorm. Neben der Direktübertragung des rot-grünen Regierungsprogramms in ARD, Phoenix und n-tv war dieses Ereignis die Topmeldung in den Fernsehnachrichten zur *prime time*. Denn mehr noch als die Direktübertragung selbst trägt die komprimierte und kommentierte Nachrichtenberichterstattung zur Kenntnisnahme und Imagebildung parlamentarischer Institutionen und Politik bei. Analog zur Schlagzeile des *Guardian* könnte das Urteil über die Fernsehpräsentation der Regierungserklärung Schröders lauten: 'Neue Mitte ... neuer Kanzler ... alte Bilder'.

Denn was von einer langen und oftmals langatmigen Debatte im Bundestag oder Unterhaus in den Fernsehnachrichten zu sehen ist, beschränkt sich in der Regel auf ein bis zwei Minuten. In wenigen standardisierten Kameraeinstellungen, Schwenks und Zooms wird somit ein Fernsehimage der parlamentarischen Auseinandersetzung geschaffen, das eher dem Schnelldurchlauf beim *European Song Contest* ähnelt als einer ausführlichen Dokumentation des Debattenverlaufs. Neben den einprägsamen *images* sind es die kurzen Statements der Parlamentarier, die sogenannten *soundbites*, die vor, während oder nach der Debatte die jeweilige Positionierung auf den 'Punkt bringen' sollen.

Am Beispiel der Fernsehberichterstattung über die Regierungserklärung von Bundeskanzler Schröder und der anschließenden Aussprache am 10. November 1998 und des *State Opening of Parliament* samt *Queen's Speech* und der *Debate on the Address* vom 24. November 1998 in den Hauptnachrichten ausgewählter Sender werden Muster der televisuellen Präsentation beider Parlamente analysiert, die aus dem Blickwinkel 'figurativer Politik' (Soeffner/Tänzler 2002) zu einer Analyse der Sichtbarkeit von Macht und Herrschaft in der modernen Gesellschaft beitragen soll. Drei Fragen interessieren hierbei besonders: Wie ist das Phänomen 'Fernsehereignis

---

3   Neben ARD und ZDF überträgt seit 1995 der Nachrichtenkanal n-tv. Seit April 1997 überträgt der ARD/ZDF-Ereignis- und Dokumentationskanal Phoenix verstärkt Plenardebatten des Deutschen Bundestages. Allerdings ist der über Astra 1c ausgestrahlte Sender noch nicht flächendeckend ins Kabelnetz eingespeist. Zudem werden nicht sämtliche Plenarsitzungen in kompletter Länge übertragen.

Parlamentsdebatte' politiktheoretisch zu fassen? Wie werden in beiden so unterschiedlich geprägten Regierungssystemen und politischen Kulturen herausragende Ereignisse des parlamentarischen Kalenders in den Fernsehnachrichten präsentiert? Welche Rückschlüsse können daraus für die Entwicklung politischer und insbesondere parlamentarischer Öffentlichkeit in der modernen Gesellschaft gezogen werden?

2. Parlamente, Fernsehöffentlichkeit und politische Kultur. Theoretische Annäherungen

Geht man von der Annahme aus, daß die politischen Kulturen Großbritanniens und Deutschlands zu einer differenten politischen Öffentlichkeit drängen, so bietet es sich an, dies am Beispiel der televisuellen Präsentation beider Parlamente empirisch zu überprüfen. Um die Differenz des fernsehöffentlichen Erscheinungsbildes von Parlamenten beschreiben, erklären, analysieren und interpretieren zu können, muß eine Untersuchungsanlage entwickelt werden, die das differente Zusammenspiel der intervenierenden und interdependenten Variablen Demokratietyp, Parlamentstyp, Fernsehen und politische Kultur berücksichtigt und zur Fernsehpräsentation parlamentarischer Politik in Beziehung setzt. Während die Debatten aus dem *House of Lords* und aus dem *House of Commons* erst seit 1985 bzw. Ende 1989 im Fernsehen übertragen werden, sind die Plenardebatten des Deutschen Bundestages bereits seit 1953 fernsehpräsent (Schiller 1998b; 2000; Wilke 1994). Parlamente können ganz generell als symbolische Ordnungen begriffen werden, die sowohl Ordnungsleistungen als auch Orientierungsleistungen innerhalb des politischen Prozesses erbringen. Insofern rückt die politische Kultur ins Zentrum der Analyse, verbunden mit der Frage nach dem Stellenwert der Inszenierung des Politischen im Kontext visueller Politikpräsentation (Arnold/Fuhrmeister/Schiller 1998; Baringhorst 1998; Meyer 1992; 1998; Müller 1997). Unter politischer Kultur wird gemeinhin die subjektive Dimension der gesellschaftlichen Grundlagen politischer Systeme verstanden. Insofern beschäftigt sich die politische Kulturforschung mit Einstellungen *zu* und Vorstellungen *von* der Welt der Politik, also mit den vielfältigen individuellen wie kollektiven (Selbst-)Zuschreibungen und Verortungen innerhalb des politischen Raumes. Dieses auf das Politische bezogene Ensemble von Werten, Überzeugungen und Deutungsmustern findet in zeichenhaften Ausprägungen wie Symbolen, Ritualen, Mythen, Sprache und Inszenierungen ihren Ausdruck. Politische Kultur kann daher als Code und Ausdrucksseite des Politischen interpretiert werden. Ganz zentral geht es hierbei um die kommunikativen Reproduktionsmechanismen von Macht und Herrschaft, also von Visibilität, Legitimität, Massenloyalität und Konsens, die sich auf Attribute wie Fernsehpräsenz, Telegenität, Selbstdarstellungskompetenz sowie *image-* und *impression-*management stützen (Münkler 1995; Hoffmann 1999; Schiller 1997)

Abgesehen von der medienpolitischen Struktur der beiden Fernsehsysteme Großbritanniens und Deutschlands, die relativ ähnlich ist und als „mixed competitive" (Voltmer 1997) bezeichnet werden kann, lassen sich offenkundige Unterschiede vor allem im Programm, in der Sender- und Organisationsstruktur sowie der technischen Distribution (Gellner 1990; 1994) konstatieren. Darüber hinaus ist in bezug auf die institutionelle Struktur der parlamentarischen Regierungssysteme und der Parlamente selbst ein äußerst differentes, nahezu diametrales Erscheinungsbild zu konstatieren. Hierbei sind vor allem die unterschiedlichen Einflußmöglichkeiten in bezug auf die Gesetzgebung und den *policy*-Prozeß von Unterhaus (eher 'gering') und Bundestag (eher 'stark') sowie insgesamt die konträre Ausprägung der beiden parlamentarische Regierungssysteme zu berücksichtigen. Während das *House of Commons* als Redeparlament definiert werden kann, indem das Plenum die Ausschußarbeit dominiert und eine hohe Bedeutung als Arena für das Aufeinandertreffen von Regierung und Opposition hat, kann der Bundestag als Arbeitsparlament bezeichnet werden. Folglich dominieren die Ausschüsse das Plenum, mit der Folge, daß das Plenum als Arena für das Zusammentreffen konträrer politischer Akteure eine vergleichsweise geringe Rolle spielt. Nach der Klassifikation von Lijphart (1984; 1990) kann Großbritannien als unitarische Mehrheitsdemokratie (konkurrenzdemokratischer Typ) mit den zentralen Merkmalen Machtkonzentration, Regierungsdominanz, Zentralregierung, fokussiertes Zwei-Parteien-System, Mehrheitswahlrecht und asymmetrisches Zweikammersystem und die Bundesrepublik Deutschland als föderalistisch-mehrheitsdemokratischer Mischtyp mit starken Konsenselementen (verhandlungsdemokratischer Typ) bezeichnet werden. Zentrale Merkmale sind Machtbeteiligung und -teilung, Föderalismus, Mehr-Parteien-System, Verhältniswahlrecht und symmetrisches Zweikammersystem. Auch die politischen Kulturen sind auf vielfältige Weise durch Kontrast gezeichnet. Großbritannien gilt als 'Nicht'-Staatsgesellschaft mit einer Orientierung an Eliten, Personen und Institutionen und weist einen 'konventionalistischen', auf Übereinkünften beruhenden Charakter auf. Es besitzt eine affektiv-aufgeladene, ausgeprägte Streitkultur und verfügt über einen traditionalen Symbol- und Ritualvorrat. Deutschland repräsentiert dagegen eher den Typus einer 'Staatsgesellschaft' mit 'legalistischer Orientierung' und einer rationalen Kultur mit reduzierter Streitkultur sowie einem vergleichsweise reduzierten Symbol- und Ritualvorrat. Es dominieren abstrakte, formalisierte und entpersonalisierte Autoritätsbeziehungen und eine Orientierung am Systemganzen und seinen Gesetzen und Vorschriften (Rohe 1982).

Trotz einer allmählichen Erosion und Aushöhlung der traditionellen Kulturmuster durch ökonomische Globalisierungs- und Nivellierungsprozesse, zeigen die politischen Kulturen moderner Gesellschaften nach wie vor ein hohes Maß an Beharrungsvermögen auf. Infolgedessen ist von einer hochgradig differenten televisuellen Präsentation beider Parlamente auszugehen. Die symbolische Machtfülle des rechteckigen Plenums des *House of Commons* als Arena des adversativen Aufeinanderprallens der politischen Akteure im Vergleich zum kreisrunden Plenum des Bundestages als Ort konsensualer Auseinandersetzung verdeutlicht dies mit Nachdruck. So hängt – alles in allem – die zu vermutende Differenz in der televisuellen Präsentation von britischem *House of Commons* und Deutschem Bundestag entscheidend von den in der politischen Kultur sedimentierten und im Parlamentarismus praktizierten Kulturmustern ab, die dieses Segment politischer Kommunikation durchdringen und determinieren. Parlamente sind nicht nur abstrakte oder vorgestellte Institutionen innerhalb des (institutionellen) Geflechts politischer Systeme, sondern vor allem ausdifferenzierte Symbolgefüge, in denen die Körperlichkeit, die Figuration von Politik in ihrer raum-zeitlichen Dimension offenkundig wird. Ein Teil der politischen Kultur demokratischer Herrschaft wird durch die architektonische Anlage der Plenarsäle sichtbar, die als Bühne, Arena und Tribüne fungieren, auf der, in der bzw. vor der das parlamentarische Schauspiel gemäß der jeweiligen Geschäftsordnung und des jeweiligen parlamentarischen Zeremoniells aufgeführt wird. Das Plenum fungiert dabei als Bühne, auf der sich die politischen Akteure als Protagonisten präsentieren und Politik im wesentlichen als öffentliches Drama inszeniert wird. Indem die Politiker(innen) die politisch-kulturell tradierten Regeln und Muster eigenverantwortlich variieren und interpretieren, sind sie an der Dramaturgie entscheidend beteiligt (Hitzler 1992: 205-206). Wie Ortheil in seinem Essay „Die Staatsschauspieler" ausgeführt hat, „ist der Politiker (als Schauspieler) gezwungen zu 'gestalten'; in der Selbstgestaltung beantwortet er Fragen, Sehnsüchte und drängende Orientierungsblicke des Publikums." (Ortheil 1986: 779)

Das Publikum sind vor allem die Fernsehzuschauer(innen) und weniger die Besucher(innen), die auf den Besuchertribünen von Bundestag und Unterhaus Platz genommen haben, um die anstehenden Debatten zu verfolgen. Obwohl die Verhandlungen auch schon vor ihrer prinzipiellen Öffnung für Publikum und Presse inszeniert waren, nahm mit Aufkommen der Massenmedien, vor allem der Fotografie, das Mittel der Inszenierung drastisch zu, um in Posen und Gesten dem zeitungslesenden Publikum die dramatischen Momente der Parlamentsdebatte zu präsentieren (Diers 1998: 179-180). Die televisuelle Präsentation von Parlamentsdebatten variiert und verstärkt die ‚Sichtbarkeit' als Regulativ politischer Herrschaft (Macho 1993: 762) weiter. Auch wenn Parlamentsdebatten heutzutage in eine routinierte Fernsehberichterstattung (Nachrichten, Magazine, Direktübertragungen) eingebettet sind, avancieren insbesondere Plenarsitzungen (konstituierende Sitzungen, Haushaltsdebatten, Sondersitzungen, Aktuelle Stunden, Fragestunden etc.) zu Medienereignissen. Dayan/Katz haben darauf hingewiesen, daß Fernsehereignisse in den modernen Gesellschaften einen herausragenden Stellenwert im Hinblick auf die Konstruktion kollektiver Identität einnehmen, weil durch sie die wesentlichen Ausdrucksweisen politischer Kultur wie des kollektiven Gedächtnisses präsentiert werden (Dayan/Katz 1995: 170; Bourdon 1992). Hierbei unterscheiden sie grob die drei Typen *contests, conquests* und *coronations*[4]:

„Each of these scenarios has a dominant visual metaphor. The Coronation can be envisaged as a procession, with well wishers lining the aisle. The Contests calls for an arena filled by supporters. Conquests need a frontier for the hero to cross to the cheers of his own side, and the anticipation of the other" (Dayan/Katz 1995: 180).

---

[4] Dayan/Katz definieren: „Contests are the ceremonies of sports and politics; they are designed to identify the best contender or the best team. While Coronations are mostly ascriptive in their choice of heroes, Contests are pure celebrations of achievement; their message is that the winner won *by the rules*. [...]. They celebrate pluralism. [...]Conquests [...] consist in dramatizing political or diplomatic initiatives aimed at the radical transformation of public opinion on a major issue. Conquests are made possible by the charisma of their protagonists and by the fact that they reactive the repressed aspirations of a society. [...] Coronations

Im Großen und Ganzen können die im Fernsehen übertragenen parlamentarischen Inszenierungen diesen drei Typen von Medienereignissen zugeordnet werden. Während die bereits erwähnten Inauguralzeremonien – *State Opening of Parliament* oder auch die Konstituierende Sitzung – eindeutig dem *Coronation*-Typus entsprechen, so lassen sich die sogenannten Schlüsseldebatten wie beispielsweise die Bundestagsdebatte über den künftigen Parlaments- und Regierungssitz (Bonn oder Berlin?) am 20. Juni 1991 oder die *Maastricht Debate* des britischen Unterhauses vom 4. November 1992 dem *Contest*-Typus subsumieren. Der *Conquest*-Typus verkörpert im übertragenen Sinne Wahlen und Abstimmungen. Die Übertragungen parlamentarischer Auseinandersetzungen sind televisuelle Interpretationen politischer Rituale, die selbst wiederum als Ritual zelebriert werden (Carey 1998; Soeffner 1992). Dies gilt sowohl für die ausgedehnten Live-Übertragungen als auch für die in den Nachrichten- und Magazinsendungen erstellten Beiträge. Hierbei spielt das Fernsehen jedoch weniger die Rolle eines Dramaturgen als die eines Bildregisseurs; von verschiedenen Kamerapositionen aus – das Spektrum der praktizierten Kameraeinstellungen ist allerdings vergleichsweise gering – werden bestimmte Segmente der parlamentarischen Szenerie in den Blick genommen und in der Bildregie (bei Direktübertragungen) oder im Schneideraum (für redaktionell betreute Beiträge) arrangiert. Für die vor den Fernsehkameras agierenden Parlamentarier gilt dabei:

„Wer ein Fernsehbild bekommen will, muß eines anbieten. Der Kameramann folgt, wie es seiner Aufgabe entspricht, den Verhandlungen mehr mit dem Auge als mit dem Ohr: Er registriert jede Bewegung, jede Veränderung im Bild geradezu automatisch und wird sein Objektiv immer sofort auf einen vorgezeigten Gegenstand (und die dazugehörige Person) richten" (Bäuerlein 1992: 226).

In diesem Zusammenhang wurde der Bundestag als Schaubühne bezeichnet, in der zum Vorschein komme, daß sich die Rolle des Parlaments vom Diskussions- und Entscheidungsforum zumindest tendenziell zum bloßen Medienspektakel verschoben habe. „In einer Zeit der Omnipräsenz der Massenmedien entsteht der Eindruck, daß im Bundestag eine für die Öffentlichkeit inszenierte Kommunikation realisiert wird [...] und eine echte parlamentarische Debatte zur Meinungsfindung nicht mehr stattfindet" (Burkhardt 1993: 166).

3. State Opening of Parliament und Regierungserklärung in den Fernsehnachrichten

Die Parlamentsdebatte als Medienereignis – dies war am 10. November 1998 im Deutschen Bundestag und am 24. November 1998 in den *Houses of Parliament* zweifelsohne der Fall. Bundeskanzler Schröders erste und Blairs zweite Regierungserklärung haben sowohl als parlamentarisches Ereignis als auch als Fernsehereignis ihren herausgehobenen Stellenwert. Während die Regierungserklärung von Bun-

[...] characterize inaugurations of all sorts, such as all sorts, such as official funerals and commemorations. In short, they mark the rites of passage of the great. The Coronation script is used to illustrate the workings of collective norms in the action or life of an individual or institution." (Dayan/Katz 1995: 179f.)

deskanzler Schröder und die anschließende Debatte im Plenarsaal des Bundestages vorgetragen wurde, verteilt sich das *State Opening of Parliament* mit der *Debate on the Address* auf zwei Orte: im *House of Lords* wird die Regierungserklärung von der Königin (die *Queen's Speech*) verlesen und im *House of Commons* und im *House of Lords* wird jeweils – nach einer mehrstündigen Unterbrechung – *The Debate on the Address* durchgeführt (Child 1999: 141-144). In beiden Inszenierungen verdichten sich die Wesenszüge differenter parlamentarischer Kulturen im Medium der televisuellen Präsentation.

3.1 Untersuchungsanlage und Methode

Das Kernstück der Parlamentsberichterstattung in den Fernsehnachrichten besteht aus Korrespondentenberichten, die von einem Moderator/einer Moderatorin angekündigt werden. Grundlage dieser von einem Korrespondenten „vor Ort" realisierten Filmberichte ist aktuelles Bildmaterial aus den Debatten selbst, das durch Statements, illustrierende Grafiken oder Filmausschnitte ergänzt wird, die das Thema veranschaulichen. Diese Korrespondentenberichte sorgen für Kontinuität in der Parlamentsberichterstattung, wenngleich sie sich durchweg an den Nachrichtenwertkriterien Aktualität, Personalisierung (Prominenz), Konflikt und Skandal orientieren (Ruhrmann 1994). Live-Schaltungen, (Studio)-Interviews und Kommentare ergänzen – ganz nach Stellenwert des Ereignisses – die Palette journalistischer Formen in der Nachrichtenberichterstattung über den parlamentarischen Betrieb.

Die Nachrichtenberichterstattung kann idealerweise auf drei miteinander verzahnten Ebenen analysiert werden. Zunächst wird die Makrostruktur der gesamten Berichterstattung beschrieben, die sich dem jeweiligen parlamentarischen Ereignis widmet und in der die Korrespondentenberichte eingebettet sind. Leitfragen sind:

- Wieviel Zeit widmen die einzelnen Sender den Parlamentsdebatten?
- An welcher Stelle wird über die Parlamentsdebatte berichtet?
- Wieviele Bausteine bzw. journalistische Formen finden jeweils Verwendung?
- Welche Unterschiede sind zwischen den öffentlich-rechtlichen (public service) und privaten Programmen festzustellen?

Im zweiten Schritt erfolgt die quantitative Analyse der Feinstruktur der Korrespondentenberichte, in deren Mittelpunkt das parlamentarische Ereignis steht. Sie wird anhand ausgewählter Merkmale tabellarisch protokolliert. Der dritte Schritt analysiert die in die televisuelle Dramaturgie des Parlamentarischen eingeschlossenen Bedeutungshorizonte im Methodenkanon einer Kultursoziologischen Bildhermeneutik (Müller-Doohm 1993) und Politischen Ikonographie (Warnke 1994). In Rekurs auf die quantitativen Befunde der Feinstruktur der Korrespondentenberichte werden die typischen Schlüsselbilder vom Bundestag und vom *House of Commons* herausgelöst und interpretiert. Auf Grundlage dieser Drei-Schritt-Analyse ist es möglich, Muster der Nachrichtenpräsentation von Bundestag und *House of Commons* sowohl quantitativ als auch qualitativ zu bestimmen. Das Medium Fernsehen hat die

Eigenschaft, daß zwischen dem Abzubildenden (z. B. Plenarsaal, Parlamentarier) und dem Abgebildeten (das Fernsehbild des Plenarsaals, der Parlamentarier etc.) eine weitgehende Ähnlichkeit besteht.[5] Weil die Plenarsäle als Miniaturen unterschiedlicher parlamentarischer Kultur durch die televisuelle Dramaturgie einen spezifischen Bedeutungshorizont besitzen, wird ein bestimmter Sinnzusammenhang konstituiert und konstruiert, welcher der Analyse und Interpretation bedarf. Hierfür wird ein Verfahren semiologischer Fernsehanalyse vorgeschlagen, das den Bogen von einer quantitativ-qualitativen Beschreibung der Bildregie zu einer bildhermeneutischen Interpretation spannt.[6] Ziel dieser Analyse ist die Dechiffrierung der televisuellen Signatur parlamentarischer Inszenierungen einerseits, deren Interpretation als politisch-kulturelle Bedeutungsträger (Schiller 1999) andererseits. Hierbei soll die televisuelle Signatur als eine Art 'Text' verstanden werden, der auf „das integrale Ensemble aller Zeichen" (Huth 1985: 206) abhebt. Das Visuelle ist demnach nicht nur Beiwerk, sondern für das Verständnis der im Fernsehen präsentierten Parlamentsdebatten zentral. Diese semiologische Interpretation und Deutungsanalyse wird auf der Basis ausgewählter Einstellungen und Sequenzen durchgeführt[7].

Auf Grundlage dieser Drei-Schritt-Analyse werden Muster und Typen der Nachrichtenpräsentation von Bundestag und *House of Commons* sowohl nach quantitativen als auch nach qualitativen Gesichtspunkten bestimmt und miteinander verglichen. Dabei zielt die empirische Analyse der Parlamentsberichterstattung im Fernsehen – ob nun Live-Übertragung oder Korrespondenten-bericht – im Kern auf die Interpretation der präsentierten televisuellen Schlüsselbilder (den sogenannten *Images*), der rhetorischen Formen (den sogenannten *soundbites*) parlamentarischer Akteure sowie der *Selbstreferentialität* der Massenmedien ab. Diese Begriffe können wie folgt definiert werden:

---

5 Daß durch unterschiedliche elektronische Verfremdungstechniken Bilder stark verändert werden können, sei dahin gestellt. Hier geht es einzig und allein um die Routineberichterstattung aus den Plenarsälen, und die ist so angelegt, daß der Schein der Authentizität gewahrt wird.

6 Seit Fiske/Hartley (1978) hat sich die Medien-, Kommunikations- und Sprachwissenschaft auf unterschiedliche Weise mit semiologischen Aspekten des Fernsehens auseinandergesetzt, aber eine Erforschung politischer Kommunikation steht nach wie vor aus. Eine Ausnahme stellt der DVPW-Arbeitskreis „Film und Politik/Visuelle Politik" dar (Hoffmann 1999).

7 Weil eine derartige Analyse aufgrund der Dokumentation der Sequenzprotokolle relativ Raum benötigt, wird in diesem Beitrag darauf verzichtet. Anstatt dessen werden pro Ereignis jeweils einige Schlüsselbilder (Images) exemplarisch beschrieben und interpretiert, in denen sich die Charakteristika 'figurativer parlamentarischer Politik' verdichten. Dabei wird sich an folgenden Fragen orientiert: Wie gestaltet sich die Dramaturgie bzw. das *storyboard* der Korrespondentenberichte? In welcher Abfolge werden die parlamentarischen Akteure in den Korrespondentenberichten präsentiert? Welche Haupt- und Nebenrollen werden den Akteuren zugewiesen? Auf welchen zentralen Images beruht die Präsentation von Deutschem Bundestag und britischem *House of Commons* im Fernsehen? In welchen Schlüsselsequenzen verdichten sich die parlamentarischen Images? Wie ist das jeweilige Mischungsverhältnis der Bildregieelemente (Einstellungsgrößen, Kamerabewegungen, selbstreferentielle Motive) zu interpretieren? Wie gestaltet sich insgesamt die Relation zwischen Bild und Text? Welchen Stellenwert nehmen die *soundbites* (kurze Redeauszüge und Statements) der parlamentarischen Akteure im Kontext der Bildregie ein und wie werden sie in die Dramaturgie der Berichte eingefügt? Gibt es grundlegende Unterschiede in den Korrespondentenberichten öffentlich-rechtlicher (public service) und privater Anbieter? Bestehen grundlegende Unterschiede in der Nachrichtenberichterstattung zwischen beiden Ländern?

Schlüsselbilder oder *Images* sind massenmedial konstruierte Abbilder von Personen, Institutionen oder auch Sachverhalten. Sie bilden sich innerhalb öffentlicher Kommunikationsprozesse. Am Beispiel der televisuellen Präsentation von Parlamenten im Fernsehen entstehen insofern spezielle Images parlamentarischer Akteure, also Eindrücke und Vorstellungen, die sich nach und nach verfestigen. Dasselbe gilt aber auch für die Parlamente selbst, weil mit einem spezifischen Repertoire an Motiven, Kameraeinstellungen und Sequenzen ein bestimmtes televisuelles Parlamentsbild geschaffen wird.

Telegenität bedeutet kameragerechte Darstellungskompetenz. Sie ist die Fähigkeit bzw. die personale Präsentationstechnik, auf dem Fernsehschirm 'gut rüber zu kommen', um eine symbolische Politik zur Stilisierung der eigenen Person zu erreichen. Dabei gilt es, Mimik, Gestik, Stil und *outfit* auf das jeweilige televisuelle Präsentationsformat abzustimmen. Folglich ist Telegenität eine Grundvoraussetzung für eine positive Imagebildung im Fernsehen.

Unter *soundbites* können knappe plakative Formulierungen verstanden werden, die im Zuge der Televisualisierung von Politik einen besonderen Stellenwert in der Nachrichtenberichterstattung eingenommen haben. Redeauszüge oder Statements dürfen hierbei eine bestimmte Länge nicht überschreiten. Sie zeichnen sich durch eine hohe Signalwirkung aus.

Die *Selbstreferentialität* des Fernsehens beschreibt das Phänomen, daß die Berichterstattung auf sich selbst verweist. Beispielsweise werden Kameras, Mikrofone, Bildschirme, Journalisten etc. gezeigt, um zu belegen, daß das Ereignis unter der Zeugenschaft der Massenmedien stattfindet oder stattgefunden hat. Mit dem Hinweis, daß andere Medienvertreter auch präsent sind, wird die Herausgehobenheit und Außergewöhnlichkeit des Ereignisses suggeriert. Eine besondere Form televisueller Selbstreferentialität ist die Verwendung des *on*-Kommentars zu Beginn oder zum Ende von Korrespondenberichten, indem der/die Reporter/in mit Mikrofon vor die Kamera tritt, während die Hintergrundkulisse (ein Gebäude, eine Landschaft, eine Szenerie etc.) einen Bezug zum Thema herstellt, auf das sich der Bericht bezieht.

3.2 Die Berichterstattung über das State Opening of Parliament und die Debate on the Address am 24.11.1998 in den Fernsehnachrichten.

Auf der Folie des skizzierten Untersuchungsdesigns (Makrostruktur der Nachrichtenberichterstattung, Feinstruktur der Korrespondentenberichte, semiologische Bedeutungsanalyse und Interpretation) wird im Folgenden die Analyse der televisuellen Präsentation parlamentarischer Politik am Beispiel ausgewählter Schlüsselbilder vorgenommen. Die Makrostruktur der Nachrichtenberichterstattung in den Hauptausgaben (Tabelle 1) verdeutlicht die Unterschiede in der Gesamtlänge, der Anzahl und Abfolge der journalistischen Bausteine. In allen vier Hauptausgaben der Nachrichten war das *State Opening of Parliament* das erste Thema. Um die Differenzen in den Inszenierungen der Sender aufzudecken, werden 11 Merkmale – die hier nicht alle aufgeführt und analysiert werden können – der Feinstruktur der Korrespondentenberichte analysiert. Bis auf Channel 5 berichteten alle Sender sowohl über das *State Opening of Parliament* und die *Debate on the Address*. Channel 5 fokussierte seine Berichterstattung ganz auf die anstehenden Reformen des *House of Lords*, die in der *Queen's Speech* durch die angekündigte Abschaffung der sogenannten Erblords (*Hereditary Peers*) einen aktuellen und konkreten Bezug erfahren hatte (Tabelle 3).

Tab. 1: Makrostruktur der Nachrichtenberichterstattung in den Hauptausgaben am 24.11.1998 über *State Opening of Parliament* und *Debate on the Address*

	BBC 1	ITV (Ch.3)	Channel 4	Channel 5
Sendezeit/Gesamtlänge	10:30 – 11:00	10:00 – 10:30	7:00 – 7:50	7:00 – 7:30
Kurzvorstellung in Trailer (Ja/Nein/?)	Ja	Ja	Ja	Ja
Thema (Stelle)	1. Thema	1. Thema	1. Thema	1. Thema
Gesamtlänge der Berichterst. (Sek.)	716	471	986	390
Anzahl der Bausteine (ohne Trailer)	7	6	6	4
Abfolge der Bausteine jeweilige Dauer (Sek.)	- Anmoderation (33) - Mod. (off)/Grafik (44) - K.-Bericht I (239) - Moderation (19) - K.-Bericht II (226) - Moderation (28) - K.-Bericht III (127)	- Anmoderation (21) - Mod. (off)/Grafik (54) - Moderation (18) - K.-Bericht I (237)* - Moderation (20) - K.-Bericht II (121)	- Anmoderation (37) - Mod./Grafik (107) - K.-Bericht (277)* - Aufgezeichnetes Interview mit Blair (306) - Live-Interview (Schaltung) mit Hague (251) - Moderation (8)	- Anmoderation (54) - K.-Bericht I (96)* - Studiogespräch (133) - K.-Bericht II (107)*

Legende: A Anzahl; E Einstellung; S Sekunden; Bei der Analyse wurden nur die gekennzeichneten (*) Korrespondentenberichte berücksichtigt.

Tab. 2: Vergleich von vier Korrespondentenberichten in den Hauptausgaben der Nachrichten von Channel 5, ITV, BBC 1 und Channel 4 (24.11.1998): *State Opening of Parliament (Queen's Speech)* im *House of Lords* und der *Debate on the Address* im *House of Commons*

	Channel 5	ITV (Channel 3)	BBC 1	Channel 4
1) Dauer/Bericht (S)	96	237	239	277
2) Anzahl der E	14	37	37	55
3) Länge der E (S) ⌀	6,86	6,41	6,46	5,04
4) Längste E (S)	22	17	17	31
5) Kürzeste E (S)	2 (2x)	2 (2x)	2 (2x)	2 (20x)

Legende: E Einstellung; S Sekunden; ⌀ Durchschnitt

Die vielfältigen quantitativen Befunde belegen zum Teil starke Unterschiede in der Feinstruktur der Korrespondentenberichte. Vor allem der kommerzielle Sender Channel 5, der erst 1997 auf Sendung gegangen ist, fällt durch seine reduzierte Berichterstattung auf: keine Bilder aus dem Unterhaus (Tabelle 3), wenige parlamentarische Akteure (Tabelle 4) und außer eines kurzen Auszuges aus der *Queen's Speech* keine *soundbites* (Tabelle 6).

Tab. 3: Präsenz der „Orte"

	Channel 5			ITV (Channel 3)			BBC 1			Channel 4		
	A	Z	%	A	Z	%	A	Z	%	A	Z	%
HoL (Plenum)	11	57	59,4	12	68	28,7	12	44	18,4	20	80	28,9
HoC (Plenum)	-			23	146	61,6	18	125	52,3	30	143	51,6
Sonstige	3	39	40,6	2	23	9,7	7	70	29,3	5	54	19,5

Legende: A Anzahl; HoC House of Commons; HoL House of Lords; S Sekunden

Tab. 4: Sichtbarkeitsverhältnis I (Akteure)

	Channel 5			ITV (Channel 3)			BBC 1			Channel 4		
	A	Z	%	A	Z	%	A	Z	%	A	Z	%
Queen	5	33	34,4	8	46	19,4	4	19	8,0	10	52	18,8
Prince Philip	1	10	10,4	4	16	6,8	1	2	0,8	4	17	6,1
Blair (Lab)	-			7	63	26,6	8	58	24,3	9	4	17,7
Prescott (Lab)	-			1	4	1,7	2	7	2,9	2	5	1,8
Hague (Cons)	-			10	49	20,7	5	44	18,4	13	59	21,3
Ashdown (Lib)	-			2	18	7,6	2	24	10,0	2	25	9,0

Tab. 5: Sichtbarkeitsverhältnis II (andere Akteure, Symbole)

	Channel 5			ITV (Channel 3)			BBC 1			Channel 4		
	A	Z	%	A	Z	%	A	Z	%	A	Z	%
Plenum (HoL)**	5	19	19,8	4	13	5,5	2	5	2,1	4	10	3,6
Peers/MPs (HoL)***	1	4	4,2	1	4	1,7	2	7	2,9	-	-	-
Sonstige (HoL)	2	5	5,2	-	-	-	-	-	-	2	6	2,2
Plenum (HoC)**	-	-	-	2	7	3,0	-	-	-	1	2	0,7
Speaker	-	-	-	1	5	2,1	-	-	-	2	5	1,8
Black Rod	3	44	45,8	1	15	6,3	2	10	4,2	-	-	-
Serjeant at Arms	-	-	-	1	5	2,1	-			-	-	-
Mace/Table	-	-	-	10	44	18,6	6	29	12,1	10	28	10,1
Kutsche	1	8	8,3	1	6	2,5	3	14	5,9	1	12	4,3

** nur Totale des Plenarsaals; *** Motiv beinhaltet die sich in das HoL begebenen MPs, die sich an der „Bar" zum eigentlichen Plenarsaal des Oberhauses aufgestellt haben sowie die vor ihnen sitzenden Lords

Tabelle 6: Anteile der *soundbites* parlamentarischer Akteure

	Queen			Blair			Hague			Ashdown			Mme Speaker		
	A(E)	Z(S)	%	A(E)	Z(S)	%	A(E)	Z(S)	%	A(E)	Z(S)	%	A(E)	Z(S)	%
Channel 5	1	6	6,3	-			-			-			-		
ITV (Ch. 3)	1	13	5,5	3	15	6,3	4	16	6,8	1	14	5,9			
				2	20	8,4	1	6	2,5						
				1	17	7,2	1	9	3,8						
							1	6	2,5						
BBC 1	1	7	2,9	2,5	15	6,3	1	19	8,0				-		
				1	17	7,1	2	9	3,8	1	6	2,5			
Channel 4	1	13	4,7	1	12	4,3	3	25	9,0	1	23	8,3	2	5	1,8
				1	5	1,8	3	14	5,1	4	14	5,1			
Anteil an der gesamten Berichterstattung	5	4	5,2	13,5	110	13	17	104	12,3	3	43	5,1	1	3	0,35

Einen besonderen Aufschluß ergibt die Analyse der Sichtbarkeitsverhältnisse parlamentarischer Akteure und Symbole (Tabelle 4 u. 5). Acht Hauptakteure konnten insgesamt identifiziert werden: Die *Queen*, ihr Gemahl Prince Philip, Tony Blair *(Prime Minister)*, John Prescott *(The Secretary of State for the Environment, Transport and the Regions)*, William Hague *(Leader of the Opposition)*, Paddy Ashdown *(Leader of the Liberal Democrats)*, Betty Boothroyd *(Madam Speaker)*, *Black Rod*[8] und *Serjeant at Arms*[9].

Zudem wurden als kollektive Akteure die *Chamber* des *House of Lords* und *House of Commons* (inklusive des *Table* und der beiden *Despatch Boxes*[10]), Gruppen von *Peers* und/oder *MPs (Members of Parliament)* und als zentrale Symbole die fahrende Kutsche der Königin und der *Mace*[11] (Amtsstab) unterschieden. Zwei Bilder verdeutlichen prägnant jeweils einen situativen symbolgeladenen Kontext des *State Opening of Parliament* im *House of Lords* (Abb. 1) und der *Debate on the Address* im *House of Commons* (Abb. 2) am Beispiel der Berichterstattung auf BBC 1:[12]

Bild 1: Queen's Speech   Bild 2: Debate on the Address

Bild 1 zeigt die Königin beim Verlesen der *Queen's Speech*, der zweiten Regierungserklärung Tony Blairs, die weniger als 20 Minuten dauerte. Dieses Bild übernimmt sowohl in der Direktübertragung als auch in sämtlichen Korrespondentenberichten eine tragende Rolle. Bild 2 symbolisiert das adversative Aufeinanderprallen von Regierung und Opposition. Indem der *Leader of the Opposition*, William Hague, in seiner Erwiderung auf die *Queen's Speech* rückseitig gezeigt wird, verschmelzen Zuschauer- und Oppositionsperspektive miteinander. So wird auf eindringliche Weise das konkurrenzdemokratische Prinzip des britischen Parlamentarismus symbolisiert.

---

8   Gentleman Usher of the Black Rod; Beamter des Oberhauses, der für Ordnung sorgt. Z. B. ist er von der Königin beauftragt, die Abgeordneten des Unterhauses zum *State Opening of Parliament* ins Oberhaus zu führen.
9   Beamter des Unterhauses, dessen Hauptaufgabe das Tragen des *Mace* (Amtsstab) ist.
10 Jeweils eine *Despatch Box* (Aktenkasten) ist auf der Regierungs- und Oppositionsseite plaziert. Vertreter der Regierung und des Schattenkabinetts halten von hier aus ihre Reden.
11 Der *Mace* (Amtsstab) verkörpert die Macht und die Souveränität des *House of Commons*. Er wird vom *Serjeant at Arms* getragen und vor Debattenbeginn auf dem *Table* plaziert.
12 Bis auf die *Channel 5*-Berichterstattung, die keine Bilder der *Debate on the Address* im Unterhaus zeigte, sind diese Images in allen Korrespondentenberichten zu sehen.

3.3 Die Berichterstattung über die Regierungserklärung vom 10.11.1998 in den Fernsehnachrichten

Analog zur Berichterstattung über das *State Opening of Parliament* und die *Debate on the Address* wird die Makrostruktur der Nachrichtenberichterstattung und die Feinstruktur der Korrespondentenberichte über die Regierungserklärung von Bundeskanzler Schröder und die anschließende Aussprache auf VOX, SAT 1, RTL, PRO 7, ARD und ZDF analysiert. Im Anschluß daran werden zwei Schlüsselbilder exemplarisch beschrieben und interpretiert.

Tab. 7: Makrostruktur der Nachrichtenberichterstattung über die Regierungserklärung vom 10.11.1998 in den Hauptausgaben von ARD, ZDF, SAT 1, RTL, PRO7 und VOX

	ARD	ZDF	SAT1	RTL	PRO7	VOX
Sendezeit/ Gesamtlänge	20:00 – 20:15	19:00 – 19:20	18:30 – 19:00	18:45 – 19:10	19:30 – 20:00	18:00 – 18:30
Kurzvorstellung in Trailer (Ja/Nein/?)	Nein	Ja	Ja	Ja	Ja	Ja
Thema (Stelle)	1. Thema	1. Thema	1. Thema	1. Thema	1. Thema	1. Thema
Gesamtlänge der Berichterst. (Sek.)	418	490	239	234	180	215
Anzahl der Bausteine (ohne Trailer)	5	6	3	3	3	2
Abfolge der Bausteine und jeweilge Dauer (Sek.)	- Anmod. (31) - K.-Bericht (168) - Mod. (24) - K.-Bericht (171) - Mod. (24)	- Anmod. (35) -K.-Bericht (165) - Mod. (26) - K.-Bericht (155) - Schaltgespr. (Kom.) (99) - Mod. (10)	- Anmod. (28) - K.-Bericht (121) - Schaltgespr. (90)	- Anmod. (34) - K.-Bericht (127) - Schaltgespr. (73)	- Anmod. (23) - K.-Bericht (105) - Schaltgespr. (52)	- Anmod. (26) - K.-Bericht (189)

Auch die Regierungserklärung von Bundeskanzler Schröder war in allen sechs Sendern die Topmeldung (Tabelle 7). Hierbei zeigt sich, daß die Berichterstattung bei ARD und ZDF wesentlich länger als bei den Privaten war: PRO 7 widmete dem Ereignis drei Minuten, das ZDF über acht Minuten. Folglich ist die Anzahl und die Variationsbreite der journalistischen Bausteine bei den beiden öffentlich-rechtlichen Programmen höher. Die Tabellen 8 bis 11 fassen einige quantitative Befunde der Korrespondentenberichte auf VOX, SAT 1, RTL und PRO 7 zusammen. Neben der unterschiedlichen Länge fällt vor allem die relativ häufige Verwendung von Motiven auf, die nicht den Plenarsaal zeigen. Die Befunde im einzelnen:

Tab. 8: Vergleich von vier Korrespondentenberichten über die Regierungserklärung vom 10.11.1998 in den Hauptausgaben der Nachrichten von VOX, SAT1, RTL, und PRO 7

	VOX	SAT 1	RTL	PRO 7
1) Dauer des Berichts (S)	189	121	127	105
2) Anzahl der E	16	20	18	20
3) Durchschnittslänge der E (S)	11,81	6,05	7,06	5,25
4) Längste E (S)	32	16	17	11
5) Kürzeste E (S)	3 (3x)	2 (1x)	2(2x)	2 (2x)

Legende: E Einstellung; S Sekunden

Tab. 9: Präsenz der „Orte"

	VOX			SAT 1			RTL			PRO 7		
	A	Z	%	A	Z	%	A	Z	%	A	Z	%
Bt (Plenum)	13	164	86,8	18	111	91,7	14	100	78,7	17	84	80,0
Bt (andere Orte)	3	25	13,2	2	10	8,3	3	23	18,1	3	21	20,0
Sonstige	-			-			1	4	3,1	-		

Legende: A Anzahl; Bt Bundestag; Z Zeit

Tab. 10: Sichtbarkeitsanteile I (Akteure)

	VOX			SAT 1			RTL			PRO 7		
	A	Z	%	A	Z	%	A	Z	%	A	Z	%
Schröder (SPD)	7	100	52,9	7	53	43,8	7	54	42,5	5,5	42	40,0
Lafontaine (SPD)	-			2	14	11,6	1	3	2,4	1	7	6,7
Däubler-Gmelin (SPD)	-			1	5	4,1	-			-		
Scharping (SPD)	-			-			-			1	2	1,9
Riester (SPD)	-			-			-			1	2	1,9
Fischer (Grüne)	1	5	2,7	1	6	5,0	-			-		
K. Müller (Grüne)	-			1	4	3,3	-			-		
Schäuble (CDU)	2	50	26,5	2	19	15,7	4	35	27,6	3	21	20,0
Kohl (CDU)	1	3	1,6	2	9	7,4	1	9	7,1	3	9	2,9
Rühe (CDU)	-			1	7	5,8	1	3	2,4	-		
Merkel (CDU)	-			1	3	2,5	-			-		
Seehofer	-			-			1	3	2,4	-		
Waigel (CSU)	-			1	6	5,0	1	9	7,1	2	6	5,7
Glos (CSU)	-			1	6	5,0	-			1	3	2,9
Kinkel (FDP)	-			1	5	4,1	-			-		
Westerwelle (FDP)	-			-			-			1	5	4,8
Gysi (PDS)	-			-			-			-		

Tab. 11: Sichtbarkeitsanteile II (andere Akteure, Symbole)

	VOX			SAT 1			RTL			PRO 7		
	A	Z	%	A	Z	%	A	Z	%	A	Z	%
Plenum (Totale)	1	3	1,6	2	7	5,8	1	3	2,4	1	4	3,8
Redner/Pult (nah)	6	129	68	6	53	43,8	7	73	57,5	4	31	29,5
Pressetribüne	1	5	2,6	-			-			-		
Zuschauertribüne	-			-			-			1	2	1,9
Regierungsbank	-			3	18	14,9	1	4	3,2	4	20	19
Bundesratsbank	-			-			-			-		
Podest (BtP)	-			-			-			-		
Stenografentisch	1	12	6,4	-			-			-		
Adler/Fahne	-			-			-			1	3	2,9
Bt-Lobby	1	12	6,4	-			1	6	4,7	2	12	11,4
Eingangsbereich (vor Bundestag)	-			2	10	8,3	2	17	13,4	1	9	8,6
Selbstreferentialität	1	9	4,8	-			-			1	5	4,3
Sitzreihen (Teile):												
CDU/CSU	1	3	1,6	4	19	15,7	3	15	11,8	4	13	12,4
FDP	-			1	5	4,1	-			-		
SPD	1	6	3,2	1	2	1,7	1	2	1,6	1	3	2,9
Grüne	-			1	6	5,0	-			-		
PDS	-			-			-			-		

Legende: A Anzahl; Bt Bundestag; Z Zeit

Die Tabellen 12 bis 15 dokumentieren die quantitativen Befunde der Korrespondentenberichte von ARD und ZDF. Als wesentlicher Unterschied zu den Privaten fällt auf, daß die beiden öffentlich-rechtlichen Sender jeweils zwei Berichte ausgestrahlt haben. Der erste faßt nur die Regierungserklärung zusammen, der zweite die anschließende Aussprache (Tabelle 12).

Tab. 12: Vergleich von vier Korrespondentenberichten über die Regierungserklärung vom 10.11.1998 in den Hauptausgaben der Nachrichten von ARD und ZDF

	ARD (1)	ARD (2)	ZDF (1)	ZDF (2)
Dauer des Berichts (S)	168	171	165	155
Anzahl der E	15	29	22	17
Durchschnittslänge der E (S)	11,2	5,9	7,5	9,12
Längste E (S)				
Kürzeste E (S)	2 (1x)	2 (5x)	2 (3x)	2 (1x)

Tab. 13: „Orte"

	ARD (1)			ARD (2)			ZDF (1)			ZDF (2)		
	A	Z	%	A	Z	%	A	Z	%	A	Z	%
Bt (Plenum)	14	152	90,5	29	171	100	21	157	95,2	17	155	100
Bt (andere Orte)	1	16	9,5	-			1	8	4,9	-		
Sonstige	-			-			-			-		

Tab. 14: Sichtbarkeitsanteile I (Akteure)

	ARD (1)			ARD (2)			ZDF (1)			ZDF (2)		
	A	Z	%	A	Z	%	A	Z	%	A	Z	%
Schröder (SPD)	8	117	69,6	5	22	12,9	11	117	70,9	2	11	7,1
Naumann (SPD)	1	16	9,5	-			-			-		
Lafontaine (SPD)	1	10	6,0	2	13	7,6	1	2	1,2	1	2	1,3
Struck (SPD)	-			1	14	8,2	1	2	1,2	1	14	9,0
W. Müller (SPD)	-			-			1	8	4,9	-		
Scharping (SPD)	-			-			1	2	1,2	-		
Riester (SPD)	-			-			1	2	1,2	-		
Bergmann (SPD)	-			-			1	2	1,2	-		
Hombach (SPD)	-			-			-			1	6	3,9
Schily (SPD)	-			-			-			2	11	7,1
Fischer (Grüne)	-			1	9	5,3	1	2	1,2	2	11	7,1
K. Müller (Grüne)	1	10	6,0	2	10	5,9	-			1	12	7,7
Schäuble (CDU)	-			3	10	5,9	-			4	57	36,8
Kohl (CDU)	-			2	9	5,3	-			1	4	2,6
Blüm (CDU)	-			-			1	4	2,4	-		
Waigel (CSU)	-			1	4	2,3	-			1	4	2,6
Gerhardt (FDP)	-			2	27	15,8	-			1	15	9,7
Gysi (PDS)	-			3	14	8,2	-			2	22	14,2

Betrachtet man die quantitativen Befunde der Sichtbarkeitsanteile II (Tabellen 11 und 15), dann wird bei den Öffentlich-Rechtlichen vergleichsweise häufig die Totale des Plenarsaals – quer durch alle Korrespondenenberichte – gezeigt. Die zentralen Symbole des Bundestages (Adler/Fahne) sind jedoch insgesamt selten zu sehen; bei den Privaten noch weniger als bei ARD und ZDF. Auffällig ist vor allem die relativ häufige Verwendung selbstreferentieller Motive bei den beiden Tagesschau-Berichten (Tabelle 15).

Tab. 15: Sichtbarkeitsanteile II (andere Akteure, Symbole)

	ARD (1)			ARD (2)			ZDF (1)			ZDF (2)		
	A	Z	%	A	Z	%	A	Z	%	A	Z	%
Plenum (Totale)	3	16	9,5	2	10	5,9	3	14	8,5	3	14	9,0
Redner/Pult (nah)	6	89	53,0	10	56	32,8	10	108	65,5	7	112	72,3
Pressetribüne	1	9	5,4	2	18	10,5	-			-		
Zuschauertribüne	1	9	5,4	2	14	8,2	1	9	5,5	-		
Regierungsbank	4	32	19,1	3	15	8,8	2	4	2,4	4	17	11,0
Bundesratsbank	1	2	1,2	-			-			-		
Podest (BTP)	2	10	6,0	2	5	2,9	1	3	1,8	1	4	2,6
Stenografenpult	2	10	6,0	-			1	3	1,8	2	6	3,9
Adler/Fahne	3	15	8,9	1	9	5,3	1	5	3,0	-		
Bt-Lobby	1	16	9,5	-			1	8	4,9	-		
Eingangsbereich (vor Bundestag)	-			-			-			-		
Selbstreferentialität	3	29	17,3	2	18	10,5	-			-		
Sitzreihen (Teile):												
CDU/CSU	-			3	11	6,4	2	10	6,1	1	4	2,6
FDP	-			1	15	8,8	-			-		
SPD	-			1	7	4,1	2	8	4,9	-		
Grüne	-			-			-			-		
PDS	-			1	9	5,3	-			1	4	2,6

Tabelle 16 dokumentiert die Anteile der *soundbites* in den Korrespondentenberichten von VOX, SAT 1, RTL, PRO 7, ARD und ZDF. Insgesamt überrascht, daß nur acht Parlamentarier zu Wort kommen. Hier ist als wichtiges Ergebnis festzuhalten, daß Schröder mit über 381 Sekunden dreimal so lang zu sehen ist wie Schäuble (CDU/CSU) mit 127 Sekunden. Dann folgen die Fraktionsvorsitzenden Gerhardt (F.D.P.) und Gysi (PDS) mit jeweils 30, Struck (SPD) mit 28 und K. Müller (Grüne) mit 26 Sekunden. Lafontaine (SPD) kommt mit 7 und Westerwelle (F.D.P.) mit 5 Sekunden zu Wort, und zwar in der Lobby des Bundestags. Analog zur Analyse der britischen Parlamentseröffnung werden ausgewählte Schlüsselbilder der Regierungserklärung im Deutschen Bundestag und der anschlie-

Bild 3: Schröders Regierungserklärung im Kontrollmonitor

Bild 4: Parlamentsdebatte in der deutschen Verhandlungsdemokratie

ßenden Aussprache knapp semiologisch beschrieben. Stellvertretend wurden zwei Bilder aus der ARD-Berichterstattung ausgewählt, in denen sich Grundcharakteristika parlamentarischer Politik im Fernsehen verdichten.

Bild 3 zeigt die Selbstreferentialität als technisches Symbol: Bundeskanzler Schröder erscheint bei seiner über zwei Stunden dauernden Regierungserklärung im Kontrollmonitor der TV-Kamera (Abb. 3). Dieses Schlüsselbild symbolisiert die technisch-rationale Orientierung der deutschen politischen Kultur, in dem die parlamentarische Praxis im symbiotischen Zusammenspiel von Polit- und Medienakteuren inszeniert wird. Bild 4 zeigt die Konfrontation von Regierung und Opposition in der Verhandlungsdemokratie: Analog zu den Schlüsselbild des adversativ ausgerichteten britischen Parlamentarismus (Abb. 2) verdichtet sich in diesem Schlüsselbild (Abb. 4) auf ähnliche Weise das Aufeinandertreffen von Regierung und Opposition. Allerdings ist dieses Bild vergleichsweise selten – sowohl in den Direktübertragungen als auch in den Nachrichten – zu sehen.

Tab. 16: Anteile der *soundbites* parlamentarischer Akteure

	Schröder			SPD andere			K. Müller			Schäuble			FDP			Gysi		
	A	Z	%	A	Z	%	A	Z	%	A	Z	%	A	Z	%	A	Z	%
VOX	1	32	6,9	-			-			-			-			-		
	1	10	5,3															
	1	16	8,5															
	1	11	5,8															
SAT 1	1	8	6,6	-			1	4	3,3	1	10	8,3	-			-		
	1	16	13,2							1	9	7,4						
	1	7	5,8															
	1	9	7,4															
RTL	1	8	6,3	-						1	10	7,9				-		
	1	12	9,5							1	12	9,5						
	1	17	13,4							1	10	7,9						
	1	10	7,8															
PRO 7	1	2	1,9	1	7	6,67	-			2	8	7,6	1	5	4,8	-		
	1	11	10,5	(Lafontaine)						2	11	10,5	(Westerwelle)					
	2	12	11,4															
ARD (1)	3	22	13,1	-			-			-			-			-		
	1	18	10,7															
	1	14	8,2															
	1	11	6,6															
	1	17	10,1															
ARD (2)	-			1	14	8,2	1	10	5,8	5	13	7,6	3	15	8,8	1	12	7,0
				(Struck)						1	4	2,3	(Gerhardt)					
ZDF (1)	3	25	15,2	-			-			-			-			-		
	3	20	12,1															
	1	15	9,1															
	1	16	9,5															
	3	18	10,9															
	3	24	14,6															
ZDF (2)	-			1	14	9,0	1	12	7,7	3	31	20,0	1	15	9,7	1	18	11,6
				(Struck)						2	25	16,1	(Gerhardt)					
Anteil an der gesamten Berichterstattung	37	381	(31,7)	1	7	0,6	3	26	2,2	22	127	10,6	1	5	0,42	2	30	2,5
				(Lafontaine)									(Westerwelle)					
				2	28	2,3							2	30	2,5			
				(Struck)									(Gerhardt)					

4. Parlamentarische Öffentlichkeit im Zeitalter ihrer televisuellen Reproduzierbarkeit: Vergleich der Befunde und Ausblick

Sowohl das *State Opening of Parliament* am 24. November 1998 als auch die Regierungserklärung von Bundeskanzler Schröder am 10. November 1998 erhielt durch die ausgeprägte Fernsehpräsenz einen herausgehobenen gesellschaftspolitischen Stellenwert und folglich den Status eines Medienereignisses. Dadurch wurde die ohnehin zentrale Rolle im jeweiligen parlamentarischen Prozeß nochmals unterstrichen. Auf Grundlage der vielfältig dokumentierten quantitativen Befunde und der semiologischen Bedeutungsanalyse und Interpretation ausgewählter Schlüsselbilder lassen sich folgende Schlußfolgerungen ziehen.

Erstens: In der Nachrichtenberichterstattung sind in mehrfacher Hinsicht Unterschiede sowohl zwischen öffentlich-rechtlichen und privaten Sendern als auch zwischen der bundesdeutschen und der britischen Berichterstattung festzustellen. Dies bezieht sich einerseits auf die Makrostruktur als auch auf die Mikrostruktur der Korrespondentenberichte. In quantitativer Hinsicht sind vor allem Unterschiede bei der Gesamtlänge der Berichterstattung, der Länge der Korrespondentenberichte festzustellen. Tendenziell ist die Berichterstattung jeweils bei den Privaten kürzer als bei den Öffentlich-Rechtlichen. Das Gesamtvolumen der Berichterstattung von BBC 1, ITV, Channel 4 und Channel 5 (2563 Sekunden) ist um über 13 Minuten (787 Sekunden) umfangreicher als das Gesamtvolumen von VOX, SAT 1, RTL, PRO 7, ARD und ZDF (1776 Sekunden). Dies unterstreicht den Stellenwert des *State Opening of Parliament* für den britischen Parlamentarismus und die politische Kultur (Tabelle 1 und 8).

Zweitens: In bezug auf die Motivwahl und der damit zusammenhängenden Kreation von Fernsehimages des Bundestages und *House of Commons* läßt sich eine starke Fokussierung auf wenige Images des jeweiligen Plenarsaals, aber auch andere Motive außerhalb des Plenums, erkennen. Während in der britischen Berichterstattung die Wiedererkennung traditionsstiftender Symbole (Kutsche, Thron, *Lords* in Roben, *Mace*, Rituale (Kutsche fährt zum *Westminster Palace, Black Rod* klopft an die Tür des *House of Commons* etc.) und weniger herausgehobener Personen (*Queen* mit Prince Philip, *Madam Speaker,* Blair, Prescott, Hague, Ashdown) wichtig ist (Tabelle 4 und 5), ist in Deutschland die Präsentation eines breiten Spektrums parlamentarischer Akteure (25!) des politischen Spektrums und das Aufzeigen von Sachargumenten zentral (Tabelle 10, 11, 14 und 15). Gerade hierin spiegeln sich die Wesensmerkmale der beiden politischen Kulturen wider: traditional-modern vs. rational-modern (vgl. Rohe 1982).

Drittens: Von besonderem Interesse ist die televisuelle Konstruktion des parlamentarischen Konfliktes anhand des Aufeinandertreffens der politischen Kontrahenten. Neben den stereotypen Images sind es vor allem die *soundbites* (Tabelle 17), die zur Inszenierung der parlamentarischen Streitkultur via Bildschirm beitragen. Sie entsprechen weitgehend den Publikumserwartungen, weil die politische Alternative sowohl visuell als auch auditiv auf einen Nenner gebracht wird. Während in den Korrespondentenberichten des deutschen Fernsehens immerhin acht parlamentarische Akteure zu Wort kamen, waren es in der britischen Berichterstattung nur drei. Insofern spiegelt sich auch auf dieser Analyseebene die Differenz in punkto Demokratietyp und Parlamentstyp wider, denn die britische Konkurrenzdemokratie wird nur durch wenige parlamentarische Akteure und die bundesdeutsche Verhandlungsdemokatie durch vergleichsweise viele Akteure televisuell (re-)präsentiert.

Tab.17: State Opening of Parliament/Debate on the Address (24.11.1998) und Regierungserklärung/ Debatte (10.11.1998) im Vergleich – Anteile (Sekunden) der *soundbites* parlamentarischer Akteure in den Korrespondentenberichten der Hauptnachrichten

	Großbritannien: vier Korrespondentenberichte (Ch 5, ITV, BBC 1, Channel 4)	Deutschland: acht Korrespondentenberichte (VOX, SAT1, RTL, PRO7, ARD und ZDF)
Gesamtsendezeit der Korrespondentenberichte	Sekunden 849	Sekunden 1201
Regierung gesamt	110 (Blair)	442 (SPD 416; Grüne 26)
Opposition gesamt	147 (Hague 104; Ashdown 43)	192 (CDU: 127; F.D.P. 35; PDS 30)
sonstige Akteure: Queen Madam Speaker	44 3	-

Legende: A Anzahl; Z Zeit; E Einstellungen; S Sekunden; Bt Bundestag

Läßt man einmal die Auszüge aus der *Queen's Speech* beiseite, zeigt die Tabelle 17, daß in Großbritannien der Opposition mehr Fernsehpräsenz in Gestalt von *soundbites* zugestanden wird als in Deutschland, wo die Regierung gegenüber der Opposition die doppelte Redezeit erhält. Dieser Befund überrascht in dieser Diskrepanz. Er kann damit erklärt werden, daß die Opposition in der britischen Konkurrenzdemokratie traditionsgemäß und systembedingt eine herausgehobene Rolle spielt, während das politisch-kulturelle Verständnis von Opposition in Deutschland nie so stark ausgeprägt war (Döring 1993; Oberreuter 1993). Zugleich gibt es in Großbritannien einen Kodex, politisch fair und ausgewogen zu berichten.

Viertens: Bei der empirischen Analyse wurde insbesondere auf die Verwendung selbstreferentieller Motive ('Kamera zeigt Kamera') geachtet. Während im britischen Fernsehen derartige Motive völlig fehlten, tauchten sie bei der Nachrichtenberichterstattung von VOX, PRO7 und ARD hin und wieder auf. Wenngleich die selbstreferentiellen Motive aus pragmatischen Gründen primär als Schnittbilder Verwendung fanden, so ist die Auswahl dieser Schlüsselbilder dem Umstand geschuldet, daß durch die televisuelle Präsenz der Kameras und Monitore auch eine auf Technik und Rationalität abzielende politische Kultur einen konkreten Ausdruck findet.

Im Gegensatz hierzu findet im britischen Fernsehen (BBC 1 und ITV) häufig das journalistische Stilmittel des *on*-Kommentars am Ende des Korrespondentenberichts Verwendung, indem der Reporter mit Mikrofon vor die für das Fernsehpublikum nicht sichtbare Kamera tritt und ein persönliches Fazit des Ereignisses zieht: „...for BBC News, Westminster". Dieses Stilmittel wurde in deutschen Korrespondentenberichten nicht eingesetzt. Hier zeigt sich die unterschiedliche journalistische Tradition in beiden Ländern. Während der britische Journalismus auf eine lange, eigenständige TV-Tradition zurückblicken kann und sich vor allem durch eine hohe Recherchebereitschaft und eine starke Verankerung der Reporterrolle auszeichnet, blieb der deutsche Fernsehjournalismus – trotz seiner starken Orientierung an den angelsächsischen Vorbildern nach dem Zweiten Weltkrieg – einem Verständnis verhaftet, der sich eher durch eine zurückhaltende Recherche auszeichnet, ein Umstand, der wiederum auf die schwache Herausbildung der Reporterrolle verweist (Esser 1999; Donsbach 1993). Insofern versteht sich der in Deutschland agierende Journalist eher als Teil des Ganzen, der britische Reporter vielmehr als Individuum, der mit seinem Erscheinen dem Beitrag einen persönlichen Anstrich gibt. Dieses konträre journalistische Grundverständnis findet seine Wurzeln nicht zuletzt in der differenten politischen Kultur, die so Rohe (1982: 587), in einen „affektiv aufgeladenen, am *Lebensweiseparadigma orientierten Kulturtyp*" (Großbritannien) und einen „*zweckrationalen, an einem 'technischen' Paradigma orientierten Kulturtyp*" (Deutschland) typologisch unterschieden werden kann.

Tab. 18: „Storyboard" der Korrespondentenberichte von VOX, SAT 1, RTL, PRO7, ARD und ZDF (Regierungserklärung von Kanzler Schröder/Aussprache) am 10.11.1998 und von Channel 5, ITV, Channel 4 und BBC 1 (*State Opening of Parliament/Debate on the Address*) am 24.11.1998

	Deutschland	Großbritannien
Beginn	-Ankunft von Schröder (vor Bundestagsgebäude, an Tür zum Eingangsbereich, im Treppenhaus etc.) -Kurzes Statement von Schröder über Regierungserklärung (im Eingangsbereich) Plenumsbereich (verschiedene Motive: z.B. Totale des Plenarsaals, Regierungsbank, Kohl, Waigel, Schäuble u.a. auf Abgeordnetenbank)	-Ankunft der Königin in der Kutsche -Einzug der Königin mit Gemahl ins *House of Lords* -*Black Rod* klopft an die Tür der *Chamber* des *House of Commons* -*MPs* folgen ins *House of Lords* -Illustrierende Bilder des *House of Lords*
Mittelteil	-Schröder am Rednerpult -Schäuble und andere Oppositionspolitiker am Rednerpult -Weitere Vertreter der Regierungsparteien am Rednerpult -Verschiedene Motive als Schnittbilder (z. B. Zuschauertribüne, Plenarbereich, Fraktionen, selbstreferentielle Motive)	a) -*Queen* verliest die *Speech* (kurze Auszüge) -Totalen des *House of Lords-Chamber* -Rückzug der Queen und Rückzug der MPs ins *House of Commons* (Ende Channel 5-Bericht) b) -*Leader of the Opposition* (William Hague) kritisiert die *Queen's Speech* -Erwiderung von *Prime Minister* Tony Blair -Statement von Paddy Ashdown *(Leader of the Liberal Democrats)*
Schluß	-Schröder geht durch Eingangsbereich des Bundestages nach draußen -Totale des Plenums mit Applaus -Regierungsbank -Symbolensemble aus Bundesadler und Fahne	-Ortswechsel (*Palace of Westminster* außen etc.) -Bei BBC 1/ITV: *on*-Kommentar von Reporter

Fünftens: Trotz gradueller Unterschiede bei den einzelnen Sendern weisen die britischen und deutschen Korrespondentenberichte jeweils spezifische dramaturgische Muster („Storyboard") auf, die folgendermaßen skizziert werden können (Tabelle 18). Durch diese Berichterstattungsmuster werden die parlamentarischen Prozeduren des *State Opening of Parliament* und der Regierungserklärung im Habitus einer vom Fernsehen inszenierten ästhetischen Praxis präsentiert. Dadurch verändert sich zwar nur graduell deren Charakter; gleichwohl erhält die genuine Prozedur durch den Zeitraffereffekt und die veränderte Komposition der Schlüsselbilder ein vom eigentlichen Ereignis stark differentes Erscheinungsbild.

Insofern kann parlamentarische Öffentlichkeit im Zeitalter ihrer televisuellen Reproduzierbarkeit mit den Charakteristika Geschwindigkeit, Flüchtigkeit, Oberflächlichkeit, visuelle Präsenz und Manipulierbarkeit adäquat umschrieben werden. Diese Attribute tragen zu einer optischen Signatur des Parlamentarischen bei, die im Prozess massenmedialer (Selbst-)Inszenierung eine 'überschaubare' und leicht identifizierbare Anzahl von Schlüsselbildern parlamentarischer Akteure, Symbole, Rituale und Zeremonien konstruiert.

Literatur

Arnold, Sabine R./Fuhrmeister, Christian/Schiller, Dietmar (Hg.) (1998): Politische Inszenierung im 20. Jahrhundert: Zur Sinnlichkeit der Macht. Wien/Köln/Weimar: Böhlau

Baringhorst, Sigrid (1998): Politik als Kampagne. Zur medialen Erzeugung von Solidarität. Opladen: Westdeutscher Verlag

Bäuerlein, Heinz (1992): Damit sich der Bürger ein Bild machen kann. Wie sich der Deutsche Bundestag auf Fernsehübertragungen einstellt. In: Zeitschrift für Parlamentsfragen 23,5, S. 216-230

Biffen, John (1996): Inside Westminster. Behind the Scenes at the House of Commons. London: Andre Deutsch

Bourdon, Jérôme (1992): Television and Political Memory. In: Media, Culture & Society, 14,5, S. 541-560

Burkhardt, Armin (1993): Der Einfluß der Medien auf das parlamentarische Sprechen. In: Biere, Bernd Ulrich/Henne, Helmut (Hg.): Sprache in den Medien nach 1945. Tübingen: Niemeyer, S. 158-203

Carey, James W. (1998): Political Ritual on Television: Episodes in the History of Shame, Degradation and Excommunication. In: Curran, James/Liebes, Tamar (Hg.): Media, Ritual and Identity. London/New York: Routledge, S. 42-69

Child, Susann (1999): Politicos's Guide to Parliament. London: Politico's

Dayan, Daniel/Katz, Elihu (1995): Political Ceremony and Instant History. In: Anthony Smith (Hg.): Television. An International History. Oxford/New York: Oxford University Press, S. 169-188

Diers, Michael (1998): Handzeichen der Macht. In: Ders.: Schlagbilder. Zur politischen Ikonographie der Gegenwart. Frankfurt a.M.: Fischer, S. 179-202

Donsbach, Wolfgang (1993): Journalismus versus Journalism – ein Vergleich zum Verhältnis von Medien und Politik in Deutschland und in den USA. In: Ders./Jarren, Otfried/ Kepplinger, Hans Mathias/Pfetsch, Barbara: Beziehungsspiele – Medien und Politik in der öffentlichen Diskussion. Fallstudien und Analysen. Gütersloh: Bertelsmannstiftung, S. 283-315

Esser, Frank (1999): Ursachen größerer Recherchebereitschaft im britischen Pressejournalismus. Eine Analyse aus vergleichender Perspektive. In: Rundfunk und Fernsehen 47,2, S. 200-219

Döring, Herbert (1993): Das klassische Modell in Großbritannien. Ein Sonderfall. In: Euchner, Walter (Hg.): Politische Opposition in Deutschland und im internationalen Vergleich. Göttingen: Vandenhoeck & Ruprecht, S. 21-38

Fiske, John/Hartley, John (1978): Reading Television. London: Methuen & Co. Ltd

Gellner, Winand (1990): Ordnungspolitik im Fernsehwesen: Bundesrepublik Deutschland und Großbritannien. Frankfurt a.M./New York: Lang

Gellner, Winand (1994): Massenmedien. In: Gabriel, Oscar W./Brettschneider, Frank (Hg.): Die EU-Staaten im Vergleich. Strukturen, Prozesse, Politikinhalte. Opladen: Westdeutscher Verlag, 2. Auflage, S. 279-304

Hitzler, Ronald (1992): Die mediale Inszenierung von Politikern. Eine personalisierte Form der „Staatsrepräsentation". In: Gauger, Jörg-Dieter/Stagl, Justin (Hg.): Staatsrepräsentation. Berlin: Reimer, S. 205-222.

Hoffmann, Wilhelm (Hg.) (1999): Visuelle Politik II. Die Sichtbarkeit der Macht. Baden-Baden: Nomos

Huth, Lutz (1985): Bilder als Elemente kommunikativen Handelns in den Fernsehnachrichten. In: Zeitschrift für Semiotik 7,3, S. 203-234

Lijphart, Arend (1984): Democracies. Patterns of Majoritarian and Consensus Government in Twenty-One Counrtries. New Haven/London: Yale University Press

Lijphart, Arend (1990): Democratic Political Systems. In: Bebler, Anton/Seroka, Jim (Hg.): Contemporary Political Systems. Classifications and Typologies. Boulder/London: Lynne Rienner Publishers, S. 71-87

Macho, Thomas (1993): Von der Elite zur Prominenz. Zum Strukturwandel politischer Herrschaft. In: Merkur 47, 9/10, S. 762-769

Meyer, Thomas (1992): Die Inszenierung des Scheins. Voraussetzungen und Folgen symbolischer Politik. Frankfurt a.M.: Suhrkamp

Meyer, Thomas (1998): Politik als Theater. Die neue Macht der Darstellungskunst. Berlin: Aufbau Verlag

Münkler, Herfried (1995): Die Visibilität der Macht und die Strategien der Machtvisualisierung. In: Göhler, Gerhard (Hg.): Macht der Öffentlichkeit – Öffentlichkeit der Macht. Baden-Baden: Nomos, S. 213-230

Müller, Marion G. (1997): Politische Bildstrategien im amerikanischen Präsidentschaftswahlkampf 1828-1996. Berlin: Akademie

Müller-Doohm, Stefan (1993): Visuelles Verstehen – Konzepte kultursoziologischer Bildhermeneutik. In: Jung, Thomas/ Müller-Doohm, Stefan (Hg.): „Wirklichkeit" im Deutungsprozeß. Verstehen und Methoden in den Kultur- und Sozialwissenschaften. Frankfurt a.M.: Suhrkamp, S. 438-457

Oberreuter, Heinrich (1993): Parlamentarische Opposition in der Bundesrepublik Deutschland. In: Euchner, Walter (Hg.): Politische Oppositionen in Deutschland und im internationalen Vergleich. Göttingen: Vandenhoeck & Ruprecht, S. 60-75

Ortheil, Hanns-Josef (1986): Die Staatsschauspieler. In: Merkur 40, 9/10, S. 779-792

Rohe, Karl (1982): Zur Typologie politischer Kulturen in westlichen Demokratien. Überlegungen am Beispiel Großbritanniens und Deutschlands. In: Dollinger, Heinz/ Gründer, Horst/Hanschmidt, Almin (Hg.): Weltpolitik. Europagedanke. Regionalismus. Münster: Aschendorff, S. 581-596

Ruhrmann, Georg (1994): Ereignis, Nachricht und Rezipient. In: Merten, Klaus/Schmidt, Siegfried J./Weischenberg, Siegfried (Hg.): Die Wirklichkeit der Medien. Eine Einführung in die Kommunikationswissenschaft. Opladen: Westdeutscher Verlag, S. 237-256

Schiller, Dietmar (1997): „Geschichtsbilder" im Fernsehen: Zur Militarisierung des öffentlichen Raumes im vereinten Deutschland durch staatlich inszenierte Symbolpolitik. In: kritische berichte 25,1, S. 39-54

Schiller, Dietmar (1998a): „Westminster – Live on Screen!": Zur televisuellen Inszenierung von Politik an der Schwelle zum 21. Jahrhundert. In: Arnold, Sabine R./Fuhrmeister, Christian/ Schiller, Dietmar (Hg.): Politische Inszenierung im 20. Jahrhundert. Zur Sinnlichkeit der Macht. Wien/Köln/Weimar: Böhlau, S. 202-215

Schiller, Dietmar (1998b): Parlamente Online. Zum Strukturwandel parlamentarischer Öffentlichkeit im Internet-Zeitalter. In: Gellner, Winand/von Korff, Fritz (Hg.): Demokratie und Internet. Baden-Baden: Nomos, S. 127-142

Schiller, Dietmar (1999): „Images of Parliament". Zur Dechiffrierung der televisuellen Signatur von Parlamentsdebatten. In: Hofmann, Wilhelm (Hg.): Visuelle Politik II. Die Sichtbarkeit der Macht. Baden-Baden: Nomos, S. 145-162.

Schiller, Dietmar (2000): „Televising Parliaments": Britisches House of Commons und Deutscher Bundestag im Vergleich. In: Kaiser, André (Hg.): Regieren in Westminster-Demokratien. Baden-Baden: Nomos, S. 75-94.

Soeffner, Hans-Georg (1992): Geborgtes Charisma – Populistische Inszenierungen. In: Ders.: Die Ordnung der Rituale. Die Auslegung des Alltags 2. Frankfurt a.M.: Suhrkamp, S. 177-202

Soeffner, Hans-Georg/Tänzler, Dirk (2002): Figurative Politik. Prolegomena zur einer Kultursoiologie politischen Handelns. In: Dies. (Hg.): Figurative Politik. Zur Performanz der Macht in der modernen Gesellschaft. Opladen: Leske + Budrich, S. 17- 33.

Voltmer, Katrin (1997): Mass Media Systems. The Structure of Diversity in Press and Broadcasting Systems. (Revised Draft – June 1997). Prepared for the Second Berlin Conference „Societal Problems, Political Structures, and Political Performance: Towards a Typology of Democratic Political Systems", March 17-19, 1994, WZB. Ms. (unveröff.)

Warnke, Martin (1994): Politische Ikonographie. Hinweise auf eine sichtbare Politik. In: Leggewie, Claus (Hg.): Wozu Politikwissenschaft. Über das Neue in der Politik. Darmstadt: Wissenschaftliche Buchgesellschaft, S. 170-178

Wilke, Jürgen (1994): Lang war der Weg zur Öffentlichkeit. Die wechselvolle Geschichte der Parlamentsberichterstattung. In: Das Parlament, 14. Oktober, S. 8

Dorothea E. Schulz

Posen des Prestiges. Zur Theatralisierung von Regierungsgewalt in der Fernsehöffentlichkeit Malis

Einleitung

Dieser Beitrag untersucht, wie der Präsident des westafrikanischen Staates Mali, Alpha Konaré, in öffentlichen Auftritten seinen Führungsanspruch legitimiert, welche Bilder von legitimer Macht er dabei entwirft und welche Rolle diese Bilder in der durch elektronische Medien hergestellten Öffentlichkeit spielen. Meine Ausführungen konzentrieren sich auf den Teilbereich öffentlicher Kommunikation, der im urbanen Mali durch das staatliche Fernsehen hergestellt wird und an dem vor allem Vertreter der städtischen Mittelklasse, aber auch Vertreter von niederen Einkommensschichten teilhaben.[1]

Der Begriff der Öffentlichkeit, mit dem ich arbeiten möchte, ergibt sich aus gegenwärtigen Versuchen, das Habermassche Modell der Öffentlichkeit als einen zwischen staatlichem Einflußbereich und privater Sphäre angeordneten Raum, in dem kritische Diskussion und Meinungsbildung möglich ist, zur Untersuchung von neuen Öffentlichkeiten in Afrika heranzuziehen (Habermas 1990 [1962]). Dies setzt aber voraus, daß wir den Begriff zunächst von der von Habermas implizierten, normativen Vorstellung befreien, der zufolge ein rational-kritischer Diskurs einen essentiellen Bestandteil von Öffentlichkeit darstelle (vgl. Garnham 1992).[2] Habermas' idealisierte (und im Vorwort zur Neuauflage (1990) leicht revidierte) Sicht einer Sphäre des freiheitlichen öffentlichen Diskurses, die sich in Europa seit dem späten 17. Jahrhundert herausbildete und erst durch Massenmedien und Kommerzialisierung in einen Bereich des Unterhaltungskonsums und der Selbstinszenierung von Politikern umgewandelt wurde, trifft nicht auf gegenwärtige afrikanische Staaten zu. Doch als deskriptive Kategorie zur historisch und

---

1   Die Diskussion basiert auf qualitativer und quantitativer Forschung zur Rezeption von Fernsehen und Radio in Mali, die im Zeitraum von 1994 bis 2000 (zusammengenommen 20 Monate) durchgeführt wurde (vgl. Fußnote 9). Quantitative Erfassungen von Konsumentenpräferenzen dienten dazu, individuelle Aussagen und Kommentare als quantifizierbares Material zu verwenden. Auch wenn ich die Angestellten der nationalen malischen Rundfunk- und Fernsehstation ORTM (*Office de la Radiodiffusion et Télévision du Mali*) nicht namentlich nennen kann, ohne deren Hilfsbereitschaft und kritische Hintergrundinformationen ich diesen Artikel niemals hätte schreiben können, möchte ich ihnen hiermit meinen herzlichsten Dank aussprechen.
2   Auch in Bezug auf Europa haben einige Autoren darauf hingewiesen, daß die Öffentlichkeit des späten 17. Jahrhunderts keinesfalls so freiheitlich war, wie von Habermas postuliert, da sie Frauen und Vertreter niederer Schichten ausschloß (Fraser 1992). Zudem ist fraglich, ob Habermas' negative Bewertung der Massenmedien als „Zerstörer" der politischen Kultur zutrifft, da Massenmedien die Herausbildung neuer sozialer Formationen und damit eine Pluralisierung öffentlicher Räume ermöglichen (Calhoun 1992; Garnham 1992).

gesellschaftlich vergleichenden Untersuchung von öffentlichen Räumen angewandt, hat Habermas' Begriff den Vorteil, daß er einen neuen Blick auf Aktionsräume ermöglicht, die im postkolonialen Afrika zwischen Staat und Markt angesiedelt sind. Dazu ist es notwendig, Habermas' Fokus auf diskursive Formen und Räume von Öffentlichkeit zu erweitern und die Aufmerksamkeit verstärkt auf nicht-diskursive, performative Genres zu richten.

Öffentlichkeit wird in Afrika durch Massenmedien und öffentliche Rituale als eine Sphäre geschaffen, welche vom Staat orchestriert, aber nicht völlig kontrolliert ist (z.B. Combs-Schilling 1996; Schulz 2000b) oder sogar weitgehend außerhalb des Kontrollbereichs des Staates gelagert sein kann (Launay / Soares 1999; Probst 1999). Öffentlichkeit ist nicht immer eine physisch meßbare Sphäre. Sie verdankt ihre Existenz in erster Linie der Tatsache, daß sie von den Menschen, die ihr angehören, als ein Raum der Gemeinschaftlichkeit beschworen wird. Eine Untersuchung der Ideale und Bilder von Gemeinschaftlichkeit – auf der Öffentlichkeit in einer Gesellschaft beruht – erlaubt, diese Sphäre kulturell und historisch spezifisch zu fassen. Daher verdienen die imaginativen Konstruktionen[3] von Gemeinschaft-lichkeit, die zum Gegenstand von Auseinandersetzungen in älteren und neu geschaffenen Öffentlichkeitsräumen in Afrika werden, eine besondere Aufmerksamkeit. Wie Lonsdale (Lonsdale 1992) und Chatterjee (Chatterjee 1993) herausstellen, beruhen diese imaginären Konstruktionen in Gesellschaften Afrikas und des indischen Subkontinents auf einer durch emotionale und spirituelle Bezüge geprägten lokalen Gemeinschaft. Die vorrangige Bedeutung von spirituellen und affektiven Elementen grenzt dieses Bild klar von dem der rational-kritischen Diskursgemeinschaft ab, das dem Habermasschen Ideal einer freiheitlichen Öffentlichkeit zugrunde liegt.

Die Untersuchung der durch Medien geschaffenen Öffentlichkeiten in Mali wirft die Frage auf, welche Elemente des kulturellen Repertoires in Mali der öffentlichen Beschwörung einer politischen Gemeinschaft dienen (vgl. Schulz 1999b, Schulz 2000b). Die Betonung der Bedeutung von Vorstellungen und Wunschbildern politischer Gemeinschaft richtet das Augenmerk der Untersuchung auf die kulturellen Repertoires und „Weltbilder" (vgl. Soeffner 2000: 222), auf deren Grundlage in Mali politische Legitimität reklamiert, hergestellt und zuerkannt wird.

Mit den Begriffen der Inszenierung und Theatralisierung greife ich gegenwärtige Diskusssionen auf, die diese aus den Theaterwissenschaften stammenden Begriffe zur Untersuchung von unterschiedlichen Feldern der gesellschaftlichen Praxis anwenden. Dabei lassen sich Versuche beobachten, den nunmehr inflationären und oft unscharfen Gebrauch dieser Konzepte einzudämmen (z.B. Paragrana 1998; Willems/Jurga 1998). In Anlehnung an Fischer-Lichte (1998: 86-87) verstehe ich unter 'Theatralisierung' die Produktion eines relativ geschlossenen, kohärenten und ästhe-

---

3   Mit „imaginativen Konstruktionen" übersetze ich, was im Französischen mit dem Begriff des *imaginaire* (z.B. Bayart 1996) umschrieben wird. Wie Bayart feststellt, spielt das Imaginäre schon bei Tocquevilles und Castoriadis' Untersuchungen zur „politischen Gesellschaft" eine zentrale Rolle (Bayart 1996: 139—149). Eine ähnliche Position vertritt Appadurai (1996), der postuliert, daß der Imagination im Zeitalter der Globalisierung von Medienbildern eine immer wichtiger werdende Bedeutung zukommt.

tisch überzeugenden öffentlichen Auftritts. Dabei werden Zeichen körperlicher und objekthafter Natur in einer Weise eingesetzt, deren Bedeutung von den Darstellenden und Zuschauern geteilt werden. Darüber hinaus verwende ich den Begriff der 'Inszenierung', um die Intentionalität der Wahl bestimmter Zeichen und ihrer Verwendungsweise hervorzuheben. Ich fasse die Arena, die durch Ausstrahlung von Fernsehsendungen und deren Rezeption geschaffen wird, als einen Raum der symbolischen Kommunikation auf, in dem Produzenten und Rezipienten von Medienbotschaften an der symbolischen Konstruktion von Gemein- schaftlichkeit (so etwa eines nationalen Kollektivs, vgl. Anderson 1983), vermittelt durch gemeinsame Werte und Ordnungsvorstellungen, teilhaben. Rezipienten verleihen ihrer eigenen Lebenssituation dadurch Sinn, daß sie diese Medienbotschaften in einer Weise deuten, die in den Horizont ihrer Erklärungsmuster paßt, wobei sie diesen aber auch erweitern und dadurch verwandeln. Um zu verstehen, wie die im Fernsehen vorgeführten Bilder von „politische[n] Ordnungsvorstellungen ... personengebunden beglaubigt werden" (Kurt 1998: 566), soll dargestellt werden, wie die gegenwärtige politische Ordnung Malis im Fernsehen durch den Staatspräsidenten verkörpert und legitimiert wird.

1. Mediale Inszenierungen legitimer Ordnungsmacht in Afrika und Europa

Trotz eines wachsenden Interesses an Öffentlichkeit in Afrika (z.B. Barber 1994; 1997; 1999; Probst 1998; 1999; Förster 1999) sind empirische Untersuchungen zu Öffentlichkeiten, die in Ländern des Südens durch moderne Massenmedien, insbesondere Fernsehen, Video und Radio, hergestellt werden, bisher oft vernachlässigt worden (vgl. Spitulnik 1993; siehe jedoch Ekeh 1975; Spitulnik 1992; 1993; Fuglesang 1994; Marshall-Fratani 1999; Meyer 1999; vgl. Ugboajah 1985; Tomaselli et al. 1989; Bourgault 1995). Insbesondere die Anzahl von Studien, die auf qualitativer Forschung der Medienrezeption beruhen, ist immer noch gering. Die meisten Publikationen sind zu Indien, Iran und der arabischsprachigen Welt entstanden (z.B. Sreberny-Mohammadi und Mohammadi 1994; Abu-Lughod 1993, 1995; Das 1995; Danielson 1997; Eickelman und Anderson 1999; Mankekar 1999). Bei vielen steht die Untersuchung des Zusammenhanges von staatlich dirigierter Medienproduktion, Prozessen der nationalen Integration und des 'nation building' sowie eventuell gegenläufiger Strömungen der Herausbildung bzw. Betonung von partikulären Identitäten im Vordergrund des Interesses. Einige Autoren gehen der oben angesprochenen Frage nach den Bildern der Gemein- schaftlichkeit nach, und zeigen vielfach auf, wie diese Bilder auf Konstruktionen von Vergangenheit, von 'Rasse' bzw. Ethnizität, oder auch von Frauen als Hüterinnen von Tradition und kultureller Authentizität basieren (z.B. Kandiyoti 1993; Mankekar 1999, Schulz 2000a). Dagegen wurde bisher kaum untersucht, wie einzelne Politiker sich das Fernsehen und Radio zunutze machen, um die von ihnen vertretene politische Ordnung öffentlich darzustellen und zu legitimieren.[4]

---

4 Frühere Arbeiten zur öffentlichen Zelebrierung von staatlicher Macht in Afrika bezogen sich auf

Genau dies scheint mir aber unumgänglich, da auch in den jungen Nationalstaaten Afrikas eine unmittelbare Interaktion zwischen Herrscher und Regierten kaum mehr gegeben ist. Auch hier wird die Begegnung mit den Repräsentanten der politischen Macht vermehrt über Massenmedien vermittelt. Hinzu kommt, daß in afrikanischen Staaten, wie überall in der postkolonialen Welt, das Doppelerbe von tradierten Konzeptionen legiti-mer Herrschaft und von durch den Kolonialstaat eingeführten politischen Institutionen und Rationalitäten schwer wiegt (Chatterjee 1992; Mamdani 1996). Die daraus resultierende relative Instabilität von Regierungsinstitutionen machen neue Strategien der Legitimierung notwendig, deren Verankerung den Einsatz von neuen Massenmedien notwendig macht.

Diese neuen Strategien der medialen Darstellung sollen am Fallbeispiel des gegenwärtigen malischen Staatspräsidenten Konaré untersucht werden. Dazu werden strukturelle Gemeinsamkeiten in den Herausforderungen herausgearbeitet werden, mit denen Politiker sowohl in Afrika als auch im US-amerikanischen und europäischen Westen in Anbetracht einer zunehmenden Medialisierung der politischen Sphäre konfrontiert sind. Daneben wird auch auf Unterschiede in der politischen Bedeutung medialer politischer Repräsentation in afrikanischen Gesellschaften hingewiesen werden.

Zu den Parallelen gehört, daß die zumindest nominelle Demokratisierung in vielen afrikanischen Ländern – Mali scheint aufgrund seiner in den letzten zehn Jahren errungenen relativen Stabilität ein geglücktes Beispiel darzustellen – das frühere Verhältnis von Regierten zu Machthabern verändert hat. Letztere sehen sich stärker als zuvor gezwungen, soziale Akzeptanz für ihr politisches Handeln zu schaffen. Anders als in den Industrienationen spielen in Afrika Massenmedien noch keine zentrale Rolle.[5] Da im Westen die Repräsentation und Legitimierung politischer Ordnung seit längerem zu einem großen Teil über medialisierte öffentliche Rituale und Zeremonialhandlungen erfolgt, muß angesichts der wachsenden Medialisierung von Alltagserfahrung die soziale Akzeptanz für eine politische Ordnung vermehrt über Auftritte in den Medien geschaffen werden (vgl. Raab/Tänzler 1999: 62). Das gilt zunehmend auch für die neuen repräsentativen Demokratien Afrikas, deren Politiker in einem fortwährenden Balanceakt zwischen einem individuellen und überzeugenden Führungsstil und der Erwartung der Menschen an die Repräsentation einer zeitlos gültigen politischen Ordnung vermitteln müssen (vgl. Soeffner 2000: 232).

Da die Institutionen der importierten Politikmodelle relativ neu und die darauf beruhenden politischen Ordnungsmodelle dementsprechend instabil sind (vgl. Bigo 1988: 8), ist anzunehmen, daß Politiker in vielen afrikanischen Ländern verstärkt gezwungen sind, ihre eigenen Ordnungsentwürfe als legitim darzustellen und zu

---

    nicht-medialisierte Sphären der politischen Repräsentation (z.B. Fauré 1975; Hayward/Dumbuya 1984; Bigo 1988).

5   Natürlich hängt die Relevanz dieser medialisierten Inszenierung von den speziellen (visuellen oder auditiven) Medien ab, die eingesetzt werden, und auch davon, welche gesellschaftlichen Gruppen Zugang zu diesem Medium haben. In Mali betreffen die im folgenden analysierten Fernsehsendungen fast ausschließlich die Bevölkerung der Städte und der nächsten ländlichen Umgebung. Dagegen können heute fast in allen Teilen des Landes der nationale Rundfunk — und oft auch lokale Radiostationen — empfangen werden (Schulz 2000b).

beglaubigen, sowie gegenüber konkurrierenden Modellen (und deren Repräsentanten) als gültig durchzusetzen. Die erfolgreiche Durchsetzung eines solchen Wirklichkeitsentwurfs erfordert zum einen den gelungenen Rückgriff auf bestehende Genres der politischen Vorstellungswelt, zum anderen die überzeugende und personengebundene Inszenierung dieser Normen und Werte. So gilt auch für Politiker in Afrika, daß sie eine bestimmte Ästhetik der öffentlichen Darstellung entwickeln und damit ihre „praxisorientierte Darstellungskunst" unter Beweis stellen müssen (Soeffner 2000: 229-230).

Studien zu charismatischen Führerpersönlichkeiten (z.B. Bigo 1988; Raab/Tänzler 1999) zeigen, daß Inszenierungen von politischen Ordnungsvorstellungen und Rationalitäten besonders wirksam sind, wenn sie emotional transportiert werden und sozusagen als genuiner Ausdruck einer individuellen Führerpersönlichkeit und dessen „Bestimmung" zum Führertum dargestellt werden. Der Ausdruck dieser emotionalen Inhalte ist gesellschaftsspezifisch codiert, und Politiker müssen für ihre Inszenierungen auf diese institutionalisierten Ausdrucksformen zurückgreifen (Kurt 1998: 569; Willems 1998: 26-28; vgl. Gehlen 1964; Goffman 1959). Dabei erlaubt der emotionale Charakter dieser personifizierten und expressiven Umsetzung von politischen Ordnungsvorstellungen in den Medien eine spontane Identifizierung der Zuschauer mit dem „Führer" (vgl. Raab/Tänzler 1999: 67-72). Gleichzeitig verdeutlicht diese spontane Identifikation von Regierten mit Politikern, daß die Theatralisierung von politischer Macht nicht nur deren Abbildung beinhaltet, sondern eine Form der Machtausübung ist (Clastres 1973; Balandier 1980; Geertz 1980). Der Erfolg einer öffentlichen Verkörperung eines Ordnungsmodells hängt auch davon ab, inwieweit es einem Politiker gelingt, als 'Gewährsmann' für positive Zukunftsentwürfe und ein Festhalten an tradierten Normen und Formen der Herrschaftsausübung zu erscheinen (vgl. Soeffner 2000: 221-222).

Darüber hinaus sind Politiker in Mali mit Anforderungen konfrontiert, die (wenn auch in unterschiedlichem Ausmaß) kennzeichnend für die postkoloniale Welt sind und politische Gepflogenheiten hervorgebracht haben, die sich radikal von den im Westen üblichen unterscheiden. Ein wesentlicher Unterschied besteht in dem politischen Erbe, mit dem Politiker in Afrika konfrontiert sind. In Mali ist dies ein fest etablierter, repressiver Herrschaftsapparat, in dessen langjähriger Geschichte die Einparteiendiktaturen der vergangenen 30 Jahre nur das letzte Kapitel bilden. Wie andere afrikanische Regierungen muß sich die gegenwärtige Regierungspartei ADEMA[6] gerade dadurch legitimieren, daß sie sich von früheren autokratischen Systemen absetzt. Gleichzeitig müssen die gegenwärtigen Machthaber auch an spezifische Werte und konventionelle Vorstellungen von politischer Legitimität anknüpfen, die oft zu den neuen Rationalitäten in Konkurrenz stehen. Weitere Unterschiede gibt es in Bezug auf die Rolle, die elektronische Medien, insbesondere das Fernsehen, bei der Repräsentation politischer Ordnungsvorstellungen spielen. In Bezug auf westliche Industriegesellschaften wird vielfach argumentiert, daß aufgrund der steigenden Präsenz und Dominanz der Medien das Volk Politikern bei der Ausübung

---

6   *Alliance pour la Démocratie au Mali*

ihrer Regierungsgeschäfte zunehmend auf die Finger schauen kann, woraus zumindest der Eindruck entsteht, daß die Regierten eine größere Kontrollmacht erlangen (z.B. Thompson 1995, Kap.8; Soeffner 2000: 230). Ob dieses hohe Maß an Kontrolle durch Medien in Industrienationen wirklich anzutreffen ist, sei dahingestellt. Tatsache ist, daß in vielen Staaten Afrikas Massenmedien in weit größerem Maße unter der Kontrolle der Regierung und im Dienste der Machthaber stehen, so daß hier eine kritische Berichterstattung kaum möglich ist. Selbst dort wo, wie in Mali, in den vergangenen zehn Jahren bisher ungeahnte Räume der freien Meinungsäußerung entstanden sind (vgl. Schulz 1999b; 2000), tun sich die meisten Journalisten schwer, kritisch-investigativ zu arbeiten und einen prüfenden Blick auf die Politiker zu werfen. Das liegt nicht nur an der fehlenden fachlichen Ausbildung von Journalisten und der daraus resultierenden häufig mangelhaften Professionalität. Als Hauuptursache ist die historischen Erfahrung anzusehen, daß in einem repressiven Staat politische 'Berichterstattung' der Selbstdarstellung der Regierenden dienen mußte (Bourgault 1995).

Ein weiterer Unterschied besteht darin, daß die gegenwärtigen, medialisierten Rituale der Macht in Afrika Teil einer spezifischen politischen Kultur und daher in einen eigenständigen Rezeptionskontext eingebunden sind. Da Zuschauer die Rituale, Posen und Reden nach möglicherweise ganz anderen Kriterien beurteilen, können die Folgen der Medialisierung von politischen Ritualen in Ländern des Südens nicht mit denen in westlichen Gesellschaften gleichgesetzt werden, sondern müssen zum Gegenstand der Untersuchung gemacht werden. Schließlich besteht ein wesentlicher Unterschied darin, daß die durch Medien hergestellte Öffentlichkeit in Afrika eine geringere Bedeutung hat. Dort existieren neben der durch moderne Medien geschaffenen Öffentlichkeit noch andere Räume gesellschaftlicher Interaktion, die wichtig sind, da sich in ihnen zahlreiche alltägliche Situationen ergeben, in denen einflußreiche Mitglieder der Gesellschaft, nicht nur Vertreter der Regierung, ihr Prestige und ihren Anspruch auf eine prominente Position in Szene setzen. Dagegen stellt die 'Öffentlichkeit', mit der ich mich befasse, einen vom postkolonialen Staat unter Einsatz regierungsamtlich kontrollierter elektronischer Medien geschaffenen Raum dar.

Ausgangspunkt meiner Überlegungen zur Theatralisierung von Regierungsgewalt in Mali sind die gescheiterten Versuche der beiden früheren Regimes, sich insbesondere durch Rückgriff auf „Tradition" zu legitimieren. Einst spielten die Sprecher und Preissängerinnen (*Jeliw*,[7] französ. *Griots*) eine zentrale Rolle bei der symbolischen Herrschaftssicherung; sie haben in den vergangenen 30 Jahren aber stark an Glaubwürdigkeit verloren. Nach der Unabhängigkeit Malis (1960) wurde unter anderem versucht, die neue politische Ordnung durch in Auftrag gegebene Preislieder der *Jeliw* zu legitimieren bzw. den öffentlichen Glauben an die Führungsqualitäten der politischen Elite zu stärken. Zwar werden immer noch öffentliche, oft über Radio und Fernsehen ausgestrahlte Lobpreisungen von *Jeliw* zur Steigerung des öffentlichen Ansehens von erfolgreichen Individuen, etwa Händ-

---

7   Die Singularform von *Jeliw* ist *Jeli*

lern (Diawara 1994; Schulz 1998a) abgehalten. Aber einige Episoden anläßlich der Präsidentschaftswahlkampagne nach dem Sturz des früheren Präsidenten Moussa Traoré 1991 deuten darauf hin, daß die *Jeliw* den Glauben an die Führungsqualitäten eines Politikers kaum zu erhöhen vermögen. Ihr Auftritt wurde öffentlich mit Mißbilligung oder Desinteresse quittiert. Dies mag ein Grund dafür sein, daß Präsident Konaré, der erste Präsident der neuen Mehrparteiendemokratie, sich ganz klar in seinen öffentlichen Auftritten von bisherigen Formen der öffentlichen Zelebration (*qua Jeliw*) absetzte. Trotzdem muß auch Konaré seine Verbundenheit mit den „traditionellen" Werten und der malischen Vergangenheit demonstrieren. Diese Notwendigkeit ergibt sich aus der historischen Erfahrung in einer kolonisierten Gesellschaft, die mit einer tiefen Entwertung der eigenen Kultur und der Negierung der eigenen Geschichtlichkeit konfrontiert war. Es stellt sich also die Frage, wie Alpha Konaré diese widersprüchlichen Anforderungen in seinen medialen Auftritten miteinander verbindet und auf welche Elemente der öffentlichen Selbstdarstellung er zurückgreift, um die Legitimität seiner Regierungsweise zu verkörpern. Im Folgenden soll daher untersucht werden, welche Ordnungsvorstellungen und welcher Typus von Führerpersönlichkeit im Fernsehen inszeniert werden, und ob diese Darstellung bisherige Konventionen der nichtmedialisierten Inszenierung von Macht fortführt oder mit ihnen bricht. Berücksichtigt werden der verbale Text seiner Reden und deren Bewertung durch die Zuschauer sowie seine durch Bilder vermittelte Selbstdarstellung, deren Interpretation durch Zuschauer sehr viel schwieriger zu erfassen ist, da diese – mit Ausnahme von spontanen Kommentaren – nicht verbal verarbeitet wird.[8] Aber nur durch die Erfassung der Bedeutungen, die Zuschauer diesen Darstellungen zuweisen, können wir verläßliche Aussagen über die Effekte dieser medialen Inszenierung treffen.[9]

---

8 Aufgrund der Schwierigkeiten, die mit der Erfassung von spontanen und von nicht verbalisierten Reaktionen und ihrer kontextspezifischen Auswertung verbunden sind, schränkte ich meine Datenerhebung auf 12 Familien der städtischen Mittelklasse ein, mit denen ich im Zeitraum von 1994 bis 2000 (zusammengenommen 20 Monate) regelmäßig die abendliche Nachrichtensendung sowie ausgewählte Programme verfolgte. Neben der Erfassung von spontanen Einwürfen und Diskussionen beruhen meine Ergebnisse auf Einzel- und Gruppeninterviews und informellen Gesprächen mit ZuschauerInnen sowie mit MitarbeiterInnen der nationalen Fernsehstation, des Ministeriums für Kommunikation und mit JournalistInnen.

9 Die Tatsache, daß viele Studien zur medialen Inszenierung von Politikern nur die Medienbotschaften analysieren, schränkt meines Erachtens ihren Aussagegehalt ein. Bigo weist zurecht darauf hin, daß auch Autoren wie Clastres (1973) und Balandier (1980) – die ja gerade betonen, daß die visuelle Zelebrierung von Macht erst durch ihre Anerkennung durch Zuschauer zu einer Form der Machtausübung werde – kaum darauf eingehen, wie diese Anerkennung durch „das Volk" überhaupt erfolgt (Bigo 1988: 147-149).

2. Historische Konstitutionsbedingungen gegenwärtiger Öffentlichkeiten in Mali

2.1 Traditionelle Genres und Arenen der politischen Repräsentation

Als Teil des französischen Kolonialterritoriums *Soudan Cedille* erlangte Mali im Jahre 1960 seine Unabhängigkeit. Unter Führung des ersten Präsidenten Modibo Keita (1960-1968) wählte die Einheitspartei US-RDA[10], die das Land in die Unabhängigkeit geführt hatte, einen „afrikanischen Weg zum Sozialismus". 1968 putschte sich eine Gruppe von Militärs an die Macht, die unter Führung von Moussa Traoré das Land mit harter Hand regierte. 1979 trat eine neue Verfassung in Kraft und Moussa Traoré führte als Präsident mit seiner neuen Einheitspartei UDPM[11] die Regierungsgeschäfte fort. Im März 1991 setzte – nach Monaten gewalttätiger Auseinandersetzungen zwischen Militär und oppositionellen Gruppen, die für eine politische Öffnung des Landes demonstrierten – ein Militärcoup unter Colonel Alpha Toumani Touré der Regierung von Präsident Traoré ein Ende. Eine vom Militärkomitee gebildete Übergangsregierung organisierte 1992 die ersten freien Wahlen des Landes, aus denen Alpha Konaré mit der neuen Regierungspartei ADEMA als Sieger, allerdings bei extrem niedriger Wahlbeteiligung (21%), hervorging. Seine Regierung wurde bei den nächsten Wahlen (1997) bestätigt, wenn auch zahlreiche Oppositionsparteien die Glaubwürdigkeit des Wahlprozesses anzweifelten.

Gegenwärtige politische Prozesse und Institutionen in Mali sind stark vom Vermächtnis der kolonialen Fremdherrschaft geprägt, welche Mamdani (1996) zutreffend als „decentralized despotism" beschreibt. Während nur Kolonialbeamte (und im Zuge des Unabhängigkeitskampfes seit den 1940er Jahren einige Vertreter der neuen einheimischen Elite) den Status von Bürgern für sich beanspruchen konnten, wurden die kolonisierten Gesellschaften des Hinterlandes nach „Stämmen" geordnet und als Subjekte verwaltet. Hieraus ergaben sich substantielle Unterschiede zwischen ländlicher und städtischer Bevölkerung in Bezug auf ihre Rechte und Möglichkeiten der politischen Partizipation, die noch heute die Realisierung eines demokratischen Projektes behindern. Ansätze für eine Zivilgesellschaft und für eine Öffentlichkeit im Sinne von Habermas sind fast ausschließlich in der Stadt zu finden.

In nicht durch Massenmedien vermittelten öffentlichen Räumen übernahmen (und übernehmen vielfach heute noch) *Jeliw* und andere Berufsgruppen (*Nyamakalaw*)[12] die Aufgaben der Zelebrierung von weltlicher Macht, indem sie bei wichtigen Anlässen die Geschichte ihrer Patronfamilien rezitierten und einzelne Personen lobten. Bis in die späte Kolonialzeit rechtfertigten *Jeliw* durch ihr selektives Erzählen von historischen Ereignissen oft die dominante Position einer Familie in einem Gebiet und

---

10 *Union Soudanaise – Rassemblement Démocratique Africain*
11 *Union Démocratique du Peuple Malien*
12 Diese sozio-professionellen Gruppen werden in der Literatur manchmal als „Kastenangehörige" bezeichnet, welches aber ihre Sonderstellung nicht zutreffend charakterisiert. Bis in die Kolonialzeit leisteten die *Nyamakalaw* wichtige, je nach Region unterschiedliche Dienste der öffentlichen

legitimierten damit lokale Machtkonstellationen. Noch heute greifen *Jeliw* dabei auf Konzeptionen von „guter Herrschaft" zurück, deren Ursprung sie in der vorkolonialen Vergangenheit verorten. In dieser (oft idealisierten) Darstellung zeichnete sich ein guter Herrscher durch absolute Machtausübung (*fanga*) aus und durch die Fähigkeit und Bereitschaft, Kämpfe zwischen miteinander verfeindeten Klans notfalls mit blutiger Gewalt zu unterdrücken. Diese Sicht von legitimer Herrschaft wird von breiten Teilen der ländlichen Bevölkerung noch heute vertreten.[13]

Obwohl das gesprochene Wort sich einer besonderen Wertschätzung erfreut, hegen viele Menschen sehr ambivalente Gefühle gegenüber der öffentlichen Rede. Auf der einen Seite sind begabte Redner (nicht nur professionelle Sprecher wie die *Jeliw*, sondern auch Menschen von „freier" Geburt) sehr geschätzt. Beispielsweise können Verwandte und Freunde, die zu einer Hochzeit eingeladen wurden, mit Hingabe und Begeisterung den (im wahrsten Sinne des Wortes) stundenlangen Ausführungen des extra herbeizitierten *Jeli* zuhören, welcher mit metaphernreicher Sprache die ruhmreiche Vergangenheit der Familie schildert.[14] Auf der anderen Seite hängt dem gesprochenen Wort, vor allem, wenn es in einer größeren Runde geäußert wird, der Ruch des Bedrohlichen an. Ein Redner läuft immer Gefahr, das Gesicht zu verlieren; ebenso kann die öffentliche Rede dem Ansehen desjenigen schaden, über den gesprochen wird. Je nach Situation kann also ein Mensch, der eine herausragende Position innehat und eine lange Rede hält, eine besondere Wertschätzung genießen – oder gerade dafür kritisiert werden, daß er „zuviel spricht" und damit ein seiner Stellung unangemessenes Verhalten an den Tag legt. Dies trifft insbesondere auf Menschen von „freier" Abstammung zu, die traditionell die einzigen waren, die formelle Herrschaftspositionen ausfüllen durften.

Für die öffentliche Zelebrierung von Macht ist auch ausschlaggebend, daß die lauten Ehrbezeugungen der *Jeliw* und die demonstrativen Gesten ihrer „Gönner", die sie dafür mit hohen Geldbeträgen entlohnen, beiden Gelegenheit geben, ihre Reputation (wörtl. ihr „Name", *tògò*) und „Würde" (*dambe*) zu erhöhen, sei es als erfolgreicher Redner und treuer Klient oder als mächtiger und großzügiger Patron (Schulz 1999c). Diese „Würde" wird durch Gesten, Posen und Mimik vermittelt und als solche vom Publikum wahrgenommen und kommentiert.[15] Da „Würde" als die Essenz eines wirklichen Führers gilt, spielt ihre performative Ausgestaltung und Zuerkennung eine zentrale Rolle für die Legitimierung individueller Führungsansprüche.

Fürsprache, Mediation und Konfliktregelung für reiche und mächtige Familien (Camara 1976; Diawara 1990; Schulz 1996, Kap. 1). Als endogame Gruppe unterscheiden sie sich durch ihre Geburt von „frei"geborenen Bauern, „noblen" Kriegerfamilien und Nachkommen von Leibeigenen.

13 vgl. Schulz 1996, Kapitel 3
14 Von einem Freigeborenen, inbesonderen dem Angehörigen einer mächtigen Familie, wird erwartet, daß er – sofern er überhaupt eine öffentlich Ansprache hält – kaum die Stimme erhebt und mit fast ausdruckslosem Gesicht und sparsamen Gesten spricht. Es ist dann die Aufgabe eines *Jeli* oder eines Angehörigen einer anderen Familie von *Nyamakalaw*, seine Rede mit lauter Stimme zu wiederholen und gegebenenfalls auszuschmücken.
15 Hierzu gehört ein völlig unbeteiligter Gesichtsausdruck (ähnlich dem „poker face"), mit dem ein Patron beispielsweise auf seine Lobpreisung reagieren soll, ferner sparsame und langsame Gesten und Körperbewegungen, eine aufrechte und kontrollierte Körperhaltung sowie sehr leises Sprechen.

2.2 Öffentlichkeit als Arena der Gemeinschaftlichkeit: Die Zeiten von Modibo Keita

Unter dem sozialistischen Regime von Modibo Keita (1960-1968) war die Staatsrepräsentation gekoppelt an einen Kult der Nation, in dem die *Jeliw* durch die Inszenierung von „Tradition" eine ruhmreiche Vergangenheit und kulturelle Identität beschworen. Neben Militärparaden, Ordensverleihungen und Ansprachen spielten staatlich organisierte kulturelle Aktivitäten eine besondere Rolle bei der öffentlichen Zelebrierung der neuen Ordnungsmacht. Staatliche Musikertruppen, sogenannten *Ensembles*, und auf regionaler Ebene organisierte Jugendverbände führten Tänze, Sketche und andere Genres der „traditionellen Kultur" auf.[16] Gemeinsam mit indivi-duellen *Jeliw* inszenierten sie anläßlich von Kulturfestivals, Staatsfeiertagen und Staatsbesuchen „orale Tradition", wobei sie vor allem die „imperialen" Traditionen des Südens besangen[17] und den Präsidenten, die Errungenschaften der Partei und die Unabhängigkeit des Landes priesen. In den Preisliedern wurde eine genealogische Verbindung zwischen gegenwärtigen Machthabern und legendären Herrschern und Helden der Vergangenheit hergestellt.[18] Proklamiert wurde eine nationale Gemeinschaft, die trotz der regionalen Vielfalt ihrer kulturellen Traditionen geeint war im Elan, die schwer erkämpfte Unabhängigkeit für die Schaffung eines neuen und doch althergebrachten „Vaterlands" zu nutzen.[19] In Modibo Keitas Verkörperung der neuen politischen Ordnung spielten „traditionelle" Werte und eine ideologische Orientierung eine wichtige Rolle: Als Führer personifizierte er sowohl den Kampf für die Unabhängigkeit der nationalen Gemeinschaft als auch die Werte der überkommenden Ordnung.

Neben den Kulturfestivals und Staatsfeiertagen stellte das Nationalradio eine im Laufe der Jahre immer wichtiger werdende Arena dar, in der die neue politische Ordnung und die Führungsqualitäten ihrer Repräsentanten inszeniert werden konnte. Als aurales Medium vermittelte es vor allem performative Genres wie Musik und orale Traditionen.

Obwohl es schwierig ist, im Nachhinein zu rekonstruieren, wie die ländliche und städtische Bevölkerung auf die offizielle 'Geschichtsschreibung' und Zelebrationen von nationaler Kultur unter Modibo Keita reagierte[20] (vgl. Schulz 1996, Kap.5), läßt sich feststellen, daß unter Modibo Keita die offizielle Inszenierung

---

16 Die meisten Aufführungen wurden in Bamana abgehalten, die die Sprache der südlichen Bevölkerungsgruppen ist und sich seit 1960 als nationale Verkehrssprache etabliert hat, auch wenn breite Teile der nördlichen Bevölkerung sie nicht sprechen.
17 Die seit der Kolonialzeit etablierte kulturelle, politische und ökonomische Marginalisierung der nördlichen Bevölkerung dauert bis heute an, wenn auch seit 1992 erhebliche Anstrengungen unternommen wurden, um die Situation im Norden durch Straßenbau, Infrastrukturmaßnahmen und eine Dezentralisierung der Verwaltung zu verbessern.
18 Beim Lobpreis von Präsident Keita wurde insbesondere auf Sunjata Keita, den Begründer des legendären mittelalterlichen Reichs Mali, zurückgegriffen.
19 „ bâtir la patrie", „k'an'w ka jamana jò"(Bamana)
20 Es steht zu vermuten, daß die Reaktionen der Zuhörer unter anderem davon abhingen, ob sie ihre eigenen lokalen politischen Traditionen in den offiziellen Darstellungen von „nationaler" Geschichte wiedererkannten oder nicht. In dieser Hinsicht bestanden erhebliche Unterschiede zwischen den Reaktionen von Leuten aus dem Kernland des legendären „Königreichs" Mali und denen aus anderen Regionen Malis, sofern diese zu diesem Zeitpunkt überhaupt das nationale

von „malischer Kultur" und „Tradition" noch nicht als etwas angesehen wurde, das ausschließlich dem Personenkult, sondern auch als Appell an die Gefühle des kollektiven Zusammenhaltes und Stolzes diente.[21]

Die unter Modibo Keita geschaffenen und staatlich kontrollierten Arenen öffentlicher Kommunikation eröffneten keinen Raum für einen kritischen rationalen Diskurs, wie Habermas es für den seit dem späten 17. Jahrhundert entstandenen gesellschaftlichen Raum in Europa postuliert. Doch sie boten eine Art Bühne für die Zelebrierung von performativen Genres, deren emotional-integrative und somit legitimatorische Effekte nicht unterschätzt werden sollten, da sie den Zuhörern ästhetisch überzeugende Leitmotive der Gemeinschaftlichkeit anboten und diesen dadurch Gelegenheit gaben, sich in der neuen politischen Ordnung des Nationalstaates aufgehoben zu *fühlen*. Das Bild der politischen Ordnung, das vorgeschlagen und – wenn auch in unterschiedlichem Ausmaß – von Zuschauern aufgegriffen wurde, war das einer moralischen Gemeinschaft, die unter Anleitung ihrer Führer, der Parteipolitiker, daran arbeiteten, ein autonomes und modernes Staatsgebilde zu schaffen.

2.3 Öffentlichkeit und das Spektakel der Macht unter Moussa Traoré (1968-1991)

Unter Moussa Traoré wurde seit den 70er Jahren die durch den nationalen Rundfunk geschaffene Öffentlichkeit nicht nur ausgedehnt, sondern zu einem Schauplatz für die Zelebrierung der absoluten Macht der Militärs umfunktioniert. Zu Anfang der 80er Jahre wurde sie durch das nationale Fernsehen ergänzt, welches bis heute fast ausschließlich von der städtischen Bevölkerung rezipiert wird. Die Kulturfestivals (*Biennales*) wurden beibehalten, doch wurden sie über die Jahre der Militärdiktatur und des späteren Einparteienregimes unter Moussa Traoré immer mehr in den Dienst der Zelebrierung von Moussa Traoré als erfolgreicher und unnahbarer Herrscher gestellt. Selbst wenn immer noch die „glorreiche Vergangenheit" und die „Würde" „unseres Heimatlandes Mali" beschworen und besungen wurde, so veränderten sich die Konnotationen, die mit dem Begriff „Nation" assoziiert wurden: Die zuvor beschworene Idee einer nationalen Schicksalsgemeinschaft wandelte sich in die einer Moussa Traoré untertanen Bevölkerungs'masse', deren Daseinsberechtigung darin bestand, als Publikum für seinen politischen Erfolg und sein persönliches Prestige zu dienen. Moussa Traoré vermittelte in seinen öffentlichen Auftritten ein Bild politischer Ordnung, das vor allem durch die Zur-

---

Radio empfangen konnten. Mehr noch als auf die Darstellung der nationalen Geschichte reagierten Zuhörer über die Jahre mit zunehmender Reserviertheit und Skepsis auf die Preislieder, die auf Modibo Keita und sein Regime abgefaßt wurden. Dies hing mit den sich verschlechternden ökonomischen Bedingungen sowie der sich verschärfenden politischen Kontrolle und den Auseinandersetzungen innerhalb der Machtzentrale zusammen, die auch in den Regionen spürbar waren.

21 Zumindest vertraten diese Einschäätzung viele ältere Bauern und zahlreiche, dem Regime Moussa Traorés gegenüber kritisch eingestellte Intellektuelle , als ich in den Jahren 1994 bis 2000 mit ihnen darüber sprach.

schaustellung physischer Gewalt in Gestalt des Militärs geprägt war. Zahlreiche *Jeli*-Sängerinnen paßten sich den neuen Gegebenheiten an, indem sie nunmehr in ihren Preisliedern und Genealogien verstärkt auf legendäre Helden und deren „militärische" Erfolge eingingen und eine genealogische Verbindung zwischen Moussa Traoré und Traditionen des bewaffneten Kampfes herstellten.[22] Untermalt wurde diese Inszenierung von absoluter Macht (*fanga*) durch die Zurschaustellung symbolischen Kapitals, so etwa in Gestalt edler *Mercedes Benz*-Karossen und besonders aufwendiger festlicher Kleidung, wie dem sogenannten *Dlokiba*.[23]

Während die Staatsrepräsentation nach wie vor ihr Zentrum im städtischen Süden hatte, erfolgte eine Veränderung des offiziellen Bildes von politischer Ordnung, das in den Reaktionen der Bevölkerung ihren Niederschlag fand. Selbst wenn die „glorreiche Vergangenheit unserer Nation" beschworen wurde, so wurde dies von breiten Kreisen der Bevölkerung als ein „Tarnmantel" für den Personenkult um Moussa Traoré und seine Gefolgsleute angesehen. Auch die Preislieder auf diejenigen, die vom Regime unter Moussa profitierten, verliehen nicht mehr den Nimbus wie noch zu Zeiten von Modibo Keita. Denn sie brachten den Gepriesenen kaum mehr mit einer real existierenden, ruhmreichen Familientradition in Verbindung, sondern vor allem mit dem Besitz von Geld. Die anläßlich von Staatsfeiertagen offiziell organisierten Zelebrationen ruhmreicher Geschichte und präkolonialer „Tradition" wurden vom städtischen Publikum zunehmend mit Skepsis aufgenommen, während die lokalen „Traditionen" der Bauern an politischer Unschuld gewannen.[24]

---

22 Das wohl offensichtlichste Beispiel für die Konstruktion einer solchen genealogischen Verbindung sind die zahlreichen Preislieder, die auf Moussa Traoré als „Enkel" Turamakan Traorés (der, wie im Epos „Sunjata" berichtet, als „Feldherr" Sunjata Keitas erheblich zur Gründung des Reiches Mali beitrug) sowie auf die Armee gesungen wurden(vgl. Schulz 1996: 3-10, Kapitel 5).

23 Das *Dlokiba* der Männer besteht aus Hose, Hemd und einer darübergeworfenen Art von Kaftan, der aus ca. 4-5 Metern Stoff geschnitten ist. Für Frauen und Männer stellt das *Dlokiba* das prestigeträchtigste Gewand dar, weil es üblicherweise aus relativ teurem Material geschneidert und reich bestickt ist — wobei der Grad seiner Dekoration den Wohlstand seines Besitzers widerspiegelt bzw. dessen Wunsch, durch Kleidung seine ökonomische und politische Position anzuzeigen (vgl. Gardi 2000).

24 Diese Unterscheidung zwischen einer vom Staat vereinnahmten „imperialen Tradition" und lokalen performativen Traditionen existierte seit der Unabhängigkeit. Doch da unter Modibo Keita die Zelebrierung einer nationalen Vergangenheit nicht nur dem Persönlichkeitskult dienten, hatten die kulturellen Festivals noch nicht völlig an Glaubwürdigkeit verloren. Daß „unsere eigenen, authentischen Traditionen" (Instrumentalmusik, Tanz, Lieder, orale Tradition) heute hoch im Kurs stehen, zeigt sich in der außerordentlichen Beliebtheit eines Fernsehprogramms („Musique du Terroir"), welches allwöchentlich Aufnahmen von verschiedenen regionalen Musik- und Tanzvorführungen und oralen Traditionen zeigt. Die Dokumentation von „lokaler Tradition" durch das Team der nationalen Fernsehstation geht oft auf die Initiative von Bauern zurück, die selbst Geld sparen bzw. bei reichen Verwandten in der Stadt sammeln, um auf eigene Kosten das Fernsehteam auch in sehr abgelegene Dörfer einzuladen. Wie ich an anderer Stelle argumentiert habe, gibt die Sendung vielen aus der entsprechenden Region stammenden Zuschauern Gelegenheit, eine partikulare Identität für sich zu reklamieren (Schulz 1998b).

3. Medienpolitik und politische Repräsentation unter Alpha Konaré

Sehr bald nachdem der gegenwärtige Präsident Alpha Konaré mit seiner Partei ADEMA durch die ersten freien Wahlen an die Macht gekommen war, wurde die Reichweite des nationalen Radios und Fernsehens (ORTM[25]) weiter in den Norden ausgedehnt. Dank der zunehmenden Elektrifizierung von vielen kleineren Städten und dem billigen Import von Fernsehgeräten wurde seit 1996 der Fernsehkonsum einer breiteren Schicht der städtischen Bevölkerung zugänglich gemacht. Die in Folge dessen gestiegenen Gemeinkosten werden verstärkt aus Einnahmen durch Werbung und die Dokumentation von Seminaren gedeckt, die von staatlichen Stellen organisiert werden. Dabei existiert laut Aussagen einiger Journalisten der ORTM das ungeschriebene Gesetz, daß die Auftritte von Ministern und anderen Funktionären ausführlich in der allabendlichen Nachrichtensendung dokumentiert werden. Viele Mitarbeiter des Staatsapparates sehen darin nach wie vor eine für sie kostenlose Servicerleistung und zwar als eine Art Gegenleistung für die Finanzierung der Berichterstattung durch die Ministerien.

Für Beobachter, die an die Berichterstattung im europäischen Fernsehen gewöhnt sind, ist zunächst die Länge dieser Nachrichtensendung (zwischen 35 und 45 Minuten) frappierend – doch auch vielen malischen Zuschauern scheint diese Sendung zu lange zu dauern.[26] Die Länge und Häufigkeit, mit der Präsident Konaré in den Nachrichten gezeigt wird, unterliegt beträchtlichen Schwankungen. Nach Aussagen von Journalisten der Fernsehstation werden in Zeiten des Wahlkampfs und anläßlich von innerparteilichen Auseinandersetzungen häufig Direktiven erlassen, welcher die Art, Länge und Häufigkeit bestimmen, mit der Konaré im Nachrichtenprogramm gezeigt werden soll. Beispielsweise reagierte Präsident Konaré mit seiner in den Jahren 1994 und 1997 gegebenen Anweisung, die Übertragung seiner Redesequenzen relativ kurz zu halten, auf den Unwillen der Bevölkerung, die in Anbetracht von handgreiflichen Auseinandersetzungen der Polizei mit Oppositionellen, sich darüber beschwerte, daß „Alpha [Konaré] bloß redet, aber nichts tut"[27]. Doch wäre es irreführend anzunehmen, daß die Darstellung Präsident Konarés in den Nachrichten ausschließlich auf seine eigene Initiative bzw. die seiner näheren Umgebung zurückgeht. Eine ausführliche Abbildung der präsidentialen Auftritte kann auch auf der individuellen Entscheidung eines Journalisten beruhen, der sich mit Alpha gutstellen möchte.[28] Schließlich legt die

---

25 Ursprünglich RTM („Radiodiffusion Télévision du Mali"), seit 1992 „Office de Radiodiffusion et Télévision du Mali")
26 Eine Dokumentationssequenz dauert normalerweise mindestens 2 Minuten, Reden des Präsidenten Konaré bis zu 9 Minuten. Nach Aussagen von Mitarbeitern der Fernsehstation erhalten sie häufig Beschwerden bezüglich der Länge und Langatmigkeit dieser Sendung.
27 Diese Vorschriften kamen vom Kommunikationsministerium. Es war aber bei einigen Fällen unschwer festzustellen, daß sie auf die persönliche Anweisung des Präsidenten zurückgingen.
28 Aus verständlichen Gründen möchte ich nicht den Namen der Journalisten nennen, auf deren Information diese Aussage basiert. Die Einstellung des „do ut des" ist Merkmal eines weit verbreiteten politischen Klientelismus, der an einheimische patrimoniale Konventionen anknüpft, durch die auch die früheren Einparteiendiktaturen erheblich gestützt worden sind.

Betrachtung einiger Bildsequenzen den Schluß nahe, daß diese das Ergebnis von mangelnden technischen Gestaltungsmöglichkeiten und der mangelnden Professionalität des Kameramanns sind.

Die Zusammenstellung der über das Fernsehen ausgestrahlten Bildsequenzen ist also nicht das Ergebnis eines staatlichen oder präsidentialen *master plans* und geht nur in Ausnahmefällen auf die Initiative von Medienberatern zurück.[29] Andererseits deutet der Vorwurf von Journalisten, der Präsident lasse sich in dieser Angelegenheit nicht hineinreden, darauf hin, daß dieser die Notwendigkeit sieht, sich kalkuliert in Szene zu setzen, um seinen Anspruch auf „demokratische" Führungskompetenz gegenüber anderen Politikern und konkurrierenden Vorstellungen über legitime Macht durchzusetzen.

4. Nachrichtensendungen und Werbespots der Präsidentschaftskampagne

Die folgende Diskussion bezieht sich auf die abendliche Nachrichtensendung, da in ihr Präsident Konaré und andere Vertreter der Regierung am häufigsten zu sehen sind. Zusätzlich analysierte Medienbilder stammen aus einer Wahlkampfsendung, die anläßlich der letzten Präsidentschaftswahlen im Jahre 1997 abwechselnd mit den Werbespots anderer Parteien allabendlich nach den Nachrichten über das malische Fernsehen ausgestrahlt wurden.

Aus europäischer Sicht bemerkenswert ist zunächst, daß Präsident Konaré und andere Politiker in der abendlichen Nachrichtensendung nur in einigen wenigen Situationen dargestellt werden, und daß die entsprechenden Bilder in ihrer Abfolge und hinsichtlich der dokumentierten Aktivitäten extrem standardisiert sind.[30] Szenen aus dem Privatleben des Staatsoberhauptes, die insbesondere in der US-amerikanischen Medienberichterstattung eine wichtige Rolle spielen, sind äußerst selten.[31] Bei den fünf szenischen Motiven, die den Präsidenten, manchmal auch den Premierminister oder andere Minister zeigen, dominiert der Staatsbesuch von ausländischen Politikern. Die typische Dokumentation eines solchen Besuchs ist in drei Teile gegliedert, wobei die Gesamtdauer meistens zwischen drei und sechs Minuten beträgt. Die erste und scheinbar gleichsam obligatorische Einstellung,

---

29 Präsident Konaré verfügt zwar über einen Medienberater (*conseiller en communication*) sowie über einen *chef de protocole*, dessen Aufgabe es ist, medienwirksame Auftritte des Präsidenten vorzubereiten. Doch versicherten mir mehrere JournalistInnen, daß der Präsident mit diesen „nichts am Hut hat und sie nur immer wieder austauscht", da er in Fragen seiner öffentlichen Auftritte „sein eigener Chef sein" wolle.

30 Wie mir Journalisten der ORTM nahelegten, ist dieses Ausmaß an Standardisierung nur zum Teil das Ergebnis einer bewußten Normierung. Zum Teil kann es einfach mit dem Mangel an professioneller Ausbildung in der Vielfalt von Dokumentationsmöglichkeiten erklärt werden.

31 Dieser frappierende Unterschied bedarf einer eingehenderen Untersuchung. Er ist um so bemerkenswerter, als in beiden Gesellschaften den sogenannten „family values" eine Schlüsselposition in der imaginierten politischen Gemeinschaft zukommt, duch die eine Verbundenheit mit traditionellen Werten signalisiert wird.

„Akt Eins", ist der Empfang des Besuchers auf dem Flughafen in Bamako. Diese Szene beginnt meistens mit der Ablichtung des Schildes „Aéroport de Senou, Bamako", schwenkt dann über zum Händeschütteln des Gastes mit dem Präsidenten oder seinem Vertreter, gefolgt von ihrem gemeinsamen Abschreiten des Defilés von Ministern und diplomatischen Vertretern, mit denen ebenfalls Hände geschüttelt werden. Dies erfolgt üblicherweise zu den Klängen der Nationalhymne, wobei oft noch die malische Flagge eingeblendet wird. Manchmal wird diese Szene ergänzt durch das Abschreiten einer Militärparade. Dabei erläutert die Stimme des Journalisten die Gründe für den Staatsbesuch des Politikers, die Länge seines Aufenthaltes sowie die geplanten Aktivitäten.

„Akt Zwei" des Staatsbesuchs findet in den Empfangsräumen des Präsidentenpalastes statt. Gezeigt wird weder die Außenansicht des Gebäudes noch die Anfahrt, Abfahrt oder eine abschließende Geste wie etwa die des (bei westlichen Fernsehzuschauern aus den Zeiten Breschnievs bekannte) Bruderkusses zwischen Politikern. Zumeist wird Präsident Konaré im freundlich-entspannten Gespräch mit dem Staatsgast (manchmal in Gesellschaft von anderen politischen Honoratoren) dekorativ in der Sitzgarnitur des präsidentialen Besuchszimmers plaziert gezeigt. Gegebenenfalls wird diese Szene ergänzt durch Bilder von der Unterzeichnung eines Vertrags oder einer Erklärung zwischen den vertretenen Staaten. Im „dritten Akt" des Staatsbesuchs werden lange Ausschnitte aus einer Ansprache des Besuchers oder des Vertreters des malischen Empfangskommitees präsentiert. Eine Variante ist das Interview, bei dem aber nur der Politiker spricht, während die Rolle des Journalisten darauf beschränkt bleibt, die „Initialzündungs"-Frage zu stellen. Der letzte Akt zeigt Bilder vom Abschied des Besuchers am Flughafen Senou: Ein letzter Handschlag des Besuchers mit dem Präsidenten, oft kombiniert mit einer Umarmung, manchmal auch die Passage, in der der Besucher beim Besteigen des Flugzeugs langsam aus dem Blick des Fernsehzuschauers entschwindet.

Die zweithäufigste Situation, in der Präsident Konaré gezeigt wird, ist der Auslandsbesuch. Auch hier beginnt die Bilderreise am Flughafen: Präsident Konaré schreitet das Defilé der Minister und Botschaftsvertreter ab, schüttelt dabei reichlich Hände, und tauscht noch sichtlich jovial ein paar freundliche Worte mit dem ihn verabschiedenden Vertreter seiner Regierung aus. Dann joggt er (eine in Mali unübliche und als würdelos geltende Art der Fortbewegung) die Flugzeugtreppe hinauf, dreht sich mit Schwung um und winkt dem ihn verabschiedenden Defilé und der Kamera des nationalen Fernsehens ein letztes Mal zu, bevor er sich bückt und in das Flugzeug eintritt. Nach der Flughafenszene folgen die üblichen Bilder: Sein Empfang im Gastland, das Abschreiten des Ehrendefilés, seine aufrechte Haltung und sein unbeweglicher Gesichtsausdruck beim Anhören der malischen Nationalhymne, ein freundliches Winken vor dem Besuchsgebäude, Präsident Konaré im Gespräch und beim Unterzeichnen von Verträgen. Weitere Szenen, die die Aktivitäten des Präsidenten dokumentieren, zeigen ihn bei öffentlichen Festakten, etwa bei der feierlichen Einweihung von öffentlichen Gebäuden – zumeist Anlaß für eine ausführliche Wiedergabe der Rede des Präsidenten.

Die mediale Inszenierung des Präsidenten außerhalb des Nachrichtenprogramms verdeutlicht ein Werbespot für Konarés Partei ADEMA, der für die Wahlkampagne im Jahr 1997 produziert wurde. Die einleitende Einstellung verharrt auf dem Emblem der Partei, der Fleiß und Arbeitsdisziplin verkörpernden Biene, und suggeriert damit dem Zuschauer, daß die Partei ADEMA entsprechend am Aufbau des Landes arbeite. Die zweite Einstellung zeigt den Präsidenten bei einer Wahlkampfveranstaltung in einem Stadion in der Hauptstadt Bamako. Nachdem die Kamera einen ausführlichen Schwenk über die Menschenmassen vollzogen hat, die in jubelnder Erwartung die Ränge säumen, fängt sie Präsident Konaré ein, wie er — in einem weiten Bogen durch die tosenden Massen joggend — auf die Rednertribüne zusteuert. Sobald er diese erreicht hat, überwindet er im Laufschritt die Stufen, stellt sich an das Pult, grüßt mit einer weit ausschwenkenden Hand die jubelnden Zuhörer und ruft „Zusammen! Wir alle zusammen! Zusammen werden wir ein neues Mali bauen!". Danach beginnt er seine Rede, die durch den immer wiederkehrenden Refrain „zusammen" strukturiert und durch regelmäßigen, tosenden Applaus der Zuhörer unterbrochen wird.

5. Posen der Macht und Würde

In auffälligem Kontrast zum teuren und aufwendigen Kleidungsstil des früheren Staatschefs Moussa Traoré tritt Präsident Konaré in demonstrativ schlichter und bescheidener Kleidung in der Öffentlichkeit auf: Oft trägt er den sogenannten *Le Communiste*, einen khakifarbenen Anzug, der seit der sozialistischen Ära von Modibo Keita und in Anlehnung an den spartanischen Kleidungsstil der chinesischen Führerschaft von vielen Staatsfunktionären getragen wird. Dieser „chinesische" Anzug ist aus einem einfachen Baumwollstoff gearbeitet und besteht aus einer westlich geschnittenen Hose sowie einem schlichten Hemd. Eine häufige Variante ist der sogenannte *Trois Poches* („drei [Hemden]taschen"), ein ähnlich geschnittener Anzug, den insbesondere Lehrer und Professoren präferieren[32], die damit ebenfalls Bescheidenheit, aber auch das Image eines westlich orientierten Intellektuellen suggerieren wollen.[33]

Nur bei Staatsbesuchen im Ausland legt Alpha das konventionelle Gewand *Dlokiba* an, mit dem ein Mann in Mali „Staat macht", welches aber unter seinem Amtsvorgänger zum Symbol der individuellen Bereicherung der Mächtigen geworden ist. Doch begnügt sich Präsident Konaré bei solchen Anlässen oft auch mit der bescheideneren Variante einer „afrikanischen" Kleidung, dem *Pipau*.[34] Alle, mit denen ich über die Kleidungsgewohnheiten von Präsident Konaré sprach – ob nun Verwaltungsangestellte, Lehrer oder Vertreter niederer Einkommensschichten

---

32 Vor Beginn seiner politischen Karriere lehrte auch Konaré, der an der historischen Fakultät der Sorbonne in Paris promovierte, an der Hochschule *École Normale Superieure* in Bamako.
33 Durch diese Kleidung grenzt sich ein solcher „Intellektueller" klar von den islamischen Schriftgelehrten ab, die immer eine Kopfbedeckung und ein langes, die Körperformen verdeckendes Gewand tragen.
34 Der *Pipau* (Bamana) ist ein schlichtes, kleidähnliches Übergewand, das über der Hose getragen wird und bis zur Wade reicht. Auch andere Politiker der Regierungspartei tragen generell eher bescheidene Ausführungen des *Pipau* oder *Dlokiba*.

– erklärten, daß er eine betont „bescheidene" und nüchterne Haltung[35] an den Tag lege und sich damit klar vom spektakulären Konsumstil seines Vorgängers und dessen Führungsriege absetze. Konarés Wahl eines afrikanischen Kleidungsstils sahen sie als ein Zeichen dafür an, daß er, insbesondere vor einem internationalen Publikum, seine afrikanische Identität betonen wolle.

Bei Präsident Konarés Kleiderwahl spielt mit Sicherheit die traditionelle Erwartung an Mächtige eine Rolle, seine prominente Stellung in der Öffentlichkeit nicht durch auffälliges und lautes Gebaren oder durch aufwendige Kleidung hervorzuheben.[36] Durch ihre betont bescheidene Kleidung legen der Präsident und andere führende Politiker der Regierungspartei der Öffentlichkeit nahe, daß die gegenwärtige Regierung eine spartanische Lebensweise verfolge und ihr Leben in den Dienst der Nation stelle, anstatt wie ihre Vorgänger dem zur Schau gestellten Konsum zu frönen. Dieser Kleidungsstil, der in den Medien als Sinnbild für ihren Lebensstil *per se* erscheint, soll zum Ausdruck bringen, daß die Ausübung der Regierungsgewalt nicht mehr der persönlichen Bereicherung und der Sicherung von Pfründen diene, sondern der nüchternen und selbstdisziplinierten Erledigung des Regierungsauftrags, mit dem sie durch das Volk betraut wurden.

Verglichen mit dieser durch seine Kleidung vermittelten Botschaft ist die Art, in der Konaré sich durch Körpergestik in der Öffentlichkeit darstellt, weniger eindeutig. Die Vielschichtigkeit seiner Körpersprache zeigt, daß der Präsident auf Darstellungselemente von „traditioneller" Legitimität zurückgreift, daß er aber diese überkommenen Leitbilder der politischen Gemeinschaft durch Rückgriff auf Gesten des „modernen" Herrschers weiterentwickelt. Damit reagiert der Präsident auf die komplexe und spannungsgeladene Aufgabe, sich vor der breiten Masse seiner traditionsbewußten Bevölkerung zu legitimieren *und* ein im Zeitalter der globalisierten Medienbilder notwendigerweise komplexeres Bild des aufgeklärten und traditionsbewußten Politikers zu entwickeln (vgl. Bayart 1996: 146). Konarés vielschichtiges Repertoire legt nahe, daß er sich der mit Verbreitung des Fernsehens gestiegenen Anforderungen an die visuelle Beglaubigung seines Führungsanspruchs durchaus bewußt ist.

In den Gesten, Posen und Körperbewegungen, mit denen Alpha Konaré sich bei seinen öffentlichen Ansprachen vor dem Fernsehen präsentiert, ist ein gewisses Spannungsverhältnis zwischen zwei verschiedenen Konventionen von Redegestus und Sprachduktus festzustellen. Auf der einen Seite entspricht seine Rednerpose, die Langsamkeit und Getragenheit, mit der er seine Worte vorträgt, und der sparsame Einsatz von Gesten klar den konventionellen Vorstellungen darüber, wie ein Mensch von vornehmer Abstammung in der Öffentlichkeit zu sprechen habe. So bleibt Präsident Konarés Gesichtsausdruck immer kontrolliert; er zeigt kaum oder

---

35 In Bamana: „*yèrèyira t'i tè*", wörtlich „er stellt sich nicht groß heraus".
36 Damit setzten sich Mitglieder mächtiger Familien von ihren Klienten, so etwa den *Jeliw*, ab, die – sofern sie es sich leisten konnten – sich prunkvoll ausstaffierten. Damit brachten letztere nicht nur die Großzügigkeit ihrer Patrone zum Ausdruck, von denen sie materiell abhängig waren, sondern stellten demonstrativ ihre eigenen Fähigkeiten zur Schau, da sie durch ihre aufwendige Kleidung bewiesen, wie zufrieden ihre Patrone mit ihren Sprecher- und Vermittlungstätigkeiten waren (Schulz 1998a).

nur leicht angedeutete Gefühlsregungen, lächelt zu keinem Zeitpunkt und setzt kaum seine Hände zur Unterstreichung des Gesagten ein. All dies erweckt, nach Ansicht vieler Zuschauer, den Eindruck einer „würdevollen" Führerpersönlichkeit. Zu anderen Gelegenheiten jedoch (wie bei der Rede, die für den Reklamespot der Wahlkampagne aufgenommen wurde) gerinnen Konarés Handbewegungen zu einem Gestus, welcher die ganze Nation in einem Handstreich umfängt. Sein Handstreich wird zu einer gemeinschaftsstiftenden Geste. Darüber hinaus scheint die von ihm im Reklamespot angenommene Rednerpose einem fast standardisierten, internationalen Repertoire von Politikerposen entlehnt zu sein, ein Repertoire, das starke Anleihen bei dem US-amerikanischen politischen Spektakel macht. Die Weite des Bogens, die seine Hand beschreibt, seine lockere und entspannte Körperhaltung, sowie das gewinnende Lächeln erinnern stark an die Haltung, welche beispielsweise Jimmy Carter, Bill Clinton und Tony Blair bei öffentlichen Auftritten annehmen. Wie bei diesen legt Präsident Konarés betont entspannte und offene Körperhaltung einen – im wahrsten Sinne des Wortes – aufgeschlossenen und weltoffenen Führungsstil nahe.

Die Suggestion von Weltoffenheit, fortschrittlicher Orientierung und modernem Regierungsstil wird durch die Bilder verstärkt, in denen Konaré zur Rednertribüne joggt; eine Art der (Fort)bewegung, die — wie jedes hastige Gehen oder Marschieren — eigentlich undenkbar wäre für ein prominentes oder vornehmes Mitglied der Gesellschaft, da schnelles Gehen mit Arbeit und Dienstleistung assoziiert wird, die von sozial Niedergestellten im Dienste ihrer Herren vollbracht werden müssen. Wenn also im Wahlkampfclip Konaré durch die Massen joggt, so suggeriert er dadurch, daß er zu jemandem geworden ist, dem das Wohlergehen des Volkes so naheliegt, daß er sich für es abmüht und es gleichsam zu seinem „Herren" macht. Abgesehen von dieser Symbolik des Dienstes am Volk ist auch der Gestus des Joggen dem gegenwärtigen Katalog von internationalisierten Politikergesten entnommen, welche die Werte der global dominanten politischen Kultur, nämlich des westlichen Demokratiemodells, versinnbildlichen. Wie Joschka Fischers Marathonläufe verkörpert auch Konarés Dauerlauf Dynamik, Ausdauer und Volksnähe: Er hat einen langen Atem, wird getragen von der Zustimmung seines Volkes – symbolisiert durch die jubelnden Massen, die ihn umringen –, und wird, selbst nach einigen eventuell notwendig gewordenen Umwegen, dank seiner Zähigkeit das angestrebte Ziel erreichen – im Fernsehclip eine Rednertribüne, die er zunächst in einem weiten Bogen umkreist.

Doch ist Präsident Konarés Selbstdarstellung nicht ausschließlich eine Kopie des Repräsentationsrepertoires westlicher Politiker. Dies wird nicht nur bei den Auftritten deutlich, in denen seine Posen eindeutig den einheimischen Konventionen eines „vornehmen" Sprechstils entsprechen. Seine Körperbewegungen und Gesten sind dort sparsam und langsam, meistens steht er aufrecht und in deutlichem Abstand zum Rednerpult bzw. zum Mikrophon, welches er also nicht wie Politiker in Deutschland oder den USA umgreift. Nur in wenigen Momenten unterstreicht er das Gesagte mit den Händen und seine Mimik ist ausgesprochen undramatisch. Er behält durchgehend den Gesichtsausdruck eines Mannes, der in jeder (Gesprächs-)Situation, vor allem aber als politischer Führer alles unter Kontrolle hat.[37]

Präsident Konarés Übereinstimmung mit einheimischen Gepflogenheiten und rhetorischen Vorlieben wird auch deutlich in der speziellen Wahl der Metaphern, mit denen er seine Reden ausschmückt, und den immerfort wiederkehrenden Schlüsselworten, durch die er seinen Zuhörern einige Kernaussagen förmlich einbleut.[38] Weiterhin sind, wie dies auch bei den öffentlichen Redeauftritten von *Jeliw* und anderen Spezialisten des gesprochenen Wortes durchaus üblich ist, die Reden des Präsidenten extrem repetitiv. In den im Fernsehen gezeigten Ausschnitten wiederholt er zumeist die gleiche Aussage mehrmals und unter nur geringfügiger Abänderung der Wortwahl. Konaré faßt viele Feststellungen in der Wir-Form ab, wobei er ganz offensichtlich nicht im *pluralis majestatis* spricht, sondern vielmehr die Existenz eines kollektiven und geschlossenen Willens der nationalen Gemeinschaft suggeriert („wie wir es uns seit den ersten Tagen der Demokratie gewünscht haben"; „wie es die Traditionen unserer Väter vorschreiben"; „wie es unserer Kultur/unseren Werten entspricht"; „liebe Mitbürger, laßt uns gemeinsam ..."). Der Präsident reduziert dadurch seine eigene Bedeutung auf die eines vom Volkswillen designierten Beauftragten, dem es obliegt, die notwendigen und von allen gewünschten politischen Maßnahmen durchzuführen. Eine weitere Lieblingsformel von Konaré ist „wir alle zusammen",[39] womit er wiederum an eine Geschlossenheit der Nation als Gemeinschaft appelliert und sich nur als deren „willfähriger Vollstrecker" darstellt.

Konaré verbindet in seinen Ansprachen immer wieder die politischen Belange des Staatsmannes mit dem Appell an patriotische Gefühle. Schlüsselworte, die bei völlig unterschiedlichen Themen Erwähnung finden, sind die Begriffe „Mali", „unser Land", „die glorreiche Vergangenheit unseres Landes", „unsere Würde und unser Stolz", „unsere Kultur". Die Wahl und leitmotivische Plazierung dieser Begriffe legt den Zuschauern nahe, daß ihr Präsident seine Führungsaufgabe aus der Verbundenheit mit den Traditionen, der Kultur und Geschichte des Königsreichs Mali bezieht — wobei er unerwähnt läßt, daß diese Bezugnahme auf „königliche" Traditionen vor allem die politische Geschichte des Südens von Mali in Betracht zieht.[40]

6. Zuschauerreaktionen und die Zuschreibung von Bedeutungsinhalten

Die deutlichste nonverbale Reaktion auf die Fernsehauftritte Konarés ist, daß mit Ausnahme von Männern verschiedenen Alters, die französisch sprechen, die meisten Zuschauer kaum dem zuhören, was in seinen Reden zur Sprache kommt.

---

37 Obwohl es diese „undramatische" Darstellungsform auch in westlichen Industrienationen gibt, besteht ein wesentlicher Unterschied darin, daß in Mali die Erwartung an einen Mächtigen, sich duch seine Würde und Unberührbarkeit von Vertretern niederer Statusgruppen abzugrenzen, eine größere Rolle spielt.

38 Etwa 80% der Reden des Präsidenten, die im Nachrichtenprogramm wiedergegeben werden, sind in Französisch abgehalten. Ansonsten greift Konaré auf seine Muttersprache Bamana zurück.

39 In Bamana „an'w bèè lajelen kan", in Französisch „nous tous ensemble"

40 Wie schon zuvor erwähnt (vgl. Fußnoten 16, 17) führt der Präsident damit die Tendenz einer südzentrierten Kulturpolitik fort, die sich seit der Unabhängigkeit fest etabliert hat.

Ähnlich wie sie die allabendliche Folge einer *Soap Opera* verfolgen (Schulz 1999a), stehen für Zuschauergruppen, die kein Französisch sprechen, insbesondere für Frauen und Mädchen, oft die Bilder im Vordergrund des Interesses: Sowohl die Hintergrundbilder (Maschinen, Gebäude, Straßen, Flugplätze) als auch Mimik und Gestik. Viele spontane Kommentare beziehen sich auf Personen oder Orte, die ein Zuschauer kennt oder zu denen sich irgendein Bezug herstellen läßt (beispielsweise dadurch, daß man einen Bekannten oder Verwandten auf der Bild-fläche entdeckt oder ein Ort abgebildet wird, zu dem man schon einmal gereist ist).

Die Unaufmerksamkeit, die insbesondere Zuschauer mit geringerem Bildungsgrad den öffentlichen Auftritten ihres Präsidenten zukommen lassen, spiegelt natürlich nicht nur die Konsumgewohnheiten der Mehrheit des malischen Fernsehpublikums wieder, sondern stellt ein allgemein verbreitetes Phänomen in allen Fernsehgesellschaften dar. Gleichzeitig steht zu vermuten, daß sich das Desinteresse vieler malischer Zuschauer auch daraus erklären läßt, daß die oben erwähnte, relativ geringe Variationsbreite von Szeneneinstellungen kaum dem lokalen Sehgeschmack für eine bilderreiche, episch-narrative Darstellung entgegenkommt. Diese Vorliebe wird in spontanen Reaktionen auf andere Sendungen deutlich. Beispielsweise verfolgen Fernsehzuschauer mit völlig unterschiedlichem Bildungsgrad und Beschäftigungsprofil mit gleich großer Aufmerksamkeit das schon zuvor erwähnte Kulturprogramm „Musique du Terroir", welches — ähnlich wie im von Jean Rouch entwickelten *Cinéma Vérité* — in epischer Breite und Länge die Vorführung von Tänzen, Musik und oraler Tradition dokumentiert.[41] Obwohl die Qualität der Bilder und der Kameraführung manchmal mangelhaft ist, sollte man diese narrativ-repetitive Darstellungsform (die Länge einer Sendung übersteigt oft eine Stunde) nicht nur als Ergebnis von mangelnder Professionalität und Filmtechnik abtun. Zahlreiche spontane Reaktionen sowie die Rückmeldung, welche die Produzenten der Sendung erhalten,[42] legen die Vermutung nahe, daß eine lokale Sehpräferenz für eine narrativ-epische Darstellungsweise existiert, die im Gegensatz zur punktuellen und ereigniszentrierten Erzählform von Nachrichten- programmen in Europa und Nordamerika steht.[43]

Die Einstellung gegenüber den „lange Reden" des Präsidenten sind ambivalent: Beispielsweise reagierten viele erwachsene Fernsehzuschauer gereizt auf Präsident Konarés Fernsehansprachen anläßlich der bereits erwähnten kritischen Situation im März und April 1994. Beklagt wurde, daß „Alphas fortwährendes Reden" alleine noch nichts bewirke und daß er endlich Taten folgen lassen solle.[44] Die generelle

---

41 Für den Hinweis auf diese stylistische Parallele danke ich Jörg Bergmann (Bayreuth, Juli 2000).
42 Ich war bei zahlreichen Begebenheiten anwesend, bei denen die Produzenten auf der Straße angesprochen und für eine Sendung beglückwünscht wurden. Trotz der extremen Länge gibt es immer wieder Zuschauer, die nach Ausstrahlung einer Sendung bei der Fernsehstation anrufen, um sich zu beschweren, daß eine bestimmte Vorführung nicht von Anfang bis Ende gezeigt wurde.
43 Dies könnte unter anderem damit zusammen hängen, daß das dargestellte Material oft Anlaß zu Diskussionen darüber gibt, ob jemand aus der Zuschauerrunde schon einmal die Musik- oder Tanzgruppe getroffen hat oder die Familie der Künstler kennt.
44 Diese Äußerung spiegelt die damals weit verbreitete Unzufriedenheit mit der neuen Regierungsform wider, die im Vergleich zum früheren repressiven System als Zeichen eines „schwachen" Staates gesehen wurde (Schulz 1997).

Unaufmerksamkeit gegenüber dem gesprochenen Text schließt aber nicht aus, daß die vom Präsidenten häufig wiederholten Phrasen und Schlüsselwörter sich in das Bewußtsein des Fernsehpublikums eingraben. Zum Beispiel ist Konarés Standardappell an das nationale Gemeinschaftsgefühl (*„ensemble!"*) inzwischen zum Gegenstand zahlreicher Witze geworden. Dies zeigt, wie sehr diese Art von Appell in das allgemeine Bewußtsein sickern kann, selbst wenn er nicht aufmerksam verfolgt oder nicht geteilt wird. Dasselbe gilt natürlich auch für die sich ständig wiederholenden Bilder vom Präsidenten, der würdevoll, überlegen und kontrolliert den Regierungsgeschäften nachgeht. Bezeichnenderweise beziehen sich die wenigen spontanen Kommentare zu seinem Erscheinungsbild von Zuschauern, die kein oder kaum Französisch sprechen, meistens auf die „kontrollierte" und „würdevolle" Haltung von Konaré[45] und auf den „Stolz", den er seinem Land wiedergegeben habe.[46] So wird deutlich, daß eine emotionale und oft spontane Identifikation der Zuschauer mit dem Bild des Präsidenten stattfindet, das er durch Posen, Gesten und durch die Wahl von Metaphern erschafft, die sowohl seine eigene „Würde" als auch das Selbstbewußtsein einer neuen, demokratischen Nation versinnbildlichen.

7. Abschließende Überlegungen: Inszenierungen der Regierungsmacht in der malischen Fernsehöffentlichkeit

Die vorhergehende Analyse zielte darauf, zum Verständnis der Dynamik von Inszenierung und rezipierender Bedeutungszuweisung in der durch Massenmedien hergestellten Öffentlichkeit in Afrika beizutragen. Wie schon zu Anfang erwähnt, ist diese medial hergestellte Öffentlichkeit nur eine neben anderen Sphären öffentlicher Interaktion, die zur Zeit in Mali und den meisten Ländern Afrikas existieren. Trotz der gestiegenen Bedeutung von Massenmedien gibt es noch zahlreiche Anlässe, bei denen Menschen die Selbstdarstellung der Machthaber unmittelbar erfahren und ein Klientelverhältnis zu ihnen aufbauen oder fortführen können. Diese nicht durch elektronische Medien hergestellten Öffentlichkeiten haben nach wie vor eine größere gesellschaftspolitische Bedeutung, da in vielen Ländern die ländliche Bevölkerung vom Fernsehkonsum weitgehend ausgeschlossen ist. Hierin besteht ein wesentlicher Unterschied zur den Gesellschaften Europas und Nordamerikas, in denen die medial inszenierte Politik gerade deshalb eine so große Bedeutung erlangen kann, weil die meisten Menschen nur noch mittelbar, über die Medien, an den Aktivitäten der Politiker teilhaben. Hinzu kommt, daß in vielen afrikanischen Ländern der visuellen Legitimierung von Regierungsmacht dadurch klare Grenzen gesetzt sind, daß nur die städtische Bevölkerung sich als Teil einer im Fernsehen beschworenen politischen Gemeinschaft – im wahrsten Sinne des Wortes – sehen kann.

---

45 In Bamana: „dambetigi do", „a munyulen do de!", „dies ist ein wahrer Würdeträger", wörtlich „er beweist wirklich Haltung (Selbstbeherrschung)!" (vgl. Fußnote 40)

46 In Bamana: „a b'a yèrè bonya", „ale ye jamana dambe segin an'w ma!", wörtlich „er hat sich selbst (sein Ansehen) groß gemacht", „er hat uns die (das Bewußtsein von der) Würde unseres Vaterlandes zurückgegeben!"

Die unterschiedlichen Rahmenbedingungen und Auswirkungen der medial dargestellten Politik in Afrika und Ländern des Nordens bedürfen einer weitergehenden Untersuchung. Beispielsweise zeigen die Bedeutungen, die viele malische Fernsehzuschauer den im Nachrichtenprogramm gezeigten Bildern zuweisen, daß der Rezeptionskontext stärker zu berücksichtigen ist, um die Selbstinszenierungstechniken von Politikern im Fernsehen einer nichtwestlichen Kultur erfassen zu können. Daß die Bewertung des medialisierten Gebahrens eines Politikers neben dem Bildungsgrad auch von kulturell spezifischen Beweggründen und Werten abhängt, wird deutlich an den oft ambivalenten Reaktionen vieler Zuschauer auf die „ewigen Reden" ihres Präsidenten, dessen Selbstinszenierung – wie gezeigt – Anleihen beim Repertoire westlicher Politiker macht. Die mißmutige Reaktion gegenüber Politikern, die „nur reden" gibt es natürlich auch bei uns, entspringt bei uns jedoch nicht einem Bewertungsschema, das sich aus der konventionellen Arbeitsteilung zwischen professionellen Sprechern und Mächtigen, für die gesprochen wird, speist. Im malischen Kontext, mit seiner relativ jungen Tradition der öffentlichen Debatte und Meinungsvielfalt, rührt ein Teil des Unmutes über das „ewige Reden" des Präsidenten daher, daß insbesondere Menschen mit geringerer Schulbildung von einem Mächtigen erwarten, daß er in der Öffentlichkeit für sich sprechen *läßt*.

In einer Situation, in der bei vielen Zuschauern schon wegen bestehender Verständnisschwierigkeiten weniger die Inhalte als die Bilder der Ansprache im Mittelpunkt des Interesses stehen, kommt der visuellen Darstellung von Präsident Konaré, d.h. seiner *Verkörperung* von Regierungsmacht, eine große Bedeutung zu. Es scheint daher sinnvoll, die Analyse von nonverbalen Elementen des „Darstellungstextes" in den Vordergrund der Untersuchung zu stellen. Da Bilder sich als das wichtigste Medium zur Vermittlung von Ideen und Positionen erweisen, drängt sich der Schluß auf, daß die Proklamation von Ordnungsvorstellungen und Zielen der herrschenden Partei im malischen Fernsehen weniger argumentativ als in den westlichen Medien verläuft.[47] Dies schließt natürlich nicht aus, daß einzelne Politiker auch hier den Anspruch erheben, rational-argumentativ für ihr politisches Programm zu werben. Jedoch läßt sich nicht von der Hand weisen, daß während der Interviews und gelegentlichen Podiumsdiskussionen Journalisten kaum kritische Fragen stellen. Dadurch werden diese Sendungen zu einer Plattform für Politiker, auf der sie ihre Positionen ohne kritische Gegenfragen darstellen können. Die Dominanz der Bilder macht eine stark suggestive mediale Inszenierung möglich, bei der durch Einsatz von Körperlichkeit das Bild einer „aufgeklärten" Regierungsform erzeugt wird.

Gleichzeitig könnte man aber argumentieren, daß in Ländern Afrikas rational-argumentative Legitimationsdiskurse in den öffentlichen Medien weniger ausschlaggebend sind, da die politische Kultur stark unter dem autokratischen Erbe der kolonialen Verwaltung und der Einparteiendiktatur leidet. Angesichts der begrenzten Funktionalität von Institutionen der partizipativen Demokratie und der relativen

---

47 Dies läßt sich unter anderem damit erklären, daß die Notwendigkeit, sich gegenüber den Programmen anderer Parteien durchzusetzen, geringer ist, da in der relativ jungen Mehrparteiendemokratie Wähler nach wie vor eher durch Klientelstrukturen als durch ein überzeugendes Wahlprogramm mobilisiert werden.

Instabilität von politischen Institutionen, bleibt für die Mehrheit der Bevölkerung politische Partizipation nach wie vor ein uneingelöstes Versprechen. Im Vergleich dazu sind die Möglichkeiten und Rechte der Teilnahme an politischen Entscheidungsprozessen in den Industrieländern des Westens erheblich größer. Auch die unterschiedlichen institutionellen Rahmenbedingungen für eine Teilhabe an Entscheidungsprozessen räumen also der medialen Repräsentation von Staatsmacht in vielen afrikanischen Ländern eine andere Bedeutung ein.

Doch es wäre irreführend, den rational-(selbst)kritischen Begründungsdiskurs und die bildlich-suggestive Darstellung einer „machtvollen Würde" als absolute Gegensätze zu sehen oder sie eindeutig „dem Westen" bzw. Mali oder Afrika zuzuordnen. Letzten Endes weichen die Effekte der vornehmlich visuell vermittelten Zelebrierung von Konarés Regierungsgewalt nicht sehr von denen ab, die im westlichen Fernsehen durch die sogenannten *media events* erzielt werden: Nach Dayan und Katz (1992) sind *media events* medial inszenierte Ereignisse, die oft die Gemeinschaft zu bedrohen scheinen (wie z.B. Terrorismus), Gefühle kollektiver Betroffenheit und geteilten Werte hervorrufen (z. B. der Tod von Lady Di), und damit Emotionen ansprechen anstatt einen kritischen Dialog auslösen. *Media events* machen die symbolische und emotionale Einigung von anonymen Massen zu einer „öffentlichen Meinung" und damit die individuelle Erfahrung einer Übereinstimmung mit dem Kollektiv möglich. Wie im Falle der *media events* schafft die scheinbar rational- kritisch und kontrollierte Selbstinszenierung Alphas im malischen Fernsehen Gefühle der Gemeinschaftlichkeit, welche im „Stolz" auf die eigene Kultur wurzeln. Alphas kalkulierte Selbstdarstellung beruht auf einer flexiblen und mehrdeutigen Symbolisierung. Diese ergibt sich aus der Notwendigkeit, eine Legitimationsgrundlage durch Abgrenzung von bisherigen Führungsstilen zu erhalten, jedoch gleichzeitig auch eine Kontinuität mit den „kulturell authentischen" Werten der malischen politischen Kultur und mit herkömmlichen Darstellungskonventionen zu wahren. Durch seine „würdevolle" Kombination von eigenen kulturellen Traditionen und einem westlich-aufgeklärten politischen Führungsmodell macht Konaré eine Identifikation und damit eine zumindest imaginierte Teilhabe an einer sozialen Gesamtordnung möglich.

Meine These ist, daß die Identifikation mit dem Präsidenten und der von ihm verkörperten politischen Ordnung auf einer emotionalen Wirkung beruht, die der Zelebrierung von „nationaler" Musik, Folklore und anderen kulturellen Genres zu Zeiten Modibo Keita ähnelt. Unter der eine Kontinuität suggerierenden Oberfläche hat durch den Einsatz visueller Medien aber eine Verschiebung von auditiven zu visuellen Ausdrucksformen stattgefunden. Während früher die Identifizierung mit der Nation und einer gemeinsamen Geschichte vor allem durch aurale Genres (über das nationale Radio) möglich gemacht wurde, so kommt die über das Fernsehen ausgestrahlte Personifizierung der politischen Ordnungsvorstellung vorwiegend durch Körperposen und Mimik zum Ausdruck. Das Medium Fernsehen und die durch den Kamerablick erzeugte Nähe ermöglichen einen verstärkten Einsatz von Gestik und Mimik. Trotz des anderen politischen Erbes und der damit verbundenen Rationalitäten und institutionellen Rahmenbedingungen zeitigen die visuellen Medien in Afrika ähnliche Folgen wie in Europa und Nordamerika, da sie eine Bühne bisher unbekannten Ausmaßes schaffen, auf der Regierungsgewalt als ein Spektakel des Prestiges inszeniert werden kann.

Literatur

Abu-Lughod, Lila (1993): Finding a Place for Islam: Egyptian Television Serials and the National Interest. In: Public Culture 5, S. 493-513

Abu-Lughod, Lila (1995): The objects of soap opera: Egyptian television and the cultural politics of modernity. In: Miller, Daniel (Hg.): Worlds apart. Modernity through the prism of the local. London/New York: Routledge, S. 190-210

Anderson, Benedict (1983): Imagined Communities. Reflections on the Origin and Spread of Nationalism. London/New York: Verso

Appadurai, Arjun (1996): Modernity at Large. Cultural Dimensions of Globalization. Minneapolis/London: University of Minnesota Press

Balandier, Georges (1980): Le pouvoir sur scènes. Paris: Balland

Barber, Karin (1994): Concluding Remarks. Media, Popular Culture, and 'the Public' in Africa. *Passages* 8, S. 23-24

Barber, Karin (1997): Preliminary Notes on Audiences in Africa. In: Africa 67,3, S. 347-362

Barber, Karin (1999): The religious disaggregation of popular moral discourse in Yoruba theatre and video drama, 1948-1993. Vortrag beim Workshop zu „Religion and Media in Nigeria", an der School of Oriental and African Studies (SOAS), London, Februar 1999

Bayart, Jean-Francois (1996): L'illusion identitaire. Paris: Fayard

Bigo, Didier (1988): Pouvoir et obéissance en Centrafrique. Paris: Karthala

Bourgault, Louise (1995): Mass Media in Subsaharan Africa. Bloomington/Indianapolis: Indiana University Press

Calhoun, Craig (Hg.) (1992): Habermas and the Public Sphere. Cambridge/MA/London: MIT Press

Camara, Sory (1976): Les gens de la parole. Essay sur la condition et le rôle du griot dans la société Malinke. Paris: Maisonneuve

Chatterjee, Partha (1993): The Nation and its Fragments. Princeton: Princeton University Press

Clastres, Pierre (1973): La société contre l'État. Paris: Minuit

Danielson, Virginia (1997): The Voice of Egypt. Umm Kulthum, Arabic Song, and Egyptian society in the twentieth century. Chicago: Chicago University Press

Das, Vena (1995): On soap opera: what kind of anthropological object is it? in: Miller, Daniel (Hg.): Worlds apart. Modernity through the prism of the local. London/New York: Routledge, S. 169-189

Dayan, D. and Katz, Elihu (1992): Media Events: The Live Broadcasting of History. Cambridge/MA: Harvard University Press

Diawara, Mamadou (1990): La graine de la parole. Stuttgart: Steiner

Diawara, Mamadou (1994): Production and Reproduction: the Mande oral popular culture revisited by the electronic media. In: Passages 8, S.13-22

Eickelman, Dale/Anderson, Jon (1999): Redefining Muslim Publics. In: Eickelman / Anderson (Hg.): New Media in the Muslim World, Bloomington/Indianapolis: Indiana University Press, S. 1- 18

Ekeh, Peter (1975): Colonialism and the Two Publics in Africa. A theoretical statement. In: Comparative Studies in Society and History 17,1, S. 91-112.

Fauré, Yves-A. (1978): Célébrations officielles et pouvoirs africains: symboliques et construction de l'État. Revue Canadienne des études africaines 12,3, S. 383-404

Fischer-Lichte, Erika (1998): Inszenierung und Theatralität. In: Willems, Herbert/Jurga, Martin (Hg.): Inszenierungsgesellschaft. Ein einführendes Handbuch. Opladen/ Wiesbaden: Westdeutscher Verlag, S. 81-90

Förster, Till (1999): Raum und Öffentlichkeit in einer dörflichen Gesellschaft Westafrikas. In: Iwalewa Forum 1-2 / 99, S. 49-74

Fraser, Nancy (1992): Rethinking the Public Sphere: A Contribution to the Critique of Actually Existing Democracy. In: Calhoun, Craig (Hg.): Habermas and the Public Sphere. Cambridge/MA/London: MIT Press, S. 109-142

Fuglesang, Minou (1994): Veils and Videos. Female youth culture on the Kenyan coast. Stockholm Studies in Social Anthropology 32, Stockholm University

Gardi, Bernhard (2000): Le boubou – c'est chic. Les boubous du Mali et d'autres pays de l'Afrique de l'Ouest. Basel: Museum für Völkerkunde

Garnham, Nicholas (1992): The Media and the Public Sphere. In: Calhoun, Craig (Hg.): Habermas and the Public Sphere. Cambridge/MA/London: MIT Press, S. 359-376

Geertz, Clifford (1980): Negara. The Theater State in Nineteenth Century Bali. Princeton: Princeton University Press

Gehlen, Arnold (1964): Urmensch und Spätkultur. Frankfurt a.M.

Goffman, Erving (1959): The Presentation of Self in Everyday Life. Garden City, N.Y.: Doubleday Anchor Books

Habermas, Jürgen 1990 [1962]. Strukturwandel der Öffentlichkeit. Untersuchungen zu einer Kategorie der bürgerlichen Gesellschaft, 2. Auflage. Frankfurt a.M.: Suhrkamp

Hayward, Fred; Dumbuya, Ahmed 1984. Political Legitimacy, Political Symbols, and National Leadership in West Africa. In: The Journal of Modern African Studies 21,4, S. 645-671

Kandiyoti, Deniz (1993): Identity and its Discontents: Women and the Nation. In: Williams, Patrick/Chrisman, Laura (Hg.): Colonial Discourse and Postcolonial Theory. S. 376-391

Kurt, Ronald. (1998): Der Kampf um Inszenierungsdominanz. Gerhard Schröder im ARD-Politmagazin *ZAK* und Helmut Kohl im *Boulevard Bio*. In: Willems, Herbert/Jurga, Martin (Hg.): Inszenierungsgesellschaft. Ein einführendes Handbuch. Opladen/ Wiesbaden: Westdeutscher Verlag, S. 565-582

Larkin, Brian (1999): Mediating Islamic Identity. Vortrag beim Workshop zu „Religion and Media in Nigeria" an der School of Oriental and African Studies (SOAS). London, Februar 1999

Launay, Robert (1997): Spirit Media: the electronic media and Islam among the Dyula of Northern Côte d'Ivoire. In: Africa 67,3, S. 441-453

Lonsdale, John (1992): The moral economy of Mau Mau. in. Berman, Bruce / Lonsdale, John (Hg.): Unhappy Valley. Conflict in Kenya and Africa. London: James Currey, Nairobi: Heinamann Kenya, Athens, Ohio University Press, S.265-504

Mamdani, Mahmood (1996): Citizen and Subject. Contemporary Africa and the Legacy of Late Colonialism. Princeton: Princeton University Press

Mankekar, Purnima (1999): Screening Culture, Viewing Politics. An Ethnography of Television, Womanhood, and Nation in Postcolonial India. Durham/London: Duke University Press

Marshall-Fratani, Ruth (1998): Mediating the Local and the Global in Nigerian Pentecostalism. Journal of Religion in Africa 28,3. S. 279-304

Meyer, Birgit (1999): 'Blood Money.' On the reception of Nigerian videos in Ghana. Vortrag beim Jahrestreffen der American Anthropological Association, Chicago, November 1999

Paragrana (1998): Themenschwerpunkt „Kulturen des Performativen", Bd. 7, Heft 1

Probst, Peter (1998): Auf der Suche nach dem Publikum. Prologomena zu einer Anthropologie der Öffentlichkeit im Subsaharischen Afrika. In: Paragrana. Internationale Zeitschrift für Historische Anthropologie 7,1, S. 291-305

Probst, Peter (1999): Mchape '95, or, The sudden fame of Billy Goodson Chisupe: healing, social memory and the enigma of the public sphere in post-Banda Malawi. In: Africa 69: 108-137

Raab, Jürgen / Tänzler, Dirk (1999): Charisma der Macht und charismatische Herrschaft. Zur medialen Präsentation Mussolinis und Hitlers. In: Honer, Anne/Kurt, Ronald/ Reichertz, Jo (Hg.): Diesseitsreligion: Zur Deutung der Bedeutung moderner Kultur. Konstanz: Universitätsverlag Konstanz, S. 59-77

Schulz, Dorothea (1996): Praise in Times of Disenchantment. Griots, Radios, and the Politics of Communication in Mali. Ph.D. Dissertation, Yale University, Department of Anthropology

Schulz, Dorothea (1998a): Morals of Praise: Broadcast Media and the Commoditization of Jeli Praise Performances in Mali. In: Research in Economic Anthropology 19, S. 117-133.

Schulz, Dorothea (1998b): The Heroes of the Mande Past enter the Malian Broadcast Station. Vortrag bei der Jahrestagung der African Studies Association in Columbus, OH, November 1998

Schulz, Dorothea (1999a): Imagining other worlds, making sense of everyday life. Soap opera reception in urban Mali. Vortrag bei der Jahrestagung der Deutschen Gesellschaft für Völkerkunde, Oktober 1999, Heidelberg

Schulz, Dorothea (1999b): In pursuit of publicity. Talk radio and the imagination of a moral public in Mali. Africa Spectrum 99(2): 161-185

Schulz, Dorothea (1999c): Pricey Publicity, Refutable Reputations. *Jeliw* and the Economics of Honour in Mali. In: Paideuma 45: 275-292

Schulz, Dorothea (2000a): Mesmerizing *Missis*, Nationalist Musings. Beauty Pageants and the Public Debate on „Malian" womanhood. Paideuma 46: 111-135

Schulz, Dorothea (2000b): Communities of sentiment. Local radio stations and the emergence of new spheres of public communication in Mali. In: Brühne, S. (Hg.), Neue Medien und Öffentlichkeiten. Politik und Tele-Kommunikation in Asien, Afrika und Lateinamerika. Bd. 2. Hamburg: Deutsches Übersee Institut, S. 36-62.

Soeffner, Hans-Georg (1998): Erzwungene Ästhetik. Repräsentation, Zeremoniell und Ritual in der Politik. In: Willems, Herbert/Jurga, Martin (Hg.): Inszenierungsgesellschaft. Ein einführendes Handbuch. Opladen/Wiesbaden: Westdeutscher Verlag, S. 215-234

Spitulnik, Deborah (1992): Radio Time Sharing and the Negotiation of Linguistic Pluralism in Zambia. Pragmatics,2,3, S. 335-354

Spitulnik, Deborah (1993): Anthropology and Mass Media. In: Annual Review of Anthropology 22, S. 293-315

Spitulnik, Deborah (1994): Radio Cycles and Recyclings in Zambia: Public Words, Popular Critiques, and National Communities. In: Passages 8, S. 10-15

Sreberny-Mohammadi, Annabelle / Mohammadi, Ali (1994): Small Media, Big Revolution. Communication, Culture, and the Iranian Revolution. Minneapolis/London: University of Minnesota Press

Thompson, John (1995): The Media and Modernity. A Social Theory of the Media. Stanford, CA: California University Press

Tomaselli, Ruth/Tomaselli, Keyan/Muller, Johan (Hg.) (1989): Broadcasting in South Africa. London/New York/Belville/Cape: James Currey, St. Martins, Anthropos

Ugboajah, Frank (Hg.) (1985): Mass Communication, culture and society in West Africa. München/New York: H. Zell

Willems, Herbert (1998): Inszenierungsgesellschaft? Zum Theater als Modell, zur Theatralität von Praxis. In: Willems, Herbert/Jurga, Martin (Hg.): Inszenierungsgesellschaft. Ein einführendes Handbuch. Opladen und Wiesbaden: Westdeutscher Verlag, S. 23-79

Willems, Herbert / Jurga, Martin (Hg.) (1998): Inszenierungsgesellschaft. Ein einführendes Handbuch. Opladen/Wiesbaden: Westdeutscher Verlag

Andreas Dörner

Von der 'Krönungsmesse' zur 'Götterdämmerung'. Politikinszenierung in der deutschen Unterhaltungsöffentlichkeit

1. Einleitung: Die Symbiose von Politik und Unterhaltung

Als Truman Burbank, ein zufriedener und glücklich verheirateter Versicherungsangestellter, eines Morgens gut gelaunt ins Freie tritt, erlebt er eine irritierende Überraschung: Aus heiterem Himmel fällt direkt vor seine Füße ein Beleuchtungsscheinwerfer. Trumans solcherart gewecktes Mißtrauen führt später zu der Entdeckung, daß sein gesamtes Leben kalkulierter Bestandteil einer erfolgreichen Soap Opera ist. Jedes biographische Detail seit seiner Geburt wurde zur Unterhaltung eines Millionenpublikums inszeniert.

Diese bösartige Parabel, in der Peter Weirs Film *The Truman Show* (1998) die mediale Erlebnisgesellschaft frei nach Marx durch das Vorspielen ihrer eigenen Melodie zum Tanzen bringt, greift der Autor und Theaterregisseur Christoph Schlingensief[1] in seinem Stück *Die Berliner Republik* ein Jahr später wieder auf. Hier sind es Gerhard Schröder und Doris Schröder-Köpf, die den besagten Scheinwerfer auf der Bühne finden. Die deutsche Politik – eine Seifenoper? Der 'reale' Schöder leistete derartigen Interpretationen insofern selbst Vorschub, als er im Frühjahr 1998 in der Seifenoper *Gute Zeiten, schlechte Zeiten* mitgespielt hatte – einer Daily Soap, die beim jüngeren Publikum ausgesprochen beliebt ist.

Nun erscheinen solche Interpretationen der Politik als fauler Medienzauber, die alte Verschwörungsszenarien linker und rechter Kulturpessimisten wiederbeleben, deutlich übertrieben. Dennoch verweisen sie auf eine neuere Entwicklung, die durchaus sozialwissenschaftliche Aufmerksamkeit verdient. Die Öffentlichkeit moderner Gegenwartsgesellschaften ist am Ende des 20. Jahrhunderts durch eine enge Koppelung zwischen Politik und Unterhaltungskultur gekennzeichnet. Was früher in der Regel auf gelegentliche Berührungspunkte vor allem in Wahlkampfzeiten beschränkt blieb, hat sich nun im Zuge eines weitergehenden Strukturwandels der Öffentlichkeit zu einer stabilen Symbiose entwickelt: Auf der einen Seite greifen politische Akteure in zunehmendem Maße auf Instrumente und Stilmittel der professionalisierten Medienunterhaltung zurück, um ihr politisches Marketing im

---

1 Schlingensief hatte schon im Vorfeld der Bundestagswahl 1998 mit seiner von Showgrößen wie Alfred Biolek und Harald Schmidt unterstützten Happening-Partei *Chance 2000* mehrfach in der deutschen Unterhaltungsöffentlichkeit für Aufsehen gesorgt. Unter anderem wollte man während der Urlaubstage des amtierenden Kanzlers Kohl mit Tausenden deutscher Arbeitslosen den Wolfgangsee zum Überschwappen bringen – ein Unterfangen, das jedoch von den österreichischen Behörden untersagt wurde. Die 'Partei' soll zeitweise bis zu 16.000 Mitglieder verzeichnet haben.

Kontext der medialen Erlebnisgesellschaft erfolgreicher zu gestalten. Auf der anderen Seite verstärkt auch die Unterhaltungskultur ihre Bemühungen, von den neuen Verhältnissen zu profitieren, indem sie immer häufiger Figuren, Themen, Settings, Mythen und Symbole aus der Sphäre der Politik als Material zum Aufbau ihrer fiktionalen Welten verwendet (vgl. Dörner 2001). Auf diese Weise sind politische Unterhaltungsöffentlichkeiten entstanden, deren Relevanz kaum überschätzt werden kann in einer Zeit, in der nur wenige Bürger direkten Zugang zum politischen Prozeß haben und in der wir ohnehin den größten Teil unseres Wissens dem nahezu omnipräsenten Angebot der Massenmedien entnehmen (Luhmann 1996: 9).

Wenn man sich vor Augen führt, daß der 'Durchschnittsdeutsche' in den 90er Jahren des 20.Jahrhunderts täglich gut viermal länger massenmedial als personal kommuniziert, dann wird das Ausmaß der Interpenetration unserer Alltagswelt durch die Realität der Medien hinreichend deutlich (Berg/Kiefer 1992: 328). Zieht man weiterhin in Betracht, daß die Medienangebote – in Deutschland spätestens seit der Einführung des dualen Rundfunksystems – eine immer deutlichere Dominanz der unterhaltenden Genres aufweisen, weil nur mit dieser Schwerpunktbildung die angezielten Marktanteile erreichbar scheinen, dann ist leicht einzusehen, warum es für die Sozialwissenschaften dringend an der Zeit ist, sich genauer mit der neuen Gestalt des Politischen in der Unterhaltungsöffentlichkeit zu beschäftigen[2].

Im Folgenden soll nun zunächst der Zusammenhang von Politikinszenierung und Unterhaltung von zwei Seiten beleuchtet werden: (1) Wie nutzen politische Akteure die Unterhaltungsforen für ihre Zwecke, und (2) wie wird das Politische in marktgängigen Unterhaltungsangeboten konstruiert? Dabei wird jeweils zunächst ein Blick auf die in vieler Hinsicht paradigmatische Situation in den Vereinigten Staaten geworfen, um dann anhand deutscher Beispiele das Syndrom aus Politik und Unterhaltung genauer zu analysieren. Zum Abschluß wird vor dem Hintergrund dieser Analysen eine Funktionsbestimmung politischer Unterhaltungsöffentlichkeiten vorgenommen.

2. Politische Akteure im Unterhaltungsformat

Die USA bilden schon seit Jahrzehnten gleichsam die weltweite Avantgarde der unterhaltenden Politikinszenierung, und viele der Eigenheiten, die sich in der amerikanischen Unterhaltungsöffentlichkeit abzeichnen, lassen sich mit einer gewissen Verzögerung auch im deutschen Kontext beobachten. Schon früh war es in den Vereinigten Staaten üblich geworden, daß Politiker ihre Wahlkampagnen von Größen des Showgeschäfts unterstützen ließen (vgl. dazu ausführlich Ault 1981). Filmregisseure und Schauspieler, vor allem aber auch erfolgreiche Popmusiker ließen den auf dem Sprung in politische Ämter befindlichen Akteuren nicht nur ökonomisches

---

2   Eine grundlegende Studie über den Zusammenhang von Politikinszenierung, politischer Kultur und Medienunterhaltung liegt jetzt vor in Dörner 2000. Hier wird zum einen der theoretische Komplex der Unterhaltungsöffentlichkeit geklärt und zum anderen eine qualitativ-empirische Untersuchung zur Persistenz politisch-kultureller Deutungsmuster in der amerikanischen Film- und Fernsehkultur der 90er Jahre des 20. Jahrhunderts durchgeführt.

Kapital in Form von Spendengeldern zukommen, sondern stellten – viel wichtiger – das symbolische Kapital ihrer Prominenz in den Dienst der Bewerber. Prominenz kann auf zwei Ebenen positive Effekte zeitigen: Zum einen stellt sie einen Aufmerksamkeitsmarker dar. Sie verschafft den Kommunikationen, die durch sie gerahmt werden, eine hohe Wahrscheinlichkeit, ungeachtet stark verknappter Aufmerksamkeitsressourcen im medialen Überangebot dennoch wahrgenommen zu werden. Der Wiedererkennungswert prominenter Figuren wirkt im endlosen Fluß der Bilder wie eine Magnetkraft, die den Blick der Zuschauer zu fixieren vermag.

Zum anderen generiert Prominenz auch kommunikatives Prestige. Sie erhöht die Bereitschaft bei den Rezipienten, den Aussagen das Etikett der Glaubwürdigkeit zuzusprechen (vgl. Neidhardt 1994a: 322ff und Peters 1996). Die positive Gestimmtheit, die ein beliebter Schauspieler oder Musiker beim Publikum zu erzeugen vermag, überträgt sich gleichsam wie ein assoziatives Prestige auf die politischen Akteure und ihre Programme, die sich durch die Kopräsenz der Zelebritäten beglaubigen lassen wollen. Aufgrund dieser Mechanismen ist es auch in Deutschland schon seit langer Zeit üblich geworden, daß Wahlkämpfer beliebte Medienstars für einen Einsatz zu gewinnen versuchen. Aber auch jenseits von Wahlkampfzeiten greift die Politik gern auf das Prestige von Unterhaltungskünstlern zurück. Jüngstes Beispiel in Deutschland war die Anzeigenkampagne der rot-grünen Bundesregierung im Februar 1999, in der drei Medienstars – der Popsänger Marius Müller-Westernhagen, der Showmaster Thomas Gottschalk und der Tennisstar Boris Becker – mit einem ästhetisch anspruchsvoll gestalteten Gruppenfoto in allen überregionalen Tageszeitungen für die Einführung der doppelten Staatsbürgerschaft warben.

In den 80er Jahren freilich gewann die Koppelung von Unterhaltung und Politik in den USA mit der Präsidentschaft Ronald Reagans eine neue Qualität. Reagan, der sich als Schauspieler, Sportreporter und reisender Redner im Dienste amerikanischer Konzerne schon früh große kommunikative Fähigkeiten angeeignet hatte, nutzte diese unterhaltungskulturelle Professionalität systematisch bei der Inszenierung seiner Medienauftritte als Politiker. In Werbespots und Fernsehporträts ritt er über seinen Grundbesitz wie eine Figur jener durch Zuversicht und Stolz geprägten Western der 50er und frühen 60er Jahre, die stets ein optimistisches Bild der Zukunft vermittelt hatten[3]. In seinen Reden und Stellungnahmen griff er gern auf unterhaltungskulturelle Materialien von *Rambo* bis zu *Star Wars* zurück, und sein Kommunikationsstil ließ die Zuschauer auch bei der Erörterung noch so schwieriger realer Probleme stets in dem Gefühl, der Moderation einer Unterhaltungsshow beizuwohnen, die ohne Zweifel ein gutes und amüsantes Ende finden würde[4].

Zu großer Meisterschaft brachte es schließlich Bill Clinton in den 90er Jahren. Er suchte und fand bewußt unterhaltungskulturelle Formate als Rahmen seiner Auftritte, die dem Politischen endgültig jede 'trockene' Ernsthaftigkeit zugunsten der Dominanz des *Feel-Good*-Faktors zu nehmen wußten. Das Clinton-Team setzte von Beginn an auf eine Strategie, welche die etablierten seriösen Medien weitge-

---

3   Zur Typologie des Westerns als gesellschaftsbezogene Gattung vgl. Wright 1975.
4   Zur Kommunikationsstrategie Ronald Reagans im Kontext der amerikanischen politischen Kultur vgl. Dörner 1993.

hend im Hintergrund beließ und statt dessen auf den direkten Kontakt des Kandidaten mit der Bevölkerung sowie auf Unterhaltungsmedien setzte (vgl. Just u.a. 1996). So waren Talk Shows, insbesondere auf den Sendern MTV und CNN, die bevorzugten Foren des Kandidaten. Hier konnte er ohne Filterung durch die journalistische Elite Washingtons direkt zu seinen Wählern sprechen, in Fernsehformaten, die diesen aus ihrer alltäglichen Medienpraxis gut vertraut waren (Rosenstiel 1993: 54). Clinton kreierte mit dem Konzept der *Electronic Townhall* ein populistisches Instrument des Wählerkontaktes, auf das auch Ross Perot und George Bush später zurückgriffen. Die Kandidaten präsentierten sich in Shows wie *Larry King Live* und *Donahue*, um Fragen des Studiopublikums zu beantworten. Neben dem Direktkontakt zu den Wählern unter Umgehung der professionellen Journalisten lag ein entscheidender Aspekt dieses TV-Formats in seinem Unterhaltungscharakter (vgl. Nimmo 1994: 209). Dieser Kommunikationsmodus wurde auch nach der Wahl konsequent fortgesetzt – das erste Exklusiv-Interview mit Clinton als Präsident bekam der Musiksender MTV zugesprochen.

Das Clinton-Team hat sich die Kommunikationsmaterialien der populären Medienkultur ganz bewußt als Instrumente des Wahlkampfs angeeignet. So bezog sich Clinton in seinen Äußerungen oft auf Elvis Presley, den Rock'n Roll Star, der für die Generation Clintons ein wichtiger Sozialisationsfaktor gewesen war. Elvis symbolisierte eine nonkonformistische Kultur, die sich von der älteren Generation nichts mehr sagen läßt. Dieses Image des Rebellen ließ sich rhetorisch gut verbinden mit der Proklamation des Wechsels, die in Clintons Motto „Time for a change in America" Ausdruck fand. Nicht zufälliger Weise wurde Clinton durch die bekannte Szene-Zeitschrift *Rolling Stone* in Artikeln und Interviews massiv unterstützt.

Der Höhepunkt dieser medienkulturellen Kampagne fand Anfang Juni des Jahres 1992 statt, als Clinton mit schwarzer Sonnenbrille einen musikalischen Auftritt in der *Arsenio Hall Show* hatte. Er spielte auf seinem Saxophon Elvis Presleys Hit *Heartbreak Hotel*, und mit diesen Bildern des Präsidentschaftskandidaten als Popstar gewann Clinton die Offensive in der amerikanischen Medienkultur zurück, die er zuvor an Ross Perot verloren hatte. Clintons Inaugurationsfeier war folgerichtig durch Auftritte zahlreicher Showgrößen gekennzeichnet, und auch während der Präsidentschaft setzte sich das Kommunikationsmuster weiter fort. Clinton konnte dabei auch Imagevorteile aus einigen Präsidentenfilmen ziehen, die Hollywood in dieser Zeit produzierte. So ist der fiktive Präsident Shepherd, der in dem Film *The American President* (1995) als Witwer und alleinerziehender Vater eine Romanze mit einer Umweltaktivistin erlebt, öffentlich mit der Figur Clintons identifiziert worden (vgl. Hoberman 1995). Das Bild eines jungen, gutaussehenden Präsidenten, der nicht nur politisch erfolgreich, sondern auch im Privatleben sympathisch ist und so eine attraktive, intelligente Frau gewinnt, war damals leicht mit dem Clinton-Image zu koppeln. Auch in weiteren Filmen spielten junge, attraktive Männer die Rolle des US-Präsidenten, der in dieser Zeit in der Bildwelt des Hollywood-Films eine erstaunliche Aufwertung erfuhr: Kevin Kline in *Dave* (1993), Bill Pullman in *Independence Day* (1996) und Harrison Ford in *Air Force One* (1997) führten den Präsidenten nicht nur als schön, sondern auch als durchsetzungsstark und zugleich moralisch integer vor. Da vermag es kaum zu verwundern, daß Clinton selbst mittlerweile auch Rollen in Spielfilmen und Fernsehserien nicht nur angeboten bekam, sondern auch angenommen hat.[5]

In Deutschland ist derzeit ohne Zweifel Gerhard Schröder der eifrigste Nachfolger Clintons.[6] Schröder bewegt sich souverän in nahezu allen Medienformaten (vgl. Kurt 1998), und die Zumutungen einer Unterhaltungssendung scheinen ihm auch nicht annähernd solches Kopfzerbrechen zu bereiten wie seinen oft steif und ungeschickt agierenden Politikerkollegen. Die auf Schröders Person zugeschnittene Wahlkampagne der SPD im Bundestagswahlkampf 1998 war unter der Federführung von Bodo Hombach, der bei US-Wahlkampfmanagern in die Lehre gegangen war, deutlich amerikanisiert worden. Man legte die in der deutschen politischen Öffentlichkeit über lange Zeit typische Angst vor den als unseriös geltenden Showeffekten einer Entertainment-Inszenierung ab und gewann mit diesem neuen Stil durchaus ein großes Maß der knappen Ressource Aufmerksamkeit. Herausragendes Ereignis war dabei ohne Zweifel der Parteitag, der im Frühjahr 1998 in Leipzig stattfand. Journalisten sprachen hier von einer „Krönungsmesse" für Schröder, und diese Metaphorik kann insofern eine gewisse Plausibilität beanspruchen, als die Inszenierung tatsächlich die choreographische Sorgfalt einer Liturgie aufwies. In eindrucksvoller Licht- und Farbästhetik wurden die Akteure auf der Bühne in Szene gesetzt, schwungvolle popmusikalische Darbietungen rahmten das Geschehen, und beim Höhepunkt der Show wurde schließlich Schröders neuer Wahlkampfspot überlebensgroß auf der Bildschirmwand zelebriert.[7] In einer Bildästhetik, die stark angelehnt war an den visuellen Code von MTV-Musikvideoclips, erschien der Bundeskanzler *in spe* als ein kühler souveräner Macher, der in der Lage scheint, vorhandene Visionen (die leider inhaltlich nicht näher verdeutlicht wurden) durch zielstrebiges Handeln in politische Realität umzusetzen.

Verstärkt wurde diese Ästhetik des 'Machers' durch eine geschickt eingesetzte musikalische Rahmung. Es ertönte die hymnisch auftrumpfende Filmmusik aus der Hollywood-Produktion *Airforce One* (1997). Die Semantik dieses populären Films, in dem der amerikanische Präsident (Harrison Ford) als heroischer Streiter für sein Land durch entschlossenes Handeln im Alleingang eine ganze Gruppe von Terroristen besiegt, verlieh dem niedersächsischen Ministerpräsidenten und Kanzlerkandidaten zumindest für den Moment der Inszenierung ebenfalls die außeralltägliche Aura des politischen Erlöserhelden, mit dessen Erscheinen alles besser werden kann.

---

5   So ist Clinton an der Seite von Mel Brooks, Billy Chrystal, Michael J. Fox und Tom Hanks zu sehen in *I am Your Child* (1997, Regie Rob Reiner) sowie *First Kid* (1996, Regie David M. Evans), in dem ein Präsidentensohn im Mittelpunkt der Handlung steht. Darüber hinaus spielt Clinton sich selbst in einer Folge der Militärserie *J.A.G.* (1995)

6   Auch Tony Blair hatte in seinem Wahlkampf stets die Nähe von Größen aus dem Show Business gesucht, und er machte u.a. den zentralen Slogan der erfolgreichen Fußball-Pop-Hymne *Free Lions* („Football's Coming Home") zum Slogan von New Labor: „Labour's coming home" (Cloonan/Street 1997: 229).

7   Der große Bildschirm auf der Bühne und die starke Rolle der Musik sind Stilmittel, die den amerikanischen Conventions entnommen sind.

In dieser Inszenierung vollzog sich das, was für die Präsenz des Politikers in der medialen Erlebnisgesellschaft zunehmend typisch wird: die Transformation – man ist geneigt zu sagen: die Transsubstantiation – des realen Akteurs in eine 'hyperreale' Medienfigur. Reales und Medienfiktionen, so führt John Fiske im Anschluß an Baudrillard aus, sind im Hyperrealen implodiert und formen dort eine neue, spezifische Form von Wirklichkeit (Fiske 1996: 61 ff). Medienfiguren sind hyperreale Größen, die an realen Personen anknüpfen und sie in einem semiotischen Prozeß zu Zeichen transformieren, an denen sich Diskurspositionen festmachen lassen. Die realen Körper und Biographien sind dabei Mittel der Visualisierung und der Authentizitätsgenerierung, aber entscheidend ist jeweils, welche Bedeutungen, Werte und Sinnmuster sich im politischen Unterhaltungsdiskurs an diese Figuren anlagern.

Diesen Status einer Medienfigur hat Schröder, hier deutlich auf den Spuren Clintons wandelnd, weiter dadurch gefördert, daß er als niedersächsischer Ministerpräsident, also sich selbst spielend, in narrativ-unterhaltenden Genres auftrat: in der schon erwähnten Daily Soap *Gute Zeiten, Schlechte Zeiten* (RTL, Mai 1998) und vorher bereits in dem ZDF-Mehrteiler *Der große Bellheim* (1992). Höhepunkt war jedoch ohne Zweifel der Auftritt bei der Leipziger „Krönungsmesse".

Der entscheidende Effekt dieser hyperrealen Transformation ist eine Fiktionalisierung des realen Akteurs. Schröder, der Kanzlerkandidat, wird in der Rahmung der heroischen Filmmusik zu Schröder, dem Superhelden, der die Gewißheit ausdrückt, die politische Malaise des reformblockierten Deutschland beheben zu können. Die unterhaltende Rahmung versetzt das Politische in den Modus einer Als-Ob-Welt, die spielerischer und bunter ist als die 'reale' Welt.[8] Es erscheint interessant und attraktiv, obwohl – oder vielleicht auch gerade weil – es von realen Handlungskonsequenzen weitgehend abgelöst ist. Zudem sind die Als-Ob-Welten in der Regel durch eine reduzierte Komplexität gekennzeichnet und somit besonders orientierungsfreundlich. Diese Orientierungsfreundlichkeit aber macht das Unterhaltende wiederum politisch so bedeutsam: Politikbilder, Deutungsmuster, Wahrnehmungsfolien der Unterhaltungskultur sind deshalb ein so wichtiges Moment von politischer Kultur, weil sie Mediennutzern in angenehmen, entspannten und von Alltagslasten befreiten Situationen eingängige Materialien zur Wahrnehmung, Deutung und Sinngebung von politischer Realität vermitteln. Das letzte, was man im Fernsehsessel erwartet, ist politische Indoktrination.

Das Beispiel des zur *Airforce-One*-Musik auf die Bühne marschierenden Gerhard Schröder ist auch geeignet zu veranschaulichen, warum – vor allem musikalisch gerahmte – Unterhaltungserlebnisse in der Regel mit einem *Feel Good*-Faktor verbunden sind. Die Als-Ob-Welten des Entertainment sind deshalb so attraktiv, weil sie zwar einerseits auf unsere alltagsweltlichen Erfahrungen mit der „ausge-

---

8   Unterhaltung läßt sich im Anschluß an Alfred Schütz als ein spezifischer geschlossener Sinnbereich bestimmen, der durch einen Als-Ob-Modus charakterisiert ist (vgl. Stumm 1996: 147). Die Als-Ob-Welt kann demnach eine im klassischen Sinne fiktionale Welt sein, wie sie z.B. in Romanen, Spielfilmen oder Fernsehserien entworfen wird. Oder aber es handelt sich um Spielwelten, deren Als-Ob-Realität erst durch die (konstitutiven) Spielregeln erschaffen wird. Wettkampfspiele (Sport, Quiz, Game-Show) und Glücksspiele wären hier zu subsumieren.

zeichneten Wirklichkeit" im Sinne von Schütz bezug nehmen, gleichzeitig jedoch ‚besser' sind. Unterhaltende Als-Ob-Welten wirken utopisch – und zwar weniger in der Weise, daß sie uns Modelle einer besser organisierten Gesellschaft präsentieren, sondern indem sie eine Emotion des Utopischen, ein Gefühl der besseren (politischen) Wirklichkeit vermitteln (Dyer 1981: 177).

Dieses politische *Feel Good* wird ermöglicht auf zwei analytisch zu trennenden, aber stets zusammenwirkenden Zeichenebenen. Auf der Ebene der repräsentierenden Zeichen sind beispielsweise die Charaktere klarer, die Helden moralischer, die Konflikte einfacher zu lösen als in der realen Welt unserer Alltagserfahrung. Auf der Ebene der nicht-repräsentierenden Zeichen wird unsere Emotionalität besonders intensiv angesprochen, weil es hier – Dyer verweist auf Susanne K. Langers „Feeling and Form" (1953) – Strukturhomologien zwischen der Logik der Zeichen und der Logik des Fühlens gibt, die eine besonders unmittelbare Wirkung ermöglichen (Dyer 1981: 178). Musik, Farbigkeit, Struktur des Bildaufbaus, Bewegung, Rhythmus sind solche Zeichenformen. Ob beispielsweise eine Filmszene als spannend, beängstigend, trostlos oder aber ermutigend und triumphal erfahren wird, ist maßgeblich durch die begleitende Musik gesteuert.[9] Diese Logik wird nicht zuletzt auch in Wahlwerbespots instrumentell genutzt.

Die Gefühlsqualitäten utopischer Unterhaltungserlebnisse sind auf ganz bestimmte Entbehrungen und Probleme in der realen Welt bezogen. Aus dieser 'Passung' erklärt sich, warum Unterhaltung so gut funktionieren kann. Die entsprechenden Gefühlsqualitäten sind: Überfluß im Gegensatz zur realen Knappheit; Energie im Gegensatz zur realen Verbrauchtheit und Schwäche; Intensität im Gegensatz zu Langeweile und Monotonie; Transparenz und Spontaneität im Gegensatz zu Manipulation und Täuschung; Gemeinschaft im Gegensatz zur Fragmentierung der realen Alltagswelt (Dyer 1981: 184).

Unterhaltung als politische Kommunikation bedeutet also, daß das Politische im Modus orientierungsfreundlicher Als-Ob-Welten erfahren und verarbeitet wird. Diesen Welten eignet zugleich das Potential eines utopischen Emotionsmanagements, das uns fühlen läßt: Die politische Welt kann auch anders sein, nämlich intensiv, energiegeladen, transparent und gemeinschaftlich. Zugespitzt formuliert: das Politische gewinnt in der unterhaltenden Inszenierung eine visionär-utopische Dimension zurück. Diese bleibt aber auf den Bereich des Emotionalen und des Fiktionalen beschränkt.

Der symbiotische Charakter der Beziehung zwischen politischen Akteuren und unterhaltungskulturellen Foren kommt noch deutlicher zum Tragen bei den Game Shows. Eingeladene Politiker steigern, wenn sie sich professionell in diesem Rahmen zu bewegen wissen, die Einschaltquoten und können zugleich beim Publikum ihren Popularitätsgrad verbessern – ein wichtiger strategischer Aspekt, sind doch die Gruppen des Medienpublikums und des Elektorats in großen Teilen deckungsgleich. Game Shows sind aber auch jenseits der Beteiligung politischer Akteure für unseren Zusammenhang relevant, insofern sie im Rahmen der Unterhaltungskommunikation integrative Demokratiefiktionen anbieten. Dies gilt vor allem für diejenigen Sen-

---

9   Siehe dazu Siegfried Kracauers Ausführungen über „kommentierende Musik" (1964: 193ff).

dungen, die eine Zuschauerabstimmung enthalten. Die Frage, wer der Gewinner ist, wird dabei nicht nach 'objektiven' Kriterien, sondern durch den Spruch des Publikums entschieden, der auf unterschiedliche Weise erhoben werden kann (von der Messung der Phonstärke beim Ablaus im Saal bis zur telefonischen TED-Abstimmung). Der Zuschauer wird hier in eine partizipatorische Rolle hineingezogen, die der des Wählers auf dem politischen Markt gleichgeordnet ist. Und die Kandidaten, die gewinnen oder verlieren, sind die aktiven Repräsentanten des Publikums im Wettbewerb. Wählen wird hier zur „Freizeitgestaltung" (vgl. Soeffner 1992), und die Mitwirkung beim Medienspektaktel vermag offensichtlich die Einflußlosigkeit des Publikums im außermedialen Leben partiell zu kompensieren. Man erlangt, mehr noch als bei einer Bundestagswahl, das Gefühl, mitbestimmt zu haben. Es ist daher nur folgerichtig, wenn ein 'gewählter' Medienstar wie der Schlagersänger Guildo Horn öffentlich damit kokettiert, daß er in einer TED-Umfrage zum Grand-Prix-Schlagerwettbewerb 1998 eine größere prozentuale Mehrheit auf sich vereinigen konnte als der amtierende Bundeskanzler seinerzeit gegen die politische Opposition.

Gerhard Schröders Auftritt in der populären Game Show *Wetten daß?* vermochte nun im Februar 1999, die positive Ladung der politischen Partizipationsfiktion für die persönliche Popularitätssteigerung zu nutzen. *Wetten daß?* zählt in der heutigen Medienlandschaft zu den wenigen Formaten, deren Einschaltquoten von bis zu 50 Prozent an die alten Zeiten des öffentlich-rechtlichen Rundfunkmonopols gemahnen und die somit ungeachtet der weitgehenden Differenzierung und Segmentierung des Publikums auch in den 90er Jahren dazu in der Lage sind, integrative Medienereignisse zu konstituieren.[10] So wurde auch Schröders Performance von mehr als 18 Millionen Zuschauern verfolgt, und der Kanzler nutzte den Rahmen, um in mehrfacher Hinsicht seine 'Volksnähe' unter Beweis zu stellen. Er plauderte nicht nur gekonnt mit Moderator Thomas Gottschalk auf der Couch, sondern 'riskierte sich' auch beim beliebten Wettspiel, wo jeder Prominente für den Fall einer verlorenen Wette anbieten muß, öffentlich irgendetwas Lustiges oder im karitativen Sinne 'Gutes' zu tun.

Der Kanzler agierte hier besonders geschickt, weil er anbot, bei dem – dann auch real eintretenden – Verlust seiner Wette eine ältere Dame aus dem Publikum im eigenen Dienstwagen nach Hause zu chauffieren. Die hyperreale Medienfigur Schröder gewann dadurch direkten Kontakt zu einer realen Zuschauerin/Wählerin, die sich wiederum – in Stellvertretung der anderen Zuschauer/Wähler – überglücklich schätzte, dem sonst nur medienvermittelt erfahrbaren Politiker 'in echt' zu begegnen. Später wurde das Geschehen jedoch bewußt wieder zum Medienereignis transformiert, da Schröder auf dem Heimweg mit der alten Dame nicht nur öffentlichkeitswirksam in einem italienischen Restaurant speiste, sondern sich dort alsbald auch zahlreiche andere Prominente aus der *Wetten daß?*-Sendung einfanden.[11] Im Kontext dieser weiteren Medienfiguren erreichte Schröder schnell wieder seinen Status des Hyperrealen.

---

10 Zur Struktur und integrativen Funktion publikumsübergreifender Medienereignisse vgl. Dayan/Katz (1994) und, mit Bezug auf Deutschland, Holtz-Bacha (1997).
11 Vgl. dazu die Berichterstattung in der BILD-Zeitung vom 22.Februar 1999.

Die Zuschauerin wiederum, die in BILD über ihre Erlebnisse berichten durfte, fungierte dabei als ausgewählte Repräsentantin des Publikums, die zugleich als ein Authentizitätsgenerator die Anbindung des medienkonstruierten Geschehens an die ‚reale Wirklichkeit' des Publikums sicherstellte.

Freilich kann es dennoch zu Funktionsstörungen kommen, wenn die Realität des politischen Prozesses in die Als-Ob-Welten der Medienunterhaltung eindringt und dadurch zu verärgerten Reaktionen der Desillusionierung führt. So erhob sich im Frühjahr 1999, als die rot-grüne Regierung in Deutschland mit vielen Problemen zu kämpfen hatte und die eigene Handlungsunfähigkeit durch den spektakulären Rücktritt des Finanzministers Lafontaine eine krisenhafte Zuspitzung erfuhr, bald öffentlicher Protest gegen die allzu häufige Präsenz des Kanzlers in den Unterhaltungsmedien. Schröder sagte daraufhin u.a. einen geplanten Auftritt in der *Harald-Schmidt-Show* ab und stellte seine Rolle als Co-Kommentator eines Fußball-Bundesligaspiels in der Sat1-Sportsendung *ran* wieder in Frage, was die Frankfurter Allgemeine mit der Überschrift „Kanzlerdämmerung" süffisant kommentierte (3. März 1999). Diese Störungen deuten jedoch nicht auf grundsätzliche Probleme, sondern auf die Relevanz der gelungenen Dosierung und der zeitlichen Plazierung hin, die eine perfekte Politikinszenierung in der Unterhaltungsöffentlichkeit benötigt.

3. Die Inszenierung des Politischen im Kino- und Fernsehfilm

Fiktionale Erzählungen in Kino und Fernsehen nutzen häufig die politische Welt als Setting, als Themen- und Figurenspender sowie als Arsenal von Symbolen und mythischen Erzählungen. Dabei ist es zunächst unerheblich, ob die produzierenden Akteure diese Inszenierung des Politischen allein mit der Zielsetzung des kommerziellen Erfolgs am Markt oder mit politischen Intentionen betreiben – entscheidend ist, daß und wie hier jenseits der knöchernen Institutionen der politischen Bildung Wahrnehmungsweisen und Deutungsmuster im öffentlichen Raum plaziert werden, die politisch-kulturelle Normalitäten in erheblichem Maße mit gestalten.

So ist einerseits zu beobachten, daß Regisseure und Produzenten wie Oliver Stone oder Spike Lee ihre Professionalität in der Gestaltung unterhaltender Filmwelten systematisch dazu nutzen, politische Vergangenheits- und Zukunftskonstruktionen zu lancieren und so mit ihren Produkten selber Politik zu machen. Auch eine Serie wie Hans W. Geissendörfers *Lindenstraße* verbindet erfolgreich Unterhaltungsfunktionen mit linksliberalen Stellungnahmen zu gesellschaftlichen Entwicklungen und zu Fragen der Tagespolitik. Auf der anderen Seite sind aber gerade diejenigen Produkte interessant, die 'nur' unterhalten und dadurch Geld einspielen wollen. Diese nämlich greifen vor allem auf konsensfähige Figuren, Werte und politisch-kulturelle Traditionen zurück, um den kommerziellen Erfolg nicht durch kontroverse oder politisch an der Peripherie gelegene Positionen zu gefährden. Diese 'unpolitischen' Inszenierungen des Politischen im Bereich des unterhaltungskulturellen Mainstreams gewähren damit nämlich einen hervorragenden Einblick in die Normallagen der jeweiligen politischen Kultur.

Auch für die Dimension der Inszenierung des Politischen in Kino- und Fernsehfilmen haben die Verhältnisse in den Vereinigten Staaten Maßstäbe gesetzt, was angesichts der dominanten Stellung der amerikanischen Film- und Fernsehindustrie auf dem Weltmarkt kaum verwundern kann. Die Tradition des politischen Films in den USA reicht von den Anfängen bei D.W. Griffith' *Birth of a Nation* (1915) über die klassische Gestaltung des demokratischen Mythos in Frank Capras *Mr. Smith Goes to Washington* (1939) bis hin zu den oben schon erwähnten Präsidentenfilmen der 90er Jahre, in denen der höchste Politiker der USA teils als charmanter Liebhaber, teils als erfolgreicher Action-Held, stets jedoch mit körperlicher Attraktivität und moralischer Integrität in Szene gesetzt wird. Aber auch in den ganz 'unpolitisch' einherkommenden Hollywood-Produktionen beggnen uns stets Mythen und Symbole der politischen Welt – von den allgegenwärtigen *Stars and Stripes*, die oft als politische Modulatoren der Handlung fungieren[12], bis zur Aufführung von Lincolns *Gettysburg Address* durch Vorschulkinder in einer Krimikomödie wie *Kindergarten Cop* (1990, Regie Ivan Reitman) – ein 'heiliger Text' der amerikanischen politischen Kultur, der wie zufällig in einer Nebenszene des Films erscheint, aber dort eindrucksvoll und emotionalisierend präsentiert wird.[13]

Wie bei der Nutzung der unterhaltungskulturellen Kommunikationsformen durch politische Akteure, so läßt sich auch bei der unterhaltenden Politikinszenierung im Spielfilm ein Prozeß der Amerikanisierung in Deutschland beobachten – freilich mit Spezifika, die den Eigenheiten der deutschen politischen Kultur geschuldet sind. Amerikanisierung bedeutet hier zunächst, daß eine Akzentverschiebung erfolgt ist von der nahezu monolithischen Dominanz intentional-stellungnehmender Produktionen zum Unterhaltungsfilm mit politischen Als-Ob-Welten. Die tiefe Ernsthaftigkeit von Dramen wie *Die verlorene Ehre der Katharina Blum* (1975, Regie Volker Schlöndorff und Margarethe von Trotta), *Messer im Kopf* (1978, Regie Reinhard Hauff) oder *Die bleierne Zeit* (1981, Regie Margarethe von Trotta) hat in den späten 80er und frühen 90er Jahren leichtgewichtigen Unterhaltungsformaten das Feld überlassen. Das Publikum konnte sich amüsieren über die Hitler-Tagebücher (*Schtonk* 1992, Regie Helmut Dietl), über rechtsradikale Marktschreier (*Der Papagei* 1992, Regie Ralf Hüttner) sowie über die Verwerfungen des deutsch-deutschen und bald wiedervereinigten Alltagslebens (*Schulz und Schulz,* 5 Teile, 1989-1993, Regie Ilse Hoffmann und Nico Hoffmann). Teilweise wurde die Ernsthaftigkeit auch in Krimi- und Actiongenres überführt. Krimis mit politischen Settings sind nicht nur in der honorigen ARD-*Tatort*-Reihe, sondern auch in Produktionen von Privatsendern zahlreich präsentiert worden: von eher konventionellen Agentengeschichten wie *Tresko* mit Mario Adorf (1996, Regie Hajo Gies, Hartmut Griesmayr und Günter Gräwert) oder *Tor des Feuers* mit Götz George (1996, Regie Kaspar

---

12 So beispielsweise in *A League of Their Own* (1992, Regie Penny Marshall*)*, wo die Wettkampftätigkeit von Baseball-Damenteams patriotisch moduliert wird, oder in *Ghost* (1990, Regie Jerry Zucker), wo die Verletzung und Wiederherstellung der Normen des moralisch integren Wirtschaftens jeweils durch die Präsenz der Flagge in der Wall Street bildlich angezeigt wird.

13 Zu diesen 'unpolitischen' Inszenierungen des Politischen vgl. jetzt ausführlich die systematischen Analysen eines Filmsamples aus den 90er Jahren in Dörner 2000.

Heidelbach) bis zu dem ambitionierten Polit-Thriller *Macht* (1998, Regie Miguel Alexandre): Dort wird ein Spitzenpolitiker und Kanzlerkandidat aus politischen Gründen entführt, und der Film zeigt nach und nach, wie alle politischen Akteure – selbst das sympathisch erscheinende Entführungsopfer – in moralisch fragwürdige Machenschaften verstrickt sind. Eine von moralischen Normen befreite 'Realpolitik' erscheint hier also als unverzichtbare Bedingung des politischen Erfolges. Das Happy End des Films hat zugleich utopische Qualitäten, weil der Politiker – geläutert durch Frau und Kind – am Ende seine Verfehlungen ohne Not öffentlich eingesteht, Wiedergutmachung gelobt und von seinen Ämtern zurücktritt. Interessant ist dabei im Vergleich zu vielen amerikanischen Beispielen, daß die Möglichkeit einer 'guten Politik', die Moralität und Erfolg vereint, nicht am Horizont aufscheinen will. In den USA schafft es der Held – von Frank Capras *Mr. Smith* über die hartnäckigen Journalisten in Alan J. Pakulas Watergate-Drama *All the President's Men* (1976) bis zu Ivan Reitmans Politik-Reformator *Dave* (1993) – durch seinen Eingriff meist, daß das System hinterher auch moralisch wieder einwandfrei funktioniert. In Deutschland dagegen erscheint dem Akteur in dem Film *Macht*, den am Vorabend der Bundestagswahl 1998 immerhin 4,2 Millionen Zuschauer sahen, der Rückzug aus der Politik als einziges Mittel zur Bewahrung seiner moralischen Integrität. Politik ist und bleibt in der öffentlichen Wahrnehmung hierzulande, ganz im Sinne von Thomas Manns 'Betrachtungen eines Unpolitischen' (1918), ein schmutziges Geschäft.

Das auffälligste Charakteristikum der neuen deutschen Polit-Unterhaltung ist jedoch ihr überaus häufiger Bezug auf die deutsche NS-Vergangenheit und deren Ausläufer im gegenwärtigen Rechtsextremismus. Schon die obengenannten Komödien *Schtonk* und *Der Papagei* wußten aus den Besonderheiten der alt- und neonazistischen Begeisterung humoristisches Kapital zu schlagen. In der *Lindenstraße*, der deutschen Serie mit dem höchsten Marktanteil überhaupt (im Durchschnitt ca. 30 Prozent), sind Motive mit Bezug auf die NS-Vergangenheit oder auf den gegenwärtigen Rechtsradikalismus stes präsent: in der dauerhaften Serienfigur des unbelehrbaren Altnazis 'Onkel Franz' ebenso wie in einer Vielzahl von episodischen Handlungssträngen.[14]

Auch die Kriminalfilme nehmen häufig das Problem der 'Vergangenheitsbewältigung' auf, um ihre Spannungsbögen in ein zeitgeschichtlich interessantes Themenfeld einzubauen. Symptomatisch dafür sind zwei in Folge hintereinander gesendete Filme aus der erfolgreichen ZDF-Serie *Rosa Roth* mit Iris Berben im Jahr 1998. In *Jerusalem oder Die Reise in den Tod* (Regie Carlo Rola) verschlägt es die Titelheldin aus privaten Gründen nach Israel, wo sie bald Zeugin eines Todesfalles wird. Ein älterer Herr, der früher Lokführer bei Judendeportationen war, sucht eine Aufarbeitung seiner Schuld bei einem Überlebenden des Holocaust und kommt auf mysteriöse Weise dabei um. Gleichzeitig befindet sich in der Reisegruppe ein ehemaliger Kollege, den es, ebenfalls aus Sühnegründen, zur jüdischen Gedenk-

---

14 So z.B. rechtsradikale Überfälle auf das in der Straße befindliche griechische Restaurant 'Akropolis'; ein Konflikt zwischen der alten Amelie von der Marwitz und ihrer Enkelin Julia über den verblichenen Ehemann, der Mitglied der SS war; oder Valerie Zenkers Spurensuche zur Judenvernichtung im KZ Dachau, in deren Folge sie sich selbst den Schädel kahl rasiert, um sich mit den Opfern zu solidarisieren.

stätte Jad Vashem zieht. Beide Alten werden demonstrativ verfolgt von einem jungen Mann, der sich später als Kind jüdischer KZ-Opfer zu erkennen gibt. Er will das Rache für den Tod seiner Eltern nehmen. Die einfache Logik des Verbrechens tritt in diesem mit den Theaterschauspielern Traugott Buhre und Peter Roggisch hochkarätig besetzten Film hinter komplexen Schuldfragen zurück. In *Wintersaat*, einer nur wenige Wochen später ausgestrahlten Rosa-Roth-Folge zum Problem des Neonazismus (Regie Carlo Rola), findet sich ebenfalls eine über Täter- und Opferrollen reflektierende Ebene, die simple Wertungen verwirft.

Die *Tatort*-Folge *Bildersturm* (1998, Regie Nikolaus Stein von Kamienski) schließlich nimmt sogar das (Medien-)Ereignis der Wehrmachtsausstellung zum Anlaß für einen Kriminalfilm, in dem ebenfalls ein Sohn früherer Opfer, der jetzt als Historiker tätig ist, Rache an ehemaligen Peinigern nimmt. Die Kommissare Ballauf und Schenk, die in diesem Fall ermitteln, vermögen sich über ihren Fahndungserfolg mit der Überführung des Täters am Ende des Films nicht zu freuen, weil Recht, Moral und Gerechtigkeit in einer ambivalenten Verflechtung verbleiben, die eindeutige Wertungen nicht erlaubt.

Für den Aspekt der Amerikanisierung von Unterhaltungsöffentlichkeiten in Deutschland besonders interessant ist jedoch der Film *Götterdämmerung – Morgen stirbt Berlin*, der im Januar 1999 vom Privatsender Pro7 ausgestrahlt wurde. Schon die Eingangssequenz zeigt an, daß die Inszenierung des Politischen in der Medienunterhaltung eine neue Qualität erreicht hat. Die Sequenz besteht aus einer Abfolge von Luftaufnahmen, die das eindrucksvolle architektonische Ensemble von Berlin Mitte (Dom, Brandenburger Tor, Reichstag) hell erleuchtet aus dem nächtlichen Dunkel hervorragen lassen. Hier wird die neue Ästhetik der vielbeschworenen *Berliner Republik* mit den filmischen Mitteln Hollywoods inszeniert, um den Raum der ‚großen Politik' mit seinen architektonischen Symbolen sinnlich erfahrbar werden zu lassen. Der nächtliche Blick aus einem Flugzeug oder Helikopter auf die festlich illuminierten Ikonen der amerikanischen Demokratie in der Hauptstadt Washington gehört zum Inventar unzähliger Filme, und die Übernahme dieses Stilmittels wirkt in der Anfangssequenz von *Götterdämmerung* durchaus stimmig. Der ästhetische Transfer ist insofern nicht zufällig, als mit Joe Coppoletta ein Regisseur verantwortlich zeichnet, der seine Meriten über lange Jahre hinweg im hochprofessionalisierten Gewerbe der amerikanischen Film- und Fernsehindustrie erworben hat.[15]

Stimmig wirkt schließlich auch, daß die Ästhetisierung nicht nur die alten Berliner Gebäude einbezieht, sondern auch die in der Nachtbeleuchtung geradezu außerirdisch anmutenden Großbaustellen Berlins, auf denen sich dann im weiteren die Handlung entspinnt. Das Unfertige, Transitorische des Politischen im 'neuen Deutschland' wird hier sinnfällig gestaltet. Dennoch geht es auch in der *Götterdämmerung* um die NS-Vergangenheit. Bei Bauarbeiten kommt es zu einer großen Detonation, bei deren Untersuchung die Polizei bald feststellen muß, daß sich in den schwer zugänglichen unterirdischen Gängen der ehemaligen Reichshauptstadt ein ganzes Netz von ferngesteuerten Sprengsätzen befindet. Einer jungen Historikerin, verkörpert durch die populäre Kinoschauspielerin Christiane Paul, gelingt es im

---

15 Coppoletta wirkte als Regisseur u.a. bei den Serien *Walker, Texas Ranger* und *Falcon Crest* mit.

Verlauf schwieriger Recherchen, diese Bedrohung als das Werk einer noch in den letzten Kriegswochen von den Nazis beauftragten Sondertruppe mit dem mythisch aufgeladenen Namen *Thors Hammer* offenzulegen. Deren Wirken kann aber nur deshalb heute noch eine Gefahr darstellen, weil die Installationen offenbar sorgfältig gewartet und modernisiert wurden – von einem Altnazi und seiner Gefolgschaft, die das moderne Berlin in einer gewaltigen Apokalypse vernichten und so einem ‚Neuanfang' des deutschen Volkes Raum geben wollen. (Verdrängte) NS-Vergangenheit und Neonazismus gehen in dieser Filmerzählung also Hand in Hand.

Es erscheint als deutsches Spezifikum, daß hier als attraktive junge Heldin nicht wie in den ähnlichen angelegten amerikanischen Filmen *The Pelican Brief* (1993, Regie Alan J. Pakula) eine Politikstudentin oder wie in *The Net* (1995, Regie Irwin Winkler) eine Computerexpertin fungiert, sondern eine Historikerin – eine Person, die sich professionell mit der Bearbeitung von Vergangenheiten beschäftigt. Die Amerikanisierung findet insgesamt in diesem Merkmal der identitätsstiftenden Vergangenheitsbezogenheit eine charakteristische Grenze, die durchaus auf zentrale Bestände der gegenwärtigen politischen Kultur Deutschlands verweist. Die kritische Sicht des Nationalsozialismus, verbunden mit Schulddiskursen insbesondere mit Bezug auf Holocaust und Antisemitismus stellen schon seit langem den stabilen Konsenskern der öffentlichen Meinung in der Bundesrepublik dar (vgl. Bergmann 1994, Dubiel 1999). Die Unterhaltungskultur nimmt in den hier genannten und vielen anderen Beispielen unterhaltender Politikinszenierung das auf, was als Normalitätserwartung das Selbstverständnis dieser Gesellschaft prägt. Unterhaltungskultur und politische Kultur bestärken und stabilisieren sich hier gegenseitig. Stimmen wie die des Schriftstellers Martin Walser, der 1998 unter heftiger Anteilnahme der Öffentlichkeit geklagt hatte, er sei der ständigen Präsenz von NS-Schuldfragen in den Medien überdrüssig, bestätigen schließlich diesen Befund *ex negativo* eindrucksvoll.

4. Fazit: Politische Funktionen der Unterhaltungskultur

Die neue Intimität zwischen Politik und Medienunterhaltung in Deutschland kann als Resultat einer Amerikanisierung interpretiert werden, die dabei jedoch stets Besonderheiten der deutschen politischen Kultur bewahrt. Nun stellt sich abschließend die Frage, ob denn die Unterhaltungsöffentlichkeiten, wie sie sich herausgebildet haben, lediglich ein volksverdummendes Instrument der unheiligen Allianz aus Kulturindustrie und politischem Machtblock darstellen, oder ob sich hier auch andere Funktionen abzeichnen. Ohne die Frage an dieser Stelle grundlegend ausdiskutieren zu können, sei doch konstatiert, daß ein differenzierter theoretischer Blick sowie eine Konsultation der einschlägigen amerikanischen Forschung vor zu eilfertigen kulturpessimistischen Verurteilungen bewahren sollte (vgl. dazu ausführlich Dörner 2000a). Unterhaltungsöffentlichkeiten bieten bei näherem Hinsehen ein lebendiges Forum, das nicht nur zahlreiche Möglichkeiten reflektierender Anschlußkommunikation in der Alltagswelt eröffnet, sondern auch verschiedensten

Akteuren die Möglichkeit zur öffentlichen Stellungnahme bietet. Unterhaltungsöffentlichkeiten bieten den Rahmen für "Interdiskurse" (Link/Link 1990), die den Autismus von gesellschaftlichen Teilsystemen und hochspezialisierten Diskursen zu überwinden vermögen und das Politische – wie reduziert auch immer – allgemein zugänglich halten. Sie selegieren und fokussieren Themen und ermöglichen in diesem Sinne die Herausbildung von dem, was die neuere Kommunikationssoziologie als öffentliche Meinung mit wichtigen Orientierungsfunktionen für das Publikum beschreibt (vgl. Neidhardt 1994). Schließlich sind Unterhaltungsöffentlichkeiten auch ein wichtiger Faktor der Persistenzsicherung von politischen Kulturen. Indem sie Normalitätserwartungen bedienen und sich aus Marktgesichtspunkten in aller Regel im konsensfähigen Bereich bewegen, stellen sie Traditionsbestände auf Dauer. Diese Leistungen zeigen an, daß Unterhaltungsöffentlichkeiten in der modernen Gegenwartsgesellschaft durchaus Integrationsfunktionen wahrnehmen können.

Was sich an amerikanischen Beispielen für jahrhundertealte Traditionen individualistischer und gemeinschaftsbezogener Kulturen zeigen läßt, das wird auch in Deutschland – angesichts vielfältiger historischer Brüche in kleineren historischen Zeiträumen – erkennbar. Dies konnte am Beispiel der NS-Vergangenheit als dem identitätsstiftenden Anderen der deutschen Gegenwartskultur herausgearbeitet werden. Freilich steht die systematische Forschung, insbesondere was die Medienwirkungen in der Alltagswelt der Bürger betrifft, noch in den Anfängen. Nicht zuletzt in vergleichender Perspektive bleibt hier noch viel zu tun.

Literatur

Ault, Wayne Harold (1981): Show Business and Politics. The Influence of Television, Entertainment Celebrities, and Motion Pictures in American Public Opinion and Political Behavior. Ph.D. Saint Louis University

Berg, Klaus/Kiefer, Marie-Luise (1992): Massenkommunikation IV. Eine Langzeitstudie zur Mediennutzung und Medienbewertung 1964-1990. Baden-Baden: Nomos

Bergmann, Werner (1994): Effekte öffentlicher Meinung auf die Bevölkerungsmeinung. Der Rückgang antisemitischer Einstellungen als kollektiver Lernprozeß. In: Neidhardt, Friedhelm (Hg.): Öffentlichkeit, öffentliche Meinung, soziale Bewegungen. Kölner Zeitschrift für Soziologie und Sozialpsychologie, Sonderheft 34. Opladen: Westdeutscher Verlag, S. 296-319

Cloonan, Martin / Street, John (1997): Politics and Popular Music. From Policing to Packaging. Parliamentary Affairs 50, S. 223-234

Dayan, Daniel/Katz, Elihu (1994): Media Events. The Live Broadcasting of History. Cambridge/London: Harvard University Press

Dörner, Andreas (1993): Zur rhetorischen Konstruktion politisch-kultureller Identitäten. Selbst- und Fremdbilder in zwei Reden Ronald Reagans. In: Goetsch, Paul/Hurm, Gerd (Hg.): Die Rhetorik amerikanischer Präsidenten seit F. D. Roosevelt. Tübingen: Narr, S. 285-305

Dörner, Andreas (2000): Politische Kultur und Medienunterhaltung. Zur Inszenierung politischer Identitäten in der amerikanischen Film- und Fernsehwelt. Konstanz: Univresitätsverlag Konstanz

Dörner, Andreas (2000a): Politische Identität in Unterhaltungsöffentlichkeiten. Zur Transformation des Politischen in der medialen Erlebnisgesellschaft. In: Hettlage, Robert/ Vogt, Ludgera (Hg.): Identitäten in der modernen Welt. Wiesbaden: Westdeutscher Verlag, S. 155-180
Dörner, Andreas (2001): Politainment. Politik und Unterhaltungskultur in Deutschland. Frankfurt a.M.: Suhrkamp
Dubiel, Helmut (1999): Niemand ist frei von der Geschichte. Die nationalsozialistische Herrschaft in den Debatten des Deutschen Bundestages. München/Wien: Hanser
Dyer, Richard (1981): Entertainment and Utopia. In: Altman, Rick (Hg.): Genre: The Musical. A Reader. London: Routledge Kegan & Paul, S. 175-189
Fiske, John (1996): Media Matters. Race and Gender in U.S. Politics. Revised Edition. Minneapolis: University of Minnesota Press
Hoberman, Jim (1995): Dating Our Dad. The Village Voice, 21.11.1995, S. 20
Holtz-Bacha, Christina (1997): Das fragmentierte Medien-Publikum. Folgen für das polische System. Aus Politik und Zeitgeschichte B42/97, S. 13-21
Just, Marion R./Cirgler, Ann/Alger, Dean/Cook, Timothy/Kern, Montagne/Wwst, Darell (1996): Crosstalk. Citizens, Candidates, and the Media in a Presidential Campaign. Chicago: University of Chicago Press
Kracauer, Siegfried (1964): Theorie des Films. Die Errettung der äußeren Wirklichkeit. Frankfurt a.M.: Suhrkamp
Kurt, Ronald (1998): Der Kampf um Inszenierungsdominanz: Gerhard Schröder im ARD-Politmagazin *ZAK* und Helmut Kohl im *Boulevard Bio*. In: Willems, Herbert/Jurga, Martin (Hg.): Inszenierungsgesellschaft. Ein einführendes Handbuch. Opladen/ Wiesbaden: Westdeutscher Verlag, S. 565-583
Mann, Thomas (1918): Betrachtungen eines Unpolitischen. Berlin: Fischer
Langer, Susanne K. (1953): Feeling and Form. A Theory of Art Developed From Philosophy in a New Key. New York: Charles Scribner's Sons
Link, Jürgen/Link-Heer, Ursula (1990): Diskurs / Interdiskurs und Literaturanalyse. Zeitschrift für Literaturwissenschaft und Linguistik 20, 77, S. 88-99
Luhmann, Niklas (1996): Die Realität der Massenmedien. 2., erweiterte Auflage. Opladen: Westdeutscher Verlag
Neidhardt, Friedhelm (1994): Öffentlichkeit, öffentliche Meinung, soziale Bewegungen. In: Friedhelm Neidhardt (Hg.), Öffentlichkeit, öffentliche Meinung, soziale Bewegungen. Kölner Zeitschrift für Soziologie und Sozialpsychologie, Sonderheft 34. Opladen: Westdeutscher Verlag, S. 7-41
Neidhardt, Friedhelm (1994a): Die Rolle des Publikums. Anmerkungen zur Soziologie politischer Öffentlichkeit. In: Derlien, Hans-Ulrich/Gerhardt, Ute/Scharpf, Fritz W. (Hg.): Systemrationalität und Partialinteresse. Festschrift für Renate Mayntz. Baden-Baden: Nomos, S. 315-328
Nimmo, Dan D. (1994): The Electronic Town Hall in Campaign '92. Interactive Forum or Carnival of Buncombe? In: Denton, Robert E. (Hg.): The 1992 Presidential Campaign. A Communication Perspective. Westport/ London: Praeger, S. 207-226
Peters, Birgit (1996): Prominenz. Eine soziologische Analyse ihrer Entstehung und Wirkung. Opladen: Westdeutscher Verlag
Rosenstiel, Tom (1993): Strange Bedfellows. How Television and the Presidential Candidates Changed American Politics. New York: Hyperion
Soeffner, Hans-Georg (1992): Die Inszenierung von Gesellschaft – Wählen als Freizeitgestaltung. In: Soeffner, Hans-Georg: Die Auslegung des Alltags 2. Die Ordnung der Rituale. Frankfurt a.M.: Suhrkamp, S. 157-176

Stumm, Mascha-Maria (1996): Unterhaltungstheoreme bei Platon und Aristoteles. Eine Rückkehr zu den Ursprüngen der Diskussion um Funktionen und Wirkungen von Unterhaltung und der Versuch einer Auswertung fachfremder Literatur als Beitrag zur Klärung des kommunikationswissenschaftlichen Unterhaltungsbegriffes. Berlin: Vistas

Wright, Will (1975): Six Guns and Society. A Structural Study of the Western. Berkeley: University of California Press

Zu den AutorInnen

Uwe Dörk, geb. 1967, M.A. Geschichte, wissenschaftlicher Mitarbeiter im Projekt Stadt in der frühen Neuzeit innerhalb des KFK 485 Norm & Symbol an der Universität Konstanz und im Teilprojekt Theatrale Inszenierungen politischen Handelns in den Medien im DFG-Schwerpunktprogramm Theatralität; Forschungsschwerpunkte: Politische Soziologie, Nationalsozialismus, Städtische Erinnerungskultur in der Vormoderne, Raumsoziologie, Geschichtsphilosophie; Publikationen: Infotainment als politische Provokation in: J. U. Nieland/C. Schicha (Hg.): Infotainement und Aspekte medialer Wahrnehmung (2000), S. 69-71, Tod und Gemeinschaft, in: R. Schlögl (Hg.): Kommunikation und Herrschaftsbildung (2002) (Im Erscheinen), Vormoderne politische Öffentlichkeit im Kirchenraum und ihr städtisch-topographischer Kontext, in: G. Schwerhoff (Hg.): Vormoderne Räume der Öffentlichkeit (2002) (Im Erscheeinen), Raum und Gesellschaft, Publikationreihe des KFK 485 (2002) (Im Erscheinen)

Andreas Dörner, geb. 1960, PD Dr. phil., z.Z. Vertretung der Professur für Politikwissenschaft an der Bergischen Universität – Gesamthochschule Wuppertal; Arbeitsschwerpunkte: politische Theorie, politische Soziologie, politische Kultur-, Medien- und Kommunikationsforschung; Veröffentlichungen: (mit L. Vogt): Literatursoziologie (1994), Politischer Mythos und symbolische Politik (1995), Politische Kultur und Medienunterhaltung (2000) Politainment, Frankfurt (2001), (mit L. Vogt): Wahl-Kämpfe (2002) (Im Erscheinen), zahlreiche Aufsätze in Fachzeitschriften und Sammelbänden

Ewald Frie, geb. 1962, Dr., Hochschuldozent an der Universität Essen, Arbeitsschwerpunkte: Deutsche Geschichte des 18., 19. und 20. Jahrhunderts; Veröffentlichungen u.a.: Wohlfahrtsstaat und Provinz (1993), Caritativer Katholizismus in Deutschland im 19. und 20. Jahrhundert, (mit G. Kaiser) Christen, Staat und Gesellschaft in der DDR (1996), Friedrich August Ludwig von Marwitz 1777-1837 (2001), Brot und Sinn. Katholizismus und Caritasarbeit in der Zusammenbruchsgesellschaft 1945, Historisches Jahrbuch der Görres-Gesellschaft 1997, S. 129-146, Katholische Wohlfahrtskultur im Wilhelminischen Reich, in J.-C. Kaiser/W. Loth (hg.): Soziale Reform im Kaiserreich (1997), Une contre-modéle à l'État-Providence democratique, in: I. von Bueltzingsloewen/D. Pelletier (Hg.): La Charité en pratique 1999, S. 127-141

Ronald Hitzler, geb. 1950, Dr. phil., Professor für Allgemeine Soziologie an der Universität Dortmund, Arbeitsschwerpunkte: Kultur und Wissenssoziologie, politische Soziologie, Professionalisierungstheorie, Jugendsoziologie; Veröffentlichungen: Sinnwelten (1988), Der gemeine Machiavellismus. (2001), (mit A. Honer/C. Maeder): Expertenwissen (1994), (mit A. Honer): Sozialwissenschaftliche Hermeneutik (1997), (mit J. Reichertz/N. Schröer): Hermeneutische Wissenssoziologie (1999); (mit W. Gebhardt/M. Pfadenhauer): Events. Soziologie des Außergewöhnlichen (2000), (mit T. Bucher/A. Niederbacher) (Hg.): Leben in Szenen (2001), (mit S. Hornbostel): Elitenmacht (2002)(im Erscheinen), (mit A. Honer): Lebenswelt – Milieu – Situation, Kölner Zeitschrift für Soziologie und Sozialpsychologie 1 (1984), S. 56-74, Der Goffmensch. Überlegungen zu einer dramatologischen Anthropologie, Soziale Welt 4 (1992), S. 449-461, Ist Sport Kultur? Zeitschrift für Soziologie 6 (1991), S. 479-487, Sadomasochistische Rollenspiele, Soziale Welt 2 (1995), S. 138-153, u.a.

Christian Horn, geb. 1973, M.A., wissenschaftlicher Mitarbeiter am Institut für Theaterwissenschaft der FU Berlin im DFG-Schwerpunkprogramm „Theatralität als kulturelles Modell in den Kulturwissenschaften", arbeitet an einer Dissertation zu „Theatralität und höfisches Fest. Zur Wirksamkeit höfischer Repräsentation als Aufführung"; Veröffentlichungen: (mit E. Fischer-Lichte/M. Warstat) (Hg.): Verkörperung (2001), (mit E. Fischer-Lichte/S. Umathum/M. Warstat) (Hg.): Wahrnehmung und Medialität (2001), dies. (Hg.): Performativität und Ereignis (2002) (Im Erscheinen), dies. (Hg.): Ritualität und Grenze (2002) (Im Erscheinen), (mit S. Umathum/M. Warstat): Auswählen und Versäumen: Wahrnehmungsmodi zwischen Fernsehen und Theater, in: E. Fischer-Lichte u.a. (Hg.), Wahrnehmung und Medialität (2001) S. 143-158., Politik als Aufführung, (mit M. Warstat): Zur Performativität politischer Ereignisse, in: E. Fischer-Lichte u.a. (Hg.), Performativität und Ereignis (2002) (Im Erscheinen)

Klaus Kamps, geb. 1965, Dr. phil., Leiter der Gruppe Medien und Telekommunikation in der Staatskanzlei Düsseldorf, Arbeitsschwerpunkte: Politische Kommunikation, Medienpolitik, Medienökonomie, Veröffentlichungen: Politisches Kommunikationsmanagement (2001), Aufsätze in Fachzeitschriften und Sammelbänden

Navid Kermani, geb. 1967. Dr. phil., z.Z. Stipendiat am Wissenschaftskolleg in Berlin, Arbeitsschwerpunkte: Islam- und Koranwissenschaften, Religionswissenschaften, politische Theologie, Literatur- und Theaterwissenschaften; Veröffentlichungen: Gott ist schön. Das ästhetische Erleben des Koran (1999), Die Revolution der Kinder (2001), Katharsis und Verfremdung im schiitischen Passionsspiel, Die Welt des Islams, 1(1999), S. 30-63 u.a.

Christoph Maeder, geb. 1956, Dr., Leiter Forschung am Institut für Soziale Arbeit an der FHS St. Gallen, Arbeitsschwerpunkte: Wissenssoziologie, Ethnographie der Organisation, Gesundheitssoziologie und Soziologie der Sozialen Arbeit, Veröffentlichungen: (mit C. Burton-Jeangros/M. Haour-Knipe) (Hg.): Gesundheit, Medizin und Gesellschaft. Zürich: Seismo (1999), (mit A. Brosziewsk/T. Eberle) (Hg.): Moderne Zeiten. Reflexionen zur Multioptionsgesellschaft (2001), Brauchbare Artefakte. Statistiksoftware für das Pflegemanagement im Spital als das Produkt ethnographischer Arbeit, in Schweizerische Zeitschrift für Soziologie, Vol. 26 (2000), S. 637-662

Michael Müller, geb. 1970, M.A. Politik/Geschichte, wissenschaftlicher Mitarbeiter im Teilprojekt "Stile des Lebens" des Kulturwissenschaftlichen Forschungskolleg "Norm und Symbol" (SFB 485), Arbeitsschwerpunkte: Religions- und Wissenssoziologie; Politische Theorie; sozialwissenschaftliche Bildanalyse, Veröffentlichungen: (mit T. Raufer und D. Zifonun) (Hg.): Der Sinn der Politik (2002) (im Erscheinen), Vom Dissensrisko zur Ordnung der internationalen Staatenwelt, in: Zeitschrift für Internationale Beziehungen, 2 (1996), S. 367-379, A Very Stylish Boy. Der Dandy Beau Brummell als Modellfall performativ realisierte Individualität, in: E. Fischer-Lichte u.a. (Hg.): Performativität und Ereignis (2002) (im Erscheinen), The Body Electric. Die episodische Revolte moderner Individuen gegen den Alltag der Gesellschaft, in: Müller et al. (Hg.): Der Sinn der Politik (2002) (im Erscheinen)

Jürgen Raab, geb. 1964, Dr. rer. soc., M.A., wissenschaftlicher Mitarbeiter im Sonderforschungsbereich 511 "Literatur und Anthropologie" an der Universität Konstanz, Arbeitsschwerpunkte: Kultursoziologie, visuelle Soziologie, politische Soziologie, qualitative Methoden und hermeneutische Verfahren, Veröffentlichungen: Soziologie des Geruchs. Über die soziale Konstruktion olfaktorischer Wahrnehmung (2001), Medialisierung, Bildästhetik, Vergemeinschaftung. Ansätze einer visuellen Soziologie am Beispiel von Amateurclubvideos, in: T. Knieper/M. G. Müller (Hg.): Kommunikation visuell. Das Bild als Forschungsgegenstand – Grundlagen und Perspektiven (2001), (mit H.-G. Soeffner): Sehtechniken – Die Medialisierung des Sehens, in: W. Rammert (Hg.): Technik und Sozialtheorie (1998), S. 121-148, (mit M. Grunert/S. Lustig): Der Körper als Darstellungsmittel. Die theatrale Inszenierung von Politik am Beispiel Benito Mussolini, in: E. Fischer-Lichte u.a. (Hg.): Verkörperung. (2001), S. 171-198, (mit D. Tänzler): Charisma der Macht und charismatische Herrschaft. Zur medialen Präsentation Mussolinis und Hitlers, in: A. Honer/R. Kurt/J. Reichertz (Hg.): Diesseitsreligion. Zur Deutung der Bedeutung moderner Kultur (1999), S. 59-77, (mit H. Knoblauch): Genres and the Aesthetics of Advertisement Spots, in: H. Knoblauch/H. Kotthoff (Hg.): Verbal Art across Cultures. The Aesthetics and Proto-Aestehtics of Communication (2001), S. 195-219.

Thilo Raufer, geb. 1969, Dipl. Verw.wiss., wissenschaftlicher Mitarbeiter im Teilprojekt "Stile des Lebens" des Kulturwissenschaftlichen Forschungskolleg "Norm und Symbol" (SFB 485). Arbeitsschwerpunkte: Politische Theorie und Ideengeschichte, Politische Soziologie, Wissenssoziologie, Kultursoziologie; Veröffentlichungen: (mit M. Müller/D. Zifonun) (Hg.): Der Sinn der Politik (2002) (im Erscheinen), Koordinationsprobleme politischer Steuerung (1999), (mit M. Müller), Der Repräsentant und das Volk, in: M. Müller et al. (Hg.): Der Sinn der Politik (2000) (im Erscheinen)

Dietmar Schiller, geb. 1965, Dr. phil, Dipl. Pol., Lehrbeauftragter an der Freien Universität zu Berlin, Arbeitsschwerpunkte: Politische Kommunikation, Parlamentarismus, Politische Kultur, Populärkultur; Veröffentlichungen: Die inszenierte Erinnerung. Politische Gedenktage im öffentlich-rechtlichen Fernsehen zwischen Medienereignis und Skandal. Frankfurt a.M. (1993), Brennpunkt Plenum. Die Präsentation von Parlamenten im Fernsehen, (2002) (Im Erscheinen), (mit S. R. Arnold/C. Fuhrmeister) (Hg.): Politische Inszenierung im 20. Jahrhundert (1998), Politische Gedenktage in Deutschland. Zum Verhältnis von öffentlicher Erinnerung und politischer Kultur, in: Aus Politik und Zeitgeschichte B 25/93, S. 32-39, Geschichtspatriotismus als nationale Sinnstiftung, in: Die Neue Gesellschaft/Frankfurter Hefte, Nr. 10 (1994), S. 929-934, "Images of Parliament" in: W. Hoffmann (Hg.): Visuelle Politik II (1999), S. 145-162, Parlamente Online: Zum Strukturwandel parlamentarischer Öffentlichkeit im Internet-Zeitalter, in: W. Gellner/F. von Korff (Hg.), Demokratie und Internet (1998), S. 127-142, Parlamente und Fernsehen, in: T. Knieper/M. G. Müller (Hg.), Kommunikation Visuell: Das Bild als Forschungsgegenstand (2001), S. 212 –229, Zwei Wochen im Juni: Anatomie einer innenpolitischen Krise. Eine Analyse televisueller Symbolpolitik am Beispiel des Brandanschlags in Solingen 1993, in: M Strübel (Hg.): Film und Krieg. 2002 (im Erscheinen)

Wolfgang Seibel, geb. 1953, Dr. rer. Pol., Professor für Politik- und Verwaltungswissenschaften, Arbeitsschwerpunkte: Zur Logik von Non-Profit-Organisationen, Organisation des Holocaust, Transformationsforschung, Verwaltungsreform; Veröffentlichungen: Regierbarkeit und Verwaltungswissenschaft (1983), Funktionaler Dilettantismus (1992), Verwaltungsaufbau in den neuen Bundesländern (1996), (mit H. K. Anheier): The Third Sector (1990), (mit A. Benz): Zwischen Kooperation und Korruption (1992), (mit A. Benz): Theorieentwicklung in der Politikwissenschaft (1997), (mit H. Wollmann/H.-U.Derlien/K. König/W. Renzsch) (Hg.): Transformation der politisch-administrativen Strukturen in Ostdeutschland (1997), S. 284-304, Successful Failure, American Behaviorial Scientist 39 (1996), S. 1011-1024, Der Non-Profit-Sektor in Deutschland, in: C. Badelt (Hg.): Handbuch der Non-Profit-Organisation (1997), S. 19-33, Privatization by Means of State Bureaucracy?, in: G. Grabher/D. Stark (Hg.): Restructuring Networks in Post-Socialism (1997)

Hans-Georg Soeffner, geb. 1941, Dr. phil., Professor für Allgemeine Soziologie an der Universität Konstanz, Arbeitsschwerpunkte: Kultur- und Wissenssoziologie, Kommunikations- und Organisationssoziologie, Religionssoziologie, politische Soziologie; Veröffentlichungen: Der geplante Mythos (1972), Interpretative Verfahren in den Sozial- und Textwissenschaftler (Hg.) (1979), Auslegung des Alltags 1 (1989), Die Ordnung der Rituale - Auslegung des Alltags 2 (1992), Gesellschaft ohne Baldachin (2000), Geborgtes Charisma - Populistische Inszenierungen, in: W. Gebhardt/A. Zingerle/M. N. Ebertz (Hg.): Charisma 1993, S. 201-255, (mit J. Raab): Sehtechniken, in W. Rammert (Hg.): Technik und

Sozialtheorie 1999, S. 212-148, Stile des Lebens, in J. Huber (Hg.): Interventionen 10, S. 79-113, (mit Dirk Tänzler): Medienwahlkämpfe, in: A. Dörner/L. Vogt: Wahl-Kämpfe (2002) (im Erscheinen)

Wolfgang C. Schneider, geb. 1947, Dr. phil. habil., Privatdozent für Alte Geschichte an der Technischen Universität Darmstadt; Arbeitsschwerpunkte: Hellenismus, Römische Republik, Spätantike, mittelalterliche Geschichte und Antikenrezeption, Nationalsozialismus; Veröffentlichungen: Zahlreiche Aufsätze in Fachzeitschriften und Sammelbänden

Dorothea E. Schulz, geb. 1962, Ph.D. (Yale), wissenschaftliche Hochschulassistentin an der Freien Universität Berlin; Arbeitsschwerpunkte: politische Anthropologie, orale Tradition, Populärkultur, Medienkonsum, regionaler Schwerpunkt: Afrika; Veröffentlichungen: "Ni wari t'i bòlò": Handlungsspielräume von Bäuerinnen in der Sahelzone (1990), "Peoples and Cultures of Mali" und "Oral Tradition and Culture", in: The Encyclopedia of Subsaharan Africa, New York (1997), Praise without Enchantment: Griots and the Politics of Tradition in Mali. Africa Today 44 (1997), S 443-464, Lokale Radiostationen in Mali und den USA - ein Vergleich der historischen Konstitutionsbedingungen, in: Deutsches Übersee Institut Hamburg (Hg.): Nord-Süd Aktuell (1998), Morals of Praise: Broadcast Media and the Commoditization of Jeli Praise Performances in Mali, Research in Economic Anthropology 19 (1998), S.117-133, Lokalradios und die Transformaton öffentlicher Räume in Mali. in: H. P Hahn/G. Spittler (Hg.): Afrika und die Globalisierung (1999), S. 379- 390, Pricey Publicity, Refutable Reputations. Jeliw and the Economics of Honour in Mali. Paideuma 45 (1999), S. 275-292, In pursuit of publicity. Talk radio and the imagination of a moral public in Mali. Africa Spectrum 2 (1999), S. 161-185, Presentation. Identity Constructions among the Mande and their neighbours. Paideuma 46 (2000), S. 7-12, Seductive Secretiveness: Jeliw as creators and creations of ethnography, Mande Studies Journal 2 (2000), Music videos and the effeminate vices of pop culture in Mali. Africa 71/3 (2001), Women pop singers, broadcast media, and the transformation of performance conventions in Mali. The Encyclopedia of African Folklore. New York/London (2002) (Im Erscheinen)

Dirk Tänzler, geb. 1955, Dr. phil., Dipl. Soz., Geschäftsführer des Sozialwissenschaftlichen Archivs an der Universität Konstanz; Arbeitsschwerpunkte: Kultur- und Wissenssoziologie, Organisations- und Professionalisierungstheorie, politische Soziologie; Veröffentlichungen: Der Tschechische Weg (Hg.) (1999), Die Macht der Intellektuellen über die Herzensangelegenheiten ihrer Mitmenschen, in: M. Wicke (Hg.): Konfigurationen lebensweltlicher Strukturphänomene (1997), S. 124-142, Ökonomische Vernunft und lebensweltlicher Eigensinn. in: Michael Thomas (Hg.), Selbständige-Gründer-Unternehmer (1997), S. 175-187, (mit I. Mazálková) Dezentralisierung und Rezentralisierung (1996), (mit J. Raab): Charisma der Macht und charismatische Herrschaft, in: A. Honer/R. Kurt/J. Reichertz

(Hg.): Diesseitsreligion (1999), S. 59-77, Das ungewohnte Medium. Hitler und Roosevelt im Film, Sozialer Sinn 1 (2000), S. 93-120, (mit J. Raab): Politik im/als Clip. Zur soziostrukturellen Funktion politischer Werbespots, in: H. Willems (Hg.): Die Gesellschaft der Werbung (2002) (Im Erscheinen), Der Charme der Macht, in: R. Hitzler/S. Hornbostel (Hg.): Elitenmacht (2002) (Im Erscheinen).

Matthias Warstat geb. 1972, M.A., wissenschaftlicher Mitarbeiter am Institut für Theaterwissenschaft der FU Berlin im DFG-Projekt „Theatralität"; arbeitet an einer Dissertation über die Theatralität der Arbeiterfestkultur im 20. Jahrhundert; Veröffentlichungen: (mit E. Fischer-Lichte/C. Horn) (Hg.): Performativität und Ereignis (2002) (Im Erscheinen), dies. (Hg.): Verkörperung 2001, (mit E. Fischer-Lichte/C. Horn/S. Umathum) (Hg.): Wahrnehmung und Medialität (2001), dies. (Hg.): Performativität und Ereignis (2002) (Im Erscheinen), dies. (Hg.) Ritualität und Grenze (2002) (Im Erscheinen), (mit C. Horn/S. Umathum): Auswählen und Versäumen: Wahrnehmungsmodi zwischen Fernsehen und Theater, in: E. Fischer-Lichte u.a. (Hg.), Wahrnehmung und Medialität (2001) S. 143-158, (mit C. Horn): Politik als Aufführung. Zur Performativität politischer Ereignisse, in: E. Fischer-Lichte et al. (Hg.): Performativität und Ereignis (2002) (Im Erscheinen).

Dariuš Zifonun, geb. 1968, Dipl. Verw.wiss., wissenschaftlicher Mitarbeiter im Teilprojekt "Theatrale Inszenierungen politischen Handelns in den Medien" im DFG-Schwerpunktprogramm "Theater als soziales Modell" an der Universität Konstanz, Forschungsschwerpunkte: Politische Soziologie, Erinnerungspolitik, Diskursanalyse, Hermeneutische Wissenssoziologie, Sportsoziologie, Migrationsforschung; Veröffentlichungen: (mit Sandra Basset) Grenzübertritte: Zur rituellen Entgrenzung des Politischen bei den Bundeskanzlern Kurt Georg Kiesinger und Willy Brandt, in: E. Fischer-Lichte (Hg.): Ritualität und Grenze (2002) (Im Erscheinen), mit M. Müller und T. Raufer (Hg.): Der Sinn der Politik. Beiträge zur kulturwissenschaftlichen Politikanalyse (2002) (Im Erscheinen)